珠山年鉴 2021

景德镇市珠山区地方志编纂委员会 编

方志出版社
Publishing House of Local Records

图书在版编目(CIP)数据

珠山年鉴. 2021 / 景德镇市珠山区地方志编纂委员会编. —北京：方志出版社，2021.12
ISBN 978-7-5144-5159-7

Ⅰ. ①珠… Ⅱ. ①景… Ⅲ. ①区(城市)—景德镇—2021—年鉴 Ⅳ. ①Z525.64

中国版本图书馆 CIP 数据核字(2021)第 275414 号

责任编辑：丛珺
责任校对：刘玉霞
责任印制：梅中英
出 版 者：方志出版社
地　　址：北京市朝阳区潘家园东里 9 号（国家方志馆 4 层）
邮　　编：100021
网　　址：http://www.zgfzcb.cn
发　　行：方志出版社图书营销中心(010-67110500)
印　　刷：南昌焦点印刷有限公司
开　　本：889 毫米×1194 毫米　1/16
印　　张：25.5
字　　数：761 千字
版　　次：2021 年 12 月第 1 版
印　　次：2021 年 12 月第 1 次印刷
定　　价：216.00 元

· 版权所有　侵权必究 ·
（如有印装质量问题，请与我社图书营销中心联系）

2020 年 12 月 11 日，在景德镇市创建全国文明城市表彰大会上，珠山区获“集体二等功”，市委书记钟志生（左一）为珠山区颁奖

2020 年 2 月 19 日，市委副书记、市长刘锋（左三）深入珠山区生产企业，调研指导疫情防控和复工复产工作

2020 年 10 月 20 日，珠山区发展中心正式启用，区委书记林卫春（左），区委副书记、区长罗文军（右）共同揭牌

2020 年 11 月 1 日起，第七次全国人口普查进入正式登记阶段；11 月 9 日，区领导带头参加人口普查登记，以实际行动支持普查工作

区委十一届十一次全体(扩大)会议

2020 年 8 月 10 日,中共珠山区委书记林卫春在中共珠山区委十一届十一次全体(扩大)会议上作工作报告

2020 年 8 月 10 日,中共珠山区委十一届十一次全体(扩大)会议召开

十届人大第六次会议

2020年11月18日，珠山区十届人大第六次会议上，余志华（左）当选为珠山区第十届人大常委会主任

2020年11月17日，珠山区第十届人民代表大会第六次会议召开

区政府十届六次全体（扩大）会议

2020年5月13日，区委副书记、区长罗文军在珠山区政府十届六次全体会议上作工作报告

2020年5月13日，珠山区政府十届六次全体会议召开

区政协八届五次会议

2020 年 5 月 17 日，区政协主席邵继刚在政协珠山区第八届委员会第五次会议上作工作报告

2020 年 5 月 17 日，政协珠山区第八届委员会第五次会议召开

2020 年 6 月 19 日，组织舟艇训练

2020 年 12 月 1 日，珠山区 2021 届大学毕业生征兵宣传启动仪式

2020 年 1 月 14 日,珠山消防联合市电视台集中曝光住宅小区违规占用消防通道行动

2020 年 11 月 13 日,“妈妈防火团”走街串巷话消防

2020 年 12 月 24 日，区人民检察院举行认罪认罚从宽制度适用情况新闻发布会

2020 年 1 月 7 日，区法院公开开庭审理生产、销售有毒有害食品一案，16 名被告人出庭受审

2020 年 12 月 4 日，区司法局联合区人民法院、区人民检察院等多家部门（单位）开展法治宣传活动

扶贫

设在超市的扶贫专柜

设在医院的扶贫无人售货柜

竟成镇银坑村
蔬菜种植项目

竟成镇新厂村马家柚种植项目

2020 年 8 月 21 日，珠山区首个版权服务站授牌仪式

2020 年 12 月 27 日，首场三宝名家大讲堂活动在三宝国际瓷谷三宝蓬艺术聚落举办，中国妇联兼职副主席、中央民族大学教授蒙曼受邀作《千年诗中千年瓷》的讲座

2020 年 12 月 20 日，城市文化会客厅阅读分享会召开，邀请著名作家梁鸿解读《中国在梁庄》

2020 年 12 月 22 日，《聆响·行歌》极致之美——三宝私享会

2020年3月27日，副区长董玉成（前排左一）带队调研御窑厂上弄民宿建设情况，推动大御窑周边业态高质量建设发展

2020年3月31日，副区长董玉成（左三）一行与陶邑文化发展有限公司就陶溪川直播基地项目落地建设进行洽谈

2020年12月5日，区委书记林卫春（右一）一行拜访广东佛山中国陶瓷总部基地开展项目考察活动

2020 年 6 月 9 日，第 13 个国际档案日，区档案馆、区妇联联合举办纪念国际档案日暨“寻镇馆之宝　评最美家庭　展珠山古韵”活动

设在珠山区发展中心的区史馆

2020 年 11 月 19 日，芦溪县档案馆与珠山区档案馆举办异地备份签约仪式

高铁站站前三路

新区纬一路

菁华轩一期主体楼浇灌

菁华轩二期开工建设

1 月 26 日，珠山区新型冠状病毒感染的肺炎疫情联防联控领导小组第一次工作会议召开

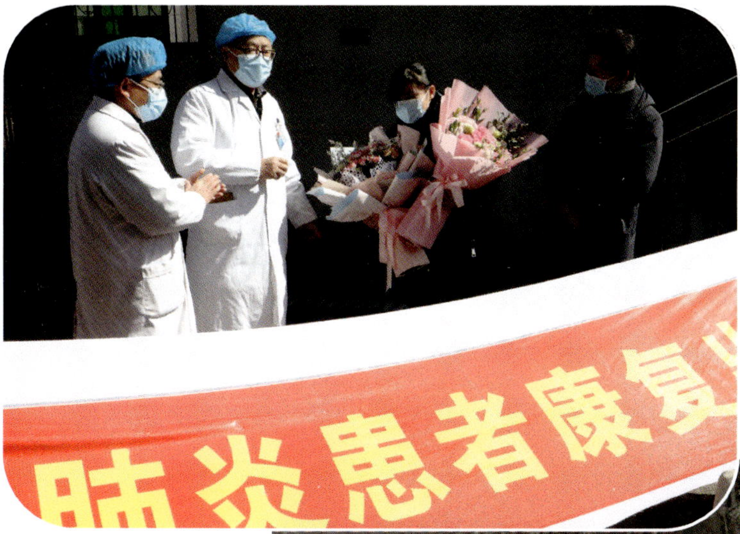

2 月 16 日，珠山区首例输入型确诊病例康复出院

10 月 12 日，珠山区在五龙山社区开展 2020 年秋冬季新冠肺炎疫情防控应急处置演练

在高速路口对进入人员实施体温检测

各小区入口对进入人员实施体温检测

对返乡人员实施集中隔离管控

对居家隔离的返乡人员进行入户健康监测

珠山区疾控中心
核酸检测实验室

抗洪在行动

7月7日8时至7月9日8时，珠山区内降雨量为180毫米，造成洪涝灾害，区委区政府组织有关部门投入抗洪救灾

筑堤挡水

运送群众

逐户检查

镇、街道

2020 年 10 月，竞成镇荣获江西省“五型”政府建设示范乡(镇、街道)称号

2020 年 8 月,石狮埠街道党群服务中心建成投入使用

2020年11月，珠山街道莲花塘社区完善发展“红色驿站”平台，打通服务群众的“最后一公里”

2020 年 11 月，新村街道第一家城区“幸福餐厅”——昌虹社区食堂开业，惠民便民措施落到实处

2020年6月，昌江街道桂花弄社区新时代文明实践站举办关爱空巢老人“粽情端午”党员志愿服务活动

2020 年 6 月，里村街道马鞍山社区 580 党员志愿服务队联合景德镇陶瓷大学常青藤青年志愿者协会开展辖区失独家庭和三无老人关爱活动

2020 年 6 月，周路口街道广场社区志愿者到辖区内三味幼儿园，与园区儿童共同欢庆六一儿童节

2020 年 8 月，太白园街道举行“文明监督员”聘请仪式

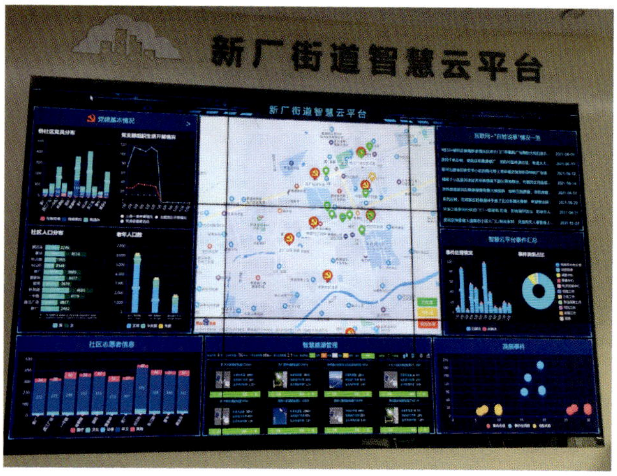

2020 年 4 月，新厂街道打造集“E 办公、慧生活、云分析、轻能源”为一体的社会管理服务智慧云平台并投入使用

2020 年 8 月，昌河街道梦园社区城市文化会客厅落成使用

珠山风光

珠山区发展中心新貌

三宝国际瓷谷风光

2020 年 10 月 18 日，三宝+艺术周活动——景德镇三宝国际瓷谷音乐节开幕

编 辑 说 明

一、《珠山年鉴2021》以马克思列宁主义、毛泽东思想、邓小平理论、“三个代表”重要思想、科学发展观、习近平新时代中国特色社会主义思想为指导，坚持辩证唯物主义和历史唯物主义的立场、观点和方法，贯彻落实《全国地方志事业发展规划纲要（2015—2020年）》和《江西省地方志事业发展规划纲要（2016—2020年）》，全面、系统、准确地记载珠山区社会各项事业的发展情况，为各界领导者、管理者提供参考依据和借鉴，为社会各界人士了解和研究珠山区提供资料信息。

二、《珠山年鉴》是由景德镇市珠山区委领导，珠山区人民政府主办，珠山区委党史地志办公室承办，景德镇市珠山区地方志编纂委员会编的按年度连续出版的地方综合年鉴。

三、《珠山年鉴（2021）》采用分类编目法，设特载，专记，大事记，珠山区概况，组织机构与领导人员名录，中国共产党珠山区委员会，珠山区人民代表大会，珠山区人民政府，中国人民政治协商会议珠山区委员会，中国共产党珠山区纪律检查委员会珠山区监察委员会，群众团体，军事，法治，农业农村和水利，工业 · 信息化，城市建设和管理，经济管理及监督，财政 · 税务，人事劳动和社会保障，民政，生态环境，教育 · 体育，医疗卫生 · 人口计划生育，科技 · 文化，党史 · 档案 · 地方志，镇、街道办事处，人物，附录等28个类目。类目下设分目，部分分目下设子目。条目为记述的基本形式，其标题用黑体字加【 】标示。内容层次设置是为方便分类编辑和读者系统阅读，并不反映科学体系；机关、企事业单位等排序和层次并不标示其地位和规模。

四、《珠山年鉴（2021）》的稿件均由区直各部门、各单位、镇、各街道办事处和驻区企事业单位提供，并经各单位负责人审定；组织机构、驻区企事业单位主要负责人（副科级及以上）名单由区委组织部和驻区企事业单位提供：市级以上荣誉先进人物名单和市级以上先进集体荣誉称号名录由各单位报送；统计资料由区统计局提供；报刊摘登由区委宣传部提供。

五、《珠山年鉴（2021）》中数字、标点符号采用《出版物上数字用法》（GB/T 15836—2011）、《标点符号用法》（GB/T 15834—2011），计量单位采用国家技术监督局1993年12月发布的《量和单位》系列国家标准。

景德镇市珠山区地方志编纂委员会

顾　　问：林卫春

主任委员：罗文军

副主任委员：张朝博　李海平　朱建亚

委　　员：李田有　程继志　刘露虹（女）　刘柄英（女）

李洪涛　江华珍（女）　万元新　殷　炜

汪雅娴（女）　方　军　杨　俊　严　欢（女）

陈运宏　段载旗　石群丽（女）　余　霞（女）

主　　编：罗文军

副 主 编：江志瑜（女）

《珠山年鉴（2021）》编辑人员名单

总 编 辑：刘露虹（女）　王　清（女）

副总编辑：廖传铭

编　　辑：刘姗姗（女）

图片提供：中共景德镇市珠山区委宣传部及本年鉴各供稿单位

《珠山年鉴(2021)》主审、主笔人员名录

(按年鉴类、分目顺序列)

部门	主审	主笔	部门	主审	主笔
区委办公室	李海平	黄皓民	区妇联	邓凌光	徐凡景
区委组织部	李田有	邹瑞彬	区科协	李　敏	李　霏
区委宣传部	程继志	于　宇 王敏华	区文联	刘　斐	黄夏悦
区委统战部	汪　宏	计雯英	区社科联	岑　涛	王月颖
区委政法委	严　欢	汪小浪	区残联	瞿　萍	方　悦
区委编办	宁　丽	叶函宇	区红十字会	赵俊明	赵俊明
区委巡察办	邓迎春	胡知柳	区老体(科)协	占晓春	殷少华
区直机关工委	朱镇红	程丽君	区老年书画协会	涂世安	汪金福
区委信访局	姚石玉	孙凌超	区老科协	罗　曼	胡伟华
区委老干部局	杨向群	张夏芬	区诗词学会	饶正毛	张玉春
区关工委	胡馨文	周恬然	区人武部	柳军华	谢维骏
区委党史办	刘露虹	刘淑娜	区消防大队	陈　坚	李佳慧
区委党校	罗　英	刘国珍	区公安分局	李维明	李晓君
区档案馆	张　琦	周　璇	区检察院	刘　鑫	李　川
区人大常委会办公室	王　鹏	刘佳欣	区法院	张春红	王　蒙
区政府办公室	朱建亚	刘姗姗	区司法局	江　滔	程　美
区城市管理局	程启勇	袁淑芳	区经济开发区	赵宇凡	李　宾
区退役军人事务局	彭长武	江　宁	区农业农村和水利局	谢君毅	邹曼丽
区扶贫办	张　麒	徐凌昊	区工信局	周　娜	史惠惠
区行政(社区)服务中心	刘　楠	谢　蒙	区住建局	赵　军	杜　娟
区政协办公室	邵继纲	朱声隆	区城管局	敖景辉	江　涛
区纪监委办公室	查璐玮	欧阳君	区新区建设办公室	黄世明	傅　雯
区工商联	宁　静	陈　维	区发改委	江智中	汪　霖
区总工会	汪　涛	洪厚双	区应急管理局	江丽君	王庆帆
团区委	曹潇毅	陈　颖	区国资公司	张跃军	林　宽

部门	主审	主笔	部门	主审	主笔
区市场监督局	郑芳	胡成龙	区科技局	金坤辉	于文华
区市场经营服务中心	曹鹏	余晓静	区文广新旅局	杜辉	程志容
区自然资源和规划分局	王宏强	汪国亮	区卫健委	辛晨	朱冰琳
区统计局	刘柄英	王文辉	区地志办	王清	刘姗姗
区审计局	程瑞华	张能静	区双创双修工作指挥部	余升	余升
区商务局	周群	熊婉羚	竟成镇	王朝辉	朱强
区财政局	刘方孟	欧阳进一	石狮埠街道	夏文彬	仇景瑶
区税务局	陈国旗	胡捷	珠山街道	张慧丽	罗慧星
区人社局	江华珍	蒋博涵	新村街道	方军	程驰祥
区社保局	卢乐宾	杨志芳	昌江街道	鲍文芳	江平
区就业局	罗英俊	陈琳玉	周路口街道	许若	罗勰
区医保局	潘群	熊艳	太白园街道	陈运宏	肖璐
区民政局	王振	夏芳	里村街道	段载旗	段智超
珠山生态环境局	朱少敏	陈国清	新厂街道	石群丽	陈柯羽
区教体局	李洪涛	余琴	昌河街道	余霞	徐佳卉

目 录
CONTENTS

特 载

专 记

大 事 记

珠山区概况

组织机构与领导人员名录

中国共产党珠山区委员会

珠山区人民代表大会

珠山区人民政府

中国人民政治协商会议
珠山区委员会

中国共产党珠山区纪律检查委员会
珠山区监察委员会

群众团体

军 事

法 治

农业农村和水利

工业·信息化

城市建设和管理

经济管理及监督

财政 · 税务

人事劳动和社会保障

民 政

生态环境

教育 · 体育

医疗卫生·人口计划生育

科技·文化

党史·档案·地方志

镇、街道办事处

人　物

附　录

特 载

在区委十一届十次全体(扩大)会议上的讲话

区委书记　林卫春

(2020 年 1 月 3 日)

同志们:

这次区委全会,主要任务是以习近平新时代中国特色社会主义思想为指导,深入学习党的十九届四中全会和中央经济工作会议精神,全面落实省委十四届十次全会、省委经济工作会议和市委十一届八次全会要求,总结 2019 年工作,部署 2020 年任务。

刚才,我们传达了中央经济工作会议、省委十四届十次全会、省委经济工作会议和市委十一届八次全会精神,审议通过了区委常委会工作报告、《关于珠山区人民政府驻地迁移的请示》,表决通过了《珠山区关于用心用情落实习近平总书记殷殷嘱托全力推进景德镇国家陶瓷文化传承创新试验区建设的实施方案》,文军总结了 2019 年全区经济工作,部署了今年的重点任务,针对性、指导性和操作性都很强,请大家认真学习领会、抓好贯彻落实。

下面,我代表区委常委会,讲几点意见:

一、2019 年工作回顾

关于 2019 年的工作,常委会工作报告做了全面总结,这里我不再展开。2019 年的工作,我认为可以用八个字来概括:忙碌充实、成果丰硕。说忙碌充实,是因为这一年我们的工作量很大、任务很饱满:我们坚持以习近平新时代中国特色社会主义思想为指引,全面学习贯彻党的十九大和十九届二中、三中、四中全会精神,深入开展“不忘初心、牢记使命”主题教育,灵魂接受洗礼,精神更加充实;我们接受了创建国家卫生城市、创建全国文明城市的国家和省级“大考”,始终保持着高度紧张、箭在弦上的临战工作状态;我们聚焦打好“三大攻坚战”,着力补短板、强弱项、抓提升,做了大量富有成效的工作;我们围绕庆祝新中国成立 70 周年,全力以赴做好信访维稳各项工作,圆满完成了这一重大安保任务;等等。说成果丰硕,可以归纳为以下几个方面:一是发展有质量。全年地区生产总值预计增长 8%,财政总收入增长 5.5%,固定资产投资额预计增长 10.8%,“四上”企业新增 44 家、排名全市第二,全区经济发展总体平稳、稳中有进、稳中提质。二是改革有实招。基层党建上,持续巩固“两办三中心”改革成果,“一委一居一站”工作模式全面推广,创新推出“红色驿站”等党建品牌,被选为全省 18 个“三化”(标准化规范化信息化)试点县(市、区)之一;机构改革上,组建部门 10 个,重组部门 2 个,优化调整部门 10 个;物业管理上,在全市率先推行物业管理改革,国有物业管理公司先后接管了新枫园、春天花园、和谐家园等 10 余个小区,服务住户 5600 户、15000 余人;环境治理上,在区公安分局、陶阳学校等开展垃圾分类试点工作,走在了全市前列。三是治理有提升。深入实施市委“三基四化三起来”工作模式,新建里村、新厂、石狮埠等街道党群服务中心,现有社区为民服务场所均超 300 平方米,五龙山、林荫路、马鞍山等 9 个社区的为民服务场所面积超1000平方米,平均面积比2018年增加了78平方米,15分钟党建服务圈初步形成覆盖全区的完整网络,基层治理更加有效。四是民生有实惠。陶阳学校、珠山实验幼儿园、十七小分校、陶新小学等先后投入使用,推动教育更加均衡高质量发展;新建景城名郡长者之家、尚东国际长者之家等社区养老中心,完成棚户区征收3530户,完成86个老旧小区、162条背街小巷改造工作,城市功能与品质不断提升;编写了全市首部陶瓷文化类教材《瓷娃看家乡》,打造了9家城市文化会客厅,启动珠山新图书馆建设,广泛开展城市形象宣传语征集活动,文化惠民真正看得见、摸得着。

一年的辛苦工作充分说明:事不在大小,善做则优;地不在广窄,有为乃大;力不在强弱,恒久必成! 衷心地感谢同志们的努力付出,谢谢大家!

成绩固然可喜,但保持清醒更为重要。我们一定要认识到,“总量小、结构差”仍是摆在我们面前的现实困难,如何在“去工业、控建设、强保护”的大趋势下走出高质量发展之路是摆在我们面前的最紧迫任务。当前,千年古镇已经迎来千载难逢的千年机遇,世界瓷都开启了对话世界的崭新篇章。处于这样难得的历史机遇期,我们决不能等待观望,决不能犹豫徘徊,决不能坐失良机。要以先行先试的闯劲、迎难而上的拼劲、久久为功的韧劲,努力用实干把国际瓷都对话世界的窗口擦得更亮。

二、2020年工作总体要求

2020年是全面建成小康社会和“十三五”规划的收官之年,也是景德镇国家陶瓷文化传承创新试验区建设的开局之年、关键之年。这是今年所处的时间节点和坐标方位,是不同以往年度的最大特点。做好今年的工作,意义重大。今年工作的总体要求是:以习近平新时代中国特色社会主义思想为指导,全面贯彻党的十九大和十九届二中、三中、四中全会以及中央经济工作会议精神,深入贯彻习近平总书记视察江西重要讲话精神,增强“四个意识”、坚定“四个自信”、做到“两个维护”,认真落实省委、省政府工作要求,深入贯彻市委、市政府工作部署,紧扣全面建成小康社会目标任务,坚持稳中求进工作总基调,坚持新发展理念,坚决打赢三大攻坚战,以建好景德镇国家陶瓷文化传承创新试验区为主线,统筹推进稳增长、促改革、调结构、优生态、惠民生、防风险、保稳定,全面加强党的建设,全力实施“三个五”战略行动,推动高质量跨越式发展,为擦亮国际瓷都对话世界的窗口继续努力。

以上要求,既贯彻了中央和省委、市委决策部署,又结合了我区实际,是做好今年各项工作的总纲,大家在落实中特别要注意把握以下几点。

——基本前提是学习贯彻好党的十九届四中全会精神。这是当前和今后一个时期全区上下的重大政治任务。学习贯彻党的十九届四中全会精神,要做好结合文章、统筹推进。要与“不忘初心、牢记使命”主题教育结合起来,真正成为加强党的建设的永恒课题和党员干部的终身课题;要与学习贯彻习近平总书记视察江西重要讲话精神结合起来,感恩奋进,把总书记重要讲话精神高质量落实到每一项工作、每一件事情上;要与学习贯彻中央经济工作会议和省委十四届十次全会、省委经济工作会议、市委十一届八次全会精神结合起来,推动经济实现量的较快增长和质的稳步提升。学习贯彻党的十九届四中全会精神,要在推进区域治理体系和治理能力现代化上下功夫。要落实党的全面领导制度,切实把党的领导贯彻到各方面、全过程。要坚持和完善统筹城乡的民生保障制度,使改革发展成果更多更公平惠及全区人民。要围绕坚持和完善社会主义基本经济制度,全面贯彻新发展理念,推进高质量发展。要坚持依法治区、依法执政、依法行政共同推进,努力建设法治珠山。要坚持和完善共建共治共享的社会治理制度,着力打造人人有责、人人尽责、人人享有的社会治理共同体。学习贯彻党的十九届四中全会精神,要有严格执行制度的意识和自觉。要牢固树立按制度办事的理念,特别是领导干部要做执行制度的表率,将其贯穿于履行职责、行使权力、开展工作的全过程,努力成为制度的忠实崇尚者、自觉遵守者、坚定捍卫者。要坚持制度面前人人平等、制度执行没有例外,不当“老好人”,严肃查处有令不行、有禁不止、阳奉阴违的行为,切实维护制度的严肃性和权威性。

——工作主线是建设国家试验区。要把落实好国家试验区建设同做好“十四五”规划编制工作结合起来,以高品质规划引领高质量发展,真正把国家试验区带来的发展机遇变为发展动能、变成发展成果。之前,就国家试验区建设,我同大家做了多次的分析和交流,这里着重再强调三点:一是既要心中有数,更要手中有招。刚才审议通过的《实施方案》把国家试验区建设细化为6大类16项具体任务,每项任务后面都有牵头部门、配合单位和时间节点。牵头部门要“一牵到底”,对于什么、怎么干要有一本“明白账”、一份“路线图”、一张“时间表”,既要心中有数更要手中有招;配合单位要增强主动性,积极协助牵头单位抓好各项工作落实,彼此之间多沟通、多协调、多商量,形成工作合力。二是既要吃透政策更要对接争取。国家试验区的政策措施,还有一个进一步细化、实化、转化的过程。这是我们的窗口期和机遇期,相关部门要加紧研究分析、吃准吃透政策,积极争取市直部门的帮助与支持,进一步加强工作对接和政策衔接,抢抓有利于我们的政策,把各项支持政策转化为好项目、大资金和强支持。三是既要突出重点更要全域推进。国家试验区的核心区域是36平方千米的“一轴一带、五区多点”,这是建好国家试验区的重点。特别是“一轴”和“五区”中的陶阳里历史街区、陶溪川文创街区、陶源谷艺术景区“三区”与我区密切相关,要积极作为,选准接口、找准切口,大胆创新、先行先试。同时,要以国家试验区为抓手,把高标准、高质量的要求落实到全方位、全领域,推动各项工作提质提速提效。

——中心任务是优化城乡环境、发展县域经济。抓环境就是抓发展,抓发展必须抓环境。作为中心城区,不断优化城乡环境,擦亮国际瓷都对话世界的窗口是我们的职责所在、使命所在,必须坚定不移、坚持不懈地抓下去。特别是今年为本轮创建全国文明城市、国家卫生城市周期的决定性一年,必须全力以赴、争取佳绩。同时,省委经济工作会议、市委十一届八次全会都对加快县域经济发展提出了明确要求。省委经济工作会议指出:各县(市、区)要跳出县域谋发展,主动融入全省区域发展战略,坚持因地制宜,发挥特色优势,培育主导产业,加快推动县域经济高质量发展。市委全会指出:县域经济活则全市活,县域经济强则全市强。景德镇的发展,做靓做美要靠市级,但是做实做强靠的是县域。要把做强县域经济作为全市的重点任务,着力推动县域经济高质量跨越式发展。我们要充分认识到,一方面我区在全市经济板块中有重要分量,主要经济指标大多排在全市前列,必须承担起该承担的责任;另一方面我们不论从发展速度、质量还是后劲、潜力等与兄弟县(市、区)相比都有较大差距。我们一定要有强烈的危机感和紧迫感,发奋努力,争先进位,力争实现更高质量更快速度的发展,坚决顶起自己的那片天。

——关键要素是人才、文化和创新。什么是我们的特色优势?人才资源是珠山的最大资源,文化优势是珠山的最大优势,创新潜能是珠山的最大潜能。在人才工作上,不论人才的总量还是质量,我区都不落人后,现在我们难的不是引才,而是安才。我们要整合好政策资源,兑现好人才承诺,建立人才资源转化为发展资源的创新机制,使人才来了不再走、人才来了有发展空间、人才来了有价值实现。在文化工作上,我们要研究的是如何实现文化由“虚”向“实”的转化,变现并放大陶瓷文化这个特别资源的优势。在创新工作上,要坚持对外开放与对内激活并举,用创新的理念、改革的办法、市场的机制、优惠的政策、贴心的服务,让创新活力竞相迸发、充分涌流,把创新潜能转化为发展动力。

三、2020年工作要把握的重点

做好今年的工作,要把握好以下几项重点:

(一)以工匠精神抓好环境提升

全面落实好“精心规划、精致建设、精细管理、精美呈现”的“四精”要求,以工匠精神抓好环境提升。

要持续提升城市环境。要坚持以“双创双修”为抓手,持续推进背街小巷和老旧小区、城中村改造提升。今年我区将改造1.3万户老旧小区、1600户棚户区、170条背街小巷,任务重、要求高,要合理统筹、精心安排好,坚持总量质量相平衡、速度效益相协调。特别要注意的是,在背街小巷、老旧小区和城中村的改造提升过程中,相关部门之间要加强协调配合,同步做好“乱堆乱放、乱涂乱画、乱搭乱建、乱牵乱挂”等乱象整治工作,紧盯盲点盲区,攻坚难点痛点,确保改造后的小区和道路经得起远眺、耐得住细看。

要深入开展农村人居环境整治。要把推进农村人居环境整治提升与推动乡村振兴结合起来,充分发挥我区农村经济基础较好、城区辐射带动能力较强的优势,大力推行“三个三”模式,推动农村“三个城市化”,即形态的城市化、人的城市化和治理模式的城市化。要坚决打好污染防治攻坚战,切实保护好山脉、山体、森林、水系等生态资源,着力打造宜业宜居宜游的城乡环境。

要更加注重人文环境。要深化新时代文明实践中心(所、站)建设,围绕社会主义核心价值观、人文历史、陶瓷文化、家训家规、村规民约、精神文明创建等内容进行宣传,着力涵养市民文明素质。要持续打造城市文化会客厅,积极探索"文化+文明实践"融合发展的新路子,不断提升群众文化素养,厚植人文气质、开放精神和创新意识。要大力推进文明城市常态化长效化建设,深化群众性精神文明创建活动,丰富"小手拉大手"活动内容,让城市更加文明有序、向上向善。

(二)以创新思维推动经济发展

始终把高质量跨越式发展作为首要战略,突出城区特色,坚持错位发展,以开放视野、创新思维大力发展"3+1"特色产业体系,推动珠山经济的跨越发展。

要高度重视文化产业和总部经济。通过这几年的发展,我们形成了以文化旅游、陶瓷文创等为支柱的产业体系,产业发展的"文化特质"越来越鲜明。要高质量打造洛客设计谷,用好大龙网、网库、众云物流等创新平台,支持设计龙头+小微企业群、线上龙头+线下企业群等模式创新,引领产业升级发展。要以"文化+""生态+""旅游+"为抓手,开发陶瓷文化游、自然风光游、乡村休闲游等最有特色的旅游产品,大力发展好文旅新经济。多年来,珠山历届区委、区政府持续用力,总部经济取得了长足发展,已经成为我区经济发展的主要引擎。要持续发扬优势、升级产业,在做大总量的同时进一步提高质量,特别是要充分利用国家试验区的优惠政策,加快陶瓷总部基地建设,瞄准重点产瓷地区,对接陶瓷上市企业,全面开展陶瓷总部经济招引工作,为经济发展持续注入新动能。

一方面,要用活用好政策工具和城市空间。这次中央经济工作会议提出,要"做好城镇老旧小区改造""推动生产性服务业向专业化和价值链高端延伸,推动生活性服务业向高品质和多样化升级""加快建设养老服务体系,支持社会力量发展普惠托育服务,推动旅游业高质量发展"等,随之而来的必将是一大波的利好政策。特别是国家试验区建设将在手工制瓷税收等方面推出一系列"量身定做"的政策,我们要用活这些政策工具,着力把"政策红利"变成"发展红利"。另一方面,我们要善用城市空间。土地资源不足是我区基本区情,但土地资源价值高也是我们的基本区情。我们要善用城市空间,向空中要空间、向楼宇要产值,在提升空间利用效率上做文章。当前有这几件事要引起高度重视:一是市、区两级党政机关搬迁,大量闲置资产大有文章可做;二是三宝国际瓷谷的空间运用,如昌河老厂房、原汉光厂区、洛客设计谷、双坑村等都是优质资产,通过整理、盘活,一定能发挥出更大效益;三是珠山新区,路网已经基本形成,集成了全市最优质的教育、体育、交通等基础设施,开发利用价值极高,要谋划好下一步工作,争取最佳效果。

要全面提升服务水平和经营能力。要坚持"服务立区"的理念,聚焦企业发展的痛点、堵点、难点,深化"放管服"改革,加大简政放权、流程再造力度,推进"互联网+政务服务",为企业提供"店小二""保姆式"的服务。既要加强对招商企业的服务也要加强对本土企业的服务,既要加强对区属企业的服务也要加强对在地中央、省属、市属企业的服务,既要加强政务服务也要加强金融等产业服务,努力打造"四最"营商环境。同时要创新发展理念,善用市场手段,增强经营意识,用市场经营的方法用活用好国有资产、政府资金,发挥更大的引领作用。如产业基金的设立和使用、"财园信贷通"等政策工具的使用等,都要引入市场经营的理念,追逐经济效益和社会效益的最大化。又如国资公司,要进一步加强队伍建设,明确经营重点,提高经营水平,做优主营业务,做大公司规模。

(三)以绣花功夫办好民生实事

今年是全面建成小康社会目标实现之年,也是脱贫攻坚收官之年。我们要始终坚持以人民为中心,下绣花功夫,办民生实事,让发展更有温度、幸福更有质感。

要坚决打好脱贫攻坚战。放在全市来看我区脱贫攻坚任务不重,可压力不小。实事求是地说目前的工作离高质量还有差距。越到关键时期,我们越要保持清醒头脑、发挥持续作战精神,把各项工作做细致、抓到位,提升脱贫攻坚的成色质量。同时要立足实际、着眼长远,建立长效机制,加强动态监管,做好跟踪服务,确保贫困群众短期退得出、长期稳得住、脱贫不返贫。要扎实推进城镇贫困群众脱贫解困工作,我区现有城镇贫困人口约14500人,贫困原因各异,个人情况不同,要坚持分类施策、综合施策、精准施策,用心用情做好城镇贫困群众脱贫解困工作,让每一个人在全面小康路上都不掉队。

要全力办好民生实事。始终坚持教育优先发展战略不动摇,大力推进公办幼儿园建设,加快实施一小、二十二小搬迁工程,进一步推动全区教育事业高质量均衡发展；在硬件全面升级的基础上，提升教师整体素质，严抓师德师风建设，推动师德师风与师资力量同步提升。要加快发展养老事业，全面推进以居家为基础、社区为依托、机构为补充、医养相结合的养老服务体系建设，打造具有珠山特色的康养基地。要大力开展保供稳价工作，多渠道增加猪肉供给，保证市场稳定和群众生活需要。要着力推动就业、教育、医疗、社会保障等各项民生事业全面发展，让人民群众在发展中得到实惠、感受温暖。

要加强社会综合治理。持续加强和推进社会治理创新，大力推进综治中心实体化建设，深化"百姓说事""小巷讲堂"平台建设，全领域推进网格化管理，构建共建共治共享的社会治理格局，实现"民有所呼、我有所应，民有所需、我有所为"。要纵深推进扫黑除恶专项斗争，既要在深挖根治上见成效，又要在长效常治上下功夫，夺取扫黑除恶专项斗争全面胜利。要强化风险预测预警预防，严厉打击各类犯罪活动，全面提升安全生产、食品药品安全工作水平，确保社会大局和谐稳定。

（四）以"三化"试点加强基层治理

我区是全省基层党建"三化"试点县（市、区）之一。我们要以此为契机，全面落实新时代党的建设总要求，以基层党建引领基层治理创新，为全区经济社会发展提供坚强保障。

要讲政治，做到绝对忠诚。习近平总书记指出，讲政治是我们党补钙壮骨、强身健体的根本保证。广大党员干部，特别是领导干部要旗帜鲜明地把讲政治摆在首位，牢固树立"四个意识"、坚定"四个自信"、做到"两个维护"。要持续深化"不忘初心、牢记使命"主题教育，牢牢抓住学好习近平新时代中国特色社会主义思想这条主线，坚持学思用贯通、知信行统一，以政治自觉引领行动自觉，以理论清醒保障政治坚定。要严守党的政治纪律和政治规矩，持续加强党的政治建设，始终做到党中央和省委、市委要求的坚决照办，禁止的坚决不干，部署的坚决落实。要强化斗争精神，牢牢把握意识形态工作领导权，面对各种歪风邪气、错误思想言论要敢于亮剑、善于斗争，把维护党的全面领导、对党绝对忠诚落实到具体行动上。

要夯基础，做强基层治理。基础不牢、地动山摇。要加快基层党建"三化"试点区建设，推进基层党建标准化规范化信息化，强化基层党组织建设，努力在试点中试出新经验、实现新作为。要进一步加大基层为民服务场所建设，力争今年实现所有社区为民服务场所面积超过500平方米，稳步提高社会服务水平，全领域打造"红色驿站"，把15分钟区域化党建服务圈做得更实。进一步加强社区干部队伍的教育培养，打造一支更加专业化的社工队伍；力争在去年大幅提高社区干部薪酬待遇的基础上，通过优化绩效考核等方式进一步提高社区干部收入水平。

要强队伍，做实工作保障。实践已经反复证明，珠山的干部队伍是一支担当的队伍、一支实干的队伍、一支战斗力强的队伍。要持续保持实干定力，坚持向好的学、向强的比、向高的攀，增强自身本领，提升攻坚能力，努力创造新时代珠山"第一等的工作"。要牢固树立"做事是最好作风"的鲜明导向，把抓落实的能力、抓工作的成效作为衡量干部的重要依据，让担当实干成为干部队伍的主旋律。要大力发现储备年轻干部，坚持"三优先"原则，注重在基层一线和艰难困苦的地方培养锻炼年轻干部，让年轻干部在实践中经风雨、见世面、壮筋骨、长才干。

要正风纪，做优政治生态。要牢固树立长期过"紧日子"思想，勤俭办一切事业，用我们的"紧日子"保障人民的"好日子"。要持续整治"怕、慢、假、庸、散"作风顽疾，坚决破除形式主义、官僚主义问题，让不敬畏、不在乎、喊口号、装样子的干部混不下去。要狠抓中央八项规定精神及其实施细则的落地，抓住关键岗位和敏感节点，紧盯关键少数和重点人群，严惩顶风违纪的人和事。要加强党风廉政建设，保持对腐败问题的高压惩治态势，对扶贫资金使用、惠民政策落实、农村"三资"管理等方面实行全过程全方位监管，对虚报冒领、截留私分、挪用资金等侵害群众利益的不正之风和腐败行为，从严从快查处、绝不姑息迁就，着力营造风清气正的政治生态。

同志们，使命在肩，任重道远。让我们更加紧密地团结在以习近平同志为核心的党中央周围，高举习近平新时代中国特色社会主义思想伟大旗帜，在市委、市政府的正确领导下，全力实施"三个五"战略行动，建好景德镇国家陶瓷文化传承创新试验区，为描绘好新时代江西改革发展新画卷、打造与世界对话的国际瓷都做出更大贡献！

景德镇市珠山区人民代表大会常务委员会工作报告

——2020年5月18日在珠山区第十届人民代表大会第五次会议上

珠山区人大常委会副主任 程美玉

各位代表：

我受区人大常委会委托，向大会报告工作，请予审议。

二〇一九年以来主要工作

2019年以来，区人大常委会在区委的正确领导下，坚持以习近平新时代中国特色社会主义思想为指导，认真贯彻落实党的十九大和十九届二中、三中、四中全会精神，全面落实区委决策部署和上级人大工作要求，紧紧围绕全区发展大局和人民关切，认真履行宪法和法律赋予的职权，圆满完成了区十届人大四次会议确定的各项目标任务。全年共召开常委会会议9次，主任会议11次，听取和审议专项工作报告17项，开展调查、视察、执法检查13次，依法任免国家机关工作人员59人次，为推动珠山经济社会发展和民主法治建设做出了新的贡献。

一、深入学习贯彻习近平新时代中国特色社会主义思想，牢牢把握正确政治方向

常委会坚持以习近平新时代中国特色社会主义思想为指导，坚持党的领导、人民当家做主、依法治国有机统一。

（一）牢牢把握正确的政治方向。常委会坚持把学习贯彻习近平新时代中国特色社会主义思想作为首要政治任务，特别是学习贯彻习近平总书记关于坚持和完善人民代表大会制度的重要思想和视察江西重要讲话精神，自觉在树牢“四个意识”、坚定“四个自信”、坚决做到“两个维护”的重大政治原则中把准人大工作方向，始终在思想上政治上行动上同以习近平同志为核心的党中央保持高度一致。同时，充分运用代表团活动、代表联络站以及人大门户网站、微信等新媒体，多方位宣传人民代表大会制度和人大工作，不断提升人大工作的号召力和影响力。

（二）深入开展主题教育。常委会结合“不忘初心、牢记使命”主题教育，以“守初心、担使命、找差距、抓落实”作为总要求，深入学习习近平新时代中国特色社会主义思想以及重要指示精神，统筹抓好学习教育、调查研究、检视问题、整改落实，切实在“学懂弄通做实”上下功夫，把学习成效转化为履职担当的强大力量，用实际行动履行好人大肩负的政治使命。主题教育以来区人大常委会党组和机关支部合计开展集中学习研讨13次，研讨发言人数40余人次。专题党课7次，撰写调研报告12篇，班子及班子成员共梳理问题77个，提出思路举措77条。

（三）始终坚持党的领导。常委会坚持把党的领导贯穿人大工作始终，落实到各个环节、各项工作中。坚持向区委请示报告制度，定期向区委报告常委会工作，及时向区委请示重点领域监督、重大事项决定和人事任免工作，始终把人大工作置于党的全面领导之下，使人大工作安排和具体措施充分体现区委的决策要求。深入贯彻落实全面从严治党主体责任，切实抓好党风廉政建设，不断加强机关党组织建设。

二、聚焦中心服务大局，全心全意履职尽责

区人大常委会紧紧围绕区委的决策部署，以人民群众的利益需求为重点，以服务经济社会发展为第一要务，依法行使重大事项决定权、人事任免权、监督权等宪法和法律赋予的职责，全力服务珠山经济社会改革发展大局。

（一）注重实效，服务大局有新突破。依法决定重大事项。听取了珠山区政府驻地迁移可行性报告，批准了珠山区政府驻地迁移有关事项，为全区

提升服务能力和效率奠定了坚实的基础。批准了珠山区东片区道路工程PPP项目财政支出责任纳入珠山区财政中长期预算支出，推动了重大项目的顺利实施；认真进行人事任免。坚持党管干部与人大依法任免有机结合，严格按照法定程序任免国家机关工作人员，严格落实任命人员任前法律考试、任后向宪法宣誓制度，依法开展人事任免工作，一年来共依法选举产生区人大常委会主任1名，区政府副区长2名，区政府组成部门负责人12名，区人大干部7名，法检两院干部9名，实现了党委意图与人民意志的有机结合；扎实推进重点工作。坚持监督与支持相结合，组织代表对全区环境状况和环境保护目标完成情况、脱贫攻坚情况进行调研，听取了区政府关于环境状况和环境保护目标完成情况、脱贫攻坚情况的汇报，对环境保护和脱贫攻坚工作提出了合理化的意见建议，在污染防治工作中贡献人大力量。在精准脱贫工作中，区人大常委会按照区委统一部署，开展"一对一"帮扶，选派第一书记驻村，下拨扶贫资金，切实做好帮扶村的扶贫工作。积极融入建设国家陶瓷文化传承创新试验区工作当中，依托代表领域广、业务精的优势，做好视察和调研工作，为试验区建设建言献策。

（二）突出重点，服务发展有新突破。突出经济运行质量，加强经济运行监督。听取和审议了珠山区2019年上半年国民经济和社会发展执行情况的报告，2018年财政决算和2019年1至6月份财政预算执行情况报告，审查批准了2018年财政决算，及时分析和查找经济运行中出现的困难和问题，并提出符合实际、操作性强的意见和建议。对审计查出问题整改落实情况进行跟踪督查，听取了区政府2017年预算执行和其他财政收支情况的审计查出问题整改工作报告，以及区住建局和区司法局部门预算执行情况及部门预算审计查出问题整改情况报告，并对整改情况进行了满意度测评，切实加大对审计查出问题的整改力度。突出司法公平公正，加大行政执法检查力度。支持和督促"一府一委两院"依法行政、公正司法，积极营造良好的法治环境。组织委员和部分人大代表全程参加了区法院扫黑除恶的庭审大会，听取区法院关于扫黑除恶专项工作情况汇报，切实维护人民群众的切身利益。组织开展了社区矫正工作调研，听取了区政府关于社区矫正工作情况汇报，对社区矫正工作提出了加强矫正人员管理、多渠道解决就业问题的意见建议，推动社区矫正工作步入良性发展轨道。突出依法行政监督，深化部门工作评议。听取和审议了区卫健委、区司法局、区科技局、区农业农村和水利局、区国资公司等多个部门单项工作情况汇报。在区人大常委会上对区商务局、区文广新旅局、区退役军人事务局、区城市管理局等4个部门主要负责人进行述职和满意度测评，增强了政府部门的法治意识、公仆意识，有力促进了部门改进作风、履职尽责。

（三）聚焦民生，服务保障有新突破。开展环保行活动。以"关爱生命健康、保障城乡饮水安全"为主题，组织代表深入竟成镇银坑村视察河道整治和新建屠宰场建设情况，并督促政府制定河道整治长效管理机制，加强日常监管，按时交付。积极参与昌江流域县（区）水环境和水资源保护工作，为昌江河保护工作建言献策。开展林地保护和发展工作调研。听取了区政府关于林地保护工作的情况汇报，督促建立健全乡村林长制工作机制，加大森林资源保护发展力度。开展民营医疗机构规范管理工作调研。听取了区政府关于民营机构规范管理工作情况汇报，实地察看了仁德康复医院，督促相关部门进一步将医保政策向基层医疗机构倾斜。建立联席会议制度，形成工作合力，加大对违法行医行为打击力度，净化医疗市场。关注困难群众生活救助工作。通过召开座谈会、走访部分困难群众以及实地视察竟成镇养老院等形式，全面了解我区困难群众生活救助工作，督促加大低保动态管理力度，做好医疗救助同步结算，对加强基层救助队伍建设、推动救助政策信息共享等方面提出了意见建议，切实做好困难群众生活救助工作。高度关注居家养老服务工作。区人大常委会领导特别关注老有所养问题，关心居家养老项目建设，带领相关部门赴杭州、南京、长沙、南昌等地进行调研，汲取先进经验，统筹协调，多部门联动，引进外地成熟模式，为我区开展居家养老工作科学谋划。

三、搭好服务保障平台，充分发挥代表作用

始终坚持代表工作是人大工作的生命线，始终把发挥代表作用作为履职的基础，支持和保障代表依法履职，激发代表工作活力。

（一）搭建学习平台，多层次组织开展学习，让代表履职有"方"。以学习研究宣传贯彻习近平总

书记关于坚持和完善人民代表大会制度的重要思想专题学习活动为主线,借助省人大讲堂、各代表团活动和代表进联络站活动等契机,全面组织代表深入学习习近平新时代中国特色社会主义思想和关于人民代表大会制度的重要思想,逐步形成了分级组织、层层学习的学习机制,不断用新思想来武装代表头脑、指导代表履职尽责,为代表履职指明方向。

(二)搭建履职平台,多角度提升服务功能,让代表履职有“家”。按照“学习之家、履职之所、活动之地、凝心之寓”的功能定位,对全区镇街人大代表联络站和村(社区)人大代表联络室进行了全面的检查,切实按照标准打造人大代表联络站(室),加强人大代表联络站(室)软硬件设施建设,提升服务功能,逐步成为社情民意收集点、政策法规宣传点、社会矛盾调处点、群众意见转办点、履职经验交流点。目前,已对2名全国人大代表、8名省代表、70名市代表、全部区代表编组,统筹安排到各个人大代表联络站(室),实现常态化接待选民工作,让代表履职有“家”。

(三)搭建活动平台,多方位组织开展活动,让代表履职有“为”。积极配合上级人大在我区开展视察调研工作,先后协助上级人大来我区就《中华人民共和国义务教育法》《江西省义务教育条例》《中华人民共和国海关法》以及乡村旅游扶贫情况进行视察调研,并对《江西省红十字会条例征求意见稿》进行了意见收集。精心组织好每季度代表团活动,采取规定动作和自选动作相结合的方式,明确每次代表团活动主题和内容,切实加强代表团季度活动的指导。认真组织好代表进站活动,对代表活动提前沟通谋划、提前预约、提前公布,不断丰富代表进站活动形式和内容,切实拉近代表与选民之间的距离,提升代表进站履职的归属感。2019年,我区代表联络站(室)进站代表开展活动160余批次,220余人次,接待选民600余人次,组织开展了知识讲座、助力“双创”、扶贫济困等活动,解决了与群众生活息息相关、实实在在的问题,代表履职更有作为。

(四)搭建建言平台,多形式办理意见建议,让代表履职有“效”。以促进经济社会和谐发展、快速发展、高质量发展、跨越式发展为目标,坚持常委会领导领衔督办和各专委办分口督办相结合,加强对建议质量和办理质量的双向监督。区十届人大四次会议期间,代表们在走访选民和深入调研的基础上,共提出推动和促进我区经济社会发展的意见建议20件。各承办单位强化举措、积极办理。并通过书面征询、电话征询、走访座谈等形式,按时答复代表,获得了代表的一致好评,答复率达100%,满意率达100%。其中:14件已办结,办结率70%。

四、不断提升履职能力,持续加强自身建设

着眼于新时代人大工作新特点、新要求,努力打造一支政治素质高、履职能力强、整体形象好的人大干部队伍,推动人大工作与时俱进、创新发展。

(一)以学习交流为渠道,丰富学习教育形式,提升工作能力。常委会机关始终把学习摆在重要位置,利用人大讲堂、“学习强国”、江西网络干部学院等平台,通过党组会、主任会和常委会经常性开展业务理论、法律知识和社会主义核心价值观学习,不断丰富知识储备,优化知识结构,增强业务本领,提升履职能力。不断加强机关党组织建设,认真落实“三会一课”制度,强化党员干部队伍的政治建设、思想建设、作风建设,强化示范引领作用。同时,注重对外联系和横向交流,先后同宜春市人大、江苏连云港市灌南县、安徽芜湖市镜湖区、瑞金市等人大开展访问交流,相互学习、共同进步,使人大干部不断适应新形势、承担新任务、符合新要求。

(二)以机构改革为契机,优化工作机构设置,明确职责分工。根据中央机构改革精神和新时代人大工作要求,结合我区实际情况,设立了社会建设办公室,将内务司法办公室更名为监察和司法办公室,调整了职责和分工,厘清了职能和责任,为人大更好地履职尽责提供了组织保障。同时,根据政府组成部门的改革到位,调整了常委会班子成员分工及各委办对口联系部门,为人大常委会机关有序、无缝衔接工作奠定了基础。

(三)以廉洁从政为目标,加强纪律作风建设,树立良好形象。认真贯彻全面从严治党要求和中央八项规定精神,严守政治纪律和政治规矩,强化“一岗双责”,落实“两个责任”。组织学习党纪党规和相关典型案例通报常态化,开展廉政谈话,加强党性锻炼,筑牢思想防线。强化领导干部带头,践行群众路线,通过视察调研、联系指导、走访慰问等形式,密切联系和服务基层群众。修订完善机关制度,强化机关管理,改进工作作风,树立务实高效的

良好形象。

各位代表，自新冠肺炎疫情发生以来，在区委的坚强领导下，区人大常委会全体人员和全区人大代表切实履行岗位和代表职责，恪尽职守，无私奉献。常委会班子成员第一时间到挂点街道进行帮扶指导，督促指导街道社区疫情防控工作，并积极走访调研挂点企业疫情防控和复工复产工作。区人大机关干部下沉到挂点社区参与疫情防控工作，向居民群众普及疫情防控知识，在网格和路口站点协助社区进行封闭式管理，机关支部组织全体党员开展捐款。各级人大代表充分发挥来自各行各业的优势，主动担起社会责任、代表职责，慷慨解囊，捐款捐物，为疫情防控贡献力量，充分体现了人大代表的担当。

过去一年区人大常委会所取得的成绩，是区委坚强领导的结果，是“一府一委两院”密切配合的结果，是区人大常委会组成人员、全体人大代表和机关工作人员共同努力的结果，是全区人民和社会各界大力支持的结果。在此，我谨代表区十届人大常委会，向大家表示崇高的敬意和衷心的感谢！

回顾2019年以来的工作，我们也清醒地认识到，区人大常委会的工作与宪法和法律赋予的职责、与党的新要求和人民群众的新期盼还有一定差距：一是回应社会关切，在增强监督工作刚性、督促审议意见落实、推动问题解决方面还需持续发力；二是回应代表履职需求，在加强服务保障、推动建议办理落实、更好地发挥作用方面还需继续努力；三是应对新形势新问题，在理论水平、专业素养、依法行权方面还需不断提升。为此，区人大常委会将积极采取措施、努力改进工作，更好地依法履职。

二〇二〇年工作安排

2020年是全面建成小康社会和“十三五”规划的收官之年，也是景德镇国家陶瓷文化传承创新试验区建设的开局之年、关键之年，做好今年工作意义重大。区人大常委会工作的总体要求是：以习近平新时代中国特色社会主义思想为指导，全面贯彻落实党的十九大和十九届二中、三中、四中全会精神，深入学习贯彻习近平总书记关于坚持和完善人民代表大会制度的重要思想以及视察江西重要讲话精神，增强“四个意识”、坚定“四个自信”、做到“两个维护”，在区委的坚强领导下，紧扣全面建成小康社会目标任务，坚持稳中求进工作总基调，坚持新发展理念，坚决打赢三大攻坚战，做好“六稳”工作，落实“六保”任务，积极参与景德镇国家陶瓷文化传承创新试验区建设，牢记党和人民寄予的殷切期望，忠实履行宪法和法律赋予的神圣职责，着力服务发展大局、积极回应社会关切，推动高质量跨越式发展，用实干擦亮国际瓷都对话世界的窗口。根据这一总体要求，着重做好以下四个方面的工作。

（一）把坚持党的领导作为人大工作的内在要求，全面贯彻落实区委决策部署。保持正确的政治方向。把党的领导贯穿于人大依法履职的全过程、落实到人大工作各方面，树牢“四个意识”、坚定“四个自信”、坚决做到“两个维护”，牢牢把握人大工作正确的政治方向，勇于担当、敢于作为、善于创新，以求真务实作风坚决把党委的各项决策部署落到实处；维护区委核心地位。紧紧围绕区委重大决策部署，依法行使人大监督职权。严格执行重大问题、重要事项向区委请示报告制度，主动将人大工作置于区委中心工作去思考、去谋划、去推进，确保人大与区委思想同心、目标同向、行动同步，切实当好区委重大决策部署有效落实的践行者和保障者；突出党管干部原则。坚持党管干部与人大依法任免相统一，实现党委意图与人民意愿高度契合。进一步规范任前法律考试制度，严格落实宪法宣誓制度，促进任命人员增强宪法意识和法律意识。

（二）把宪法赋予的职责作为人大工作的性质定位，着力促进珠山高质量发展。着力推动经济发展。围绕全区经济高质量跨越式发展，以积极参与国家陶瓷文化传承创新试验区建设为主线，继续加强对计划、预算、决算等法定项目的审查监督，重点关注财税体制、国有资产管理、产业扶持、重大项目建设费用使用、审计查出的突出问题的整改等方面监督，代表人民管好“钱袋子”。推进人大预算联网监督，开展对预算决算的全口径审查和实现对预算执行的全过程实时在线监督，增强审查监督的有效性，提升人大预算审查监督水平。着力促进民生改善。继续围绕“三大攻坚战”“双创双修”的全面推进，坚持“问题引导监督、监督解决问题”的工作思路，围绕人民群众最关注的现实问题依法加强监督，推动惠民政策落实，切实办好重点民生实事项目，补齐民生领域的短板。开展对文化旅游、环境整治、食品安全、棚户区及老旧小区改造等改善民生问题的调研和视察,听取相关工作情况汇报,不断满足人民群众对美好生活向往的需要。着力推进民主法治。强化对法院、检察院和人民调解工作的监督,关注扫黑除恶专项斗争工作开展情况,维护社会和谐稳定,促进司法公平公正。加强规范性文件备案审查工作,做到“有件必备、有备必查、有错必纠”。

(三)把密切联系群众作为人大工作的本质属性,保障人大代表依法履职。让代表履职能力“强起来”。完善代表学习培训制度,定期通过组织代表培训,加强对人大代表闭会期间活动的组织和指导,不断增强代表依法履职能力和水平。建立健全代表履职档案库,探索建立代表履职激励约束机制,切实增强代表的荣誉感和责任感。让代表履职渠道“宽起来”。继续抓好代表联络工作站(室)建设和管理,加强对已建代表联络工作站(室)的管理和提档升级,着力把代表联络站(室)打造成为代表的宣传阵地、学习园地和履职场地。继续深化“三联系”工作制度,进一步密切与人大代表和人民群众的联系,发挥代表在了解民情、反映民意、集中民智方面的独特作用,使人大工作更接地气、更得民心、更具活力。让代表履职热情“高起来”。从提建议的质量、督建议的力度、办建议的效果入手,引导代表提出更多紧扣区委战略、推进政府工作、体现民生诉求的高质量议案建议。抓好建议分类交办,加强和改进建议督办工作,强化跟踪督办力度,不断提高办理工作的实效和质量,推动议案建议真正从“纸上”落到“地上”,不断提高代表建议办结率和满意度。

(四)把完善工作制度作为人大工作的规范基础,全面加强人大系统自身建设。注重思想教育。巩固拓展“不忘初心、牢记使命”主题教育成果,持续深入学习贯彻习近平新时代中国特色社会主义思想,特别是习近平总书记关于坚持和完善人民代表大会制度的重要思想,在学思践悟中坚定理想信念,在力学笃行中践行初心使命,在奋发作为中体现忠诚担当。注重能力提升。全面对标全国、省市人大工作新部署新要求,健全和完善人大工作制度,使人大各项工作依法有章可循,推动人大工作制度化、规范化、科学化。加大调查研究,密切与人民群众的联系,注重实践锻炼,增强改革创新、依法履职的本领,激发人大干部工作活力。坚持“走出去”,积极学习借鉴兄弟县区人大的好经验好做法,准确把握新时代人大工作的特点规律,持续不断在务实和创新上做文章,在坚持和巩固上下功夫,在完善和发展上花力气,努力开创人大工作新局面。注重廉政建设。认真履行党风廉政建设主体责任,筑牢拒腐防变思想防线,树立人大干部清正廉洁的良好形象。持续推进作风建设常态化,坚决防止“四风”反弹回潮,贯彻落实中央八项规定精神,带头执行中央和省市区委作风建设各项规定,严格自律,率先垂范,打牢作风建设的基础。

各位代表,“只争朝夕,不负韶华”。让我们在中共珠山区委的领导下,不愧伟大时代,不负人民重托,以更加坚定的理想信念,更加强烈的使命担当,凝心聚力、奋力前行,为珠山全力实施“三个五”战略行动,建好景德镇国家陶瓷文化传承创新试验区,擦亮国际瓷都对话世界的窗口,做出新的更大的贡献!

珠山区政府工作报告

——珠山区第十届人民代表大会第五次会议

珠山区人民政府区长 罗文军

（2020年5月18日）

各位代表：

现在，我代表区人民政府向大会报告工作，请予审议，并请各位政协委员和列席会议的同志提出宝贵意见。

一、2019年工作回顾

2019年，是珠山担当实干、奋进收获的一年，也是充满机遇和挑战的一年。我们坚持以习近平新时代中国特色社会主义思想为指引，全面学习贯彻党的十九大和十九届二中、三中、四中全会精神，在市委、市政府和区委的正确领导下，坚持稳中求进工作总基调，积极参与景德镇国家陶瓷文化传承创新试验区建设，主动作为、锐意进取，全力推进经济高质量跨越式发展，较好地完成了区十届人大四次会议确定的各项目标任务。2019年实现生产总值218.06亿元，增长7.7%；财政总收入22.3亿元，增长5.53%；一般公共预算收入6.92亿元，增长2.36%；规模以上工业增加值增长5.1%；固定资产投资增长10.5%；社会消费品零售总额139.45亿元，增长11%；实际利用外资2135万美元，增长6.1%；城镇居民人均可支配收入增长8%。

一年来，我们主要做了以下工作：

（一）转型升级不断深化，产业发展取得新成效。服务业发展品质持续提升，35家整车物流企业落户众云物流科技平台，佛山“众陶联”公司等15家陶瓷总部经济企业签约落户，全年新增总部经济企业55家，实现税收3.24亿元。九集小镇项目和隐居、既下山、柒竹等知名民宿企业落地，三宝国际瓷谷获评全省商业旅游文化融合发展示范区。文化与产业融合发展，倾力打造12家“书香珠山·城市文化会客厅”，联合江西广播电视台组织开展“江山多娇·我和我的家乡：古镇珠山”直播宣传推介活动，举办珠山区文化旅游推介会、第五届三宝论坛等系列文旅活动，马鞍岭村上榜“2019年中国美丽休闲乡村”。“3个100设计工程”稳步实施，78个创意设计产品先后投入市场，洛客公司产品“胶囊杯”获评德国“红点奖”，兴航科技公司被认定为省军民融合企业项目，万向底盘公司获批省“一企一技”技术成果产业化项目。房地产业完成税收4.18亿元，增长56.2%，陶阳·菁华轩（一期）项目顺利实施。新增入库“四上”企业49家，总量和增速连年保持全市前列，经济发展后劲不断增强。

（二）“双创双修”不断推进，城乡环境焕发新面貌。持续改善城乡人居环境，为我市顺利通过全国文明城市、国家卫生城市年度测评，发挥了主战场的担当，贡献了主力军的力量。实施凤凰山东、西两侧，老陶院周边，中华北路御窑片区棚改项目，共征收房屋3155户、面积57万平方米，征收户数占全市总量的41.32%。有序推进162条背街小巷、86个老旧小区改造提升工程，东片区新厂东路、何家桥路2条改造提升道路实现通车，珠山新区道路网络已经基本形成。积极推进国家生态文明试验区建设，关停“散乱污”企业15家，清理固废堆积点6处，清除黑臭水体2800余处，安装油烟净化设备800余台，气、水、土等主要环境指标稳定改善，污染防治攻坚战取得较好成效。深入推行“公安+城管”模式，率先在全市打造了28条市容环境“示范路”。常态化开展“五小”行业联合执法行动，708家小餐饮、小食杂店完成提档升级，行业面貌有效提升。推进农贸市场精细化、常态化管理，昌河农贸市场获评四星级农贸市场。实施小区优化行动，国有物业管理公司平安礼物业入驻小区10个，服务住户5600户、15000余人。巩固深化“禁燃”攻坚战成果,在全市率先启动垃圾分类试点工作。持续保持打击“两违”高压态势,全年拆除“两违”面积5.2万平方米。“大棚房”整治工作圆满完成,违建别墅清查整治有序推进。12个新农村建设项目顺利完工,农村改厕工作全面完成,卫生厕所普及率达100%,生活污水明沟直排得到有效管控,文明农户示范引导作用充分发挥,村容村貌和乡风文明得到显著提升,竟成镇蝉联“中部地区百强乡镇”。

(三)改革开放不断扩大,经济社会增添新活力。深化“放管服”改革,“赣服通”珠山分厅上线运行,让“百姓少跑腿、信息多跑路”。修订完善区政务服务事项清单,规范镇(街道)、村(社区)政务服务事项,全面推进延时错时预约服务。启动新行政服务中心、珠山区发展中心项目建设,提升行政服务效能。深化“降成本、优环境”专项行动,认真落实减税降费政策,减轻市场主体税费4.1亿元。鼓励支持创新创业,发放创业担保贷款5200多万元。用好用活“财园信贷通”“百福物流贷”政策,帮助45家企业融资2.2亿元,有效化解企业融资难、融资贵问题。大力推进企业登记注册全程电子化,全年新注册企业1300余家,有效激发了市场活力。区国资公司资产规模达到30亿元,全年完成融资10亿元,为城市建设提供有力支撑。招商引资持续用力,先后赴长春、柳州等整车物流企业聚集区和潮州、佛山等陶瓷主产区开展招商引资,引进落地一批经济效益好、牵引带动力大、契合我区发展定位的企业。积极参加“江西省赣深产业推介会”“第二届中国国际进口博览会”等系列招商引资活动。全年引进内资45亿元,引进并落地1000万元以上的项目49个。

(四)民生福祉不断增进,社会事业实现新跨越。坚持发展成果共建共享,人民群众的获得感、安全感、幸福感进一步增强。脱贫攻坚取得决定性进展,“两不愁三保障”突出问题妥善解决,7个产业扶贫项目按时完工,4户9名贫困人口如期实现高质量脱贫。民生保障进一步夯实,新增城镇就业4700余人,城镇就业率达96.6%,城镇“零就业”家庭安置率达100%。实施城乡医疗救助3万余人次,医保实现全覆盖,区妇幼保健院搬迁改造提升工程如期完工,医疗保障体系不断完善。按时足额发放职工养老金5.15亿元,及时发放临时物价补贴180余万元。完成食品、药品抽检600余批次,查处违法违规案件15起,切实保障人民群众“舌尖上的安全”。新招聘教师46名,69名教师交流轮岗,新增义务教育阶段学位5220个,陶阳学校、陶新小学、第十七小学分校、珠山实验幼儿园4所新建学校交付使用,教育事业实现高质量发展。新建景城名郡、尚东国际长者之家养老服务中心,在童街村、银坑村、新厂村、方家山村打造“瓷都爱心食堂”,塑造珠山养老服务品牌。深入推进退役军人服务保障体系建设,高标准、规范化建成70余个退役军人服务中心(站),发放优待抚恤金700余万元。纵深推进扫黑除恶专项斗争,打掉黑社会犯罪组织2个,黑恶势力犯罪集团8个,恶势力犯罪团伙6个,查处黑恶势力“保护伞”问题4起10人。充分运用“百姓说事”平台,加快化解信访积案。扎实开展“双拥”工作,加强民兵队伍建设,获评省“征兵工作先进单位”。扎实开展应急管理、安全生产和防灾减灾救灾工作,昌江广场社区获评全国综合减灾示范社区,连续十七年未发生重大安全生产事故,全区社会大局持续保持和谐稳定。

(五)自身建设不断加强,政府效能得到新提升。深化法治政府建设,加强行政执法人员管理,做好行政复议和行政应诉工作,区信访局长荣获全国“人民满意的公务员”。办理人大代表建议26件、政协提案81件,办复率均达100%。扎实防范金融风险,按时偿还年度政府债务5.01亿元,政府债务风险总体可控。深入贯彻落实中央八项规定精神,全年压缩公用经费404万元。强化工程项目审计监督,全年核减资金3000余万元,高效规范使用财政资金。持续开展“五型”政府建设,深入整治“怕、慢、假、庸、散”作风问题,积极参与江西广播电视台《党风政风热线》(珠山)直播节目,妥善解决群众关心的热点难点问题。此外,人防、节能、史志、金融、外事侨务等工作获得新进展,老龄、工会、团委、妇联、工商联、残联、红十字、档案、慈善事业和关心下一代工作取得新成绩。

面对突如其来的新冠肺炎疫情,我们闻令而动,在全市乃至全省率先储备防疫物资,关停住宿、餐饮、农贸市场等场所,启用医学留观点,上线疫情防控App,隔离所有境外人员,免费“双查”重点地区来景到区人员,组织70%以上区直干部职工下沉防疫一线,除早期4例输入性确诊病例外,实现了零疑似、零感染、零新增,为我市在全省确诊病例最少、病例清零最早贡献了珠山力量,确保了珠山区山河无恙、家和人安。

在确保疫情防控持续向好态势不断巩固的前提下,我们坚持一手抓疫情防控、一手抓经济社会发展,因时因势调整工作举措,严格落实分区分级精准复工复产要求,实行区四套班子领导挂点帮扶重点企业和重大项目制度,落实“一企一策”“一项目一方案”,为有需求的企业提供外地返岗员工临时住宿点,提供一对一、店小二式服务,减免税费、房租7218万元,切实保障了经济社会发展大局稳定。

在此,我代表区政府,向奋战在疫情防控一线的广大党员、干部、群众,特别是医务工作者、社区工作者、政法干警、基层干部,向自觉服从防控需要、主动投身疫情防控斗争的全区人民,表示崇高的敬意！向区人大代表和政协委员,向各民主党派、工商联、各人民团体和各界人士,向驻区部队、单位和离退休老同志,向积极投身珠山建设的“景漂”“景归”人才,向所有关心支持珠山发展的朋友,表示衷心的感谢!

各位代表,一年多来,我们走过了极不平凡的历程,取得了来之不易的成绩,这是区委科学决策、正确领导的结果,是区人大、区政协有效监督、鼎力支持的结果,也是全区上下干部群众团结拼搏、共同奋斗的结果!

同时,我们也清醒地看到,我区经济社会发展还存在诸多短板不足、问题挑战,比如:受疫情冲击影响,经济下行压力持续加大;统筹政府债务风险防控和项目建设资金筹措的能力还有不足;工程管理、招商引资、经营管理类人才亟须培养补充;政府工作人员执行力有待进一步提升;等等。对这些问题,我们将高度重视,以百折不挠的精神、迎难而上的勇气,切实加以改进。

二、2020年工作安排

2020年是决胜全面建成小康社会、决战脱贫攻坚和“十三五”规划的收官之年,也是景德镇国家陶瓷文化传承创新试验区建设的开局之年。做好今年工作,意义特别重大。虽然短期内这次疫情对我区经济社会发展造成了一定程度冲击,但总体看我区经济长期向好的基本面没有改变,我们要牢牢把握“化危为机”的机遇导向,坚持干字当头、行动至上,用数据说话、用结果说话,绝不辜负市委、市政府、区委的殷切期盼!

今年区政府工作的总体要求是:以习近平新时代中国特色社会主义思想为指导,全面贯彻党的十九大和十九届二中、三中、四中全会以及中央经济工作会议精神,深入贯彻习近平总书记视察江西重要讲话精神,增强“四个意识”、坚定“四个自信”、做到“两个维护”,认真落实省委、省政府工作要求,深入贯彻市委、市政府工作部署,紧扣全面建成小康社会目标任务,坚持稳中求进工作总基调,坚持新发展理念,坚决打赢三大攻坚战,做好“六稳”工作,落实“六保”任务,积极参与景德镇国家陶瓷文化传承创新试验区建设,全力实施“三个五”战略行动,推动高质量跨越式发展,用实干擦亮国际瓷都对话世界的窗口。

综合各方面因素,建议2020年全区经济社会发展的主要预期目标为:地区生产总值增长8%左右;财政总收入增长6%;规模以上工业增加值增长6%左右;城镇固定资产投资增长10%左右;社会消费品零售总额增长10.5%左右;实际利用外资增长6%左右;城镇居民人均可支配收入增长8%左右;节能减排完成市下达的计划任务。

为此,我们将着重做好五个方面工作:

(一)突出工作主线,积极参与景德镇国家陶瓷文化传承创新试验区建设。围绕“两地一中心”战略定位,重点建设与珠山区密切相关的项目,以重点突破带动全域发展。

加强陶瓷文化保护传承。加大对老城区整体保护力度,全力支持陶文旅集团推进以御窑厂遗址公园为核心的陶阳里历史街区和陶溪川文创园区集中连片保护利用。实施老鸦滩艺术社区改造项目,注重对瓷板画生产创作产业链的传承保护,打造“中欧城市实验室”示范工程。加强手工制瓷非物质文化遗产代表性传承人队伍建设,壮大“过手七十二”分工合作的传承人群体。大力弘扬陶瓷文化,深入挖掘“景漂景归故事”,积极实施陶瓷文化“三个一”工程,培育珠山文化艺术精品。

推动陶瓷产业创新发展。大力发展陶瓷工业设计产业,力争洛客设计谷主场馆瓷博会前投入使用,推动人文、科技、设计、时尚等元素与陶瓷深度融合。全力支持陶文旅集团打造陶溪川网红直播基地,选拔年轻干部组建数字经济创新团队,以数字技术为陶瓷产业赋予新动能。加强与北京网库、大龙网等知名电子商务企业合作,做实做大陶瓷电商运营平台、陶瓷海外集采中心。积极配合实施老厂区改造项目,大力招引陶瓷文创企业,丰富完善商业业态,活化工业遗产资源。实施好传统手工技法制瓷增值税简易征收等政策,加快陶瓷作坊转企、小微企业升规、龙头企业壮大。

培育文化旅游全新业态。以2021年全省旅发大会在我市召开为契机,积极创建省级全域旅游示范区,加快实施古街改造提升项目,积极支持参与陶阳里、陶溪川、东市区等重点区域开发建设。探索成立陶瓷文化研学联盟,建设一批全国陶瓷文化研学实践教育基(营)地。充分发挥三宝国际瓷谷独特的文化和生态资源优势,大力发展民宿集群、大健康产业项目,规划精品旅游线路,打造沉浸式旅游新业态,力争成功创建国家AAAA级旅游景区、省级文化和旅游产业融合发展示范区。

(二)突出"双创双修",奋力实现城市功能品质和市民文明素养再提升。

以背水一战的决心打好创文创卫攻坚战,让城市更加宜居宜业,让市民更加幸福满意。

推进基础设施提升。高标准改造提升173条背街小巷,在达到"水通、路平、墙美、灯亮、线齐、窗明、畅通"的基础上,更加突出文化传承和建管结合。全面完成3.4万户老旧小区改造提升任务,在完善基础设施和配套服务设施的同时,注重引导成立业主委员会,健全物业管理联动机制,提高居民生活质量。完成1092户棚户区改造任务,新建观英农贸市场、朝阳路农贸市场、景东招商场3个城区市场,进一步优化城市空间布局。继续实施南河水系整治和生态修复工程、三宝国际瓷谷水系改造水环境整治项目。加快推进景德大道延伸段、珠山新区道路建设,畅通路网系统循环。

加强城市精细化管理。深化"严执法、治乱象、护民生、树新风"城区环境专项整治八大执法行动。开展屋顶"脏乱差"、城镇"防盗窗"、线缆"乱拉线"等"十乱"问题专项整治,常态化开展洗城行动,持续提升市容市貌。推进黑臭水体治理,加强环卫外包考核,提升环卫作业质量,加快城乡环卫一体化、垃圾分类试点工作向全域推进。全面提升农贸市场管理水平,推进市场经营服务中心、城管、市监等部门联合管理服务。突出重点区域场所,完善病媒生物防治网格,持续加大"六小"行业整治力度,巩固"禁燃"攻坚战和旱厕清零成果。坚持落实"路长制",大力开展"小手拉大手"和"健步走·美生活·护平安"等文明创建活动。广泛开展志愿者服务,充分发挥基层网格员作用,项目化实施校园食品安全整治、南河清河行动等30项文明城市创建行动,提升文明素养,培育文明新风尚。

加大城乡融合发展力度。加快推广马鞍岭乡村振兴"三个三"模式,规范管理农村集体资产,加快发展农村集体经济,激发农业农村发展活力。完善"河(湖)长制""林长制",加快推进新厂李家水体治理和昌江河青塘段流域治理,统筹推进固体废弃物、"散乱污"企业、农业面源污染等综合治理,高质量推进国家生态文明试验区建设。持续开展农村人居环境整治三年行动,在银坑村、方家山村、小港咀村打造8个新农村建设样板点。推进村庄整治、垃圾污水治理、卫生厕所改造、长效管护等重点任务,实现整洁美丽、和谐宜居新农村建设目标。

(三)突出重点任务,全力发展壮大区域经济。因地制宜,做大做强发展平台,努力形成新而精、优且强的错位竞争优势。

持续做大发展平台。做大做强区投融资平台,加快完成珠山新区、昌飞老厂房、珠山区发展中心、三宝国际瓷谷土地资源和全区行政办公用房资产注入,做实区国资公司房地产、物业管理、文旅等主营业务,实现主营收入4亿元、新增融资15亿元、资产规模达到60亿元工作目标,争创AA级企业信用等级。启动实施三宝国际瓷谷旅游提升项目,在前期拆墙透绿工作的基础上,做到主干道精致、精细、精美,两侧里弄支线基础功能完善、文化氛围浓厚。优化三宝国际瓷谷管理服务机制,引导建立"现代版"村规民约,重塑创意自由、繁荣兴盛的"镇之初"。加快珠山新区基础设施建设,完善高端写字楼、精品酒店等配套设施,提高新区发展吸引力和承载力。

加大企业帮扶力度。刚性落实"省20条""市26条""区17条"等积极应对疫情稳定经济增长政策措施,引导国有金融机构服务小微企业,用好稳岗补贴、国有房屋租金减免及小微企业减税降费等扶持政策,保障产业链、供应链健康运转,帮助企业解决用工难、融资难等问题。持续优化营商环境,保护民营企业和企业家合法权益,做到无事不扰、有求必应。实施企业家能力"再造"工程,与知名高校合作建立培训机制,通过专家授课、标杆企业观摩学习,进一步拓宽企业家视野,提高企业核心竞争力。建立健全经济运行监测和定期协调机制,制定"一企一策"帮扶措施,促进企业稳产增收、做大做强,确保完成"四上"企业净增入库20家。

做强经济增长引擎。重点围绕陶瓷和整车物流总部经济平台开展精准招商,力争落地一批牵引带动力强的产业头部企业,加快形成集聚效应。打造数字经济产业园,出台《珠山区数字经济三年行动计划》。用好商会协会等资源,深化探索网络招商和驻点招商,不断提升招商引资专业化水平。牢固树立"项目为王"理念,紧密对接国家产业政策和投资方向,加强项目谋划储备,实施好27个年度计划投资35.3亿元的区级重点项目,千方百计强化要素保障。大力招才引智,加强与国内外高端智库团队合作,为"景漂""景归"人才提供更加贴心服务。

(四)突出民生改善,不断满足人民对美好生活新期待。抓实民生实事,发展社会事业,让全面建成小康社会成果更多更公平惠及全区人民。

办好民生实事。今年,将全力以赴办好涉及民生福祉的十件实事。1.完成173条背街小巷改造提升。2.完成3.4万户老旧小区改造。3.东片区3条道路、珠山新区6条道路全面完工。4.发放创业贷款5000万元,提供300个公益性岗位。5.珠山区发展中心、新行政服务中心投入使用。6.全区公办幼儿园在园幼儿达到50%,普惠性幼儿园覆盖率达到80%。7.对全区城乡贫困人口、特困人员和最低生活保障对象中21种重大疾病患者进行专项救治。8.新建3个养老服务机构、3个爱心食堂。9.改造提升10个社区办公服务场所。10.新建5处AAA级旅游厕所,新建改建10处城区公厕。

优化公共服务。推进养老服务体系建设发展三年行动,开工建设竟成养老中心项目,鼓励支持养老地产发展,增加社区嵌入式养老服务设施供给,实行特困失能人员集中照护和农村互助养老,加快塑造具有珠山特色的养老品牌。坚持"两不愁三保障"脱贫标准,完成全区206户634人贫困人口高质量脱贫摘帽,全面打赢脱贫攻坚战。加快实施一小、二十二小搬迁工程,深化全区教育事业高质量均衡发展。积极对接市直单位腾退办公用房,加大资源整合力度,优化升级党群活动中心,拓展公共服务空间。认真落实阶段性价格临时补贴工作,深入推进城市贫困群众脱贫解困。推进社保体系建设,落实社保扩面指标任务,提高社保覆盖面。在坚决做到"外防输入、内防反弹",慎终如始防控疫情的同时,不断健全公共卫生应急管理体系,切实提高应对突发重大公共卫生事件的能力和水平。完善社会救助、社会福利、慈善事业、优抚安置等工作。

创新社会治理。深化"放管服"改革,稳妥实施乡镇(街道)首批赋权清单认领工作,推进基层审批服务执法力量整合。扎实开展"七五"普法,深入实施"法律明白人"培养工程,充分发挥社会主义核心价值观、市民公约等社会规范作用,提高社会文明程度。按照"管理上收、服务下沉"原则,探索启动"区直管社区"改革试点,构建简约高效的基层管理体系。推进信访工作专业化、法治化、信息化、精细化建设,逐步实现"最多访一次"目标。纵深推进扫黑除恶专项斗争,着力铲除黑恶势力滋生土壤。完善应急管理和防灾减灾救灾体制机制,扎实开展安全隐患排查整治,构建立体化社会治安防控网络,持续营造安全稳定的社会环境。扎实做好国防动员、国防教育、国家安全、人民防空和防火灭火工作,争创全国双拥模范城"七连冠"。统筹抓好食品、药品、节能、史志、外事侨务等工作,推进老龄、工会、妇联、团委、红十字会、档案、残疾人工作不断进步。

(五)突出自身建设,切实保障政府工作高标准完成。强化政治定力,牢固树立"四个意识"、坚定"四个自信"、做到"两个维护",坚持把党的政治建设贯穿政府治理各领域各方面各环节。

厚植想干事的土壤。巩固深化"不忘初心、牢记使命"主题教育成果,建立健全主动作为、担当尽责、争先创优的绩效考核机制,用好用活及时奖励措施,为开拓创新者撑腰、为积极进取者鼓劲。强化责任制落实和过程管理,加强对区政府重大决策部署执行情况的督查考核,以钉钉子精神做实做细做好各项工作,切实提高政府执行力,用实际成效取信于民。

提高干成事的本领。持续加强作风建设,围绕新背景下经济社会发展,聚焦数字经济、工程建设、招商引资等课题,采取外出考察、跟班学习、集中培训等方式培养专业队伍,提高综合素质,强化履职能力。提倡干部在创新实干、攻坚克难中淬炼成长,增强应对各种复杂局面的驾驭能力和综合本领。

守住不出事的关口。严肃履行全面从严治党主体责任和"一岗双责",严格执行中央八项规定精神及实施细则,从严从紧控制"三公"经费。加强工程项目监管力度,建立健全内审机制。持之以恒正风肃纪,紧盯棚改征收、民生资金、工程建设、农村集体资产等关键领域,严肃查处侵害群众利益行为和腐败问题。

各位代表,非常之年呼唤我们奋发作为,特殊时期需要我们负重前行,唯有只争朝夕,才能不负韶华!让我们更加紧密地团结在以习近平同志为核心的党中央周围,高举习近平新时代中国特色社会主义思想伟大旗帜,在市委、市政府和区委的坚强领导下,全力实施“三个五”战略行动,积极参与景德镇国家陶瓷文化传承创新试验区建设,用实干擦亮国际瓷都对话世界的窗口!

注 释

1. 双创双修:“双创”指创建全国文明城市、创建国家卫生城市。“双修”指生态修复、城市修补。

2. “洛客”设计谷:位于三宝国际瓷谷中段,占地面积109亩,以创新设计为核心,打造全球创意文化新地标。

3. 一企一技:一个企业在近两年成功转化应用一项以上新技术成果,以结果和实效为导向,从转化应用环节鼓励引导专精特新中小企业开展科技创新。

4. 3个100设计工程:由洛客公司牵头,设计100个陶瓷产品、发布100个设计任务、引进100个设计师。

5. 两不愁三保障:农村贫困人口不愁吃、不愁穿,义务教育、基本医疗、住房安全有保障。

6. 两地一中心:国家陶瓷文化保护传承创新基地、世界著名陶瓷文化旅游目的地、国际陶瓷文化交流合作交易中心。

7. 过手七十二:七十二道手工制瓷工序。

8. 陶瓷文化“三个一”工程:以陶瓷文化为主题,启动创作一首歌曲、一部影视剧、一本书。

9. “六小”行业:小餐饮店、小浴室、小美容美发、小歌舞厅、小旅店、小网吧。

10. 马鞍岭“三个三”模式:三权分享、三股分红、三手合力。“三权”指所有权、承包权、经营权;“三股”指资金股、资源股、技术股;“三手”指政府有形之手、市场无形之手、群众勤劳之手。通过“三个三”模式,努力实现特色产业旺起来、村级集体经济活起来、农民群众富起来的目标。

11. “六稳”工作:稳就业、稳金融、稳外贸、稳外资、稳投资、稳预期。

12. “六保”任务:保居民就业、保基本民生、保市场主体、保粮食能源安全、保产业链供应链稳定、保基层运转。

13. 一岗双责:一个单位的领导干部对业务工作和党风廉政建设负双重责任。

中国人民政治协商会议
景德镇市珠山区第八届委员会常务委员会
工作报告

——2020年5月17日在政协珠山区第八届委员会第五次会议上

珠山区政协副主席 吴 云

各位委员、同志们:

我受政协珠山区第八届委员会常务委员会的委托,向大会报告工作,请各位委员审议,并请列席会议同志提出意见。

2019年工作回顾

2019年是新中国和人民政协成立70周年,也是建设景德镇国家陶瓷文化传承创新试验区的开局之年。一年来,区政协常委会高举习近平新时代中国特色社会主义思想伟大旗帜,深入学习贯彻落实习近平总书记关于加强和改进人民政协工作的重要思想,在市政协的有力指导和区委的坚强领导下,按照省、市、区党代会的总体部署,牢牢把握团结和民主两大主题,坚持围绕中心、服务大局,与时俱进、开拓创新,认真履行政治协商、民主监督、参政议政三项职能,各项工作取得了新的成绩。

一、不忘初心、坚定方向,政治基础更加牢固

政协常委会始终坚持党对政协工作的全面领导,坚持以理论学习为先导,以政治建设为统领,自觉服务发展大局。

一是扎实开展"不忘初心、牢记使命"主题教育,区政协党组和广大党员干部深入学习实践习近平新时代中国特色社会主义思想,增强守初心、担使命的思想自觉和行动自觉,思想政治受到洗礼和锤炼,干事创业、担当作为的精气神得到了提振,积极解决群众盼望解决的问题,宗旨意识得到了强化;深入进行清正廉洁教育,涵养了风清气正的政治生态。据统计,主题教育期间,区政协开展集体学习15次,专题学习研讨5次,撰写学习心得30多篇,并深入基层进行了针对性调研20多次,使主题教育始终得以扎实推进。

二是坚持将经常性学习贯彻始终。以党组理论学习中心组学习为引领,以主席会议集体学习、常委会议专题学习、委员集中培训学习、机关党支部"三会一课"日常学习等相结合,准确把握习近平新时代中国特色社会主义思想精髓。认真学习新修订的宪法和政协章程,进一步明确履职的方向和目标。增强"四个意识"、坚定"四个自信"、做到"两个维护"。坚定不移地贯彻执行中央方针政策和省、市、区委关于政协工作的安排部署,自觉把思想和行动统一到党的决策部署上,确保政协工作方向更为明确,履职更有实效。

三是坚持始终把党的领导作为政协履职的根本,牢固树立"抓党建是本职,抓不好党建是失职"的理念,全面履行党组抓党建主体责任。把党的建设体现在各项履职实践当中,党组成员以身作则,率先垂范,党员干部严格要求,走在"一线"干在"一线",特别在各种急难险重的工作中,充分发挥党组织战斗堡垒作用和党员干部先锋模范作用。

二、紧贴中心,聚焦发展,协商议政广泛深入

按照市委提出的"党委真重视、政府真支持、政协真作为"的要求,区政协始终把"党委所想、政府所需、群众所盼"作为自己工作的落脚点,围绕中心履职尽责,感恩奋进。

一是围绕"如何建设好景德镇国家陶瓷文化传承创新试验区",区政协发挥人民政协人才荟萃、智

力密集优势,各专委会组成调研组以陶瓷文化遗存保护和利用等为议题,开展调查研究,并以“建设试验区,委员怎么干?”为主题召开座谈会,听取专家、委员意见建议,收集各类研讨文章40余篇。同时,充分发挥政协委员在本职岗位中的带头作用,鼓励支持政协委员积极投身景德镇国家陶瓷文化传承创新试验区建设,在本职岗位上当标兵、做表率、创一流、攀高峰,做大做强自己的事业,做精做优自己的工作,更好地融入大局、服务大局、贡献大局,以实际行动为推进我市试验区建设做出委员的一份贡献。

二是围绕我区经济工作,区政协精心选好协商议题,积极议政建言,提出许多建设性意见。如《大力推广“三个三”模式,发展城郊集体经济》《发挥珠山资源优势,打造精品旅游城区》等,不少建议在全区年度工作中得到采纳和体现,取得良好协商效果。

三是围绕精准扶贫和“双创双修”工作,区政协及其一班人积极作为,主动参与。在扶贫工作中,通过庆祝新中国成立暨人民政协成立七十周年之际举办的“脱贫攻坚”陶瓷作品义捐义购活动,共筹集资金16万余元,全部用于竟成镇扶贫工作。通过领导挂点制度,积极帮扶竟成镇昌江村开展精准扶贫,使贫困户得到了实惠,取得较好成效。在“双创双修”工作中,积极参与了路段、街道、社区迎国检督导巡查工作,取得了满意的效果。

三、形式创新,注重实效,民主监督扎实有力

聚焦改革发展难题、社会治理顽症、民生实事落实,积极推进民主监督落到实处。一是坚持以提案为抓手,并把其作为最直接最有效的民主监督形式。区政协八届四次会议以来,共立案交办提案47件。截至2019年年底,已全部办复完毕,办结率100%,满意率达到97%。提案工作呈现出党委重视、政府支持、政协主动、部门配合的良好局面。二是坚持把调研作为民主监督的重要手段,不断完善民主监督机制,通过组织政协委员紧扣全区工作部署的重点、重大项目推进中的难点、干部作风建设中的焦点和群众反映热点进行调研。去年推荐委员参与了政风行风评议、机关效能督查、棚改安置房分配、领导干部述职述廉等活动,民主监督方式更加灵活多元。三是广泛开展“大走访、大调查”活动,进一步收集社情民意信息,及时宣传区委、区政府的决策部署,做到上情下达、下情上报。通过走访调研,积极帮助反映道路畅通、城市基础设施建设等问题,助推相关问题得以妥善解决。

四、凝心聚力,增进团结,和谐氛围日益浓厚

密切加强联谊交流。注重拓展具有政协特色的工作领域,积极搭建政协系统资源平台,以珠山画院为平台,与新村街道奥林社区结对,共同打造社区文化站,通过进企业、进社区、进学校、进兵营等活动,取得了良好社会效果。同时,积极推进与其他省市政协的友好交往,全年共有广西钦北市、湖北襄阳市、浙江桐庐县20多个县区政协来我区学习考察,我们就加强社区体育设施建设、提升城区生活品质,推进区域内工业遗存保护利用,以及切实加强规范城市区域内车辆维修管理工作等议题进行了交流,并组织委员赴外地学习考察、交流探讨,促进了珠山与兄弟单位的联系交往。2019年9月份,省政协主席姚增科在出席市瓷博会之后还专门到我区三宝瓷谷视察,并对我区政协工作进行了调研,提出了要求。

认真开展文史编纂。经过一年多时间,通过走访调查、查阅资料、收集整理、编辑排版等工作,完成了口述景德镇,打造活的“城市文化博物馆”——《匠心之城》一书出版工作,使珠山这些宝贵的文化历史素材得以及时保护。

注重增进团结合作。邀请工商联、社会团体、协会组织、无党派人士参加调研视察活动,为他们参与政协活动畅通渠道。认真贯彻党的民族宗教政策,加强与民族宗教界人士的经常性沟通。密切与非公有制经济人士、其他社会阶层人士的联系。进一步做好理顺情绪、化解矛盾、凝聚人心、增进团结的工作,为促进发展汇聚了最广泛的力量。

五、夯实基础,提升素质,自身建设持续加强

围绕“有为、智慧、活力”的政协建设,狠抓政协委员和机关干部两支队伍建设,健全履职机制。严格遵守中央八项规定以及省、市、区委贯彻落实中央八项规定实施细则,认真学习贯彻《中国共产党纪律处分条例》和《中国共产党廉洁自律准则》,始终把党纪党规挺在前面。严格管控经费开支,各类活动厉行勤俭节约,杜绝迎来送往,相互宴请。班

子成员按规定如实报告个人重要事项。

树牢“委员强则政协强”的理念，着力提升委员履职能力。一年来，政协委员在各条战线上奋力拼搏，勇当标兵，各行各业捷报频传。如蔡文娟、陈菊荣两位委员分别荣获江西省巾帼建功标兵和江西省三八红旗手荣誉称号，陈繁国委员荣获中国（北京）国际精品陶瓷展览会暨第八届“大地奖”陶瓷创作创新设计大赛特等奖，赵兰涛委员入选江西省百千万人才工程人选，等等。

面对突如其来的疫情，在区委的坚强领导下，政协上下第一时间工作在第一线，第一时间向区政协委员发出募捐倡议书。据不完全统计，区政协委员分别向省、市、区各渠道共捐款捐物计50余万元；政协班子还按照全区部署深入社区、企业推进防疫抗疫和复工复产。

各位委员！过去的一年，我们所取得的成绩来之不易，是中共珠山区委正确领导、区人大常委会和区人民政府大力支持的结果，得益于各级各部门和社会各方面的积极配合，得益于全区政协委员、区政协工作者的共同努力，在此我代表区政协常委会表示衷心的感谢和诚挚的敬意！

在肯定成绩的同时，我们也清醒地认识到工作中的差距和不足：调研视察和协商建言的广度和深度仍需进一步拓展和发掘，履职成果的转化运用仍需进一步提高，理论学习和队伍建设仍需进一步加强等。对此，我们将认真研究，逐步加以解决。

2020年工作思路

2020年是全面建成小康社会和“十三五”规划的收官之年，也是加快建设景德镇国家陶瓷文化传承创新试验区的关键之年。区政协常委会要坚持以习近平新时代中国特色社会主义思想为指导，深入学习贯彻中共十九大、十九届二中、三中、四中全会精神和习近平总书记关于加强和改进人民政协工作的重要思想，认真贯彻中央和省市区委决策部署，以省市区委政协工作会议为契机，以《关于新时代加强和改进人民政协工作的实施意见》为指导，在市政协的有力指导和区委的坚强领导下，把加强思想政治引领、广泛凝聚共识作为中心环节，提高政治协商、民主监督、参政议政水平，更好地凝聚共识，充分发挥专门协商机构作用、彰显中国特色社会主义制度优势，奋力开创新时代我区人民政协事业新局面。

一、坚持以新思想为引领，切实担负政协组织的政治责任

把学习贯彻习近平新时代中国特色社会主义思想和中共十九大精神作为重大政治任务，用新思想武装头脑，以新思想定向领航，向新思想寻策问道。引导广大政协委员深刻理解我国国家制度和国家治理体系的显著优势，深刻领会坚持和完善中国特色社会主义制度、推进国家治理体系和治理能力现代化必须坚持的基本原则和具体目标。进一步提高政治站位，树牢“四个意识”、坚定“四个自信”、做到“两个维护”。

深入学习贯彻习近平总书记关于加强和改进人民政协工作的重要思想，认真贯彻落实中共中央办公厅《关于加强新时代人民政协党的建设工作的若干意见》精神，以党的政治建设为统领，发挥好政协党组把方向、管大局、保落实的作用。强化党员委员管理，建立健全中共党员委员联系党外委员制度，切实做好政协系统党的建设工作。认真落实《中国共产党支部工作条例（试行）》，持续推进党支部标准化建设，提高机关党建工作水平。

二、坚持以促创新为手段，切实发挥协商机构的制度优势

进一步完善以政协全委会为核心，以常委会、主席会专题协商为重点，以提案办理协商、专委会对口协商为常态的协商议政新格局。加强工作创新，突出专委会的界别特色，积极打造专委会特色活动、品牌活动，进一步增强专委会工作对委员的吸引力、影响力和感染力。

畅通协商渠道，拓展履职平台，围绕“助力脱贫攻坚、统筹城乡发展、实施乡村振兴战略”开展协商活动。围绕“景德镇国家陶瓷文化传承创新试验区”建设等重点工作开展专题调研，建睿智之言，献务实之策，谋创新之举。

三、坚持以高质量为目标，切实增强民主监督的工作效能

强化民主监督，把推动区委重要决策部署的贯彻落实和人民群众关心的民生问题作为民主监督的重点，聚焦脱贫攻坚、社会保障、民生工程建设等重点工作，开展监督性视察。认真做好八届五次会

议提案审查立案、分解交办等工作,对涉及全区高质量发展和群众切身利益的重点提案通过党政领导阅批,主席、副主席督办,做到全面落实。

加强提案办理协商与专题协商、对口协商的协调互动,以充分的协商提高提案办理质量。对正在解决或列入计划解决的提案进行跟踪督办,督促各承办单位将提案办理与本部门工作同部署、同落实。对重点提案的办理落实情况开展民主评议。组织引导委员倾听群众呼声、聚焦社会关切,及时反映社情民意,充分发挥社情民意信息在汇集舆情中的重要作用。

四、坚持以敢担当为己任,切实提高政协队伍的履职能力

按照"懂政协、会协商、善议政、守纪律、讲规矩、重品行"的要求,加强常委会自身建设,强化政治担当,进一步健全和完善常委会工作机制,提高新形势下政协常委会领导政协工作的能力和水平。

加强委员管理,强化委员考核管理。密切与委员的联系,经常走访沟通,积极为委员履职创造条件。教育引导各界委员进一步强化委员意识,不断增强履职本领,努力提高政治把握能力、调查研究能力、服务群众能力、合作共事能力。

强化机关工作力度,以增强服务能力和统筹协调能力为重点,进一步强化效能意识,加强干部管理,改进机关作风,为政协有效履职提供有力保障。加强机关党风廉政建设,严格落实中央八项规定,从严教育、从严要求、从严管理、从严监督,打造一支过硬的政协队伍,全面落实党风廉政建设主体责任。

各位委员、同志们,征程万里风正劲,重任千钧再扬鞭。新时代人民政协使命光荣、责任重大。让我们紧密团结在以习近平同志为核心的中共中央周围,高举习近平新时代中国特色社会主义思想伟大旗帜,不忘初心、牢记使命,在市政协的有力指导和区委的坚强领导下,同心同德,群策群力,为建设好景德镇国家陶瓷文化传承创新试验区、为描绘好新时代江西改革发展新画卷、打造与世界对话的国际瓷都做出新的更大贡献。

专 记

珠山区疫情防控工作

新冠肺炎疫情发生以来，珠山区坚决贯彻中央和省委、市委决策部署，坚持全区动员、全域排查、全员参战，严谨、细致、高效地抓好疫情防控和经济社会发展各项工作，取得阶段性胜利。1 月 26 日 0—24 时，珠山区新增确诊第 1 病例；1 月 30 日 0—24 时，新增确诊第 2 例；2 月 3 日 0—24 时，新增确诊 3 例；2 月 16 日 0—24 时，景新增确诊第 4 例。2 月 14 日，珠山区解除对竟成镇昌江村（盛塘坞安置地）封闭管理。2 月 20 日，省疫情防控指挥部将珠山区列为低风险地区。3 月 3 日，珠山区第四例确诊患者治愈出院，区所有新冠肺炎确诊病例实现清零。3 月 3 日起，全区无本地新冠肺炎确诊病例、疑似病例、住院病例。截至 12 月 31 日，全区报告确诊病例 4 例，所有病例治愈出院。

强化指挥力度、健全联动机制。新冠肺炎疫情发生后，珠山区迅速成立以书记、区长为双组长的区委应对新冠肺炎疫情工作领导小组和区长为指挥长、37 家单位组成的区防控应急指挥部，在指挥部下设综合协调、人员排查、医疗服务、物资保障、应急安保等 10 个工作组，确保整个疫情防控工作反应快速、运转高效。1 月 23 日下午，珠山区召开新型冠状病毒感染的肺炎疫情防控工作第一次指挥长会议，研究部署新型冠状病毒感染的肺炎防控相关工作。区委副书记、区长罗文军，副区长、区公安分局局长李维明，副区长余文军、黄爱喜、谢景玉、董玉成参加会议。会议传达学习习近平总书记对新型冠状病毒感染的肺炎疫情做出的重要指示和李克强总理批示精神，传达中央和省、市相关会议精神。

1 月 25 日下午，珠山区召开新型冠状病毒感染的肺炎疫情防控工作第二次指挥长会议，区长罗文军主持会议并讲话，副区长黄爱喜等领导出席会议，会议听取区卫健委及各有关部门疫情防控工作汇报，部署近期疫情防控工作。1 月 26 日，确诊首例输入型病例。同日下午，召开新型冠状病毒感染的肺炎疫情联防联控领导小组（扩大）会议。区委书记林卫春主持会议并讲话，区委副书记、区长罗文军，副区长、区公安分局局长李维明，副区长黄爱喜出席会议。会议传达学习习近平总书记在中央政治局常务委员会会议上的重要讲话精神，传达学习省委常委会扩大会议和市有关会议精神，对全区新型冠状病毒的肺炎疫情防控工作进行再动员、再部署。1 月 29 日下午，珠山区召开区委常委（扩大）会议暨区新型冠状病毒感染的肺炎疫情联防联控领导小组工作会议。区委书记林卫春主持会议并讲话，罗文军、滕晓华、谢日元、邵继纲、张朝博、洪丹平、叶质柱、张志刚、谢秋华、程传冬出席会议。会议传达学习习近平总书记在中央政治局常务委员会会议上的重要讲话精神和近期重要指示精神，传达学习中央和省、市有关会议精神。会议听取区防控应急指挥部当前疫情防控工作情况汇报，研究部署下一步防控工作。1 月 30 日，珠山区发布珠山区新型冠状病毒感染的肺炎疫情防控应急指挥部令第 1 号令。

严化属地管理，积极构建区、镇街、村居三级网络，全面落实联防联控措施。严化值班值守制度，每日由 1 名县级领导带班，各单位主要负责人带队，实行 24 小时轮班值守，确保不断档。针对一线防控任务重、人员紧缺的难题，采取县级领导挂点镇（街道）、区直单位联系村（社区）的方式，除必要的值班值守人员以外,要求各单位70%以上的干部职工全部下沉到最前线,服从基层管理、参与疫情防控。2月1日,确诊第二例病例,对竟成镇昌江村(盛塘坞安置地)全面实行疫区封闭管理。2月4日上午,珠山区召开新型冠状病毒感染的肺炎疫情防控应急指挥部领导小组会议。区委书记林卫春主持会议并讲话,罗文军、滕晓华、张朝博、叶质柱、张志刚出席会议。会议传达学习市指挥部有关会议精神,听取区防控应急指挥部当前疫情防控工作情况汇报,研究部署下一步工作。

2月10日上午,召开区新型冠状病毒感染的肺炎疫情防控应急指挥部(扩大)会议,区委书记林卫春主持会议并讲话,罗文军、滕晓华、张朝博、叶质柱、谢秋华、李维明、余文军、黄爱喜、谢景玉、董玉成参加会议。

加大管控强度,把握全面摸排、阻断输入、严防扩散三个环节。切实发挥基层党组织和网格化管理的作用,充分发动各级干部、网格员、志愿者、热心市民等全民力量,采取上门入户、电话微信询问、大数据分析追踪、开通24小时市民有奖热线等多种渠道、多种方式,对春节前后来景返景人员,特别是来自湖北、鄱阳等重点疫区人员进行地毯式、全方位、多轮次摸排,全面登记造册,确保不漏一户、不漏一人、不漏一车。入户摸排外来返乡人员56479人,均按要求落实相关防疫措施。2月7日,区委书记林卫春先后深入各交通要道口、第一时间响应落实全市防控部署,对景北高速收费站、景北高铁站、景德镇火车站等点位实行交通管制(只出不进),设立疫情防控联合检测点,对来往的人员、车辆进行严密筛查、检测体温、备案登记,对外市人员车辆一律劝返。累计共检测7666辆车18509人,劝返381人。切实减少人员流动,对全区所有小区(含开放式小区)、村组、单位一律实行封闭式管理。全区382个规模小区基本落实"三个一"(1名社区干部、1名城管人员、1名物业人员),397个单栋区域超过70%做到专人防控。2月16日,首例确诊患者治愈出院。2月17日,全区机关事业单位复工,对商贸超市、农贸市场、药店等人流密集场所进行严格管控,实行入场实名登记,设立体温检测点、定期组织消杀,对非涉及居民生活必需的公共场所、五小行业等一律继续关停,最大限度地隔绝疫情传播风险。3月26日,珠山区发布珠山区新型冠状病毒感染的肺炎疫情防控应急指挥部令第10号令,疫情期间清明节暂停现场祭扫。

提升防控精度,盯牢重点人员。针对湖北、鄱阳等疫情重点地区来景返景的重点人员,在全市率先设立临时集中观察点,进行集中隔离观察,对250人实施集中隔离观察(其中境外135人);实施严格的居家隔离措施,按照"四包一"的工作制度(由1名县级领导干部、1名镇街干部、1名社区工作人员和1名医护人员共同跟踪监测1名重点对象),切实把管控责任落实到岗、落细到人。累计居家医学观察56439人。2月7日,区委书记林卫春,区委副书记、区长罗文军深入疫情防控一线,检查指导各疫情防控检测点工作。坚决落实"早发现、早报告、早隔离、早治疗"的工作要求,对发生疑似或确诊病例的区域,第一时间果断采取硬措施,实行严格的封闭管理。先后对4个区域(昌江村盛塘坞安置地村小组、瓷器街商住楼周边、梨树园北苑香格里拉1栋1单元、莱顿风情31栋3单元)进行硬封闭。对报告的新冠肺炎疑似病例、确诊病例第一时间派遣疾控中心专业人员,及时开展流行病调查,阻断疫情传播。排除疑似病例5例,追踪到密切接触者294人(其中发外协查77名),协查管理次密接人员14人。组织专业消杀队伍,对辖区疫点防控消杀达0.52平方千米。做好相关人群的采、送样工作,为重点疫区、境外人员核酸检测1849人次。2月12日,珠山区疫情防控信息平台App上线,对外开通"来景信息线上申报、实时查询疫情动态、推送宣传防控知识"等便民利民服务;实现"外来人员信息采集、来景扫码快速审核、居家隔离跟踪管理、疫情数据分析及运用"等多种功能。App点击浏览量已达到12万人次,为返工返学、复工复产提供快速、精准、便捷的智慧疫情防控手段。

注重人文关怀,保障防疫物资供应,关心关爱特殊群体,做好复工复产、复学复课四管齐下。在疫情防控期间穷尽一切办法,积极采购医用防护物资,确保区、镇街、村居三级及医护、公安、城管等一线人员的防护物资。向防疫一线发放N95医用防护口罩982只,一次性医用口罩464061只,护目镜470个,手持可视测温热像仪5台,非接触红外额温计540个,喷雾器419个,一次性防护服1808件,一次性橡胶手套18801双,防护面屏250个,防护鞋套1079双,一次性工作帽1826个,病毒采样试剂盒1940盒,医用酒精喷剂2525瓶,84消毒液、乙醇等消毒药水14889瓶,切实保障疫情防控物资供应。

在保障生活物资方面,启动生活必需品市场监测日报制度,重点做好五大超市的生活必需品监测预警工作,密切关注市场供求、商品库存情况。针对企业提出的“进城难”的问题,积极协调市政府、市商务局开设绿色通道,为生活物资便捷提供物流配送。疫情期间,帮助企业办理绿色通行证 40 个,员工出入证明 36 份,协调 62 辆保供固定车辆每天放行,顺利通行 54 辆临时保供车辆。大力推行“党建＋服务”,在实行硬隔离的场所及区域,设立代购采买点,每日收集住户需求,安排人员进行集中采购和一对一配送,做到隔离不隔心。积极推行“卫健＋二院”服务模式,区卫健委积极联合市二院开展为慢性病患者和特殊人群配送药品服务,通过社区网络主动帮助困难居民采购、配送生活必需品,为高龄慢性病老人联系医疗服务,配药送药。2 月 13 日,区委书记林卫春,深入辖区部分企业走访,调研复工复产准备工作。2 月 21 日,区委书记林卫春,区委副书记、区长罗文军就疫情防控和重点项目复工复产工作开展实地调研。

组建“卫健＋发改＋工信”工作专班,专门服务企业复工复产,指导企业落实复工复产备案制度,督促企业、市场等建立主要负责人负总责的疫情防控工作机制,加强对返岗人员的健康监测,把好返岗上班人员“进入关、管控关、诊治关”,全区 164 家四上企业全面复工重点围绕人员排查、准入、师资组织、物资筹备、安全保障、宣传动员、疫情防控、教学组织等“八个方面”做好复学准备工作。构建“卫健＋教育”防控模式,由区卫健委组织专业人员对学校、幼儿园进行防控指导,指导 16 家学校、83 家幼托机构和 95 家培训机构建立入学入托晨检制度,设立临时隔离点,开展新冠防疫知识宣传。建立基层医疗机构和学校一对一联系,配备专人负责,制定突发情况应急制度,切实保障全体师生的生命安全和身体健康。2 月 12 日上午,珠山区召开新冠肺炎疫情防控应急指挥部会议,区委副书记、区长罗文军主持会议,张朝博、李维明、余文军、黄爱喜、谢景玉、董玉成、姚石玉参加会议。2 月 24 日,区委书记林卫春深入辖区部分学校调研指导新冠肺炎疫情防控工作。2 月 25 日,区委书记林卫春深入部分企业、社区,实地调研指导新冠肺炎疫情防控和复工复产工作。4 月 7 日,珠山区初三学生开学返校。5 月 6 日,区委副书记、区长罗文军深入部分学校调研疫情防控、复学复课准备等工作。5 月 7 日,区委书记林卫春深入部分学校调研疫情防控、复学复课准备等工作。5 月 18 日,珠山区中小学(幼儿园)开学返校。

完善疫情防控指挥体系,推进核酸检测能力建设,强化疫情防控应急队伍建设,做好防控物资储备工作,始终坚持战备状态。在保持原指挥部的稳定性,兼顾常态化疫情防控工作需要的基础上,突出战备化指挥体系,抽调精干人员,调整充实指挥部和工作组,各工作组组长全部由县级领导任组长,亲自指挥、亲自部署,做到防控思想不松、力度不减、队伍不散。为全面提升传染病防控能力,更好地落实“早发现、早报告、早隔离、早治疗”疫情防控要求,通过中央特别抗疫国债项目打造区疾控中心实验室,11 月珠山区疾控中心核酸检测实验室建设完成,具备新冠肺炎核酸检测能力,填补区新冠肺炎病毒核酸检测的空白。为应对秋冬季可能发生的新冠肺炎疫情,做好防控人员准备工作,采取“疾控＋公卫＋志愿者”的模式组建 32 支队伍,分别是采样小分队、流调小分队、医疗卫生应急小分队各 10 支、环境消杀队 1 支、24 小时核酸检测队伍 1 支。开展各类业务培训近 10 余次、核酸检测跟班实操 4 班倒 12 天。10 月 12 日,在五龙山社区开展 2020 年秋冬季新冠肺炎疫情防控应急处置演练,确保来之能战。根据全区疫情防控工作中防疫物资使用情况,区防指研究确定物资储备清单,建立疫情防控重要医疗物资储备保供制度,与相关供货商基本达成防疫物资供应意向,按要求计划储备三个月的物资用量,确保疫情再次发生时物资储备充足、供应渠道顺畅。辖区各单位和各医疗机构均根据自身用量储备不少于一个月用量。

新冠肺炎疫情防控事关人民群众健康安全,事关经济发展大局,将始终绷紧疫情防控这根弦,毫不松懈抓好常态化疫情防控和今冬明春疫情防控工作。

珠山区脱贫攻坚工作

2016年是脱贫攻坚开局之年,2020年是脱贫攻坚的收官之年。这5年期间,在中共珠山区委、珠山区政府的坚强领导下,以习近平总书记扶贫开发战略思想为指导,坚持把脱贫攻坚作为必须完成的重大政治任务和“头等大事”来抓,始终聚焦“两不愁三保障”目标,按照江西省委“核心是精准、关键在落实、实现高质量、确保可持续”要求,以强烈的政治责任担当,高频率研究部署、高密度督查督导、高规格配强力量、高强度压实责任,脱贫攻坚战告捷。珠山区是景德镇市的中心城区,只有一个乡镇——竟成镇。竟成镇下辖14个行政村,均坐落在城市周边,属于典型的城中村,其基础设施较完善,农民人均收入较高,因此没有贫困村。

截至2020年年底,珠山区建档立卡贫困户为204户631人(其中:缺技术8户23人、缺劳动力40户96人、因病81户276人、因残58户192人、自身发展力不足17户44人)。2015年已脱贫48户119人、2016年已脱贫143户432人、2017年已脱贫7户30人、2018年已脱贫7户20人、2019年已脱贫4户9人,2020年脱贫4户9人,珠山区贫困人口已全部脱贫,贫困发生率降低到0%。边缘易致贫户11户24人,脱贫不稳定户9户20人,已全部消除风险。珠山区贫困户人均年收入25500余元,位列全省第一。

脱贫攻坚责任落实。以中央和江西省委、江西省政府关于坚决打赢脱贫攻坚战的指示精神、行动部署为基本内容,专题组织理论学习和研讨交流,深入学习领会习近平总书记扶贫开发新思想新理念新战略,为准确理解把握脱贫攻坚目标任务、决策部署、政策举措,奠定坚实理论基础和思想基础。加强脱贫攻坚体系建设,调整完善区、镇、村扶贫开发工作组织领导、指挥机构和人员力量,建立党政一把手负总责、成员单位沟通协调、突出问题督查整改等工作机制,严格落实脱贫攻坚“十大工程”行业部门职责分工,构建上下贯通、责任到底、合力攻坚的责任落实体系,全面压实各级干部政治责任和工作责任。

立足早谋划、早部署、早启动,先后召开区委常委会、区政府常务会、区扶贫开发领导小组会、区脱贫攻坚工作部署会等会议,专题研究、精准部署脱贫攻坚工作,将目标任务精准分解到机关部门和镇、村、户,做到目标、责任、资金、项目、措施、成效“六落实”。为竟成镇14个村选优配强村“第一书记”,确保第一书记在村工作时间每季不少于50天。坚持区级领导包村、帮扶单位帮村、副科级干部包户的帮扶格局,选派副科级帮扶干部进村入户开展帮扶结对,积极宣传珠山区各项扶贫政策,激发贫困户内生发展动力,解决贫困群众脱贫信心不足,认识不清的问题。开展脱贫攻坚以来,因在扶贫领域表现突出提拔,27名干部得到提拔,18名干部重用到基层关键岗位,10名干部走上区直部门“一把手”岗位,12名干部晋升职级,1名村书记考录为事业编干部,极大调动帮扶干部的积极性。为进一步激励扶贫干部干事创业的积极性和主动性,下发《关于对镇村两级脱贫攻坚一线人员发放岗位补贴的通知》,对镇村两级脱贫攻坚工作一线人员发放岗位补贴。

始终坚持把守纪律讲规矩贯穿于脱贫攻坚工作的全过程,紧盯脱贫攻坚工作中出现的弄虚作假、做表面文章等形式主义、官僚主义问题,严肃查处贪污挪用、截留私分、吃拿卡要、优亲厚友等行为,进一步用好问责利器,对责任落实不力、扶贫领域违纪问题突出及履行监管职责不到位的严肃问责,绝不姑息,典型问题通报曝光,形成强有力的震慑。开展脱贫攻坚以来,通过派出巡察组、督导组围绕区直各单位、竟成镇各村脱贫攻坚工作作风、纪律宣传、工作台账等内容开展督查,查处扶贫领域作风问题22起,给予党纪处分5人,组织处理21人,有效遏制了“不作为、慢作为、乱作为”的不正之风。

八大方面扶贫

教育扶贫。2016年,区教体局成立教育扶贫工作领导小组机构。2017年按照“百日行动”工作部署,进一步查漏补缺,做实做细做好教育扶贫工作。2018年,结合珠山教育实际研究制定脱贫攻坚教育扶贫“春季攻势”、“夏季整改”和“秋冬会战”行动方案,为落实教育扶贫学校校长与乡镇属地双负责制的教育扶贫体系,区教体局与竟成镇政府和各学校签订教育扶贫与控辍保学工作“双线责任书”。2019年,为全力做好中央第十一巡视组对江西开展脱贫攻坚专项巡视反馈意见及省市巡察发现问题和脱贫攻坚中形式主义官僚主义问题整改，专门成立区教体局中央脱贫攻坚巡视反馈问题整改工作领导小组，下设整改办公室。2020年，为全力做好中央脱贫攻坚专项巡视“回头看”反馈意见提出的问题整改，按照区委整改办的要求区教体局成立以局党委书记、局长为组长的中央脱贫攻坚专项巡视“回头看”反馈意见整改工作领导小组并制定整改工作方案明确责任部门和完成时限。签订教育扶贫工作责任书，对贫困户家庭适龄子女进行全面摸底排查并建立“一生一档”资料。确保在区属学校在籍就读的农村建档立卡贫困户家庭的子女，都按照“两免一补”政策要求，做到不漏一人、不缺一环、不慢一拍、不缺一户。截至2020年年底，贫困生134人，其中：学前教育17人，义务教育68人（小学教育40人，初中教育28人），高中教育19人，大专及中高职教育21人（大专10人，中高职教育11人），大专以上教育9人，各项教育扶贫政策均已落实到位。

健康扶贫。实施以“四道保障线”（城乡居民基本医疗保险、大病医疗保障、商业补充保险、民政医疗救助）、“先诊疗、后付费”和“一站式”服务为主的健康扶贫政策，确保贫困人口住院补偿达到90%适度标准。区贫困人口可以在市域内各级公立医院“一站式”综合服务窗口，享受先诊疗后付费，开通绿色通道，减免相关费用等优惠政策。开展脱贫攻坚以来，全区建档立卡贫困人口住院治疗1106人次，总费用986.12万元，其中：基本医保补助469.8万元，大病保险补助90.82万元，医疗救助106.69万元，商业补充保险补助90.41万元，政府兜底138.03万元，医院三免四减半5.15万元，个人自付85.22万元，报销比例91.36%。

安居扶贫。为落实住房保障要求，从贫困户住房的地基、外围、梁柱等关键部位到墙面开裂、渗水漏雨等各类房屋状况进行全面摸排甄别认定，对符合修缮条件的房屋做到整理归档成册，建立台账。对全区贫困户的住房都做到动态管理，实时跟踪贫困户住房情况，确保早发现，早修缮，全面保障贫困户住房安全。开展脱贫攻坚以来使用资金128.1余万元，为90户贫困户修缮房屋、修建清洁厕所。

饮水安全。2019年开始开展农村饮用水监测工作，因珠山区属景德镇市中心城区，竟成镇亦属城中镇，故珠山区大部分贫困户和边缘户饮水方式属集中式用水。2020年，区疾控中心又联合竟成镇各村委会，根据最新标准重新摸排筛查建档立卡贫困户饮水安全状况，确定188户饮用自来水，16户分散式供水，并采集样本委托第三方进行水质监测工作，建立安全饮水台账，经第三方根据42项饮用水安全标准检测指标显示，均属安全用水，后期统一安装智能净水器（包含边缘户）27台；印发《饮用水安全知识宣传册》，联合竟成镇政府要求村委会干部、扶贫专干及村医入户走访贫困户时做好饮用水安全宣传工作；开展健康扶贫政策培训班，普及农村饮用水安全知识；开展以“保障饮水安全，构建和谐农村”为主题的农村饮用水安全宣传活动，确保珠山区建卡立档贫困户饮水安全有保障。

产业扶贫。实施14个扶贫产业项目，其中：2019年，实施小港咀龙虾养殖，银坑村花卉种植一期、二期，新厂村龙虾养殖，洋湖村龙虾养殖，洋湖村马家柚种植6个扶贫产业项目；2020年，实施昌江村朱家岭马家柚种植，黄泥头马家柚种植一期、二期，新厂村李家马家柚项目，新厂村李家种养综合农业项目，青塘村生态李子园项目，银坑村绿色蔬菜种植项目，小港咀绿茶种植项目8个扶贫产业项目。珠山区认定致富带头人14名，消费扶贫产品9个，共计价值138.46万元，已完成消费扶贫任务151.07万元。

就业扶贫。截至2020年，举办就业扶贫专场招聘会27场，用人单位500多家，筹措岗位2万余个，涉及陶瓷、服装、电子、保安、保洁、机械等多个行业，达成初步就业意向人数184人次。为进一步推进就业扶贫工作，充分发挥就业部门职能作用，主动作为，创新思路，通过实施技能培训、创业扶持、促进就业、公益性岗位安置等多种措施，帮扶贫困群众实现就业创业增收。开展脱贫攻坚以来，大力开发保洁、保安、绿化等公益性岗位，帮扶457名扶贫对象安置公益性岗位，发放公益性岗位补贴259.61万元。对有培训意愿的贫困劳动力免费提供职业技能培训，帮助他们掌握就业技能，并给予贫困劳动力培训生活补贴，创业培训贫困劳动力28人次，就业技能培训贫困劳动力148人次，发放培训生活补贴2.196万元。为鼓励建档立卡农村贫困劳动力外出务工，实现转移就业，2016年以来，为87人次（36人次省外、51人次省内）符合条件的外出务工建档立卡农村贫困劳动力规范发放一次性交通补贴2.83万元。对有创业意愿和已经成功实现创业的贫困人员进行创业扶持,为7名符合条件的贫困劳动力发放一次性创业补贴3.5万元。积极为有就业愿望并积极求职的建档立卡贫困劳动力32人发放一次性求职补贴1.6万元。玉禾田环境发展有限公司吸纳5名贫困劳动力就业,发放企业吸纳贫困劳动力就业补贴5000元。

金融扶贫。截至2020年年底,区政府投入106万元风险缓释金撬动"一领办四参与"扶贫贷款1055万元,金融扶贫受益面进一步扩大。为建档立卡贫困户支付保利分红226.62万元。在小额信贷方面,加强政策宣传,组织上户摸底调查贫困户贷款意愿,放贷13户共计57万元。

综合保障兜底。截至2020年年底,"两项补贴"数据衔接,按季度做好建档立卡贫困人口与农村低保对象信息比对,建档立卡贫困户中享受农村低保173户251人,享受农村供养特困7户7人。实施好低保标准的提标提补工作,2020年,农村低保标准为每人每月720元,月人均补差水平达到450元。农村五保供养标准落实城乡统筹,与城市特困供养人员标准一致,特困供养金达到每人每月930元,同时失能、半失能、能自理护理补贴分别达到1200元、300元和70元。截至2020年年底,建档立卡贫困户享受两补情况为:生活补贴82人,重度护理补贴33人,同时享受两项补贴32人,"两项补贴"做到应发尽发。保障标准的提高确保全区农村低保、五保、残疾对象的基本生活保障,为实现兜底保障提供坚实基础。

四项工作落实

专项巡视整改工作落实。2019年,把中央专项巡视反馈问题和国家与省级考核评估、纪检监察、督查巡查和专项审计等发现问题结合起来,把问题整改贯穿脱贫攻坚全过程各环节,确保整改部署到位、任务分解到位、责任落实到位,圆满完成4大项32个问题的整改任务。2020年,对照省、市整改方案,坚决有力推进中央脱贫攻坚专项巡视"回头看"反馈意见、主题教育检视问题、国家成效考核指出问题整改的落实。按照市委整改工作方案要求,梳理出38个问题细化为111条整改措施。其中,珠山区巡视"回头看"反馈意见整改任务清单梳理21个问题65条整改措施,主题教育检视问题整改任务清单梳理3个问题18条整改措施,国家成效考核指出问题整改工作清单梳理14个问题28条整改措施。除巡视"回头看"反馈意见整改任务清单计划12月底前完成的1条整改措施正在有序推进,其余整改任务全部按期完成。历年成效考核、省扶贫办暗访督导、审计反馈问题都按时整改完成。

财政专项扶贫资金投入落实。开展脱贫攻坚以来,全区使用扶贫资金2614.87万元,其中:中央扶贫资金1322万元、省级783万元、市级144.13万元、区级配套365.74万元。其中:基础设施项目投入649.65万元、产业项目投入1597.6万元;雨露计划投入21.75万元;扶贫小额信贷风险缓释金及贴息投入27万元;"一领办四参与"扶贫贷款风险缓释金及贴息投入262.81万元;防贫保险投入15.6万元;受灾补助资金投入40.47万元。

扶贫扶志思想落实。通过"小巷讲堂"这一珠山区先进理论宣讲平台,组织经验丰富、专业性强的专家深入田间地头、街头巷尾,传播珠山区脱贫攻坚的扶持政策和正面典型事迹,激发贫困户摆脱贫困的内生动力;组织优秀驻村书记和优秀脱贫户走上讲台,讲述他们"脱贫不忘感党恩"的动人故事;组织各乡村学校教师,积极开展送教上门活动,确保贫困户子女学习成绩不落后;组织放映"贫困户"微电影,用电影放映的形式把脱贫故事送到田间地头;学习借鉴先进经验和典型做法,建好用好农村综合性文化服务中心平台,开展"学习大舞台古镇畅起来"文艺会演,把舞台搬到各个乡村,提高农民科学文化素质和农村文明程度。

扶贫培训计划落实。开展脱贫攻坚以来,珠山区组织培训47期,2364人次,进一步加强各级干部的帮扶能力,为培养出一支"懂得帮、想要帮"的扶贫队伍提供知识保障。

工作亮点及成功经验

通过举办"小巷讲堂"扶贫专场,邀请第一书记演讲自己的驻村工作心得及部分贫困户演讲自己的脱贫致富的经验,宣讲充分利用古镇珠山微信公众号、微博、融媒体App媒体矩阵,设立脱贫攻坚专栏,撰写出优秀驻村书记和贫困户的事迹,积极撰写新闻稿件,形成"脱贫不忘感党恩"等一系列宣传报道,积极营造挖掘先进典型,突出先进典型,强力推介先进典型的良好宣传氛围。在媒体发表文章:324篇[中央主要媒体("学习强国"):1篇;其他媒体:1篇;省级主要媒体:172篇;网络媒体:87篇;省扶贫办主管、主办媒体:8篇;市级媒体:55篇]。

通过开展动态信息摸底排查,掌握贫困劳动力就业情况。更新建档立卡农村贫困劳动力实名制登记数据库和贫困家庭劳动力信息，做好与人社部农村贫困劳动力转移就业信息平台、省脱贫攻坚大数据平台及对口帮扶地数据信息的比对复核工作，夯实就业扶贫数据基础，切实做到“三个清楚”（就业能力清楚，技能培训需求清楚，务工需求清楚），制定具有针对性的就业扶贫帮扶措施，开展精准就业服务，大力促进贫困劳动力就业。

通过入户走访，与贫困户沟通，开展小额信贷调研工作，为有意愿贷款的建档立卡贫困户开通绿色通道，优先办理营业执照，减少贫困户贷款流程，加快放款速度，推进珠山区小额信贷的工作进展力度，

通过产业扶贫项目为抓手，以竟成镇农业服务中心为主体，注册成立景德镇竞达农业综合开发有限公司。统筹运营全区产业扶贫项目，提高扶贫项目资金使用效率，引导有劳动能力的贫困人口参与项目的管理、生产、经营等环节，确保项目能够长期运营、贫困户能够长期受益。建立贫困户参与机制和利益联结机制，先与景德镇市竞达农业综合开发有限公司、项目所在村委会签订产业扶贫项目协议书，确定项目核定和拨付方式、运营管理、项目收益分配原则和项目约束机制，明确项目受益方必须为珠山区建档立卡贫困户；再由竞达公司与受益的贫困户签订贫困户帮扶协议书，使产业项目收益最终落实到贫困户身上。在产业扶贫项目建设选址上，加强与林业、国土部门的沟通协调，对红线规划、生态保护等禁建区掌握底数，最大化地在各村进行土地、山林、水塘等自然资源的调研考察，做好项目精准入库、精准实施。

珠山区“双创双修”工作

2005 年，景德镇市荣获全国创建文明城市工作先进城市殊荣，15 年来，珠山区矢志不渝地坚持全国文明城市的创建工作，坚持创建为民、创建靠民、创建惠民。特别是 2017 年以来，在市委、市政府的正确领导下，充分发扬“质朴实在”的珠山精神，坚持“塑形”与“塑魂”并重，以项目为抓手、以活动为载体、以百姓满意为目标，抓重点、攻难点、促亮点，全国文明城市创建工作取得实实在在的成效，市民文明素质和城市文明程度显著提升，服务水平和服务能力充分彰显，城市环境面貌发生质的飞跃，为全市成功摘牌“全国文明城市”“国家卫生城市”做出珠山贡献！

高度重视，实干抒写担当，组织有保障。作为全市“双创双修”工作的主战场，珠山区责任大、任务重。为确保全区文明创建工作整体推进、深入开展，成立以区委书记、区长任组长，四套班子相关领导任副组长，有关部门、各镇、街主要领导为成员的“双创双修”工作领导小组。为便于快捷指挥，成立全区创建工作指挥部，下设 9 个专项职能组，常态开展、定期调度，全面布局、全力推进，为创建工作提供了有力的组织保障。

结合全区实际，2018 年 3 月，制定《珠山区“双创双修”工作方案》，明确全区“双创双修”工作的总体规划和主要任务，梳理责任清单，将目标任务分解细化到人，明确牵头单位和责任单位，切实做到全员参与、责任清晰、任务明确。印发《珠山区主要道路路长制和包段责任一览表》《区领导挂点和区直部门共建社区责任一览表》《重点点位》等一系列规范性、指导性文件，构建由挂点领导、单位负责人、分管领导、网格管理人、点位具体负责人组成的从上到下一体化创建管理体系，形成领导协调推进、部门共同参与的良好创建工作格局。

把创建工作作为中心任务，从机关到社区、从干部到群众、从城市到乡村，人人参与，个个争先，持续掀起创建热潮。区级领导班子成员全部下沉到挂点基层社区、路段，常态化督办协调解决问题；全区机关企事业单位干部职工积极投身创建活动；竟成镇、各街道，各村、各社区干部职工和环卫工人、志愿者们奋战在创建一线，用信心和行动诠释了担当精神。

宣教结合，引领全域提升，广泛建立主题阵地。深入开展各类主题阵地的打造工作，着力打造马鞍山社区、春天社区、五龙山社区、十二小等社会主义核心价值观主题社区和校园 10 余处，力求在潜移默化中提升群众文明意识。打造“城市文化会客厅”、启动“书香珠山·城市文化会客厅”示范点建设。已经打造 3 家酒店式会客厅，7 家乡镇街道、社区式会客厅，1 家民宿式会客厅，使用面积 0.003 平方千米，拥有图书 1.5 万余册、设置阅读座位 700 余个，基本实现从酒店向街道、社区以及民宿综合体延伸，让市民方便来、经常来、愿意来，打通服务市民、服务群众“最后一千米”，“15 分钟便民惠民文明实践圈”初步

形成。

广泛倡导党员志愿者、老干部志愿者、青年志愿者等志愿者群体积极参与“双创双修”相关工作,坚持“文明交通·平安出行”文明交通卫士志愿服务常态化管理,发起“礼让斑马线”活动倡议和签署“礼让斑马线”承诺书活动,发动村(社区)宣传员通过发放宣传资料和“健步走、美生活”等形式宣传“礼让斑马线”,着力纠正各类违反交通法规的现象,创造良好道路交通环境。

开展“小手拉大手,文明齐步走”主题活动,通过发放家庭文明卡、举办“双创双修”知识竞赛、开展“全家总动员”健步行、组织“文明家庭”大评选等形式,充分发挥学校和学生的纽带作用,以点带面,积极调动更多的人参与“双创双修”,充分带动家庭和社会的文明氛围。开展“我支持我参与、我是创建小小宣传员”活动,组织学生利用节假日时间,上街入户做宣传。3年来,发放《致家长的一封信》《致左邻右舍的一封信》《调查问卷》各7.2万余份。

积极开展“小巷讲堂”“民情大走访”“双创大帮扶”、公益广告进商铺、宣传用品进家居、文明提示进楼道、双创宣传进文娱等一系列凸显特色、富有成效的宣传活动,从形式、内容、载体方面扎实开展立体化宣传,让居民在宣传氛围中对创建工作“想得到、走得进、看得见、用得到”。3年来,开展以新时代文明实践“小巷讲堂”为载体的“双创双修”主题宣传活动1035余场;“双创双修”主题文艺会演231余场,其他各种形式的“双创双修”宣传活动3650余次,发放“双创双修”宣传资料289000余份,市民文明手册388000余份,用群众更喜闻乐见的方式传递文明新风,助力城市文明创建。

多角度强化宣传报道,在《景德镇日报·珠山新闻》、古镇珠山微信、微博和融媒体App上开辟“双创双修”专栏,及时更新内容,发布“双创双修”战果,推出“双创双修”系列报道。多角度、立体式开展“双创双修”宣传,引导全社会积极参与;以专题的形式,对“双创双修”工作中涌现出来的先进单位、先进个人、先进经验做法进行集中报道,以小见大反映“双创双修”成效,以典型的力量鼓舞人、引导人。在古镇珠山微信、微博和融媒体App上开展“全家总动员,双创知识大竞答”和优秀家风、家训征集活动,普及“双创双修”知识,助力“双创双修”工作。在主次干道、商业大街、超市商场、居民小区、集贸市场、背街小巷、交通路口、公园绿地、旅游景区等区域因地制宜设立公益广告12.6万余块。在强化宣传,引导市民参与创建的基础上,常态化开展法律法规宣传活动,向市民业主宣传有关法律法规,通过落实“人员整合、四定原则、提升硬件、严管重罚”等城市管理举措,突显“城市管理示范街”区域特色,采取“总体部署,整体联动,集中力量,逐个攻破”的整治措施,通过堵疏结合,联合整治,集中取缔等多种方式,对违规门店业主采取一次提醒,二次警告,三次查处的管理方式,有效缓解了城市管理矛盾,并提高了经营业主的自律性。

精细管理,构建有序格局,重拳打击“两违”。强化巡查制度、日常报告制度和市民举报制度,不断加大巡查频率,做到及时发现、及时报告、及时制止、及时处置。主动协调镇(街道)、村(社区),以“城管+”为主要方式,通过联勤联动,组织公安+城管人员流动巡逻、物业定点巡查等方式,推行城管+业主委员会、城管+互联网自媒体等形式,构建“三位一体”网格化,及时发现并处理违法建设行为。随机不定期对“两违”台账及现场进行抽查和复核,严防违章建筑、违法用地回潮。3年来,拆除违法建筑4535处,拆除面积约0.277平方千米。

深化“门前三包”责任,要求沿街商户签订“珠山区门店管理和环境卫生责任书”,对全区范围内的主次干道开展市容秩序专项整治行动,着力打造“城市管理示范路(街)”,集中解决全区部分路段市容乱象突出问题、环境卫生不达标、长效管理机制缺乏以及监督管理不力等现状。同时,结合“路长制”在全区范围内积极打造示范路段,引导沿街商户通过微信建立“××路城市管理服务群”,在第一时间解决管理过程中的突出问题。3年以来,整治流动摊点237208起,清理占道经营184132起,规范晾衣晒被33591处,规范非机动车辆乱摆放105734处,拆除违章建筑4647起,拆除违规灯箱/广告牌1875个,暂扣音响191台,清理乱贴乱画乱挂14269处。加强夜市摊点管理。要求夜市经营者在规定时间内开市、收市,保持摊点周围地面整洁、干净,不得随意丢弃垃圾、倾倒残汤剩菜,收市后应及时清扫场地,确保环境卫生整洁有序。

规范“五小”行业。通过“媒体+执法”联动,积极开展“五小行业”专项整治联合执法行动,制定食品安全“红黑榜”,组织开展“双创双修”培训会,积极引导“五小”经营户依法依规从事经营活动,从业人员健康证持证率达到100%。食品安全应知应会知识抽查合格率达到95%以上;群众调查满意率达到90%以上。深入推进“文明餐桌”创建活动,以“小餐桌带动大文明”为目标,通过积极开展餐饮示范店和示范街打造,引领和带动周边同类行业学习、规范和提升,文明餐桌创建率100%。

开展“牛皮癣”专项整治行动。采用数字化治理模式,启用“珠山区非法小广告数字化治理系统”,建立整改台账,发动每个员工及每个片区监管人员,对乱张乱贴、乱喷乱涂等现象进行劝导与监督。3年以来,清理“牛皮癣”小广告309余万条。突出“公厕革命”工作,响应群众呼声,新增公厕12座。开展“垃圾分类”试点工作,成立专项工作领导小组,2019年7月,制定《珠山区城镇生活垃圾处理专项行动实施方案》,确定“梨树园南苑社区、三宝马鞍岭民宿风景区”为生活垃圾分类工作推动示范试验点,在试点区域按照“大分流小分类”原则,以“四分类”标准初步构建生活垃圾分类工作体系。开展“垃圾死角清理周”“黑臭水体清理周”等活动,对城区的垃圾死角、黑臭水体进行全面清理,3年来,清理垃圾死角3750余处、垃圾量约22915余吨,清理黑臭水体6875余处、垃圾量约2475余吨。

采取“齐抓共管,整体联动”的整治方法,针对全区21所中小学、100多所幼儿园周边环境开展常态化整治行动,对校园周边餐馆、商铺、无证经营商户进行彻底清查。针对校外培训机构存在的各类安全隐患,2018年6月,成立校外培训机构安全整治委员会,对珠山区辖区内教育培训机构进行综合整治,查处140多家无证办学机构,督促无证机构立即整改、关停。

将农贸市场建设改造列入重点民生实事项目,支持区农贸市场升级改造和新建项目,农贸市场升级改造基本做到“应改尽改”,完成11个农贸市场标准化升级改造,新建1个标准化农贸市场,标准化农贸市场比例达到100%。创新管理手段,设立红黑榜,开展“诚信文明经营户”评选,评分标准按照经营品种不同,每月分别进行考评管理,切实打造高标准化管理农贸市场和辖区优质菜篮子工程。

加大投入,全面增进民祉,实施道路畅通工程。积极推动东片区道路改造工程PPP项目(景德大道东延伸段市政工程、何家桥路建设工程和瓷都东大门综合改造工程)、东片区道路改造项目(二期)及方家山道路等市政道路建设工程,并配合市相关部门实施打通通站路、陶阳西路、童宾路、戴家弄延伸段等老城区断头路,解决城区道路交通“东西不通、南北不畅”的问题。

实施“背街小巷”改造工程。对全区背街小巷及老旧小区进行改造提升,坚持“统一规划、以线代面、成片推进”的工作思路,逐步完善给排水、消防设施、环卫设施、道路、路灯、绿化、安防设施等基础设施建设,对原有改造不达标的重新改造提升,提高居民居住环境的安全性和舒适性。基本实现“水通、路平、墙美、灯亮、线齐、窗明、畅通”,同时注重保留里弄小巷的历史遗迹、突出景德镇陶瓷文化特色,打造一批具有突出景德镇陶瓷历史特色里弄。2018年以来,全区投入资金5.5亿元,实施背街小巷改造工程748个,完成里弄改造735余条。

在辖区内实施一批“城市双修”工程,对珠山区辖区内损坏的道路、桥梁、道路绿化及居住环境进行修复、修补、提升改造。投入资金近2.3亿元,完成景东大道综合整治工程、景北大道综合整治、景北大桥周边山体生态修复工程、瓷源路绿化提升、岚山路生态修复、景德大道(白鹭大桥至通站路口段)绿化提升、陶阳新村环境综合整治等10余个“城市双修”类工程建设。实施小区优化行动。对辖区范围内的老旧小区环境及基础设施进行改造。在统一规划的前提下,根据房屋建设年限、小区环境等条件,按照小区“全覆盖”模式,根据轻重缓急的原则评估分类,逐步完善小区给排水、消防设施、环卫设施、道路、路灯、绿化、安防设施等基础设施建设,提高小区居民的安全性和舒适性。2018年以来,投入改造资金13亿元,实施老旧小区改造工程153个(单栋老旧小区整合后),完成118个老旧小区改造,涉及改造居民户数45883户。

强化督查,确保工作实效。采取日常督查、专项督查、重点督查等方式。强化督导,传递压力,推动责任主体形成坚强的执行力。开展常态化督查。组织专门督查队伍对全区各相关单位“双创双修”工作开展情况进行日常督查并现场评分,每周对各单位创建工作进行排名,每月对排名情况进行全区通报。开展各类专项督查,对“创文”“创卫”测评发现存在的问题、督办单督办的问题、百日攻坚“净化”行动开展情况等进行专项督查,发现未整改到位的情况及时督促整改,督促各相关创建单位对照新标准和新要求,建立台账,抓好整改,保证创建成效。利用新媒体动态督查,充分利用新媒体渠道,通过微信、QQ等平台,加大对市容环境的动态监管,全区各部门、镇、各街道及村、社区均层层建立相关平台,干部群众积极互动,形成动态督查的工作网络,一旦发现问题,第一时间通过手机拍照上传相应平台,有专人负责跟踪处理,确保问题及时有效得到整改。创新建立"每日抓、三日巡,纪委查、组织评"机制,由区委书记、区长带队,相关区领导及各相关部门主要负责人参与,针对全区"双创"工作的薄弱环节,每3天开展1次巡查活动并召开现场座谈会,就重点难点问题发表意见建议、商研解决办法。

大 事 记

1月

1月2日上午，召开区四套班子务虚会，围绕“2019年工作怎么看、2020年工作怎么干”和全区重点项目安排集中研讨交流。区委书记林卫春主持会议并作总结讲话，罗文军、滕晓华、谢日元、邵继纲、张朝博、洪丹平、叶质柱、张志刚、谢秋华、程传冬等区四套班子领导出席会议。

1月2日上午，由区公共就业人才服务局主办、区退役军人事务局协办的珠山区“迎新年，稳就业”暨就业援助月大型招聘会在市人民广场举行。此次招聘会以“手牵手开辟就业渠道，心连心构建和谐家园”为主题，主要为各类求职者实现家门口就业，为就业困难人员提供帮扶，让更多的求职人员实现就业。

1月2日下午，区委书记林卫春主持召开区委深改委会议并讲话。

1月2日，区委书记林卫春主持召开区委网信委第一次全体会议并讲话。

1月3日上午，中共珠山区委十一届十次全体（扩大）会议召开。会议传达中央经济工作会议、省委十四届十次全会、省委经济工作会议和市委十一届八次全会精神，审议通过区委常委会工作报告。区委常委会主持会议，区委书记林卫春讲话，区委副书记、区长罗文军总结2019年全区经济工作，部署2020年经济工作，区委委员、候补委员出席会议。

1月3日，珠山区“我的景德镇——国家试验区建设怎么看怎么干”演讲比赛汇报演出暨颁奖典礼在竟成小学举行。区人大常委会主任谢日元，区委常委、宣传部部长洪丹平，区政协副主席吴云出席典礼为获奖者颁奖。

1月3日下午，由区委宣传部、区文广新旅局主办，景德镇市朗诵艺术协会、珠山区图书馆、珠山区文化馆承办，景德镇市两两书店协办的“文化进万家，全民共阅读”2020年诗文朗读会在书香珠山·城市文化会客厅（两两书店）举行。

1月6日，以省委政法委二级巡视员万长余为组长的省委全面依法治省考评组深入珠山区开展考评。考评组全体成员，以及市司法局局长操柳林，珠山区委书记林卫春，区委副书记、区长罗文军出席汇报会。涂传安、谷炳坤、程传冬、李维明等市区有关领导参加汇报会或实地考评。

1月8日上午，中央“不忘初心、牢记使命”主题教育总结大会以电视电话的形式开到县（市、区）一级，林卫春、罗文军、滕晓华、谢日元、邵继纲等区四套班子在珠山分会场收听收看。

1月9日上午，全市基层党组织书记述职评议会在市委二楼会议厅召开，区委书记林卫春参会并发言，洪丹平、叶质柱、谢秋华参加会议。

1月9日下午，召开全区领导干部警示教育大会。市纪委副书记、市监委副主任王志明，珠山区委书记林卫春出席会议并讲话。珠山区委副书记、区长罗文军，区委常委、区纪委书记、区监委主任叶质柱，市纪委监委第一监督检查室副主任蔡景平出席会议。

1月10日，市委政法委平安建设（综治工作）考评组到珠山区，在区委三楼会议室进行现场考评。考评组组长、市强制戒毒所政委张永忠出席考评会并讲话，区委书记林卫春做述职报告，区委常委、政法委书记程传冬主持考评会，区政府副区长、区公安分局局长李维明，区法院院长张春红，区检察院检察长徐健出席会议。

1月12日下午，省委“不忘初心、牢记使命”主题教育总结大会以电视电话的形式开到县（市、区）一级，林卫春、罗文军、滕晓华、谢日元、邵继纲等区四套班子领导在珠山分会场收听收看。

1月13日上午,区四套班子领导到景德镇军分区走访慰问。区委书记林卫春,区委副书记、区长罗文军,区委副书记滕晓华,区人大常委会主任谢日元,区委常委、区人武部政委马勇参加走访。区人武部、区退役军人事务局有关负责人参加走访。

1月13日下午,召开“不忘初心、牢记使命”主题教育总结会议,区委书记林卫春出席会议并讲话。市委第四指导组组长金秋来出席会议并讲话,区委副书记、区长罗文军主持会议。滕晓华、谢日元、张朝博、洪丹平、叶质柱、张志刚、谢秋华、程传冬等区四套班子领导出席会议。

1月13日,以省教育厅副厅长王江华为组长的省春节走访慰问组一行到珠山区,先后到竟成镇敬老院、区属企业景德镇三建公司,并代表省委省政府亲切看望慰问重点优抚对象、城乡困难群众、家庭困难教师、和困难企业,向他们送上新春的祝福。区委副书记滕晓华、区政府副区长谢景玉和省教育厅有关负责人一同走访。市教体局、区教体局、区民政局,竟成镇和有关街道负责人参加走访。

1月14日下午,以省交通运输厅副厅长王昭春为组长的省政府应急管理综合督查考核第三组深入珠山区开展督查考核工作,市政府副市长孙鑫出席汇报会,珠山区委书记林卫春主持汇报会,程曙光、汪来金、王静、张朝博、陈坚等市区有关领导参加会议。

1月15日,省总工会党组成员、省纪委省监委驻会纪检监察组组长吴峰一行深入珠山区走访慰问困难企业、困难职工和劳动模范,市总工会党组副书记、常务副主席伍恒明,市总工会党组成员、纪检组组长陈晓东,珠山区委书记林卫春,区人大常委会副主任、区总工会主席汪涛陪同走访。

1月16日,区委书记林卫春带队开展春节走访慰问活动,把新春的祝福与党组织的关怀送到困难群众、困难职工、困难党员、优抚对象和离退休老干部身边。区委常委、区委政法委书记程传冬陪同走访。

1月16日,区纪委监委在区政府六楼会议室召开特约监察员聘请会,26名各界代表被聘任为第一届特约监察员。区委常委、区纪委书记、区监委主任叶质柱出席并讲话。区纪委区监委班子成员出席会议。

1月17日上午,召开党外人士情况通报会,会议通报2019年度珠山区党风廉政建设和反腐败工作、2019年度经济运行情况和2020年度经济发展计划、扫黑除恶专项斗争工作、法院工作、检察院工作以及全区脱贫攻坚工作情况。区委常委、统战部部长张志刚主持会议并讲话。区人大常委会副主任余畅,区政府副区长谢景玉,区政协副主席吴任民,区政协副主席、区知联会会长吴云出席会议。各民主党派直属珠山支部(社),区工商联有关负责人,区知联会、区新联会班子成员和无党派人士代表参加会议。

1月17日上午,区妇联、区税务局、太白园街道联合走进太白园街道西瓜洲社区开展以“圆梦微心愿把爱带回家”为主题的“阳光护航”关爱留守儿童活动,帮助10名留守儿童实现他们的新年“微愿望”。

1月17日,区红十字会在新村街道举行“同心情暖瓷都”2020年春节慰问物资发放公益活动。市红十字会专职副会长韩建萍、区政府副区长黄爱喜等有关领导出席活动,并现场向困难群众发放“博爱箱”。爱心企业景客隆超市负责人、市区红十字会有关负责人参加活动。

1月17日,召开老干部迎春座谈会。区委书记林卫春出席会议并讲话,区委副书记滕晓华,区委常委、常务副区长张朝博,区委常委、组织部部长谢秋华,区人大常委会副主任余畅,区政协副主席周国逢出席会议。

1月19日,区委常委、常务副区长张朝博带队到珠山辖区综合市场、大型商超、星级宾馆、住宅小区和客运渡口等处,督查春节期间安全生产和隐患排查工作。区消防大队大队长陈坚,区应急管理局、区工信局、区市监局和相关街道负责人参加督查。

1月22日上午,副区长余文军带队到天宝桥、黄泥头大桥河段、昌河暨李家排污口、湖田经济适用房垃圾堆放点等处,对南河水污染治理工作的落实情况进行督查。竟成镇、区生态环境局、区工信局、区农业农村和水利局、区城市管理局、区河长办负责人参加督查。督查结束后,余文军再次召开南河水污染整治工作部署会,针对督查的情况对下一步工作进行部署。

1月22日上午,市委书记钟志生走访慰问珠山区窗口服务单位和一线干部职工,市委副书记、市长刘锋,市委副书记王前虎,副市长提名人选、市公安局主要负责人邹永胜,市委秘书长胡春平,市政府秘书长张维汉、区委书记林卫春一同参加走访。

1月23日下午，召开新型冠状病毒感染的肺炎疫情防控工作第三次调度会议暨防控应急指挥部第一次会议，研究部署新型冠状病毒感染的肺炎疫情防控相关工作。区委副书记、区长罗文军出席会议并讲话，区领导李维明、余文军、黄爱喜、谢景玉、董玉成出席会议。会议传达学习习近平总书记对新型冠状病毒感染的肺炎疫情作出的重要指示和李克强总理批示精神，传达中央和省、市有关会议精神。会议部署成立由区委副书记、区长罗文军任组长，各相关部门主要负责人为成员的新型冠状病毒感染的肺炎疫情防控工作领导小组，建立疫情联防联控工作机制。区卫健委通报当前疫情情况，汇报珠山区前一阶段开展防控工作相关情况。竟成镇、各街道，各相关单位主要负责人，防控工作应急指挥部各成员单位主要负责人参加会议。

1月26日下午，召开新型冠状病毒感染的肺炎疫情联防联控领导小组（扩大）会议。区委书记林卫春主持会议并讲话，区委副书记、区长罗文军，副区长、区公安分局局长李维明，副区长黄爱喜出席会议。

1月28日，市委书记钟志生先后深入市第一人民医院、昌江区西郊街道森林社区防疫点、高速路口、超市等地，调研指导全市新型冠状病毒感染的肺炎疫情防控工作，并看望慰问奋战在疫情防控一线工作人员。他强调，要坚决贯彻习近平总书记重要指示精神和省委、省政府决策部署，把人民群众生命安全和身体健康放在第一位，全面动员、全面部署，坚决打赢打好这场疫情防控阻击战。市领导刘锋、王前虎、熊皓、邹永胜，市委秘书长胡春平，区领导林卫春、罗文军一同参加调研。

1月29日下午，召开区委常委（扩大）会议暨区新型冠状病毒感染的肺炎疫情联防联控领导小组工作会议。区委书记林卫春主持会议并讲话，罗文军、滕晓华、谢日元、邵继纲、张朝博、洪丹平、叶质柱、张志刚、谢秋华、程传冬出席会议。

1月29日下午，区委书记林卫春，区委副书记、区长罗文军等区领导深入疫情防控一线开展实地调研，看望慰问一线医务人员和相关工作人员。区委副书记滕晓华，区政府副区长、区公安分局局长李维明，区政府副区长黄爱喜一同调研。同日，区委下发珠党字〔2020〕1号文《关于成立应对新型冠状病毒感染的肺炎疫情工作领导小组的通知》。

2月

2月3日，区委书记林卫春主持召区新型冠状病毒感染的肺炎疫情防控工作紧急会议。区委常委、纪委书记、监委主任叶质柱，副区长、黄爱喜以及竟成镇、各街道党（工）委书记参加。会议传达了市委、市政府主要领导指示精神，研究部署下一阶段疫情防控重点工作。

2月4日上午，召开新型冠状病毒感染的肺炎疫情防控应急指挥部（扩大）会议，区委书记林卫春主持会议并讲话，罗文军、滕晓华、张朝博、叶质柱、李维明、余文军、黄爱喜、谢景玉、董玉成出席会议。

2月5日，副市长熊皓到珠山区实地检查指导珠山辖区各疫情防控检测点工作情况，看望慰问一线工作人员。熊皓一行先后到景北高铁站、珠山区指定接待酒店隔离观察点、新厂街道老厂社区、竟成镇方家山村委会和珠山区疫情防控应急指挥部，详细了解珠山辖区内各疫情防控检测点防疫情况，并看望滞留珠山的外地游客。

2月9日，区委副书记、区长罗文军到辖区部分超市、药店、农贸市场等处，实地检查指导疫情防控工作。副区长余文军陪同。区公安分局、区城管局、区市监局、区政府办有关负责人参加检查。

2月10日上午，召开新型冠状病毒感染的肺炎疫情防控应急指挥部（扩大）会议，区委书记林卫春主持会议并讲话，罗文军、滕晓华、张朝博、叶质柱、谢秋华、李维明、余文军、黄爱喜、谢景玉、董玉成出席会议。

2月10日上午，市委副秘书长、市文旅局局长余志华率市部分知名陶瓷艺术家代表到区疫情防控应急指挥部，看望慰问奋战在防控一线的珠山区干部职工。并筹集了医用口罩和消毒液等防护物资，赠送给珠山区。

2月12日，市委常委、军分区司令员孙安敏深入挂点联系的御窑社区，指导疫情防控工作。区委书记林卫春，区领导叶质柱、余畅、周国逢陪同。

2月12日，区"疫情防控信息平台App"正式上线，用户可通过微信扫描二维码或手机链接的方式，及时了解疫情动态。

2月13日，区委书记林卫春深入辖区华润万家超市、景瀚大酒店、晟悦联众物流、兴航科技、万向汽车底盘和鑫惠康电子等企业走访，调研复工复产准备工作。区委常委、常务副区长张朝博，副区长董玉成陪同调研。

2月15日上午,召开区委常委(扩大)会议暨区委应对新冠肺炎疫情工作领导小组会议。区委书记林卫春主持会议并讲话,罗文军、滕晓华、谢日元、张朝博、洪丹平、叶质柱、张志刚、谢秋华、程传冬、马勇出席会议。

2月15日上午,区美术家协会相关负责人向珠山区捐款33886元,副区长黄爱喜代表区指挥部向区美协颁发荣誉状。此次"抗击疫情,献爱心"捐款倡议书由区文联、区美协发布,共收到102位艺术家的爱心捐款。

2月16日,以省工信厅二级巡视员陈军为组长的省新冠肺炎疫情联防联控工作督导组深入珠山区开展督导。市卫健委党组书记、主任朱菁华,区委书记林卫春,区委副书记、区长罗文军,区领导张朝博、李维明、余文军、黄爱喜、谢景玉分别陪同。

2月16日,市第一人民医院接诊的新型冠状病毒感染的肺炎患者崔某某救治情况良好,符合出院标准,准予治愈出院。区委副书记、区长罗文军,副区长黄爱喜等区领导和市第一人民医院院领导到场向崔某某表示祝贺。

2月18日,区委常委、常务副区长张朝博到辖区部分财园信贷通扶持企业市古镇混凝土有限公司、永通物流有限公司、景客隆贸易有限公司、惠乐家商贸有限公司、景德闲云居陶瓷文化有限公司等处,调研疫情防控和复工复产工作。

2月18日,省委农村工作会议暨扶贫开发工作会议在南昌召开,珠山区设视频分会场,区委书记林卫春在分会场参加。

2月19日上午,市委副书记、市长刘锋深入珠山区防控一线,调研指导疫情防控和复工复产工作。张维汉、林卫春、罗文军等市区领导陪同调研。

2月20日,市委常委、市委政法委书记曹雄泰深入珠山区,调研督导疫情防控和复工复产工作。区领导林卫春、程传冬、黄爱喜陪同调研。曹雄泰一行先后到石狮埠街道五龙山社区、昌河街道昌盛社区,华达缤纷时代购物广场、兴航科技有限公司等处,实地查看社区开展疫情防控和小区封闭管理等情况,了解相关企业疫情防控措施,调研指导复工复产工作。

2月21日,以省工信厅二级巡视员陈军为组长的省新冠肺炎疫情联防联控工作督导组深入珠山区督导疫情防控和复工复产工作。市政府副市长熊皓,市卫健委党组书记、主任朱菁华,珠山区委书记林卫春,区委副书记、区长罗文军,副区长黄爱喜陪同。陈军一行先后到西路新区农贸市场、古镇混凝土有限公司、竟成镇老鸦滩瓷板艺术村等点位,深入查看了解珠山区疫情防控和复工复产工作进展情况。

2月21日,珠山区就疫情防控和重点项目复工复产工作开展实地调研。区委书记林卫春,区委副书记、区长罗文军,区委常委、常务副区长张朝博,副区长余文军、黄爱喜、董玉成参加调研。林卫春一行先后到江苏省建集团珠山区老旧小区改造项目部、珠山新区项目部、珠山区发展中心项目工地、三宝洛客设计谷项目工地、珠山国资公司等处,实地察看项目复工建设情况,详细询问各重点项目疫情防控、人员到岗、物资供应等情况,听取珠山国资公司就项目建设资金准备和下步工作打算等情况汇报。

2月24日,区委书记林卫春深入辖区部分学校调研指导新冠肺炎疫情防控工作。区委常委、宣传部长洪丹平,副区长谢景玉陪同。林卫春一行先后到第一小学、第九小学、竟成小学、十七小分校、陶阳学校,看望留校开展疫情防控和网上教学工作的教师职工,听取各学校防护物资准备、校园环境消杀、师生外出返景情况摸排、校园安全教育等方面工作汇报。

2月25日,市人大常委会副主任唐良到珠山区瑞牛文化科技有限公司、华弘陶瓷企业有限公司,调研指导疫情防控和企业复工复产工作。区人大常委会主任谢日元,市人大社建委主任喻玮,市人大社建委副主任卢鹏,区委常委、统战部部长张志刚陪同。

2月26日,市委常委、市政府常务副市长黄金龙深入珠山区,调研企业复工复产工作。市政府副秘书长程念革、珠山区委书记林卫春、市金融办主任程光来、市工信局副局长张志明陪同。

3月

3月3日,召开区重点项目建设调度会,部署推进重点项目建设工作。区委书记林卫春主持会议并讲话,区委副书记、区长罗文军,区委常委、常务副区长张朝博出席会议。

3月4日,召开区委应对新冠肺炎疫情工作领导小组暨区防控应急指挥部工作会议。区委书记、区委应对新冠肺炎疫情工作领导小组组长林卫春主持会议并讲话，罗文军、滕晓华、李维明、余文军、黄爱喜、谢景玉、董玉成出席会议。

3月5日，召开区扶贫开发工作领导小组会议。区委副书记滕晓华出席会议并讲话，区委常委、统战部部长张志刚，副区长董玉成出席会议。会议传达学习中央和省、市脱贫攻坚工作决策部署，传达学习市扶贫开发工作领导小组会议精神，审议《珠山区2020年度脱贫攻坚实施意见》，研究部署下步应对疫情打赢脱贫攻坚战相关工作。区扶贫办、竟成镇主要负责人，各相关单位、领导小组各成员单位主要负责人参加会议。

3月5日，省委副书记、省长易炼红到景德镇市调研疫情防控和经济社会发展工作，到区竟成镇陶阳新村调研，区委书记林卫春陪同调研。

3月6日，区委书记林卫春、区委副书记滕晓华走访慰问部分城镇“两癌”贫困妇女，区妇联和相关街道负责人陪同。

3月11日，区委书记林卫春主持召开全区领导干部大会，对县级干部进行推荐，市委组织部干部三科科长王长莹带队进行考察。

3月12日，林卫春、罗文军、滕晓华、谢日元、邵继纲等珠山区四套班子领导到正在建设中的珠山新区，参加植树活动，为新区路网观山西路培植护道树木。

3月17日，珠山区召开创建国家卫生城市暗访反馈问题整改暨迎接技术评估工作部署会。区委书记林卫春出席会议并讲话，区委副书记、区长罗文军，副区长黄爱喜出席会议。

3月24日，区发改委下发《江西省企业投资项目备案通知书》，通过景德镇市开门子景东招商场有限公司关于投资珠山区景东招商场综合改造项目，确立项目拟建地址在林荫路，项目占地约2公顷，拥有0.0048平方千米的农贸市场，0.015平方千米的综合停车场，计划建设成为0.055平方千米商贸及住宅综合体，总投资额为3.5亿元。

3月25日中午，省委书记刘奇到珠山区调研指导，先车览三宝国际瓷谷，随后到闲云居调研企业复工复产情况，省委常委、秘书长赵力平，市委书记钟志生，市长刘锋陪同调研，区委书记林卫春陪同调研并作相关情况介绍。

3月27日上午，市委常委、副市长沈水生一行到珠山区开展“致敬三八红旗集体·送奖到基层”活动，为江西省三八红旗集体——珠山区石狮埠街道五龙山社区授牌。

3月30日，召开扶贫开发暨农村工作会议。区委书记林卫春出席会议并讲话，区委副书记、区长罗文军主持会议，会议总结全区2019年脱贫攻坚和“三农”工作情况，分析面临的形势，研究部署2020年的脱贫攻坚和“三农”工作。会上，区委书记林卫春向竟成镇下发脱贫攻坚责任书。

3月31日下午，区法院行政庭首次通过“云间视频”连线方式开庭审理一起行政赔偿纠纷案件，至此该院实现民事、刑事、行政案件“云审判”版图的“全图鉴”。

3月30日下午，召开区四套班子联席会。区委书记林卫春主持会议并讲话，滕晓华、谢日元、邵继纲、张朝博、洪丹平、叶质柱、张志刚、谢秋华、程传冬等区四套班子领导出席会议。按照疫情防控的相关要求，此次会议适度减少参会人员，缩小会议规模。

4月

4月2日，副市长熊皓赴珠山区调研全域旅游创建和社会足球场地建设，区委书记林卫春陪同调研。

4月3日上午，召开“双创双修”工作领导小组会议。区委书记、区“双创双修”工作领导小组组长林卫春主持会议并讲话，市“双创双修”指挥部珠山督导组组长曹会坦到会指导并讲话，区领导罗文军、滕晓华、洪丹平、余文军和区督导组副组长王嘉出席会议。

4月3日下午，召开政法工作会议暨市域社会治理现代化工作会议。区委书记林卫春出席会议并讲话，区委常委、政法委书记程传冬主持会议，副区长、区公安分局局长李维明，区法院院长张春红，区检察院检察长徐健出席会议。按照疫情防控相关要求，会议适度减少参会人员，缩小会议规模。

4月7日，在三宝国际文创中心与广州大陆创业控股有限公司开展招商洽谈并举行项目签约活动。区委书记林卫春、广州大陆创业控股有限公司董事长张向荣出席会谈及签约活动。

4月7—8日，副省长吴浩在景德镇市进行调研。省政府副秘书长刘晓艺、省住建厅党组书记吴昌平、省文旅厅副厅长朗道先随同调研。市领导钟志生、刘锋、黄金龙、熊皓、孙鑫、徐耀纯，高新区管委会主任高唤虎,市委秘书长罗建国,区委书记林卫春等分别陪同。

4月9日,区委书记林卫春到实验学校看望在校开展教育教学工作的教职员工,调研学校复学复课工作。

4月9日,召开2019年度基层党建工作述职评议会议。区委书记林卫春主持会议并作点评讲话。区领导滕晓华、洪丹平、叶质柱、张志刚、谢秋华、程传冬出席会议。市委组织部有关负责人到会指导。

4月9日,区人武部党委召开会议,区委书记林卫春出席会议,欢迎新任人武部部长柳军华到任。

4月14日,省委宣传部副部长、省政府新闻办主任傅云深入珠山区,调研乡村振兴和陶瓷文化发展。市委常委、市委宣传部部长刘朝阳,省委宣传部对外传播处处长刘春水、副处长冷青,市区有关领导林卫春、罗文军、冯亮、洪丹平等陪同调研。

4月14日,省红十字会党组成员、专职副会长戴莹率调研组深入珠山区,调研红十字社区健康促进项目申报工作。俞定珍、林卫春、陈莉、滕晓华、黄爱喜等市区有关领导陪同调研。

4月15日,市委副书记、市长刘锋实地调研景德镇艺术职业大学征迁工作,并召开现场调度会。刘锋强调,要巩固好征迁工作阶段性成果,加快推进下一阶段工作,确保项目用地如期交付使用。市政府秘书长张维汉随同调研。江华、林卫春、罗文军、黄爱喜等市区领导参加调研。

4月15日,珠山区在三宝国际文创中心与蚂蚁云网络(深圳)有限公司、九江银行景德镇分行开展招商洽谈并举行项目签约活动。区委副书记、区长罗文军,副区长董玉成,九江银行景德镇分行行长郝建红,蚂蚁云网络(深圳)有限公司董事长王东升出席会谈及签约活动并分别签署《项目合作意向书》。

4月17日上午,珠山公安分局在分局大礼堂召开队伍教育整顿暨"警风建设年"活动动员部署会,市公安局党委委员、副局长钟健,副区长、公安分局党委书记、局长李维明出席会议并讲话。会议由分局党委副书记、政委林胜主持。分局全体班子成员、股级以上领导干部110余人参加会议。

4月17日,省委召开县委书记座谈会。珠山区设视频分会场,区委书记林卫春在大会上作交流发言,罗文军、滕晓华、谢日元、邵继纲等区四套班子领导出席会议。

4月17日,全市深入推进爱国卫生运动暨城乡环境综合提升工作会议召开,市委书记钟志生出席会议并讲话。珠山区设视频分会场,区领导林卫春、罗文军、滕晓华、谢日元、邵继纲等出席会议。

4月21日,中国共产党珠山区第十一届纪律检查委员会第五次全体会议召开,会议学习传达十九届中央纪委四次全会精神和省纪委十四届五次全会、市纪委十一届五次全会精神。区委书记林卫春出席会议并讲话。

4月21日,区委书记林卫春到太白园街道戴家弄农贸市场、浙江商城周边,竟成镇方家山村组、竟成路沿线,新厂街道何家桥路沿线、街道党群服务中心(景城名郡)等处,督查暗访疫情防控和"创卫"问题整改工作。副区长黄爱喜参加督查暗访。

4月23日上午,区法院与市文化广电新闻出版旅游局就建立版权保护协作机制举行签约仪式。区法院党组成员、副院长章峻与市文广新局副局长陈一奇代表双方共同签署版权保护协议,加强版权保护。

4月23日,全国电视电话会议在北京召开。珠山区设视频分会场,中央和省、市会议结束后,区委书记林卫春就落实好中央和省市会议精神,做好全区疫情防控和经济社会发展,提出四点要求:要以坚定的政治自觉贯彻落实好中央、省、市决策部署;要以精细的管理措施贯彻落实好分级分区差异化管理,抓好疫情防控工作;要以高度的责任担当贯彻落实好复工复产各项政策,尽快推动经济社会发展走上正常轨道;要以前瞻的工作意识谋划好政策争取、项目建设、招商引资等各项工作,为全面完成全年目标任务打下坚实基础。就落实好这些工作要求,林卫春要求大家以满负荷、加速度的状态迅即投入工作,确保"两手抓、两手硬、两个战场都要胜利"。

4月23日,召开区镇村三级书记座谈会。区委书记林卫春主持会议并讲话,区委副书记滕晓华,区委常委、区纪委书记、区监委主任叶质柱,区委常委、组织部部长谢秋华出席会议。区委办、区卫健委、区扶贫办、区双创办主要负责人,竟成镇书记、镇长,竟成镇各村党支部书记参加会议。

4月23日晚,"品读经典 · 传承文明"书香珠山 · 城市文化会客厅全民阅读暨第二届十佳阅读大使评选活动颁奖仪式在两两书店开播,直播在线观看人数最高达到近4000人。直播当晚,区领导洪丹平、江志瑜出席并为十佳阅读大使颁奖。

4月24日，召开全区深入推进爱国卫生运动暨城乡环境综合提升工作会议。区委书记林卫春出席会议并讲话，区委副书记、区长罗文军主持会议，滕晓华、谢日元、邵继纲、洪丹平、叶质柱、张志刚、谢秋华等区四套班子领导出席会议。

4月26日上午、4月28日全天，区委书记林卫春走访挂点的三宝村、湖田村28户75户贫困户，详细了解贫困户基本情况、存在问题及对驻村帮扶工作开展情况。

4月27日，区委常委班子召开脱贫攻坚专项巡视“回头看”整改专题民主生活会。区委书记林卫春主持会议并作总结讲话。市纪委市监委办公室主任王向东、市委组织部干部三科原科长陈莉芳到会指导。

4月30日，召开区四套班子联席会。区委书记林卫春主持会议，罗文军、滕晓华、谢日元、邵继纲、张朝博、洪丹平、叶质柱、谢秋华、程传冬等区四套班子领导出席会议。

4月30日，区政府党组班子在区政府六楼会议室召开脱贫攻坚专项巡视“回头看”整改专题民主生活会。区委副书记、区长罗文军主持会议并作总结讲话。

5月

5月6—7日，区委书记林卫春带队深入辖区各学校、幼儿园，看望各校(园)正在开展复学复课准备工作的教职工，调研各校(园)疫情防控、复学复课准备等工作。

5月9日，在区大礼堂召开创建国家卫生城市技术评估培训会，邀请市“双创双修”指挥部创卫技术组常务副组长、市卫健委四级调研员付建清就相关内容进行培训指导。副区长、区“双创双修”指挥部副指挥长黄爱喜出席会议。会议宣读《关于创建国家卫生城市暗访反馈问题整改情况的督查通报》。

5月13日，区政府十届六次全体(扩大)会议召开，区委副书记、区长罗文军出席会议并讲话，会议审议2019年珠山区《政府工作报告(送审稿)》《区2019年国民经济和社会发展计划执行情况与2020年国民经济和社会发展计划(草案)的报告(送审稿)》《珠山区2019年财政预算执行情况和2020年财政预算(草案)的报告(送审稿)》，听取参会各部门关于三个报告内容发表的意见建议，共同商榷报告中内容的修改情况。

5月14日上午，萍乡市安源区委常委、政法委书记叶建交率安源区社会治理工作考察组一行22人，到珠山区考察社会治理工作。区委常委、政法委书记程传冬，市委信访局副局长、区委信访局局长姚石玉陪同。

5月14日，区委书记林卫春主持召开区委第85次常委(扩大)会暨脱贫攻坚专题常委会，罗文军、滕晓华、谢日元、邵继纲等四套班子领导参会。会议传达学习习近平总书记关于脱贫攻坚工作的系列重要讲话精神，研究当前脱贫攻坚存在的问题，部署下步重点工作。

5月17—19日，区两会召开。5月17日上午政协八届五次会议召开，区委书记林卫春出席开幕会并讲话；18日上午，十届人大五次会议召开，区委书记林卫春出席；18日下午，政协会闭幕，区委书记林卫春出席；19日上午，区委书记林卫春参加竟成镇代表团活动；19日下午，出席人大闭幕会，并主持第一阶段会议。

5月19日，是中国旅游日。区文广新旅局联合瓷都晚报“星直播”平台，推出大型直播活动“云”游三宝，倡导健康出游、约会瓷都、文明旅游，提振常态化防控新冠肺炎疫情下的旅游市场，涵养绿色、生态、时尚旅游新风，提升三宝作为景德镇陶瓷文化传承创新试验区建设五个核心区之一的陶源谷艺术景区的知名度和影响力。

5月20日，区委书记林卫春深入竟成镇各村，督导“双创”工作。先后到竟成镇湖田村、黄泥头村、昌江村、小港嘴村、樊家井村、银坑村等地，细查暗访，详细了解各村村委会及周边区域卫生保洁、环境整治和综合提升等情况。

5月21日上午，市委组织部副部长向华带队到珠山区进行年度考核，区委书记林卫春主持年度考核会并汇报有关工作。

5月23日，区委副书记、区长罗文军到珠山辖区各地质灾害和防汛点，督查地质灾害和防汛点安全隐患排查防治工作。罗文军一行先后深入昌江河东岸、昌江街道再胜弄社区危房点位、周路口街道云锦巷社区第三小学易涝点、竟成镇昌江村枣树坞道路崩塌隐患点、城防工程(观音阁段)进行实地查看。

5月25日上午，召开区委理论学习中心组专题学习会,重温习近平总书记在江西视察时的重要讲话精神,就学好做好、用心用情落实总书记殷殷嘱托,加快推进国家试验区建设,确保总书记的重要讲话精神在珠山落地落实开展学习研讨。区委书记林卫春主持会议并讲话,罗文军、滕晓华、谢日元、邵继纲、张志刚、谢秋华、程传冬等区四套班子领导出席会议。

5月25日下午,以省煤矿安全监察局副局长杨市龙为组长的省安全风险防范工作综合督查组第三组到珠山区督查全国两会期间安全风险防范工作,在三宝文创中心开展汇报会。市委常委、常务副市长黄金龙出席汇报会,副区长黄爱喜主持会议。汇报会后,督查组及市、区领导一行实地查看满坑坞地质灾害点整治进展情况,到华润万家朝阳店检查安全防范的具体措施,督查闲云居的企业安全生产主体责任落实情况。

5月27—28日,区委书记林卫春,区委副书记、区长罗文军率相关部门负责人,赴浙江省杭州市开展招商引资及项目考察活动。

5月29日上午,区委书记林卫春主持召开新任职县级领导干部见面会,新任区委副书记伊文斌到会。

5月29日上午,全省、全市领导干部会议召开,珠山区设分会场收听收看会议。区委书记林卫春在全省、全市领导干部会议结束后就贯彻落实会议精神进行部署。会议强调,全区各级各部门要把学习贯彻全国两会精神作为当前和今后一个时期的重要政治任务,精心组织学习,广泛深入宣传,全面抓好落实,在全区迅速掀起学习贯彻全国两会精神的热潮。

5月29日下午,召开区四套班子联席会。区委书记林卫春主持会议并讲话。区委副书记、区长罗文军就下一步重点工作讲话,区委副书记伊文斌,区人大常委会主任谢日元,区委常委、区委统战部部长张志刚,区委常委、区委组织部部长谢秋华,区委常委、区委政法委书记程传冬等区四套班子领导出席会议。

6月

6月1日,市委常委、宣传部部长刘朝阳,市政府副市长张良华,珠山区委书记林卫春等市区有关领导来到珠山实验幼儿园,向幼儿园师生送上节日的祝福。

6月4日,召开"双创"暨"十大专项整治行动"工作推进会。区委书记林卫春主持会议并讲话。罗文军、伊文斌、叶质柱、谢秋华、程传冬、余文军、黄爱喜、王娟等区领导出席会议。

6月5日上午,区委书记林卫春带队深入新村街道开展"双创"巡查并召开座谈会。区委副书记伊文斌主持座谈会,区委常委、政法委书记程传冬,区政府副区长余文军参加巡查并出席会议。

6月5日,区委书记林卫春,区委副书记、区长罗文军与中国科学院院士、中国中医科学院首席研究员、国家中医医疗救治专家组组长、主任医师、博士生导师仝小林洽谈康养项目。

6月8日上午,区"双创"工作三日巡到里村街道开展巡查并召开座谈会。区委书记林卫春带队巡查并在座谈会上讲话。区委副书记伊文斌主持座谈会,区委常委、政法委书记程传冬,区政府副区长余文军参加巡查并出席会议。

6月8日,市政府副市长熊皓率队深入珠山区调研督导创建国家卫生城市工作进展情况并听取工作情况汇报。区委副书记、区长罗文军,区政府副区长黄爱喜陪同调研督导。

6月9日,区档案馆、区妇联联合举办的纪念国际档案日暨"寻镇馆之宝、评最美家庭、展珠山古韵"活动启动仪式在珠山区政府六楼会议室举行。市妇联主席盛璟晶、区委副书记伊文斌、市档案馆副馆长陈志华、市档案馆副县级调研员杨庭贵等参加启动仪式。

6月14日上午,珠山区"双创"工作三日巡来到太白园街道开展巡查并召开座谈会。区委副书记、区长罗文军带队巡查并在座谈会上讲话。罗文军率巡查组先后来到太白园街道辖区沿江东路、太白园路、曙光路、戴家弄路等路段沿线,以及曙光村背街里弄,红旗瓷厂宿舍、二汽宿舍等居民小区,戴家弄农贸市场、浙江商城综合市场等人流密集区域,找不足、查弱项,现场研究分析问题,部署整改提升工作。

6月15日上午,市扫黑除恶专项斗争特派督导工作珠山区汇报会召开,市扫黑除恶专项斗争第四特派督导组组长胡强华出席会议并讲话,区委常委、区委政法委书记、区扫黑除恶专项斗争领导小组组长程传冬主持并汇报全区扫黑除恶专项斗争工作开展情况,区法院院长张春红、区检察院检察长徐健出席会议。

6月17日上午,“双创”工作三日巡第五站深入周路口街道开展巡查并召开座谈会。区委书记林卫春带队巡查并在座谈会上讲话,区委副书记伊文斌主持会议,区委常委、政法委书记程传冬,区政府副区长余文军参加巡查并出席会议。

6月18日,召开赋予乡镇(街道)首批县级审批服务执法权限工作会议。区委常委、常务副区长张朝博出席会议并讲话。竟成镇、各街道,各有关部门负责人参加会议。

6月19日下午,市规划局副局长江景芳及市老旧小区改造技术组一行在副区长黄爱喜的陪同下,对部分老旧小区改造现场进行巡查。江景芳一行先后前往樟树下小区、省所宿舍、汇源公寓等老旧小区实地查看改造进度。

6月20日,市委书记钟志生率市四套班子有关领导对2021年全省旅游产业发展大会重点文旅项目进行实地调研。区委书记林卫春,区委副书记、区长罗文军参加调研。

6月22日,召开基层党建“三化”建设工作推进会暨社区居家养老服务中心(社区党群服务中心)项目调度会。区委常委、组织部部长谢秋华出席会议并讲话。会前,与会人员利用半天时间,对2020年拟开工的街道党群服务中心、社区居家养老服务中心(社区党群服务中心)等项目集中进行实地察看。

6月23日上午,“双创”工作三日巡第七站到昌江街道开展巡查并召开座谈会。区委书记林卫春带队巡查并在座谈会上讲话,区委常委、政法委书记程传冬主持会议,副区长黄爱喜参加巡查。

6月23日,召开生态文明建设领导小组暨生态环境保护委员会2020年度第一次全体会议。区委书记林卫春主持会议并讲话,区委副书记、区长罗文军就下一步工作讲话,区政府副区长余文军、黄爱喜出席会议。

6月23日下午,由区文广新旅局主办,区图书馆、区美术馆、御窑·民俗文化酒店承办的“书香赣鄱”全民阅读系列活动之一“迎七一　学《民法典》”在御窑·民俗文化酒店城市文化会客厅举行。区人大常委会主任谢日元、副主任余畅,区文广新旅局主要负责人和竟成镇、各街道文化综合性服务站工作人员一起参加活动。

6月24日,召开2020年上半年经济运行分析会,研究当前经济运行形势及面临的困难,安排部署下半年工作任务。区委副书记、区长罗文军主持会议并讲话。副区长董玉成、江志瑜出席会议。

6月28日,召开红十字会第一次会员代表大会。区委书记林卫春,市红十字会党组书记俞定珍,区委副书记、区长罗文军,区委副书记伊文斌,区人大常委会副主任余畅,区政府副区长黄爱喜出席大会开幕式。

6月29—30日,全市以一次特殊主题党日活动的形式,对重点项目开展巡查,召开全市“双创”攻坚暨“当好东道主办好旅发会”誓师大会,用工作行动向党的生日致敬献礼。春天花园小区、天门山路、新区路网、陶阳学校接受巡查,区领导林卫春、罗文军、伊文斌参加全市巡查,区委书记林卫春在大会上发言。

7月

7月1日上午,召开四套班子联席会。区委书记林卫春主持会议并讲话。区委副书记、区长罗文军就下一步工作讲话。伊文斌、谢日元、邵继纲、张朝博、叶质柱、张志刚、谢秋华、程传冬等区四套班子领导出席会议。

7月1日,在庆祝中国共产党成立99周年之际,区委书记林卫春到区委办党支部,以“论修养:信仰与气质”为题,为全体党员讲一堂党课。

7月1日,市委常委、市委组织部部长刘瑞英到“双创”工作包片片区珠山区洋湖村、画眉楼社区、广场社区和挂点路段新村北路,开展督导。区领导林卫春、罗文军、伊文斌、谢秋华等分别陪同。

7月1日,凤凰山东侧棚户区改造项目举行房屋征收首签仪式。区委常委、常务副区长张朝博到活动现场指导首签工作。此次凤凰山东侧棚户区改造项目主要针对新厂村、老厂周边自然村和小区,需要征收房屋900余幢3200多户,征收面积达0.38平方千米以上。

7月2日上午,“双创”工作三日巡到珠山街道开展巡查并召开座谈会。区委书记林卫春带队巡查并在座谈会上讲话。区委副书记伊文斌主持座谈会,区政府副区长余文军、黄爱喜参加巡查。

7月3日,召开生态环境重点工作部署会。区委副书记、区长罗文军出席会议并讲话,区政府副区长余文军主持会议,市委信访局副局长、珠山区委信访局局长姚石玉出席会议。

7月3日,市委书记钟志生到珠山区部分里弄、街巷、社区,现场督导“双创”工作。钟志生先后到御窑景巷玉字巷、新枫园公交停车场、新枫园小区、春天花园小区和恒大名都西门等处,实地督导空中乱象、污水横流、水电表箱破损、道路不规范开挖、人行道破损等问题。区委书记林卫春、区副书记伊文斌陪同。

7月3日晚,召开“双创”工作形势分析暨旅发大会筹备工作推进会,对全市庆“七一”项目巡查暨“双创”攻坚、“当好东道主办好旅发会”誓师大会精神进行再贯彻、再部署,对市委书记钟志生7月3日下午在珠山区督导“双创”工作的指示要求进行传达和落实。区委书记林卫春出席会议并讲话,区委副书记、区长罗文军就下一步工作讲话,区委副书记伊文斌主持会议,全区副县级以上领导出席会议。

7月4日,市委书记钟志生穿里弄、进工地,实地调研陶阳里御窑历史街区建设工作。区委书记林卫春、区长罗文军陪同调研。

7月4日,美国哈佛大学设计学博士,北京大学教授,博士生导师,北京土人景观规划设计研究所所长、首席设计师俞孔坚到珠山区三宝国际瓷谷调研,市委书记钟志生、区委书记林卫春陪同。

7月5日上午,“双创”工作三日巡,区委副书记、区长罗文军带队到昌河街道三宝画眉楼宿舍小区,朝阳路、新厂路、昌河路各路段沿线,昌河小学校园周边,昌河农贸市场及周边,昌盛社区为民服务场所等处,开展巡查并召开座谈会。

7月6日上午,区委书记林卫春,区委副书记、区长罗文军深入区发展中心项目现场,督导项目建设并召开座谈会。市自然资源和规划局副局长、市建筑设计院院长邹虚怀出席会议指导工作,区委常委、常务副区长张朝博出席会议。

7月6日下午,召开区委党建工作领导小组会议。区委书记林卫春出席会议并讲话,区委副书记伊文斌主持会议。区委常委、区委宣传部部长洪丹平,区委常委、区纪委书记、区监委主任叶质柱,区委常委、区委统战部部长张志刚,区委常委、区委组织部部长谢秋华,副区长董玉成出席会议。

7月7日下午,全区扫黑除恶专项斗争推进会在珠山公安分局召开。区委常委、区委政法委书记程传冬出席会议并讲话,会议由副区长、公安分局局长李维明主持,区法院院长张春红、区检察院检察长徐健参加会议。

7月7日8时至7月9日8时,辖区内过程降雨量为180毫米,同时受昌江流域上游及祁门等地强降雨的影响,昌江渡峰坑水位最高时达到33.94米,超警戒水位5.44米,珠山区局部受灾区域最深水位超过2米,城区内涝十分严重。7月7日晚8:30左右,区委书记林卫春赶赴区防指,看望全体工作人员并对下步工作提出明确要求,晚11:00亲赴观音阁抢险点指挥调度至次日凌晨4点;7月8日晚上8点,第一时间赶到湖田桥头指挥至次日中午。

7月9日5时前后,市昌江渡峰坑水文站将出现34.2米左右洪水,超警戒水位5.7米左右。根据防汛形势,7月9日零时起,景德镇市启动防汛Ⅰ级应急响应。区委、区政府主要领导带领全区党员干部闻令而动,在市防指统一指挥下,紧急动员、迅速组织昌江、南河沿岸竟成镇、各街道党员干部、基层民兵,公安干警、城管执法等队伍,以及(村)社区党员志愿者投入防汛工作。同时积极沟通联络驻地部队、消防队员和安能公司派出队伍参与抢险救灾。

7月9日上午,区扫黑除恶重点行业领域突出问题专项整治工作推进会议在区政府四楼会议室召开。区委副书记、区长罗文军出席会议并讲话,区委常委、区委政法委书记程传冬主持会议。全区重点行业领域主管部门主要负责人及区扫黑办参加会议。

7月10日凌晨,珠山公安分局组织全局警力开展了一次“云剑”(打击电信网络诈骗违法犯罪活动,有效遏制此类案件高发势头)集中清查整治统一行动。据统计,行动中,分局共出动警力220人次;共清查房屋109栋,登记房东、租住人员1200余名;共抓获各类违法犯罪人员10人。

7月13日下午,市委常委、市纪委书记、市监委主任董立新先后深入新村街道奥林社区、梅家岭社区、向阳岭社区、北路社区和迎宾大道进行现场督查、路长巡查,调度“双创”工作。区委书记林卫春陪同。

7月14日,市委常委、市委组织部部长刘瑞英深入里村农贸市场及其周边背街小巷,对近期创卫工作开展督导。区委书记林卫春陪同调研。

7月15日,“双创”工作三日巡到竟成镇开展巡查并召开座谈会。区委书记林卫春出席座谈会并讲话。区委副书记、区长罗文军,区委副书记伊文斌分别带队巡查。区督导组组长曹会坦、副组长王嘉出席座谈会。区委常委、宣传部部长洪丹平,区委常委、政法委书记程传冬参加巡查并出席座谈会。

7月16日，区委书记林卫春，区委副书记、区长罗文军在三宝文创中心会见到珠山考察的太平洋建设集团董事局主席严昊一行，双方就加快推进项目、深化务实合作进行深入交流。

7月16日，区发改委下发江西省企业投资项目备案通知书，通过景德镇景泰置业有限公司关于投资陶阳·菁华轩(二期)40亩地块项目，确立项目拟建地址在珠山区高铁商务区，项目总用地面积0.027平方千米，总投资额为48378.97万元。

7月20日，市委常委、政法委书记曹雄泰到“双创”工作市级领导包片督导片区进行调研督导。曹雄泰先后深入石狮埠街道风景路社区、竟成镇樊家井村、里村街道曙光路社区和周路口街道云锦巷社区，围绕“双创”工作重点和群众关注的突出问题，实地查看老旧小区改造、环境治理、公共场所环境、背街小巷整治、基础设施改善等情况，一路察实情、找不足、谋举措。

7月20日，市长刘锋在珠山区现场督导“创文”工作。刘锋强调，要加强日常巡查，加大对不文明行为和现象的整治力度，以劝导和处罚相结合，依靠群众深入推进“创文”工作，培养群众养成文明的生活习惯，确保以全新的市容市貌迎接创建全国文明城市检查。

7月22日，“双创”工作三日巡第二轮拉开序幕。区委书记林卫春率巡查组到石狮埠街道开展巡查并召开座谈会。区委副书记伊文斌主持座谈会。区委常委、宣传部部长洪丹平，区委常委、政法委书记程传冬参加巡查并出席座谈会。

7月22日，区新时代文明实践“小巷讲堂”“我与珠山共成长”演讲比赛在珠山区税务局会议大厅举行。区政协副主席吴云以及区直相关部门的主要负责人参加活动。

7月23日，市政协党组书记、主席张春萍，市政协副主席张景根、顾幸勇、李金有、张学锋，秘书长宋建明及部分市政协委员到珠山区督导“双创”攻坚工作并召开协调会。区委书记林卫春，区委副书记伊文斌陪同调研并参加协调会。

7月23日下午，区委书记林卫春深入挂点联系的莲花塘社区，调研督导“双创”工作并召开座谈会，区委副书记伊文斌参加调研。

7月23日，区文联联合竟成镇扶贫站组织区属摄影家协会会员十余人入村开展“决胜全面小康、决战脱贫攻坚”文艺创作采风活动，记录珠山区脱贫攻坚的变化历程。

7月29日上午，市、区、镇、村四级9家单位联动，重点对珠山区樊家井村居民密集区高楼顶违规建窑、烧窑工无证上岗(脱岗烧窑)、使用过期报废钢瓶、未设置独立气瓶间、线路乱搭乱建等突出风险隐患进行集中整治。共查封梭式窑小作坊7户共计8座梭式窑，燃气梭式窑作坊28户，清除安全隐患80余处。

7月29日，市委组织部对珠山区张春红、徐健职务晋升进行考察谈话，区委书记林卫春参加。

7月29日，召开区委全面依法治区委员会第二次会议。区委书记、区委全面依法治区委员会主任林卫春主持会议并讲话，区领导罗文军、伊文斌、谢日元、洪丹平、叶质柱、谢秋华、程传冬、聂权出席会议。

7月31日上午，市委常委、组织部部长刘瑞英带队先后到珠山区道士墩小组、苦株山、戴家弄农贸市场等地，实地督导“双创”工作开展情况。

7月31日下午，召开区四套班子联席会。区委书记林卫春主持会议并讲话，伊文斌、谢日元、邵继纲、洪丹平、叶质柱、张志刚、谢秋华等区四套班子领导出席会议。

8月

8月2日上午，珠山区2020年征兵体检工作全面展开。

8月4日，区委书记林卫春深入林荫路社区，调研督导“双创”工作并召开座谈会。市政协副秘书长、办公室主任赖德华，区委常委、统战部部长张志刚参加调研。

8月5日上午，省高级人民法院党组书记、院长葛晓燕深入人民法院调研指导党建工作。市委常委、市委政法委书记曹雄泰，市中级人民法院党组书记、院长邓建辉，区委书记林卫春，区委常委、区委政法委书记程传冬，区法院党组书记、院长张春红等陪同调研。

8月8日，以省委宣传部常务副部长郭建晖为组长的省委宣传部第一课题调研组到景德镇，对珠山区三宝村开展全面建成小康社会“百城千县万村”调研活动并召开座谈会。江西广播电视台副台长、省广电传媒集团党委副书记、总经理龚荣生，省社科院副院长钟小武，市委常委、市委宣传部部长刘朝阳，珠山区委书记林卫春参加调研座谈会。

8月10日,中共珠山区委十一届十一次全体(扩大)会议召开。会议传达省委十四届十一次全体(扩大)会议和市委十一届九次全体(扩大)会议精神,总结2020年以来区委常委会工作。区委常委会主持会议,区委书记林卫春讲话。区委副书记、区长罗文军总结2020年上半年全区经济工作,部署下半年全区经济工作。区委委员、候补委员出席会议。

8月10日,区委理论学习中心组举行集体学习会,集中学习研讨《习近平谈治国理政》第三卷。区委书记林卫春主持学习会并作小结讲话。罗文军、谢日元、邵继纲、张朝博、洪丹平、叶质柱、张志刚、谢秋华、程传冬等区委理论学习中心组成员参加学习并作交流发言。

8月11日上午,区第二轮“双创”工作三日巡深入珠山街道和昌江街道开展巡查并召开座谈会。区委书记林卫春,区委副书记伊文斌,区委常委、宣传部部长洪丹平带队巡查。

8月11日上午,区委常委、常务副区长张朝博主持召开区第七次全国人口普查领导小组第一次全体扩大会议,传达学习国务院第七次全国人口普查工作会议精神,通报区人口普查前期工作进展情况,安排部署下阶段重点工作任务。

8月11日下午,在区委三楼会议室召开信访工作联席会议2020年度第一次会议,区委副书记、区信访联席会议召集人伊文斌主持会议并讲话,区信访工作联席会议召集人张朝博、程传冬、李维明以及区信访联席会议成员单位负责人参加会议。

8月11日,区编办下发《关于同意成立珠山区景漂人才服务中心的批复》(景珠编发〔2020〕6号),同意区经开区成立区景漂人才服务中心(股级),核定全额拨款事业编制10名。

8月11日,区编办下发《关于同意成立珠山区劳动就业培训中心的批复》(景珠编发〔2020〕7号),同意区公共就业人才服务局成立区劳动就业培训中心(股级),核定全额拨款事业编制2名。

8月11日,区编办下发《关于同意成立珠山区河长制服务中心的批复》(景珠编发〔2020〕8号),同意区农业农村和水利局成立区河长制服务中心(股级),核定全额拨款事业编制3名。

8月11日,区编办下发《关于同意成立珠山区综合管理中心的批复》(景珠编发〔2020〕9号),同意区行政服务中心成立区综合管理中心(股级),核定全额拨款事业编制2名。

8月15日,区教体局、区消防大队等多部门联合开展校外辅导机构专项整治行动集中执法,重点针对校外辅导机构存在的各类突出问题进行督导和整改。

8月18日,由市委统战部指导,民盟景德镇市委主办,民盟景德镇直属珠山支部、珠山区文联和景德镇市盟友陶瓷文化交流中心承办的“同心追梦 共奔小康”——珠山区奋进50周年暨脱贫攻坚陶瓷艺术作品展在三宝蓬开幕。市委统战部副部长黄涛,民盟景德镇市委会主委王安维,区委常委、统战部部长张志刚,市文联副主席刘旻等领导出席开幕式并观展。此次陶瓷艺术作品展,收到征集作品51件,特邀入展作品16件,入展作品共67件。旨在向全社会展示珠山区50年来发生的巨大变化,和脱贫攻坚领域取得的显著成效,促进陶瓷艺术交流,展现当代景德镇陶瓷艺术魅力和时代风采。

8月19日,第三个“中国医师节”。上午,区委书记林卫春,区委副书记、区长罗文军带队走访慰问一线医务工作者,代表区委、区政府向全区广大医务工作者致以节日问候和崇高敬意。副区长黄爱喜陪同走访。

8月21日上午,中国文联党组书记李屹到三宝调研,调研顺序为山云瓷谷里、千叶莲舍、三宝蓬、陶艺村,区委书记林卫春陪同。

8月21日,召开“双创”迎国检动员大会,传达学习市委书记钟志生对“双创”工作的要求,贯彻落实市委、市政府部署,对“双创”迎国检工作进行再动员、再部署、再强调、再出发。市委常委、组织部部长刘瑞英出席会议并讲话。珠山区委书记林卫春主持会议。

8月22日上午,省委常委、宣传部部长施小琳到珠山区春天花园、马鞍山社区、里村街道调研,区委书记林卫春陪同。

8月24日,召开创建省级全域旅游示范区工作推进会暨业务培训会。区委副书记、区长罗文军出席会议并讲话,副区长江志瑜主持会议。会议邀请江西省旅游规划院院长唐卫东,业务员卢丛作创建工作业务培训。

8月24日,区城市管理局联合组织昌江街道、昌江派出所40余人对桂花弄社区一处商住楼近20年“两违”建筑进行依法拆除。

8月24—25日,区委书记林卫春带队赴福建省福州市，就城市建设与品质提升等工作开展考察交流。区委常委、常务副区长张朝博，副区长黄爱喜陪同考察。

8月25日上午，“提升健康素养、乐享银龄生活”2020年珠山区老年健康宣传周活动启动仪式在昌河街道如心湖广场举办，本次活动由区卫健委主办，昌河街道昌盛社区、昌河街道社区卫生服务中心协办。

8月25日，市委常委、宣传部部长、市双创双修工作指挥部副指挥长刘朝阳到区农贸市场、广场等点位，调研督导“创文”工作。区委副书记、区长罗文军，区委副书记、区双创双修工作指挥部指挥长伊文斌，副区长余文军，市商务局、市城警支队等市区相关领导陪同。

8月27日上午，区河长办联合市河长办对珠山辖区内昌江河流域开展巡查工作。

8月27日，全省城镇贫困群众脱贫解困工作推进视频会召开，区委书记林卫春、区长罗文军等参加，省、市会议结束后，珠山区接续开会进行部署。

8月28日上午，珠山奋进50年“寻镇馆之宝、评最美家庭、展珠山古韵”颁奖仪式举行。区委副书记伊文斌，市委办公室副主任段志勇，市档案馆副馆长郑骁，区委常委、宣传部部长洪丹平，民盟景德镇市委会主委、景德镇国家级二级教授王安维，市档案学会理事长钟小华、市档案学会副理事长廖传铭，区人大常委会副主任余畅，副区长江志瑜出席活动。

8月28日，市委常委、市委组织部部长刘瑞英带领相关部门人员，就珠山区的“双创”工作进行督导推进。区委书记林卫春陪同。

8月28日，全省城镇贫困群众脱贫解困工作推进视频会，区委书记林卫春、区长罗文军等参加。省、市会议结束后，珠山区随即开会进行部署。

8月29日，市委副书记、市长刘锋深入部分农贸市场及周边居民小区、背街小巷，严格对照“双创”标准，现场督导薄弱环节和整治提升工作。市委常委、市委宣传部部长刘朝阳陪同督导。区委书记林卫春陪同。

9月

9月1日上午，召开区四套班子联席会。区委书记林卫春主持会议并讲话，区委副书记、区长罗文军就下一阶段重点工作讲话。伊文斌、谢日元、邵继纲、张朝博、洪丹平、叶质柱、张志刚、谢秋华、程传冬等区四套班子领导出席会议。

9月2日，贵州省黔南州都匀市委书记带队到珠山区三宝国际瓷谷的闲云居、文祥窑、真如堂、马鞍岭考察，区委书记林卫春陪同。

9月2日，召开区老旧小区改造工作调度会。区委副书记、区长罗文军出席会议并讲话，副区长黄爱喜主持会议。

9月2日，江西省文化和旅游厅发布《关于申报创建国家AAAA级旅游景区景观质量评审会评审结果的通知》，珠山区三宝国际瓷谷景区成功通过评审，被列入全省32家创建国家AAAA级旅游景区预备名单。

9月3日上午，区委书记林卫春带队深入辖区各学校，就学校开学及周边“双创”工作进行巡查。区委副书记伊文斌参加巡查并主持召开座谈会，张朝博、洪丹平、程传冬参加巡查并出席座谈会。

9月3日下午，全区青年志愿服务队培训会举行。会议邀请区“双创”指挥部技术组专家为大家进行授课，团市委副书记魏若然，区委常委、宣传部部长洪丹平出席本次会议。竟成镇、各街道团（工）委负责人以及青年志愿者共计126人参加此次培训。

9月3日，市委书记钟志生走访慰问珠山区抗日战争75周年抗战老战士、老干部（张新诚、丁忠臣），区委书记林卫春陪同。

9月4日，由区就业局和小港咀西瓜洲征地工作组共同举办的珠山区2020年就业扶贫暨失地农民专场招聘会在小港咀村拉开帷幕。此次招聘会主要面向小港咀村土地被征用的失地农民以及建档立卡贫困户，组织华达百货、玉禾田、米宝堡、叶子家政、景翰大酒店、美团外卖等34家服务型企业参加，提供岗位达2300个。

9月5日，市委书记钟志生率市四套班子领导，对标“双创”国检标准，随机抽取长虹金域中央、景德镇一中周边、金鼎商业广场、里村农贸市场、戴家弄农贸市场、西路新区农贸市场及周边背街小巷等点位进行现场暗访，深入查找不足，部署整改提升。刘锋、汪立耕、张春萍、刘朝阳、罗建国、林卫春等市区领导一同参加暗访。

9月7日下午，开展江西农业大讲堂下基层宣讲活动。省、市、区宣讲团成员及乡镇农办负责人在区农业农村和水利局召开活动部署会，宣讲团团长、省农业综合开发办四级调研员周伟主持并发言。

9月9日，在收听收看全省、全市应对秋冬季疫情防控工作电视电话会后，紧接着召开应对秋冬季疫情防控工作推进会，就贯彻落实好全国抗击新冠肺炎疫情表彰大会和省、市应对秋冬季疫情防控工作会议精神，做好全区秋冬季疫情防控各项工作进行部署安排。林卫春、罗文军、张朝博出席会议。

9月9日，市委书记钟志生召开创卫工作现场会，到何家桥调研，随后在市委召开会议。区委书记林卫春陪同调研并在会上作汇报发言。

9月10日上午，区委书记林卫春，区委副书记、区长罗文军亲切会见从北京载誉归来的全国抗击新冠肺炎疫情先进个人余梅，勉励她化荣誉为动力，充分发挥模范带头作用，在各方面工作中取得更加优异的成绩。区委常委、宣传部部长洪丹平，副区长黄爱喜出席会见活动。

9月10日，第36个教师节。区委书记林卫春，区委副书记、区长罗文军分别带队，前往第二小学、第三小学、新厂小学、陶新小学、陶阳学校、第十七小学、第二十二小学和第十二小学，开展教师节走访慰问活动，向辛勤耕耘在珠山教育战线的最美园丁和广大教育工作者致以节日的问候。区委常委、常务副区长张朝博，区委常委、宣传部部长洪丹平分别陪同。

9月10日，区委书记林卫春出席全区党政领导经责审计及区政府决算审计进点会，作表态发言。

9月10日，潮州市政协主席带队到珠山区闲云居、文祥窑、三宝蓬、真如堂、马鞍岭等地进行考察，市政协主席张春萍，区委书记林卫春陪同。

9月11日，景德镇军分区政委卓健深入珠山区视察指导武装工作。军分区副司令员黄野、军分区动员处处长罗剑军，区委书记林卫春、区人武部部长柳军华等陪同视察。

9月11日，副市长、市双创双修工作指挥部副指挥长熊皓到区屠宰场、昌河街道办事处、昌盛社区、昌河农贸市场、春天花园小区等点位，对创卫国检推荐示范点位进行督导。市政府副秘书长朱奔、市双创双修工作指挥部创卫技术组常务副组长付建清，区委常委、统战部部长张志刚，副区长黄爱喜一同参加督导。

9月13日晚，由区双创双修指挥部主办，区文广新旅局承办，区文化馆、竟成镇文化站协办的“文明健康　有你有我”双创文艺会演在竟成镇昌江村精彩上演。

9月14日，召开筹备2021年江西省旅游产业发展大会工作调度会。区委副书记、区长罗文军主持会议并讲话。区消防大队教导员彭政财出席会议。区委办、区政府办、竟成镇、各街道及相关部门负责人参加会议。

9月15日上午，区委书记林卫春深入珠山街道莲花塘社区、美景小区，石狮埠街道梨树园北苑社区、街道党群服务中心等处，调研督导“双创”工作并分别召开座谈会。

9月15日，召开区安全生产委员会全体会议，区委常委、常务副区长张朝博出席会议并讲话，区消防救援大队大队长陈坚出席会议并通报1—8月全区消防领域安全生产工作情况。

9月15日下午，召开“双创”迎国检工作部署会。区委书记林卫春出席会议并讲话，区委副书记、区“双创双修”指挥部指挥长伊文斌主持会议。全区副县级以上领导出席会议。

9月16日，市委常委、组织部部长刘瑞英带领相关部门人员，就珠山区“双创”工作进行督导推进。区委书记林卫春陪同督导调研。

9月24日晚，“聆响·行歌”极致之美三宝朗诵会在珠山区三宝国际瓷谷举行。市委书记钟志生，市政协主席张春萍，市人常委会副主任唐良，市人大常委会副主任、市委秘书长罗建国，区领导林卫春、罗文军、伊文斌、谢日元、邵继纲等出席活动。

9月26日下午，第三届“泼泥嘉年华”在三宝文创中心(原汉光陶瓷)狂欢亮相，数百位来自“景漂”“景归”群体、公益志愿者团队、消防部队和普通市民的“泼泥勇士”集体投身泥浆之中，参与趣味竞赛、开展热烈互动、释放狂欢激情，以这样特殊的方式向泥土致敬。

10月

10月9日，召开旅游产业发展大会调度及业务培训工作会。区委副书记、区长罗文军就旅游发展大会调度工作讲话，区领导黄爱喜、江志瑜、陈坚出席会议。会议邀请江西旅游科技集团有限公司副总经理、江西省旅游集团文旅科技有限公司总经理晋帅兵对相关单位进行培训。

10月12日下午，由区卫健委、市120急救中心、区疾控中心、新村街道社区卫生服务中心、竟成镇卫生院、五龙山社区联合在五龙山社区开展2020

年秋冬季新冠肺炎疫情防控应急处置演练。区委副书记、区长、区新冠肺炎疫情防控指挥部指挥长罗文军到场观摩并作点评讲话。市卫健委三级调研员孙群，区领导黄爱喜、李劼到场观摩演练。

10月14日上午，在最高人民检察院召开的全国基层检察院建设工作会议暨第七届全国先进基层检察院表彰大会上，检察院被授予“全国先进基层检察院”称号。这是2013年区检察院获得此项荣誉后，又一次获此殊荣。

10月14日，省委常委、省委组织部部长刘强在景德镇市调研基层党建“三化”建设和人才工作时，到珠山区梨树园社区了解社区党委推进基层党建“三化”建设有关情况，察看社区党群服务中心，到三宝国际瓷谷文创党建共同体了解“景漂”创业情况。市委书记钟志生，市委常委、市委组织部部长刘瑞英陪同。

10月16日，区党外知识分子之家揭牌仪式暨“珠山党外知识分子之家开放日”活动在三宝国际瓷谷举行。市委统战部副部长、市民宗局局长黄涛，区政协副主席、区知联会会长吴云出席活动。

10月18日晚，由区委、区政府主办，区经开区管委会、珠山国资承办的三宝国际瓷谷音乐节在三宝文创中心的草地上精彩唱响。区委副书记、区长罗文军，市委副秘书长吴水旺，区委常委、宣传部长洪丹平，副区长、珠山区经开区管委会党组书记黄爱喜，副区长董玉成等有关领导出席。

10月19日上午，在区委党校举行青年干部主体班暨2019年度新录用公务员初任培训班开班仪式，区委副书记、区委党校校长伊文斌出席仪式并作动员讲话。

10月20日上午，区发展中心正式启用。区委书记林卫春出席发展中心揭牌仪式并致辞，区委副书记、区长罗文军主持揭牌仪式。林卫春、罗文军、谢日元、邵继纲共同为发展中心揭牌，全区副县级以上领导及竟成镇、各街道主要负责人，区委各部门、区直各单位主要负责人，区属各学校书记、校(园)长，区老干部代表参加揭牌仪式并一同参观发展中心。

10月20日上午，区委书记林卫春、区长罗文军在五人小组会议室，听取三宝景道设计有关情况，区国资公司、区经开区管委会以及设计单位有关负责人参加。

10月21日上午，区委书记林卫春走访慰问辖区的抗美援朝老战士(竟成镇新厂村老厂村民小组的杨木谋、陶研所宿舍的陈炳荪)。区委常委、政法委书记程传冬一同走访。

10月21日晚，“聆响 · 行歌”——极致之美三宝私享会第二场演出在三宝国际瓷谷三宝蓬艺术聚落报告厅举行。区人大常委会主任谢日元，区委常委、宣传部部长洪丹平，市文旅局副局长龚谦，副区长李劼出席活动观看演出。

10月21日，区景漂陶艺创作基地授牌仪式在轻工业陶瓷研究所举行。市政协副主席、市工商联主席江民强，市人大常委会原副主任胡志荣，市委统战部副部长、社会主义学院院长王习民，市委组织部副部长、市景漂景归人才服务局副局长向华，区委常委、宣传部部长洪丹平出席仪式。

10月23日上午，珠山街道与重庆市沙坪坝区磁器口街道在区三宝文创中心签约，缔结友好街道。区委书记林卫春出席座谈交流会，区委副书记、区长罗文军出席签约仪式。磁器口古镇管委会常务副主任、磁器口街道党工委书记犹元波，沙坪坝区文化和旅游发展委员会副主任杨里，磁器口街道党工委委员、宣传委员王瑞，区委常委、区纪委书记、区监委主任叶质柱出席座谈会。副区长江志瑜主持座谈会。

10月23日，由区委、区政府主办，区国资公司承办的2020“三宝+艺术周”活动，吸引来自全国各地的游客及陶瓷文化艺术爱好者，活动的线上关注量峰值超过60万人次。

10月27日，民盟景德镇市直属珠山支部换届大会举行，民盟景德镇市委会副主委赵传玉，民盟珠山支部主委、市文联主席谢景玉出席会议。区委常委、统战部部长张志刚应邀出席。

10月28日上午，区委书记林卫春主持召开御窑周边环境整治工作部署会。会议传达学习10月27日市四套班子调研御窑一号工程环境整治工作会议精神，研究部署御窑周边环境整治工作。区领导罗文军、伊文斌、张志刚、程传冬、余文军、姚石玉以及相关部门、镇街道的主要负责人参加会议。

10月28日，召开区四套班子联席会。区委书记林卫春主持会议并讲话。区委副书记伊文斌就相关工作讲话。谢日元、洪丹平、叶质柱、张志刚、程传冬等区四套班子领导出席会议。会议重点调度脱贫攻坚、扫黑除恶专项斗争、社区扩权赋能改革、旅发大会筹备等工作。

10月29日，景德镇市第九小学及第九小学校长韩林姣入围中央文明办第六届全国未成年人思想道德建设工作先进候选名单，进入公示阶段。

10月31日，中欧校友文化创意产业协会在珠山区三宝真如堂、马鞍岭、三宝陶艺村调研，晚上在三宝蓬举行文化沙龙，市委书记钟志生、区委书记林卫春参加晚上的文化沙龙。

11月

11月3日上午，景德镇第十一届市委第九轮巡察第五巡察组巡察区法院党组情况反馈会召开。市委第五巡察组组长周镇清反馈巡察情况，区委书记林卫春出席会议并讲话，区法院党组书记、院长张春红主持会议并作表态发言。市委第五巡察组副组长吴松泉，市中级人民法院党组成员、副院长孙新民，区委常委、区纪委书记、区监委主任叶质柱，区法院中层以上领导干部参加会议。

11月3—4日，区委书记林卫春专题调研社区扩权赋能改革试点工作并召开座谈会。区委副书记伊文斌陪同调研并主持座谈会，副区长董玉成参加调研。座谈会前，11月3日上午，林卫春、伊文斌、董玉成带队深入新厂街道六〇二所社区、新厂社区，里村街道恒大社区、恒大幸福食堂、尚东国际长者之家等处，就推进社区扩权赋能改革试点工作进行实地调研，详细了解前一阶段工作成效和存在的困难问题。

11月5日下午，苏州市中院党组书记、院长徐清宇一行到珠山区竟成法庭，三宝真如堂调研，省高院党组成员、副院长赵九重，市委常委、政法委书记曹雄泰，市中院院长邓建辉、区委书记林卫春等陪同调研。

11月6日，区发改委下发《关于景德镇市三宝国际瓷谷乡村文化旅游基础设施提升建设项目可行性研究报告的批复》珠发改字〔2020〕93号，确立项目名称为景德镇市三宝国际瓷谷乡村文化旅游基础设施提升建设项目，项目建设单位是区国有资产经营管理有限公司，项目建设地址在珠山区竟成镇湖田村、三宝村、双坑村，项目涉及建设范围约1.96平方千米，总投资额13.28亿元。

11月9日，省民政厅副厅长樊胜率调研组深入珠山区调研社区为民服务场所建设、社会组织培育、社区民政元素融合等相关工作。省民政厅、市民政局有关部门负责人，区领导林卫春、董玉成参加调研。调研组一行先后查看石狮埠街道五龙山社区的“一委一站一居”新型社区治理模式，里村街道马鞍山社区“党员调解团”作用发挥和为民服务场所建设情况。在昌河街道昌盛社区了解街道社区开展网格化信息管理工作成效，听取社区治理信息化平台建设、党员“双报到”、网格化管理、志愿服务活动等工作开展情况；在新厂街道景城名郡居家养老服务中心查看了解居家养老模式创新、软硬件环境等情况；在陶新家园小区珠山区社会组织培育中心查看社会组织孵化培育等情况；在恒大幸福食堂询问城镇困难居民享受服务的模式、参与意愿等情况。

11月10日，召开“十四五”规划编制工作座谈会。区委副书记、区长罗文军出席会议并讲话。区委常委、常务副区长张朝博，副区长江志瑜出席会议。珠山区相关单位负责人，专家学者参加座谈会。

11月10日，市委副书记王前虎到珠山区，看望正在这里开展专项审计的全总审计组一行，向他们表示亲切慰问。省总工会党组成员、经审会主任吴丽云，省总工会经审办主任周丹，市总工会党组副书记、常务副主席伍恒明，区领导林卫春、伊文斌、汪涛等一同看望。

11月11日，由政协常熟市委员会、政协景德镇市珠山区委员会主办的“琴川风·瓷都韵”两地书画、陶瓷艺术展景德镇站在景德镇美术馆展出。市政协原副主席刘浩元，省文联副主席、市委副秘书长、市文旅局党组书记、局长余志华，常熟市政协党组书记、主席王建国，区政协党组书记、主席邵继纲，市文旅局党组成员、御窑博物院党委书记汪同茂，市区领导江志瑜、刘赟韵、周国逢、罗丽玲、徐光华、吴云、王娟出席艺术展。常熟市政协分别向区政协以及市美术馆捐赠作品。

11月11—18日，珠山区文联组织“我光盘，我骄傲”主题绘画作品展在全区各小学巡回展览，引导全体小学生能够传承中华民族的优秀文化和尊重劳动、珍惜粮食的传统美德。

11月13日上午，召开区委理论学习中心组集体学习会，专题学习党章、党的十九届五中全会精神和《习近平谈治国理政》第三卷。区委书记林卫春主持会议并作小结讲话。伊文斌、谢日元、邵继刚、洪丹平、叶质柱、程传冬等区委中心组成员出席会议。11月13日早晨，全体区委中心组成员还来到莲花塘烈士陵园，瞻仰烈士纪念碑，重温入党誓词。

11月13日，中央编办副主任李章泽到三宝国际瓷谷调研（马鞍岭、真如堂、三宝蓬），省委编办主任傅世平，市委书记钟志生、区委书记林卫春等陪同调研。

11月15日，区农业农村和水利局在竟成镇政府举办农村党员创业致富带头人的培训班。培训班邀请浮梁县经作局专家为大家授课，从农业企业、农民专业合作社、农技协、家庭农场、农家乐负责人与技术骨干；规模以上种植、养殖户、加工业致富带头人；具有一技之长并能带动农民致富的能工巧匠；组织带领农民致富的村干部和农村党员等人员中选拔14名进行培训。

11月16日，省工商联党组成员、副主席谢松岳一行到珠山区挂点指导"五好"县级工商联建设工作市政协副主席、工商联主席江民强，区政协党组书记、主席邵继刚，市工商联党组成员、副主席李华等陪同调研。

11月17日上午，景德镇陶瓷大学与珠山区就"校地创新创业工程"战略合作协议进行座谈。陶瓷大学党委副书记、副校长吕品昌（主持工作），珠山区委书记林卫春出席会谈及签约仪式。陶瓷大学校领导吕金泉、艾军、陈斌，珠山区领导黄爱喜参加座谈会。

11月17—18日上午，区第十届人民代表大会第六次会议召开，区委书记林卫春主持会议，大会选举余志华为珠山区第十届人大常委会主任。

11月19日上午，来自全区200余位干部群众代表，在区发展中心会堂聆听市委宣讲团在珠山区宣讲党的十九届五中全会精神。市委宣讲团成员、市监委委员刘志军作宣讲报告。区委书记林卫春主持宣讲报告会。

11月19日，区委书记林卫春主持召开珠山区奋进50周年展陈内容调度会，区委副书记伊文斌，区委常委、宣传部部长洪丹平，区委办、区委宣传部、区政府办、区档案馆等参加。

11月20日，中央政治局委员、全国人大常委会副委员长张春贤到三宝国际瓷谷调研（马鞍岭、三宝蓬、文祥窑），省人大党组书记、副主任周萌，市委书记钟志生，区委书记林卫春陪同调研。

11月22—28日，副区长江志瑜带队，组织区经济相关部门主要领导、镇（街道）镇长（主任）及区新经济、数字经济领域等相关人员共34人，赴浙江大学开展为期7天的珠山区新经济、数字经济研修培训。

11月23日上午，召开城市防洪补短板项目调度会。区委副书记、区长罗文军出席会议并讲话。副区长董玉成主持会议。各相关部门、城东堤二期项目部、三宝瓷谷项目部和区国资公司负责人参加会议。

11月24日，区委书记林卫春深入陶阳学校宣讲党的十九届五中全会精神并调研。区委常委、常务副区长张朝博，区委常委、宣传部部长洪丹平一同调研。区政协副主席、陶阳学校校长王娟陪同。

11月29—30日，华东六省一市住建厅（委）城市更新和传统村落保护交流会在景德镇市举行。会议期间，与会人员到珠山区三宝马鞍岭陶瓷文化艺术村进行实地考察调研。区委书记林卫春陪同考察，并向参会领导简要介绍三宝马鞍岭村的古代制瓷采矿历史和近年来实施"三个三"乡村振兴模式的变化发展历程。

11月30日上午，区委书记林卫春主持召开区四套班子联席会，会议传达学习省委十四届十二次全会精神，重点调度御窑厂1号工程、社区扩权赋能改革、扫黑除恶等工作。罗文军、伊文斌、谢日元、邵继纲等区四套班子领导出席。

11月30日晚，"聆响·行歌"——极致之美三宝私享会第三场朗诵活动在三宝国际瓷谷举行。市委书记钟志生，市委常委、常务副市长黄金龙，市委常委、宣传部部长刘朝阳，副市长张良华，区委书记林卫春，市委副秘书长、军民融合发展委员会办公室主任张小力出席活动。盛璟晶、方静、谢日元、洪丹平、黄爱喜、张春红等市区有关领导与近百位朗诵爱好者一起现场观看演出。

12月

12月1日晚19点30分，中央电视台农业农村频道《中国三农报道》栏目，对珠山区三宝村近年来的大变化作深入报道。

12月3—5日，区委书记林卫春率区商务局、区财政局等相关部门，赴深圳、佛山等地开展招商引资及项目考察活动。区领导洪丹平、董玉成、李劼陪同考察。

12月5—6日，区第十一届小学生冬季田径运动会在陶阳学校田径运动场举行。

12月8日上午，召开筹备旅发大会工作调度会。区委副书记、区长罗文军出席会议并就下一步工作作部署。

12月12日晚,中央电视台一套《新闻联播》“落实全会精神在基层”栏目,用近2分钟的篇幅长度,以“激活制瓷文化 推动乡村振兴”为题,对珠山区三宝村进行重点报道。

12月17日,区委书记林卫春深入御窑一号工程项目部,就全力推进御窑一号工程项目征收工作进行专题调研并召开座谈会。区领导张朝博、李维明、余文军参加座谈。

12月18日,中残联副理事长程凯到文祥窑、三宝蓬、真如堂、马鞍岭调研,区委书记林卫春陪同。

12月18日,北京市平谷区人大常委会主任沈洁一行到马鞍岭、三宝蓬、闲云居调研,区委书记林卫春陪同。

12月22日,区委书记林卫春深入里村街道前街社区、曙光路社区等处,实地调研村、社区“两委”换届工作,在里村街道主持召开座谈会。区委常委、常务副区长张朝博陪同调研。

12月22日晚,“聆响·行歌”——极致之美三宝私享会第四场朗诵活动在三宝蓬艺术中心举行。余志华、罗文军、盛璟晶、方静、陈新剑、程美玉、黄爱喜、江志瑜、吴云、张碧珍等有关领导与近百位朗诵爱好者一起现场观看演出。

12月24日,区工商业联合会(总商会)第五次代表大会举行。市委统战部副部长、市工商联党组书记谭学军出席大会并致辞,区委副书记伊文斌出席大会并讲话,大会选举产生区工商联(总商会)第五届执行委员会、常务委员会以及新一届领导班子。

12月25日,“珠山奋进50年征文演讲比赛”颁奖典礼在陶新小学举行。该活动由区委宣传部主办,区教育体育局、区社会科学界联合会承办,陶新小学协办。区委副书记伊文斌,区委常委、宣传部部长洪丹平,区人大常委会副主任余畅,副区长江志瑜、区政协副主席吴云出席活动。

12月27日,围绕回眸奋进50年,为建好景德镇国家陶瓷文化传承创新试验区、打造与世界对话的国际瓷都贡献珠山更大力量的中心任务,珠山区在三宝国际瓷谷三宝蓬艺术聚落举办首场三宝名家大讲堂活动。活动邀请中国妇联兼职副主席、中央民族大学教授蒙曼到三宝国际瓷谷,作题为《千年诗中千年瓷》的讲座。黄金龙、孙安敏、卓健、罗建国,张良华、林卫春等市区领导出席,洪丹平主持讲座。

12月28日下午,组织副县级以上领导集中观摩“珠山奋进50年”系列展示活动。伊文斌、滕晓华、张朝博、张志刚、程传冬等出席活动。区领导一行到新落成的区史馆,观摩“珠山奋进50年成就展”。通过观看一件件实物展品、一张张图片资料,区领导共同回眸珠山五十年的发展历程,回忆珠山发展曾经走过的激情岁月。

12月28日晚,“珠山奋进五十年”突出贡献人物、先进集体表彰暨珠山区“凝心聚力 不负韶华”文艺会演举行。市委常委、市委宣传部部长刘朝阳,区委书记林卫春,区委副书记、区长罗文军出席活动,为“珠山奋进五十年”突出贡献人物、先进集体颁发荣誉证书。

12月28日,全区村(社区)“两委”换届选举工作会议在区发展中心召开。区委常委、组织部部长谢秋华,区人大常委会副主任余畅出席会议并讲话。副区长董玉成主持会议并讲话。竟成镇、各街道党委书记、组织、民政工作分管人、经开区负责人,以及各村(社区)党组织书记参加会议。

12月28日下午,召开区安委会成员会议暨低温、雨雪、冰冻天气安全防范工作部署会,区委常委、常务副区长张朝博出席会议并讲话。竟成镇、各街道,区安委会有关成员单位主要负责人参加会议。

12月28日,区发改委下发江西省企业投资项目备案通知书,通过区国有资产经营管理有限公司关于投资景德镇市珠山区发展中心项目,确立了项目拟建地址在珠山区新厂街道黄泥头,项目总用地面积0.0656平方千米(98.4亩),总投资额为3亿元。

12月29日下午,召开珠山四套班子务虚会,深入学习贯彻党的十九届五中全会、中央经济工作会议和省委十四届十二次全会、省委经济工作会议以及市四套班子务虚会精神,重点围绕珠山区第十四个五年规划和二〇三五年远景目标,特别是“今年工作怎么看、明年工作怎么干”开展集中研讨交流。区委书记林卫春主持会议并作总结讲话,罗文军、邵继纲、张朝博、洪丹平、张志刚、谢秋华、程传冬等区四套班子领导出席会议。

12月29日,第六届三宝论坛在三宝国际瓷谷三宝蓬艺术中心举行,曹雄泰、黄康明、吕品昌、方霞云、林卫春、罗文军、伊文斌等市区有关领导出席。论坛以“湖田新青　文旅融合——影青瓷的文化价值与三宝瓷谷发展模式”为主题，关注传统文化与现代文旅的关系以及未来发展的方向，选取湖田窑的所在地文化元素作为三宝特色加以弘扬。论坛邀请黄康明、吕品昌、李见深、沈涵、刘奇伟、竹林做学术演讲，深入解读三宝文化地位，对三宝发展提出自身的见解和建议。下午，采用传承创新圆桌会议的方式，特邀嘉宾主持王志刚与胡平、曾辉、向元华、文祥、肖学峰、王尚兵进行对话，探讨交流历史上湖田影青与现代三宝发展的关系以及传承创新等话题。与会的文化学者、城建专家、瓷谷艺术家等论坛嘉宾从多元的领域和视角，为观众带来一系列既有广度、又有深度的精彩演讲，共同交流探讨三宝的文化符号和发展模式，为景德镇国家陶瓷文化传承创新试验区建设贡献珠山力量。

12月29日18时20分，CCTV－3《中国文艺报道》播出《“陶瓷中国——景德镇当代陶瓷艺术作品展”走进海南》。由景德镇珠山区美术家协会，海南时代陶瓷艺术馆主办的“陶瓷中国——景德镇当代陶瓷艺术作品展”12月19日在自由贸易港海南省博物馆举行，展期一个月。

12月30日上午，召开食品安全委员会全体（扩大）会议暨2020年度食品安全考核工作推进会。副区长余文军主持会议，区委常委、常务副区长张朝博出席会议并讲话。会上传达学习市食安委全体（扩大）会议精神及关于加强冷链食品监管工作相关文件精神，通报2019年度食品安全工作评议考核结果，研究部署2020年度食品安全考核工作。

珠山区概况

行政区划

【地理位置】 珠山区位于江西省景德镇市城区昌江东部,位置为北纬 29°16′04″—29°19′11″,东经 117°11′35″—117°15′54″。区域面积 111.1414 平方千米,其中城区面积 32.87 平方千米,耕地面积 4.5242 平方千米。

【政区划分】 2020 年,珠山区下辖 1 个镇、9 个街道办事处、14 个行政村、54 个社区居委会。

竟成镇:辖 14 个村委会,分别是:樊家井、青塘、昌江、新厂、黄泥头、童街、前街、后街、方家山、湖田、小港嘴、银坑、三宝、洋湖。

石狮埠街道办事处:辖 5 个社区居委会,分别是:半边街、梨树园北苑、风景路、五龙山、春天。

珠山街道办事处:辖 3 个社区居委会,分别是:莲花塘、龙珠阁、御窑。

新村街道办事处:辖 11 个社区居委会,分别是:向阳岭、茶叶坞、昌虹、奥林、西路、洪家山、北路、中路、百眼井、梅家岭、梨树园。

昌江街道办事处:辖 3 个社区居委会,分别是:瓷器街、再胜弄、桂花弄。

周路口街道办事处:辖 4 个社区居委会,分别是:赛跑坦、广场、云锦巷、金家弄。

里村街道办事处:辖 8 个社区居委会,分别是:罗家坞、庆安、陶溪川、恒大、前街、新峰巷、马鞍山、曙光路。

新厂街道办事处:辖 11 个社区居委会,分别是:曹家岭、黄泥头、南河、一中路、新厂、老厂、景华、昌江广场、林荫路、六〇二所、瓷苑。

昌河街道办事处:辖 4 个社区居委会,分别是:昌盛、梦园、画眉楼、景东安厦。

太白园街道办事处:辖 5 个社区居委会,分别是:西瓜洲、戴家弄、小路园、曙光村、浙江路。

自然环境

【地貌】 区域地势平坦、开阔。总的趋势为东北高、西南低,地形起伏变化较大,最高点为马鞍山,最低点为西瓜洲。中渡口至昌江大桥一段河床地势平缓,底部为 U 形,铺满碎匣片和碎瓷渣片。

【山脉】 区域山脉属黄山山脉的余脉,总体走向为北东—南西向。最高峰为马鞍山,海拔(黄海高程)为 93.3 米。

【河流】 昌江是流经珠山区流域最长的河流,也是景德镇市珠山区、昌江区两区自然的、最长的行政区划分界线。它发源于安徽省祁门县境域,称阊江。经过祁门县城,至皖赣边界倒湖流入江西省浮梁县境内,始名昌江,由北蜿蜒向南,贯穿浮梁县境域。在浮梁县南端流入景德镇市城区珠山区竟成镇青塘村,进入昌江区西岸三闾庙南侧纳西河水。一路由北向南在东岸西瓜洲纳南河水,向西南流入昌江区境域至吕蒙、鲇鱼山下流至凰岗,进入鄱阳县境。依次流经竟成镇境域和石狮埠、珠山、昌江、太白园、新厂五个街道办事处境域的西面边界。在珠山区境域全长为 14.75 千米。

南河源出婺源县西北五花尖之南麓。由婺源县车田进入浮梁县,经北安,与北来长源水汇于玉田水库,出水库过蓝田在湘湖街鲤鱼桥会水,向西南经塘下至新厂街道黄泥头,再向西南,又出珠山区境。直到湖田分成两条,干流继续向西,支流改向北流入新厂街道和里村街道境内,过景德大道后注入干流向西，在西瓜洲注入昌江，全长 76 千米。在珠山区境域 10.2 千米。

【气候】 属亚热带季风性气候，热量丰富，雨量充沛，光照充足，无霜期长；冬冷春寒，夏热秋旱，春秋短而冬夏长。2020 年，区境内平均气温 19.0℃，较常年偏高 1.1℃；累积雨量 2118.6 毫米，较历年偏多 17%。3 月 27—28 日受强冷空气影响，气温平均下降 11～13℃，出现“倒春寒”天气。9 月 18—23 日持续低温连阴雨天气，其间平均气温 18.7℃，最低 16.8℃，日照仅 0.1 小时，降水量达 115.3 毫米。12 月 13—14 日出现强寒潮天气，过程降温幅度分别达 9～11℃。

【土壤】 红壤是境内土壤类型面积最大的一个土类，山丘地区的基带土壤，除个别低丘出露紫色岩风化物发育而成的紫色土外，都是红壤土类。

【森林】 属常绿阔叶林和针叶林植物区，森林植被覆盖率达 29.52%，树木种类主要有杉树、马尾松、湿地松、樟树等。灌木丛种类有月季、荆、杜鹃等。

【自然资源】 境域内野生动物仅有香狸（野猫）、松花蛇、壁虎、蝙蝠等。野生鱼类有草鱼、鲢鱼、鳙鱼、鲤鱼、青鱼、刺鲃、黄颡鱼、鳜鱼、鳊鱼、鲫鱼、鲴鱼、鲇鱼、花鱼、白条鱼（餐子鱼）、青虾、鳅、鳝等。昆虫类有少量蟋蟀、蝉、螳螂、金龟子、蜻蜓、蝴蝶、萤火虫、毛虫等。野生鸟类有麻雀、乌鸦、画眉、喜鹊、鸽、燕、相思鸟等。植物资源主要按木本植物类、藤本植物类、竹类、草本植物类查明有 97 科 366 种。矿产资源主要是非金属矿产白云岩、石灰岩和耐火黏土。

【自然灾害】 境域为江西省三大暴雨中心之一，每年汛期降雨量占全年的 50%，且昌江上游地形陡峭，河道狭窄，水流落差大，集流快，江河水位变幅很大，水灾成为珠山区境内主要自然灾害之一。2020 年 1—12 月全市行政区域平均降雨量 2321 毫米，比多年同期偏多 28%；其中 1—3 月全市降雨量 476 毫米，比多年同期偏多 29%；7—9 月全市降雨量 936 毫米，是多年均值的 2.2 倍；特别是 7 月上旬，2020 年鄱阳湖流域发生的超历史大洪水从景德镇拉开序幕，全市遭遇持续强降雨袭击，降雨持续时间长、范围广、强度大、落区高度重叠，行政区域平均降雨量高达 492 毫米，是多年同期均值的 5.7 倍，为新中国成立后有水文资料以来同期最大。受此影响，昌江连续形成 2020 年 4 次编号洪水，渡峰坑水文站出现新中国成立以来排第二位洪水，最高水位 33.94 米，高于警戒 5.44 米，仅比 1998 年低0.33 米。

【环境质量】 2020 年，珠山区环境空气质量良好。环境空气监测指标中，二氧化硫、二氧化氮、一氧化碳指标年均达到国家一级标准，可吸入颗粒物、细颗粒物和臭氧指标年均浓度达到国家二级标准，主要污染物为可吸入颗粒物。酸雨降水 pH 年均值为 5.39，同比上升 0.05%；全年酸雨发生频率为 59.30%，同比下降 2.7%。地表水质良好，总体稳定，饮用水源头断面和饶河（昌江）源头保护区出水断面监测达标率均为 100%，Ⅰ～Ⅲ类水质断面优良率为 98.3%，集中式饮用水水源监测断面水质达到相应水质标准，水质达标率为 100%。城市区域噪声昼间均值为 52.9 分贝，道路交通噪声昼间均值为 67.1 分贝，功能区噪声达标率为 98.8%。

经济发展

【概况】 全年，实现地区生产总值 225.26 亿元，同比增长 3.8%。其中，第一产业实现增加值 0.84 亿元，同比下降 0.1%；第二产业实现增加值 45.98 亿元，同比增长 2.7%；第三产业实现增加值 178.44 亿元，同比增长 4.1%。

【财政税收】 财政总收入 22.89 亿元，同比增长 2.63%，税收收入 19.52 亿元，税收收入占财政总收入 85.27%。

【工业】 规模以上工业企业累计完成工业总产值 17.84 亿元，规模以上工业增加值同比增长 2.0%；固定资产投资总额同比增长 10.3%，其中，第二产业投资额同比增长 10.1%，第三产业投资额同比增长 10.3%，基础设施投资额占比 41.8%，同比下降 15.9%。

【服务业】 全区规模以上服务业营业收入 42.94

亿元,同比增长33.1%。其中,互联网和相关服务、软件和信息技术服务业营业收入同比增长33.5%;租赁和商务服务业营业收入同比增长48.8%;居民服务、修理和其他服务业营业收入同比增长39.3%;文化、体育和娱乐业等受疫情影响严重,营业收入同比下降53.7%,但降幅比三季度收窄4.3个百分点。

【消费品市场】 全区社会消费品零售总额171.55亿元,同比增长2.3%。限额以上单位消费品零售额43.71亿元。其中,限上商品零售额22.52亿元,增长1.0%;限上商品批发额27.16亿元,下降4.2%;限上餐饮收入1.51亿元,增长11.2%;限上住宿收入1.55亿元,同比下降8.7%。

【居民消费水平】 全区城镇居民人均可支配收入44334元,同比名义增长4.9%,超出地区生产总值增速1.1个百分点。

人口与社会保障

【人口】 2020年年末,全区常住人口总数为383453人。全区共有家庭户133879户,集体户7795户,家庭户人口为347389人,集体户人口为36064人,平均每个家庭户的人口为2.59人。全区常住人口中,男性人口为194767人,占总人口的50.79%;女性人口为188686人,占总人口的49.21%。总人口性别比(以女性为100,男性对女性的比例)为103.22。全区常住人口中,居住在城镇的人口为381633人,占总人口的99.53%;居住在乡村的人口为1820人,占总人口的0.47%。

【社会保障】 新增城镇就业人数2704人,转移农村劳动力382人,全年脱贫9人。全区参加城镇企业职工养老保险的人员为39253人,年征缴养老保险费11833.6万元,发放18629名退休职工养老金54501.01万元。医保参保人数149703人,其中城镇职工参保人数28579人,城乡居民参保人数121124人。其中城乡居民医保收入为12540.34万元,职工医保收入15005.41万元。基金总支出16468.68万元。

风景名胜

【御窑厂国家考古遗址公园】 御窑厂遗址位于珠山中路北侧的老城区中心地带,包括龙珠阁周边地区和市政府原办公大院及宿舍区、居民民宅等区域,保护区面积0.131平方千米,其中核心保护范围0.051平方千米。地下埋藏文物丰富,是中国唯一一处全面系统反映官窑陶瓷生产和文化信息的历史遗存。

御窑厂是明、清两代御用瓷器的专门制造场所,代表明、清时期中国陶瓷技术和艺术的最高水平。现存遗址及其背景环境是研究御窑厂历史沿革、管理制度、烧造工艺的重要依据,也是研究历史文化名城景德镇城市发展脉络的重要基础,在世界范围内具有不可替代的历史、科学和艺术价值。2002—2004年,在御窑厂遗址进行大面积考古发掘,发掘大量明清御窑遗物和遗迹,揭示明清御窑生产的概貌。御窑厂遗址为全国重点文物保护单位,其考古成果被评为2003年度全国十大考古新发现之一,是首批国家重点支持的100项大遗址,国家首批公布的考古遗址公园立项单位,国家"十二五"大遗址重点保护展示工程,国家"十二五"大遗址保护展示示范园区,2017年1月,御窑厂遗址列入"中国世界文化遗产预备名单"。2018年5月1日,《景德镇市御窑厂遗址保护管理条例》正式实施。

【陶溪川文创街区】 陶溪川文创街区位于世界瓷都景德镇东城片区中心,东至老厂路,西接童宾路,南临新厂西路,北到凤凰山北麓,总规划占地2平方千米。

陶溪川是江西省唯一的国家级文化产业示范园区,由景德镇陶文旅集团旗下的景德镇陶邑文化发展有限公司打造运营,是景德镇国家陶瓷文化传承创新试验区建设的重点项目。陶溪川以原宇宙瓷厂为核心启动区,融传统+时尚+艺术+高科技于一体,凸显国际范、强调体验特色,成为陶瓷老工厂成功转型的样本、产业发展升级与新型城镇化建设的典范。通过结构改造、活力再造,从传统制造业成功转型为文化创意产业、文化旅游业和现代服务业,实现了传统与现代、文化与科技、生产与生活的深度融合,在国内外产生积极影响,在业界形成"陶溪川"现象。

陶溪川于2016年10月全面开业,2020年已开放运营1平方千米。入驻企业及机构273家,历经五年多的精心运营,形成了文化传播、国际交流、教育实训、陶瓷研发、创意设计、研学旅行、双创孵化等主打品牌和服务平台。荣获第三批国家双创示范基地、第五批全国创业孵化示范基地、全国版权示范园区、2017年联合国教科文组织亚太地区文化遗产保护创新奖、第一批国家工业遗产名单、2020中国版权金奖、国家AAAA级旅游景区等国家、省级荣誉60余项。

【三宝国际瓷谷】 三宝国际瓷谷位于景德镇的东南山麓,距景德镇市区中心6千米,是国家AAAA级旅游景区,常住人口1.3万人,总面积12.4平方千米,南北纵深约10千米,有着1000多年瓷土开采历史,因在五代时期,日产优质瓷土价值3个金元宝而得名。2016年,三宝国际瓷谷在拥有700余年窑火的景德镇市珠山区竟成镇三宝村诞生,这是一个集历史遗存展示、陶瓷研究创作、旅游休闲度假于一体的陶瓷文化旅游集散地。瓷谷内有200余家陶瓷作坊、企业、文化艺术机构,以及超过40家民宿酒店。此外,还有各式陶瓷文创企业、艺术中心、专业画廊、陶瓷艺术餐厅坐落于此,百余名国内外艺术家常驻此地。每月甚至每周,三宝国际瓷谷就会有一次陶瓷艺术创意的碰撞,三宝蓬艺术中心、手作故事街区、艺术家工作室、青年创客空间等成为设计师、艺术家交流的聚集地。

【御窑景巷】 御窑景巷,位于景德镇市中山北路,南起中渡口,北至瓷都大桥,全长1.1千米,占地约0.031平方千米,国家AAA级旅游景区,是景德镇首个老城保护与利用项目,至今还保留着宋代以后形成的23条里弄,以及码头、商铺、民居、戏台、会馆、教堂等大量历史建(构)筑物等物质文化遗产,并活态传承着制瓷工艺、民俗风情等非物质文化遗产,较为集中地反映了景德镇老城区漫长历史时期陶瓷生产、商业贸易、市井生活、社会治理、文化交融等遗迹形态,是景德镇文化遗产的重要组成部分,具有非常重要的历史和文学艺术价值。

【雕塑瓷厂】 雕塑瓷厂创建于1956年,位于景德镇东市区,占地面积约0.11平方千米,是一个将历史与现代、工业与艺术和谐交融在一起的陶瓷文化创意园区。人们可以从镌满历史记忆的厂墙囱壁上找寻残存的时代标语;古色古香的徽派建筑;首尾相连的前卫陶吧、酒吧;满身泥渍的陶艺家和光鲜时尚的国内外游人;琳琅满目的陶瓷一条街;前店后坊的陶艺工作室,历史与现代、工业与艺术在这里得到了和谐的互动与交融。雕塑瓷厂是国家AAA级旅游景区、全国工业旅游示范点、全国旅游商品生产企业第一批定点单位。

【莲花塘】 莲花塘为市内著名的风景区,坐落在闹市区的东北角。外湖与内湖呈"吕"字形,中间有小桥连接。湖水清澈,风起处,碧波粼粼,风止时,水平如镜。晴雨朝夕,景色各异。在莲花塘东南侧的山顶上,矗立着一座革命烈士纪念塔。该塔建于1953年。塔高10余米,塔基成八角形,塔身四方形。正面嵌刻着毛泽东的题字"革命烈士永垂不朽",另三面分别刻有周恩来、刘少奇、朱德的题字。

组织机构与领导人员名录

中国共产党珠山区委员会

书　记：林卫春
副书记：罗文军
　　　　滕晓华（女，2020 年 5 月止）
　　　　伊文斌（2020 年 5 月任）
常　委：张朝博
　　　　洪丹平（女）
　　　　叶质柱
　　　　张志刚
　　　　谢秋华
　　　　程传冬
　　　　马　勇（2020 年 11 月止）

珠山区人民代表大会常务委员会

党组书记、主任：余志华（党组书记 2020 年 12 月任，主任 2020 年 11 月任）
党组书记、主任：谢日元（党组书记 2020 年 12 月止，主任 2020 年 11 月止）
党组成员、副主任：吴筱英（女，2020 年 7 月止）
副主任：余　畅
党组成员、副主任：聂　权
党组成员、副主任：汪　涛
党组成员、副主任：程美玉（女）
党组成员：王　鹏
一级调研员：谢日元（2020 年 11 月任）
二级调研员：吴筱英（女，2020 年 11 月任）

珠山区人民政府

党组书记、区长：罗文军
党组副书记、常务副区长：张朝博
党组成员、副区长：李维明
党组成员、副区长：余文军
党组成员、副区长：黄爱喜
党组成员、副区长：董玉成
副区长：谢景玉（女，2020 年 3 月止）
副区长：江志瑜（女，2020 年 4 月任）
党组成员、副区长（挂职一年）：李　劼（女，副区长 2020 年 7 月任、党组成员 2020 年 9 月任）
党组成员：朱建亚

中国人民政治协商会议珠山区委员会

党组书记、主席：邵继纲
党组成员、副主席：周国逢（2020 年 7 月止）
党组成员、副主席：罗丽玲（女）
党组成员、副主席：徐光华
副主席：吴　云（女）
　　　　王　娟（女，2020 年 5 月任）
党组成员：李守清（女）
　　　　　陈晓明
二级调研员：周国逢（2020 年 11 月任）

中国共产党珠山区纪律检查委员会 珠山区监察委员会

纪委书记、监委主任：叶质柱
纪委副书记、监委副主任：查璐玮（女）
纪委副书记、监委副主任：吴为民
纪委常委、监委委员：王细斌
纪委常委：姜　莉（女）
监委委员：杨雄金

纪委常委:方继伟
纪委常委、监委委员:程　洁(女,2020 年 4 月任监委委员)
监委委员:李　钰(2020 年 4 月任)

区委工作机构

区委办公室:
主　任:李海平
副主任:徐智峰
　　　黄皓民(2020 年 3 月任)
　　　胡剑锋(2020 年 3 月止)
二级主任科员:张　琦(女,2020 年 3 月任)
区委组织部:
区委常委、区委组织部部长:谢秋华
常务副部长:李田有
副部长:杨向群(女)
副部长:江华珍(女)
副部长:胡文凯
副部长:李慧萍(女)
二级主任科员:邹瑞彬
四级主任科员:张丽琴(女)
四级主任科员:邝宏博
四级主任科员:钟　耀
区委宣传部:
区委常委、区委宣传部部长:洪丹平(女)
常务副部长:程继志
副部长:杜　辉(女)
副部长:朱昌玲(女)
副部长:王文俊
副部长:徐丽君(女)
四级调研员:龚循环(2020 年 5 月退休)
区委统战部:
区委常委、区委统战部部长:张志刚
常务副部长:汪　宏(女)
副部长:江胜强
副部长、二级主任科员:计雯英(女)
区委政法委:
区委常委、区委政法委书记:程传冬
常务副书记:严　欢(女,2020 年 6 月任)
常务副书记:周　娜(女,2020 年 6 月止)
副书记:姚明虎
副书记:翁　霞(女)
四级调研员:胡　卫
区治安巡防管理办:
主　任:占满林
副主任:汪来寿
区医患纠纷处理中心:
主　任:聂海超(2020 年 6 月任)
主　任:邓亚迴(2020 年 3 月止)
副主任:涂小春
区流动人口和出租房屋管理办:
主　任:敖军荣
副主任:熊　群(女)
区和谐平安联创中心:
主　任:尹和生
副主任:汪小浪
区委编制委员会办公室:
主　任:宁　丽(女)
区事业单位登记管理局:
局　长:张淑琴(女)
区委巡察办公室:
主　任:邓迎春
副主任:胡知柳(女)
区委第一巡察组:
组　长:刘建平
副组长:张秋霞
巡察专员:万滕青
区委第二巡察组:
组　长:李国平
副组长:余燕群
巡察专员:陈伟新(2020 年 3 月任)
区委第三巡察组:
组　长:朱　成(2020 年 12 月止)
副组长:涂志军
区直机关工委:
书　记:朱镇红(女)
区委信访局:
市委信访局副局长、区委信访局局长:姚石玉
副局长:张子仂(2020 年 6 月)
副局长:陶　莹(女)
二级主任科员:聂红清(2020 年 3 月任)
为民热线服务中心
主　任:袁智华(女)
区委老干部局:
局　长:杨向群(女)
副局长:张夏芬(女)

区关心下一代工作委员会：
主　任：施向阳
办公室主任：胡馨文(女,2015年3月任)
区委党史办：
主　任：刘露虹(女)
四级主任科员：夏旭奇(女,2020年6月任)
区委党校：
校　长：伊文斌(2020年9月任)
　　　　滕晓华(2020年9月止)
常务副校长：罗　英(女)
二级主任科员：吴　缨(女)
区档案局(馆)：
负责人：张　琦(女)

区人大常委会机关

办公室：
主　任：王　鹏
二级主任科员：鲍雯倩(女)
财政经济办公室：
主　任：李席辉
二级主任科员：曹　亮
二级主任科员：熊瑜(2020年6月任)
教科文卫办公室：
主　任：薛　丹(女)
四级调研员：江才昌
监察和司法办公室：
主　任：张　艳(女)
四级调研员：龚镇红
环境与资源保护办公室：
主　任：徐丽娟(女)
二级主任科员：田晓芳(女)
选举任联络办公室：
主　任：陈红蕾(女)
社会建设办公室：
主　任：徐　君(女)

区政协机关

办公室：
秘书长：李守清(女)
主　任：陈晓明
副主任：朱声隆
四级调研员：戴粹民
二级主任科员：黄莉芬(女)
人口资源环境委员会：
主　任：李　璎(女)
四级调研员：沈建新
法制社团委员会：
主　任：屈蕾芬(女)
二级主任科员：邹　利(女)
港澳台侨委员会：
主　任：江耀斌
提案委员会：
主　任：秾与敏
农业农村经济科技委员会：
主　任：程润秋(女)
文化文史和学习委员会：
主　任：吴　芳(女)
教育文化卫生体育委员会：
主　任：汪　春

区纪委监委机关

办公室：
主　任：欧阳君(2020年3月任)
主　任：方继伟(2020年3月止)
四级调研员：余建镇
组织宣传部：
主　任：单　斌(2020年3月任)
党风政风监督室：
主　任：万　静(女,2020年3月任)
四级调研员：余春福
信访室(纪检监察干部监督室)：
主　任：黄　颖(2020年3月任)
三级主任科员：汪　春(2020年9月任)
案件监督管理室：
主　任：徐　杰(2020年3月任)
案件审理室：
主　任：占文军(女,2020年3月任)
第一纪检监察室：
主　任：汪　江(2020年3月任)
四级主任科员：曹宇超
第二纪检监察室：
主　任：荣　震(2020年3月任)
第三纪检监察室：
主　任：罗嗣标(2020年3月任)
二级主任科员：程　英

驻区委办纪检监察组:
组　长:江　祺(女)
驻区委组织部纪检监察组:
组　长:梁明龙
驻区委政法委纪检监察组:
组　长:方　剑(女)
副组长:曹新宇
驻区政府办纪检监察组:
组　长:应春玲(女)
驻区城管局纪检监察组:
组　长:刘　奕
副组长:陈　杰
驻区教体局纪检监察组:
组　长:吴本康

区人民法院

党组书记、院长:张春红(女)
党组副书记、副院长:黄志刚
党组成员、副院长:李智英(女)
党组成员、副院长:章　峻
党组成员:曹宏美
党组成员:熊　玮
党组成员、政治部主任:毛建平
党组成员:李晓军
专职审委会委员:程　红(女)
专职审委会委员:郭镇峰
党总支书记:王磊英(女)
立案庭:
副庭长:杨春艳(女)
审判员:余标丽(女)
刑事审判庭:
庭　长:吴　琴(女)
民事审判庭:
庭　长:洪莉倩(女)
副庭长:严　东
副庭长:陈同标
审判员:郝斌亮
审管办公室:
主　任:李红光
副主任:许丕德(2020 年 10 月止)
审判员:徐春柳
审判员:王一民
执行局:
副局长:张志春
法官助理:周镇明
法官助理:曹　忠
四级调研员:熊　智(女)
综合办公室:
主　任:张　娟(女)
副主任:王　霞(女)
副主任:许丕德(2020 年 10 月任)
副主任:吴　虑(女,2020 年 11 月止)
法警大队:
大队长:姜　敏(女)
副大队长:张小玲(女)
审判员:程小华
四级调研员:高海龙(2020 年 6 月止)

区人民检察院

党组书记、检察长:徐　健(女)
党组副书记、副检察长:黄国平
党组成员、副检察长:王飞虎
党组成员、副检察长:黄　娟(女)
党组成员:孟　艳(女)
党组成员:刘　鑫(2020 年 6 月任)
党组成员:吴志远(2020 年 6 月止)
检委会专职委员:王　彤
检委会专职委员:付有胜
办公室:
主　任:刘　鑫(2020 年 10 月任)
副主任:余　健(2020 年 10 月止)
副主任:李　川(2020 年 10 月任)
政治部:
主　任:刘　鑫(2020 年 6 月任)
副主任:袁志坚(2020 年 4 月任)
正科级检察员:孙静文
第一检察部:
负责人:李剑云(女)
副主任:黄云龙(2020 年 4 月任)
副主任、主任科员:黄陈婧(女,2020 年 4 月任)
正科级检察员:何小邦(女)
副主任科员:涂峻澄
第二检察部:
主任:蒋玲玲(女,2020 年 4 月任)
副主任:万韦龙(2020 年 4 月任)

正科级检察员:涂金根
第三检察部:
主　任:董　靓(2020 年 4 月任)
副主任:余　健(2020 年 10 月任)
正科级检察员:徐　娣(女)
正科级检察员:李　华
正科级检察员:李火泉
昌河检察室:
主　任:付佳龙

社会团体

区总工会:
党组书记、主席:汪　涛
党组副书记、常务副主席:林荔景(女)
党组成员、二级主任科员:徐圣君(女)
副主席(挂职):陈　维(2020 年 12 月免)
副主席(兼职):黄　斐(女)
副主席(兼职):闪文倩(女)
中国共产主义青年团珠山区委员会:
书　记:王为伟(2020 年 12 月止)
副书记:余　升
副书记(挂职):胡建群(2020 年 3 月任)
区妇女联合会:
主　席:赵　喆(女)
二级主任科员:邓凌光(女)
副主席(挂职):刘思思(女)
区科学技术协会:
主　席:李　敏
区工商业联合会:
党组书记:江胜强
主　席:宁　静(2020 年 3 月任)
党组成员:刘挺恒(2020 年 12 月任)
党组成员:陈　维(2020 年 12 月任)
二级主任科员:洪　芸
二级主任科员:胡恺华
二级主任科员:李　霏(女)
副主席(挂职):胡云江(2020 年 3 月任)
区文学艺术界联合会:
党组书记:万禄敏(2020 年 6 月任)
主　席:刘　斐(女,2020 年 6 月任)
区社会科学界联合会:
党组书记:殷　琳(女)
主　席:岑　涛(女)
区残疾人联合会:
党组书记、理事长:罗序光
党组副书记、副理事长:瞿　萍
三级主任科员:曹亮华
区红十字会:
党组书记、会长:黄爱喜(2020 年 6 月任)
党组副书记、常务副会长:赵俊明
党组成员、副监事长:周　颖(2020 年 6 月任)
党组成员、副会长(挂职):张晓君(2020 年 6 月任)
区老年人体育协会、老年体育科学学会:
主　席、会长:占晓春(女)
副主席:查　明
副主席、副会长:张冬华(女)
副主席、副会长(兼)秘书长:殷少华
副会长(兼)副秘书长:孙根太
区老年书画协会:
会　长:涂世安
副会长:汪金福
副会长:胡志平
区老科学技术工作者协会:
会　长:罗　曼(女)
副会长:朱玉全
副会长:李　敏
副会长兼秘书长:胡伟华
副秘书长:李宝英(女)
区诗词学会:
会　长:饶正毛
常务副会长:林荔景(女)
副会长:张仁龙

区政府工作机构

区政府办:
党组书记、主任:朱建亚
副主任:谢君毅(2020 年 7 月止)
副主任:方　炜(2020 年 4 月止)
党组成员、副主任:洪光耀(党组成员 2020 年 3 月任、副主任 2020 年 4 月任)
党组成员、副主任:余　婧(女,党组成员 2020 年 6 月任、副主任 2020 年 7 月任)
党组成员、二级主任科员:卢倩颖(女,二级主任科员 2020 年 3 月任)
二级主任科员:金　峰

二级主任科员:朱惠萍(女,2020年3月任)
二级主任科员:洪　晖(2020年3月任)
地方志办主任、二级主任科员:王　清(女,2020年7月任)

区机关事务管理局:
党组书记、局长:程启勇
副局长:黄　超
副局长:曾　菲(女)

区退役军人事务局:
党组书记、局长:彭长武
党组副书记、副局长:汪碧君
副局长:邹朝芬

区扶贫办公室:
党组书记、主　任:张　麒
党组成员、副主任、二级主任科员:付陈芳(女)

区行政(社区)服务中心:
主　任:刘　楠(女)
副主任:吴丽珺(女)

区司法局:
党组书记、局长:江　滔
党组副书记、副局长:曹　伟
党组成员、二级主任科员:林丽敏(女)
党组成员、二级主任科员:王　挺
党组成员、副局长、二级主任科员:程文华
竟成镇司法所:
所　长:陈柳红(女)
石狮埠街道司法所:
所　长:叶列东
珠山街道司法所:
所　长:张慧丽(女,2020年4月任)
所　长:戴　璐(女,2020年4月止)
新村街道司法所:
所　长:王逸茹(女,2020年12月止)
昌江街道司法所:
所　长:叶符强
周路口街道司法所:
所　长:陈志强
太白园街道司法所:
所　长:龙　丹(女,2020年4月止)
里村街道司法所:
所长:胡俊百(2020年5月任)
新厂街道司法所:
所　长:赵宇凡
昌河街道司法所:
所　长:程瑞华(女)

区农业农村和水利局:
党组书记、局　长:谢君毅(2020年7月任)
党组书记:黄世明(2020年7月止)
局　长:张碧珍(女,2020年7月止)
党组副书记、副局长:刘国银
党组成员、副局长:王春林(2020年7月止)
党组成员、二级主任科员:钱丽娟(女)
二级主任科员:龚安成

区工业和信息化局:
党委书记、局长:周　娜(女,2020年7月任)
党委书记、局长:罗嗣忠(2020年7月止)
党委委员、副局长:程华峰
党委委员、副局长:徐　君

区经济开发区管理委员会:
党组书记:黄爱喜(2020年6月任)
主　任:王朝辉(2020年4月任)
党组成员、副主任:王春林(2020年7月任)

区住房和城乡建设局:
党组书记、局长:赵　军
党组成员、副局长:张景勇
党组成员、副局长:张喜生
党组成员:夏泽香(女)
物业办:
主　任:夏泽香(女,2020年6月止)
主　任:陈　浩(2020年7月任)
房屋征收办公室
主　任:张景勇(2020年4月任)

区城市管理局:
党委书记、局长:敖景辉
竟成镇城管中队:
队　长:柳　杰(女、2020年4月任)
石狮埠街道城管中队:
队　长:邱晓东(2020年4月任)
新村街道城管中队:
队　长:冯新华(2020年4月任)
里村街道城管中队:
队　长:刘　坚(2020年4月任)
新厂街道城管中队:
队　长:叶志毅(2020年4月任)

区新区建设办公室:
主　任:黄世明(2020年7月任)

主　任:谢君毅(2020年7月止)
副主任:计　勇
副主任:陈四书
区发展和改革委员会:
党组书记、主任:江智中
党组副书记、副主任:罗嗣忠(2020年7月任)
党组副书记、副主任:徐　敬(党组副书记2020年3月止、副主任2020年4月止)
党组成员、副主任:王　珂
党组成员、二级主任科员:曹彩虹(女)
党组成员、二级主任科员:舒　丹(女)
党组成员:程天雄
四级调研员:吴锦秀(女)
四级调研员:王　斌
二级主任科员:邵学军(女)
四级主任科员:陈兰芳(女)
政务信息中心:
主　任:汪　霖(2020年4月任)
主　任:陈胜明(2020年4月止)
区应急管理局:
党组书记、局长:金光华
党组副书记、副局长:江丽君(女)
党组成员、副局长:刘　波
党组成员、二级主任科员:古芳卿
党组成员、二级主任科员:汪建华
区商务局:
党组书记、局长:周　群(女)
党组成员、二级主任科员:王凯忠
党组成员、二级主任科员:徐　敬(2020年3月任)
党组成员、副局长:李俊炜
副局长:罗　瑨(2020年7月止)
二级主任科员:陈　静(女)
区国资公司:
董事长:张跃军
区市场监督管理局:
党组书记、局长:郑　芳(女)
党组副书记、副局长:胥文翔
党组成员、副局长:方　炜(党组成员2020年3月任、副局长2020年4月任)
党组成员、副局长:陈　锐(党组成员2020年3月止、副局长2020年4月止)
党组成员、副局长:孟　刚(副局长2020年4月止)
党组成员:饶文彬(2020年3月任)
党组成员、四级主任科员:吕　忠(党组成员2020年3月止、副局长2020年4月止)
四级调研员:程中霞
一级主任科员:蔡胜春(2020年3月任)
二级主任科员:陈　锐(2020年3月任)
二级主任科员:黄剑平
二级主任科员:蔡胜春
二级主任科员:戴向农
四级主任科员:占福清
餐保所:
所　长:邓　铮
戴家弄分局:
局　长:徐　露(2020年4月任)
局　长:吴红卫(2020年4月止)
斗富弄分局:
局　长:袁明淳(2020年4月任)
局　长:严　芳(女,2020年4月止)
新村分局:
局　长:吴红卫(2020年4月任)
局　长:饶文彬(2020年4月止)
新厂分局:
局　长:张　雷(2020年4月任)
局　长:袁明淳(2020年4月止)
太白园分局:
局　长:陈　伟
昌河分局:
局　长:王金刚
里市渡分局:
局　长:汪　洁(女)
里村分局:
局　长:饶文彬(2020年4月任)
区市场经营服务中心:
党支部书记:余国联
主　任:曹　鹏
副主任:万　星
副主任:陈胜明(2020年4月任)
区统计局:
党组书记、局长:刘柄英(女)
党组成员、副局长、二级主任科员:程　吟(女)
副局长:洪　雁(女,2020年4月任)
党组成员、二级主任科员:熊　瑜(女,2020年6月止)

区城市调查大队：
大队长：柳　杰（2020 年 4 月止）
　　　　王文辉（2020 年 4 月任）
区审计局：
党组书记、局长：徐笑红（女）
党组成员、副局长：沈　娟（女）
党组成员、二级主任科员：陈　方（女）
四级主任科员：杜　鹃（女）
区财政局：
党组书记、局长：刘方孟
党组副书记、副局长：余　蕾（女）
党组成员、副局长：李金华
党组成员、副局长：冯小欢（女）
四级调研员：罗柏林
区协税护税办公室：
主　任：秦　超（2020 年 2 月退休）
区国库集中收付核算中心：
主　任：李　俊（女）
区乡镇财政管理局：
局　长：胡协华
区政府采购办公室：
主　任：李文辉
区非税管理局：
局　长：罗园红（女）
区投资融资中心：
主　任：裴　承
区人力资源和社会保障局：
党组书记、局长：江华珍（女）
党组副书记、副局长：汪　伟（党组副书记 2020 年 3 月任、副局长 2020 年 4 月任）
党组成员、四级调研员：卢乐宾
党组成员、二级主任科员：黄　斐（女）
党组成员、副局长、三级主任科员：仲筱霞（女，2020 年 9 月任三级主任科员）
区社会保险事业管理局：
局　长：卢乐宾
副局长：陈学军
副局长：章誉友
区公共就业人才服务局：
局　长：罗英俊
区医疗保障局：
党组书记、局长：潘　群（女）
党组成员、副局长、二级主任科员：俞淑军（女）
党组成员、副局长：江玉兰（女，党组成员 2020 年 3 月任、副局长 2020 年 4 月任）
区民政局：
党组书记、局长：王　振
党组成员、副局长：邓燕平（女）
党组成员、副局长：吴　霓（女）
二级主任科员：彭佩芳（女）
社会救助中心：
主　任：樊　峰
区教体局：
党委书记、局长：李洪涛
党委副书记、副局长：查　明
党委委员、副局长：汪　倩（女，党委委员 2020 年 3 月任、副局长 2020 年 4 月任）
党委委员、副局长：谌景模（党委委员 2020 年 3 月止、副局长 2020 年 4 月止）
党委委员、工会主席：盛新云（女）
党委委员、二级主任科员：王世平（女）
四级主任科员：张　舷
四级主任科员：金叶青

景德镇市陶阳学校

党支部书记：徐　刚
校　长：王　娟（女）
副校长：徐　卫
　　　　徐　林（女）
　　　　程　念（女，2020 年 5 月任）

景德镇市珠山实验学校

党支部书记：叶艺芳（女）
校　长：姚为民
副校长：柴小玲（女）
　　　　李席忠
　　　　刘长春
　　　　吴　双（女，副校长 2020 年 4 月任）

景德镇市第一小学

党支部书记：许国平
校　长：赵　云（女）
副校长：吴晓军（女）
　　　　闵秋兰（女）
　　　　许　琤

景德镇市第二小学

党支部书记:刘 昱(女)
校 长:金世文
副校长:占 勇
汪志海
曹丽萍(女)
李 瑛(女)

景德镇市第三小学

党支部书记:林 萍(女)
校 长:吴叶芳(女)
副校长:童志方

景德镇市第六小学

支部书记:李建军
校 长:朱丽萍(女)
副校长:冯 兵
杨晓东
余 璟(女)
潘冬梅(女)

景德镇市第七小学

党支部书记:范玉红(女)
校 长:刘华珍(女)
副校长:张菊香(女)
帅双武(2020 年 4 月免)
梁小芳(女)
李园香(女)

景德镇市第九小学

党支部书记:余 萍(女)
校 长:韩林姣(女)
副校长:欧阳纯
副校长:叶音花(女,2020 年 4 月任)

景德镇市第十二小学

党支部书记:陈梅君(女)
校 长:汪秀玲(女)
副校长:董瑞萍(女)
叶 凌(女)
程晓恺

景德镇市第十七小学

党支部书记:帅双武(2020 年 3 月任)
党支部书记:李叶生(2020 年 3 月免)
校 长:金 文
副校长:董新宇
万美英(女)
熊 敏(女)
聂 玲(女,2020 年 4 月免)

景德镇市第十七小分校

党支部书记:甘智锟
校 长:聂 玲(女,2020 年 4 月任)
副校长:王 军

景德镇市第二十二小学

党支部书记:夏国球
校 长:邓竹平
副校长:刘晓燕(女)
孙 璐(女)
刘宇红(女)

景德镇市梨树园小学

党支部书记:汪鸿华(女)
校 长:唐勇斌
副校长:王莺莺(女)
黄 俐(女)
陈仁希
曹 菁(女)

景德镇市陶新小学

党支部书记:史 洁(女)
校 长:陈厚勇
副校长:洪 薇(女)
操 旋(女)

区科技局:
党组书记、局长:金坤辉
党组成员、二级主任科员:林 海
党组成员、副局长:冯 霞(女)
党组成员、副局长:江 镇(党组成员 2020 年 3 月任、副局长 2020 年 4 月任)

二级主任科员：刘显发

区文化广电新闻出版旅游局：

党组书记、局长：杜　辉（女）

党组成员、副局长：卢炆君（女，党组成员 2020 年 3 月止、副局长 2020 年 4 月止）

党组成员、副局长：周　凌

党组成员、副局长：洪　靓（女，2020 年 7 月任）

二级主任科员：宁　静（女，2020 年 3 月止）

二级主任科员：熊纯良

文化市场综合执法大队：

队　长：胡水芳

文化馆：

馆　长：余洪霞（女）

区卫生健康委员会：

党组书记、主任：辛　晨（女）

党组副书记：冯唐春

党组成员、副主任：聂红清（女，2020 年 4 月止）

党组成员、二级主任科员：喻建明

党组成员：王卫平（2020 年 3 月任）

二级主任科员：于晓玲（女）

四级主任科员：方少俊（女）

区疾控中心：

主　任：冯唐春

区妇幼保健计划生育服务中心：

主　任：王卫平

区卫生计生综合监督执法局：

局　长：张军红（女）

区健康教育馆：

馆　长：余秋霞（女，2020 年 9 月退休）

乡镇、街道

竟成镇人民政府：

党委书记：徐智勇

党委副书记、镇长：万元新

党委副书记：张子仂（2020 年 6 月任）

党委副书记：温　庭（2020 年 6 月止）

人大主席团主席：王国志

党委委员、纪委书记：周帮京

党委委员、常务副镇长：王朝辉

党委委员：黄　涛

党委委员：汪　艳（女）

党委委员：项剑飞

副镇长：彭　冰（2020 年 12 月任）

人大主席团副主席：林　斌（2020 年 5 月任）

人大主席团副主席：江玉兰（女，2020 年 5 月止）

副镇长：彭　冰

副镇长（挂职）：张曹炜

副镇长：丁红云

副镇长：余智鹏

一级主任科员：曹伴璋（2020 年 9 月任）

四级主任科员：吕雅芬（女）

石狮埠街道办事处：

党工委书记：林海媛（女）

党工委副书记、办事处主任：殷　炜

党工委副书记、人大工委主任：李　超

党工委委员、纪工委书记：陶　峰

党工委委员：洪光耀（2020 年 3 月止）

党工委委员、办事处副主任：占　慧（女，党工委委员 2020 年 3 月任、副主任 2020 年 4 月任）

人大工委副主任：占　慧（女，2020 年 4 月止）

党工委委员：汪　倩（女，2020 年 3 月止）

办事处副主任、司法所所长：叶列东

珠山街道办事处：

党工委书记：余荣幸

党工委副书记、办事处主任：汪雅娴（女）

党工委副书记、人大工委主任：黄文明

党工委委员、二级主任科员：程宜龙

党工委委员、纪工委书记：黄　帆

党工委委员：戴　璐（2020 年 3 月任）

党工委委员：许　若（2020 年 3 月止）

人大工委副主任：冯茹霞（女）

办事处副主任、司法所所长：张慧丽（女，2020 年 4 月任）

办事处副主任、司法所所长：戴　璐（女，2020 年 4 月止）

新村街道办事处：

党工委书记：陈怀谷（2020 年 4 月止）

党工委书记：方　军（2020 年 6 月任）

党工委副书记、办事处主任：温　庭（2020 年 6 月任）

党工委副书记、办事处主任：方　军（2020 年 6 月止）

党工委副书记、人大工委主任：冯宇琪（女）

党工委委员、副主任：刘艳芳（女）

党工委委员:尹 星
党工委委员、纪工委书记:汪 媛(女,2020年3月任)
办事处副主任:刘佳欣(女,2020年4月任)
办事处副主任:汪 媛(女,2020年4月止)
办事处副主任、司法所所长:王逸茹(女,2020年12月止)
便民服务中心主任:程 建(2020年1月任)

昌江街道办事处:

党工委书记:杨 涛
党工委副书记、办事处主任:杨 俊
党工委副书记、人大工委主任:卢炆君(女,2020年3月任)
党工委副书记(挂职):罗 瑨(2020年6月止)
党工委委员、纪工委书记:黄皓民(2020年3月止)
党工委委员:刘挺恒(2020年12月止)
办事处副主任:张 琼(女)
办事处副主任、司法所所长:叶符强
人大工委副主任:占彦茹(女,2020年4月任)
便民服务中心主任:周 颖(女,2020年1月任,2020年7月止)

周路口街道办事处:

党工委书记:熊 俊
党工委副书记、办事处主任:汪 源(2020年6月任)
党工委副书记、办事处主任:严 欢(女,2020年6月止)
党工委副书记:许 若(2020年3月任)
人大工委主任:胡剑锋(2020年4月任)
党工委副书记、人大工委主任:汪 伟(2020年3月止)
党工委副书记:卢炆君(女,2020年3月止)
党工委委员、办事处副主任:沈 斌(党工委委员2020年3月止、副主任2020年4月止)
二级主任科员:沈 斌
党工委委员、纪工委书记:李 平(女)
党工委委员、办事处副主任:严 芳(党工委委员2020年3月任、副主任2020年4月任)
办事处副主任:江 平(女)
办事处副主任、司法所所长:陈志强
人大工委副主任:张梦玉(女)

太白园街道办事处:

党工委书记:袁 峰
党工委副书记、办事处主任:陈运宏
党工委副书记、人大工委主任:夏丽君(女)
党工委委员、纪工委书记:龙 丹(女,2020年3月任)
党工委委员、纪工委书记:李 钰(女,2020年3月止)
党工委委员:欧阳健
人大工委副主任:熊嫣然(女,2020年4月任)
人大工委副主任:洪 雁(女,2020年3月止)
办事处副主任、司法所所长:龙 丹(女,2020年4月止)
便民服务中心主任:肖 乐(女,2020年1月任)
四级主任科员:陈 铮(2020年9月任)

里村街道办事处:

党工委书记:程俊锋
党工委副书记、办事处主任:段载旗
党工委副书记、人大工委主任:刘 鎏(女)
党工委委员:尹海平
党工委委员、纪工委书记:黄 敏(女)
办事处副主任:黄志远(2020年4月任)
党工委委员:余 婧(2020年6月止)
司法所所长:胡俊百(2020年5月任)

新厂街道办事处:

党工委书记:周 薇(女)
党工委副书记、办事处主任:石群丽(女)
党工委副书记、人大工委主任:胡 晓(女)
党工委委员:丁志龙
党工委委员:谭振红(女)
党工委委员、办事处副主任:曹潇毅
纪工委书记:武长胜
办事处副主任:胡思远(2020年7月任)
办事处副主任、司法所所长:赵宇凡
便民服务中心副主任:席 翔(2020年1月任)

昌河街道办事处:

党工委书记:伍 权
党工委副书记、办事处主任:余 霞(女)
党工委副书记、人大工委主任:罗 瑨(党工委副书记2020年6月止、人大工委主任2020年7月止)

党工委副书记、人大工委主任：汪　源（党工委副书记 2020 年 6 月止、人大工委主任 2020 年 7 月止）
党工委委员：饶　洁（女，党工委委员 2020 年 3 月任、武装部部长 2020 年 4 月任）
党工委委员、纪工委书记：叶红英（女）
办事处副主任、司法所所长：程瑞华（女）
办事处副主任：于家慧（女，2020 年 4 月任）
办事处副主任：饶　洁（女，2020 年 4 月止）
便民服务中心主任：徐　凯

驻区单位

珠山公安分局：
党委书记、局长：李维明
党委副书记、政委：林　胜（2020 年 3 月任党委副书记）
党委副书记、常务副局长：敖军荣（2020 年 3 月任党委副书记）
党委委员、副局长：周武科（2020 年 9 月任）
党委委员、副局长：占满林（2020 年 9 月免副局长）
党委委员、副局长：周兴妙（2020 年 10 月免）
党委委员、副局长：夏佩杰（2020 年 9 月免副局长）
党委委员：朱晓竹
党委委员：李　俊
党委委员、纪委书记：陈　宜
党委委员、副局长：周陈松（2020 年 3 月任党委委员）
党委委员、副局长：冯　胜（2020 年 9 月任）
政工科：
科　长：朱晓竹
刑警大队：
大队长：李　俊
教导员：付少文
秘书科：
科　长：王　豪
国内安全保卫大队：
大队长：何　琼（女）
经侦大队：
大队长：朱为民
治安大队：
大队长：吴小平
户政科：
科　长：庄　辉
信息通讯及计算机监察科：
科　长：涂韶璟（女）
督察大队：
大队长：付　强
禁毒大队：
大队长：冯　胜
教导员：周　波
指挥中心：
主　任：李晓君
巡防大队：
大队长：齐新春
法制大队：
大队长：李新同
城市警察大队：
大队长：倪飞翔
教导员：洪　浩
竟成中队：
指导员：何　强
石狮埠中队：
指导员：占　锋
珠山中队
指导员：郑金旗
新村中队
指导员：陈鑫坤
昌江中队
指导员：周晓可
周路口中队
指导员：袁鸽平
太白园中队
指导员：吴　筠
里村中队
指导员：朱爱民
新厂中队
指导员：樊　钧
珠山派出所：
所　长：卢景春
教导员：汪　俊
昌江派出所：
所　长：王镇国
教导员：刘厚健

新村派出所:
所　长:周革胜
新厂派出所:
所　长:夏海涛(2020 年 10 月任)
所　长:朱明红(2020 年 9 月止)
教导员:杜建平
陶溪川派出所:
所　长:黄　钦
教导员:邹君涛
石狮埠派出所:
所　长:蔡报智
教导员:刘　景
周路口派出所:
所　长:李广林
教导员:曹惠明
太白园派出所:
所　长:修卫国
教导员:侯庆林
竟成派出所:
所　长:占　颖
教导员:郑慧忠(2020 年 9 月任)
教导员:夏海涛(2020 年 9 月止)
湖田派出所:
所　长:王文华
教导员:郭震球
陶院派出所:
所　长:简维国
教导员:黄少辉
景东派出所:
所　长:曹旭东
国家税务总局景德镇市珠山区税务局:
党委书记、局　长:冯　晔
党委副书记、副局长:陈细龙(2020 年 9 月止)
党委委员、副局长:吴宗华(2020 年 9 月止)
党委委员、副局长:何　景(2020 年 9 月止)
党委委员、副局长:张勇强
党委委员、副局长:吴德发(2020 年 10 月止)
党委委员、副局长:陈国旗
党委委员、副局长:陈文和(2020 年 9 月止)
党委委员、纪检组长:钟贺礼
党委委员、副局长:衣同环(女)
珠山生态环境局:
党组书记、局长:朱少敏
党组成员、副局长:曹亮华(2020 年 11 月止)
党组成员、二级主任科员:陈　坚
二级主任科员:陈振中
环境执法大队:
大队长:龙　勇
景德镇市自然资源和规划局珠山分局:
负责人:王宏强
分　管:梁城坚
竟成自然资源和规划所:
所　长:蒋镐勇
区消防救援大队:
大队长:陈　坚
政治教导员:彭政财(2020 年 9 月任)
副大队长:王　颖(2020 年 8 月止)
副大队长:汤波洪(2020 年 9 月任)
浙江路消防救援站:
站　长:张志健(2020 年 12 月止)
指导员:姚云龙(2020 年 12 月任)
指导员:于　兴(2020 年 12 月止)
腊丽山路消防救援站:
站　长:赖　焘
指导员:杨　珂(2020 年 12 月任)
指导员:黎光跃(2020 年 12 月止)

中国共产党珠山区委员会

综　述

2020年，是全面建成小康社会和"十三五"规划的收官之年，也是极不平凡、极不寻常、极为不易的一年。一年来，区委常委会坚持以习近平新时代中国特色社会主义思想为指导，全面贯彻党的十九大和十九届二中、三中、四中、五中全会精神，坚定落实中央和省委、市委部署要求，抢抓景德镇国家陶瓷文化传承创新试验区机遇，团结带领全区干部群众齐心协力抗疫情、战洪水、促发展、拼"双创"，推动全区经济社会发展和党的建设取得新成效。

深学笃行习近平新时代中国特色社会主义思想，全区上下团结奋进氛围更加浓厚。区委始终把学习贯彻习近平新时代中国特色社会主义思想作为首要政治任务，旗帜鲜明讲政治、身体力行作表率，自觉用党的创新理论武装头脑、指导实践、推动工作，引导全区广大党员干部进一步增强"四个意识"、坚定"四个自信"、做到"两个维护"，推动中央和省委、市委部署要求在珠山落地落实。一是持续深化理论武装。区委注重先学一步、学深一层，在学懂弄通做实习近平新时代中国特色社会主义思想上走在前列。2019年以来，区委常委会先后12次，区委中心组先后10次，及时跟进学习习近平总书记最新重要讲话和重要指示批示精神，自觉做到真学真懂真信真用。围绕《习近平谈治国理政》第三卷，区委中心组专题学习研讨，全区各级党组织学习贯彻全覆盖。深入学习贯彻党的十九届五中全会精神，区委先后召开常委会、全区领导干部大会等传达学习，区四套班子领导带头深入基层一线宣传宣讲，分层次组织学习培训，推动全会精神入脑入心。二是凝聚团结奋进共识。区委注重发挥区四套班子和全区广大干部群众的积极性和主动性，定期召开区委全会、区四套班子联席会等，对思路目标再梳理再完善，对重点任务再部署再落实，进一步统一思想、统一行动。换届以来，区委连年被评为"好班子"。认真组织实施好习近平总书记视察江西一周年系列活动，并结合"珠山奋进50年"系列活动的开展，进一步推动全区上下牢记嘱托、感恩奋进。三是全面抓好贯彻落实。全面梳理贯彻落实习近平总书记重要讲话重要指示批示、党中央重大决策部署情况，确保各项决策部署高标准高质量落实到珠山区工作全过程。精准对标对表党中央和上级精神，紧密结合珠山实际，切实抓好"十四五"规划编制工作，确保中央和上级决策部署在珠山落到实处。

全力打好疫情防控和防汛救灾两场"硬战"，社会治理效能更加显现。面对突如其来的新冠肺炎疫情和洪涝灾害，区委始终坚持人民至上、生命至上，严格落实好中央和省、市部署要求，果断采取行动，广泛发动群众，有力有效应对，切实维护好人民群众生命安全和身体健康。一是慎终如始抓好疫情防控。疫情发生后，区委切实提高工作的前瞻性、预见性和针对性，做到闻令而动、快速响应、科学指挥。1月26日启用全市第一个医学留观点，2月1日开通24小时市民热线，2月12日推出"疫情防控信息平台App"，3月8日对所有境外入境人员定点隔离，3月28日开始对湖北来景人员进行免费核酸检测，不少工作跑在省、市前列。同时，迅速关停827家公共场所，对464个小区、村组实行封闭管理，切实做到内防扩散。充分发挥基层社会治理优势，1.2万余名党员干部和志愿者坚守在疫情防控第一线，织牢织密群防群治、联防联控防疫网，为景德镇市在全省确诊病例最少、率先实现清零做了应做的工作。严格落实常态化疫情防控各项措施，扎实做好秋冬季疫情防控工作，牢牢守住"内防反弹、外防输入”这条底线。防疫工作获得省、市认可,在全省县委书记座谈会上作典型发言,画眉楼社区党委获得“江西省抗击新冠肺炎疫情先进集体”称号,梨树园社区党委书记、主任余梅被评为“全国抗击新冠肺炎疫情先进个人”。二是齐心协力做好防汛救灾。7月上旬,受连日降雨及昌江流域上游强降雨等多重影响,珠山区内涝十分严重,局部受灾区域最深水位超过2米。特别是7月8日、7月9日两天,分别超警戒水位4.64米和5.39米。区委坚决贯彻落实习近平总书记关于防汛救灾工作的重要指示精神,迅速进入战时状态,科学高效指挥调度,及时启动应急响应,全面开展抗洪救灾,先后妥善转移受灾群众1.3万人,实现“不倒一库、不决一堤、不死一人”的防汛目标。有序组织灾后救助、防疫消杀等工作,最快速度恢复生产生活秩序,最大限度地减少洪涝灾害损失。

深入践行新发展理念,高质量发展基础更加坚实。受新冠肺炎疫情和洪涝灾害双重影响,过去一年经济下行压力增大,区委始终保持强烈的政治定力,牢牢把握稳中求进工作总基调,采取扎实有力措施,做好“六稳”工作,落实“六保”任务,推动经济运行稳中向好、稳中有进、稳中提质。一是经济实现逆势增长。全年新增个体工商户5900余家,新增企业1300余家,其中新增“四上”企业51家,排在全市前列。地区生产总值从二季度开始实现由负转正,全年完成地区生产总值225.3亿元,增长3.8%;城镇居民人均可支配收入增长5.5%;全年完成财政总收入22.89亿元,增长2.63%;固定资产投资增长10.3%。二是产业结构持续优化。第三产业实现了“三个80%”,即第三产业GDP占比近80%,占全市三产近四成;第三产业税收占比超80%;第三产业中“四上”企业占比超80%。现代服务业提质加速,以众云科技为主体的商贸物流平稳发展,引进5G陶瓷馆、刷脸支付应用客户端项目,直播电商示范基地投入运营。组建数字经济办公室,深化与知名电商合作,培育数字经济发展新动能。三是重大项目有力推进。全年投资33.7亿元,洛客设计谷、元溪村、珠山新区、区发展中心等23个重点项目稳步推进。加大项目资金申请力度,有32个项目获得上级资金2.9亿元。全力配合做好御窑保护一号工程环境整治、高铁北站房、陶瓷工艺美院、凤凰山运动营地等市重点项目建设。区国资公司资产规模增长至60亿元,为重大项目建设不断注入“有源活水”。

全力以赴冲刺“双创双修”,城市功能和品质更加彰显。2020年是“双创”三年周期的最后一年,区委始终把城市工作放在第一位,全力以赴攻坚冲刺“双创”。特别是在冲刺迎检的关键阶段,区委坚持把一切工作让步于“双创”、一切力量投入“双创”,创新推出“每日报、三日巡,纪委查、组织评”工作模式,全区动员、全民参与、全力以赴,为景德镇市成功获评“全国文明城市”“国家卫生城市”做出较大贡献。在全市表彰大会上,珠山区荣立“集体二等功”,4个单位荣立“集体三等功”,4个单位荣获“先进集体”;6名个人荣立“个人二等功”,13名个人荣立“个人三等功”,19名个人获得“先进个人”。一是加快基础设施改造提升。优化提升背街小巷173条,完成老旧小区改造53个1.27万户,占全市总量的近45%;实施凤凰山、洋湖、凰鸣路等棚改征收项目3108户0.393平方千米,占全市总量的近57%,为推进大御窑遗址保护、陶溪川二期、艺术职业大学等市重点项目创造了条件。以2021年全省旅发大会和全省文旅融合示范区建设为抓手,对三宝国际瓷谷全域基础设施进行优化提升,中央电视台《新闻联播》、人民网、新华社、《光明日报》等国家级主流媒体进行了重点报道。二是持续改善城乡人居环境。全面开展城区“十乱”现象整治和环境净化行动,城市管理示范路建设不断推进,垃圾分类试点工作取得新进展,空气质量优良天数位列全省第一。完善病媒生物防制网格,持续整治“六小”行业,行业面貌显著提高。打造8个新农村建设点,开展耕地土壤污染防治工作,农村人居环境不断改善。三是深化群众性创建活动。大力弘扬社会主义核心价值观,深入开展“小手拉大手”、志愿者服务和全民阅读等文明创建活动,新打造4家城市文化会客厅,加快书香社区、书香家庭建设,市民文明素养不断提升。

加强和改善民生,群众获得感幸福感安全感更加充实。区委始终坚持以人民为中心的发展理念,用心用情用力做好利民惠民的实事好事,努力使人民群众有更多的获得感、更深的安全感和更强的幸福感,让城市发展更有温度、更具向心力。一是如期打赢脱贫攻坚战。聚焦“两不愁三保障”,持续巩固“1+5”脱贫减贫成果,最后4户9人顺利脱贫,如期全面完成脱贫攻坚目标任务。扎实推进城镇贫困群众脱贫解困工作,对全区识别认定城镇贫困户8865户12759人开展精准帮扶,城镇低保人员、城镇特困供养人员保障标准再度提高,在全省率先实施城乡低保、特困供养统一标准。二是扎实办好民生实事。推进教育体育资源普惠发展,新建2个社会足球场、2个11人制足球场,完成23所小区配套幼儿园专项治理,增加学位5400余个,高标准启动全市首个校园科技馆——陶阳学校未来学校智慧空间项目建设,教育高质量发展迈出新步伐。加强养老服务设施建设,城市居家和社区养老服务中心达到25个、新增社区嵌入式养老服务机构2个,打造城市社区幸福食堂2个。用好稳岗补贴政策,突出做好退役军人、农民工、城镇困难人员等重点群体就业,全区新增就业2704人,城镇登记失业率控制在3.5%以内。加大食品安全监管力度,统筹推进社保、医疗、卫生等民生事业发展。三是切实维护社会安全稳定。纵深推进扫黑除恶专项斗争,破获涉黄涉赌案件237起,处理违法犯罪嫌疑人582人,治安环境持续优化。实施"最多访一次"改革,积极化解信访积案,信访件办理效率不断提升,平均办理天数缩短为8.7天,提速83%。扎实做好安全生产和防灾减灾工作,社会大局持续保持和谐稳定。

全面推进"三化"试点,基层党组织凝聚力战斗力更加强大。区委牢固树立抓好党建是最大政绩的理念,认真贯彻新时代党的建设总要求,以全省"三化"试点县(市、区)为抓手,着力加强党员干部政治、思想、能力、作风建设,推动全面从严治党向纵深发展。一是加强党的政治建设。区委树牢"四个意识"、坚定"四个自信",坚决做到"两个维护",在思想上政治上行动上同以习近平同志为核心的党中央保持高度一致。严格执行重大问题请示报告制度,对涉及重点发展问题、重大工作进展及时向市委报告。巩固深化"不忘初心、牢记使命"主题教育成果,区四套班子领导定期到基层联系点调研指导。积极推进民主政治建设,支持和保证人大及其常委会依法行使职权,充分发挥人民政协专门协商机构作用,巩固和壮大爱国统一战线,加强和改进群团工作。坚持党管武装工作的原则和制度,加强国防教育和国防后备力量建设。严格落实《党委(党组)意识形态工作责任制具体实施细则》,持续加强基层意识形态阵地建设,巩固深化"小巷讲堂"等宣讲品牌,2019年以来开展新时代文明实践宣讲活动720余场。二是建好领导班子和干部队伍。深入践行新时代党的组织路线,加快年轻干部队伍培养步伐,组建年轻干部储备库,1名"90后"干部担任正科实职,1名"85后"干部担任街道主官,2名优秀年轻干部被选调到市检察院。及时奖励了一批担当作为的集体和个人,加强干部队伍教育培训,举办青年干部主体班,赴浙江大学举办数字经济研修班,干部能力素质不断提升。三是不断夯实基层基础。加快推进基层党建标准化规范化信息化建设,实施社区扩权赋能改革,30个社区作为首批试点启动改革,推动管理上收、服务下沉。54个社区党群服务中心全部升级改造,11个党群服务中心达到100平方米。持续提高社区工作者工资待遇,社区干部年收入人均提高1万元,社区党委书记工资达到新录用公务员转正定级后工资水平。加大农村基层党建工作力度,122个农村基层党建突出问题有效解决,1个软弱涣散村全面整顿。四是持之以恒正风肃纪。严格落实中央八项规定及其实施细则精神,紧盯"四风"隐形变异新动向,坚决整治"怕慢假庸散"突出问题,查处形式主义、官僚主义问题22起,处理24人;查处违反中央八项规定精神问题12起,处理13人。围绕脱贫攻坚、疫情防控、"双创双修"等重点工作,开展专项督查487次,问责处理18名责任人。全面贯彻巡察工作方针,实现区本级巡察全覆盖。坚持一体推进"三不",把严的主基调长期坚持下去,全区纪检监察机关立案65件,处分48人,运用监督执纪"四种形态"处理党员干部142人次,涉及科级干部36人。

重要会议

【中共珠山区委十一届十次全体(扩大)会议】

1月3日,中共珠山区委十一届十次全体(扩大)会议在区政府礼堂举行,会议由区委书记林卫春主持并作讲话。出席区委十一届十次全会的应到区委委员39人,实到33人,请假6人;应到区委候补委员8人,实到6人,请假2人。本次全会扩大到不是区委委员、候补委员的全区副县级以上领导;不是区委委员、候补委员的各镇街党政主要负责人;区纪委常委,区委各部门、区直各单位党组(党委)主要负责人;区人大各委办负责人,区政协秘书长、各委办负责人;区属各学校书记、校(园)长;部分基层党代表。

全会的主要任务是:以习近平新时代中国特色社会主义思想为指导,深入贯彻党的十九大和十九届二中、三中、四中全会和中央经济工作会议精神,深入贯彻习近平总书记视察江西重要讲话精神,全面落实省委十四届十次全会、省委经济工作会议和市委十一届八次全会精神,审议《区委常委会工作报告》《关于珠山区人民政府驻地迁移的请示》,表决《珠山区关于用心用情落实习近平总书记殷殷嘱托 全力推进景德镇国家陶瓷文化传承创新试验区建设的实施方案》,研究部署2020年的工作,动员全区上下更加扎实地把党中央决策部署和省委、市委工作要求落到实处,全力建好国家试验区,擦亮国际瓷都对话世界的窗口。

会议传达学习中央经济工作会议、省委十四届十次全体(扩大)会议、省委经济工作会议精神和市委十一届八次全体(扩大)会议精神。

会上,林卫春对区委常委会2019年工作报告起草情况进行说明,会议审议并一致通过这个报告。

会议审议并一致通过《关于珠山区人民政府驻地迁移的请示》。区委常委、区政府常务副区长张朝博作《珠山区关于用心用情落实习近平总书记殷殷嘱托 全力推进景德镇国家陶瓷文化传承创新试验区建设的实施方案(审议稿)》的起草说明,会议审议并一致通过了实施方案。

会上,区委副书记、区长罗文军总结2019年全区经济工作,部署2020年全区经济工作。罗文军首先对珠山区2019年经济工作情况进行总结。2019年,经济运行呈现"总体平稳、稳中有进、稳中提质"态势。预计全年生产总值增长8.0%,基本完成年初目标任务;财政总收入增长5.5%,固定资产投资增长10.8%,规模以上工业增加值增长6%,城镇居民人均可支配收入增长8.0%;新增入库"四上"企业44家,总量持续保持全市前列。

罗文军对2020年经济工作进行部署。一是全力参与创建国家试验区。加强陶瓷文化保护传承,创新发展好陶瓷产业,深入推进交流合作。二是巩固提升"双创双修"成果。提升城市功能与品质,加强城市精细管理,大力改善农村人居环境。三是加快推进重点项目建设。加快落实项目前期准备工作,要严格实行定期调度制度,要确保工程质量安全。四是持续提升发展质量和效益。在投融资平台建设上下功夫,在招商引资上出实招,在优化营商环境上用真情。五是不断增进民生福祉和群众幸福感。坚决打赢脱贫攻坚战,统筹发展社会事业,全力以赴维护社会稳定。

林卫春作讲话,讲话内容分三个部分。第一部分,林卫春对2019年区委常委会工作进行总结。林卫春指出,2019年的工作,忙碌充实、成果丰硕。成果丰硕主要体现在:一是发展有质量;二是改革有实招;三是治理有提升;四是民生有实惠。第二部分,林卫春提出2020年工作总体要求,并指出在落实中特别要注意以下几点:基本前提是学习贯彻好党的十九届四中全会精神;工作主线是建设国家试验区;中心任务是优化城乡环境、发展县域经济;关键要素是人才、文化和创新。第三部分,林卫春提出2020年工作要把握的重点。一是以工匠精神抓好环境提升。要持续提升城市环境,要深入开展农村人居环境整治,要更加注重人文环境。二是以创新思维推动经济发展。要高度重视文化产业和经济,要用活用好政策工具和城市空间,要全面提升服务水平和经营能力。三是以绣花功夫办好民生实事。要坚决打好脱贫攻坚战,要全力办好民生实事,要加强社会综合治理。四是以"三化"试点加强基层治理。要讲政治做到绝对忠诚,要夯基础做强基层治理,要强队伍做实工作保障,要正风纪做优政治生态。

林卫春强调,要更加紧密地团结在以习近平同志为核心的党中央周围,高举习近平新时代中国特色社会主义思想伟大旗帜,在市委、市政府的正确领导下,全力实施"三个五"战略行动,建好景德镇国家陶瓷文化传承创新试验区,为描绘好新时代江西改革发展新画卷、打造与世界对话的国际瓷都做出更大贡献。

【中共珠山区委十一届十一次全体(扩大)会议】 8月10日,中共珠山区委十一届十一次全体(扩大)会议在区政府礼堂举行,会议由区委书记林卫春主持并讲话。出席区委十一届十一次全会的应到区委委员38人,实到31人,请假7人;应到区委候补委员8人,实到6人,请假2人。本次全会扩大到不是区委委员、候补委员的全区副县级以上领导;不是区委委员、候补委员的各镇街党政主要负责人;区纪委常委,区委各部门、区直各单位党组(党委)主要负责人;区人大各委办负责人,区政协秘书长、各委办负责人;区属各学校书记、校(园)长;部分基层党代表。

全会的主要任务是：坚持以习近平新时代中国特色社会主义思想为指导，深入学习贯彻习近平总书记视察江西重要讲话精神，全面贯彻落实省委十四届十一次全会和市委十一届九次全会精神，动员全区上下以攻坚的决心、必胜的信心，鼓足干劲，真抓实干，决战脱贫攻坚、决胜全面小康，确保“十三五”规划圆满收官，不断擦亮国际瓷都对话世界的窗口。

会议传达学习省委十四届十一次全体（扩大）会议精神、传达市委十一届九次全体（扩大）会议精神。

区委副书记、区长罗文军作讲话，总结2020年上半年全区经济工作，部署下半年全区经济工作。罗文军对2020年上半年全区经济工作进行总结时指出，回顾2019年工作，重点做了以下几个方面。一是全力发展壮大城区特色经济。二是全面冲刺“创文”“创卫”。三是不断扩大改革开放。四是持续提升群众幸福指数。五是统筹做好疫情防控和防汛救灾工作。

罗文军指出，既面临一些不可避免又必须解决的短板弱项，同时还面临着诸多经济运行压力，主要体现在三个方面：一是财政收支矛盾日益凸显；二是区域竞争日益激烈；三是团队执行力有待加强。面对困难和问题，需要深入分析发展中的有利因素。一是国家应对疫情出台政策的空前机遇；二是国家试验区建设的历史机遇；三是筹办全省旅发大会的重大机遇。

罗文军强调，做好下半年经济工作，第一是全力以赴冲刺“双创”迎国检；第二是坚定不移稳住经济发展基本盘；第三是千方百计加快投融资平台建设；第四是下大气力筹办好全省旅发大会；第五是持之以恒增进民生福祉。

区委书记林卫春作讲话，讲话内容共分为四个部分。第一部分，林卫春对2020年以来的工作进行回顾。一是坚定不移做到“两个维护”；二是全力打好疫情防控和防汛抗洪“两场硬战”；三是快速恢复经济社会发展秩序；四是全力以赴抓好“双创双修”；五是着力保障和改善民生；六是全面加强党的建设。第二部分，林卫春就准确把握形势，加快补齐全面小康的短板弱项提出三点意见。一是要如期全面打赢脱贫攻坚战；二是要织牢织密公共卫生防疫网；三是要全力保障好基本民生。第三部分，林卫春就攻坚重点难点，奋力实现高质量跨越式发展提出四点意见。一是要坚定不移抓好环境提升；二是要做大做强城区特色经济；三是要加快推进重点项目建设；四是要科学编制“十四五”规划。第四部分，林卫春就加强党的领导提出几点意见。一要旗帜鲜明讲政治；二要夯实基础强保障；三要崇尚实干树导向。

林卫春强调，要更加紧密地团结在以习近平同志为核心的党中央周围，坚持以习近平新时代中国特色社会主义思想为指导，全面落实省委、市委部署要求，担当实干、提质加速，确保全面建成小康社会和“十三五”规划圆满收官，为建好景德镇国家陶瓷文化传承创新试验区，擦亮国际瓷都对话世界的窗口继续努力。

区委常委会议

【区委第79次常委会会议】 1月2日，区委书记林卫春主持召开第79次区委常委会会议。区委副书记罗文军、滕晓华（女），区委常委张朝博、洪丹平（女）、叶质柱、张志刚、谢秋华、程传冬出席会议，区人大常委会主任谢日元、区政协主席邵继纲等列席会议。会议传达学习省委经济工作会议、全省县（市、区）委书记座谈会议和市委十一届八次全体（扩大）会议精神；审议《关于召开中共珠山区委十一届十次全体（扩大）会议的预案（送审稿）》；审议《中共珠山区委常委会2019年工作报告（送审稿）》；审议《珠山区关于用心用情落实习近平总书记殷殷嘱托　全力推进景德镇国家陶瓷文化传承创新试验区建设的实施方案（送审稿）》；审议《珠山区人民政府驻地迁移的请示》。

【区委第80次常委会会议】 1月21日，区委书记林卫春主持召开第80次区委常委会会议。区委副书记罗文军、滕晓华（女），区委常委张朝博、洪丹平（女）、叶质柱、张志刚、谢秋华、程传冬出席会议，区人大常委会主任谢日元、区政协主席邵继纲等列席会议。会议传达学习习近平在中央政治局第十九次集体学习时的讲话精神；传达学习中央农村工作会议精神，《中共中央、国务院关于抓好“三农”领域重点工作确保如期实现全面小康的意见》；传达学习市县巡察工作调研座谈会精神、全国县级巡察办主任提级培训班精神；传达学习省十三届人大四次会议和省政协十二届三次会议精神；传达学习刘奇在省政协专报《走进皖滇黔三省学习考察，研究思考我省11个AAAAA级景区影响力提升的对策》上作出的批示、中共江西省委印发《关于贯彻〈中国共产党宣传工作条例〉的若干措施》的通知；传达学习《中共江西省委关于加强新时代地方人大工作的意见》；传达学习省委办公厅关于印发《刘维佳、刘奇同志在中央第十一巡视组对江西开展脱贫攻坚专项巡视“回头看”见面沟通会上的讲话》的通知；传达学习中共江西省委关于贯彻落实《中共中央关于坚持和完善中国特色社会主义制度推进国家治理体系和治理能力现代化若干重大问题的决定》的实施意见；传达学习省、市2019年度生态环境保护委员会第四次会议精神；传达学习《市委办公室、市政府办公室关于做好2020年春节期间有关工作的通知》，部署春节期间工作；传达学习市纪委《关于4起违反中央八项规定精神典型问题的通报》；听取全区2019年经济运行情况汇报，研究部署2020年重点经济工作；听取全区2019年信访工作情况汇报，审议《区县级领导干部包案处理信访问题》的通知，研究部署2020年信访工作；审议《2019年度落实党风廉政建设责任制检查考核工作方案(送审稿)》；审议《关于加快文化强区建设的实施意见(送审稿)》；听取全区2019年意识形态工作汇报，研究部署2020年意识形态工作；审议中共珠山区委《关于贯彻〈中国共产党宣传工作条例〉的实施细则(送审稿)》；传达学习全省扫黑除恶专项斗争工作会议精神，听取全区2019年扫黑除恶专项斗争工作汇报，研究部署2020年扫黑除恶专项斗争工作；审议《珠山区“十四五”规划编制工作方案(送审稿)》；传达学习国家和省、市关于新型冠状病毒感染的肺炎疫情防控工作会议精神，部署珠山区联防联控工作；听取全区2019年脱贫攻坚工作汇报，研究部署2020年脱贫攻坚工作；审议《珠山区区直机关绩效管理办法(送审稿)》《2019年度珠山区区直机关绩效管理工作方案(送审稿)》；审议《申请成立珠山区区直机关绩效管理领导小组的请示》；审议《关于成立珠山区委教育工作领导小组的请示》；审议《协调解决景北安置小区安置地补贴后新增问题的有关事宜》；审议《启动景德镇市高铁商务区(珠山片区)市政道路及配套工程(二期)项目建设工程的有关事宜》；审议《关于研究增加国资公司注册资金的有关事宜》《关于研究拨付区国资公司委代工程款的有关事宜》，听取区国资公司关于融资工作的情况汇报；审议《调入政府性基金上级转移支付指标的有关事宜》《调入财政收回结余结转资金的有关事宜》；审议《珠山区发展中心涉密信息系统建设有关事宜》。

【区委第81次常委会会议】 1月29日，区委书记林卫春主持召开第81次区委常委会会议。区委副书记罗文军、滕晓华(女)，区委常委张朝博、洪丹平(女)、叶质柱、张志刚、谢秋华、程传冬出席会议，区人大常委会主任谢日元、区政协主席邵继纲等列席会议。会议传达学习习近平在中央政治局常务委员会会议上的重要讲话和近期重要指示，《中共中央关于加强党的领导、为打赢疫情防控阻击战提供坚强政治保证的通知》，1月26日中央应对新型冠状病毒感染的肺炎疫情工作领导小组会议精神和省委书记刘奇的批示，1月22日省委常委会会议、1月26日省委常委会扩大会议、1月23日市委常委会会议、1月28日市新型冠状病毒感染的肺炎疫情防控应急指挥部第四次调度会精神；审议《中共珠山区委关于成立应对新型冠状病毒感染的肺炎疫情工作领导小组的通知(送审稿)》；听取区防控应急指挥部近期工作情况汇报，研究部署下一步工作。

【区委第82次常委会会议】 2月15日上午，区委书记林卫春主持召开第82次区委常委会会议。区委副书记罗文军、滕晓华，区委常委张朝博、洪丹平、叶质柱、张志刚、谢秋华、程传冬、马勇出席会议，区人大常委会主任谢日元等列席会议。会议传达学习2月12日中共中央政治局常务委员会会议精神、中央全面依法治国委员会第三次会议精神、习近平总书记在北京市调研指导新冠肺炎疫情防控工作时的讲话精神；传达学习2月11日省委常委会会议精神，近期省委、省政府关于新冠肺炎疫情防控工作有关会议精神；传达学习易炼红在设区市市长视频会议上的讲话精神、《江西省人民政府关于有效应对疫情稳定经济增长20条政策措施》；传达学习《中共江西省委　江西省人民政府关于有效应对新型冠状病毒感染的肺炎疫情坚决打赢脱贫攻坚战的意见》《关于贯彻落实赣发〔2020〕4号文件和市委第67次常委会(扩大)会议暨市委应对新型冠状病毒感染的肺炎疫情工作领导小组会议精神的紧急通知》；传达学习2月14日市委常委(扩大)会暨市委应对新型冠状病毒感染的肺炎疫情工作领导小组会议精神;审议珠山区第一批及时奖励个人名单的请示;听取全区新冠肺炎疫情工作汇报,研究加强疫情防控工作。

【区委第83次常委会会议】 3月20日,区委书记林卫春主持召开第83次区委常委会会议。区委副书记罗文军、滕晓华,区委常委张朝博、洪丹平、叶质柱、张志刚、谢秋华、程传冬出席会议,区人大常委会主任谢日元、区政协主席邵继纲等列席会议。会议研究人事任免事项;传达学习习近平总书记在统筹推进新冠肺炎疫情防控和经济社会发展工作部署会议上的重要讲话、习近平总书记在北京考察新冠肺炎疫情防控科研攻关工作时的重要讲话以及习近平总书记在湖北考察新冠肺炎疫情防控工作时的重要讲话精神;传达学习中纪委十九届四次全会和省纪委十四届五次全会精神;传达学习中央决战决胜脱贫攻坚座谈会、全国扶贫开发工作会、中央积极应对新冠肺炎疫情决战脱贫攻坚电视电话会议和全省积极应对疫情决战脱贫攻坚电视电话会会议精神;传达学习中央农村工作会议、全国春季农业生产工作电视电话会议、全省春季农业生产工作视频会议、全省应对疫情保障农产品生产供应暨春耕备耕工作视频会议、省委农村工作会议暨扶贫开发工作会议以及全市扶贫开发工作暨农村工作会议精神;传达学习中央政法工作会和全省政法工作会议精神;传达学习第141次和第142次省委常委会会议精神;传达学习刘奇、易炼红在省委审计委员会第三次会议上的讲话精神;传达学习《省委办公厅关于十四届省委第七轮巡视发现倾向性问题的通报》和省纪委《关于7起疫情防控工作不力典型问题的通报》精神;传达学习中央《党委(党组)落实全面从严治党主体责任规定》精神;传达学习易炼红在景德镇调研期间的讲话精神;传达学习《关于认真做好2020年领导干部报告个人事项工作的通知》及有关情况通报;审议区委信访局《关于深入推进让群众“最多访一次”的实施细则(送审稿)》;审议区委宣传部《中共珠山区委中心组2020年学习计划(送审稿)》;审议区委编办《竟成镇、各街道“三定”规定的通知(送审稿)》;审议区民政局《关于调整社区干部工资的实施方案(送审稿)》;审议区人社局《关于对疫情防控阻击战中表现突出的机关事业单位工作人员和集体及时予以奖励的通知(送审稿)》。

【区委第84次常委会会议】 4月20日,区委书记林卫春主持召开第84次区委常委会会议。区委副书记罗文军、滕晓华,区委常委洪丹平、叶质柱、张志刚、谢秋华、程传冬、马勇出席会议,区人大常委会主任谢日元、区政协主席邵继纲等列席会议。会议研究人事任免事项;传达学习中共中央印发《关于在全党开展“不忘初心、牢记使命”主题教育总结报告》的通知;传达学习刘奇在景调研期间的讲话精神;传达学习江西省生态环境保护委员会2020年度第一次全体会议精神,研究部署下一步生态环境保护重点工作;听取全区2020年第一季度经济运行情况,研究部署第二季度经济工作;审议《中共珠山区委常委会2020年工作要点(送审稿)》;审议《珠山区城镇贫困群众脱贫解困工作领导小组主要职责和议事规则及成员单位工作职责(送审稿)》、《珠山区城镇贫困群众脱贫解困工作领导小组成员单位联络员制度(送审稿)》和《珠山区城镇贫困群众脱贫解困工作成效考核办法(送审稿)》;审议《关于抓好“三农”领域重点工作确保如期实现全面小康的实施意见(送审稿)》;审议《珠山区奋进50年主题系列重点活动安排(送审稿)》;审议《中共珠山区委宣传部2020年宣传思想文化工作要点(送审稿)》;审议《珠山区政法队伍教育整顿工作方案(送审稿)》和《关于竟成镇、各街道配备政法委员的请示(送审稿)》;审议关于召开中共珠山区委常委班子脱贫攻坚专项巡视“回头看”整改专题民主生活会的有关材料;审议《中国共产党珠山区第十一届纪律检查委员会第五次全体会议上的工作报告(送审稿)》;听取《景德镇市昌河汽车配件制造公司和航空工业直升机所厂办大集体企业改制职工在珠山区趸交医疗(含大病)保险工作的情况汇报》;审议《景德镇市珠山区发展中心项目设计采购施工总承包工程合同(送审稿)》、研究《调整区国资公司股东及董事会、监事会成员的有关事宜》、听取《区国资公司关于融资工作的情况汇报》、研究增加《区国资公司注册资金的有关事宜》;审议《关于设立珠山区红十字会党组的请示(送审稿)》。

【区委第85次常委会会议】 5月14日,区委书记林卫春主持召开第85次区委常委会会议。区委副书记罗文军、滕晓华,区委常委洪丹平、叶质柱、张志刚、谢秋华、程传冬出席会议,区人大常委会主任谢日元、区政协主席邵继纲等列席会议。会议传达学习习近平总书记关于脱贫攻坚的系列重要论述;传达学习4月29日中央政治局常务委员会会议精神;传达学习4月20日省委常委会会议精神;传达学习市委办公室关于对未及时报送脱贫攻坚整改方案单位的通报;研究当前脱贫攻坚存在的问题,部署下一步重点工作。

【区委第86次常委会会议】 5月14日,区委书记林卫春主持召开第86次区委常委会会议。区委副书记罗文军、滕晓华,区委常委洪丹平、叶质柱、张志刚、谢秋华、程传冬出席会议,区人大常委会主任谢日元、区政协主席邵继纲等列席会议。会议传达学习关于对"创卫国检"暗访反馈及有关问题工作不力典型问题的通报;审议召开珠山区第十届人民代表大会第五次会议有关事项的请示、召开政协珠山区第八届委员会第五次会议有关事项的请示;审议《景德镇市珠山区人大常委会工作报告(送审稿)》《政府工作报告(送审稿)》《政协珠山区第八届委员会常务委员会工作报告(送审稿)》《景德镇市珠山区2019年国民经济和社会发展计划执行情况与2020年国民经济和社会发展计划草案的报告(送审稿)》《珠山区2019年财政预算执行情况和2020年财政预算的报告(送审稿)》《珠山区人民法院工作报告(送审稿)》《珠山区人民检察院工作报告(送审稿)》;审议《中共珠山区委常委会2019年工作总结(送审稿)》;审议《中共珠山区委2019年度落实党风廉政建设责任制工作报告(送审稿)》。

【区委第87次常委会会议】 6月19日,区委书记林卫春主持召开第87次区委常委会会议。区委副书记罗文军、伊文斌,区委常委张朝博、叶质柱、张志刚、谢秋华、程传冬出席会议,区人大常委会主任谢日元、区政协主席邵继纲等列席会议。会议传达学习习近平在中央政治局第二十次集体学习时的重要讲话精神;传达学习赵乐际和杨晓渡在全国巡视工作会议暨十九届中央第五轮巡视动员部署会上的讲话精神;重温学习《关于深化统计管理体制改革提高统计数据真实性的意见》《统计违纪违法责任人处分处理建议办法》《防范和惩治统计造假、弄虚作假督察工作规定》;传达学习刘奇在全省领导干部会议上的讲话精神;传达学习刘奇、易炼红在省委常委会(扩大)会议上的讲话精神;传达学习刘奇、马森述在全省巡视巡察工作会议暨十四届省委第八轮巡视动员部署会上的讲话精神;传达学习《关于2019年市县党委和政府脱贫攻坚工作成效考核情况的通报》及《关于印发市委书记钟志生重要批示的通知》精神;传达学习全省党校(行政学院)校(院)长会议精神;传达学习全省组织部长会议和全市组织部长会议精神;传达学习全省宣传部长会议和全市宣传思想文化工作会议精神;传达学习全省统战部长会议和全市统战部长会议精神;传达学习《关于上饶市信州区委原书记王其中严重违纪违法案的通报》精神;传达学习钟志生、董立新在市纪委十一届五次全会上的讲话和报告精神;传达学习《关于3起扶贫领域腐败和作风问题典型案例的通报》;审议《珠山区2020年度新时代文明实践"小巷讲堂"宣讲活动实施方案(送审稿)》;审议《珠山区开展党的基层阵地资源整合试点工作实施方案(送审稿)》;审议《景德镇市珠山区银坑村满坑坞地质灾害安全隐患点住户搬迁与安置方案及实施细则(送审稿)》和解决银坑村满坑坞地质灾害点住户搬迁后相关安置问题的有关事宜;研究对疫情防控阻击战中表现突出的机关事业单位工作人员和集体及时予以奖励名单的有关事宜;审议《关于召开珠山区红十字会第一次会员代表大会有关事项的请示(送审稿)》;审议《关于珠山区经济开发区管理委员会等单位设立党组的请示(送审稿)》;审议《珠山区2019年度老旧小区改造工程项目代建合同(送审稿)》、研究珠山区2020年度老旧小区改造工程项目立项的有关事宜;审议研究拨付利导资金的有关事宜;审议研究启动三宝国际瓷谷双坑村土地征收及拨付房屋拆迁款的有关事宜;审议区国资公司和市中医院、区卫健委合作开发健康旅游(热敏灸)示范地项目的有关事宜、景德镇市三宝国际瓷谷旅游提升项目立项及工程采用EPC模式公开招投标的有关事宜、珠山区社区居家养老服务中心(珠山区社区党群服务中心)项目采用EPC模式公开招标的有关事宜、《景德镇普天科技有限公司资产征收协议(送审稿)》、支持区国资公司发行债券的有关事宜、补贴区国资公司被征收资产的有关事宜、《洛客设计谷建设项目设计采购施工总承包合同补充(变更)协议(送审稿)》、区国资公司全资子公司景德镇平安礼物业服务有限公司与南昌市人本物业管理有限公司合作的有关事宜。

【区委第88次常委会会议】 7月30日,区委书记林卫春主持召开第88次区委常委会会议。区委副书记罗文军、伊文斌,区委常委洪丹平、叶质柱、张志刚、谢秋华出席会议,区人大常委会主任谢日元、区政协主席邵继纲等列席会议。会议传达学习《中国共产党宣传工作条例》第十章《意识形态管理工作》内容;传达学习中共中央办公厅关于印发《党委(党组)意识形态工作责任制实施办法》的通知;传达学习省委宣传部印发的《党委加强农村意识形态工作提示》;听取2020年上半年意识形态工作情况汇报,部署下一步工作。

【区委第89次常委会会议】 7月30日,区委书记林卫春主持召开第89次区委常委会会议。区委副书记罗文军、伊文斌,区委常委洪丹平、叶质柱、张志刚、谢秋华出席会议,区人大常委会主任谢日元、区政协主席邵继纲等列席会议。会议研究人事任免有关事项;传达学习习近平在中央政治局第二十一次集体学习时的重要讲话精神;传达学习习近平总书记在专家学者座谈会上的重要讲话精神;传达学习习近平总书记近期对做好防汛救灾工作的两次重要指示、7月17日中共中央政治局常务委员会会议精神;传达学习中央政治局委员、全国人大常委会副委员长王晨在景德镇调研讲话精神;传达学习省委十四届十一次全体(扩大)会议精神;传达学习关于印发《刘奇同志在省委应对新冠肺炎疫情工作领导小组会议上的讲话》的通知;传达学习刘奇在景德镇调研讲话精神;传达学习易炼红在景德镇调研讲话精神;传达学习全省公务员工作推进视频会精神;传达学习杨丕龙、邹国星、钟志生在省第二生态环境保护督察组对景德镇市开展“回头看”工作动员会上的讲话精神;传达学习全市市域社会治理现代化试点工作推进会精神;传达学习《关于4起违反中央八项规定精神典型问题的通报》;审议《珠山区推进市域社会治理现代化试点工作的实施意见(送审稿)》;审议开展垃圾分类(试点)项目立项工作有关事宜;审议《珠山区数字经济办公室组建方案(送审稿)》;审议《关于变更景德镇市陶阳学校设计方案的有关事宜》和《拨付珠山实验学校扩建项目征地相关款项的有关事宜》;审议《珠山区乡镇机关工作人员绩效考核工作人员协调推进小组成员名单(送审稿)》和《珠山区乡镇机关工作人员绩效考核工作实施意见(送审稿)》;审议关于珠山区妇女联合会等单位设立党组的请示;审议《关于陶阳·青华轩(二期)40亩地块项目申请立项及采用EPC模式公开招标的请示》《景德镇市珠山区陶阳学校北侧78.4亩地块项目合作开发协议(送审稿)》《关于请求同意区国资公司全资子公司景德镇市龙珠投资有限公司与景德镇市大江科技服务有限公司合作的请示》《关于请求同意拨付区国资公司相关资金用于缴税的请示》,听取区国资公司拟向裕民银行融资的情况汇报;审议三宝瓷谷征收项目安置房源及征收资金的有关事宜;会议还研究其他事项。

【区委第90次常委会会议】 9月25日,区委书记林卫春主持召开第90次区委常委会会议。区委副书记罗文军、伊文斌,区委常委洪丹平、叶质柱、张志刚、程传冬、马勇出席会议,区人大常委会主任谢日元、区政协主席邵继纲等列席会议。会议研究人事任免有关事项;传达学习7月30日中共中央政治局会议精神;传达学习中共中央政治局第二十二次集体学习会议精神;传达学习习近平总书记对制止餐饮浪费行为的重要指示精神;传达学习8月31日中共中央政治局会议精神;传达学习习近平总书记在纪念中国人民抗日战争暨世界反法西斯战争胜利75周年座谈会上的重要讲话精神;传达学习习近平总书记在全国抗击新冠肺炎疫情表彰大会上的重要讲话精神;传达学习刘奇、易炼红在第六届全省“人民满意的公务员”和“人民满意的公务员集体”表彰大会上的讲话精神;传达学习刘奇、易炼红在县(市、区)委书记座谈会上的讲话精神;传达学习关于对市县党委巡察工作专项检查发现主要问题的情况通报;传达学习江西省文学艺术界第九次代表大会会议精神;传达学习中共江西省委办公厅、江西省人民政府办公厅关于印发《江西省维护社会稳定领导责任制规定》的通知;听取全区1—9月份扫黑除恶专项斗争情况汇报,研究部署下一步工作;听取脱贫攻坚普查工作汇报,研究部署下一步工作;审议《珠山区应对可能发生的秋冬季新冠肺炎疫情防控工作方案(送审稿)》;听取全区中央特殊转移支付、抗疫特别国债及县级财力保障资金分配情况汇报;审议《关于对我区2020年“双创双修”第一批先进个人进行表彰的决定(送审稿)》;审议关于对第二十二小学新校园进行维修改造有关事宜,关于对金岭阳光、景华家苑幼儿园进行装饰装修有关事宜;审议《珠山区2020年度老旧小区改造工程项目设计施工采购总承包合同(送审稿)》和《珠山区2020年度背街小巷及其他市政设施改造提升项目设计施工采购总承包合同(送审稿)》;审议关于区国资公司购买景德镇市农村商业银行股份有限公司股权有关事宜、关于区国资公司向中国银行融资需予以支持的若干事项的有关事宜、关于拨付区发展中心强电迁改工程款的有关事宜和关于区国资公司向上饶银行融资的有关事宜。

【区委第91次常委会会议】 10月28日,区委书记林卫春主持召开第91次区委常委会会议。区委副书记罗文军、伊文斌,区委常委洪丹平、叶质柱、张志刚程传冬出席会议,区人大常委会主任谢日元、区政协主席邵继纲等列席会议。会议传达学习习近平总书记在第三次中央新疆工作座谈会上的重要讲话精神;传达学习习近平总书记对新时代民营经济统战工作作出的重要指示精神;传达学习习近平总书记对脱贫攻坚工作作出的重要指示及李克强总理作出的批示精神;传达学习杨正超、刘奇在中央第五巡视组巡视江西省工作动员会议上的讲话精神;传达学习关于3起违反中央八项规定精神典型问题的通报;听取全区2020年第三季度经济运行情况汇报,研究部署第四季度经济工作;听取近期全区脱贫攻坚工作汇报,研究部署下步重点工作;审议《关于全面实施预算绩效管理的实施意见(送审稿)》;审议《珠山区工商联(总商会)2020年换届工作方案(送审稿)》;审议《关于深化纪检监察派驻机构改革和在区属国有企业领导班子中设立纪委书记的请示(送审稿)》;审议区经济开发区管理委员会"三定"规定有关事宜;审议关于珠山区发展中心项目1#楼重大设计变更有关事宜,关于景德镇景颂置业有限公司向江西联晟投资发展有限公司融资有关事宜,关于将原五二三厂地块返还的土地出让金以资本金形式注入区国资公司有关事宜,关于区国资公司向北京银行融资有关事宜,关于景德镇市三宝国际瓷谷乡村文化旅游基础设施提升建设项目申请立项有关事宜,关于拨付景德镇市景东片区110千伏竟黄线、35千伏银三线迁改工程资金有关事宜,关于征收三宝瓷谷内昌飞公司老厂房资产有关事宜,《陶阳·菁华轩(二期)40亩地块工程EPC总承包合同》。

【区委第92次常委会会议】 11月4日,区委书记林卫春主持召开第92次区委常委会会议。区委副书记罗文军、伊文斌,区委常委张朝博、叶质柱、张志刚、程传冬出席会议,区人大常委会主任谢日元、区政协主席邵继纲等列席会议。会议研究人事任免事项;传达学习党的十九届五中全会会议精神;传达学习习近平总书记在中央政治局第二十四次集体学习时的重要讲话精神;传达学习习近平总书记在深圳经济特区建立40周年庆祝大会上的重要讲话精神;传达学习10月22日中共中央政治局常务委员会会议精神;传达学习9月28日中共中央政治局会议精神;传达学习《中国共产党中央委员会工作条例》;传达学习刘奇、易炼红在全省深化事业单位改革试点工作动员部署会上的讲话精神;审议《关于拟成立中共珠山区经济开发区工作委员会的请示(送审稿)》。

【区委第93次常委会会议】 11月13日,区委书记林卫春主持召开第93次区委常委会会议。区委副书记伊文斌,区委常委洪丹平、叶质柱、程传冬出席会议,区人大常委会主任谢日元、区政协主席邵继纲等列席会议。会议传达学习刘奇在全省领导干部会议上的讲话精神;传达学习刘奇在省委党校宣讲党的十九届五中全会精神并作形势报告时的讲话精神;审议《关于召开珠山区第十届人民代表大会第六次会议有关事项的请示》;审议《珠山区筹备2021年江西省旅游产业发展大会工作方案(送审稿)》;审议关于成立珠山区御窑厂一号工程工作领导小组有关事宜;审议《景德镇市高铁商务区(珠山片区)市政道路及配套工程(二期)设计采购施工总承包合同、施工监理合同》。

【区委第94次常委会会议】 12月11日,区委书记林卫春主持召开第94次区委常委会。区委副书记罗文军,区委常委张朝博、洪丹平、叶质柱、张志刚、谢秋华、程传冬出席会议,区政协主席邵继纲等列席会议。会议研究人事任免事项;传达学习习近平总书记对做好关心下一代工作的重要指示精神;传达学习习近平总书记对平安中国建设的重要指示精神;传达学习全国人大常委会副委员长张春贤在景德镇调研期间讲话精神;传达学习省委十四届十二次全体(扩大)会议精神;传达学习刘奇、易炼红在全省扩大开放推动经济高质量跨越式发展工作大会上的讲话;传达学习江西省扶贫开发领导小组办公室关于印发《刘奇、易炼红同志在省扶贫开发领导小组会议上的讲话》的通知;传达学习省委副书记、省长易炼红在景调研期间讲话精神暨景德镇国家陶瓷文化传承创新试验区建设领导小组第二次会议精神;传达学习全省平安江西建设暨市域社会治理现代化试点工作推进会会议精神;审议《关于召开中共珠山区委十一届十二次全体(扩大)会议的预案(送审稿)》;听取近期全区信访工作汇报,审议《关于开展集中治理重复信访、化解信访积案专项工作实施意见(送审稿)》;审议《珠山区2020年度科级领导班子和领导干部等次定格建议名单(送审稿)》;审议关于增持景德镇隐居三宝文化旅游发展有限公司股份的有关事宜。

【区委第95次常委会会议】 12月11日,区委书记林卫春主持召开第95次区委常委会会议。区委副书记罗文军,区委常委张朝博、洪丹平、叶质柱、张志刚、谢秋华、程传冬出席会议,区政协主席邵继纲等列席会议。会议听取全区2020年意识形态工作情况汇报;审议《全区关于贯彻〈党委(党组)意识形态工作责任制实施办法〉的实施细则(送审稿)》。

【区委第96次常委会会议】 12月23日,区委书记林卫春主持召开第96次区委常委会会议。区委副书记罗文军、伊文斌,区委常委张朝博、洪丹平、叶质柱、张志刚、程传冬出席会议,区人大常委会主任谢日元、区政协主席邵继纲等列席会议。会议研究人事任免事项;传达学习习近平总书记在中央政治局第二十五次集体学习时的重要讲话精神;传达学习江西省市场监管局办公室关于转发《市场监管总局办公厅关于进一步加强进口冷链食品市场监管工作的通知》的通知;审议《珠山区村(社区)党组织和第十一届村(居)民委员会选举工作实施方案(送审稿)》;审议《珠山区奋进50年突出贡献人物(集体)表彰名单(送审稿)》;审议《关于召开珠山区工商联(总商会)第五次代表大会有关事项的请示》;审议关于启动陶阳学校未来学校智慧空间项目有关事宜;审议关于区国资公司向中盛融资租赁公司融资有关事宜和关于区国资公司与景德镇皇窑陶瓷文化旅游发展有限公司战略合作有关事宜。

区委中心学习组理论学习

【概况】 2020年,区委中心学习组坚持以习近平新时代中国特色社会主义思想为指导,全面贯彻党的十九大和十九届二中、三中、四中、五中全会精神,坚定落实中央和省委、市委部署要求在珠山落地落实。坚持读原著、学原文、悟原理,坚持系统学、跟进学、联系实际学。学懂弄通做实习近平新时代中国特色社会主义思想,掌握贯穿其中的辩证唯物主义世界观和方法论,增强“四个意识”、坚定“四个自信”、做到“两个维护”,自觉用习近平新时代中国特色社会主义思想武装头脑、指导实践、推动工作,为从更高层次贯彻落实习近平总书记对江西工作重要要求打下坚实的思想基础,为用实干擦亮国际瓷都对话世界的窗口提供强有力的思想保证和精神力量。

以学习党的十九届五中全会文件,以及中央、省、市委会议精神为重点,广泛学习政治、经济、文化、社会管理等方面的知识。3月25日,区委中心组制定《中共珠山区委中心组2020年理论学习计划》。2020年学习安排的主要内容有:1—2月,习近平总书记关于疫情防控工作的重要讲话精神;3—4月,提高城市管理水平;5—6月,重温习近平总书记视察江西时的重要讲话精神;7—8月,中央领导重要讲话;9—10月,习近平总书记关于脱贫攻坚、全面小康的重要论述;11—12月,党史、新中国史、改革开放史等。学习要求:坚持运用好过去组织学习的有效做法,结合实际,积极探索富有新时代特点的新方式、新途径和新渠道。采取理论学习务虚会、报告会、读书会、专题讲座、基础调研、外出考察等多种形式,将集中学习与个人自学相结合,学习研讨与专题辅导相结合。充分运用好新闻媒体和互联网等新兴媒体学习平台,不断增强理论学习的吸引力,扩大学习覆盖面,提高学习参与度。

【专题研讨暨区四套班子务虚会】 1月2日,召开区委中心学习组专题研讨暨区四套班子务虚会,传达学习省委经济工作会议及市委十一届八次全体会议精神,围绕“今年工作怎么看、明年工作怎么干”集中研讨交流。

【“脱贫攻坚”专题学习会】 4月27日,在区委三楼会议室,区委中心学习组召开"脱贫攻坚"专题学习会。会议由区委书记林卫春主持,区委中心学习组全体成员参加专题学习会,进行心得体会交流。在学习会上发言的有伊文斌、张志刚、黄爱喜。林卫春就打赢"脱贫攻坚"战提出要求和意见。

【集中(重温)学习习近平总书记在江西视察时的重要讲话精神】 5月25日,区委中心学习组集中(重温)学习"习近平总书记在江西视察时的重要讲话精神"、传达学习景德镇国家陶瓷文化传承创新试验区座谈会精神。区委书记林卫春主持学习,区委中心学习组全体成员参加学习,文件宣读完后,进行讨论。

【学习党的十九届五中全会精神】 11月12—13日,召开区委中心学习组集体学习会暨专题读书班,专题学习党章、党的十九届五中全会精神和《习近平谈治国理政》第三卷。12日,区委中心组全体成员开展《十九大党章公开课》《为了总书记的嘱托》等专题片的自学;13日早晨,全体区委中心学习组成员来到莲花塘烈士陵园,瞻仰烈士纪念碑,重温入党誓词,随后到区发展中心常委会议室开展学习会。学习会由区委书记林卫春主持,伊文斌、叶质柱、程传冬分别围绕学习内容,结合各自的思想和工作实际,作交流发言。林卫春就学习贯彻落实党的十九届五中全会精神提出要求。

【市委宣讲团宣讲党的十九届五中全会精神】 11月19日,市委"学习贯彻党的十九届五中全会精神"宣讲团宣讲学习贯彻党的十九届五中全会精神(珠山区专场)。区委书记林卫春主持宣讲会,全区各级党员领导干部、社会各界代表200余人参加。市委宣讲团成员、市监委委员刘志军,从"深刻认识国家进入新发展阶段的重大意义、有利条件和重要特征""准确把握2035年远景目标和'十四五'时期国家发展的指导方针、主要目标、重点任务""牢牢把握构建新发展格局的战略构想和重要着力点""坚持党的全面领导,动员各方面力量为实现'十四五'规划和2035年远景目标而团结奋斗"四个方面对党的十九届五中全会精神进行系统阐述和深入解读。

办公室工作

【概况】 在区委的正确领导下,区委办公室认真履行岗位职责,高质量办文、高标准办会、高效率办事,充分发挥承上启下、协调左右和参谋助手作用,较好地完成各项工作任务,有效提升办公室的"三服务"水平。

坚持以文辅政,做好参谋助手,不断提升文稿服务质量。区委办公室坚持把文稿质量作为衡量办公室服务水平的重要标准,按照"与时俱进紧跟形势方针政策、换位思考领会领导施政意图、把握重点聚焦中心工作大局、深入调研符合基层一线实际"的总体思路,不断增强以文辅政的思想性、针对性、指导性。2020年,区委办公室完成领导讲话稿、区委重要汇报材料、典型经验交流、重大宣传稿件等文稿150余篇。4月,深入开展调查研究,为区委"十三五"顺利收官和"十四五"良好开局提供决策参考。信息工作及时有效,区委办公室紧盯中央重大决策部署,紧盯上级领导指示批示精神,紧盯群众关心的热点难点问题,紧盯珠山特色亮点,高效、准确做好信息报送工作,起到服务领导决策、展示成绩亮点、反映群众呼声的良好效果,全年上报市委信息170余篇,其中120余篇信息被省、市采用。

注重问题导向,深化督查检查,围绕区委决策部署狠抓责任落实。注重抓好中央、省委、市委、区委重大会议精神贯彻落实和全区性重点工作的督促检查,圆满完成各项省委、市委交办的督查任务14次,围绕脱贫攻坚、"双创"、项目建设、"十三五"收官等重点工作开展各类督查70余次。围绕领导交办批办狠抓工作质效。按照"批必查、查必清,清必办、办必果"的原则和"批给谁、谁承办,谁承办、谁负责"要求,不断提高查办工作时效和办结质量。围绕群众关心关切问题狠抓办理回复。全年办理省、市民声通道转(交)办件140余件,解决一大批群众关心的热点难点问题,取得良好的社会效果。

聚焦服务质效,全力保障运转,公文办理把关严格。持续深化整治形式主义,为基层减负工作,把精简文件作为为基层减负的重要抓手,面向全区各单位,全口径严格做好发文"守门员",对无新增内容直接转发上级文件、照搬照套上级文件、不切合珠山区情等明确不符合文件精简工作要求的情形,口头提醒或责令整改13次,退回处理7次,实现全口径发文数量同比减少11.3%。会务服务规范细致。严格执行会议审批制度，认真审查会议议题，努力做到少开会、开短会，2020年全区性会议同比减少6.5%。狠抓会前准备、会中服务、会后落实三个环节，力求会议主题明确，中心突出，务求实效。全年安排布置重要会务90余次。接待服务能力有效提高，紧紧围绕区委中心工作和重大活动，进一步提高接待能力和服务水平，较好完成中央、省、市各级领导检查考察及其他省市领导干部、客商调研交流的接待任务，为区委领导顺利开展工作、扩大对外交流、推动经济社会发展做出积极贡献。机要保密安全可靠，加强相关设备日常管理和维护工作，确保相关设备运行正常，加大对涉密网络的管理和检查力度，为各部门各类涉密会议提供会议保障。

【档案管理不断提升】 严格按照档案管理流程，对区档案馆48个全宗5158卷馆藏档案进行整理、转运，10月中旬，将区档案馆顺利搬迁至珠山区发展中心新址，区档案馆使用面积由原来的65平方米提升为1420平方米，有序推进现代化、数字化档案馆建设。搬迁工作推进有序。经过细致准备和稳妥布置，区委办顺利将资料和设备搬迁至珠山区发展中心新址，并于10月初完成办公区域环境的整体布置，顺利实施政务内网迁移工作。

【全力投入疫情防控】 深入群众一线，主动服务基层。勠力同心，全心投入抗疫硬仗。疫情发生以来，区委办严格按照区新型冠状病毒感染的肺炎疫情防控应急指挥部工作方案的要求，切实抓好各项防控措施的落实，办公室全体干部下到挂点社区进行值班值守，风雨同舟做好疫情防控及复产复工工作，拨付4万元防疫经费及大量口罩、手套及消毒酒精用于基层疫情防控，尽全力确保全区防疫工作顺利开展。

【勇于担当，落实脱贫帮扶任务】 全力抓好驻点村精准扶贫和贫困户的结对帮扶工作，实地走访结对帮扶贫困户，关心、关注他们的生产生活情况，在疫情防控期间给他们送去口罩、酒精等防疫物资。

【并肩作战，奋力冲刺“双创”国检】 认真履行社区共建和路长制职责，严格落实挂会、挂路轮流值班制度，常态化组织干部深入“双创”一线，开展志愿服务活动和路长制巡查工作。2020年，区委办参与社区志愿服务活动21次，开展路长制巡查43次，反馈“双创”方面问题200余个，拨付10万元用于支援挂点包段社区开展“双创”工作，全力帮助街道、社区开展问题整改。

【强化党的建设】 规范开展“三会一课”，通过“三会一课”、集中学习、座谈研讨、现场参观调研重点工作等多种形式，加强对党员的培训教育，全年围绕习近平新时代中国特色社会主义思想、《习近平谈治国理政》第三卷、《中国共产党章程》等内容开展干部培训、集中学习、研讨交流、现场观摩19次，党员素质不断提高。持续加强作风建设，深入开展作风建设活动，进一步加强办公室作风建设，健全完善办公室内部管理制度，实行每日签到制度，加强日常请假销假管理。严格执行中央八项规定精神和省、市、区委作风建设相关规定，坚持民主集中制原则，“三重一大”事项集体研究，民主决策。班子成员讲团结、顾大局，大事讲原则，小事讲风格，在自身要求上，严以律己，秉公办事，认真执行廉洁自律的各项规定，处处率先垂范，全力践行担当实干、质朴实在的工作作风。压实意识形态工作责任，区委办高度重视意识形态工作，认真学习《党委（党组）意识形态工作责任制实施办法》，不断加强对意识形态工作的领导，明确区委办主任作为第一责任人、其他班子成员按照“一岗双责”要求抓好分管领域意识形态工作的工作机制，确保上级意识形态工作的决策部署得到贯彻落实。结合区委办工作职责，面向全区党员干部、广大群众，积极开展秘书工作、保密机要、国家安全等领域的法规及政策宣传，做好上述领域意识形态工作教育引导。

组织工作

【概况】 区委组织部认真贯彻落实新时代党的建设总要求和新时代党的组织路线，紧扣上级决策部署不折不扣落实好，全力服务区委区政府中心工作；全力以赴抓好领导班子和干部队伍建设、推动高质量跨越式发展；全力以赴推进基层党建“三化”建设，大力提升组织力；全力以赴服务景漂人才，助力试验区建设，各项工作取得了新进展。

把牢基层基础，切实抓好基层党组织党建工作深入推进。2020年，聚焦“三化”建设，推进各领域基层党建工作，坚持把“三化”建设作为基层党建工作的“一号工程”，以城市基层党建三化建设为基础，按照“四个方面标准化，六个方面信息化”的要求制定任务清单、标准清单、考评清单，在城市、农村、机关、“两新”组织、学校各领域全面推开。

开展社区扩权赋能改革试点工作。选取30个社区作为改革试点社区，制定下发《珠山区社区扩权赋能改革试点工作任务清单》，明确5大类27项具体工作任务和完成时限，责任单位涉及24个相关部门及单位，经开区、9个街道，30个试点社区。重点围绕“六清”开展全区非公有制企业和社会组织党建基本情况摸底排查。结合市场监管、民政部门登记注册的非公企业和社会组织名册，珠山区共摸排正常经营非公企业473家、社会组织187个，做到“两新”党组织覆盖率100%。

强化党建引领，推进党建与中心工作深度融合。2020年，巩固拓展“不忘初心、牢记使命”主题教育成果，在全区广泛开展“党员志愿服务、助力双创双修”、新时代“赣鄱(瓷都)先锋”选树学、“党课开讲啦”等系列活动。4月启动党员志愿服务助力“双创双修”活动，全区6个区直属单位党委共派出党员5782人次到各社区参与服务“双创双修”活动。选树出8名“瓷都先锋”(含“赣鄱先锋”3名)，激励引导广大党员干部在服务群众、抗击疫情等工作中作表率当先锋。开展“党课开讲啦”活动，217名各级党组织书记，58名“赣鄱先锋”等先进群体参与讲党课活动。以党建为引领，深入开展脱贫攻坚、扫黑除恶、疫情防控等中心工作。2020年继续向竟成镇14个村选派驻村第一书记开展驻村扶贫工作，8月举办驻村第一书记及帮扶干部脱贫攻坚培训班，共培训第一书记及帮扶干部209人；推进扫黑除恶工作，制定党建引领社会治理方案，对2020年排查的5个软弱涣散基层党组织进行持续深入整顿；下拨34万元党费，组织区直单位59个、党员7119人次开展疫情防控工作。为讴歌在珠山改革发展中涌现出的各类先进典型，经各单位推荐和评选办深入挖掘，评选出奋进50年突出贡献先进个人45名及先进集体5个。认真梳理奋进50年成就展党建篇图文，从党建引领、固本强基、人才工作三个方面展示全区党建工作的时代篇章。

注重科学管理，高质量推进干部队伍建设。2020年，根据区委要求，坚持正确的选人用人标准，不断优化区各班子配置，注重基层导向和优秀年轻干部培养，进一步加强各部门特别是镇、街道的班子配备。严格职级职数管理，有序开展职级晋升工作，合理提升干部待遇，不断激发干部干事创业积极性；建立健全退出领导岗位的干部管理制度，提振干部干事创业精气神。对疫情防控阻击战中表现突出的机关事业单位工作人员和集体及时予以奖励。建立及时奖励制度，积极激励引导全区广大党员干部更好地在危难时刻挺身而出、担当作为。推荐医疗卫生工作者、人民警察、科研人员和基层党员干部等奋斗在疫情防控一线人员进行奖励，推荐3名干部为“人民满意的公务员”。顺利完成2020年度公务员招录工作。根据招录计划通知和珠山区公务员编制、年龄梯次、专业需求等实际情况，为优化干部梯次、增添新生力量、保持各项工作顺利开展，2020年招录公务员人数10人。完成2020年度“三方面人员”选拔工作和从优秀村(社区)干部中选聘事业干部选拔工作。进一步拓宽乡镇(街道)机关领导干部来源渠道、拓宽乡镇(场、街道)事业单位进人渠道，扩大选拔视野，广泛调动广大基层干部的工作积极性，选拔4名干部进入公务员队伍、4名村(社区)干部进入事业干部队伍。做好干部教育、监督、信息化等工作。做好三类好课程拍摄录制送选工作，举办了一期为期22天的青年干部主体班暨2019年度新录用公务员初任培训班；赴浙江大学举办一期新经济、数字经济研修班。实时更新市县(区)干部信息平台、加强干部教育监督管理，顺利完成2020年度干部信息采集、统计等工作。

提升人才服务质量，做好人才工程申报。2020年，区委组织部认真贯彻上级落实疫情防控工作的重要指示及要求，打好疫情防控阻击战，充分发挥“景漂”陶瓷流动党员党支部的基层党组织的战斗堡垒作用，帮助辖区企业及人才复工复产，开设疫情防控期间人才服务专线，对企业及人才在复工复产过程中遇到的问题进行协商，并解决部分防疫物资短缺问题。积极开展人才工程申报，动员各企事业单位积极申报“百千万人才工程”“市创新创业示范基地”，2020年4家企业获批市创新创业示范基地。

【2019年度基层党建工作述职评议会议】 4月9

日，召开2019年度基层党建工作述职评议会议。区委书记林卫春主持会议并作点评讲话。竟成镇、各街道及区直机关党（工）委书记依次就抓基层党建工作做述职发言。区领导滕晓华、洪丹平、叶质柱、谢秋华、程传冬出席会议并作点评讲话。市委组织部有关负责人到会指导。

【召开区委党建工作领导小组会议】 7月6日，珠山区召开区委党建工作领导小组会议。区委书记林卫春出席会议并讲话，区委副书记伊文斌主持会议。会议审议《关于调整珠山区委党建工作领导小组成员的请示》《区委党建工作领导小组2020年工作要点》《中共珠山区委关于社区扩权赋能改革试点工作意见》等相关文件，部署2020年全区组织、宣传、统战工作。竟成镇、各街道书记，区委党建工作领导小组各成员单位负责人参加会议。

【珠山区青年干部主体班暨新录用公务员初任培训】 10月19日，2020年度青年干部主体班暨2019年度新录用公务员初任培训班在区委党校开班，区委副书记、区委党校校长伊文斌出席仪式并作动员讲话。培训班学制22天，培训时间为2020年10月19日至11月16日，调训年轻干部39人，培训形式以授课为主，结合分组交流研讨、现场教学、省内外出考察、应知应会考试等方式，有针对性地提升珠山区青年干部理论水平和党性修养，重点培养青年干部发展经济、改革创新、依法办事、化解矛盾、做群众工作等方面的能力。

【珠山区奋进50年突出贡献人物评选表彰】 为追寻50年来在珠山改革发展和经济社会发展中涌现出的各类先进典型，2020年12月，区委组织部牵头评选出50名突出贡献人物（集体），12月28日晚在区发展中心大礼堂区奋进50年晚会上举行颁奖仪式。

宣传思想工作

【概况】 珠山区宣传思想战线坚持以习近平新时代中国特色社会主义思想为指导，学习宣传贯彻党的十九大和十九届二中、三中、四中、五中全会精神，学习重温习近平总书记视察江西时的重要讲话精神，聚焦主责主业，主动担当作为，守正创新，内聚力量、外树形象，为用实干擦亮国际瓷都对话世界的窗口提供强大的思想保证、精神力量和文化条件。2020年12月，区委宣传部获得景德镇市成功创建全国文明城市先进集体。

扎实推进理论武装工作。围绕重温习近平总书记视察江西时的重要讲话精神、学习贯彻党的十九届五中全会精神、《习近平谈治国理政》第三卷、疫情防控、扫黑除恶、脱贫攻坚、《中华人民共和国民法典》、“双创双修”等主题，采取传达学习、交流发言、专家授课等多种形式，组织召开区委中心学习组学习10次，其中专题交流研讨学习5次，邀请专家辅导1次；发放《习近平谈治国理政》第三卷、《中国制度面对面》等理论图书2300余本。“小巷讲堂”与新时代文明实践相结合，运用“活动＋理论”形式开展各类基层理论宣讲活动700余场；1月3日，组织开展“我的景德镇——国家试验区建设怎么看怎么干”演讲比赛汇报演出活动。

有效开展疫情防控宣传。疫情防控期间，全区宣传战线坚持正面强力发声，进行及时、全面、客观的宣传报道，为抗击疫情、复工复产，推动经济发展增添社会正能量。融媒体中心设立“众志成城抗疫情”专栏，大力宣传区委区政府重大决策部署、各部门联防联控的措施成效和科学防护知识，发布权威信息，及时回应群众关切问题，推出疫情防控相关稿件视频3356篇（条），阅读量超1902万次；在中央级媒体上稿疫情防控相关稿件8篇，其中，人民日报客户端刊登《打开景德镇市珠山区宣传战线：发出最新最快最准的战报》，坚定全区打赢这场人民战“疫”的信心。借助微信群、朋友圈发布倡议书，利用LED屏、小喇叭不间断播放宣传标语；设置疫情防控电子屏近百处，宣传横幅900余条，宣传栏780余处，宣传单约11.3万余份，张贴公告近万张，公开信7万余份，微信消息6.9万余次。

做好“两中心一平台”建设。打造新时代文明实践中心（所、站）建设，整合基层阵地资源，常态化、分众化开展“文明健康·有你有我”公益广告宣传活动、“防疫有我·爱卫同行”爱国卫生运动等主题活动1300余场。建设区融媒体中心，加快硬件设施建设，加强“一栏、一报、一端、两微”和古镇珠山抖音号、快手号、头条号的集中管控和一键分发，制发融媒体产品。创作《古镇珠山的十二时辰》《满城风物共潮生——珠山区“双创双修”巡礼》《美景·

厚德·镇生活——一幅长图看珠山》《珠山抗洪——城市就是我们的考场》《珠山区紧急动员防汛抢险战洪魔》《珠山区:击退洪魔保民安 清淤除秽美家园》《你我共同携手,争创文明城市》等新媒体作品,得到较多关注。持续推广使用"学习强国"学习平台,开展"学习强国"分享交流会,提高学习积极性,学员日人均积分20分以上;向"学习强国"供稿394篇,其中用稿32篇。

抓好重大主题宣传。坚持正面宣传。全面准确地宣传习近平新时代中国特色社会主义思想,围绕中心工作,重点策划了"疫情防控和社会经济发展""学习重温习近平总书记视察江西时的重要讲话精神""全面建成小康社会""学习贯彻党的十九届五中全会精神"等专题报道,开设相关专栏,集中推出有分量有深度的专题稿件和综合报道。在中央、省级主流媒体重要版面发稿。2020年,在中央级媒体发新闻稿20篇,在省级主流媒体发稿400余篇,在市级主流媒体发稿621篇,进一步扩大了珠山的对外影响力。2020年12月,中央电视台《新闻联播》"落实全会精神在基层"栏目,用近两分钟的时长,以"激活制瓷文化 推动乡村振兴"为题,对景德镇市珠山区进行重点报道。在中宣部全面建成小康社会"百城千县万村"调研活动中,珠山区《陶瓷古村落的小康路》入选全国100个优秀调研报告之一,编入中宣部《全面建成小康社会与乡村振兴》丛书。

精神文明创建取得突破。全力打好创文攻坚战。从全覆盖式的"三率一度"大督查到创文材料层层把关,再到宣传活动多点开花,助力景德镇市摘得"全国文明城市"荣誉称号。开展好人事迹和线索推荐上报工作。2020年,全区成功推选出12名"瓷都好人",组织道德模范和身边好人参加道德模范故事巡讲。组织开展疫情防控、文明交通、无偿献血等志愿服务,余梅获全国抗击新冠肺炎疫情先进个人称号,新村街道梨树园社区、里村街道马鞍山社区志愿者齐菊英,分别获得江西省优秀志愿服务项目(社区、个人)称号。着眼弘扬社会主义核心价值观,广泛开展"我们的节日""清明祭英烈"等主题活动,景德镇第一小学江奕鸣等4名学生被评为景德镇市"新时代好少年"。

文化工作深入开展。围绕习近平总书记提出的"建好景德镇国家陶瓷文化传承创新试验区,打造对外文化交流新平台"要求,做好陶瓷文化繁荣兴盛这篇大文章。组织开展"珠山奋进50年"主题系列活动,打造"三宝名家大讲堂"文化新平台,成功举办"蒙曼与景德镇的对话"首场活动。开展瓷都"老字号"整理保护和传承利用工作。推进陶瓷文化进校园,持续推广使用好《瓷娃看家乡》本土陶瓷文化校本教材。组织珠山企业参加2020年深圳文博会、江西文化巡礼展、江西文化和旅游产业链投资合作对接会,实施文化"走出去"。做大做强全区文化产业规模。2020年,新增4家文化企业,规上文化企业16家,拟入库企业3家。实现文化产业营业收入5亿元,比2019年同期增长6.34%。三宝国际瓷谷景区创建国家AAAA级景区工作稳步推进。赴杭州、成都参加文化旅游推广活动。打造书香珠山·城市文化会客厅,授牌成立15家城市文化会客厅,举办相关活动70余场。开展"送电影下乡"活动208场、"送戏曲下乡"活动4场、"送演出下乡"活动4场。选送的合唱歌曲《阳光路上》获得景德镇市第四十一届群众歌咏月活动决赛组金奖。

【"我的景德镇——国家试验区建设怎么看怎么干"演讲比赛暨颁奖】 1月3日,珠山区"我的景德镇——国家试验区建设怎么看怎么干"演讲比赛汇报演出暨颁奖典礼在竟成小学举行。区人大常委会主任谢日元,区委常委、宣传部部长洪丹平,区政协副主席吴云出席典礼并为获奖者颁奖。

【中央、省级媒体重点新闻报道】 2月17日,人民日报客户端、江西宣传微信公众号刊登《战"疫"期间,珠山区宣传战线干部这样"赴前线"》稿件,全面报道了珠山宣传战线的干部坚持正面强力发声,进行及时、全面、客观的宣传,更好地强信心、暖人心、聚民心,为抗击疫情增添社会正能量;11月17日,《江西新闻联播》刊播《因瓷再兴 三宝村的"逆袭"》;11月19日,《光明日报》刊登《江西景德镇三宝村:陶瓷古村落焕发"年轻态"》;12月12日晚,中央电视台《新闻联播》"落实全会精神在基层"栏目,用近2分钟的篇幅长度,以"激活制瓷文化 推动乡村振兴"为题,对三宝进行重点报道;12月28日,《江西日报》头版头条刊登《变文化优势为发展优势 珠山区做足"文化+"文章集聚人气》,进行重点宣传报道。

【省委宣传部领导深入珠山区调研陶瓷文化发展】

4月14日，省委宣传部副部长、省政府新闻办主任傅云深入珠山区，调研乡村振兴和陶瓷文化发展。市委常委、市委宣传部部长刘朝阳，省委宣传部对外传播处处长刘春水、副处长冷青，市区有关领导林卫春、罗文军、冯亮、洪丹平等陪同调研。

【颁奖仪式开播】 4月23日晚，“品读经典·传承文明”书香珠山·城市文化会客厅全民阅读暨第二届十佳阅读大使评选活动颁奖仪式在两两书店开播，直播在线观看人数最高达到了近4000人。直播当晚，区领导洪丹平、江志瑜出席并为十佳阅读大使颁奖。

【参与“双创双修”工作】 4月24日，珠山区召开“双创双修”宣传教育工作布置会。区委常委、宣传部部长洪丹平出席会议并讲话，全区宣传教育工作各责任单位负责人参加会议。5月13日，“双创”工作知识培训大会在区大礼堂举行。此次培训邀请市文明办副主任倪凯、《瓷都晚报》社总编辑陈俊绮分别作专题授课。区委常委、宣传部部长洪丹平主持并讲话。

【“走向我们的小康生活”主题采访报道】 7月6日，“走向我们的小康生活”主题采访活动在区融媒体中心正式启动。区委常委、宣传部部长洪丹平，《瓷都晚报》总编辑陈俊绮在启动仪式上讲话，景德镇市主题采访报道活动采访组成员、区融媒体中心记者参加活动启动仪式。

【“小巷讲堂”活动持续开展】 7月22日，新时代文明实践“小巷讲堂”“我与珠山共成长”演讲比赛在区税务局会议大厅举行。区政协副主席吴云以及区直相关部门的主要负责人参加活动。12月25日，“珠山区奋进50年征文演讲比赛”颁奖典礼在陶新小学举行。活动由区委宣传部主办，区教体局、区社联承办，陶新小学协办。区委副书记伊文斌，区委常委、宣传部部长洪丹平，区人大常委会副主任余畅，副区长江志瑜、区政协副主席吴云出席活动。

【省委宣传部到珠山区开展“百城千县万村”调研】 8月8日，以省委宣传部常务副部长郭建晖为组长的省委宣传部第一课题调研组到景德镇，对珠山区三宝村开展全面建成小康社会“百城千县万村”调研活动并召开座谈会。江西广播电视台副台长、省广电传媒集团党委副书记、总经理龚荣生，省社科院副院长钟小武，市委常委、市委宣传部部长刘朝阳，珠山区委书记林卫春参加调研座谈会。

【学习宣传贯彻党的十九届五中全会精神】 11月，珠山区采取制定专门工作方案、开展新时代文明实践“小巷讲堂”主题宣讲、加强网上宣传引导等多种形式，及时、全面、准确地学习宣传党的十九届五中全会精神，推动全会精神全覆盖，确保全会精神入脑入心、落地生根、开花结果。

【珠山奋进50年相关活动】 12月，创作《最美是珠山》歌曲献礼珠山区奋进50年，歌曲由区委常委、宣传部部长洪丹平策划。12月27日，围绕回眸珠山奋进50年，在三宝国际瓷谷三宝蓬艺术聚落，举办首场三宝名家大讲堂活动。活动邀请中国妇联兼职副主席、中央民族大学教授蒙曼到三宝国际瓷谷，并作题为《千年诗中千年瓷》的讲座。黄金龙、孙安敏、卓健、罗建国、张良华、林卫春等市、区领导出席，洪丹平主持讲座。12月28日晚，“珠山奋进50年”突出贡献人物、先进集体表彰暨珠山区“凝心聚力　不负韶华”文艺会演举行。市委常委、宣传部部长刘朝阳，区委书记林卫春，区委副书记、区长罗文军出席活动，为“珠山奋进50年”突出贡献人物、先进集体颁发荣誉证书。

【区委宣传部获得表彰】 12月11日，全市召开成功创建全国文明城市表彰大会，区委宣传部获得景德镇市成功创建全国文明城市先进集体；区委常委、宣传部部长洪丹平获得景德镇市成功创建全国文明城市个人三等功。

统一战线工作

【概况】 全区统一战线以思想政治引领为根本，以服务中心大局为取向，紧扣中央、省委、市委、区委重大决策部署和全区中心工作，呈现出凝聚力增强、法宝作用彰显、统战基础夯实的新局面，为助力全区决战脱贫攻坚、决胜全面小康、统筹推进疫情防控和经济社会发展贡献出统战力量。

坚持加强思想政治教育。以习近平新时代中国特色社会主义思想,特别是习近平总书记关于加强和改进统一战线工作的重要思想为指导,在全区统一战线中广泛开展“三个引领”工程,即政治引领、价值引领和事业引领。线上线下教育学习相结合,在微信群、朋友圈等转发疫情防控、脱贫攻坚和双创等相关知识,举办座谈交流、读书学习、理论宣讲、培训班等20多场,实现统战干部、无党派代表人士、新的社会阶层人士教育培训全覆盖;坚持联谊交友谈心制度,区委领导与党外代表人士谈心谈话100余次,引导党外人士听党话、跟党走;在新的社会阶层人士中举办《中华人民共和国民法典》专题讲座,在区知联会、无党派知识分子中开展“弘扬爱国奋斗精神、建功立业新时代”活动,为民营企业家举办“法治体检”专题讲座,以分类分众形式做好统战成员的价值引领工作,最大限度地凝聚全区统一战线共识。在2020年各项中心工作中,如疫情防控、脱贫攻坚、“双创”等,全区统一战线都主动参与、充分发挥优势、彰显统战担当。当好疫情防控战斗员,辖区的统一战线成员积极响应区委、区政府号召,与区委统战部积极主动联系,充分发挥“一方有难八方支援”的优良传统,医疗卫生界的统战成员踊跃投身抗疫一线,到高铁站、高速路口、各社区防疫点为群众测量体温、普及疫情防控知识,民营企业家和社会各界爱心人士积极捐款捐物,全区统一战线成员对口珠山共捐赠款物折合人民币达140万元。当好“双创”工作志愿者,开展全区统一战线“同心助双创”系列活动,向辖区内大型商超、酒店宾馆、连锁药店等民营企业赠送《景德镇市民文明手册》近千本,组织各民营企业开展各类学习、宣传活动120余次,参与人数5000余人次,组织新联会会员企业走访多个一线社区,送上消暑慰问品折合上万元,组织志愿者深入市民家中,宣传普及《景德镇市民文明手册》近千人次,在宗教场所开展“文明卫生活动宗教场所创建”活动,提升卫生环境,为“双创”贡献统战力量。争当中心工作参与者,在脱贫攻坚工作中,区新联会会长企业华达实业集团积极和竟成镇沟通,达成竟成镇农产品进华达超市的合作意向。在做好疫情防控工作的前提下,区非公办、区工商联收集省、市有效应对疫情稳定经济增长的相关政策,制作《政策汇编》,开展“送政策上门”“法治体检”等座谈和宣讲活动4场,实地走访企业40户,推动省、市支持民营企业发展政策落实落地落细。

支持民主党派加强思想政治建设,协助民主党派健全领导班子建设,支持各民主党派开展换届选举。创新学习培训方式,借助市、区两级平台,组织区党外干部参加各类报告会、培训班,促进他们快速成长。

中央和省、市高度重视民营经济,为统筹疫情防控和经济社会发展,推出一系列支持助力广大民营企业复工复产“暖企政策包”,为促进民营经济健康发展、做好民营经济统战工作提供保障。切实增强大局意识,深入贯彻落实《关于加强新时代民营经济统战工作的意见》和全国、全省民营经济统战工作会议精神,制定有效举措,推动各项重点工作落地落细。健全服务民营企业长效机制,重点做好送策入企等工作,持续优化营商环境。坚持把思想政治建设摆在民营经济统战工作的首要位置,进一步深入开展民营经济人士理想信念教育和实践活动,举办培训班,开展政策法规宣传教育和民企互帮互助交流活动。进一步引导民营经济人士更好地履行社会责任,积极参与光彩事业、乡村振兴,争做爱国敬业、守法经营、创业创新、回报社会的典范。加强工商联所属商会组织党建工作,推动统战工作向商会组织有效覆盖。

珠山区宗教领域总体平稳,始终坚持我国宗教中国化方向为重点,积极探索具有景德镇特色的宗教中国化新路子。夯实基层基础,加大各级干部宗教工作理论政策和业务培训力度,不断提高宗教工作法治化水平。加强宗教教职人员队伍建设,全面推进宗教事务规范化管理,健全区宗教场所及教职人员数据库,大力推进宗教活动场所、宗教教职人员管理科学化、规范化、系统化。

助力侨企发展,服务帮扶提升。围绕省委、省政府,市委、市政府打造“四最”营商环境,建设“五型”政府的总体目标,全面梳理解决侨资企业面临的困难和问题,不断优化涉侨营商环境,增强侨资企业在景德镇发展的信心和决心,增强侨企侨商的获得感;引导侨资企业依法经营,文明管理,提升企业形象,促进企业健康发展,为景德镇国家陶瓷文化传承创新试验区建设贡献力量。开展《中华人民共和国归侨侨眷权益保护法》普法宣传进社区活动,在昌河街道昌盛社区侨胞之家组织基层侨务工作者、侨界群众和社区干部一道共同学习《中华人民共和国归侨侨眷权益保护法》。

打造阵地，以“制度化、规范化、特色化”为目标，先后打造党派基层支部之家2个，区党外知识分子之家1个，区级新的社会阶层人士统战工作实践创新基地1个，获批社区侨胞之家2个、新侨创新创业基地1个和侨文化交流基地3个。全区新的社会阶层人士统战工作受到中央统战部六局、省委统战部的关注。全省新的社会阶层人士统战工作示范基地经验交流会与会人员到珠山区新的社会阶层人士统战工作实践创新基地实地考察。

【召开党外人士情况通报会】 1月10日，组织召开党外人士情况通报会，区委常委、统战部部长张志刚主持会议并讲话。会议通报2019年度全区党风廉政建设和反腐败工作、2019年度经济运行情况和2020年度经济发展计划、扫黑除恶专项斗争工作、法院工作、检察院工作以及全区脱贫攻坚工作情况。

【“新春大走访、关爱暖人心”系列活动】 1月起，区委统战部组织全区统一战线成员积极开展“新春大走访、关爱暖人心”系列活动。

【筑牢宗教领域线上线下“防疫网”】 2月9日，受疫情影响，信教群众无法外出参加宗教活动，区委统战部门与宗教界人士和信教群众进行线上线下互动，充分利用短信、电话、视频通话等形式，积极宣传党和政府疫情防控工作决策部署。定期赠送防疫物资。

【服务非公企业复工复产】 3月以来，在做好疫情防控工作前提下，珠山区委统战部全体党员干部按照区委统一部署，以高度的政治责任感投入战“疫”一线，积极采取多种措施坚持防疫生产双向发力，切实做到两手抓、两手硬、两不误，帮助辖区内非公企业安全有序复工复产。

【开展“法治体检”活动】 5月22日，为引导企业合法经营，帮助企业解决法律难题，更好地进行生产经营，区非公办联合区工商联、区司法局在三宝杨梅亭艺栈举办法律知识讲座。现场为企业提供法律咨询，发放企业复工复产相关的政策法规资料。带领律师深入企业，帮助企业及时梳理复工复产易发矛盾，防范化解法律风险，对企业进行“法治体检”，推进法治化营商环境的建设。

【非公有制经济党组织庆“七一”主题党日活动】 7月3日，区非公办、区工商联在竟成镇人民政府举办非公有制经济党组织庆“七一”主题党日活动。活动主要内容为组织党员企业家观看一部微电影、重温一次入党誓词、合唱一支红色歌曲、奉献一份爱心，关心慰问8户困难党员和15户贫困户。

【开展灾后消杀防疫工作】 7月10日，洪水退去之后，珠山区统战志愿者组建一支消杀志愿者服务队，深入企业和居民生活区提供帮助。

【组织民营企业开展“八一”走访活动】 7月31日上午，区委统战部、区工商联组织民营企业华达实业、大雅陶瓷、天天好药品超市，走访慰问珠山区人民武装部，送去慰问品，与人武部领导进行座谈。

【“同心·新联助双创”共建活动】 8月24—25日，区委统战部、区工商联、区新联会志愿者们前往结对村(社区)龙珠阁社区、再胜弄社区、后街村、陶溪川社区、新厂社区、林荫路社区、恒大社区，送上了爱心企业和企业家捐赠的慰问品。区委常委、统战部部长张志刚参加共建活动。

【“同心·民企助双创”活动】 8月26日，在区委统战部、区工商联的组织带动下，辖区的民营企业家积极投身于全市的“双创”工作中，共同开展“同心·民企助双创”活动。

【内蒙古赤峰市红山区统战部、工商联考察团到区交流学习】 9月9日，内蒙古赤峰市红山区统战部、工商联考察团一行7人，到珠山区开展交流学习活动。考察团成员与区工商联、鄱阳商会企业代表展开座谈交流，鄱阳商会会长李胜利介绍商会建设和发展情况，赤峰市红山区委常委、统战部部长王彦杰介绍赤峰当地的地域特色、经济发展、重点产业以及非公经济发展情况，区委统战部常务副部长汪宏为考察团一行介绍珠山区的基本情况。

【“珠山区党外知识分子之家开放日”活动】 10月16日，区党外知识分子之家揭牌仪式暨“珠山党外知识分子之家开放日”活动在三宝国际瓷谷举行。市委统战部副部长、市民宗局局长黄涛，区政协副主席、区知联会会长吴云出席活动，为“珠山党外知识分子之家”揭牌。

【《中华人民共和国归侨侨眷权益保护法》普法宣传进社区】 11月10日下午,开展《中华人民共和国归侨侨眷权益保护法》普法宣传进社区活动,组织基层侨务工作者、侨界群众和社区干部一道共同学习《中华人民共和国归侨侨眷权益保护法》。昌盛社区侨务工作者、侨界群众和社区干部一道共同分享学习习近平总书记关于侨务工作的重要论述和《中华人民共和国归侨侨眷权益保护法》等涉侨法律法规,对涉及华侨、归侨和侨眷、留学生等涉侨知识详细解读,使大家增加对侨法知识及相关政策的了解,进一步增强法律意识,既提升基层侨务工作者的业务技能和水平,又为社区营造依法保护归侨侨眷的良好环境。

【民营企业家代表参加“检察开放日”】 10月27日,为民营经济发展提供优质检察产品和法治保障,区非公办、区工商联组织民营企业家代表参加人民检察院开展的“服务‘六稳’‘六保’护航民企发展检察开放日”活动。企业家代表们对检察机关如何更好地服务“六稳”“六保”,为民营经济发展提供法治保障提出许多有益的意见、建议。

【召开党外代表人士学习贯彻中共十九届五中全会精神座谈会】 11月18日下午,珠山区召开党外代表人士座谈会,深入学习贯彻中共十九届五中全会精神,交流学习体会,研究部署进一步贯彻落实的具体措施。珠山区委常委、统战部部长张志刚出席会议并讲话,各民主党派直属珠山支部(社)负责人、区工商联负责人、区知联会、区新联会、民营企业家等代表人士参加会议并发言。

【举办统战系统暨党外科技干部、党外代表人士培训班】 12月15日,珠山区在区委党校会议室举办全区统战系统暨党外科级干部、党外代表人士培训班。全区党外科级干部,竟成镇、各街道统战委员、统战干事,各民主党派直属珠山支部(社)负责人及主要成员、区工商联、非公企业代表人士、区知联会、区新联会代表共计50余人参加培训。

【“不忘合作初心,继续携手前进”主题教育】 12月18日,区知联会开展“不忘合作初心,继续携手前进”主题教育,学习传达中共十九届五中全会精神,学习传达省知联会二届二十次会长(扩大)会议、省无党派人士学习中共十九届五中全会精神座谈会精神,学习传达市知联会传达学习中共十九届五中全会会议精神,一起参与讨论区知联会品牌活动。

政法综治工作

【概况】 区委政法委紧扣市域社会治理现代化试点、扫黑除恶专项斗争和维护社会稳定等重要工作目标,以开展政法队伍教育整顿为切入点,全面提升政法工作现代化水平,努力建设更高水平的平安珠山、法治珠山。

区公安分局打掉涉嫌黑社会性质组织2个,涉嫌恶势力犯罪集团14个,涉嫌恶势力犯罪团伙10个,刑事拘留涉黑涉恶犯罪嫌疑人186人,查封、扣押、冻结涉案资产6036.22万元,扣押起亚K3轿车1辆,缴获枪支4支;区检察院依法提起公诉涉黑涉恶及“保护伞”案件18件68人;区法院依法判决涉黑涉恶及“保护伞”案件20件83人,判处财产刑人民币662.05万元。

始终将打击“黄赌毒”违法犯罪作为当前一项重点工作抓实抓细,尤其对聚众赌博案件坚决做到发现一起、查处一起。6月上旬部署在全区范围内开展为期两个月有针对性的集中打击整治涉黄涉赌违法犯罪专项行动,结合正在开展的“百日缉毒风暴”等专项行动,全力整治火车站、浙江路等重点区域“黄赌毒”治安乱点,有效净化治安环境。2020年,破获涉黄涉赌案件237起,共处理违法犯罪嫌疑人582人。

通过组织基层网格员深入排查隐患、化解纠纷,发动群众积极参与社会治理,网上上报事件164747件次,实现网上办结162219件次,办结率达98.47%。同时,组织发动注册“平安江西”群众数达32854人,上报民安民生各类事件信息36195件次;村(社区)组织开展“义务巡逻”“平安宣传”“化解纠纷”“关爱帮扶”“心理疏导”“法律援助”等志愿者活动1489次;基层网格员深入开展网格巡查48957次,巡查总时长13803.12小时,及时更新辖区房屋人口信息102943条。

全年,领导干部接访178次,处理信访事项207

件，办结192件，办结率92%。对梳理的45件重点疑难信访案件全部落实区领导包案，已全部办结。协调处理18起群体性事件，扎实做好全国两会、十九届五中全会、瓷博会等重要节点维稳安保工作。协调处理信访重点事件2起，抓好玉风瓷厂退城进园的搬迁维稳工作，并组织抓好江西电视台在珠山直播“万人健步走”和“一起跳舞吧”安保维稳工作。

【珠山区政法队伍教育整顿动员部署会议召开】 4月14日，召开区政法队伍教育整顿动员部署会议。区委常委、区委政法委书记程传冬出席会议并讲话，副区长、区公安分局局长李维明主持会议，区法院院长张春红，区检察院检察长徐健出席会议。会议解读全区政法队伍教育整顿工作方案。围绕“一个确保、三个提升”的目标要求，结合工作实际，坚持从政治建警的高度，着力抓好队伍的政治建设、规范化建设、纪律作风建设，扎实有效推进全区政法队伍教育整改工作。

【督察珠山法院教育整顿工作】 4月29日上午，区委政法委和谐平安联创中心主任尹和生、区纪委监委驻区委政法委纪检监察组组长方剑、正科级纪检监察员曹新宇一行三人到珠山法院对法院队伍教育整顿工作进行巡查督察，党组成员、政治部主任毛建平向督导组一行汇报法院近期教育整顿工作开展的状况以及下一步工作计划。通过开展法院队伍教育整顿工作，以法院队伍政治能力、业务素质、纪律作风的大提升更好地促进法院审执质效提升，为建设景德镇国家陶瓷文化传承创新试验区提供有力的司法服务和保障。

【迎接安源区社会治理工作考察】 5月14日上午，江西省萍乡市安源区委常委、政法委书记叶建交率安源区社会治理工作考察组一行22人，到珠山区考察社会治理工作。区委常委、政法委书记程传冬，市委信访局副局长、区委信访局局长姚石玉陪同。考察组一行先后对太白园街道综治中心、里村街道马鞍山社区齐菊英金牌调解室、竟成镇三宝村马鞍岭和闲云居平安景点打造、昌河街道昌盛社区综治网格化管理建设等工作进行考察调研。通过探讨和交流，安源区考察组一行对区综治中心实体化建设尤其是综治信息平台工作给予高度评价，一致认为珠山区平安建设（综治工作）基层基础扎实，有很多好的经验和做法值得学习和借鉴。

【珠山区反诈骗宣传工作部署会】 5月28日上午，区反诈骗宣传工作部署会召开，区委常委、政法委书记程传冬主持会议。副区长、区公安分局局长李维明，区检察院检察长徐健出席会议。会议介绍2020年全区电信网络诈骗案件的总体情况，通过对具体数据进行横向、纵向比较，阐明当前反诈骗宣传工作的重要性和必要性，详细解读区公安分局制作的反诈骗宣传手册内容。

【“赣鄱百日缉毒”行动首战告捷】 6月上旬，省公安厅在全省公安机关部署开展为期100天的“2020赣鄱百日缉毒”行动。珠山公安分局禁毒大队全警动员、精心组织，通过线索循线追踪，成功破获1起容留吸毒案，抓获违法犯罪嫌疑人3名，“赣鄱百日缉毒”行动首战告捷。

【市扫黑除恶专项斗争特派督导工作珠山区汇报会】 6月15日上午，市扫黑除恶专项斗争特派督导工作珠山区汇报会在区委三楼常委会议室召开，市扫黑除恶专项斗争第四特派督导组组长胡强华出席会议并讲话，区委常委、区委政法委书记、区扫黑除恶专项斗争领导小组组长程传冬汇报全区扫黑除恶专项斗争工作开展情况，区法院院长张春红、区检察院检察长徐健出席会议。胡强华就督导的时间安排、督导任务、督导内容、督导方式和工作要求作了说明。程传冬表示，市扫黑除恶专项斗争第四特派督导组在全区开展督导，是对全区专项斗争开展情况的全面检查，也是深入查找问题、推进专项斗争质效进一步提升的重要契机。市扫黑除恶专项斗争第四特派督导组成员，区扫黑除恶领导小组有关领导，区扫黑办，各专项组组长，竟成镇、各街道，区住建局、区市监局、区文广新旅局、区城管局等四个重点行业部门有关负责人参加会议。

【2020年第一次扫黑除恶专项斗争领导小组会议】 7月7日下午，全区扫黑除恶专项斗争推进会在区公安分局召开。区委常委、区委政法委书记程传冬出席会议并讲话，会议由副区长、区公安分局局长李维明主持，区法院院长张春红、区检察院检察长徐健参加会议。张春红传达全国扫黑除恶专项

斗争重点地市督办会议精神,区检察院检察长徐健传达全省扫黑除恶专项斗争领导小组会议精神,审议通过《珠山区关于打击防范黑恶违法犯罪推动长效常治的指导意见》,对下一步工作进行部署。区扫黑除恶专项斗争领导小组全体成员,竟成镇、各街道分管领导及区扫黑办相关工作人员参加会议。

【姚石玉上榜全国“平安之星”】 11月,“中央政法委长安剑”平台开展全国“平安之星”投票选举活动,经过网络投票,市委信访局副局长、区委信访局局长姚石玉上榜全国“平安之星”。

【召开市域社会治理现代化试点工作推进会】 12月9日上午,召开市域社会治理现代化试点工作推进会,安排部署综合协调组工作任务。区委政法委副书记翁霞主持会议,相关责任单位负责人参加会议。会议印发《关于开展2020年平安建设(综治工作)挂点帮扶工作的通知》和《2020年珠山区直单位平安建设(综治工作)台账考评细则》。经层层发动,竟成镇、各街道村居积极主动申报,推荐石狮埠街道、周路口街道,以及竟成镇昌江村等10个村(社区)为市级试点,重点开展打造市域社会治理现代化联系示范点工作。石狮埠街道坚持主动作为、先行先试,着力探索符合时代发展、满足群众期盼、体现街道特色的市域社会治理新路子。通过组织基层网格员深入排查隐患、化解纠纷,发动群众积极参与社会治理,网上上报事件164747件次,实现网上办结162219件次,办结率达98.47%。“平安江西”注册人数达32854人,上报民安民生各类事件信息36195件次;村(社区)组织开展“义务巡逻”“平安宣传”“化解纠纷”“关爱帮扶”“心理疏导”“法律援助”等志愿者活动数1489次;基层网格员深入开展网格巡查48957次,巡查总时长13803.12小时,及时更新辖区房屋人口信息102943条。

机构编制

【概况】 按照省、市关于推进基层整合审批服务执法力量改革工作的相关要求,区委、区政府严格按照省委编办和市委编办关于推进基层整合审批服务执法力量工作会议和文件精神,全面落实部署上级精神和指示,强化工作领导,保证工作质量,确保在规定的时间节点内顺利完成珠山区基层整合审批服务执法力量工作。

根据省、市推进基层整合审批服务执法力量工作时间节点的要求,对各项具体工作提出具体的完成时间,每一步都按照省委和市委要求的时间节点完成。1月初,拟定《乡镇街道“三定”方案模板》,及时同竟成镇及各街道沟通联系,完成竟成镇及各街道的“三定”规定的审核、征求意见、区委常委会审议等流程,1月9日正式印发竟成镇及各街道“三定”规定。改革后竟成镇设置党政办公室(党建办公室)、社会事务办公室(退役军人服务站)、社会治理办公室(应急管理所)、经济发展和财政办公室、农业农村工作办公室(扶贫工作站)5个党政机构,以及便民服务中心和综合行政执法队2个事业单位。新村街道、新厂街道、太白园街道、珠山街道、昌河街道、周路口街道、里村街道、石狮埠街道、昌江街道综合设置党政办公室(党建办公室)、经济发展办公室、综合治理办公室(退役军人服务站)、城市管理和社区治理办公室(扶贫工作站、应急管理所)4个党政机构,以及便民服务中心1个事业单位。印发乡镇(街道)的“三定”规定,竟成镇及各街道根据“三定”规定对党政机构和事业单位进行调整,不再保留原有的事业站所,对新成立的内设机构和事业单位进行挂牌、印章启用和实际运行。所有事业单位人员编制全部纳入新成立的事业单位管理,现有行政事业人员,在档案身份不变的前提下,实行在现有的职能机构和事业单位岗位内统筹调配、双向选择、竞争上岗。

10月,为迎接省政府教育督导组对2019年度履行教育职责进行教育督导的检查工作,对应省教育督导组在机构编制方面的相关检查标准,逐项准备近年对区教育领域积极支持的相关文件和材料,其中包括2019年8月,成立陶阳学校的机构编制批复文件;2020年4月,重新核定全区中小学教职工编制的文件等材料,配合区教体局做好教育督导迎检工作。

【2019年度事业单位法人证书年检】 按照市事业单位登记管理局文件要求,开展全区事业单位法人证年检工作,截至2020年12月,完成2019年度事业单位法人证书年检68家,事业单位法人新设立登记2家,事业单位法人变更20家,办理小区配套公立幼儿园事业单位法人证书14家。

【实地督导街道基层改革工作】 9月18日上午，省委编办督导组及市委编办相关领导在区委副书记伊文斌的陪同下，到里村街道办事处进行实地督导，区编办主任宁丽，街道党工委书记程俊锋就推进基层整合审批服务执法力量改革工作后街道内设机构及事业单位的挂牌情况、人员落实情况、相关工作的开展情况进行介绍，省委编办督导组对全区推进基层整合审批服务执法力量改革工作给予肯定。

【区直事业单位改革的前期准备工作】 10月22日上午，牵头做好全省深化事业单位改革试点工作动员部署视频会珠山分会场的会议筹备工作。按照省委编办及市委编办的统一部署，积极同市委编办进行沟通联系，在省委编办及市委编办限定的事业单位机构个数限额内起草全区事业单位改革方案（草案），做好改革的相关准备工作。

巡察工作

【概况】 2020年，区委开展2轮巡察，巡察区直单位党组织32个。区级巡察机构开展9轮巡察，覆盖66个党组织，延伸巡察村（社区）45个，区级巡察覆盖率为100%，移交问题线索26件。配齐3名巡察机构专职联络员，在原有3个常设巡察组基础上抽调44名优秀年轻干部参加巡察工作。

【十一届区委第八轮巡察】 6月8日至9月7日，区委派出4个巡察组，对区委信访局、区发展和改革委员会、区人力资源和社会保障局、区民政局、区财政局、区审计局、区统计局、区农业农村和水利局、区住房和城乡建设局、区退役军人事务局、区扶贫办、区医疗保障局、区城市管理局、区机关事务局、景德镇市第一小学等16个单位党组织开展为期3个月的常规巡察。

【十一届区委第九轮巡察】 11月12日起，区委派出5个巡察组，对区委办、区委宣传部、区总工会、区科学技术局、区政法委、区政府办、区委统战部、区人大办、区编办、区直机关工委、团区委、区政协办、区委党校、区档案馆、区党史办、区妇联16个单位党组织开展为期2个月的常规巡察。

【建立巡察底稿制度】 制定出台《关于建立珠山区委巡察报告问题底稿的实施办法（试行）》。巡察报告问题底稿由巡察组按规定格式编制，记录巡察报告中反映的重要、典型的具体问题和列为进一步了解关注类、了解关注类重点人的问题线索了解情况的汇编性材料，主要内容包括问题来源、问题概述、了解内容和支撑材料。巡察报告问题底稿要求翔实记录核实问题的主要步骤和方式方法，客观描述了解的基本事实，按照一人（一事或一问题）一稿的要求及时记录，附有关信访材料、谈话（询问）记录、重要文件和凭证的原件或复印件及调查问卷统计等支撑材料。

【建立“后巡察评估”制度】 12月17日，制定出台《关于对区委巡察组作风纪律情况开展后评估的规定（试行）》。评估内容为巡察组执行“六项纪律”及落实中央八项规定精神情况等七个方面。评估的方法包括自我评估、调研谈话、征求意见、经费审核、接受信访。

【巡察整改及成果运用】 建立分管区领导参加巡察反馈制度，区领导带队反馈巡察情况，提出整改要求，督促被巡察党组织建立问题清单、任务清单、责任清单，要求党组织主要负责人担负起本单位巡察整改第一责任人责任，组织落实巡察整改任务，对整改事项逐项验收把关，对整改报告签字背书。区纪委区监委、区委组织部加强对巡察整改的日常监督，优先办理巡察移交问题线索，对巡察整改进展情况报告做到由对口派驻纪检监察组、对口监督检查室、巡察组、巡察办四方会审，推动巡察整改落实。对区委每轮巡察发现的普遍性倾向性问题，及时下发通报，建立完善未巡先改机制。要求已巡察党组织对照问题清单开展“回头看”行动，确保前期整改彻底到位。督促未接受巡察的党组织，对照共性问题清单，开展“自我体检”，未巡先查，未巡先改，举一反三，即知即改。

机关工委工作

【概况】 区直属机关工作委员会，行政编制2名，设书记1名，副书记1名。中共珠山区直属机关工作委员会下辖1个党委、4个总支、57个支部。保持不变的有区文化旅游广电新闻出版局党支部;区应急管理局党支部;区党史办党校联合党支部;区人大常委会机关党支部;政协珠山区委机关党支部;区司法局党支部;区财政局党支部;区审计局党支部;区住房和城乡建设局党支部;区委宣传部党支部;区委政法委党支部;区环境保护局党支部;区农业农村和水利局党支部;区市场经营管理服务中心党支部;区民政局党支部;区机关事务管理局党支部;区妇女联合会党支部;区科学技术协会党支部;区新区建设办公室党支部;区委组织部党支部;区纪律检查委员会机关党支部;区人民政府办公室党支部;区委信访局党支部;区委政法委退休干部党支部;区发展和改革委员会党支部;区委统战部党支部;区残联行政服务中心联合党支部;区委办公室党支部;区统计局党支部;区科学技术局党支部;区人力资源和社会保障局党总支;区人力资源和社会保障局机关党支部;区社保局党支部;区就业局党支部;区税务局机关党委;区税务局机关第一党支部;区税务局机关第二党支部;区税务局机关第三党支部;区税务局机关第四党支部;区税务局机关第五党支部;区税务局机关退休党支部;区人民检察院党总支;区人民检察院第一党支部;区人民检察院第二党支部;区人民检察院第三党支部;区人民法院党总支;区人民法院第一党支部;区人民法院第二党支部:区人民法院第三党支部;区人民法院第四党支部;区卫生健康委员会党总支部;区卫生健康委员会机关党支部;区妇幼保健计划生育服务中心党支部;区疾病预防控制中心党支部;区卫生健康委员会退休党支部;区退役军人事务局党支部;区医疗保障局党支部。2020年新增区人民法院竟成人民法庭党支部;区市场监督管理局退休党支部;区商务局机关党支部;区红十字会机关党支部。2020年撤销中共景德镇市珠山区城市广场管理处党支部;中共景德镇市珠山区环境卫生管理局党支部委员会。区市场和质量监督管理局党总支更名为区市场和质量监督管理局机关党支部。

2020年,中共珠山区直属机关工作委员会坚持以习近平新时代中国特色社会主义思想为指导,利用“三会一课”、主题党日、“学习强国”、区直机关工委学习交流群等平台,认真学习领会习近平系列讲话精神,提高机关党员思想素质,夯实基层党组织基础,促进机关作风建设。引导机关党员增强“四个意识”、坚定“四个自信”、做到“两个维护”。

【积极开展疫情防控】 2月5日,发放《抗击疫情捐款倡议书》,积极倡议区直各单位、区属各部门党员干部和职工爱心捐款,募得款项40余万元;为配合做好欢迎援鄂医疗队胜利返景仪式的各项工作,4月8日,区直机关工委组织党员手持鲜花及国旗在指定的点位高喊口号,热烈欢迎援鄂医疗队返景,营造浓厚的“学习英雄、为国效力”的氛围。疫情防控期间,区直机关工委组织区直属机关500余名在职党员,组成50余个党员志愿者队伍,主动投身防疫一线,到挂点社区充实社区力量。

【落实“双创双修”工作】 4月15日,区直机关工委下发《区直机关工委关于开展区直机关“双创双修”活动工作方案》,督促区直属各级党组织、党员到社区报到。在迎国检、省检期间,珠山区直属机关工作委员会全体人员到挂点社区不折不扣地完成“双创双修”工作的各项工作任务,与社区一起为顺利通过国检、省检贡献部门力量。

【落实党建“三化”建设】 7月6日,区直属机关工作委员会以机关党建“三化”的要求为落脚点,完善制度化。按照全市党建“三化”建设的要求,拟定《珠山区直机关工委推进机关党建标准化规范化信息化“三化”建设工作方案(试行)》,点对点指导各支部对照要求落实任务;结合支部工作要求,区直机关工委出台《机关党建工作考评细则》,使支部考核有章可查,有据可依;针对部分支部人员调整后党员发展工作未及时跟进、支部换届时间不明的现象,制定党员发展及支部换届到期提醒制度,14个支部按时换届。

【庆祝建党99周年系列活动】 在“七一”期间,开展“党员一日捐”活动,组织全区500余名在职党员进行募捐,募得款项6.95万元。开展主题党日活动,组织区直属机关各级党组织结合各自支部的情况和工作情况,通过组织党员集体参加组织生活、“政治生日”、新党员入党宣誓等活动,对党员进行党史、革命传统和爱国主义教育。开展“五级书记”讲党课活动,围绕学习习近平新时代中国特色社会主义思想,全面贯彻落实党支部工作条例,结合单位党支部实际,邀请各级党组(党委)书记及支部书记在所在支部讲党课，共收集优秀的“五级书记”讲党课讲稿 20 篇，上报区委组织部 4 篇，上报市委组织部 2 篇；区直机关工委组织党员志愿服务，紧紧围绕区委、区政府中心工作和群众关心的热点难点问题，积极组织各支部，结合本部门、本单位、本系统的职能和党员的个人特长，深入开展扶贫帮困、环境整治、便民利民等党员志愿服务活动。

【举办区直属机关党组织书记培训班】 11 月 4—6 日，区直机关工委在区委党校举办为期三天的“珠山区直属机关各级党组织书记集中培训班”。邀请市委党校教授、讲师和市委组织部重点业务科室负责人授课，宣讲十九届五中全会精神、社会主义意识形态并解读党员发展、组织换届、党建“三化”等流程，此次培训夯实各级党组织书记理论知识水平，对各级党组织在业务工作中的疑难杂症做出全面解答，较好地解决部分支部工作思路不清，业务知识不熟的情况。

信访工作

【概况】 区委信访局认真学习贯彻中共十九届五中全会和省委十四届十二次全会精神，深入推动信访工作制度改革，不断加强源头预防矛盾化解，切实维护群众合法权益，及时反映社情民意，不断提高信访工作水平，为维护全区社会和谐稳定发挥了积极的作用。被评为 2020 年度“全市目标考评先进单位”，总分排名第一。局长姚石玉被“中央政法委长安剑”评为 2020 年 11 月“平安之星”。

【“最多访一次”】 区委信访局到竟成镇、各街道进行调研，征求竟成镇、各街道以及区信访工作联席会议各成员单位的意见，历经 3 个多月，经过反复修改完善，形成《关于深入推进让群众“最多访一次”的实施细则》。推动信访工作“责任化”“标准化”“精细化”。3 月 15 日制定印发《实施细则》以来，信访件办理“四率”不断提升，全区信访件平均办理缩短在 10 天以内。

【开展集中治理重复信访、化解信访积案专项工作】 中央、市信访工作联席会议办公室交办 45 件重复信访事项，由区联席办交办到各有关单位。总体按照《省信访工作联席会议关于开展集中治理重复信访、化解信访积案专项工作实施方案》和《景德镇市信访工作联席会议关于开展集中治理重复信访、化解信访积案专项工作实施意见》(景信联〔2020〕4 号)办理，建立工作台账，明确领导包案和责任人。国家交办件 44 件中化解 19 件，录入 19 件，化解率 43.2%。

【防疫攻坚战】 1 月 24 日至 3 月 25 日，区委信访局办理网上信访(含热线接听)220 件，办结 197 件，办结率 88%。第一时间在“百姓说事”微信公众号、微信工作群等发布《关于暂停接待群众来访的公告》，包含网上信访操作指南等，指导群众在疫情防控期间使用进行网上信访。通过电话、短信、微信、视频等形式开展受理告知、处理意见书的送达和与信访群众的沟通等工作，实现网上受理，线下及时办理。真正做到“件件跟踪回访，确保件件有着落、事事有回音”。

老干部工作

【概况】 在市委组织部、市委老干部局的指导下，在区委、区政府的支持下，老干部工作坚持以习近平新时代中国特色社会主义思想和党的十九大精神为指导，主动服务全区工作大局，进一步加强离退休干部政治建设、思想建设和党组织建设，精心做好离退休干部服务工作，积极引导离退休干部为党和人民的事业增添正能量，扎实推动全区老干部工作迈上新台阶。

牢牢抓住政治建设这个关键，坚持和完善理论学习、阅读文件、参加重要会议和活动、形势报告会。区委、人大、区政府、政协等重要会议都邀请老干部代表参加，重要文稿征求老干部意见。为推进老干部工作信息化、精准化、规范化建设，强化老干部政治引领、提升老干部网络生活质量、激发老干部正能量、助力老干部党建工作融入全区党建工作信息化大局的创新举措，在全区离退休干部、老干部工作者中积极推广“银耀赣鄱”信息化平台及中组部离退休干部公众号，1460 余名老干部关联“银耀赣鄱”信息平台，关联率 98%，维护人数 1430 名，维护率 97%，745 名老干部登录使用，登录率达到 50%，“银耀赣鄱”上稿 10 余篇。积极组织全区老干部关注中组部离退休干部公众号。全国两会及十九届五中全会召开期间,积极组织全区离退休干部第一时间通过报纸、广播、电视、网络等多渠道收听收看大会新闻,高度关注两会及十九届五中全会进展,热烈讨论两会及十九届五中全会热点,区人大常委会原主任黄宝珍,区政协原主席、区关工委原主任施向阳的感言心声在赣鄱老干部微信公众号上刊登。根据《关于开展"积极应对人口老龄化办人民满意的老年教育"征文活动》的通知,在全区老年分校中开展"积极应对人口老龄化办人民满意的老年教育"征文活动,征集9篇文章,分别获得全市一、二、三等奖。

组织区法治、关爱报告团走入陶阳学校,邀请珠山区疾控中心付文华为各校保健老师及陶阳师生代表400余人讲授新冠肺炎疫情防控及防溺水知识。组织老年书画协会会员在林荫路社区举行学习宣传党的十九届五中全会精神书画联谊活动,现场精心创作20多幅书画作品,将这些作品全部赠送给林荫路社区党群服务中心,为社会宣传党的十九届五中全会精神做出自己的贡献。组织全区离退休老干部开展2020年度"金秋健步行"活动,400余位老干部围绕着莲花塘公园,一边步行健身,一边欣赏美景,热议珠山区"双创双修"的建设成果。

疫情暴发后,按照区委、区政府防疫要求,切实履行主体责任,密切关注老干部思想动态,通过电话、微信等方式及时与服务管理的40余名离休及副县级以上退休老干部取得联系,收集掌握老干部春节期间活动情况及健康状况,对高龄、独居、患病的离退休干部做好关心帮助,指导老干部开展抗疫防护。要求全区离退休干部党组织强化政治功能和组织力,共同构筑抗击疫情的严密防线,加强对离退休党员干部的动态情况掌握和沟通交流,派专人以电话、微信等方式问询身体状况,宣传防护知识,及时传达党中央的决策部署,做好老干部的情绪安抚工作。2月7日开始,安排人员到挂点的社区参加防控防疫工作,负责对实行封闭式管理的金厦阳光小区进出口的把控,对出入的居民实行登记制度,帮他们测量体温,叮嘱每一位居民尽量减少外出,如有外出一定要戴好口罩,做好自身防护,提高安全意识。

【"妈妈防火团"团长程赣生作为全省先进个人获得表彰】 4月22日,在全省离退休干部"双优"表彰视频会上,老干部局推送的"妈妈防火团"团长程赣生作为全省先进个人获得表彰,省委常委、组织部部长刘强在会上对他的先进事迹给予充分肯定和高度评价。

【区领导走访慰问老干部代表】 6月7日,区委副书记伊文斌,区委常委、组织部长谢秋华一行先后走访慰问离退休老干部代表,向他们送上鲜花,关心询问老干部的家庭生活和身体健康情况,与他们拉家常、话发展,听取他们对珠山区经济社会发展的意见建议。

【举办中共十九届五中全会精神专题学习班】 11月17日,组织全区离退休老干部在区委党校参加党的十九届五中全会精神专题学习班,特邀市委党校党史党建教研室主任冯涛教授为老干部授课,切实抓好学习宣传贯彻党的十九届五中全会精神。

老体协、老体科工作

【概况】 新冠肺炎席卷全球,给老年人户外体育健身活动带来诸多不便。面对这特殊时期,珠山区老年人体育协会、珠山区老年体育科学学会(以下简称区老体协、区老体科)在区委、区政府的正确领导下,在省、市老体协的指导下,积极响应党和政府号召,支持武汉,宅家抗疫。区老体协、老体科严格按照中国老体协和省、市老体协《关于积极应对新冠肺炎疫情做好近期工作的通知》精神,以及区委、区政府的要求,坚持从本区的区情出发,结合老年体育健身项目实际,组织广大老年朋友宅家抗疫,宅家分散、小型、多样、实效地健身、锻炼。采取线上教学、培训,适时线下竞赛、交流、考试的方法开展老年健身体育系列活动。

自2月下旬至3月上旬,为调动老年朋友宅家抗疫,健身体育锻炼的热情,区老体协在全区组织一场"抗击疫情我们在路上"——景德镇市第七届宅家才艺网络展播演出(珠山区老体协专场)宣传活动。各街道(镇)、区直机关、区教体局11个老体协分会和部分社区(村)的老体协踊跃报名积极参加。广大老年朋友在自己家中,将自编、自导、自演、自拍的精彩视频节目上报区老体协统一制作成微电影,在景德镇市彩视微电影筹备委员会的大力支持下,通过微信网络发往全国各地。参加宅家抗疫才艺表演活动的有社区(村)的居民、村民,有机关退休老干部、老教师、老工人,年龄最大的84岁。才艺表演展示的节目有舞蹈、戏曲、歌曲、柔力球、柔乐球、太极、气功、器乐独奏、诗词朗诵、现场书法展示等。不到一个月的时间,区老体协共制作完成两部微电影作品,收视、点赞量达17万人次。

中国老体协发出《居家健身疫情征文作品展示活动》的通知后,区老体协、老体科立即在各微信工作群中发出通知进行布置,区老体科副会长孙根太的《宅家抗疫为中国加油——景德镇市珠山区老体协为抗疫助力》征文被中国老体协全文转载。区老体协积极组织、鼓励基层老体协和老年朋友拍摄他们居家抗疫健身体育锻炼和才艺表演活动的片段及视频,统一上报区老体协,制作成微电影在区老体协组建的各微信群中播放。这些微电影题材广泛,有晨晚练,健身体育项目展示,抗疫值勤特写,等等。2—5月疫情防控期间,共制作11部微电影。

区老体协将科学锻炼、科学养生、健身等知识编成“健康铭”,每天在区老体协组建的各微信群中播发从未间断。这一举措得到市老体协领导的赞许。区老体协将2020年以来所发的“健康铭”进行归类整理,编成科普知识小册子,投入数千元刊印数千册,分发给各基层老体协组织和老年朋友。大力宣传珠山三个文明建设、宣传珠山老年体育、展示珠山老年人风采是区老体协、老体科的主要工作之一。区老体协、老体科继续推行稿件采用奖励办法,鼓励科普宣传员踊跃写稿、投稿。仅区本级老体协被新闻媒体录用的稿件就有77篇。其中:国家级6篇,实现零的突破;省级31篇;市级12篇;《古镇珠山》28篇。

【全省老年体育工作基本情况数据统计】 3月上旬,省老体协发出《关于做好全省老年体育工作基本情况数据统计工作的通知》,区老体协立即将省老体协文件和老年体育工作基本情况数据统计样表在区老体协工作群转发,提出具体要求。6月26日,区老体协将基本情况数据统计表汇总后,及时上报省、市老体协。

【线上线下举办老年健身体育项目培训】 5月27日起,在区太极拳微信群举办网络太极拳“八法五步”培训班,各街道(镇)、区直机关、区教体局11个老体协,每单位选派2名体育骨干参加网络培训。聘请太极拳老师授课,将授课内容分四段录制成视频教材在教学群中播放。6月1日起,举办网络科普宣传员培训班,共计20课时,每天上午1课时,在区老体协科普宣传员微信群播放。7月下旬,区老体协要求各单位将组队练习太极拳“八法五步”情况拍摄成视频,发区太极拳微信群,供网上点评。区老体协成员陪同授课老师到晨练点检查、指导,纠正不到位的动作。9月17—18日,在区老体协院内举办柔乐球培训班,各街道(镇)、区直机关、区教体局11个老体协,每单位选派2名体育骨干参加培训。由区老体协柔乐球教练员执教。11月27日上午,区老体协在区委党校三楼教室对全区参训的近百名科普宣传员进行考试。考试结束后,区老体协为他们颁发科普宣传员聘书。

【省、市老体协领导到区石狮埠街道春天花园社区调研】 7月27日,市老体协主席梁高潮一行到区石狮埠街道春天花园社区就创建老年体育“三个示范”工作进行调研、检验。7月30日,省老体协副主席孙解生一行在市老体协梁高潮主席等领导陪同下到区石狮埠街道春天花园社区就创建老年体育“三个示范”工作进行调研。

【承办全市老体协主席工作协作会】 8月18日,区老体协一班人赴昌江区荷塘乡,参加由昌江区老体协承办的景德镇市县、市、区、企业老体协主席工作协作会。会上各县、市、区、企业畅谈、交流2020年各自的老年体育工作,特别是抗击疫情的做法。

【举行全区太极拳“八法五步”、柔乐球比赛】 9月16日,在区老体协院内举行全区太极拳“八法五步”比赛,各街道、镇、区直机关、教体局11支代表队参赛。按照60%为优胜、40%为优秀评奖。通过近两个小时的激烈角逐,竟成镇方家山等7支代表队获优胜奖、区直机关等4支代表队获优秀奖。10月16日,区老体协在竟成镇大礼堂举行全区柔乐球比赛。各街道、镇、区直机关、教体局14支代表队参赛。按60%为优胜、40%为优秀的方法评奖。通过近两小时的比拼,有8支队伍获优胜奖,6支队伍获优秀奖。

【与浮梁县峙滩乡开展重九老人节联谊活动】 10月24日,区老体协应邀赴浮梁县峙滩乡与他们开展九九重阳节联谊活动。并组织区属基层老体协文体骨干近60位中老年人,精选太极拳、广场舞、柔乐球、舞蹈、变脸、戏曲等节目与该乡老年人联谊联欢。

【第七届皖、浙、赣毗邻市、县(区)门球友好协作交流活动】 11月10日,区老体协组织珠山区门球队赴安徽省黄山市屯溪参加为期4天的第七届皖、浙、赣毗邻市、县(区)门球友好协作交流活动。与22个兄弟市、县(区)门球队的比赛中,珠山区门球队获优秀奖。比赛结束后,作为下届皖、浙、赣毗邻市、县(区)门球友好协作交流活动的主办单位,珠山区代表接过象征皖、浙、赣毗邻市、县(区)门球友好协作交流活动的会旗。

【开展老年体育"三个示范"创建抽查】 12月7—11日,由占晓春带队对部分社区(村)的老年体育"三个示范"创建工作开展针对性的抽查。按照省老体协制定的全省创建老年体育"三个示范"工作的12条标准,对竟成镇小港嘴村、方家山村、周路口街道赛宝坦社区、昌江街道瓷器街社区、里村街道新峰巷社区、石狮埠街道风景路社区和新村街道百眼井社区进行创建老年体育"三个示范"工作检查。抽查到的受检社区(村)党组织对老年体育工作都非常重视,老年体育工作扎实推进,年初有计划,年终有总结,文书资料的归档工作有明显提高。

【参加市老体协主席门球赛】 12月9—10日,参加由市老体协主办、市财政局承办的景德镇市县、市、区老体协主席门球邀请赛,获优秀奖。

老年书画协会工作

【概况】 区老年书画协会,是老年书画爱好者和专业书画人员自愿联合组成的文化社会团体。协会坚持"老有所乐,老有所为"的办会方针,致力于传承发扬祖国优秀传统文化,把协会打造成广大老年书画爱好者的精神乐园和弘扬正能量的服务平台。会员以珠山区老年书画爱好者为主体,吸收具有专业书画水平的中老年人入会,2020年有会员50余人,团体会员为10个街道(镇)分会。

2020年,协会主要工作是配合区政府做好新冠肺炎疫情的居家隔离、宣传防控工作。在疫情防控条件允许情况下,继续开展书画进机关、进学校、进企业、进农村、进万家的"五进"工作;疫情防控紧张期间,协会主要通过网络组织和鼓励会员参加网上抗疫书画活动。宣传抗疫知识,歌颂抗疫精神。在区文广新旅局、档案馆开展的网上抗疫书画活动展、《老友》杂志抗疫作品网络战等活动中均有多名会员作品入展。在疫情防控进入常态化管理后,适时开展书画"五进"活动。

【举办"书赠春联"活动】 1月20日,区老年书画协会组织10余位会员,赴浮梁县经公桥镇源港村开展送春联活动。会员们到源港村村委会,向群众当场书赠春联200余副。

【举办庆祝国庆暨珠山区五十周年庆书画笔会】 9月26日,区老年书画协会在区委党校举行庆祝国庆即珠山区五十周年庆书画笔会,参会会员20多人,创作20多幅书画作品。

【下乡采风活动】 10月24日,协会组织会员10余人,赴西湖乡桃墅村采风,参观村里的民巷古迹,听取桃墅村发展情况介绍,丰富会员的书画创作素材。

【举办学习中共十九届五中全会精神主题笔会】 11月12日,协会组织会员10余人,到新厂街道林荫路社区举办学习中共十九届五中全会精神主题笔会。街道分管领导和街道分会长参加笔会,会员创作书画作品30余幅并赠送给该街道社区。

老科技工作者协会工作

【概况】 为落实国务院《全民科学素质行动计划纲要》,弘扬科学精神,普及科学知识,推动公民科学素质全面提升,区老科协重温习近平在中国老科协成立30周年之际对老科协工作的重要批示,遵照市老科协七届一次理事(扩大)会议精神,结合区情,在区委、区政府的领导和支持下,组织老科技工作者齐心协力,积极作为,较好地完成科技为民服务、建言献策、科普宣传、思想教育等年度工作目标任务,获得市老科协"建言献策"优秀组织奖。

适应疫情防控与市老科协要求的工作格局等新形势,充分发挥区老科协职能作用,助力珠山区经济社会发展、防控疫情、扫黑除恶、"双创双修"、老龄事业等工作。科普宣传采取线上线下相结合,突出“一老一小”科普重点对象，科普内容侧重不同。建言献策工作围绕市、区中心工作和重点项目，以及各领域和单位的热点难点问题，精心选题，多方协作，深入细致调研，认真组织撰写工作。科技服务，以义诊咨询、答疑解惑、送医送药和方便居民水电、家电维修等方式惠及百姓。优化会员结构，保持队伍新陈代谢，引导各类退休科技人员加入协会，全面开展会员登记工作。完善科普报告团，成员6名，涉及卫生保健、法律宣传、思想教育3个专业，其中2名入选市级科普报告团。启动试行社区创建老科协工作，组建由老理发师、老水电工、老律师等构成的服务团队，不同程度地服务于社区的管理与服务。

疫情阻碍线下科普宣传活动，协会及各分会与社区及其卫生服务站在线上联动开展“新冠病毒知识”的宣传，将“健康中国”和“科普中国”两个微信公众号的内容通过区老科协工作等微信群转发传播，用科普新知识引导人们防控疫情。一些会员线下作为志愿者与街道、社区工作人员，甚至是其亲人和家属一道日夜守护在一线，把关口、测体温，参与疫区来景人员的排查和登记等工作。适应疫情防控常态化形势，以线上线下相结合的方式，主要采取微信传播、设置流动咨询台、分发传单、办科普专栏等户外灵活形式或小型讲座开展科普宣传与服务活动，包括疫情防控政策及其科学常识、保健防病、环境保护、法律法规、安全防护等方面，既避免过多人员聚集，又取得为民科普宣传与服务的社会效益。

【在社区试行创建老科协】 3—4月间，根据市老科协在社区试行创建老科协的要求，通过市、区两级老科协调研考察，新厂街道林荫路社区和里村街道马鞍山社区先行创建老科协组织试点，开始组建活动，区老科协多次深入试点社区协助与指导。9月28日，市老科协在珠山区林荫路社区召开社区试行创建老科协推进会，区委副书记伊文斌致欢迎辞，林荫路社区、马鞍山社区老科协会长分别汇报创建试行工作。

【开展老科技工作者日活动】 10月23日上午，组织近40名老科技工作者在莲花塘开展步行健身活动，共叙健康话题，共迎老科技工作者日与重阳佳节。10月25日，会同市卫健委老科协在市人民广场举办了“全国老科技工作者日健康行为民义诊服务”，义诊服务市民数百人。各分会按照“围绕主题，因地制宜，活动简约，确保安全”的要求，先后开展19场次的活动，涉及义诊服务、文体休闲和科普宣传3个方面。

【参加市科协、老科协“建言献策”活动】 4月起，参加市科协、老科协“建言献策”活动，不受时间局限，贯穿全年，进入常态化轨道，完稿即送，收稿即阅，全年收建言献策文稿23篇，其中樊久春撰写的《加强社区建设与服务的几项建议》获市老科协征文活动一等奖，章能、王宏分别撰写的《应对突发公共卫生事件社区人员应做好的十项工作》《建设宜居美丽城市中的几点建议》均获二等奖，还有4篇获得三等奖。

诗词学会工作

【概况】 年初新冠肺炎疫情的出现，对诗词学会的年度工作造成了一次前所未有的影响。诗词学会坚持以人民为中心的创作导向，用充满正能量的原创内容和温暖去抒发万众抗击疫情的信心与决心。用鲜活生动的诗词作品展现新时代的精神风貌，弘扬社会主义核心价值观，努力创作优秀诗歌作品和开展正能量的文化活动。区诗词学会在积极完成上级下达的各项任务、组织开展活动的同时，多次吸收多才多艺的优秀诗词创作爱好者入会。

【书赠春联】 1月13日，与里村街道联合举办“迎新年、写春联、送祝福”活动。在里村街道办公楼门前，10多名书法老师书写对联200多副，受到居民一致好评；1月17日，会长饶正毛带队，组织学会九组部分会员参加赴湘湖街乡进坑村写春联活动，参与者12人，写对联200余副；1月18日，学会九组会员，在太白园街道曙光路社区开展写春联活动，参与者22人，写对联200副。

【全年活动精彩纷呈】 5月23日，会长饶正毛率班子成员及部分会员到进坑村进行采风活动。参加人员32人。6月20日，与新厂街道联合开展端午诗会活动，参与者33人。6月24日，在珠山区党校三楼会议室，学会和区文联联合举办“小巷讲堂”，邀请黄河浪教授作新诗讲座，参加人员50余人。7月28日，学会及九组会员在区人武装部会议厅，联合开展庆祝中国人民解放军建军九十三周年活动。8月30日上午，由区档案馆、区诗词学会承办，区委党校协办的以“壮丽五十年，奋进新时代”为主题的大型陶瓷、书画艺术交流笔会在区委党校隆重举行。9月18日上午，区诗词学会第九组在李静文老师的引荐下，由吴德燕、刘圣国两位组长带领，到景德镇学院和生物与环境工程学院联合举办活动。9月28日，学会部分会员在太白园街道浙江路社区共同举办“庆中秋、迎国庆”联欢活动，60余人参与。

【互动交流】　10月24日，会长饶正毛率领班子成员及会员20人，前往鄱阳枧田街乡诗词学会进行走访暨重阳采风活动。12月6日，鄱阳枧田街乡诗词学会成员在会长程正水的带领下赴景德镇珠山诗词学会交流采风。

关心下一代工作

【概况】　区各级关工委以习近平新时代中国特色社会主义思想和党的十九届四中、五中全会精神为指导，认真贯彻落实习近平总书记关于关心下一代工作重要指示，坚持服务青少年的正确方向，以培育和践行社会主义核心价值观为根本任务，紧扣“大手握小手，服务青少年，圆梦青少年”的目标，积极开展“传承红色基因，争做时代新人”“弘扬好家教好家风”教育活动，推进“一对一”结对帮扶帮教活动，为青少年成长成才创造良好宽松环境做出不懈的努力，得到社会的广泛认可。

【关注青少年健康成长】　6月10日，区关工委组织法治、关爱报告团进学校开展疫情防控知识专题讲座、青少年防溺水知识讲座。在活动中特意为陶阳学校师生送去红色读物《初心之光》以及1000只一次性防护口罩、50瓶酒精和84消毒液。各街道关工委组织开展辖区内青少年防震逃生演习活动。画眉楼社区关工小组在国际家庭日组织开展“我的成长有你陪伴”亲子活动，安排志愿者为社区小朋友上课，讲述“病毒的故事”，让小朋友了解病毒知识，懂得如何做好自我防护。瓷器街社区关工小组开展以“关爱儿童，文明出行”为主题的庆六一活动，活动通过播放教学视频为儿童科普交通安全知识、食品安全知识，以及防溺水的知识。深入开展“大手握小手，服务青少年，圆梦青少年”主题教育系列活动。

【“传承红色基因、争做时代新人”】　9月25日，第九小学珠山区关工委青少年书画教育基地举行授牌仪式，基地将不定期邀请景德镇书画艺术家为学校的学生教学。10月13日，在原七四〇厂子弟学校的珠山区关工委青少年军事综合实践教育基地——江西亮剑学校挂牌。

【推进一对一帮扶助困活动】　9月3日上午，区关工委在周路口街道浙江路社区主办“金秋助学”帮扶活动，22名新考入大学的贫困家庭学子，各领到2000元帮扶资金。这些贫困学生大多数来自农村和城镇低保户，家庭条件不好，父母亲患有重病、下岗失业等，无稳定收入来源。但是他们一直刻苦学习，得以考取大学。这些助学金为区关工委的爱心基金及陶艺家们爱心捐赠作品义卖所得的捐款。

党校工作

【概况】　年初新冠肺炎疫情防控，年中创建国家文明城市和国家卫生城市，年末决战决胜脱贫攻坚。区委党校深入学习十九届四中、五中全会精神以及全国两会精神，研讨《习近平谈治国理政》、学好用好民法典，将党风廉政建设和意识形态工作纳入党员培训计划中，担起对青年干部“补钙壮骨”的作用，用思想教育提升政治站位，齐心协力，共克时艰，切实做好新形势下的党校工作。

积极参与“双创双修”以及全省旅发大会筹备工作，党校干部坚持巡查路段、入户宣传，发现和整改问题，为“双创”不遗余力，助力全省旅发大会工作。

【抗击疫情，与挂点社区并肩防疫一线】　年初，区委党校为应对新肺炎冠疫情采取各种措施，消杀、测量体温、严防严控，众志成城，共克时艰，拨付抗疫经费3000元，与挂点社区共同守在抗疫一线。

【参加江西省党校（行政学院）校（院）长会议】　5月15—16日，区委党校校长滕晓华和常务副校长罗英参加全省党校（行政学院）校（院）长会议暨学习贯彻习近平总书记关于党校(行政学院)工作重要论述和《中国共产党党校(行政学院)工作条例》专题研讨会,会议传达省委书记刘奇在十四届省委常委会第131次会议上的讲话精神,省委党校校长李炳军出席讲话,按要求做好迎接关于落实全国党校工作条例及全省党校校(院)长会议精神的督查工作。

【市委党校常务副校长范明光一行到区委党校调研】 5月下旬,市委党校常务副校长范明光、副校长傅得球一行到珠山区委党校,就基础设施建设及分校挂牌等事宜进行调研。区委副书记、区委党校校长滕晓华,区委党校常务副校长罗英陪同调研。

【收看中央党校“网上党校”直播课】 6月下旬,党校干部开始集中收看中央党校举办的“网上党校”直播课,教授们以严谨的态度、生动的案例讲解党的重要理论形成过程及核心内涵。

【党性教育现场教学】 7月,根据《江西省干部教育培训好课程好教材建设实施意见》,为传承红色基因,不忘初心、牢记使命,区委组织部和区委党校在莲花塘烈士纪念碑前进行党性教育精品课现场教学录制视频,接受省委专家的评审和指导。

【党员发展对象培训班开班】 8月11—13日,联合区委组织部举办2020年党员发展对象培训班,参加人员64名,对培训的教学内容和授课方式进行精心安排和部署。

【任命伊文斌为珠山区委党校校长】 9月25日,中共珠山区委任命伊文斌为珠山区委党校校长。

【区青干班暨新录用公务员初任培训】 10月19日至11月16日,珠山区青年干部主体班暨2019年度新录用公务员初任培训班在区委党校多媒体教室开班,区委副书记、区委党校校长伊文斌出席开班仪式并作辅导报告,青干班有学员39人,为期1个月。其间全体学员赴上饶集中营和弋阳方志敏博物馆红色教育基地实地进行学习讨论。

【区新经济、数字经济研修班赴浙江大学学习】 11月22—28日,联合区委组织部组织珠山区新经济、数字经济领域相关人员34人赴浙江大学,开展为期7天的珠山区新经济、数字经济研修班学习,其间进行数字经济相关知识的一系列专题授课,实地观摩学习杭州云栖小镇、嘉兴城市综合运营管理中心、新华三集团。

珠山区人民代表大会

综　述

在中共珠山区委的领导和景德镇市人大常委会的指导下，珠山区人民代表大会及其常委会紧紧围绕全区经济社会发展，关注民生，认真履行宪法和法律赋予的职权。全年召开常委会会议 8 次，主任会议 12 次，听取和审议专项工作报告 18 项，开展调查、视察、执法检查 12 次，依法任免国家机关工作人员 16 人次，为推动全区经济社会发展做出积极贡献。

区人民代表大会会议

【区十届人大五次会议】　珠山区第十届人民代表大会第五次会议，5 月 17—19 日在珠山区礼堂召开。会议应到代表 182 人，实到 181 人。本次会议听取和审议区人民政府区长罗文军所作政府工作报告；审议区发改委主任江智中受区政府委托提交的《珠山区 2019 年国民经济和社会发展计划执行情况与 2020 年国民经济和社会发展计划草案的报告》（书面）；审查和批准《2019 年国民经济和社会发展计划执行情况与 2020 年国民经济和社会发展计划的报告》；审议区财政局局长刘方孟受区政府委托提交的《关于珠山区 2019 年财政预算执行情况和 2020 年财政预算草案的报告》（书面）；审查和批准《珠山区 2019 年财政预算执行情况和 2020 年财政预算》；听取和审议区十届人大常委会副主任程美玉受区人大常委会委托所作的珠山区人大常委会工作报告；听取和审议区人民法院院长张春红所作的珠山区人民法院工作报告；听取和审议区人民检察院检察长徐健所作的珠山区人民检察院工作报告；补选珠山区第十届人大常委会委员。

【区十届人大六次会议】　珠山区第十届人民代表大会第六次会议，11 月 16—17 日在珠山区礼堂召开。出席会议应到代表 182 人，实到代表 182 人。会议补选珠山区第十届人大常委会主任余志华。

人大常委会会议

【区十届人大常委会第二十八次会议】　1 月 8 日，区十届人大常委会召开第二十八次会议。应到组成人员 27 人，实到 22 人。列席会议的人员有：区政府相关领导、区法院院长张春红、区检察院检察长徐健、竟成镇主席团及各街道人大工委负责人。会议议程：一是人事任免；二是传达学习区委十一届十次全体（扩大）会议精神；三是听取和审议关于珠山区政府驻地迁移的请示；四是听取和审议区政府关于审计查出问题整改情况报告；五是听取和审议区政府关于 2019 年财政收支预算变化情况的报告，审查和批准 2019 年财政收支预算变化情况的报告；六是听取区国资公司关于国有资产管理情况报告；七是听取部分区直部门负责人述职；八是听取竟成镇主席团、各街道人大工委工作汇报。

【区十届人大常委会第二十九次会议】　4 月 27 日，区十届人大常委会召开第二十九次会议。应到组成人员 27 人，实到 23 人。列席会议的人员有：区政府相关领导、区法院院长张春红、区检察院检察长徐健、竟成镇主席团及各街道人大工委负责人。会议议程：一是人事任免；二是补选市人大代表；三是接受代表辞呈；四是听取和审议区政府环境状况和环境保护目标完成情况报告;五是研究讨论区人大常委会2020年工作要点。

【区十届人大常委会第三十次会议】 5月16日,区十届人大常委会召开第三十次会议。应到组成人员27人,实到25人。列席会议的人员有:区政府相关领导、区法院院长张春红、区检察院检察长徐健、竟成镇主席团及各街道人大工委负责人。会议议程:一是听取区人大常委会代表资格审查委员会代表资格审查报告;二是听取和审议召开区十届人大五次会议相关事宜。

【区十届人大常委会第三十一次会议】 7月24日,区十届人大常委会召开第三十一次会议。应到组成人员29人,实到25人。列席会议的人员有:区政府相关领导、区法院院长张春红、区检察院检察长徐健、竟成镇主席团及各街道人大工委负责人。会议议程:一是人事任免;二是听取和审议区检察院关于落实认罪认罚从宽制度工作情况的报告;三是听取和审议区政府关于养老服务体系建设工作情况。

【区十届人大常委会第三十二次会议】 9月4日,区十届人大常委会召开第三十二次会议。应到组成人员29人,实到29人。列席会议的人员有:区政府相关领导、区法院院长张春红、区检察院检察长徐健、竟成镇主席团及各街道人大工委负责人。会议议程:一是人事任免;二是听取关于景德镇市珠山区2020年1—6月经济运行情况的报告;三是听取和审议关于景德镇市珠山区2019年财政决算和2020年1—6月财政预算执行情况的报告,听取和审议关于景德镇市珠山区2019年度预算执行和其他财政收支情况的审计工作报告;四是审查和批准2019年财政决算。

【区十届人大常委会第三十三次会议】 11月6日,区十届人大常委会召开第三十三次会议。应到组成人员29人,实到29人。列席会议的人员有:区政府相关领导、区法院院长张春红、区检察院检察长徐健、竟成镇主席团及各街道人大工委负责人。会议议程:接受代表辞呈。

【区十届人大常委会第三十四次会议】 11月11日,区十届人大常委会召开第三十四次会议。应到组成人员29人,实到25人。列席会议的人员有:区政府相关领导、区法院院长张春红、区检察院检察长徐健、竟成镇主席团及各街道人大工委负责人。会议议程:一是听取区人大常委会代表资格审查委员会代表资格审查报告;二是听取和审议召开区十届人大六次会议相关事宜;三是人事任免。

【区十届人大常委会第三十五次会议】 12月2日,区十届人大常委会召开第三十五次会议。应到组成人员28人,实到20人。列席会议的人员有:区政府相关领导、区法院院长张春红、区检察院检察长徐健、竟成镇主席团及各街道人大工委负责人。会议议程:一是传达学习中共十九届五中全会精神、省委十四届十二次全会精神;二是听取和审议区政府关于新冠肺炎疫情防控工作的报告;三是听取区政府办理代表意见的工作情况汇报;四是听取和审议区法院关于服务保障营商环境优化工作情况的报告。

监察和司法工作

监察和司法办公室组织代表、委员开展调研、视察、执法检查活动2次。一是6月组织部分人大代表和部分委员就区检察院关于《认罪认罚从宽制度》工作进行实地调研。二是11月组织代表就区法院关于《法院服务保障营商环境优化》工作进行走访和调研。积极组织《规范性文件备案审查》工作全面铺开,及时上报文件到市人大7件。

财政经济工作

组织人大财经委委员和部分人大代表、专家进行专题调研,集中听取区政府“十四五”规划编制情况和财政预算编制情况的汇报。重点关注全区国民经济计划和财政在社会保障、教育、医疗卫生、重大工程等老百姓最关心、最直接、最现实的民生问题上的财政预算安排,对区“十三五”规划完成情况进行调研。在调研的基础上,为落实预算审查事前应听取代表意见、建议的政策,财经办组织部分代表、委员召开预算审查前期会议,对国民经济计划和财政预算报告进行初步审查,结合代表意见、建议提出修改意见和建议正式转给政府,要求给予反馈。财经办充分发挥委员和代表的作用,高度重视委员和代表的意见和建议,集体讨论研究起草预算审查报告。5 月份区人代会期间,根据初审意见和建议,结合代表审议情况,财经办代区人代会预算审查委员会形成财政预算审查报告(草案),提交区十届人大五次会议审查批准,为人代会审查批准区政府预算报告做了充分的准备工作。

提前调研和通过认真筛选人代会前在预算执行情况及调查中了解到的问题,确定对 2019 年区本级决算审查的重点。结合全区实际情况,对全区农业农村和水利局进行部门预算执行情况进行审查,要求审计局对区财政局组织的本级预算执行情况进行审计及区农业农村和水利局的部门预算进行审计,报送相关审计报告。常委会审议前,财经办召开专门会议,对财政决算及上述同级审计重点方面进行初步审查,与政府有关部门交换意见。根据财经委员及专家们的初审意见,结合审计报告,财经办形成决算审查报告,提交常委会议,为常委会审查批准财政决算当好参谋。

在常委会开展审计查出问题整改情况满意度测评前,财经办在分管领导的带领下组织委员、代表,12 月 10 日,到区财政局听取审计查出问题整改情况,提出督办意见。财经办综合整改情况和代表、委员的意见、建议形成审计查出问题整改情况督办情况的报告提交常委会审查。在十届人大常委会上对 2018 年审计查出问题的整改情况进行满意度测评,常委们对各部门整改情况都很满意,测评取得圆满成功,对推动人大审计查出问题的整改监督工作打下坚实基础。

科教文卫工作

5 月,组织部分委员和代表对全区的全域旅游创建工作进行调查研究,听取区文广新旅局汇报 2019 年的工作情况以及今后的工作重点,到两两书店、御窑遗址博物馆开展实地走访座谈,听取各方面的意见和建议,以及存在的困难和问题,在区十届人大常委会第四十六次主任会议上提出切实可行的意见和建议。

7 月,区十届人大常委会第四十七次会议听取区政府关于《中华人民共和国义务教育法》执法检查情况的汇报。为做好这项工作,组织部分委员和代表到珠山区的陶阳学校、竟成小学和珠山实验幼儿园进行现场调研并召开座谈会,深入了解相关情况并就如何规范执法和客观存在的难题进行探讨,结合实际提出若干建设性的意见。

10 月,组织部分委员和代表对全区关于新型冠状病毒肺炎疫情防控工作进行调研,区卫健委汇报前期疫情防控及对下一步秋冬防控工作安排进行详细的汇报。在区十届人大常委会第三十五次常委会议上提出切实可行的意见和建议。

环境资源工作

组织生态环境局、农业农村和水利局和镇、街道相关人员到水源地查看警示标志、宣传牌和防护栏设置等,督促区政府要明确职责,各负其责,加强日常监管,依法履行保障农村饮用水安全的法定职责。4 月,组织委员代表调研全区生态环境工作情况,在区人大常委会上听取情况报告,进行满意度测评,满意度超半数通过。5 月,由省人大常委会副主任冯桃莲带领的执法检查组到珠山区昌河农贸市场对野生动物交易情况进行检查,在同月的区人大主任会上听取该项工作的情况汇报。

受理来信来访

2020 年,受理群众来信来访 6 件(次),接待来访群众 16 人,均认真记录,督促落实办复率 100%。

珠山区人民政府

综　述

2020年是全面建成小康社会和"十三五"规划的收官之年，是国家陶瓷文化传承创新试验区建设的开局之年，也是珠山区建区五十周年。区政府按照区十届人大五次会议确定的各项目标任务，主动适应经济发展形势，牢牢把握稳中求进工作总基调，统筹推进经济社会发展，在新冠肺炎疫情和洪涝灾害双重影响下，全年实现地区生产总值225.3亿元，增长3.8%；完成财政总收入22.89亿元，其中公共财政预算收入7.52亿元，分别增长2.63%和8.67%；规模以上工业增加值增长2.0%；固定资产投资额增长10.3%；社会消费品零售总额171.55亿元，增长2.3%；规模以上服务业主营业务收入42.94亿元，增长33.1%；实际引进内资49.26亿元、利用外资2509万美元，分别增长8%和6%。

抗疫抗洪成效显著。新冠肺炎疫情发生后，迅速启动Ⅰ级响应，全面储备防疫物资，关停827家公共场所，对464个小区、村组实行封闭管理，在全市率先启用医学留观点，上线疫情防控App，落实重点地区来景人员免费"双查"制度，组织1.2万余名党员干部和志愿者坚守在疫情防控第一线，编密织牢群防群治、联防联控防疫网，为景德镇市在全省确诊病例最少、率先实现清零做了大量艰辛的工作。二季度以来，常态化落实疫情防控各项措施，以秋冬季疫情防控为重点，建立核酸检测实验室，启动新冠病毒疫苗接种工作，完善公共卫生防控体系，防止疫情反弹。面对强降雨和五十年一遇的洪水袭击，严格落实市委、市政府关于防汛救灾的部署要求，全面压实责任，重点在南河天宝桥、六〇二所桥、湖田桥以及昌江河观音阁沿线全力打好防汛救灾攻坚战，成功处置一批重大险情隐患，有力保护人民群众生命财产安全。

产业发展稳步推进。全年投资33.7亿元，27个重点项目稳步推进，加快发展现代服务业，引进5G陶瓷馆、刷脸支付应用客户端项目，珠山区直播电商示范基地投入运营，总部经济企业新增21家，贡献税收4.08亿元。聚焦文旅产业发展，积极筹备全省旅发大会三项重大活动，实施三宝三期改造，成功创建江西省全域旅游示范区，国家AAAA级旅游景区和省文旅融合示范区创建工作通过阶段性评审，三宝瓷谷文旅小镇被列入第三批省级特色小（城）镇和省级城乡融合发展试验区创建名单，陶溪川文创街区获批第三批全国大众创业万众创新示范基地和全国首批国家级文化产业示范园区。积极推动中医药传承创新发展，与市中医院合作"杏林春满"中医馆项目落地。持续做大区投融资平台规模，全年实现营收4.5亿元、融资15.3亿元，地产项目陶阳·菁华轩一期、二期顺利开盘。全年新增入库"四上"企业51家，跑在全市前列。扎实开展第七次全国人口普查，自身区人口呈现净流入态势，人口集聚对经济促进效应进一步凸显。

创文创卫持续发力。改造背街小巷173条、老旧小区53个共1.27万户，优化群众居住环境。实施御窑厂一号工程、凤凰山、洋湖、凰鸣路等棚改征收3108户0.393平方千米，约占全市总量的57%。全面开展城区"十乱"现象整治和环境净化行动，城市管理示范路建设不断推进，垃圾分类试点工作取得成效。农村乱占耕地建房问题摸排工作圆满完成。突出农贸市场、餐饮店等重点区域，完善病媒生物防制网格，加大食品药品流通监管力度，持续整治"六小"行业，行业面貌显著改善，食品安全工作评议考核结果和"星级农贸市场"数量均排在全市第一。广泛开展志愿者服务、文明城市宣传教育等活动，文明素养有新的提升。严肃整改省环保督察“回头看”反馈问题,全力打好污染防治攻坚战,为景德镇市排名全省空气质量优良天数榜首贡献珠山力量。持续开展农村人居环境整治,打造8个新农村建设点,推进村庄整治、污水治理、厕所改造等重点任务,农村人居环境有效改善。在国检点位比例高达64%的情况下,为景德镇市成功创建全国文明城市、国家卫生城市做出珠山贡献,在市成功创建全国文明城市表彰大会上,珠山区荣立“集体二等功”,8个单位、87人受到表彰奖励。

各项改革纵深发展。深入实施“放管服”改革,向竟成镇、各街道分别赋权35项、31项,推动基层审批服务执法力量整合。新行政服务中心建成使用,区级98%的依申请服务事项进入中心集中办理,企业和群众“一次不跑”“只跑一次”事项分别达到17个、549个。坚决落实“六稳六保”政策措施,1.76亿元地方政府债券和7813万元抗疫特别国债资金直达9个重点项目,有力保障项目顺利实施。及时出台区惠企“17条”,帮助中小微企业解决资金缺口1.47亿元,发放创业担保贷款6283万元,减免税费4.39亿元,为340家企业减免房租1034万元,是全市唯一为企业减免房租的县(市、区)。全年增加市场主体7200余户,生产总值增速从2019年二季度起由负转正,获评全省第四届营商环境优化县(市、区),区域科技创新能力排进全省前六。大力推进区发展中心建设,区办公场所顺利完成东迁,东片区发展潜能得到激活。完成区经济开发区管委会体制机制改革,三宝国际瓷谷建设发展更加顺畅。

民生福祉得到改善。聚焦“两不愁三保障”,巩固“1+5”模式脱贫减贫成果,最后4户9名贫困人口顺利脱贫。加强养老服务设施建设,完成樊家井村、昌虹社区等5个“瓷都爱心食堂”建设。发放社会救助金7702万元、价格临时补贴664万元、优抚对象抚恤补助金463万元,提供549个公益性岗位,困难群众基本生活得到保障。推进教育体育资源普惠发展,新建4个社会足球场,完成23所小区配套幼儿园专项治理,增加公办学位5250个。启动全市首个校园科技馆——陶阳学校未来学校智慧空间项目建设,教育高质量发展迈出新步伐。组织企业就业招聘会14场次,开展就业培训活动46期,发放稳岗补贴29万元,最大力度稳定就业。积极推进城乡居民和城镇职工基本医疗保险参保工作,全年参保14.97万人。深入推进扫黑除恶专项斗争,在全市考核中位居前列。全年化解信访问题985件,平均办理天数缩短8.7天,提速83%。扎实做好安全生产和防灾减灾工作,社会大局保持和谐稳定。

自身建设常抓不懈。深入开展“五型”政府建设,竟成镇获评全省首批“五型”政府建设示范乡(镇、街道)。“七五”普法卓有成效,法治政府建设不断推进。办理人大代表建议25件、政协提案51件,依法监督和民主监督全面落实。深入贯彻落实中央八项规定精神,倡导厉行节约、反对浪费,全年压缩公用经费456万元,审计核减资金1000万元,资金使用效益大幅提高。持之以恒加强能力建设,组建区数字经济办公室,选派34名经济领域干部参加浙江大学新经济和数字经济研修班,开阔了视野,增长见识。注重在重大任务中磨炼干部,梨树园社区主任余梅荣获全国抗击新冠肺炎疫情先进个人称号。

办公室工作

【概况】 区政府办公室在区委、区政府的领导下,作为珠山区人民政府的综合办事机构,起着承上启下、协调左右、联系内外的枢纽作用。按照“服务大局、勇于担当、辛勤工作”的要求,当好区政府的推手、助手和排头兵、领头雁,紧扣中心,积极努力当好参谋助手。

【办文办会】 收到各级来文2544件,处理区政府发文97件、政府办发文45件,编印区政府常务会纪要20件、四套班子联席会议纪要8件,区政府专题会议纪要15件。认真做好会前通知、会中服务、会后情况的收集整理,加强议题、议程安排的协调把关和各个环节的服务。组织召开区政府第50—71次常务会议,组织召开区政府十届六次全体会议,组织区政府各项专题会议220余次,协调保障区领导参加省、市各类会议340余次。严把公文起草关、审核关、发文关、收文关4个关口,切实提升公文办理效率和质量,实现全年办文工作“零失误、零差错、零延误”。

【政务信息】 对区政府各部门、区直有关单位工作进展情况和落实区政府中心工作情况进行紧密跟踪,实时了解进展,将相关信息进行整合梳理,呈送区政府领导参考。对其中重要的信息及时向上报送,全年报送疫情防控、复工复产、民生保障、经济社会发展等方面信息117篇。

【政务督查】 对区政府常务会、区长办公会议定事项和全区重点工作等开展督查11次,形成11期督查专报呈报区主要领导。对市政府督查室转办的督查件8件,进行督办回复。对国务院"互联网+督查"平台转办留言和"问政江西"等群众反映问题进行督办,形成29期督办情况回复,切实解决一批老百姓反映强烈的困难和问题。

【政务公开】 全面开展推进基层政务公开标准化规范化工作,梳理26个试点领域基层政务公开,形成区级和乡镇基层政务公开标准目录。认真抓好全区政府网站和信息公开平台信息发布工作的调度考核工作,完成区政府网站集约化工作,组织全区政务公开工作培训,政务公开工作得到进一步加强。全年收到区长信箱来信109件,回复109件,回复率100%。国务院"互联网+督查"平台转办留言线索2件,中国政府网留言办理3件,"问政江西"平台办件回复24件,全年开展"在线访谈"6次。

【政务服务】 紧扣全区中心工作,把建设"五型"办公室作为工作的奋斗目标。深化简政放权。落实"放管服"改革,抓好"赣服通"3.0版建设,梳理区"赣服通"分厅上线事宜,年底前,"赣服通"珠山分厅上线事项超过100件,无证办理事项超过5件,完成全年考核目标任务。"好差评"系统投入使用,全力推动"赣政通"移动政务办公平台的使用。积极推进乡镇(街道)首批赋权清单认领工作,确定将首批县级审批服务执法方面35项权限赋予竟成镇,将31项权限赋予各街道,组织相关部门与镇街签订了赋权协议书。根据省政府办公厅的要求,组织竟成镇、各街道和区政府各部门系统开展政府系统政务新媒体、微信和QQ工作群清理整治专项行动,共清理微信工作群41个,QQ工作群15个。按市编办工作要求,向区政府相关部门征求收集同意接收市直单位下放的权力清单52项。强化问题整改。对政府网站和信息公开平台抽查发现问题,根据省、市政务信息公开和政务新媒体第三方测评结果,组织竟成镇、各街道和区政府有关部门对区政府门户网和政府信息公开平台政务信息进行整改,不定期对各单位公开信息情况进行抽查并通报,对抽查不达标的要求限期整改。

【金融工作】 全力支持企业复工复产。按照切实用好央行再贷款再贴现政策、促进银企融资对接全力支持复工复产要求,梳理上报珠山区支小支农再贷款企业16家,总贷款需求近1亿元。大力推进绿色金融工作。结合绿色金融考核要求,组织6家企业与太平洋保险景德镇分公司签订购买环境污染责任险合同,完成全年购买任务。加强金融扶贫。积极宣传扶贫政策,落实扶贫小额信贷,2020年新增办理小额扶贫信贷9户,信贷金额44万元;累计办理小额扶贫信贷13户,贷款余额57万元。加强防范非法集资宣传。组建珠山区防范金融风险公益宣讲团,经各相关部门和镇街推荐47名成员,其中宣讲专家7名、特邀网评员10名、志愿先锋30名。6月15日,区政府金融办联合区直有关部门开展以"守住钱袋子·护好幸福家"为主题的防范非法集资宣传月活动,发放各类宣传资料3000余份。全力落实"映山红"行动。积极与省股交中心对接,协调全区企业在省股交中心挂牌展示,推动有意愿企业完成股份制改造。10月,组织15家企业参加全市股改工作推进会,现场组织区内企业兴航科技开发有限公司、鑫惠康电子有限责任公司与券商签约股改,配合区国资公司发行企业债券。加强金融企业监管。组织区市监局、区公安分局开展网贷整治名单外从事网贷业务机构排查清理工作,排查出全区整治名单外涉嫌从事网贷业务的机构17家,及时将排查情况上报市金融办。

【两会议案、提案办理】 接收受理景德镇市人民代表大会常务委员会人大代表议案3件、区人民代表大会常务委员会人大代表议案22件;中国人民政治协商会议景德镇市委员会政协委员提案17件、政协委员来信1件,中国人民政治协商会议珠山区委员会政协委员提案34件,按照"归口管理,分级负责,按时完成"的原则及时分发到有关部门、单位督促办理,办复率达100%。

【人防工作】 以"3·1"国际民防日、"5·12"防灾减灾日、"9·18"防空袭警报日等人防宣传日为契机,在广大人民群众中广泛开展多种形式的人防法律法规宣传教育。开展帮扶基层走访活动。按照省、市相关要求,牵头各项目建设单位,对2013年以来未经市人防办审批开工的项目进行整改。

【值班工作】 通过完善应急预案体系,强化日常值班值守,实行“零报告”制度等方式,强化应急值守工作。区政府总值班室实行24小时轮流值班,认真做好各类来电、函件、领导交办事项的登记和处理工作,全年及时处置各类突发事件21件,上报应急值班信息41期。

【自身建设】 疫情防控期间,及时调整好办公室各成员的工作安排,派遣3名工作人员赴区疫情防控指挥部参与疫情防控指挥工作,安排政府办70%的工作人员到挂点新村街道昌虹社区扎实做好疫情防控值守工作。“双创”迎检期间,安排政府办全体干部职工到共建社区昌虹社区配合社区“双创”网格员开展“双创”工作,确保每日至少3人帮扶昌虹社区开展“双创”工作。按照区委组织部工作要求,派遣4名干部赴区委党校参加珠山区青年干部主体班暨2019年度新录用公务员初任培训班,切实提高办公室青年干部岗位任职能力。

区政府常务会议

【区政府第50次常务会议】 1月10日下午,区长罗文军主持召开区政府第50次常务会议。常务副区长张朝博,区领导李维明、余文军、黄爱喜,区政府办主任朱建亚出席会议。区人大常委会副主任余畅列席会议。

会议审议《珠山区“十四五”规划编制工作方案(讨论稿)》,会议原则同意《珠山区“十四五”规划编制工作方案(讨论稿)》,由区发改委根据会议讨论情况修改完善后,按程序报区委常委会审定。

会议听取珠山区全民科学素质行动“十三五”中期工作进展情况和2020年推进公民科学素质工作要点汇报。会议要求,区政府各部门、竟成镇、各街道要围绕各自职能和任务分工,结合珠山区实际,科学谋划、联动协作,突出重点领域及重点人群,积极开展各类科普活动,切实提升珠山区公民科学素质。

会议审议《珠山区区直机关绩效管理办法(讨论稿)》《2019年度珠山区区直机关绩效管理工作方案(讨论稿)》《关于申请成立珠山区区直机关绩效管理领导小组的请示(讨论稿)》。会议原则同意《珠山区区直机关绩效管理办法(讨论稿)》《2019年度珠山区区直机关绩效管理工作方案(讨论稿)》《关于申请成立珠山区区直机关绩效管理领导小组的请示(讨论稿)》,由区人社局参照兄弟县区执行标准修改完善方案后,按程序报区委常委会审定。

会议审议《关于建立和实行及时奖励制度激励担当作为工作方案(讨论稿)》。会议原则同意《关于建立和实行及时奖励制度激励担当作为工作方案(讨论稿)》,由区人社局根据会议讨论情况修改完善后按程序发文。

【区政府第51次常务会议】 2月24日下午,区长罗文军主持召开区政府第51次常务会议。常务副区长张朝博,区领导李维明、余文军、黄爱喜、谢景玉,区政府办主任朱建亚出席会议。区人大常委会副主任程美玉、区政协副主席吴云列席会议。

会议研究成立景德镇市珠山区古街改造提升项目部的有关事宜。会议同意成立景德镇市珠山区古街改造提升项目部,项目经理由珠山街道党工委书记余荣幸担任,副经理由石狮埠街道办事处主任殷炜担任,项目部工作人员从相关单位抽调。项目部要尽快明确项目部人员分工及职责,尽快推动工程进展,确保按照上级要求的时间节点做好古街改造提升工作。

会议研究成立景德镇市珠山区浙江路改造提升项目部的有关事宜。会议同意成立景德镇市珠山区浙江路改造提升项目部,项目经理由太白园街道党工委书记袁峰担任,副经理由区文广新旅局局长杜辉、周路口街道办事处主任严欢担任,项目部工作人员从相关单位抽调。项目部要尽快明确项目部人员分工及职责,形成具体工作方案,尽快推动工程进展,确保按照上级要求的时间节点做好浙江路改造提升工作。

会议研究成立珠山区中小企业担保中心处置领导小组的有关事宜。会议原则同意区工信局《关于成立珠山区中小企业担保中心处置领导小组的请示》,由区工信局根据会议讨论情况修改完善领导小组成员分工职责后,按程序发文。会议要求,区工信局要牵头做好全区中小企业担保中心处置工作,尽快制定详细工作计划,各有关成员单位要对照工作任务和分工职责,加强联动配合,确保全区中小企业担保中心处置工作有序有力。

会议研究成立珠山区竟成镇洋湖周边城中村棚户区改造项目部并将有关征收补偿安置方案予以公示征求公众意见的有关事宜。会议明确：（一）同意成立珠山区竟成镇洋湖周边城中村棚户区改造项目部，项目部经理由竟成镇镇长万元新担任，项目部工作人员从相关部门抽调。（二）同意将《珠山区竟成镇洋湖村周边棚户区改造项目房屋征收补偿安置方案（征求意见稿）》予以公示征求公众意见，项目部要按程序做好公示工作。

会议研究将《珠山区昌河周边城中村（老厂片区）棚户区改造征收方案（征求意见稿）》予以公示征求公众意见的有关事宜。会议原则同意将《珠山区昌河周边城中村（老厂片区）棚户区改造征收方案（征求意见稿）》予以公示征求公众意见，项目部要按程序做好公示工作。

会议听取关于景德镇市昌河汽车配件制造公司改制职工在珠山区趸交医疗（含大病）保险工作的情况汇报。会议原则同意珠山区医疗保障局与昌河汽车配件制造公司签订《改制职工趸交医疗（含大病）保险协议》，由区医保局按程序报请区委常委会审定。

会议听取珠山区应对新冠肺炎疫情防控期间创新招商工作的情况汇报。会议要求，区商务局、各有关职能部门及各招商小分队一是要主动帮扶珠山区招商引资企业有序恢复正常生产秩序，加强对项目和企业的服务保障和沟通力度，积极协调解决企业复工复产和项目建设中遇到的突出问题；二是要积极创新优化招商模式，充分发挥互联网平台优势，整合各类招商资源，通过线上云端开展“屏对屏”“不见面”等“云招商”方式，扎实推进珠山区招商引资、项目建设工作。

会议听取珠山区企业复工复产和疫情防控工作的情况汇报。会议明确：（一）有力有序推进珠山区企业复工复产。各有关职能部门要以高度的责任感和使命感，在疫情防控期间采取针对性、科学性的措施，加强对区属企业的分类指导、精准施策、跟踪服务，确保在2月底前，除与湖北等疫情严重地区有密切联系的企业外，其余规模以上企业全面复工复产，切实为疫情防控提供充足的物质保障，为稳定全区经济社会大局提供有力支撑。（二）坚持不懈做好全区疫情防控工作。当前疫情形势依然严峻复杂，防控处于关键阶段，全区上下要高度重视，警惕麻痹思想、侥幸心理，要继续毫不放松抓紧抓实抓细各项防控工作。同时，各镇街及各有关单位要加强对一线疫情防控工作人员的人文关怀，按照《江西省财政厅江西省卫生健康委关于新冠肺炎疫情防控有关经费保障政策的通知》（赣财社〔2020〕3号）标准，及时发放临时性工作补助，切实关心关爱参与防控工作一线人员。

【区政府第52次常务会议】　3月11日晚，区长罗文军主持召开区政府第52次常务会议。常务副区长张朝博，区领导李维明、余文军、黄爱喜、谢景玉、董玉成，区政府办主任朱建亚出席会议。区人大常委会副主任汪涛、区政协副主席周国逢列席会议。

会议听取应对疫情打赢脱贫攻坚战工作的情况汇报。会议指出，疫情防控工作进入决战时刻，脱贫攻坚也到了决胜之际，全区上下要将打赢脱贫攻坚战作为重大政治任务，以高度的紧迫感、使命感、责任感抓好脱贫攻坚工作。会议强调，区扶贫办要充分发挥牵头作用，竟成镇要切实强化主体责任，各有关单位要加大支持力度、加强联动协作，在疫情防控期间扎实做好脱贫攻坚工作，确保物资保障到位，切实提高脱贫质量，巩固脱贫成果，确保脱贫攻坚目标任务如期完成。

会议审议《关于对疫情防控阻击战中表现突出的机关事业单位工作人员和集体及时予以奖励的通知（送审稿）》。会议原则同意《关于对疫情防控阻击战中表现突出的机关事业单位工作人员和集体及时予以奖励的通知（送审稿）》，由区人社局按程序报区委常委会审定。

会议审议《关于调整社区干部工资的实施方案（送审稿）》。为进一步完善社区工资结构，引导社区队伍朝着专业化方向发展，会议同意《关于调整社区干部工资的实施方案（送审稿）》由区民政局按程序报区委常委会审定。会议要求，为切实做好社区干部工资调整工作，区民政局要尽快牵头完善社区干部准入机制，拟订详细的补聘和管理方案。

会议听取区住建局关于珠山区2020年度背街小巷及其他市政设施改造提升项目立项的报告。会议同意启动珠山区2020年度背街小巷及其他市政设施改造提升项目并采取EPC模式实施公开招投标。会议要求，区住建局要尽快启动前期立项工作，在项目开工实施前做好规划，尤其在改造一些具有历史底蕴和文化特色的背街小巷时，要充分做到因地制宜，保持建筑原有的风貌和特色，满足居民的日常生活需求。

【区政府第53次常务会议】 3月26日下午,区长罗文军主持召开区政府第53次常务会议。常务副区长张朝博,区领导李维明、余文军、黄爱喜、谢景玉、董玉成,区政府办主任朱建亚出席会议。区人大常委会副主任余畅、区政协副主席罗丽玲逢列席会议。

会议审议《珠山区2020年安全生产工作要点(送审稿)》《珠山区安全生产委员会工作规则(送审稿)》。会议原则同意《珠山区2020年安全生产工作要点(送审稿)》《珠山区安全生产委员会工作规则(送审稿)》,由区应急管理局根据会议讨论情况修改完善后按程序发文。

会议研究调整珠山区减灾委员会组成人员的有关事宜。会议原则同意区应急管理局《关于调整珠山区减灾委员会组成人员的请示》,由区应急管理局根据会议讨论情况修改完善后按程序发文。

会议传达学习江西省生态环境保护委员会2020年度第一次全体会议精神及《景德镇市深化“八大标志性战役30个专项行动”全面打赢污染防治攻坚战2020年实施方案》文件精神。会议强调,2020年是打赢污染防治攻坚战的决战之年,也是国家生态文明试验区建设完成阶段性任务、形成阶段性成果的关键之年。全区上下要坚持以习近平生态文明思想和习近平总书记视察江西重要讲话精神为指引,认真贯彻落实中央和省、市有关决策部署,打好污染防治八大攻坚战,确保生态环境质量持续改善,生态环境突出问题整改到位,生态环境长效机制建立完善,以生态环境保护优异成绩决胜全面建成小康社会。

会议听取珠山区生态环境重点工作开展情况及下一步工作计划的情况汇报。会议要求,区生态环境局积极发展牵头作用,切实抓好八大攻坚战及21项专项整治行动,重点做好水环境治理等专项整治工作;各生态环境委员会成员单位要齐抓共管、联动协作,扎实履行好相关工作职责;竟成镇、各街道要主动落实属地责任,对照整改任务清单做好各项工作,全力以赴打赢污染防治攻坚战,为全面建成小康社会提供良好的环境安全保障。

会议听取区消防大队关于建议将“一警六员”培训纳入政府日常工作考评范畴的情况汇报。会议指出,“一警六员”消防基本技能实操实训工作,对壮大群防群控力量、提升全民消防安全素质、增强社会抗御火灾能力起到了重要作用。会议同意将“一警六员”培训纳入政府日常工作考评范畴,区消防救援大队要牵头制定好相关考评细则,竟成镇、各街道要对照培训计划,抓好贯彻落实,切实提高辖区居民的消防安全意识和应急处置能力,为筑牢辖区安全提供良好的消防保障。

会议传达学习《中华人民共和国传染病防治法》。会议强调,全区上下要深入学习《中华人民共和国传染病防治法》,切实提高传染病防治的法律意识及各类传染病防控知识,发挥其在当前新冠肺炎疫情防控及各类传染病防治工作中的重要作用。各有关职能部门、竟成镇和各街道要加大普法宣传和健康教育力度,营造群防群控的浓厚社会氛围,齐心协力做好区传染病防治工作。

会议听取新冠肺炎疫情近期防控工作情况汇报。会议指出,当前境外疫情大流行呈加速趋势,新冠肺炎疫情防控工作进入新阶段,全区上下要充分认识疫情形势的复杂严峻性,一如既往做好疫情防控工作。会议要求,各有关部门、竟成镇和各街道一是要严防境外疫情输入,筑牢安全防线;二是要巩固当前疫情防控阶段性成果,继续做好人员的健康监测和流动性管控,防止境内疫情反弹;三是要在做好疫情科学精准防控的前提下,积极有序推动复工复产复学。

会议研究成立珠山区老旧小区改造暨直饮水试点工作领导小组的有关事宜。会议同意《关于成立珠山区老旧小区改造暨直饮水试点工作领导小组的请示》,由区住建局按程序发文。会议要求,区住建局要切实发挥牵头作用,加快推动项目建设进展;各小组成员单位要加强联动配合,履行相关责任分工;竟成镇和各街道要充分落实属地责任,安排专人负责改造工作,确保按照上级规定的时间节点完成全区老旧小区改造暨直饮水试点工作。

会议研究补聘社区工作者的有关事宜。会议同意《关于补聘社区工作者的请示》,区民政局要牵头制定统一招录补聘标准,指导各街道依法依规做好社区工作者补聘工作。

会议审议《珠山区2020年复学工作方案(送审稿)》《珠山区学校(园)复学疫情防控应急预案(送审稿)》。会议同意《珠山区2020年复学工作方案(送审稿)》《珠山区学校(园)复学疫情防控应急预案(送审稿)》,由区政府办协助区教体局按程序发文。会议强调,区教体局要切实发挥主体责任,加强内部管理,扎实做好各学校复学准备工作,确保复学后各类防疫物资充足;各小组成员单位要加强联防联控,严格落实疫情防控措施,确保复学工作科学、有序进行。

会议研究变更三宝瓷谷项目部经理的有关事宜。会议同意任命王春林为三宝瓷谷项目部经理,兼任三宝瓷谷项目建设工作领导小组办公室主任,项目部要依法依规做好项目部经理和领导小组办公室主任变更有关事宜。

会议研究将三宝国际瓷谷申报为AAAA级景区和省级文旅融合示范区的有关事宜。会议同意将三宝国际瓷谷申报为AAAA级景区和省级文旅融合示范区,由区文广新旅局指导区国资公司做好申报工作。

【区政府第54次常务会议】 4月10日上午,区长罗文军主持召开区政府第54次常务会议。常务副区长张朝博,区领导李维明、余文军、黄爱喜、董玉成、江志瑜,区政府办主任朱建亚出席会议。区人大常委会副主任聂权、区政协副主席吴云列席会议。

会议审议《区政府领导分工方案(送审稿)》。会议原则同意《区政府领导分工方案(送审稿)》,由区政府办按程序办理发文。会议要求,涉及分工调整的副区长要及时向市政府分管市长报告,并尽快做好相应的工作交接事宜,确保区政府各项工作对接畅通、有序开展。

会议审议《关于抓好“三农”领域重点工作确保如期实现全面小康的实施意见(送审稿)》。会议原则同意《关于抓好“三农”领域重点工作确保如期实现全面小康的实施意见(送审稿)》,由区农业农村和水利局按程序报区委常委会审定。

会议审议《珠山区城镇贫困群众脱贫解困工作领导小组主要职责和议事规则及成员单位工作职责(送审稿)》《珠山区城镇贫困群众脱贫解困工作领导小组成员单位联络员制度(送审稿)》《珠山区城镇贫困群众脱贫解困工作成效考核办法(送审稿)》。会议原则同意《珠山区城镇贫困群众脱贫解困工作领导小组主要职责和议事规则及成员单位工作职责(送审稿)》《珠山区城镇贫困群众脱贫解困工作领导小组成员单位联络员制度(送审稿)》。《珠山区城镇贫困群众脱贫解困工作成效考核办法(送审稿)》由区民政局按程序报区委常委会审定。

会议听取景德镇市航空工业直升机所厂办大集体企业改制职工在珠山区趸交医疗(含大病)保险工作的情况汇报。会议原则同意珠山区医疗保障局与景德镇市航空工业直升机所厂签订《改制职工趸缴医疗(含大病)保险协议书》,由区医保局按程序报请区委常委会审定。

【区政府第55次常务会议】 4月24日下午,区长罗文军主持召开区政府第55次常务会议,区领导余文军、黄爱喜、董玉成,区政府办主任朱建亚出席会议。区人大常委会副主任吴筱英、区政协副主席吴云列席会议。

会议审议《珠山区2020年度地质灾害防治方案(送审稿)》并研究调整珠山区防治地质灾害领导小组成员及珠山区耕地保护责任目标领导小组成员的有关事宜。会议同意《珠山区2020年度地质灾害防治方案(送审稿)》、珠山区防治地质灾害领导小组成员名单及珠山区耕地保护责任目标领导小组成员名单,由区自然资源和规划分局按程序发文。

会议研究调整珠山区房地一体农村宅基地和集体建设用地使用权确权登记发证工作领导小组成员及珠山区第三次全国国土调查领导小组成员的有关事宜。会议同意区自然资源和规划分局上报的珠山区房地一体农村宅基地和集体建设用地使用权确权登记发证工作领导小组成员及珠山区第三次全国国土调查领导小组成员,由区自然资源和规划分局按程序发文。

会议研究珠山区政府森林防火指挥部更名及调整组成人员的有关事宜。会议同意将珠山区政府森林防火指挥部更名为珠山区政府森林防灭指挥部,由区应急管理局依法依规做好指挥部更名的相关事宜,并按程序将指挥部组成人员调整的通知发文。

会议研究成立珠山区社区居家养老服务中心(珠山区社区党群服务中心)项目部及将区国资公司作为珠山区社区居家养老服务中心(珠山区社区党群服务中心)项目建设单位的有关事宜。会议明确:(一)同意成立珠山区社区居家养老服务中心(珠山区社区党群服务中心)项目部,项目经理由区民政局局长王振担任;(二)同意区国资公司作为珠山区社区居家养老服务中心(珠山区社区党群服务中心)项目建设单位,负责项目招投标、设计施工及工程监理等工作。区民政局作为项目的实施主体,要切实发挥指导作用,积极争取上级专项资金,确保珠山区社区居家养老服务中心(珠山区社区党群服务中心)项目有序推进。

会议审议《珠山区党政机关办公用房管理实施细则(送审稿)》。会议原则同意《珠山区党政机关办公用房管理实施细则(送审稿)》,由区机关事务管理局按程序发文。

会议审议《珠山区党政机关公务用车管理实施细则(送审稿)》。会议原则同意《珠山区党政机关公务用车管理实施细则(送审稿)》,由区机关事务管理局按程序发文。

会议研究珠山区新厂、石狮埠及珠山街道2020年度老旧小区改造工程项目立项的有关事宜。会议原则同意珠山区新厂、石狮埠及珠山街道2020年度老旧小区改造工程项目立项并采用EPC模式实施公开招投标,由区住建局按程序报区委常委会审定。会议要求,区发改委要尽快完成立项工作,区住建局要加快推进老旧小区改造工程进度,区审计局要派驻专业的审计机构负责跟踪审计,确保珠山区老旧小区改造工程依法依规有序开展。

会议研究珠山区里村及昌江街道2020年度老旧小区改造工程项目立项的有关事宜。会议原则同意珠山区里村及昌江街道2020年度老旧小区改造工程项目立项并采用EPC模式实施公开招投标,由区住建局按程序报区委常委会审定。会议要求,区发改委要尽快完成立项工作,区住建局要加快推进老旧小区改造工程进度,区审计局要派驻专业的审计机构负责跟踪审计,确保珠山区老旧小区改造工程依法依规有序开展。

会议研究珠山区周路口及昌河街道2020年度老旧小区改造工程项目立项的有关事宜。会议原则同意珠山区周路口及昌河街道2020年度老旧小区改造工程项目立项并采用EPC模式实施公开招投标,由区住建局按程序报区委常委会审定。会议要求,区发改委要尽快完成立项工作,区住建局要加快推进老旧小区改造工程进度,区审计局要派驻专业的审计机构负责跟踪审计,确保珠山区老旧小区改造工程依法依规有序开展。

会议研究珠山区新村街道2020年度老旧小区改造工程项目立项的有关事宜。会议原则同意珠山区新村街道2020年度老旧小区改造工程项目立项并采用EPC模式实施公开招投标,由区住建局按程序报区委常委会审定。会议要求,区发改委要尽快完成立项工作,区住建局要加快推进老旧小区改造工程进度,区审计局要派驻专业的审计机构负责跟踪审计,确保珠山区老旧小区改造工程依法依规有序开展。

【区政府第56次常务会议】 5月13日晚,区长罗文军主持召开区政府第56次常务会议,区领导李维明、余文军、黄爱喜、董玉成、江志瑜,区政府办主任朱建亚出席会议。区人大常委会副主任程美玉、区政协副主席徐光华列席会议。

会议审议《政府工作报告(送审稿)》《景德镇市珠山区2019年国民经济和社会发展计划执行情况与2020年国民经济和社会发展计划(草案)的报告(送审稿)》《景德镇市珠山区2019年财政预算执行情况和2020年财政预算(草案)的报告(送审稿)》并研究召开区政府十届六次全体(扩大)会议有关事宜。会议原则同意《政府工作报告(送审稿)》《景德镇市珠山区2019年国民经济和社会发展计划执行情况与2020年国民经济和社会发展计划(草案)的报告(送审稿)》《景德镇市珠山区2019年财政预算执行情况和2020年财政预算(草案)的报告(送审稿)》,由区政府办、区发改委和区财政局根据会议讨论情况,进一步对报告内容修改完善后,按程序提请区政府十届六次全体(扩大)会议及区委常委会审定。

会议研究对疫情防控阻击战中表现突出的机关事业单位工作人员和集体及时予以奖励名单的有关事宜。会议原则同意区人社局上报的对疫情防控阻击战中表现突出的机关事业单位工作人员和集体及时予以奖励的名单,由区人社局按程序将拟奖励人员和集体名单报请区委常委会审定。

会议研究景德镇市三宝国际瓷谷旅游提升项目立项及工程采用EPC模式公开招投标的有关事宜。会议原则同意景德镇市三宝国际瓷谷旅游提升项目立项并采用EPC模式公开招投标,由区国资公司根据会议讨论情况对项目内容和投资估算进行修改完善后,按程序报请区委常委会审定。

会议研究区国资公司和市中医院、区卫健委合作开发健康旅游(热敏灸)示范地项目的有关事宜。会议原则同意区国资公司和市中医院、区卫健委合作开发健康旅游(热敏灸)示范地项目,由区国资公司按程序报请区委常委会审定。会议要求,区国资公司要结合三宝国际瓷谷整体规划，认真做好项目选址分析，确保选址科学合理。

会议审议《珠山区2019年度老旧小区改造工程项目代建合同（送审稿）》《珠山区石狮埠街道及周路口街道老旧小区改造（一期）项目设计采购施工总承包合同（送审稿）》。会议原则同意区住建局上报的《珠山区2019年度老旧小区改造工程项目代建合同（送审稿）》《珠山区石狮埠街道及周路口街道老旧小区改造（一期）项目设计采购施工总承包合同（送审稿）》，由区住建局按程序报请区委常委会审定。会议要求，区审计局要加强对珠山区老旧小区改造工程项目的审计监督，积极主动跟进项目进展，确保资金使用规范。

会议研究成立珠山区2020年老旧小区改造工程项目部的有关事宜。会议同意成立珠山区2020年老旧小区改造工程项目部，项目部经理由区住建局局长赵军担任。会议要求，项目部要依法依规负责珠山区2020年老旧小区改造工程的合同签订、项目实施、组织协调、工程款支付、项目信息报送等工作，切实保障珠山区老旧小区改造工程合法合规、有序推进。

【区政府第57次常务会议】 5月26日上午，区长罗文军主持召开区政府第57次常务会议，区领导李维明、余文军、黄爱喜、江志瑜，区政府办主任朱建亚出席会议。区人大常委会副主任吴筱英、区政协副主席徐光华列席会议。

会议审议《珠山区创建无障碍环境城市工作实施方案（送审稿）》。会议原则同意《珠山区创建无障碍环境城市工作实施方案（送审稿）》，由区住建局根据会议讨论情况修改完善后，按程序发文。

会议审议《珠山区2020年度老旧小区改造工作实施方案（送审稿）》。会议原则同意《珠山区2020年度老旧小区改造工作实施方案（送审稿）》，由区住建局根据会议讨论情况修改完善后，按程序发文。

会议研究将七次全国人口普查经费列入预算的有关事宜。会议原则同意区统计局上报的全区第七次全国人口普查工作经费预算，鉴于2020年珠山区财政预算已经制定完成，由区财政局按普查工作实际需要据实及时拨付；后续两年工作经费在制定年度财政预算时统筹安排。

会议研究启动第四水厂饮用水（青塘）保护工程及成立工程建设项目部的有关事宜。会议明确：（一）原则同意启动第四水厂饮用水（青塘）保护工程建设工作并成立工程建设项目部，项目部经理由珠山生态环境局局长朱少敏担任，副经理由竟成镇副镇长丁红云担任；（二）珠山生态环境局要积极与上级有关部门对接，对项目的选址及实施的可行性进行充分论证后，依法依规开展工程建设。

会议研究珠山区社区居家养老服务中心（珠山区社区党群服务中心）项目采用EPC模式公开招标的有关事宜。会议原则同意珠山区社区居家养老服务中心（珠山区社区党群服务中心）项目采用EPC模式公开招标，由区国资公司按程序报请区委常委会审定后依法依规办理。会议要求，区民政局要牵头区发改委、区财政局对社区居家养老服务中心（珠山区社区党群服务中心）项目的资金分配进行合理规划，确保上级拨付的专项资金使用符合规范。

会议研究三宝国际瓷谷新增部分配套改造工程的有关事宜。会议原则同意启动三宝国际瓷谷新增部分配套改造工程，纳入区双创双修项目库中统筹实施，由区国资公司全资子公司景德镇三宝瓷谷文化旅游发展有限公司负责项目的具体实施，所需经费从区双创双修工作经费中列支。

会议研究将景德镇市珠山区凤凰山（二期）棚户区改造征收方案及实施细则（征求意见稿）予以公示征求意见的有关事宜。会议原则同意《景德镇市珠山区凤凰山（二期）棚户区改造项目房屋征收与补偿安置方案（送审稿）》《景德镇市珠山区凤凰山（二期）棚户区改造项目房屋征收与补偿安置实施细则（送审稿）》，由区棚改办按程序发文并依法依规向社会公布征求公众意见。

【区政府第58次常务会议】 6月10日下午，区长罗文军主持召开区政府第58次常务会议，常务副区长张朝博，区领导余文军、黄爱喜、江志瑜，区政府办主任朱建亚出席会议。区人大常委会副主任余畅、区政协副主席周国逢列席会议。

会议审议《2020年区〈政府工作报告〉重点工作责任分工（送审稿）》。会议原则同意《2020年区〈政府工作报告〉重点工作责任分工（送审稿）》，由区政府办根据各部门意见修改完善后按程序发文。会议强调：一是各项重点工作的牵头单位要切实发挥主体责任，根据分工安排结合实际情况制订具体工作计划，明确责任人、责任事项和完成时限。二是区政府办要对工作落实情况加强督查，确保各项任务有序开展、按时完成。

会议学习《中华人民共和国基本医疗卫生与健康促进法》。会议强调，全区上下要认真学习领会《中华人民共和国基本医疗卫生与健康促进法》的重要意义及内容，宣传好、学习好、运用好相关法律法规，提高干部职工的知晓率，提升依法行政的自觉性，不断满足人民群众对卫生健康的新要求和新期盼。

会议传达学习《景德镇市人民政府投资项目审计监督实施办法》。会议指出，《景德镇市人民政府投资项目审计监督实施办法》的出台对于进一步加强政府投资项目审计监督工作，规范政府投资项目建设行为，提高投资效益具有重大意义。会议要求，区政府各部门、各镇街、各项目部要认真学习贯彻《景德镇市人民政府投资项目审计监督实施办法》，规范实施区政府各类投资项目；区财政局要会同区发改委、区住建局、区审计局、区国资公司认真对照市政府出台的投资审计监督实施办法，结合珠山区实际制定相配套的具体细则，并根据新出台的实施办法做好文件的清理和相关职能的交接，进一步规范珠山区投资项目管理，提高政府投资效益。

会议听取全区防汛工作开展情况汇报。会议指出，当前防汛工作已经进入关键时期，各有关责任单位，竟成镇、各街道一是要高度重视，绷紧思想的弦，始终把保障人民群众生命财产安全放在首位，全力抓好防汛措施落到实处；二是要强化举措，切实抓好预警预报、隐患排查、物资保障、值班值守等各项保障工作，确保力量配备到位；三是要突出重点，对地质灾害隐患点、内涝多发地带、校园周边、山塘水库等区域要加强排查、重点防范，做到早发现、早研判、早处理，努力掌握防汛工作主动权，确保全区安全度汛。

会议审议《珠山区2019年度食品安全工作考核实施方案(送审稿)》。会议原则同意《珠山区2019年度食品安全工作考核实施方案(送审稿)》，由区市监局按程序发文。会议强调，食品安全工作责任重大，关系百姓民生，各有关责任单位要强化监管职能、做到源头治理；竟成镇、各街道要加强属地管理，做好宣传引导，积极开展食品安全教育及整治工作，切实保障居民的身体健康和生命安全。

会议研究调整区高、中等学校招生考试委员会成员的有关事宜。会议同意《关于调整珠山区高、中等学校招生考试委员会成员的请示》，由区教体局按程序发文。

会议研究成立珠山区学校改扩建工程建设项目部的有关事宜。会议同意成立珠山区学校改扩建工程建设项目部，项目部经理由区教体局局长李洪涛担任，项目部成员从区教体局抽调。会议要求，珠山区学校改扩建工程建设项目部要按照上级规定的时间节点，依法依规推进珠山区学校搬迁及改扩建项目建设。

【区政府第59次常务会议】 6月19日下午，区长罗文军主持召开区政府第59次常务会议，常务副区长张朝博，区领导余文军、董玉成，区政府办主任朱建亚出席会议。区人大常委会副主任程美玉、区政协副主席吴云列席会议。

会议听取珠山区2020年上半年消防安全形势分析情况汇报。会议强调，消防安全事关人民群众切身利益，事关社会稳定大局，全区上下要充分认识到消防形势的多变性和严峻性，以强烈的使命感和高度的责任感，切实做好全区消防安全工作。区消防救援大队要牵头各有关职能部门、竟成镇及各街道分批分阶段开展辖区内消防安全专项治理工作，有效排查消除各类安全隐患，切实保障人民群众生命和财产安全。

会议审议《珠山区赋予乡镇(街道)首批县级审批服务执法权限的通知(送审稿)》。会议原则同意《珠山区赋予乡镇(街道)首批县级审批服务执法权限的通知(送审稿)》，由区政府办根据会议讨论情况修改完善后按程序发文。会议要求，区政府办要加强对赋权事项的承接运转进行指导；各有关职能部门、竟成镇、各街道一是要夯实责任，明确专人专职负责做好权限下放的承接工作；二是要系统培训，着力提升工作人员的业务能力，加强对承接事项的规范管理；三是要积极宣传，通过政府门户网站、微信矩阵、群众办事大厅等渠道及时向社会公布承接事项目录，切实保障赋权事项放得下、接得住、管得好、有实效。

会议审议《关于认真办理2020年人大代表建议政协委员提案的工作方案(送审稿)》。会议原则同意《关于认真办理2020年人大代表建议政协委员提案的工作方案(送审稿)》，由区政府办根据会议讨论情况及各单位提出的意见，修改完善后按程序发文。会议要求，各单位对于交办的建议提案要高度重视、注重实效、加强沟通，切实提高回复效率、提升办理质量；区政府办要做好跟踪督查，确保人大建议、政协提案按时答复、积极办理。

会议研究将昌景黄铁路（珠山段）房屋纳入洋湖周边城中村棚户区改造项目进行征收的有关事宜。会议同意将昌景黄铁路（珠山段）房屋纳入洋湖周边城中村棚户区改造项目进行征收，洋湖周边城中村棚改项目部要依法依规开展好征收工作。

会议研究补充珠山区中小学教师的有关事宜。会议同意区教体局《关于补充我区中小学教师》的请示，通过事业单位人员选聘及人才引进的方式为区补充28名中小学教师。会议要求，区教体局根据各学校实际状况和需求，提出补充教师的科目类别和人员数量报区人社局；区人社局要依法依规组织开展珠山区中小学教师选聘及引进工作，切实保障全区师资力量充足。

会议研究珠山区行政服务中心智慧大厅项目新增配套建设项目的有关事宜。会议同意珠山区行政服务中心智慧大厅项目在招标文件外新增信息化工程、配套工程、办公家具三类配套建设项目，由区国资公司依法依规落实增设项目的相关手续，加快推进珠山区行政服务中心智慧大厅项目建设。

【区政府第60次常务会议】 7月10日下午，区长罗文军主持召开区政府第60次常务会议，常务副区长张朝博，区领导余文军、黄爱喜、董玉成、江志瑜、李劼，区政府办主任朱建亚出席会议。区人大常委会副主任余畅、区政协副主席徐光华列席会议。

会议听取环保督察情况汇报，会议要求，区环保局要做好环保督察迎检工作，加强沟通汇报，各相关部门高度重视，对环保相关的信访件和督办件加大办理力度，提高办理速度和回复质量，职能部门要积极自查自纠，主动检视问题、主动整改落实，力争环保督察“回头看”顺利通过。

会议审议《珠山区创建省级全域旅游示范区工作方案》，会议原则同意《珠山区创建省级全域旅游示范区工作方案》，由区文广新旅局根据会议讨论情况修改完善后，按程序发文。会议要求，区文广新旅局牵头，对照上级测评要求查漏补缺并逐项整改完善，各相关部门根据整改清单积极配合，齐心合力抓好省级全域旅游示范区建设，确保创建工作取得实效。

会议审议《〈珠山文化资源名录〉内容资源收集整理实施方案》。会议原则同意《〈珠山文化资源名录〉内容资源收集整理实施方案》，由区文广新旅局根据会议讨论情况修改完善后，按程序发文。会议要求，开展资源收集整理工作要注意方式方法，提高甄选标准，做精做细珠山文化名片。

会议研究成立珠山区筹备2021年江西省旅游产业发展大会工作领导小组有关事宜。会议原则同意成立珠山区筹备2021年江西省旅游产业发展大会工作领导小组，由区文广新旅局根据会议讨论情况修改完善后，按程序发文。会议要求，各领导小组成员单位要认真履行工作职责，积极配合牵头单位抓好各项工作落实，确保省旅游产业发展大会顺利召开。

会议审议《珠山区财政投资项目委托中介机构评审付费标准》和《珠山区政府投资建设项目决算评审（试行）办法》。会议原则同意《珠山区财政投资项目委托中介机构评审付费标准》和《珠山区政府投资建设项目决算评审（试行）办法》，由区财政局参考市内其他兄弟单位现行方案，并根据会议讨论情况修改完善后，按程序报区委常委会审定。会议要求，办法施行过程中要结合工作实际，财政部门与审计部门要行使好自身的职权，明确监督范围和对象，提高财政资金使用效益。

会议听取开展城镇贫困妇女“两癌”免费检查工作情况汇报。会议明确，城镇贫困妇女“两癌”免费检查是一项利国利民的好政策，区妇联要牵头抓总，各责任单位、属地单位要宣传到位，加大工作推进力度，按照时间进度要求实现珠山区城镇贫困妇女“两癌”免费检查全覆盖。区民政部门对符合条件人员名单进行进一步核查，各属地责任单位对照落实。

会议传达学习全国农村乱占耕地建房问题整治工作电视电话会议精神。会议要求，要深刻认识耕地保护的重要性，坚决遏制乱占耕地建房行为，区自然资源和规划分局要全面开展摸底工作，掌握耕地底数，为下一步整治工作提供决策依据，具体实施中要注意切实保障农民合理诉求，制定可执行性强、落地性强的工作方案。

会议审议《602所直升机研发平台拓展建设项目增补用地征收土地公告、补偿安置方案公告》和《珠山区新安路南侧幼儿园建设项目征收土地公告、补偿安置方案公告》。会议原则同意《602所直升机研发平台拓展建设项目增补用地征收土地公告、补偿安置方案公告》和《珠山区新安路南侧幼儿园建设项目征收土地公告、补偿安置方案公告》,由区自然资源和规划分局按程序发文并依法依规向社会公布。

会议研究财园信贷通不良贷款追偿委托的有关事宜。会议原则同意将珠山区财园信贷通代偿企业追偿委托给省财政厅指定的省金融资产公司,区工信局要跟踪摸排贷款企业运营状况,配合省金融资产公司做好追偿工作。

会议研究景德镇市珠山区老鸦滩艺术社区项目概念设计和改造方案委托规划设计单位及费用的有关事宜。会议原则同意由中国城市规划设计院开展老鸦滩艺术社区项目概念设计和改造方案设计工作。

会议研究陶阳・菁华轩(二期)40 亩地块项目立项及采用 EPC 模式公开招标有关事宜。会议原则同意陶阳・菁华轩(二期)40 亩地块项目立项并采用 EPC 模式公开招投标,由区国资公司根据会议讨论情况对项目内容和投资估算进行修改完善后,按程序报请区委常委会审定。

会议审议《景德镇市珠山区陶阳学校北侧 78.4 亩地块项目合作开发协议》。区政府第 58 次常务会议审议通过的《景德镇市珠山区陶阳学校北侧 78.4 亩地块项目合作开发协议》(乙方为金科地产集团股份有限公司),因乙方原因导致协议无法继续签订。会议原则同意《景德镇市珠山区陶阳学校北侧 78.4 亩地块项目合作开发协议》(乙方为九颂山河置业集团有限公司),由区国资公司根据会议讨论情况修改完善后,按程序报区委常委会审定。

【区政府第 61 次常务会议】 7 月 14 日上午,区长罗文军主持召开区政府第 61 次常务会议,常务副区长张朝博,区领导余文军、黄爱喜、董玉成、江志瑜、李劼,区政府办主任朱建亚出席会议。区人大常委会副主任汪涛、区政协副主席周国逢列席会议。

会议审议《景德镇市珠山区古街改造提升项目房屋征收与补偿安置方案(征求意见稿)》。会议原则同意《景德镇市珠山区古街改造提升项目房屋征收与补偿安置方案(征求意见稿)》,由区征收办按程序发文并依法依规向社会公布征求公众意见。

【区政府第 62 次常务会议】 7 月 24 日下午,区长罗文军主持区政府第 62 次常务会议,区领导李维明、余文军、黄爱喜、董玉成、江志瑜、李劼,区政府办主任朱建亚出席会议。区人大常委会副主任聂权、区政协副主席罗丽玲列席会议。

会议听取《珠山区推进全区市域社会治理现代化试点工作的实施意见(送审稿)》起草情况汇报。

会议研究开展垃圾分类(试点)项目立项工作有关事宜。会议原则同意垃圾分类(试点)项目立项工作,由区城管局按程序报请区委常委会审定。会议明确:垃圾分类工作是一项系统工程,区城管局要从全局考虑统筹实施,以新村街道全域和其他 12 个小区及单位作为试点先行开展;各职能部门和属地镇、街要高度重视,明确分管副职作为负责人具体实施。

会议审议《珠山区数字经济办公室组建方案(送审稿)》。会议明确,数字经济工作关系到珠山经济工作的转型升级,有利于珠山的长远发展,各部门、各镇街要高度重视,把数字经济工作作为促进珠山经济社会发展的重要抓手,鼓励、吸纳社会各界优秀人才加入数字经济团队。

会议审议《关于实施珠山区产业链链长制的工作方案(送审稿)》。会议原则同意《关于实施珠山区产业链链长制的工作方案(送审稿)》。会议明确,区工信局要结合全区实际情况,找准定位,对陶瓷、文化旅游、整车物流、数字经济等重点产业链进行支持调度,构建具有珠山特色的现代化产业体系。

会议听取关于贯彻落实"5・29"全市应急管理调度工作会精神的情况汇报。会议原则同意,组建 30 人的区级综合性应急救援队伍,由区消防救援大队负责日常训练和管理。工资及福利待遇按《珠山区综合性应急救援队伍建设实施方案》执行。

会议审议《景德大道延伸段工程项目 2020 年房屋征收与补偿安置方案(征求意见稿)》。会议原则同意《景德大道延伸段工程项目 2020 年房屋征收与补偿安置方案(征求意见稿)》,由区征收办按程序发文,并依法依规向社会公布征求公众意见。

【区政府第 63 次常务会议】 8 月 12 日晚,区长罗文军主持召开区政府第 63 次常务会议,常务副区长张朝博,区领导李维明、余文军、董玉成、李劼,区政府办主任朱建亚出席会议。区人大常委会副主任程美玉、区政协副主席周国逢列席会议。

会议听取《2020 年上半年扫黑除恶专项斗争情

况汇报》。会议肯定珠山区2020年上半年扫黑除恶工作成效。会议认为，在区委政法委、区扫黑办的统筹领导下，在各部门和各镇、街的大力支持下，全区扫黑除恶工作取得了阶段性的成果，治安环境、营商环境、社会环境、政务环境都得到了较大的提升。会议要求，区扫黑办要继续发力，持续深化行业领域综合治理，巩固提升国有资产专项清查工作成效。各部门和竟成镇、各街道要提高政治站位，切实增强扫黑除恶的责任感和紧迫感，扎实推动各项目标任务落实。

会议听取"六稳""六保"工作情况汇报。会议要求区政府各部门、各镇街要提高政治站位，结合各自职能对"六稳""六保"涉及的各项工作进行梳理总结，抓好工作落实，确保"六稳""六保"工作取得实效。

会议审议《景德镇市珠山区关于推动城乡社区民政服务元素融合试点工作实施方案（讨论稿）》。会议原则同意《景德镇市珠山区关于推动城乡社区民政服务元素融合试点工作实施方案（讨论稿）》，由区民政局根据会议讨论情况修改完善后按程序办理发文。会议要求，各有关部门、镇、街要严格按照任务分工抓好落实，确保城乡社区民政服务元素融合试点工作有序推进。

会议研究关于对三宝瓷谷沿线地质灾害点进行应急处置并消除隐患有关事宜。会议原则同意《关于对三宝瓷谷沿线地质灾害点进行应急处置并消除隐患的请示》，前期应急处置资金由区国资公司核准后据实支付。

会议审议《关于请求同意成立三宝国际瓷谷创建省级度假区工作领导小组的请示》。会议原则同意《关于请求同意成立三宝国际瓷谷创建省级度假区工作领导小组的请示》，由区国资公司根据会议讨论情况修改完善后按程序办理发文。

会议审议《关于请求同意成立三宝国际瓷谷创建国家AAAA级景区工作领导小组的请示》。会议原则同意《关于请求同意成立三宝国际瓷谷创建国家AAAA级景区工作领导小组的请示》，由区国资公司根据会议讨论情况修改完善后按程序办理发文。

会议审议《关于请求同意成立三宝国际瓷谷创建省级文旅融合示范区（点）工作领导小组的请示》。会议原则同意《关于请求同意成立三宝国际瓷谷创建省级文旅融合示范区（点）工作领导小组的请示》，由区国资公司根据会议讨论情况修改完善后按程序办理发文。

会议审议《珠山区2020年度住宅小区及道路设施改造工程工作实施方案（送审稿）》。会议原则通过《珠山区2020年度住宅小区及道路设施改造工程工作实施方案（送审稿）》，区住建局根据会议讨论情况修改完善后按程序报区委常委会审定。

会议审议《珠山区2020年度背街小巷及其他市政设施改造提升工作实施方案（送审稿）》。会议原则通过《珠山区2020年度背街小巷及其他市政设施改造提升工作实施方案（送审稿）》，区住建局根据会议讨论情况修改完善后按程序报区委常委会审定。

会议审议《景德镇市高铁商务区（珠山片区）市政道路及配套工程（二期）设计采购施工总承包合同、施工监理合同》。会议要求，区新区办根据会议讨论情况对采购施工总承包合同及施工监理合同进行修改完善，报区国资公司工程部初审把关，经区政府审核批准后再按程序报区委常委会审定。

【区政府第64次常务会议】 9月1日下午，区长罗文军主持召开区政府第64次常务会议，常务副区长张朝博，区领导李维明、余文军、黄爱喜、董玉成、江志瑜、李勍，区政府办主任朱建亚出席会议。区人大常委会副主任吴筱英、区政协副主席徐光华列席会议。

会议听取2020年1—8月全区安全生产工作情况汇报。会议指出，2020年以来，全区上下深入学习贯彻习近平总书记关于安全生产重要论述，认真贯彻落实党中央、国务院决策部署和省、市工作要求，牢固树立以人民为中心的发展思想，统筹做好疫情防控和复工复产安全防范各项工作，全区安全生产形势总体保持了稳定。会议强调，安全生产工作只有起点、没有终点，区直各有关单位和竟成镇、各街道办事处要务必紧绷安全生产之弦，深刻认识当前安全生产形势的严峻性、复杂性，切实增强抓好安全生产工作的责任感、危机感，加强对危化品、烟花爆竹、建筑施工、消防等重点行业领域的安全监管以及重大危险源、重要设施、重点部位的巡查监控，坚决守住安全生产底线、红线。

会议学习主题为"强化知识产权保护"。会议强调，区直各有关单位和竟成镇、各街道办事处要坚决落实党中央、国务院决策部署和省市创新驱动发展战略,围绕创建景德镇国家陶瓷文化传承创新试验区工作部署,完善知识产权保护制度,优化工作机制,综合运用法律、行政、经济、技术、社会治理手段强化保护,全面提升知识产权保护效率和水平,营造保护创新的营商环境,为全区经济高质量跨越式发展提供有力支撑。

会议传达市"六稳""六保"调度会议精神,审议《珠山区做好"六稳"工作落实"六保"任务实施方案(送审稿)》。会议原则通过《珠山区做好"六稳"工作落实"六保"任务实施方案(送审稿)》。会议强调,要全面落实党中央和省市决策部署,提高政治站位,攻坚克难,担当尽责,真抓实干,扎扎实实做好"六稳"工作,不折不扣落实"六保"任务,努力推动全区经济高质量跨越式发展。会议要求,区直各有关单位和竟成镇、各街道办事处要结合各自工作实际,主动认领任务,密切协作配合,细化相关举措。

会议听取珠山区第七次人口普查工作进展情况的汇报。会议指出,2020 年开展的第七次全国人口普查是一项重大的国情国力调查。做好这次普查工作,全面摸清人口家底,对于科学制定发展战略、推动高质量跨越式发展、保障和改善民生,具有十分重要的意义。会议强调,区直各有关单位和竟成镇、各街道办事处要围绕人口普查各阶段工作重点,按照时间节点,压紧压实责任、密切协作配合、坚持依法普查、加强监督检查,确保人员到位、经费到位、工作到位,高标准、高质量完成普查工作,为全区经济社会发展提供坚实数据支撑。

会议审议《珠山区新行政服务中心搬迁和进驻工作方案(送审稿)》。会议原则通过《珠山区新行政服务中心搬迁和进驻工作方案(送审稿)》。会议指出,行政服务中心办事大厅是深化行政审批制度改革,转变政府职能、建设服务型政府的重要窗口,办事大厅窗口设置是否合理,办事工作人员的政治业务素质和服务质量,直接关系到珠山区服务水平和在广大群众心中的形象。会议要求,区行政服务中心要加强日常管理,深化"放管服"改革,结合"双创双修"点位要求,合理设置服务窗口,规范办事工作流程,提高行政服务效能,强化绩效考核,建设一支服务态度优、业务能力强的政务服务队伍,营造便捷、高效的营商环境。

会议听取关于脱贫攻坚普查工作情况的汇报。会议强调,区直各有关单位和竟成镇、各街道办事处要自觉站在全面建成小康社会的政治高度,强化组织领导,层层压实责任,以更优良的作风、更振奋的精神、更主动的作为,密切配合、统筹联动、同向发力、落实落细,依法依规统准搞实普查数据,确保普查结果经得起实践、人民和历史的检验,为打赢脱贫攻坚战、全面建成小康社会提供数据支撑。

会议研究关于变更景德镇市珠山区老鸦滩艺术社区项目部项目经理有关事宜。会议原则同意,将景德镇市珠山区老鸦滩艺术社区项目部经理由新村街道办事处主任温庭调整为竟成镇副镇长彭冰。会议要求,要抢抓政策机遇,加强沟通协调,全力做好前期各项准备工作,突出项目超前谋划,大力推进老鸦滩艺术社区项目建设。

会议研究关于举办三宝四季系列活动之二(泼泥音乐节)有关事宜。会议原则同意举办三宝四季系列活动之二(泼泥音乐节),由景德镇三宝瓷谷文化旅游发展有限公司具体实施。

会议研究关于启动珠山区部分"双创双修"改造提升项目有关事宜。会议原则同意对珠山区国资公司下属子公司平安礼物业 7 个物业项目及梨树园南苑物业项目进行约 90 处提升改造。

会议研究元溪村国际艺术山谷项目立项有关事宜。会议原则同意元溪村国际艺术山谷项目申请立项。区国资公司根据会议精神抓紧落实项目前期准备工作,区发改委做好立项工作的督促指导。

会议研究关于成立珠山区收储地块房屋征收项目部有关事宜。会议指出,为加快推进土地收储工作,提高土地征收工作效率,同意成立珠山区收储地块房屋征收项目部,项目部法人由王朝辉担任,项目部成员从竟成镇和各相关单位抽调,负责对拟收储地块上的房屋和其他构筑物进行征收。

会议研究关于对二十二小新校园进行维修改造有关事宜。会议原则同意对二十二小新校园进行维修改造,区教体局按程序报区委常委会审定。

【区政府第 65 次常务会议】 9 月 10 日下午,区长罗文军主持召开区政府第 65 次常务会议,常务副区长张朝博,区领导李维明、余文军、黄爱喜、董玉成、江志瑜、李劼,区政府办主任朱建亚出席会议。区人大常委会副主任汪涛、区政协副主席吴云列席会议。

会议审议《珠山区应对可能发生的秋冬季新冠肺炎疫情防控工作方案(送审稿)》。会议原则同意《珠山区应对可能发生的秋冬季新冠肺炎疫情防控工作方案(送审稿)》。会议要求,卫健、疾控部门要抓紧推进应对可能发生的秋冬季新冠肺炎疫情防控的各项准备工作,各部门、竟成镇、各街道要对照方案梳理自身责任清单,备好备足药品和医疗防护物资,充分考虑各种突发情况,切实做好疫情常态化防控工作,确保防控工作不留死角、防控措施不留空白。

会议审议《珠山区农村乱占耕地建房问题摸排工作方案》会议原则同意成立珠山区农村乱占耕地建房问题摸排工作领导小组,由区自然资源和规划分局根据会议讨论情况进行修改完善。会议要求,区直有关单位和竟成镇要全面摸清全区农村乱占耕地的建房底数,建立全区农村乱占耕地建房问题工作台账,为下一步实施分步整治提供坚实数据支撑。

会议审议《关于对我区2020年"双创双修"第一批先进个人的表彰决定(送审稿)》。会议原则同意表彰2020年"双创双修"第一批先进个人,由区人社局就人员名单与区直相关部门进行沟通征询意见后按程序报区委常委会审定。

会议听取关于珠山区防洪工程补短板项目工程建设计划的汇报。会议原则同意珠山区防洪工程补短板项目工程建设计划,由区农业农村和水利局根据会议讨论情况对计划进行修改完善。会议要求,要统筹做好向上争取资金、审批报建、技术指导、管网迁改等工作,加快建设进度,确保在2021年汛期到来前建设完工。

会议审议《景德镇市珠山区城防工程(二期)房屋征收与补偿安置方案(送审稿)》。会议原则同意《景德镇市珠山区城防工程(二期)房屋征收与补偿安置方案(送审稿)》,由区征收办与陶文旅集团加强沟通协调,对方案内容进一步推敲完善后按程序发文,并依法依规实施征收。

【区政府第66次常务会议】 9月27日下午,区长罗文军主持召开区政府第66次常务会议,常务副区长张朝博,区领导李维明、余文军、黄爱喜、董玉成、江志瑜、李劼,区政府办主任朱建亚出席会议。区政协主席周国逢列席会议。

会议审议《珠山区筹备2021年江西省旅游产业发展大会工作方案(送审稿)》。会议原则同意《珠山区筹备2021年江西省旅游产业发展大会工作方案(送审稿)》并成立珠山区2021年江西省旅游产业发展大会工作领导小组,由区文广新旅局根据会议讨论情况,结合区情实际,对方案进行修改完善后按程序报区委常委会审定。

会议研究调整区新型冠状病毒感染的肺炎疫情防控应急指挥部及其工作组成立有关事宜。

会议原则同意调整珠山区新型冠状病毒肺炎疫情防控应急指挥部及其工作组成员,由区卫健委根据会议讨论情况进行修改完善后按程序发文。

会议审议《关于全面实施预算绩效管理的实施意见(送审稿)》。会议原则同意《关于全面实施预算绩效管理的实施意见(送审稿)》,由区财政局按程序报区委常委会审定。

会议听取竟成镇前街村、后街村消防安全隐患的调查报告。会议强调,全区各部门、竟成镇、各街道要切实增强做好消防安全工作的责任感和紧迫感,牢固树立"安全无小事、责任重于山"的思想,查隐患、促整改,切实消除安全隐患,保障人民群众生命财产安全。会议明确:副区长李维明牵头,竟成镇政府、区公安分局及珠山消防救援大队通力协作,组织各方力量,扎实推进竟成镇前街村、后街村消防安全隐患排查整治,有效预防和遏制重特大火灾事故。

会议研究关于景德镇市三宝国际瓷谷乡村文化旅游基础设施提升建设项目申请立项有关事宜。会议原则同意景德镇市三宝国际瓷谷乡村文化旅游基础设施提升建设项目进行立项。会议明确,建设内容按建设类型分标段采取EPC模式公开招投标,由区国资公司根据会议精神抓紧落实项目前期准备工作,并按程序报区委常委会审定。

会议审议《陶阳·菁华轩(二期)40亩地块工程EPC总承包合同》。会议原则同意《陶阳·菁华轩(二期)40亩地块工程EPC总承包合同》,由区国资公司按照会议讨论情况对合同条款进行修改完善后,按程序报区委常委会审定。

会议研究对第三小学校园进行维修改造有关事宜。会议原则同意对第三小学校园进行维修改造,由区教体局统筹安排,合理确定和有效控制工程造价,提高资金使用效益,尽快启动三小校园整体规划布局设计,力争在2021年暑假期间完成校园整体改造提升。

【区政府第67次常务会议】 10月23日下午,区长罗文军主持召开区政府第67次常务会议,常务副区长张朝博,区领导李维明、余文军、黄爱喜、李劼,区政府办主任朱建亚出席会议。区人大常委会副主任余畅、区政协主席周国逢列席会议。

会议听取《对省生态环境保护督察"回头看"反馈意见的情况汇报》。会议明确:区生态环境局要牵头进一步梳理督察反馈问题及环境突出问题,形成问题清单,认真剖析问题原因,切实制定可行措施,推动全面整改。相关部门要对标对表问题清单,协同配合、各司其职,形成环保工作合力,确保问题整改到位。

会议审议《景德镇市城防工程补短板项目(观音阁—瓷都大桥段)征收公告》。会议原则同意《景德镇市城防工程补短板项目(观音阁—瓷都大桥段)征收公告》,由珠山区城防工程(二期)工作领导小组办公室依法依规向社会进行公布并组织具体实施。

会议研究关于珠山区发展中心项目1#楼重大设计变更有关事宜。会议原则同意珠山区发展中心项目1#楼由原设计修缮改造变更为整体拆除重建,由区国资公司依法依规组织具体实施,并按程序报区委常委会审定。

会议研究关于撤销三宝国际瓷谷项目部有关事宜。会议原则同意撤销三宝国际瓷谷项目部,将原三宝国际瓷谷项目部工作职能、经费(含国资公司拨付的征收款)划归区经济开发区管理委员会,区经济开发区管理委员会要妥善处理原三宝国际瓷谷项目部负责的征地拆迁、项目建设等工作,依法依规交接"人财物"相关事宜。区审计局要对原三宝国际瓷谷项目部移交工作组织专项审计。

【区政府第68次常务会议】　11月2日下午,区长罗文军主持召开区政府第68次常务会议,常务副区长张朝博,区领导李维明、余文军、黄爱喜、江志瑜,区政府办主任朱建亚出席会议。区人大常委会副主任聂权、区政协副主席罗丽玲列席会议。

会议研究关于成立珠山区御窑厂一号工程工作领导小组有关事宜。会议原则同意成立珠山区御窑厂一号工程工作领导小组,下设竟成镇、珠山、石狮埠、新村、周路口、里村6个片区征收项目部。会议强调,珠山区是御窑厂一号工程征收工作的主战场,各项目部要抽调专职人员,集中力量打硬仗,确保不折不扣完成征收任务。会议要求,区征收办要统筹做好组织协调,加强技术指导和衔接。各项目部要倒排时间表和征收任务清单,按照轻重缓急程度把握征收时间节点,快速推进各项征收工作开展,为旅发大会顺利召开奠定坚实基础。区征收办根据会议讨论情况对领导小组修改调整后按程序报区委常委会审定。

会议研究关于将太白园街道戴家弄南侧房屋纳入珠山区通站路片区项目征收范围有关事宜。会议原则同意,将太白园街道戴家弄南侧约20户房屋纳入珠山区通站路片区项目征收范围,按照2019年珠山区通站路片区项目征收方案具体实施。会议要求,区征收办要与古镇公司加强沟通对接,尽快落实征收资金、保障安置房源和社区办公用房,依法依规开展征收工作。

【区政府第69次常务会议】　11月25日上午,区长罗文军主持召开区政府第69次常务会议,常务副区长张朝博,区领导李维明、余文军、黄爱喜、董玉成、李劼,区政府办主任朱建亚出席会议。区人大常委会副主任程美玉、区政协副主席吴云列席会议。

会议传达学习《景德镇市城镇保障性住房管理工作实施意见的通知》会议指出,城镇保障性住房管理审批权限下放至县(区)是加强基层服务能力的重要举措。各相关部门和各街道要进一步深化思想认识,提高政治站位,本着以民为本的核心理念,加强工作配合,着力解决困难群众最关心、最直接、最现实的利益问题。会议强调,区住建局要加强统筹谋划,吃透用好上级政策,精心组织实施,确保把城镇保障性住房审批权限下放工作办实、办好。各街道要切实履行好主体责任,摸清符合城镇保障性用房适用人员底数,对城镇保障性用房申请的审核审批实行阳光操作,将公开、公平、公正贯穿于工作过程。

会议学习《景德镇市既有住宅加装电梯工作手册》,研究关于成立珠山区既有住宅加装电梯工作领导小组有关事宜。会议原则同意成立珠山区既有住宅加装电梯工作领导小组,由区住建局按程序办理文件签发。会议指出,老旧小区加装电梯工作是方便老年人出行的重要举措,是提升群众生活环境的一项民心工程。全区各部门、镇(街)要精心组织,周密部署,合力推进,办好这一民生"关键小事"。会议要求:(一)区住建局要结合区域实际,抓紧制定出台实施细则和运行维保费用分摊的指导性意见,建立健全规范化的工作机制。甄选一批品牌大、质量好、价格优的企业,搭建既有住宅楼加装电梯工程服务企业名录库,供有加梯意愿的业主进行选择。严格监督管理,把好设计关、监督关、维护关,科学合理设计加装方案,严格监督建设过程。(二)竟成镇、各街道要结合辖区实际,系统性调查摸底、精准化宣传指导、专业化服务保障,对有加梯意愿的居民群体给予充分支持,把好事办好、实事办实。(三)区市监局要加强对全区各电梯设备企业的监督和检查,进一步规范电梯安装改造维修行为,有针对性地督促指导相关使用单位开展整改工作,积极管控和消除电梯安全隐患。

会议听取扶贫工作情况汇报。会议强调,2020年是决胜全面建成小康社会、决胜脱贫攻坚之年,全区上下要坚决贯彻落实好习近平总书记关于脱贫攻坚的重要讲话精神,按照省委、省政府关于打好脱贫攻坚"四打决战"部署要求,把巡视"回头看"整改与打赢脱贫攻坚战结合起来,进一步增强工作的针对性和实效性,全面提升工作水平,确保脱贫工作务实、过程扎实、结果真实,确保如期高质量打赢脱贫攻坚战。

会议研究关于成立景德镇市御窑厂一号保护工程房屋征收珠山项目部有关事宜。会议原则同意成立景德镇市御窑厂一号保护工程房屋征收珠山项目部,项目部经理由珠山街道党工委书记余荣幸担任,区征收办根据会议讨论情况修改完善后按程序办理发文。

会议审议《景德镇市御窑厂一号保护工程棚户区改造项目房屋征收与补偿安置方案(征求意见稿)》。会议原则通过《景德镇市御窑厂一号保护工程棚户区改造项目(陶阳西路东侧、陶瓷职大周边、美景佳苑)房屋征收与补偿安置方案(征求意见稿)》,由区征收办根据会议讨论情况修改完善后向社会予以公布征求意见。会议要求,区征收办要加强与陶文旅集团沟通协调,相互配合,积极解决项目征收工作推进中存在的问题和困难,形成工作合力,确保征收工作顺利开展。

会议研究关于对珠山区景东招商场周边房屋征收下达征收决定有关事宜。会议通过了《珠山区景东招商场改造项目房屋征收与补偿安置方案及实施细则》,同意对珠山区景东招商场周边房屋下达征收决定。会议要求,项目部要高度重视,真抓实干,加快工作进度,确保如期高质量完成征收任务。

会议研究关于将三宝国际瓷谷沿线部分房屋纳入珠山区凤凰山南侧竟成片区征收范围有关事宜。会议原则同意将三宝国际瓷谷沿线41户约3000平方米房屋纳入珠山区凤凰山南侧竟成片区征收范围,按2018年珠山区凤凰山南侧竟成片区棚改项目征收方案执行。

会议审议《珠山区收储地块房屋征收补偿和安置方案》及《珠山区收储地块房屋征收补偿和安置实施细则》。会议原则同意《珠山区收储地块房屋征收补偿和安置方案》,由区收储地块房屋征收项目部根据会议讨论情况修改完善后按程序会签发文。会议明确,收储地块房屋征收和补偿安置实施细则要根据具体区域实际分别制定,按程序报区政府审定。

会议研究关于调配城管执法力量、车辆及三宝村、湖田村财务移交有关事宜。会议原则同意,从竟成镇城管执法中队抽调10名队员至区城管机动中队,加原有3名队员共13人负责经开区管委会托管范围内的行政执法工作,并配备一台执法用车,执法记录仪、对讲机等设备按照"物随人走"原则调配。

会议研究关于区经济开发区托管新厂、昌河街道部分社区有关事宜。会议原则同意:(一)将原属新厂街道管辖的南河社区和原昌河街道管辖的画眉楼社区交由区经济开发区管委会管理,社区名称、办公地点、社区工作者职数不变,其中原南河社区管辖的印机小区、陶大宿舍的1000余户2700余人纳入新厂街道曹家岭社区管辖,湖田安置房片区2700户7200余人继续由南河社区管辖;(二)新厂街道新增"东三郡"社区,社区工作者职数8人,接管现昌江广场社区管辖的昌江大道沿线陶新家园、恒大悦府、金科华帝紫园小区共9000户25600余人,昌江广场社区恢复原有管辖范围。

会议研究关于九颂山河·菁华轩项目申请立项及采用EPC模式公开招标有关事宜。会议原则同意九颂山河·菁华轩项目立项。会议明确,建设内容采取EPC模式公开招投标,区国资公司和区发改委根据会议精神抓紧落实项目前期准备工作。

会议听取关于处置为民瓷厂大门西侧写字楼二楼被征收资产有关汇报。会议明确,区国资公司与承租户协商一致后,依法依规处置为民瓷厂大门西侧写字楼二楼被征收资产。

会议研究关于启动三宝水坞口新建水库项目

招标程序有关事宜。会议原则同意启动三宝水坞口新建水库项目招标程序,区经济开发区管理委员会依法依规启动设计单位的招标程序。

会议审议《珠山区法律服务合同》。会议指出,政府购买法律服务,对于切实转变政府职能,深化行政体制改革,创新行政管理方式,增强政府公信力和执行力,建设法治政府和服务型政府具有重要意义。会议原则通过《珠山区法律服务合同》,区司法局根据会议讨论情况就合同细节与远瀚律师事务所进一步沟通,修改完善后按程序签订合同。

会议研究关于启动珠山区校园安全管控系统采购项目有关事宜。为加快推进校园安全防范建设,会议原则同意启动珠山区校园安全管控系统采购项目,采购所需费用从教育附加经费中开支,具体费用以最终审定为准。

【区政府第70次常务会议】 12月14日上午,区长罗文军主持召开区政府第70次常务会议,常务副区长张朝博,区领导李维明、黄爱喜、董玉成、江志瑜、李劼,区政府办主任朱建亚出席会议。区人大常委会副主任聂权、区政协主席周国逢列席会议。

会议审议《关于做好我区第一次全国自然灾害综合风险普查工作的通知》。会议原则同意《关于做好我区第一次全国自然灾害综合风险普查工作的通知》,由区应急管理局按程序行文。会议指出,自然灾害风险普查是一项重大的国情国力调查,是提升自然灾害防治能力的基础性工作,全面掌握自然灾害风险隐患情况有利于提升珠山区对自然灾害的综合防范能力。会议要求,区应急管理局要加强组织统筹,全面把握普查工作的特点和要求,做好业务指导;竟成镇、各街道要提高政治站位,切实增强做好普查工作的责任感、紧迫感、使命感,不折不扣、全力以赴,按时高质量完成普查任务,确保普查工作取得实效。

会议审议《珠山区社会救助工作改革实施方案》。会议通过《珠山区社会救助工作改革实施方案》。会议指出,社会救助是保障基本民生、促进社会公平、维护社会稳定的兜底性、基础性制度安排,也是党和政府践行为民服务根本宗旨的集中体现。会议要求:区民政局要加强审批权限下放过渡期间的工作衔接和指导,确保事权下放工作“放得下、接得住、管得好”,真正实现办事流程优化、工作效率提升;竟成镇、各街道要高度重视社会救助审批权限下放改革工作,进一步提高政治站位,加强组织领导,按照实施方案的目标任务要求,有力有序精心组织实施。

会议审议《珠山区关于开展农村房屋安全隐患排查整治实施方案》。会议通过《珠山区关于开展农村房屋安全隐患排查整治实施方案》。会议要求,各相关部门要严格落实管理责任,竟成镇要严格落实属地责任,扎实推进,积极消除隐患,区住建局要发挥好牵头推进作用,其他部门和竟成镇要加强协同配合,建立健全长效管理机制,排查要“实”,措施要“硬”,整治要“快”,按照时间节点有序推进农村房屋安全隐患排查整治工作。

会议研究关于对景德镇市珠山区古街提升改造项目下达征收决定有关事宜。会议原则同意《珠山区古街提升改造项目房屋征收与补偿安置方案及实施细则》,区征收办根据会议讨论情况修改完善后具体实施。会议要求,项目部要高度重视,真抓实干,加快工作进度,确保如期高质量完成征收任务。

会议研究昌河街道与众陶联供应链服务有限公司签订补充协议有关事宜。会议原则同意,昌河街道与众陶联供应链服务有限公司签订2020年补充协议,对该企业未完成税收计划的全年奖励扶持资金不作扣除,并积极与该企业对接签订2021年招商引资协议书。

会议研究关于拨付南河片区(城东段)防洪排涝工程专项规划方案编制经费有关事宜。为服务城市防洪工程补短板建设大局,解决南河流域片区(城东段)内涝现状,会议同意拨付南河片区(城东段)防洪排涝工程专项规划方案编制经费,由区国资公司作为实施主体出资。

会议研究关于启动湖田桥及三座小桥初步设计招标程序有关事宜。会议原则同意,启动湖田桥、教授街入口小桥、甲鱼城段小桥和汉光西大门小桥的初步设计招标,由区国资公司出资,区经济开发区依法依规组织具体实施。

会议研究关于分别启动三宝基础设施提升、夜游等项目监理的挂网招标程序有关事宜。会议原则同意分别启动三宝基础设施提升、夜游等项目监理的挂网招标程序,由区经开区依法依规组织具体实施。

会议研究关于拨付第十七小学教学综合楼(松茂楼)项目工程尾款有关事宜。会议原则同意区财政局据实支付第十七小学教学综合楼(松茂楼)项目工程尾款。会议明确,区教体局要依法依规组织具体实施,核算实际金额并完善相应手续,解决好历史遗留问题。

会议研究关于启动陶阳学校未来学校智慧空间项目有关事宜。会议原则同意启动陶阳学校未来学校智慧空间项目。会议要求,区教体局要核定造价,区财政局审核把关后从教育附加专项经费中列支,并按程序报区委常委会审定。

会议研究关于拨付珠山区发展中心项目工程进度款有关事宜。会议明确,区国资公司按照合同约定和工程实际进度依法依规支付珠山区发展中心项目工程进度款。

会议研究确定区数字经济公室办负责人有关事宜。为进一步推动数字经济工作开展,保障数字经济办公室有序运行,会议明确,由洪光耀担任区数字经济办负责人。

会议讨论关于区国资公司与景德镇皇窑陶瓷文化旅游发展有限公司战略合作有关事宜。为进一步扩大三宝国际瓷谷影响力和知名度,会议原则同意由区国资公司与景德镇皇窑陶瓷旅游发展有限公司进行战略合作,并按程序报区委常委会审定。

【区政府第 71 次常务会议】 12 月 26 日上午,区长罗文军主持召开区政府第 71 次常务会议,常务副区长张朝博,区领导李维明、余文军、黄爱喜、董玉成、江志瑜,区政府办主任朱建亚出席会议。区人大常委会副主任余畅、区政协副主席王娟列席会议。

会议研究关于调整区政府领导分工有关事宜。会议同意区政府领导分工的调整,由区政府办公室按程序行文通知。会议强调,区政府领导要根据调整后的各自分工,认真做好对上沟通衔接和分管工作交接事宜。

会议审议《景德镇市珠山区贯彻落实省生态环境保护督察"回头看"反馈意见整改方案》。会议原则同意《景德镇市珠山区贯彻落实省生态环境保护督察"回头看"反馈意见整改方案》,由区生态环境局根据会议讨论意见修改完善后按程序上报区委常委会审定。会议要求,要严格按照"属地管理、分级负责""管发展必须管环保、管行业必须管环保"工作要求,区生态环境局牵头抓总,各有关部门、各镇街根据责任分工具体负责,集中抓好省生态环境督察反馈问题整改落实,切实解决好群众身边的突出生态环境问题。

会议审议《珠山区公开招聘社区工作者实施方案》。会议原则同意《珠山区公开招聘社区工作者实施方案》,由区民政局根据会议讨论意见修改后按程序发文并向社会公布。会议强调,区民政局和有关部门、各街道要严格按照有关法律法规和实施方案开展招聘工作,进一步加快珠山区社区工作者队伍职业化、专业化建设。

会议传达学习全国、全省、全市禁捕退捕工作会议精神并听取了珠山区禁捕退捕工作情况汇报。会议要求,全区各有关部门和有关镇街要坚决贯彻落实习近平总书记关于禁捕退捕工作的重要讲话和重要指示批示精神,切实把思想和行动统一到中央的决策部署上来,进一步提高政治站位、突出问题导向、奋力攻坚克难,全面完成好禁捕退捕任务。

会议明确,区农业农村和水利局牵头抓总,梳理制定出珠山区禁捕退捕任务清单,各相关责任单位和属地单位分头落实,确保禁渔令落实到位,为长江共抓大保护、实现绿色发展做出珠山贡献。

会议听取珠山区 2013 年以来未经市人防办审批开工项目拟整改情况汇报。会议明确,由区人防办牵头、各项目建设单位具体负责,严格按照省、市相关要求,抓紧对 2013 年以来未经市人防办审批开工的项目按照省、市相关文件要求进行整改。会议要求,区当前在建和今后实施项目要严格按照人防工作要求,由各项目建设单位将人防工程设施建设情况按程序报区住建局复核。

会议研究关于对景德镇市名城保护环境提升项目(御窑厂一号工程)棚户区改造项目(陶瓷职大、陶阳西路东侧)下达征收决定有关事宜。会议原则同意对景德镇市名城保护环境提升项目(御窑厂一号工程)棚户区改造项目(陶瓷职大、陶阳西路东侧)下达征收决定,《景德镇市名城保护环境提升项目(御窑厂一号工程)棚户区改造项目(陶瓷职大)房屋征收与补偿安置方案》《景德镇市名城保护环境提升项目(御窑厂一号工程)棚户区改造项目(陶阳西路东侧)房屋征收与补偿安置方案》由区棚改办根据会议讨论意见修改完善后按程序行文。会议要求,由区棚改办牵头抓总,景德镇市名城保护环境提升项目(御窑厂一号工程)棚户区改造竟成片区和新村片区项目部具体负责,依法依规按时完成棚改征收工作任务。

会议研究关于对景德镇市名城保护环境提升

项目(御窑厂一号工程)(美景佳苑)下达征收决定有关事宜。会议原则同意对景德镇市名城保护环境提升项目(御窑厂一号工程)(美景佳苑)下达征收决定,《景德镇市名城保护环境提升项目(御窑厂一号工程)(美景佳苑)房屋征收与补偿安置方案》由区征收办根据会议讨论意见修改完善后按程序行文。会议要求,由区征收办牵头抓总,景德镇市名城保护环境提升项目(御窑厂一号工程)房屋征收珠山片区项目部具体负责,依法依规按时完成征收工作任务。

会议审议《关于城防补短板项目(瓷都大桥至观音阁段)昌江村集体土地征收的决定》。会议原则同意对城防补短板项目(瓷都大桥至观音阁段)昌江村集体土地下达征收决定,由珠山区城防工程(二期)工作领导小组办公室依法依规实施征收,确保项目建设如期完成。

会议研究关于征收、租赁部分房产用于完善三宝国际瓷谷部分业态有关事宜。会议原则同意《关于请求同意区国资公司征收、租赁部分房产用于完善三宝国际瓷谷部分业态的请示》,由区国资公司根据会议讨论意见依法依规实施。

会议研究关于与景德镇陶瓷大学开展“校地创新创业工程”战略合作有关事宜。会议原则同意《关于请求同意与景德镇陶瓷大学开展“校地创新创业工程”战略合作的请示》,由区国资公司根据会议讨论意见修改完善后报请区委常委会审定。

机关事务管理

【概况】 区机关事务管理局坚决贯彻执行区委、区政府关于加快经济发展、聚焦打好“三大攻坚战”“双创双修”等决策部署,紧紧围绕省管局“思想过硬、政治过硬、行动过硬”要求,扎实工作,锐意进取,为用实干擦亮国际瓷都对话世界的窗口做出应有的贡献。

加大机关大院服务保障。在机关环境管理方面,为推进“双创”工作,原机关大院开展大院环境整治,对大院内的10余处死角进行清理,20余处破旧墙面进行粉刷,10余处破损路面进行修复,50余幅破损的标识牌进行更换,为大院内洗手间安装厕纸盒,并对部分脏旧的垃圾桶和茶叶渣水桶进行清洗和更换;做好新发展中心的保洁、临时停车区域等工作的衔接;在会务管理方面,物业公司11月正式接管会务管理工作。为规范会务办会流程,提升会务服务质量,全面实行会前申请登记、会中跟班服务、会后清理保洁,全年共保障会议340余场次;在机关安全保卫方面,物业公司8月底正式接管发展中心安全保卫工作,并由区管局进行全面监督和管理。在机关食堂管理方面,11月区发展中心食堂正式启用,并实行自助餐模式,区管局督促全面落实食堂管理各项制度,并定期对食堂内的重点部位进行安全隐患排查,督促食堂的饭菜不断更新花样、保障质量。

推进公共机构节能管理。在公共机构节能监督管理方面,对区属各单位2019年度公共节能工作进行考核,并通报考核结果,公共机构节能成效显著。加强全区公共机构能耗数据统计分析,确保数据的准确性、真实性;在公共节能宣传教育方面,以公共机构节能宣传周为重点,开展“推行垃圾分类,建设先进社区”“绿色回收进机关”“节能低碳、文明出行”“从我做起,今天不剩饭”等为主题的宣传活动,让节能提效意识在珠山机关蔚然成风;在公共节能措施落实方面,联合区发改委、区财政局开展节约型机关创建工作,并与区农林水务局联合通报“十三五”期间公共机构节水型单位。以“节约型机关创建”标准全面打造区发展中心设施办公环境,并完成了区法院的能源审计项目工作;在强化节能队伍方面,定期举办全区能源资源数据统计培训会,积极参与上级业务部门的各项培训,不断提升节能业务水平。

强化公车中心管理保障。认真贯彻执行《珠山区党政机关公务用车管理实施细则》,健全公务用车管理各项政策,坚持用制度管车管人。在公车日常调度方面,全面实行“全省一张网”,全年平台调派公车1800辆次,有力保障区领导和相关部门公务出行需要。在车辆管护方面,对平台公车加油、维修、年检、保险实行专人负责、相互监督,车辆一律实行入库停放制度。在公车驾驶员管理方面,签订2020年驾驶员年度合同,严格执行驾驶员绩效管理考核制度,严明驾驶员各项工作纪律,不定期组织驾驶员学习相关文件精神和汽车安全知识,提高安全意识。

规范公务接待管理服务。全面落实公务接待管理制度,严控接待范围,规范接待流程,实行公函制接待,坚持用制度管人,按规定办事。2020年,配合相关部门完成景德镇市庆“七一”项目建设现场巡查、“双创”省和市检查、省宣调研组、省政协考察组、“千人市民观察团”等重点工作的公务接待。

完善党政机关办公用房管理。在办公用房管理方面。制定《珠山区党政机关办公用房管理实施细则》，严格按照管理细则开展全区党政机关办公用房调查统计，对全区涉迁单位的办公用房和人员情况进行摸底，确保数据全面准确。8月至年底，区管局牵头并协助31家单位搬迁入驻珠山区发展中心；在强化队伍管理方面，举办党政机关办公用房管理“双提升”培训班，积极参与上级业务部门的各项培训，全面提升办公用房管理水平。

【珠山区发展中心举行揭牌仪式】 为优化城市发展空间布局，解决区党政机关办公分散的困境，建设好景德镇国家陶瓷文化传承创新试验区，根据市委、市政府的决策部署，区委、区政府决定组建珠山区发展中心，将区党政机关搬迁至区发展中心实行集中办公。

10月20日上午，区发展中心正式启用。区委书记林卫春出席发展中心揭牌仪式并致辞，区委副书记、区长罗文军主持揭牌仪式，林卫春、罗文军、谢日元、邵继纲共同为区发展中心揭牌，全区副县级以上领导，竟成镇及各街道主要领导，区委各部门、区直各单位主要负责人，区属各学校书记、校(园)长，区老干部代表共150余人参加揭牌仪式并一同参观了区发展中心。

区发展中心位于新厂东路299号，原属普天通信五二三厂的厂区。区委、区政府按照“简约、质朴、实用”的原则，在保留原有五二三厂建筑整体风貌的基础上，按照党政机关办公用房管理要求和机关办公需要进行加固改造，改造后发展中心入驻办公单位45家，入驻人员900余人，总用地面积6.56公顷，建筑面积0.038平方千米，共有15栋建筑(其中10栋为办公用房，5栋为功能性用房)。珠山区发展中心的正式启用，将改变过去部门单位分散办公、场地不足、条件简陋等状况，有助于节约成本，提升工作效率，更好实现为民服务。同时，也将对城市东片区的基础设施建设、经济社会发展产生推动作用，加快区域均衡发展。

退役军人事务

【概况】 区退役军人事务局深入学习贯彻习近平总书记关于退役军人工作重要论述，落实省、市退役军人工作会议精神，深入开展“基层基础基本建设年”“尊崇工作法推广落实年”“思想政治工作年”活动。根据全市《关于全面深化“尊崇工作法”实施方案》要求，为贯彻落实“尊崇工作法”，区局高度重视，主要领导认真部署，分管领导具体抓，按照“七个一”要求，对标对表、落深落细，及时完成推进服务中心(站)重点工作任务。

镇(街道)、村(社区)退役军人服务站组织开展抗击疫情、邀请退伍老兵参加社区举办的文艺会演、抗洪救灾等活动46次。结合“主题党日”活动，各退役军人服务站开展形式多样的“一月一堂课”活动，全年开展“学习十大英模·张思德”“尊崇工作法课堂”“宣讲方志敏精神”等活动8次。镇(街道)、村(社区)退役军人服务站全面建立退役军人党员花名册、退役军人走访登记表，退役军人服务专干等制度机制，全年提供各类帮助300余次。组织镇、街道挖掘、培树先进典型，及时报送人员信息，逐级推荐参加省市“最美退役军人”“最美军嫂”等评选活动。2020年，珠山区上报推荐来自景德镇的“最美退役军人”5名。

【褒扬与纪念】 3月24日，区退役军人事务局按照中央、省、市《关于开展“最美退役军人”学习宣传活动的通知》文件要求，面向珠山区开展向“最美退役军人”学习宣传活动。新村街道退役军人张新诚、新厂街道退役军人蔡旭生荣获全省“最美退役军人”称号，区国资公司退役军人胡霞辉荣获全市“最美退役军人”称号。4月1日，全区各单位全体党员干部积极进行线上祭扫烈士活动，网上留言、网上祭扫人数达1800人。4月3日，局全体干部职工到南山烈士墓开展“勿忘历史缅怀先烈”祭扫革命烈士墓活动，深切缅怀革命先烈。9月30日，区四套班子领导率各成员单位代表143人，并邀请优秀退役军人参加市退役军人事务局组织的烈士纪念日公祭活动。

【双拥工作】 “八一”、春节期间，区领导深入驻区部队，现役军人和特困军人军属、重点优抚对象家庭等进行走访慰问,送去慰问金。区委、区政府成立以区长罗文军为组长的双拥工作领导小组和拥军支前协调领导小组,定期召开区委常务议军会、双拥工作专题会,研究解决事关部队建设的重点难点问题。

【红色文化宣传】 11月,区退役军人事务局联合区教体局开展国防教育活动、“英烈故事”进校园活动,在中心城区中小学轮流进行巡展活动,邀请抗美援朝老英雄张良能、翁山红以及对越自卫反击战一等功臣刘传红到学校进行宣讲,为中小学生讲述革命经历,弘扬爱国主义、英雄主义精神,传承红色基因。

【服务保障体系建设】 2020年以“基层基础基本建设年”活动为抓手,按照“五有”标准,健全完善区退役军人服务中心和10个镇(街道)、68个村(社区)退役军人服务站三级服务保障体系。根据《全国乡镇“枫桥式退役军人服务站”创建标准》文件要求,高质量打造7个镇(街道)、村(社区)国家级退役军人服务中心(站),分别是新村街道服务站、珠山街道服务站2个国家级街道退役军人服务站和经开区三宝村服务站、竟成镇方家山村服务站、新厂村服务站、新厂街道黄泥头社区服务站和周路口街道云锦巷社区服务站5个国家级村(社区)退役军人服务站。

【移交安置、就业创业工作】 2020年全年组织开展退役士官、士兵岗前培训5场,线上线下专场招聘活动3场,成功安排和推荐部分退役士兵就业创业。

扶贫工作

【概况】 2020年区扶贫办,以习近平新时代中国特色社会主义思想为指导,全面落实中央、省市扶贫开发工作会议精神,紧紧围绕“巩固提升”工作核心,聚焦解决“两不愁三保障”突出问题,压实工作责任,加大资金投入,狠抓精准扶贫,强化整体推进,成功打赢脱贫攻坚战。

建档立卡贫困户204户631人(其中缺技术8户23人、缺劳动力40户96人、因病81户276人、因残58户192人、自身发展力不足17户44人)。2015年脱贫48户119人,2016年脱贫143户432人,2017年脱贫7户30人,2018年脱贫7户20人,2019年脱贫4户9人,2020年脱贫4户9人,珠山区贫困人口全部脱贫。边缘易致贫户11户24人,脱贫不稳定户9户20人,全部消除风险。

先后遭受新冠肺炎疫情和“7·7”特大洪涝灾害。珠山区出台《中共珠山区委珠山区人民政府关于有效应对新型冠状病毒肺炎疫情打赢脱贫攻坚战的实施意见》《珠山区关于做好新冠肺炎疫情防控期间驻村帮扶工作的通知》《珠山区关于认真做好疫情防控期间特殊群体和困难家庭生活保障工作的通知》等一系列文件,根据文件要求,珠山区重点开展贫困户、边缘户大走访,在疫情防控期间,全区206名帮扶干部通过电话、微信等形式每天都与结对贫困户保持密切联系。扎实做好返岗稳岗工作,为避免人员聚集引发交叉感染的风险,及时将线下招聘活动转向线上,积极应用各街道、社区、乡镇就业服务信息平台、微信公众号等各种渠道,开展互联网招聘,举办线上“春风行动”。出台相应帮扶政策,对因疫情暂时不能返岗就业的贫困人口,由珠山区就业局和竟成镇安排49个临时公益性岗位予以帮扶。“7·7”特大洪涝灾害导致珠山区39户贫困户不同程度受灾,珠山区随时关注贫困户受灾情况,对受灾贫困户进行妥善安置,共转移安置贫困人口13人,并发放36.45万元救灾资金予以救助。因各项措施都能及时到位,两次灾害均未对贫困户生产生活造成太大影响,为如期打赢脱贫攻坚战提供坚强保障。

【定点帮扶】 2020年,区扶贫办为竟成镇14个村选优配强村“第一书记”,确保第一书记在村工作时间每季不少于50天。坚持区级领导包村、帮扶单位帮村、副科级干部包户的帮扶格局。8月10日,下发《关于健全完善驻村补贴发放的通知》,以进一步激励扶贫干部干事创业的积极性和主动性。

【资金保障】 2020年使用扶贫资金933.86万元。其中:中央扶贫资金520万元、省级264万元、市级43.91万元、区级105.95万元。产业项目投入808万元;雨露计划投入6万元;扶贫小额信贷贴息1.43万元;“一领办四参与”扶贫贷款贴息及奖补资金62.37万元;防贫保险投入15.6万元;受灾补助资金40.47万元。

【教育扶贫】 全区贫困生134人。其中:学前教育17人,义务教育68人(小学教育40人,初中教育28人),高中教育19人,大专及中高职教育21人(大专10人,中高职教育11人),大专以上教育9人,各项教育扶贫政策落实到位。

【健康扶贫】 全区建档立卡贫困人口住院治疗426人次,总费用308.8万元,基本医保补偿140.76万元,大病保险补偿33.98万元,商业补充保险补偿41.18万元,医疗救助补偿30.37万元,政府兜底补偿33.43万元,个人自付29.01万元,自付比例9.39%。对患有慢性病的贫困人口情况进行清查,及时按规定给符合办证条件的188名贫困人员办理慢性病证。为贫困户门诊统筹结算1807人次,总费用9.88万元,门诊统筹支付5.13万元。

【安居扶贫】 为14户贫困户修缮房屋、修建清洁厕所,使用资金约18万余元。从贫困户住房的地基、外围、梁柱等关键部位到墙面开裂、渗水漏雨等各类房屋状况进行全面摸排甄别认定,对符合修缮条件的房屋做到整理归档成册,对全区贫困户的住房都做到动态管理,实时跟踪贫困户住房情况,确保早发现、早修缮,全面保障贫困户住房安全,对所有贫困户和边缘户住房进行鉴定,建立住房安全台账,悬挂安全等级标识。

【饮水安全】 区疾控中心联合竟成镇各村委会,根据最新标准重新摸排筛查建档立卡贫困人口饮水安全状况,确定188户饮用自来水,16户分散式供水,采集样本委托第三方进行水质监测工作,建立安全饮水台账,经第三方根据42项饮用水安全标准检测指标显示,均属安全用水,后期统一安装智能净水器(包含边缘户)27台。同时印发《饮用水安全知识宣传册》,联合竟成镇政府要求村委会干部、扶贫专干及村医入户走访贫困户时做好饮用水安全宣传工作;并开展健康扶贫政策培训班,普及农村饮用水安全知识;6月11日,区卫健委联合区扶贫办及水利局组织区疾控中心专业人员开展以"保障饮水安全,构建和谐农村"为主题的农村饮用水安全宣传活动。

【综合保障】 区建档立卡贫困户中享受农村低保173户251人,享受农村供养特困7户7人。实施好低保标准的提标提补工作,农村低保标准为每人每月720元,月人均补差水平达到450元。农村五保供养标准落实城乡统筹,与城市特困供养人员标准一致,特困供养金达到每人每月930元,失能、半失能、能自理护理补贴分别达到1200元、300元和70元。享受生活补贴82人,重度护理补贴33人,同时享受两项补贴32人。

【产业扶贫】 实施昌江村朱家岭马家柚种植、黄泥头马家柚种植一期、二期,新厂村李家马家柚项目,新厂村李家种养综合农业项目,青塘村生态李子园项目、银坑村绿色蔬菜种植项目,小港嘴绿茶种植项目8个扶贫产业项目。认定致富带头人14名,消费扶贫产品9个138.46万元,完成消费扶贫任务151.07万元。

【就业扶贫】 开展网上招聘会6场,春风行动现场招聘会1场,"送岗下乡"招聘会11场,发布313家企业用工单位的岗位信息达8000多个,达成初步就业意向64人次;开发扶贫专岗159个,安置贫困劳动力153人(其中疫情防控期间临时性防疫扶贫专岗49个),发放扶贫专岗岗位补贴63.43万元;组织32名有培训意愿的贫困户参加创业培训班和家政培训班,其中创业培训班9人,就业技能培训班23人,发放培训生活补贴7710元;发放贫困劳动力一次性外出务工补贴1.37万元,其中省内24人,省外13人;为7名贫困劳动力发放一次性创业补贴3.5万元。204户631名建档立卡农村贫困户中,贫困劳动力有416人,304人就业,就业率达到73%。

【金融扶贫】 "一领办四参与"金融扶贫政策为建档立卡贫困户支付保利分红57.75万元。在小额信贷方面,加强政策宣传,组织到户摸底调查贫困户贷款意愿,放贷9户44万元。

行政(社区)服务工作

【概况】 区行政(社区)服务中心在区委、区政府的领导下,坚持以人民为中心的发展理念,以习近平新时代中国特色社会主义思想为引领,紧紧围绕区委、区政府工作部署,创新服务方式,以"互联网+政务服务"工作为抓手,深化推进"放管服"改革,积极推进政务服务标准化建设,开创工作新格局。政务中心利用学习强国平台组织干部职工学习习近平新时代中国特色社会主义思想及中共十九大,十九届四中、五中全会精神和社会主义核心价值观,学习时政,看热点,了解世情、国情,提高干部素养。

政务中心成立文明创建领导小组,优化创建工作机制,制定实施方案,落实“门前三包制”“窗口三包制”,开展“爱国卫生无烟日”,文明礼仪、健康教育,周边环境整治等活动宣传“双创双修”,向办事群众及辖区居民发放《停车有序倡议书》200 余份、《双创双修知识》200 余份、防蚊蝇宣传资料 2000 余份,深入林荫路社区内整治非机动车停放、清理楼道垃圾、清理小广告和路面垃圾,“双创双修”成绩显著。成立平安建设工作领导小组,制定平安建设工作计划,明确工作职责落实专人负责。签订平安责任书,开展扫黑除恶宣传,做好矛盾纠纷排查工作,建立矛盾纠纷了解台账,全年无泄密、违法乱纪事件。充分利用计算机信息技术、移动技术,建设规范有序的中心互信信息平台。服务区配楼层指引机、触摸查询机、自动服务一体机、样表机,政务服务智能化、信息化水平得到提高,形成线上线下功能互补、相辅相成的政务服务新模式。

政务中心强化考核机制,建立全方位监管机制,依托互联网和一窗云平台等信息技术系统,利用大数据管理模式,对中心从事受理、审批工作等人员实施“智慧”化考核,对不同项目分别采取指标统计、专项督查等方式进行考核,全面提升窗口的服务水平和办事效率。设立导服台、设立宣传展示架、设立意见箱,开拓“网上办、掌上办、预约办”办事新途径。创新审批举措,新冠肺炎疫情防控期间,开通企业复工复产“绿色通道”,为 9 家企业通过“赣服通”申请企业复工备案,推动企业注册“一链办理”,按链条优化整合分散在市监、公安、税务、邮政快递、银行及刻章的关联事项,加快新办企业设立登记时间。

政务中心依据珠山区权责清单,梳理公布珠山区本级第三批“一次不跑”和“只跑一次”政务服务事项清单共 566 项依申请服务事项,办理率 81.4%。中心每月梳理上报办件量,全年办件量为 198168 件。根据江西“赣服通”建设好、管理好、运营好、维护好的要求,推动更多高频便民和审批事项实现“掌上办理”,中心配合区政务服务办梳理三批上线事项,打造“赣服通”3.0 版。

政务中心着力打造政务服务志愿服务品牌,把志愿服务引进大厅,为办事群众服务,引导办事群众有序排队、文明办事;为办事群众提供咨询辅导,帮助更好更快地办理事项;对前来办事的老年人、行动不便人士等特殊群体,主动帮助他们填写表格、复印资料并引导他们到相应的窗口办理业务。并把志愿服务延伸到社区,志愿者深入社区开展公共服务进社区主题活动,参加社区“双创双修”工作,慰问空巢老人、“三无”老人、贫困户,向社区传递正能量。

2020 年,政务中心受理政务服务事项 9948 项,接收咨询 1433 件,镇(街道)便民服务中心受理便民服务事项 54113 件,提供代办服务 8889 件。

【全力抓好新冠肺炎疫情防控工作】 1 月,新冠肺炎全国蔓延,中心全力抓好实疫情防控,切实抓好重点场所疫情防控。设置防控知识宣传栏,采取“三个拉开”确保人员距离保持 1 米线,按照疫情防控和创建文明城市要求对大厅中央空调进行全面清洗和消毒,向全体工作人员发放口罩、一次性手套等防护用品,堵住所有可能引发疫情感染风险的漏洞,为减少中心办事群众聚集量,引导办事群众通过“网上办、掌上办、预约办”方式办理,配套开展上门服务、免费邮寄服务、错时服务、预约服务,筑牢政务中心疫情防控网。

【政务中心迁入新址办公】 8 月 24 日,区政务中心由通站路 108 号迁入景德镇市昌江大道 1116 号办公,新政务中心建筑面积 3000 平方米,设立企业注册开办一链区、公安专区、人社医保专区、综合受理区、便民服务区、咨询导服区及 24 小时自助服务区 7 个功能区,区 26 家部门和 2 家企业进驻,政务服务事项 1094 项,区级 98% 的依申请进入珠山区政务中心集中办理。

【打造“网上中介超市”】 9 月 7 日,召开中介服务超市培训会,各职能部门参会,对中介服务事项、中介服务资质梳理、录入等各项工作进行系统的培训。经梳理,珠山区 24 项中介服务事项纳入中介超市系统,1 项中介企业资质得到认证。进一步优化投资发展环境,构建“市场主导、行业自律、政府监管”三位一体的中介服务运行机制。

【市、区领导到中心考察】 9月15日，副市长邹永胜，区长罗文军，区委副书记伊文斌，常务副区长张朝博，副区长李维明、江志瑜到政务中心考察。邹永胜一行考察中心办事环境、窗口业务，了解创建全国文明城市、国家卫生城市情况，对政务服务工作、创建工作提出要求。

中国人民政治协商会议珠山区委员会

综　述

中国人民政治协商会议景德镇市珠山区委员会在市政协的指导和中共珠山区委的坚强领导下，坚持以习近平新时代中国特色社会主义思想为指导，认真履行政治协商、民主监督、参政议政三项职能，各项工作取得新的成绩。

旗帜鲜明讲政治，扛起“政协使命”。政协常委会始终坚持党对政协工作的全面领导，坚决贯彻新时代党的建设总要求，并落实到政协工作各方面、全过程。自觉同党的基本理论、基本路线、基本方略对标对表，同中央和省委、市委、区委决策部署对标对表，增强“四个意识”、坚定“四个自信”、做到“两个维护”。区政协党组充分发挥在政协工作中把方向、管大局、保落实的领导核心作用，做到一切重要工作在区委领导下开展，一切重要活动围绕区委中心任务进行，一切重要安排上报区委审批后实施。坚持以政协党组理论学习中心组学习为引领，多种形式相配套的学习体系，持续学懂弄通做实。2020年以来，召开党组会议、中心组学习会、党课报告会、专题研讨会等60余次，真正以理论大学习、思想大武装、工作大研讨推动政协工作质量大提升，确保政协工作方向更为明确，履职更有实效。区政协结合自身优势开展学习、调研等各类活动30余次，进一步落实政协党组成员、党员常委、党员委员联系党外委员制度，推动实现党的组织和工作“两个全覆盖”。严格执行“三会一课”组织生活会、民主评议党员、双重组织生活等制度。坚持把意识形态工作纳入政协党组重要议事日程，做到同研究、同部署、同检查、同落实，完善政协党组主体责任清单，层层压实政协党建工作责任，充分发挥党组织的战斗堡垒作用和党员干部的先锋模范作用。

适应非常形势之需，发挥政协作用，面对战疫、抗洪、脱贫攻坚和全市“双创”四场大考，区政协组织，政协委员迅速行动，主动担当，各尽所能，发挥所长。在区委的坚强领导下，第一时间向全体政协委员发出募捐倡议书，号召大家立足本职防疫抗疫，第一时间动员广大政协委员深入一线，挖掘防疫抗疫中的先进典型，先后在《江西政协报》和《景德镇日报》作及时报道。在疫情防控关键时刻，政协领导班子把政治责任扛在肩上，靠前指挥，先后深入社区、企业调研指导疫情防控和复工复产工作，政协全体干部自疫情开始自始至终一直在指定社区抗疫达三个多月，得到社区广大群众点赞。7月上旬，受连日降雨及昌江流域上游强降雨等多重影响，特别是7月9日超警戒水位5.39米，区政协班子迅速进入战时状态，及时启动应急响应，迅速赶到现场开展抗洪救灾，与基层干部一起整夜奋战在城防圩堤上，铲沙土、装沙袋、固堤坝、排险情，直到洪水退去，确保人民财产损失降到最低点。政协机关科级以上干部全部下沉扶贫联系点，调研指导扶贫攻坚工作，在人力、物力、财力上全力以赴，组织委员捐资扶贫近20万元全部落到贫困户手中；发挥政协优势，组织委员开展“扶贫攻坚与乡村振兴”调研，反映社情民意，积极为扶贫攻坚与乡村振兴献计献策。区政协始终把“双创”工作放在第一位，特别是在迎国检的关键阶段，开展“协商在基层、双创在一线”活动，并组织100多名委员分成68个小分队深入68个社区（村）全覆盖，委员们纷纷变成文明“监督员”“宣传员”“志愿者”，为景德镇市荣获“全国文明城市”和“国家卫生城市”做出积极的贡献。

履职尽责解难题，体现“政协温度”，积极围绕区委区政府中心工作协商议政、调查研究，形成一批具有政协特点的履职成果。围绕区委区政府经济、改革、发展中的大事，全年立案交办提案51件，全部办复完毕，办复率100%，满意率达到97%以上，提案工作呈现出党委重视、政府支持、政协主动、部门配合的良好局面。5月，区政协关于"保护陶瓷老字号"的提案，得到区委林卫春书记的重视并批复"搜集整理，保护利用"，区政协积极会同文广新旅局等几家单位专门开展3个月的调研，举办多次"老字号"传承人座谈会，并形成了质量较高的调查报告，及时呈报给区委、区政府，在《景德镇日报》进行报道。以社区改革和乡村振兴"三个三"模式积极调查研究，先后组织多次基层调研，并启动创新打造"委员＋社区"有事好商量基层工作室，通过打造新厂街道林荫路社区"委员＋"创新试点积极推进政协协商向基层延伸，构建双向发力新平台，广泛凝聚共识，为推动形成"共建、共治、共享"基层社会治理新格局提供政协路径，取得较好的社会效果。紧扣全区工作部署的重点、重大项目推进中的难点、干部作风建设中的焦点和群众反映的热点进行调研协商，进一步收集社情民意信息，及时宣传区委、区政府的决策部署，特别是在"双创"工作中，助推一些基层矛盾在老百姓的"家门口"得到化解。

团结协作谋共识，汇聚"政协力量"，坚持团结和民主两大主题，最大限度地调动一切因素，团结一切可以团结的力量，汇聚起共襄伟业的强大合力。9—11月，首次与江苏省常熟市政协共同举办"琴川风·瓷都韵"书画陶瓷艺术展，取得圆满成功，开创对外学习和交流的新平台。

辽宁省大连市中山区、江苏省苏州市姑苏区、云南省玉溪市华宁县等20多个县区政协到珠山区学习考察。就疫情防控、生态保护、城市品位提升等议题进行交流，通过视察交流，增进外界对景德镇市的进一步认识。邀请工商联、社会团体协会组织、无党派人士参加调研视察活动，为他们参与政协活动畅通渠道。同时，密切与非公有制经济人士、其他社会阶层人士的联系，进一步做好理顺情绪、化解矛盾、凝聚人心、增进团结的工作，为促进发展汇聚最广泛的力量。

提升素质强队伍，凸显"政协干劲"，坚持自觉对标对表，以问题为导向，切实加强政协"两支队伍"的建设，促使工作提质增效。坚持邀请委员列席政协党组中心组理论学习、主席会议集体学习会议等学习制度，健全委员联系制度，落实委员履职工作规则，建立委员履职档案制度，开展委员年度履职考核，保持委员队伍的生机和活力。严格落实中央八项规定及实施细则精神，坚决整治"怕、慢、假、庸、散"突出问题。认真学习贯彻《中国共产党纪律处分条例》和《中国共产党廉洁自律准则》，始终把党纪党规挺在前面。一年来通过防疫、抗洪、脱贫攻坚及"双创"的几场考验，机关干部队伍的建设得到进一步提高。政协委员在各条战线上奋力拼搏，勇当标兵，捷报频传。如：赵兰涛委员获第四届"China·中国"中国陶瓷艺术设计大赛金奖；徐雪勇委员获评2020年度享受国务院特殊津贴专家；蔡文娟、陈菊荣委员获江西省劳动模范等荣誉称号。

全体委员会议

【政协珠山区八届五次会议】 5月17—18日，政协珠山区第八届委员会第五次会议在珠山区人民政府大礼堂召开。大会开幕式由区政协主席邵继纲主持。区政协副主席吴云作《政协珠山区第八届委员会常务委员会工作报告》，区政协副主席周国逢作《政协珠山区第八届委员会常务委员会关于区政协八届四次会议以来提案工作情况的报告》。部分区政协委员在大会发言。区委书记林卫春代表中共珠山区委在会上讲话。大会闭幕式由区政协副主席罗丽玲主持，会议表决通过《政协珠山区八届五次会议关于提案情况和审查意见的报告》和《政协珠山区第八届委员会第五次会议决议》。

常务委员会会议

【政协珠山区八届十二次常委会会议】 4月20日，区政协常委会在区政协会议室召开区政协八届十二次会议。会议学习中共中央办公厅印发的《关于加强新时代人民政协党的建设工作的若干意见》。对《中共珠山区委关于新时代加强和改进人民政协工作的实施意见(征求意见稿)》进行讨论。

【政协珠山区八届十三次常委会会议】 5月8日，区政协常委会在区政协会议室召开区政协八届十二次会议。会议审议通过政府提案办理工作情况报告;审议通过《政协珠山区第八届委员会常务委员会关于区政协八届四次会议以来提案工作情况的报告(草案)》;审议通过《关于召开政协珠山区第八届委员会第五次会议的决定(草案)》;审议通过政协珠山区八届五次会议议程(草案)、日程安排(草案);审议通过《政协珠山区八届五次常务委员会工作报告(草案)》;增补政协委员。

【政协珠山区八届十四次常委会会议】 5月18日,区政协常委会在区委常委会议室召开区政协八届十四次会议。各讨论组召集人汇报分组讨论情况;审议政协珠山区第八届委员会第五次会议决议(草案);审议政协珠山区第八届委员会第五次会议关于提案审查情况的报告(草案);讨论通过有关人事事项。

【政协珠山区八届十五次常委会会议】 12月17日,区政协常委在珠山区发展中心政府常务会议室召开区政协八届十五次会议。会议学习传达中共十九届五中全会精神;专题协商《加快开发利用"景德镇瓷器老字号"的几点建议》;审议通过《关于詹甲寅委员辞去区政协八届委员资格的报告》及《关于辞退吴小勇区政协八届委员资格的决定(草案)》。

视察·调研·调查

【加快开发利用"景德镇瓷器老字号"的情况调研】 7月中旬,区政协人口环境资源委在区政协主席邵继纲的带领下,到区文广新旅局、三宝国际瓷谷进行专题调研。专题调研形成调研报告,对推进加快开发利用"景德镇瓷器老字号"工作进行深入分析,提出三点建议,供中共珠山区委领导决策参考。

【促进三宝国际瓷谷发展情况调研】 10月,区政协农业农村经济科技委在区政协副主席罗丽玲的带领下,组织部分委员到三宝国际瓷谷对其发展情况进行专题调研。专题调研形成调研报告,报告阐述三宝国际瓷谷的基本情况及发展趋势,提出今后发展方向的五条建议,供区委领导决策参考。

【疫情常态化防控工作,提升基层医疗服务能力情况调研】 11月13日,区政协港澳台侨委在区政协副主席徐光华的带领下,多次组织政协委员深入区卫健委开展专题调研。专题调研形成调研报告,详细介绍珠山区疫情防控工作基本情况及存在的主要问题,提出三点建议,供区委领导决策参考。

【餐饮外卖行业情况调研】 11月中旬,区政协文化文史和学习委、法制社团委组织部分委员深入区市场监督管理局、各餐饮单位,对全区餐饮外卖市场情况进行专题调研。专题调研形成调研报告,对全区餐饮外卖行业发展现状及趋势和食品安全领域存在的主要问题进行详细介绍,对如何促进全区餐饮外卖行业健康有序发展提出三点建议,供区委领导决策参考。

【脱贫攻坚工作情况调研】 12月28日,区政协提案委结合委员提案,在区政协副主席周国逢的带领下,组织部分委员深入贫困户和扶贫产业项目中,对珠山区脱贫攻坚工作进行专题调研。专题调研形成调研报告,详细介绍珠山区脱贫攻坚目标任务完成情况,针对巩固脱贫成果提出多条建议措施,供区委领导决策参考。

提案督办

【八届五次会议重点提案办理工作的督办】 区政协提案委员会组织部分委员针对脱贫攻坚、疫情防控、餐饮外卖监督服务等工作进行重点督办,并形成专题调研报告。

文史工作

【《琴川风·瓷都韵》书画、陶瓷艺术展】 9月16日,与江苏常熟市携手举办《琴川风·瓷都韵》书画、陶瓷艺术展在常熟市开展,11月11日在珠山区开展,加强与市、兄弟县区政协的沟通与联系,打造对外学习和交流的新平台。

中国共产党珠山区纪律检查委员会 珠山区监察委员会

【概况】 2020年是全面建成小康社会决胜之年、实施"十三五"规划收官之年、脱贫攻坚决战之年，也是极不平凡、极不寻常、极为不易的一年。面对错综复杂的发展环境、艰巨繁重的改革发展稳定任务特别是新冠肺炎疫情和洪涝灾害的双重影响，区纪委常委会坚决落实党中央、中央纪委、省纪委和市委决策部署，在市纪委、市监委和区委的领导下，认真贯彻马森述在景德镇调研指示精神，忠实履行党章和宪法赋予的职责，在结合实际创造性贯彻落实上下功夫，努力推动全区纪检监察工作高质量发展，各项工作稳步推进，为全区经济社会健康发展提供了坚强保障。

坚持理论武装，学习习近平新时代中国特色社会主义思想进一步提升。区纪委常委会始终把习近平新时代中国特色社会主义思想作为指引方向、推动工作、解决问题的强大思想武器，把握运用其中的立场、观点、方法，把党的创新理论转化为纪检监察工作的思想和举措，努力做到学思用贯通、知信行统一。将传达学习习近平总书记系列重要讲话和重要指示批示精神作为"第一议题"，建立班子成员领学制度，先后开展16次专题学习，带动全系统提高理论思维、精准落实能力。深入学习贯彻中共十九届五中全会精神，对学习宣传贯彻工作做出全面部署，推动全会精神入脑入心、落地落实。举办读书班专题学习《习近平谈治国理政》第三卷，引领全区纪检监察干部带着感情学、发自内心拥护，增进政治认同、思想认同、情感认同，增强"四个意识"、坚定"四个自信"、做到"两个维护"。

坚持政治监督，践行"两个维护"进一步见效。纪检监察机关在"两个维护"上有着特殊使命和重大责任，对国之大者必须做到"心中有数、肩上有责、手里有招"。区纪委、区监委紧紧围绕习近平总书记重要指示批示精神和党中央重大决策部署落实情况，推动政治监督具体化常态化，坚持做到党中央决策部署到哪里，政治监督就跟进到哪里。2020年，及时跟进疫情形势发展变化，精准把握监督重点，抽调124人次，派出62个监督检查组深入防疫一线479个点位开展监督检查，梳理出问题70个，提出意见建议70条，整改到位70个，查处问题10起，处理10人。按照"六稳""六保"要求，细化分解"四个聚焦""十四个紧盯"工作任务，组成3个调研组到8家区直单位和6个乡镇街道开展蹲点调研，梳理出3个方面的问题，积极督促相关行业部门采取有力举措解决问题。认真落实上级党委开展政治谈话的要求，协助区委出台《关于开展政治谈话加强对"一把手"和领导班子监督的实施办法》，林卫春、罗文军等区领导带头与竟成镇、各街道、经开区党政主要负责人开展政治谈话，面对面反馈问题、传导压力、压实责任。坚持实事求是、依规依纪追责问责，防止问责泛化、简单化，问责18名党员干部。

坚持人民立场，维护群众利益进一步有力。民心是最大的政治。坚持以维护群众利益作为工作的出发点和落脚点，人民群众反对什么痛恨什么就坚决防范纠正什么。开展"六清"行动，对涉黑涉恶腐败和"保护伞"问题线索进行大起底、大排查，严格落实"两个一律""一案三查"的要求，立案40起，处理70人，处分37人，查处"保护伞"问题14人，移送司法机关2人，涉黑案件"打伞"比例100%。将中央脱贫攻坚专项巡视"回头看"对江西纪检监察机关提出的6个方面问题，及市纪委、市监委自查发现的3个方面问题和32项整改举措，照单全收。按照"三查三改"要求，开展自查自纠，确定10个方面问题和33项整改措施，均整改落实到位。区纪委区监委班子成员带队，抽调财政、审计、扶贫等部门业务骨干，采取查验账目、翻阅档案、实地走访等方式,深入7家区直单位及竟成镇和14个村,就中央脱贫攻坚专项巡视"回头看"反馈问题整改进行调研督导,发现14个问题,反馈相关责任单位,督促立行立改。深入推进扶贫领域腐败和作风问题专项治理,下发工作提示函3份,查处违纪问题8起,处理8人。查处民生领域"微腐败"问题20起,处理20人。持续深化作风建设,加强对贯彻落实中央八项规定精神情况的监督检查,紧盯"四风"突出问题,深入纠治"怕慢假庸散"等作风顽疾,严肃查处形式主义、官僚主义问题22起,处理24人。对各单位食堂是否存在铺张浪费、党员干部婚丧喜庆事宜是否大操大办等情况进行监督检查,查处享乐主义、奢靡之风问题12起,处理13人。

坚持巡改并重,利剑作用进一步发挥。认真学习贯彻习近平总书记关于巡视巡察工作重要论述,坚守政治巡察定位,扎实开展政治体检,坚决纠正政治偏差。区委高度重视巡察工作,分别召开3次区委常委会会议、3次区委书记专题会议研究巡察工作,选配1位"75后"干部任正科级巡察专员。针对问题线索发现难,区委巡察工作领导小组加强对巡察工作全过程的领导,巡察前认真谋划,巡察中及时调度协调,巡察后做实整改文章。克服疫情影响,开展两轮巡察,派出8个巡察组,对32个党组织开展常规巡察,区本级巡察实现全覆盖,向被巡察党组织反馈问题233个,整改到位225个,整改率96.6%。在做好巡察"后半篇文章"上持续发力,压实整改主体责任,严格审核巡察整改方案和整改报告,组建巡察整改专项督导组,对4家被巡察单位党组织巡察整改情况开展督查指导,有力推动巡察整改工作取得实效。

坚持标本兼治,一体推进"三不"进一步贯通。深刻把握反腐败斗争取得压倒性胜利和形势依然严峻复杂的重大判断,始终保持惩治腐败高压态势,着力减存量、遏增量,一体推进不敢腐、不能腐、不想腐。全区纪检监察机关收到信访举报136件次,同比下降13.4%;处置问题线索124件,同比上升31.9%;立案65件,同比下降4.4%;处分48人,同比下降12.7%,涉及科级干部7人。运用"四种形态"处理党员干部142人次,同比上升15.5%,其中第一种形态94人次,第二种形态39人次,第三种形态3人次,第四种形态6人次。做好审查调查"后半篇文章",深化以案为鉴、以案促改、以案促建,围绕干部作风、社会治安、社区矫正、国有集体资产管理等领域,下发纪律检查建议书和监察建议书17件,督促相关单位举一反三、整改问题。不断创新方式方法深化廉政教育,突出廉政文化熏陶,开展"小巷讲堂"廉政专题宣讲20场,受众4000余人次;强化典型案例警示,通报典型问题12起,切实筑牢思想防线。

坚持底线思维,办案安全进一步加强。办案安全是基础、是底线,也是衡量审查调查工作质量的重要标准,可以说是"一票否决""一锤定音"。深刻认识办案安全工作的极端重要性,抓实抓细办案安全工作,主要领导高位推动,分管领导一线督导,办案部门落细落实,案管部门加强监管,保障部门密切配合,处处都有安全哨、人人都是安全员的安全责任共同体逐步形成。分批组织相关干部参加省纪委、省监委审查调查安全调训和全市纪检监察系统安全监管业务专题培训班,提高纪检监察干部思想政治工作能力。进一步健全完善制度,围绕监控室、谈话室管理及设备养护、突发情况应急处置等方面细化工作制度5项,要求全区纪检监察机关严格执行,不定期抽查执行情况并进行问题通报,层层压实责任,督促全区纪检监察干部绷紧审查调查安全之弦。对3个街道谈话室进行改造提升,集中连片使用,安全基础不断夯实。

坚持内外兼修,干部队伍建设进一步优化。区委大力支持纪检监察工作,关心纪检监察干部。在新落成的区发展中心拿出一栋楼,用于纪委监委和巡察组集中办公,极大改善了办公条件。统筹抓好纪检监察干部培养、选拔和任用,提拔2人、重用2人,机关干部士气更加提振。以政治建设为统领,抓好模范机关创建,开展"大学习、大讨论"活动,引领全区纪检监察干部加强理论学习,提升政治能力。推进纪检监察工作规范化法治化,认真践行严实深细的工作作风,扎实推进纪检监察干部能力建设,牢固树立法治意识、程序意识、证据意识,始终按照权限、规则、程序开展工作。落实"师傅带徒弟""到监督审调巡察一线学"要求,利用上挂、借调培养干部,挑选7名干部参加上级机关办案、巡察和跟班学习。强化自我监督,运用姜国文、赵开江、卢建等反面典型,组织全区纪检监察干部参加警示教育,对照查摆问题,全面梳理廉政风险点,健全完善纪检监察干部廉政档案。纪检监察干部程英救火事迹被学习强国、文明江西微信公众号、《景德镇日报》等媒体报道,入选中国文明网"中国好人榜"点赞评议活动。主动接受外部监督，向民主党派和无党派人士通报纪检监察工作。坚持刀刃向内，处置反映纪检监察干部问题线索2件，查实1件，约谈并通报批评1人。

【力戒基层防疫一线“填表抗疫”等形式主义、官僚主义】 区纪委监委坚持把疫情防控作为当前最重大的政治任务和最重要的工作来抓，力戒基层防疫一线“填表抗疫”等形式主义、官僚主义问题，以严明的纪律为打好打赢疫情防控阻击战提供坚强保障。科学布置“作业单”、要求有关责任单位将拟下发文件提交给区防疫指挥部统一把关审核，做到对可发可不发的一律不发；能通过电话、微信等其他途径解决问题的不发；发文内容相近、发文对象能归并的不单独发，力争减量不减质、为基层减负。集中收集“反馈表”、要求每日报送数据材料实行归口管理，由区防疫指挥部统一收集、统一整理、统一上报、统一公开，明确基层报送时间节点，倒逼责任落实到人、落实到岗。另一方面，要求基层截止报送的时间不早于当天下午5点，各有关责任单位不得直接向基层防疫一线收集数据材料，让基层干部把更多精力投入疫情防控第一线。扎实开展“日常考”，要求再聚焦发现工作不足、指出短板问题、开展覆盖式每日实地督查的同时，明确督查重点、强化督查手段、控制督查时间，不给基层增添由纪检监察机关督查带来的时间负担、心理负担，并设法尽可能多地为基层防疫一线解决一个口罩、一瓶消毒水、一名联防联控人员，让督查不流于形式、不止于表面。

【区纪委十一届五次全会】 4月21日，中国共产党珠山区第十一届纪律检查委员会第五次全体会议召开。会议学习传达十九届中央纪委四次全会精神和省纪委十四届五次全会、市纪委十一届五次全会精神。区委书记林卫春出席会议并讲话。市纪委、市监委有关领导到会指导，区四套班子领导和区法院、区检察院主要负责人出席会议。区委常委、区纪委书记、区监委主任叶质柱主持会议并代表区纪委常委会向全会作题为《坚持和完善监督体系　为擦亮国际瓷都对话世界的窗口提供坚强保障》的工作报告。全会审议并通过该工作报告。

【叶质柱为区青年干部主体班学员授课】 11月5日上午，区委常委，区纪委书记、区监委主任叶质柱到区委党校，为区青年干部主体班暨2019年度新录用公务员初任培训班全体学员上廉政党课。廉政党课围绕扣好廉洁从政的“第一粒扣子”为主题，分别从年轻干部为什么要廉洁从政和年轻干部怎么践行廉洁从政等方面进行深入讲解。报告指出，廉洁从政是践行党的根本宗旨的必然要求，是面临新时代“赶考”的迫切需要，是党员干部实现人生价值的重要保证。报告提出年轻干部要把好“三关”，要坚定理想信念，把好“政治关”；要严守党的纪律，把好“廉洁关”；要弘扬优良作风，把好“形象关”。课程结束后，区青年干部主体班学员纷纷表示作为年轻干部，只有坚持廉洁从政，保持共产党员的清廉本色，将自我发展同珠山发展需要、同新时代建设步伐紧密结合起来，才能无愧于时代的选择和人民的重托，真正实现自己的人生价值。

群众团体

总工会

【概况】 区总工会在区委、区政府和上级工会的领导下，认真贯彻落实党的十九大精神和十九届五中全会精神，以习近平新时代中国特色社会主义思想为引领，突出主责主业，夯实基层基础，致力精准服务，全面落实城镇困难职工解困脱困任务，紧紧围绕既定的发展战略和工作目标，为擦亮与世界对话的国际瓷都窗口贡献工会力量。

坚持以习近平新时代中国特色社会主义思想和党的十九大精神为指导，认真贯彻落实习近平总书记关于工人阶级和工会工作的指导精神，特别是在同全总新一届领导班子成员集体谈话，以及在全国劳模大会上的重要讲话精神，组织全体职工学习全国两会精神。举办中共十九届五中全会精神宣讲暨工会业务知识培训班，组织珠山区街道(镇)，社区(村)工会干部进行学习，竟成镇总工会干部、各街道工会干部、社区和村工会工作者等150人参加培训。

走访慰问奋战在新型冠状病毒感染的肺炎疫情防控一线的交警、城管、医务人员、社工、网格员、志愿者等，区总工会筹集发放10余万元用于一线抗疫。为93位困难建档职工每人申请困难救助款4727元，共439611元。区总工会干部职工主动担当志愿者、宣传员、后勤兵，带领广大职工投身疫情防控，协助挂点社区全力以赴打赢疫情防控这场硬仗。做好"瓷都工贷"，着力帮助解决珠山区职工创业者、初创企业和小微企业在复工中缺资金、缺场地、缺技术等困难。提供贴息资金，撬动信贷资金支持工会会员创新创业创富。先后走访调研珠山区企业、重点项目，实地了解复工复产情况。

为贯彻落实党中央国务院、省委、省政府、市委市政府、区委区政府扶贫攻坚战略部署和省、市总工会关于困难职工解困脱困工作的要求，按照"精准摸底、对症施策"的原则，区总工会开展城镇困难职工结对帮扶全覆盖活动。开展"冬送温暖"走访慰问活动，为困难职工发放慰问金446111元。组织各基层工会积极开展"送万福、进万家"书法公益活动，为广大职工群众送去新春祝福。开展工会会员普惠工作，为广大工会会员便捷消费、提前消费、促进消费搭建良好的服务平台。为患大病职工申请互助保障赔偿金，并为困难职工赠送职工大病医疗互助保险，人均105元。2020年，珠山区总工会共为101个单位，6650名职工参保，理赔28人次，理赔金额达248209元。积极组织区干部职工参加由市总工会举办的"摄影比赛""第一届职工羽毛球比赛""职工气排球比赛""职工篮球比赛""冬泳"等文体活动，丰富干部职工的业余生活。

为获得2020年度的先进集体和个人颁发证书和奖章；发放区劳模慰问金，安排区级劳模体检；积极引导劳模先进、景漂人才积极投身和参与疫情联防联控；为2个"珠山区劳模创新工作室"授牌；做好2020年度江西省劳动模范和先进工作者候选人推荐工作，2人获省劳动模范荣誉称号。开展劳模宣讲进校园活动，百余名教职工听取了劳模的创业、奋斗及奉献事迹。为贯彻落实《江西省总工会关于进一步做好困难职工解困脱困工作的实施方案》，区总工会召开城镇困难职工解困脱困工作会，组织干部职工入户调查走访，结对帮扶，深入掌握困难职工家庭困难程度、致困原因、实际需求等基本情况。区总工会顺利通过省第三方评估组的考核和全总帮扶专项资金的审计。组织职工志愿者，联同挂点社区深入开展环境卫生整治活动，积极参与景德镇市"双创"工作，为景德镇市"双创"贡献力量。

【开展“冬送温暖”走访慰问活动】 1月14日上午，区总工会慰问组一行深入一线，开展“冬送温暖”活动，走访慰问基层困难工会主席、困难一线职工及劳模代表，送去冬日里的关爱和温暖。

【开展灾后走访慰问活动】 7月，景德镇市遭遇历史罕见的洪涝灾害，区总工会牵挂受灾职工群众，紧急筹措帮扶救灾款28000元。在全区范围内开展灾后慰问活动，为受灾企业与职工送去慰问金和工会的关怀问候。

【开展爱心圆梦“微心愿”活动】 7月28日，区总工会领导班子带队前往结对帮扶困难职工家中开展爱心圆梦“微心愿”活动，帮助贫困户实现“微心愿”。购买豆浆机、床上用品四件套等“心愿”物资送到困难职工家中。

【开展“夏送清凉”活动】 8月，开展“夏送清凉”活动，把1500余份防暑降温物资送到高温作业现场，向高温一线坚守岗位、辛勤劳动、无私奉献的广大建设者，尤其是城管、环卫、基层村、社区、建筑施工等行业的职工，表达党和政府的关爱。

【举办景漂青年职工联谊会】 8月29日，区总工会在三宝国际瓷谷马鞍岭举办景漂青年职工联谊会，帮助景漂青年职工搭建一个良好的交友、交流平台，活动吸引15对未婚景漂青年职工参加。

【举办2020年“金秋助学”活动】 9月28日，区总工会举办2020年“金秋助学”活动，珠山区总工会领导班子、受助困难职工子女代表、困难职工代表及社会爱心人士参加活动。为受助困难职工子女发放助学帮扶金24000元。

【全总审计组深入珠山开展专项审计工作】 11月10日，全国总工会专项审计组一行深入珠山区，就2019年度江西省部分市、县(区)总工会帮扶资金、送温暖资金分配管理使用情况开展专项审计。市委副书记王前虎到珠山区，看望开展专项审计的全总审计组一行。

【举办中共十九届五中全会精神宣讲暨工会业务知识培训】 11月26日，为认真学习贯彻党的十九届五中全会精神，学深学透习近平新时代中国特色社会主义思想和习近平在全国劳模表彰大会上的重要讲话精神以及中国工会十七大精神，按照《中共珠山区委关于推进社区扩权赋能改革试点工作意见》相关要求，深入落实区委关于推进社区扩权赋能改革试点工作座谈会精神，区总工会结合工会系统“一提升，两强化”要求工作实际，举办镇、街道、社区和村工会工作者学习培训班。竟成镇总工会干部、各街道工会干部、社区和村工会工作者等150人参加培训。

共青团

【概况】 共青团珠山区委进一步加强团员青年的思想政治工作，不断完善团的工作机制，充分发挥团组织的先锋模范作用。扎实推进青少年人才培养工程，充分发挥青少年典型的示范引导作用。在疫情防控期间，组织开展多样化活动为抗疫贡献青春力量。2名共青团干部被共青团景德镇市委授予市“优秀共青团干部”。

【青年志愿活动】 春节期间，团区委以“打赢防疫阻击战——江西青年突击队在行动”为主题，开展珠山青年突击队工作，组织300余名青年参与疫情防控工作；4月26日，开展助力“双创”五四主题团日活动，组织珠山区驻地团市委代表，中铁四局景德镇管廊项目部青年志愿者100余人，在昌江广场社区开展团日活动。

【开设考前心理减压辅导公益课助力高考学子】 6月13日下午，为缓解高三学生在疫情与复学备考特殊时期所面临的双重压力，团区委开设考前心理减压辅导公益课，让高三学生必须注意高考前和高考时的心理调整。由于疫情影响，高考延期，时间的调整造成一些高三学生过度地紧张、焦虑和慌乱，高考考生面临比往年更大的挑战。

【新团员入团仪式】 7月3日下午，保留实验学校新团员入团宣誓仪式在团队活动室举行。由校团委书记讲述举行入团仪式的意义，随后老团员代表向25名新团员颁发团章、团员证和佩戴团徽。

【江西公益培训班活动】 7月21日上午,为拓宽广大青年就业渠道,助力青年成长成才,帮助广大考生备战2020年公考,团区委携手师图教育举办的“圆梦青春　助力公考”公益培训班在区委党校三楼教室正式开班,50人参加此次培训。

【金秋助学活动】 8月底,联合团市委、青年文明号单位开展“金秋助学·圆梦行动”,实地走访8名贫困大学生,送上助学金40000元。

【组织青年志愿服务队培训会】 9月3日下午,举行全区青年志愿服务队培训会。会议邀请杭州携文公司培训部老师进行授课,团市委副书记魏若然,区委常委、宣传部部长洪丹平出席。竟成镇、各街道团(工)委负责人以及青年志愿者126人参加此次培训。

【召开珠山区青年工作联席会议】 11月13日,召开全区青年工作联席会议第一次全体会议。区委副书记伊文斌、副区长余文军出席会议,会议审议《贯彻落实〈江西省中长期青年发展规划(2018—2025年)〉实施意见》近期重点工作(审议稿)。

【区平安珠山建设领导小组预防青少年违法犯罪专项组会议】 12月28日,召开区平安珠山建设领导小组预防青少年违法犯罪专项组全体会议第一次会议,区委常委政法委书记程传东出席会议,会议审议《珠山区平安珠山建设领导小组预防青少年违法犯罪专项组和办公室工作职责》《珠山区平安珠山建设领导小组预防青少年违法犯罪专项组及办公室工作制度》《珠山区平安珠山建设领导小组预防青少年违法犯罪专项组各成员单位职责任务》《珠山区平安珠山建设领导小组预防青少年违法犯罪专项组2021年度工作要点》。

妇　联

【概况】 在区委、区政府的重视领导下,在市妇联的关心指导下,区妇联深入贯彻党的十九大和十九届二中、三中、四中、五中全会精神,以联系妇女、服务妇女、教育妇女、维护妇女权益为根本任务,持续做好妇女思想引领、妇女巾帼建功、深化家庭创建等工作,全面推动妇联工作迈上新的台阶,实现新发展。

以“决战脱贫攻坚　决胜全面小康”“走进两会”“致敬抗疫英雄”为主题,邀请赣鄱红色娘子军宣传员、抗疫英雄走进农村和社区,通过宣讲+故事分享的形式,同当地妇女群众一起分享在决战脱贫攻坚、贯彻全国两会精神以及疫情防控前线的故事。线上,在微信公众号推送疫情动态、防疫知识,宣传深入一线的女性先进典型,形成浓厚的正确的舆论氛围;线下,为一线的妇联干部及时送去防疫物品,组织妇联干部、执委、巾帼志愿者积极参与挂点社区的联防联控工作,积极开展疫情募捐和心理免费咨询服务,帮助广大妇女以更加理性平和的心态应对疫情,促进社会和谐稳定。

【参与抗洪救灾】 各级妇联干部深入居民家中做好安全知识和应急知识的普及、劝导危险地带群众撤离等工作,在洪水退去后,立即开展灾后消杀和灾后防疫知识宣传,引导辖区广大妇女做好家庭环境卫生清洁。

【助力“双创双修”】 组织巾帼志愿服务队开展“健步走、美生活、护平安”巾帼巡查志愿服务,劝导不文明行为近千次,清理垃圾死角百余处;组织区妇联干部深入挂点社区开展创建全国文明城市模拟调查问卷活动,认真记录群众反映的相关问题,及时做好疏解工作。

【推进家庭美德】 与区档案馆联合举办“寻镇馆之宝、评最美家庭、展珠山古韵”活动,对100户“清洁家庭”示范户、10户“绿色家庭”示范户和10户“最美家庭”进行表彰,与文广新旅局评选出3户“书香家庭”,与区综治办评选出区级“平安家庭”10户。开展“手艺传承、文化立人、精神传家”系列亲子活动、“扬家风家训,送美德春联”活动以及垃圾分类环保袋制作等活动,为辖区家庭普及传统文化,弘扬中华传统美德。

【帮扶困难妇女】 利用节假日开展走访慰问活动,为300余名困难妇女、200余户贫困家庭发放了总价超十万元的慰问金和物资,并持续开展“两癌”免费检查的宣传工作，2732 名妇女全部参与免费检查。为2 名农村贫困“两癌”母亲、12 名城镇“两癌”贫困母亲送去每人1 万元的专项救助金。

【关爱困境儿童】 开展“阳光护航，与爱童行”“暖冬计划”“暖心行动”“儿童爱心套餐”发放等关爱活动，为500 余名困难儿童、留守儿童送去了书包、文具、衣服等礼物；在“99 公益日”期间，发动各界爱心人士通过腾讯公益平台为困难家庭进行线上捐款1.2 万余元，对5 名困难女大学生以及24 名春蕾女童进行资金帮扶。

【保障妇女儿童权益】 “三八”妇女节期间，开展“云”上“三八”维权周活动，利用微信公众号和社区微信群向广大妇女儿童和家庭传播法律知识，推送法治视频，开通心理疏导和法律维权热线；4 月13 日及12 月13 日，与检察院、法院分别联合制定《关于建立妇女儿童权益保护工作合作机制的意见》，为妇女儿童权益提供全方位司法保障。在竟成镇举办全区妇联系统法律明白人培训班，提升基层妇联干部化解矛盾纠纷能力。持续做好妇女的来电、来访和咨询，接待35 名妇女群众的来电、来访。

科 协

【概况】 区科学技术协会以习近平新时代中国特色社会主义思想为指引，紧紧围绕区委、区政府确定的工作思路和奋斗目标，坚持“四服务”职责定位，深化科协系统改革，创新和拓展工作方式，扎实推进《全民科学素质行动计划纲要》的实施，普及科学知识，提升全民科学素质，为推进全区经济社会协调发展做出积极贡献。

通过区级媒体古镇珠山微信公众号转发“科普中国”防疫科普知识，动员镇、各街道科普信息员及时转发。组织村、社区科普信息员利用沿街商户LED 屏、社区宣传栏、小喇叭和发放科普宣传资料等载体和形式，大力开展应急科普宣传。积极动员和组织区属镇、各街道参与江西省预防感染新型冠状病毒科普知识网络竞赛，参与人数9557 人、参与人次29037 人次。为提高广大群众对新型冠状病毒危害性认识和自我预防能力，积极发挥科协的科普宣传作用。每天安排一名干部到挂点龙珠阁社区协助开展疫情防控宣传工作，为社区送去200 只医用口罩。

【推进全民科学素质提升】 先后三次召开区全民科学素质工作部署会和推进会。省科协副主席宋平岗、市科协主要领导到梨树园社区调研指导全民科学素质工作，在珠山区召开景德镇市全民科学素质工作调研座谈会。市政府副秘书长吴飞、市科协主要领导到浙江路社区调研指导全民科学素质工作，召开全民科学素质工作调研座谈会。

【青少年科普】 4 月和12 月，购买5 万余元青少年科普图书赠送到区10 余所中小学校，不仅增加学校的图书资源，丰富师生的文化生活，而且为其提供更多的精神给养。认真落实“科普惠民”计划，精心组织好相关项目的申报，争取更多“科普惠民”项目来提升青少年科普综合能力。

工商联

【概况】 区工商业联合会（总商会）是以非公有制企业和非公有制经济人士为主体的人民团体和商会组织，成立于1994 年8 月，是党和政府联系非公有制经济人士的桥梁和纽带，是政府管理和服务非公有制经济的助手。

区工商联的会员为企业会员、团体会员和个人会员三种。本届领导班子系珠山区工商业联合会（总商会）第五届执行委员会，于2020 年12 月24 日珠山区工商联第五次会员代表大会选举产生。第五届执行委员会委员48 人，常委15 人，主席、副主席、秘书长7 人，总商会会长、副会长4 人。

【全民积极抗击疫情】 新冠肺炎疫情暴发后，区工商联全体干部积极有序地参与疫情防控志愿服务，到挂点社区与社区干部一起参与小区的通行管控和核查工作。动员广大民营企业家及社会各界通过红十字会捐赠善款、医疗防控物资及生活物资。共募集捐款82.78 万元、84 消毒液400 千克、乙醇消毒液200 千克、一次性口罩15000 只、KN95 口罩2200 只、一次性橡胶手套100 双，以及价值80 余万元的食品。

【民企助力脱贫攻坚】 发动全区民营企业家们发扬守望相助精神,为帮助新疆阿克陶县贫困村早日脱贫,筹集爱心善款10000元。

【非公党组织“庆七一”活动】 7月3日,由珠山区非公办、区工商联主办的非公有制经济党组织“庆七一主题党日”活动在竟成镇人民政府举行。

【“八一”前夕走访慰问官兵】 7月31日,在“八一”建军节即将到来之际,区委统战部、区工商联组织民营企业走访慰问珠山区人民武装部,为官兵们送去节日慰问品,价值7000元。

【民企助力“双创”工作】 8月,在区委统战部、区工商联的组织带动下,辖区的民营企业家积极投身于全市的“双创”工作中,共同开展“同心·民企助双创”活动。向民营企业发放《景德镇市民文明手册》近千本,各民营企业先后开展各类学习、宣传等活动120余次,参与人数5000余人次。

【建立友好商会联系】 9月9日,内蒙古赤峰市红山区统战部、工商联考察团一行到珠山区开展交流学习活动,区工商联与红山区工商联签订《友好商会协议》。

【开展公益捐赠活动】 11月3日,江西省“同心助学·大爱工程”公益捐赠活动启动仪式在珠山区陶新小学报告厅举行。捐赠单位江西省山东商会和明日之星教育基金会,向区22所学校捐赠文房四宝、备课教学软件等教育信息化设备,价值41万元。

【召开第五次代表大会】 12月24日,在区发展中心召开区工商联第五次代表大会。会议听取审议区工商业联合会(总商会)第四届执行委员会工作报告,选举产生区工商联(总商会)第五届执行委员会、常务委员会以及新一届领导班子,通过大会决议。

文 联

【概况】 区文联在区委区政府的正确领导下,在市文联的关怀下,在区委宣传部的指导下,紧扣区委区政府的工作重心和上级文联的工作要求,组织和引领各协会开展一系列有声有色的文学艺术活动,有力促进珠山文学艺术事业的发展繁荣。

组织区属协会参与“我的景德镇——国家试验区建设怎么看怎么干”主题征文活动相关要求,经过全区大评比,区文联选送的征文荣获2个三等奖。

组织举办“情系珠山——珠山区奋进50周年陶瓷书画艺术展”。区文联负责制定具体活动实施方案,组织区美协老师集体在一件直径约2米的大瓷盘上展开创作,为珠山区奋进50年献礼,组织全区陶瓷书画家,围绕主题创作一批具有时代性,风格独特的陶瓷书画作品。

春节前夕,突如其来的疫情蔓延全国,区文联与区美术家协会共同组织“抗击疫情,献爱心”捐款活动,艺术家们纷纷伸出援助之手,短短数日,102位艺术家捐款33886元。第一时间把“爱心”送到区防疫指挥部。

【“珠山2020谷雨诗会”颁奖仪式】 5月17日,与区作家协会联合主办的“珠山2020谷雨诗会”颁奖仪式在市文学艺术院举行。市文联党组书记熊小席及有关领导出席。诗会以脱贫攻坚为主题征稿,受疫情影响采取线上形式展播。

【开展“决胜全面小康、决战脱贫攻坚”文艺创作采风活动】 7月23日,联合竟成镇扶贫办组织区属摄影家协会会员10余人入村开展“决胜全面小康、决战脱贫攻坚”文艺创作采风活动,在竟成镇多个村取景拍摄。拍摄的作品被竟成镇扶贫站在9月底南昌扶贫产品展销会上采用宣传。

【开展平安志愿者文艺志愿服务进社区活动】 9月14日,市文联、区文联开展平安志愿者文艺志愿服务进社区活动。在市文联党组书记熊小席、市文联主席谢景玉带领下,各文联的文艺志愿者伏案挥毫泼墨、笔走龙蛇,抒发对社会和谐发展、对瓷都“双创”成效和对基层干部群众锐意进取的感悟,为社区增添文化气息,向社区传递正能量。

【“迎中秋相聚传统节日”——文艺志愿者送中华传统文化进校园活动】 9月29日下午,由市文联、区委宣传部主办,区文联、区陶新小学承办的“迎中秋相聚传统节日”——文艺志愿者送中华传统文化进校园活动在陶新小学举行。市文联党组书记熊小席，市文联主席谢景玉，区委常委、宣传部部长洪丹平及市区有关领导出席，文艺志愿者送书法知识、书画作品进校园，丰富校园文化阵地，让孩子们学到知识，感悟中华优秀传统文化的魅力，增强孩子们对中华民族的文化自信。

【组织“我光盘，我骄傲”主题绘画作品展】 11月11—18日，组织“我光盘，我骄傲”主题绘画作品展在全区各小学巡回展览。通过巡展，全区广大学生进一步增强文明就餐礼仪，提升勤俭节约意识。

社科联

【概况】 区社会科学界联合会紧紧围绕区委、区政府确定的工作思路和奋斗目标，以服务区委、区政府工作大局为中心，结合本职工作，推广社会科学工作者服务，不断推动社科普及、推进社科事业繁荣发展。

向上级部门推荐17篇调研文章参加全市理论文章评选；组织征集特色地域文化研究项目10个选题上报给上级部门参评。向全区征集“社科大讲堂”讲堂报告人和推荐讲座选题各61个；向市社联推荐4篇“一线扶贫干部手记”和2篇“学习习近平总书记关于扶贫工作的重要论述论文”参加征文活动；向上级部门推荐3篇课题参与社会科学规划项目申报工作；上报1篇文章参与第十九次社会科学优秀成果评奖活动；参与申报节约型机关创建工作。

疫情防控期间，深入太白园街道浙江路社区，利用扩音器录制疫情防控“数来宝”，宣传新型冠状病毒的相关防控知识；给外来人员量体温并进行登记，劝离走亲串户群众，杜绝外省区人员车辆入内；在辖区各公共场所、人员密集地实行严格消毒。为太白园街道浙江路社区购买4把红外线测量体温枪等物资助力疫情防控；拨付8000元支持挂点太白园街道浙江路社区购买防疫等物资开展工作，参加中共珠山区直属机关工作委员会新型冠状病毒感染的肺炎疫情捐款活动，捐款600元；按照珠山区疫情防控指挥部值班要求，配备人员按时按点到岗值班。

“双创”冲刺阶段时，全天在挂点路段和共建社区进行“双创双修”共创工作，在挂点的三宝路段全天巡查，与太白园街道浙江路社区干部一同开展打扫路段卫生、扶起道路边的电动车等创卫工作。利用市民下班回家的时段在挂点太白园街道浙江路社区“上门入户”发放《景德镇市民文明手册》《宣传健康防疫知识》，指导居民填写20份《模拟问卷调查表》，收集对“双创双修”工作的意见和建议，并登记汇总；拨付5000元支持浙江路社区开展“双创”工作。

【开展新时代文明实践“小巷讲堂”系列活动】 4月29日，区社联联合区委宣传部在太白园街道浙江路社区开展新时代文明实践“小巷讲堂”“公勺公筷”线上线下宣讲；4月，推荐的由陶新小学、第七小学拍摄的2020年新时代文明实践“小巷讲堂”倡导公勺公筷、健康生活宣传片被区委宣传部选送到“学习强国”中的江西学习平台播放。

【举办讲解垃圾分类知识讲座】 7月2日，区社联联合区委宣传部、区管局在新村街道梨树园社区举办垃圾分类知识讲座，宣讲员向社区居民普及垃圾分类的意义，倡导居民从我做起，做好垃圾分类保护共有环境，并详细讲解垃圾分类的知识。

【开展“社科普及宣传周”系列宣传活动】 11月1—7日开展社科普及宣传周暨“科学理论进新时代文明实践中心”“决胜全面建成小康社会，决战脱贫攻坚”普及社会科学知识为主题的学术讲座、科普活动、知识竞赛等107项活动。

残　联

【概况】 区残联严格按照各级脱贫攻坚督查组反馈问题和区扶贫办意见，认真履行残联职责、落实各项整改任务。竟成镇新办证26人，其中建档立卡残疾人6人，配合各部门开展数据比对，精准变动完善建档立卡残疾人信息台账。认真实施兜底保障，配合民政局完成两项补贴的审核发放。建档立卡残疾人89户96人中，发放建档立卡残疾人两项补贴87人，其中生活补贴85人，护理补贴34人，同时享受32人。在2020年防疫、防洪期间，为竟成镇贫困残疾人发放2万元临时救助金。结对帮扶竟成镇新厂村2户建档立卡残疾人，拨付帮扶资金6000元整，在端午、中秋等重大节日开展走访慰问。为3户竟成镇贫困残疾人家庭提供无障碍改造。11 月 11—12 日,联合金氏正骨医院、惠耳听力在竟成镇后街村、樊家井村为困难残疾人开展健康知识宣传讲座、听力检测与义诊活动。持续开展城镇贫困残疾人脱贫解困工作,认真与区民政局核对数据,摸排完善城镇贫困残疾人信息台账。落实残联政策,结合民生工程、精准康复、燃油补贴、无障碍改造等工作,为城镇贫困残疾人提供贴合需求的服务,做好城镇贫困残疾人脱贫解困奠定基础。

2020 年,受疫情影响,减少聚集性活动的开展。组织残疾人参加就业局线上春季招聘会。组织街道、社区开展爱耳日、爱眼日线上宣传活动。组织开展第三十次“全国助残日”活动,联合景德镇惠耳听力、珠山区知声听力服务部开展爱耳、护耳知识宣传,提供耳聋康复咨询,为贫困听障残疾人免费进行助听器适配、维修;利用“小巷讲堂”在竟成镇、各街道开展疫情防控期间残疾人心理健康知识讲座、义诊,收看“全国自强脱贫和助残扶贫先进事迹网络报告会”;组织珠山仁德康复医院为贫困残疾人开展义诊帮扶活动,提供康复指导、心理咨询的服务;组织浮梁正骨医院开展残疾预防宣传讲座,为广大残疾人工作者讲述脑瘫预防相关知识;组织志愿者走访慰问贫困残疾人家庭,送上米、油等慰问品。认真组织街道、社区开展特奥日、健身周、文化周活动,组织残疾人报送艺术作品。为竟成镇残疾人安装 3 万元文体设施,丰富残疾人的文体生活。联合区就业局组织开展为期 3 天的培训,为 18 名残疾人培训就业创业知识。联合市残联、昌江区残联在开门子大酒店举办景德镇市第三十七届国际盲人节文艺会演。

【认真实施民生工程各项任务】 残疾人“公益性岗位”任务完成 52 人;轮椅、助行器等辅具需发放 204 件,已发放 204 件,完成率 100%;助听器适配 4 人;为 9 名残疾人安装了假肢;2019—2020 学年,共为 18 名 0 ~6 岁残疾儿童进行康复;为 60 名残疾人开展居家托养;为 65 户贫困残疾人提供无障碍改造或发放无障碍器具;为 3 名残疾大学生与 12 名残疾家庭大学生子女发放助学金。联合区民政局为 10 名建档立卡贫困失能残疾人提供照护托养服务。

【在全区开展动态更新工作】 8 月 27 日,按照省残联统一部署,开始残疾人专项调查入户登记工作,全区调查数据人口 5332 人,其中入户调查 4968 人,电话调查 186 人,查无此人 42 人(无法联系到残疾人本人),已搬迁 58 人,空挂户 63 人,外出 2 人,死亡 13 人,入户调查率达 96.39%,App 采集比例达 96.06%;全区 1 个镇、9 个街道,全部按要求调查完毕,完成率为 100%。

【扎实做好两项补贴发放工作】 “江西省两项补贴信息系统”上线后,协助区民政局完成两项补贴系统数据的审核,认真扎实配合好区民政局开展两项补贴发放工作。为 3197 人发放两项补贴,其中生活补贴 2646 人、护理补贴 1428 人,同时享受两项补贴 877 人,做到应发尽发。进一步改善重度、困难残疾人的生活状况,促进社会和谐稳定。

【落实残疾人机动轮椅车燃油补贴】 按照自下而上逐级申报的原则,对符合燃油补贴条件的残疾人逐一进行审核,既严格把关又不少报、漏报一名残疾人。发放符合条件的人员共计 158 人,由镇(街道)统一发放 41080 元。

【认真做好精准康复相关工作】 2019—2020 学年,共为 18 名 0 ~6 岁残疾儿童提供康复服务,2020—2021 学年,为 19 名 0 ~6 岁残疾儿童提供康复服务。全区共有康复需求 372 人,服务 372 人次,康复服务率 100%。

【进一步做好残疾人维权和信访工作】 严格落实领导责任制,明确工作职责,全面推行信访事项首问责任制,切实解决残疾人反映的焦点问题,做到合理的问题及时解决,无理的诉求做好疏导解释工作,生活困难的及时帮扶。对信访工作做到不迟报、不漏报,出现信访工作问题第一时间赶到现场。全年,接待来信来访 100 余人(次)。

红十字会

【概况】 2020 年,区红十字会在区委、区政府的正确领导下,在中国红十字会总会和省市红十字会的指导下,在社会各界、相关团体会员单位的支持下,认真贯彻落实中央、省市区委党的群团工作会议精神,遵循国际红十字与红新月运动基本原则,履行红十字会法赋予的职责，依法建会、依法治会，按照“党政所需、群众所盼、红会所能”上下功夫，依法召开区红十字会第一次会员代表大会，选举产生区红十字会第一届理事会、监事会，基本完成群团改革任务。全力投入新冠肺炎疫情防控阻击战，接收捐赠款物327.49万元。大力开展红十字应急救护培训，培训红十字应急救护员650人，红十字应急救护普及培训3000人次。

【全力做好“新冠肺炎疫情”专项捐赠款物的接收工作】 2020年，新冠肺炎疫情防控期间，区红十字会接收捐赠款物327.49万元。其中区本级接收捐赠款物278.10万元，捐赠资金168.23万元，捐赠物资折价109.87万元；争取市红十字会下拨捐赠款物24.50万元；争取“北京联慈健康扶贫基金会”捐赠双娃奶粉30份计0.89万元。

【红十字博爱送万家活动】 春节前，区红十字会联合景客隆超市开展红十字博爱送万家送温暖活动，为100户困难群众发放温暖箱（价值400元的年货），送去温暖。

【“学校＋社区”安全健康教育项目】 2020年，积极申报并顺利实施中国红十字会总会“学校＋社区”安全健康教育项目。举办救护员培训13期650人、亲子讲座2期1010人次，应急演练1场500人次、宣传活动2场541人次、学校安全教育体验活动1场642人次。

【省红十字会社区健康促进项目落户六〇二所社区】 2020年，省红十字会投资40万元的集社区防疫、养老服务、应急救护、健康普及、人道宣传动员为一体的社区健康促进项目落户新厂街道六〇二所社区。

【设立区红十字会党组】 6月28日，经区委批准，设立珠山区红十字会党组，党组书记黄爱喜，副书记赵俊明，党组成员周颖、张晓君。

【景德镇市珠山区红十字会第一次会员代表大会召开】 6月28日，市珠山区红十字会第一次会议代表大会在区政府礼堂召开。市红十字会党组书记俞定珍，区委书记林卫春，区委副书记、区人民政府区长罗文军，区委副书记伊文斌，区人大常委会副主任余畅，区政协副主席吴云出席大会。省红十字会党组成员、副会长戴莹发来贺信。大会听取、审议并通过赵俊明代表珠山区红十字会所作的《凝心聚力创新发展，努力开创珠山红十字事业发展新局面》的工作报告。大会聘请区委书记林卫春，区委副书记、区长罗文军担任区红十字会名誉会长；区委副书记伊文斌、区人大常委会副主任余畅、区政协副主席吴云担任名誉副会长。选举产生王八斤等55人组成的景德镇市珠山区红十字会第一届理事会，以周颖等3人组成的景德镇市珠山区红十字会第一届监事会。选举王卫平等14人为区红十字会第一届理事会常务理事，选举区政府副区长黄爱喜为会长，常务副会长赵俊明，兼职副会长洪光耀、王世萍、冯小欢、程华峰、洪芸，挂职副会长张晓君。

【中共珠山区红十字会机关支部成立】 7月，经报请中共珠山区直机关工委批准，中共珠山区红十字会机关支部成立，党员4人，周颖任党支部书记。

军事

【概况】 区人武部坚持以习近平新时代中国特色社会主义思想和强军思想为引领，坚决贯彻落实江西省军区和景德镇军分区党委决策指示，牢牢把握维护核心、看齐追随这个根本，聚焦改革重塑、转型发展这个要务，突出依法治军、从严治军这个保证，强化责任担当，狠抓任务落实，圆满完成各项任务，部队全面建设呈现向上向好的发展态势。

聚焦政治引领工作。始终把加强思想政治建设摆在首位，确保部队绝对忠诚、绝对纯洁、绝对可靠。深入抓习近平主席系列重要讲话精神学习。采取党委机关集中学、党日活动常态学、每周检查促进学、专武干部延伸学等方法，对习近平主席最新讲话精神紧紧跟上、随到随学。突出学好训词训令、十九届五中全会等系列重要指示，定任务、定要求、定责任，让学讲话成为硬任务硬指标。通过深入抓学习，全体人员维护核心看齐追随立场坚定，“四个意识”不断巩固，加快国防动员力量建设的使命责任感持续增强。用力抓思想政治建设。扎实开展两大主题教育，严密组织“书香军营”活动，号召全体人员读经典、学理论、谈体会，不断夯实思想根基和坚定立场。通过“小巷讲堂”“大学生话国防”等形式，组织开展“热血兵心——瓷都儿女建功在军营”主题国防教育活动，进一步激发驻地群众参与建设国防的热情。坚持文化要有战斗力的理念，张贴主席训词、竖立强军字体、完善荣誉室，观看大型电视纪录片《为了和平》，让全体人员在潜移默化中注入红色基因，砥砺强军底色。重视抓意识形态领域斗争，严格落实隐蔽斗争工作制度，及时开展形势政策和政治纪律教育，积极联系驻地国家安全机关，组织拉网式隐患排查，切实以坚定决心和超常举措，打好意识形态领域斗争进攻仗主动仗。深入开展谈心交心活动，耐心细致做好一人一事工作，搞好针对性思想引导和解难帮困，将思想教育和人文关怀结合起来，让思想政治工作充满温度、有人情味。

提升主责主业能效。紧紧围绕“六部”职能，在积极推进军事斗争动员准备上埋头工作、狠抓落实。周密筹划军事训练。按照“强化基础训练、抓实民兵训练、搞好联训联演、提升实战能力”的思路，采取“集训、比武、演训、问责”的方法，先后组织民兵营连长、情报信息员、专武干部等骨干集训，落实民兵应急分队不少于1次全要素拉动演练和民兵协防分队现地实案化演练。严格落实上级关于精准扶贫工作的指示精神，积极探索脱贫模式，严格管控扶贫进度，全面掌握扶贫效果，先后投入14万余元为扶贫点注入资金需求，解决产业创新的实际困难。聚力推动征兵工作，一年征兵，四季准备。因疫情原因，原定两季征兵改为一季，始终坚持“节点提前、工作提速、标准提高”的原则，采取多种手段、围绕综合施策、完善政策措施，完成年度征兵工作。

强固党委班子。部党委主要领导均有变动，新的“一班人”在景德镇军分区党委的正确领导下，按照“站位很高、思路很清、规矩很正、要求很严”的指示要求，加强理论学习，自觉维护团结，提升工作效能，班子凝聚力和战斗力不断增强。讲学习增长才干。把学习作为第一职责、第一需要，认真落实中心组学习制度，养成班子定期学习、个人天天学习的好习惯，掌握驾驭领导工作的基本遵循，不断提高“具体讲政治、深度谋打仗、全面抓建设、主动求创新”的能力。在学习贯彻习近平主席系列重要讲话、推进调整改革、抓好练兵备战、加强基层建设等重大任务上，都是第一时间传达学习上级指示，第一时间研究对表，第一时间部署落实，切实把学习成果转化为强班子带部队的实际本领。讲制度坚强领导。认真贯彻民主集中制，严格按照党委统一的集体领导下的首长分工负责制开展工作,正副书记带头,经常沟通交流,相互配合相互补台,重大问题充分听取委员意见,支持大家放手开展工作;班子成员都能主动适应角色要求,尽心尽力抓分管工作,积极为党委建言献策,扑下身子抓落实。新班子成立以来,先后5次召开党委会,研究重点工作10余项,审议经费开支均做到先通气酝酿后上会讨论,按政策按规定按程序办,按多数人的意见办,保证依法决策科学决策民主决策。讲团结凝心聚力。"一班人"坚持个性服从党性,局部服从全局,高度珍视团结,用心维护团结,真正做到"学习走在前、工作拼命干、生活不特殊、遵纪当模范"。"一班人"严守政治纪律政治规矩和党风廉政建设各项规定,坚定肃清流毒影响,牢固树立在监督下用权、在阳光下办事、在"工资条"里生活的观念,不搞特殊化。组建以来班子成员没喝过一次酒,没有多占房和车,没有告状信,努力以实际行动为部队当好精神向导和道德模范。

把牢安全底线。牢固树立发展是硬道理、安全是硬任务,完成不了硬任务就讲不好硬道理的理念,对安全始终保持高度清醒和忧患意识。搞好教育强意识。以"条令学习月"和"百日安全竞赛"活动为抓手,采取"学、训、整、改、考"等方法,认真开展"学法规、明职责、严纪律、正秩序"活动,党委依法决策、基层依法行动、人员依法履职的意识进一步强化。按照季有规划、月有安排、周有活动要求,通过集中授课、专题辅导、竞赛考核等方式,认真组织保密规定、案例警示等教育,常态开展新《条令条例》和安全常识学习考核,军官和民兵安全意识不断强化,"我的安全我负责、他人安全我有责、单位安全我尽责、出了问题严查责"的良好氛围持续浓厚。紧盯重点抓预防。结合区人武部实际,研究制定《加强营院管理规定》《关于进一步正规"四个秩序"的规定》等制度,切实做到有法可依、有章可循。在景德镇军分区统一部署下,完善制定权责清单,把安全管理工作明确到日、周、月、季、年,落实到每个人头每个点位。以"人车枪弹密、水火电钱航、酒油黄赌毒、涉外涉地方"为重点,突出敏感时期、重大节日安全排查,加强安全管控,紧盯防范重点,搞好风险评估,确保部队安全稳定。采取日查与夜查、定期查与随机查、个人查与相互查相结合方式,加大检查督导力度,定期通报讲评;坚持每天一次法规学习、每周一次隐患排查、每月一次安全讲评、每季一次形势分析,遇有重大任务和重要节日,及时组织专题安全工作巡查,及时发现问题,严明责任整改,狠抓末端落实。

狠抓基层建设。着眼整体推进,全面过硬,大力加强基层建设。建强基层队伍。围绕"四有"目标要求,将基层党组织建设和基层武装部"两室一库"、民兵营(连)部建设同步推进。注重抓规范搞协调促落实,大力加强专武干部队伍建设,协调地方组织人事部门专门下发通知明确标准要求和程序规定搞好专武干部选配,尤其是武装部长的调整配备必须经区人武部同意,由区人武部党委提名,区委组织部共同组织考察,及时调整配备2名武装部长。定期召开专武干部例会,每月安排1名专武干部到区人武部代职锻炼,有效提高了履职尽责能力。抓实后勤保障,集中调配和使用建设经费,确保把有限的经费向干部职工关注的问题倾斜,全面启动营院治理计划,开展警示语刷新、排管布线、停车秩序整治等系统工程。坚持以人为本,重点在化解矛盾和解决干部职工家庭实际困难上下功夫、出实招,对2名家庭有实际困难的官兵进行慰问救济。筹资购置厨房用品,更换保障人员,提高饭菜质量,出色地完成了各项保障工作。严格抓好疫情防控,面对突如其来的新冠肺炎疫情,全体人员上下一心,坚决打好阻击战保卫战,通过印发手册、电话告知、短信提醒、微信转发、悬挂专栏等多种形式,把新冠病毒肺炎临床发病表现、防治要点及相关处置流程,向每名干部、文职、职工和合同招聘人员,以及营区内住户讲清讲透,并通过他们做好家属的宣传引导,确保人人熟知,全员防控;加强人员摸排和管控,常态落实体温检测登记、人员健康情况报告、营院通风消杀毒等制度,统一采购储备防护物资。

规范党管武装制度。坚持落实党管武装根本制度,积极开展双拥共建工作。区委书记、人武部党委第一书记林卫春到部里组织现场办公,帮助解决人武部建设重难点问题。深入开展国防教育,大力推进国防教育进机关、进学校、进企业、进社区、进农村,扎实开展"国防教育月"活动,请抗战老兵到中小学开展国防教育专题讲座,组织铁路中学学生军训260人,在全区上下营造人人关心国防、人人支持国防的浓厚氛围。认真落实党管武装制度。突出抓好常委议军会、武委会、国动委会、"八一"座谈会、党管武装考评等基本制度落实,召开区党管武装工作会议,组织政治教导员进行述职,认真抓好拥军优属工作,积极协调解决“后院”“后路”“后代”问题;协调现役军人子女入园入学,积极开展立功送喜报和走访慰问现役军人家庭及困难军属活动;组织干部职工、民兵积极参加“双创双修”,为全市“双创”成功做出了应有贡献。扎实推进扶贫帮困,坚持一手抓协调保障,一手抓自身扶贫。全年落实经费用于帮建组织、帮建设施、帮建教育、帮建产业,捐赠图书400余册,采购药品20多种,购买口罩、消毒液等防疫物资,帮助对口扶贫村解决生活饮水问题,居民生活条件得到改善。

【组织民兵防疫】 2020年区人武部在疫情防控期间,先后组织现役干部职工、专武干部、民兵投入一线社区,开展秩序管控、人员排查、清理消毒工作,消杀面积4400平方米,排查人员3000余人,社区值勤人均超过100小时。

【抓好民兵整组】 2—5月,区人武部按照“编建为用、因地制宜、拓展创新”的原则编实建强,编建基干民兵队伍。建立领导责任制和沟通协调机制,按照潜力调查、筹划部署、业务培训、体检政考、组织点验、开展训练、检查验收等程序有序组织,区分应急、专业和特殊队伍三类力量,扎实开展潜力调查工作,完成数据调查上报工作。

【组织民兵抗洪】 7月8—9日,辖区遭遇洪水,区人武部先后组织指挥部分民兵到昌江河观音阁段、南河湖田段进行防汛抗洪任务,加固防洪堤,疏散转移群众。

【完成征兵工作】 2020年,区人武部想方设法,集思广益,广泛发动群众凝心聚力,征兵办工作人员多次前往高校及辖区内中学“一对一、面对面,进校入班”开展宣传,发放宣传单4000余份,充分挖掘潜力资源,顺利完成新兵征集任务。

法治

公安

【概况】 2020年，珠山公安分局立足公安工作主业，严厉打击各类违法犯罪活动，切实提升群众安全感和满意度，有效确保全区社会政治和治安秩序持续稳定。珠山公安分局接警23568起，立刑事案件2434起，破获刑事案件830起，抓获犯罪嫌疑人468人，抓获逃犯101人，查处行政案件7028起，处理违法人员1246人，其中行政拘留475人、强戒35人、其他处理771人。

【推进扫黑除恶专项斗争】 全市扫黑除恶考核中，珠山区名列全市第一。进一步加强线索核查和对现有案件的侦办力度，持续推进扫黑除恶专项斗争。专项斗争开展以来，侦办九类涉黑恶刑事案件160起，抓获九类案件犯罪嫌疑人392人；打掉涉黑组织2个、恶势力集团14个、恶势力团伙10个，冻结、扣押、查封各类资产价值约6036.22万元。

【"黄赌毒"治安乱点整治】 破获涉黄涉赌案件376起，处理违法犯罪嫌疑人871人。尤其是打击网络赌博犯罪战果突出，破获网络赌博案件5起，破获涉毒案件132起，抓获违法犯罪嫌疑人291人，缴获毒品373克。以"黄赌"集中整治、"断链""2020赣鄱百日缉毒""秋风"等专项行动为抓手，全面加强辖区娱乐城所和特种行业治安管理，精心组织开展集中清查整治，对涉黄涉赌涉毒违法犯罪始终保持"零容忍"，辖区治安环境得到明显改善。

【开展大要案侦破工作】 珠山区发生现行命案3起（"3·25"故意杀人案、"5·20"故意杀人案、"10·23"故意杀人案），珠山公安分局迅速启动命案侦破机制，相关警种同步上案合成作战，立即开展现场勘查、调查访问、情报研判工作，将3起命案及时侦破，完成现发命案必破的目标。积极推进命案积案攻坚，按照"一人一档"的要求，开展研判追逃工作，抓获历年命案逃犯2名，其中潜逃29年和潜逃11年命案逃犯各1名。抓获各类网上逃犯101名。

【严厉打击侵财性犯罪】 始终坚持"民意主导警务"原则，对群众反映强烈的电信诈骗、"三车一扒"、入室盗窃等侵财类案件进行严厉打击。破获各类侵财案件651起，抓获违法犯罪嫌疑人255人。严厉打击电信网络诈骗犯罪。6月，按照上级公安机关要求抽调专人组建反诈中心，牵头组织开展案件管控、线索核查回复和反诈宣传等工作，深入开展"云剑""断卡"等专项行动，取得了初步成效。打掉电信诈骗窝点11个、犯罪团伙3个，抓获犯罪嫌疑人59人，破获电信网络诈骗案件81起；发放宣传资料8万余份，发布专题宣传提示18期，点击量高达20余万次。严厉打击"三车一扒"违法犯罪活动。通过多措并举，突出全链条打击街头现行盗窃犯罪，全力查找销赃窝点，严厉查处销赃人员，追缴涉案赃物。破获各类"三车一扒"案件107起，抓获违法犯罪嫌疑人45人，打掉犯罪团伙3个，缴获赃车47辆。

【进行行业场所安全监管】 以深入推进打击涉枪涉爆违法犯罪专项行动为契机，以缉枪、治爆、净网为重点，先后开展两次枪爆违法专项行动，压缩违法犯罪空间，收缴子弹114发、土铳2把、砍刀2把。全面强化娱乐服务场所管理和控制，通过加强日常治安检查，及时消除各类安全隐患，严厉打击各类"黄赌毒"违法犯罪，营造良好的文化娱乐环境。部署推进旅馆业“人证合一”系统建设,督促落实“三实”住宿登记制度,加强小旅馆备案管理,利用旅馆业信息系统抓获网上逃犯 15 人。对印刷业开展整治工作,实行印刷店以及印刷厂登记备案制度,登记打印店 71 家。

【深化“放管服”改革】 8 月 31 日,珠山公安分局办证大厅和各派出所户籍窗口统一进驻珠山区政务服务中心,实现全省首家公安户籍业务集中办理,为群众提供“一门一窗”高效便民服务。同时,推出“出生一件事免费一链办”便民服务,推进线下线上融合服务,大力推广提高“江西公安网上办事大厅”的使用率。全面实施错时延时预约服务措施,工作日中午、双休日、节假日为百姓提供办证服务,最大限度地方便群众,取得较好的社会效果。

检　察

【概况】 区人民检察院内设机构 7 个:办公室、政治部、第一检察部、第二检察部、第三检察部、司法警察大队、昌河检察室。全院干警 43 名,其中政法专项编制 39 人、事业编制 4 人。单位被评为“全国先进基层检察院”;全年公众安全感和群众满意度指数达 99.84%,位列全省基层检察院第 2 名;2 名干警在全国、全省检察机关竞赛活动中分获“法治进校园”全国巡讲活动表现突出个人和全省公诉标兵荣誉称号。

【“四大检察”全面协调发展】 依法批捕各类刑事犯罪案件 247 件 316 人,提起公诉 326 件 484 人,不批捕 24 人,不起诉 52 人;办理刑事监督案件 49 件。办理民事生效裁判监督、民事审判活动监督等案件 24 件。办理行政生效裁判监督、行政审判活动监督等案件 13 件。办理民事公益诉讼案件 8 件、行政公益诉讼案件 49 件,同比分别上升 300%和 44%。

【同舟共济战疫抗洪】 面对突如其来的新冠肺炎疫情,在区委区政府的领导下,迅速统一思想和行动,主动肩负起战疫的检察责任。深入街道社区参与一线联防联控,资助挂点社区、村委会防疫资金及口罩、消毒水等防疫物资,30 余名干警不分日夜、不惧风雨,坚守在瓷器街、新厂村疫情防控点。拍摄的纪录片《“疫”线上的检察蓝》被最高人民检察院微信公众号展播。积极参与防汛抗洪工作,安排干警前往昌江流域等汛情一线,协助做好巡堤值班、险情排查等工作。

【服务三大攻坚战】 聚焦金融风险防范化解,贯彻落实“三号检察建议”,妥善办理涉众型金融刑事案件。依法起诉王某某以高息为饵,吸收 117 名群众 2700 余万元的非法吸收公众存款案。立足执法办案,助力决胜脱贫攻坚。向 16 名生活困难的当事人发放司法救助金。加强与行政部门协作配合,推行“检察长 + 河长制”,助力“双创双修”,对瓷都“母亲河”进行集中治理,围绕保护改善昌江、南河流域生态环境开展“保护母亲河”专项活动,督促清理河流沿岸垃圾 550 余吨。落实“路长制”工作部署,组织干警对挂点路段进行巡查。

【服务保障“六稳”“六保”】 走访辖区民营企业 49 家,提供陶瓷知识产权等法律咨询服务 63 次;办理涉民营经济控告申诉案件 2 件、诉求 7 件。切实转变司法理念,依法严厉打击侵犯民营企业合法权益犯罪,同时妥善处理民营企业及其工作人员涉嫌犯罪案件,结合案件的社会危害性等综合因素,做到少押、少捕、慎诉,依法对唐某虚开发票案等 5 件涉民营企业案件作出不起诉处理。

【持之以恒打击黑恶势力】 落实扫黑除恶专项斗争“六清”行动部署,严厉打击黑恶势力犯罪不松懈。依法批准逮捕恶势力犯罪案件 3 件 11 人;起诉恶势力犯罪案件 6 件 26 人。深入推进重点行业领域整治,把人数众多、组织稳定,常年称霸一方、为非作歹的黑恶势力犯罪作为重点行业领域整治的发力点,向社会治安、资源环保等 20 余个重点行业发出检察建议 43 份。

【保护未成年人合法权益】 用心做好未成年人检察工作,依法宽缓到位,未成年人犯罪案件不捕率 31.6%,不起诉率 13.3%,附条件不起诉率 12.5%。办理的帅某某猥亵儿童案入选江西省首届“依法维护妇女儿童权益十大案例”。把未成年人普法宣传工作和落实“一号检察建议”紧密结合,以禁毒宣传日、宪法宣传周等为契机,先后在陶阳学校、新厂小学等辖区学校,开展宪法知识竞赛、赠送法治图书、

“守护明天——法治乡村行”等活动，共同打造平安法治校园。打造未成年被害人“一站式”救助中心和心理咨询室，会同区法院、公安局、教体局等13家单位，共同出台《关于珠山区刑事案件未成年被害人“一站式”救助体系暂行办法》，建立健全心理干预机制，着力为未成年人的成长营造良好的法治环境，为22名涉案未成年人开展心理疏导和救助。

【强化刑事诉讼监督】 强化刑事立案、侦查、审判监督，当好检察环节“把关人”。监督侦查机关立案3件3人，监督撤案2件2人，追捕6人、追诉9人，纠正遗漏罪行11人。刑事抗诉1件1人。发出书面纠正侦查活动违法通知书17份。把好案件事实证据关，对事实不清、证据不足和不构成犯罪的案件依法不起诉25人。督促行政执法机关向公安机关移送案件线索11条。

【深化民事行政诉讼监督】 办理民事审判活动监督案件6件，民事执行活动监督案件7件，民事生效裁判监督案件2件。盯住拖欠农民工工资问题，支持起诉9件9人，帮助朱某某等人追回拖欠三年的薪酬，让农民工不再“忧酬烦薪”。办理行政审判活动监督案件5件，行政非诉执行监督案件7件，行政生效裁判监督案件1件。以办案促进行政争议实质性化解，在办理当事人不服法院裁判而申请检察监督的案件中，不仅解决法律适用问题，更关注案件背后的民生保障等问题，主动延伸职能，积极开展释法说理，有效化解童某某行政争议案件，帮助古稀老人告别“蜗居”生活。

【细化刑事执行监督】 开展“减假暂”问题专项检察监督和社区矫正巡回专项检察监督活动，对全区182名社区矫正对象定期报到、请假销假等情况进行检查，发出检察建议1份。强化对社区矫正对象日常情况的监督检查，如针对熊某某在缓刑考验期内违规外出，且存在聚众吸毒被公安机关行政处罚，区司法局多次书面警告无果的情况，及时建议区司法局提请撤销缓刑。开展捕后羁押必要性审查，对符合条件的11人提出变更强制措施建议均获采纳。

【优化公益诉讼检察行动】 联合相关行政部门对辖区40所幼托机构存在的食物储存不规范、消毒柜不卫生等问题进行查处。督促相关部门取消12所幼儿园办学资格，24所幼儿园对食品安全问题限期整改。加强对网络外卖卫生情况的关注，督促相关部门对230余家外卖商户卫生状况进行整改，进一步规范网络餐饮安全。把公益诉讼监督视野聚焦在群众生产生活息息相关的领域，及时发现解决问题。7月，对辖区生活小区的二次供水情况进行摸排，根据发现的无水箱清洗记录、供水与消防用水混杂等影响水质安全隐患情况，向相关部门制发诉前检察建议，辖区内70余个小区均整改到位。

【深入推进阳光检察】 推行检察公开听证，让公平正义可触可感可信。邀请40余名人大代表、政协委员、人民监督员、社区代表等参加9起案件公开听证，充分听取各方意见建议后，依法作出处理。常态化开展检察开放日活动。邀请社会各界人士走进检察机关，参加“民有所呼、我有所应”检察开放日等活动10次。积极运用信息公开平台、新媒体发声，公开法律文书348份，发布重要案件信息16条，各类检察新闻信息385条，让群众对检察工作“触手可及”。

法 院

【概况】 2020年，区人民法院新收各类案件4525件，办结4575件，员额法官人均结案170件，结案率99.46%，名列全省基层法院第25位，审判绩效连续三年名列全市法院第一位。执行案件“3+1”四项核心指标均达100%，位列全省法院第一。争创工作名列全省基层法院第26位、全市基层法院第一位；一站式诉讼服务中心建设名列全省法院第三位、全市法院第一位；省法院考核扫黑除恶工作指标名列全市法院第一位。在2020年全省公众安全感和政法部门满意度测评中，名列全省法院第二位、全市基层法院第一位。

全体干警深入社区协助开展摸底排查、宣传引导、进出登记等工作329人次。利用互联网开展审判执行活动，网上立案254件，网上开庭220次，在线音视频远程调解263件，电子送达2772次。及时化解矛盾纠纷，两天调解一起涉案金额达240万元的涉大型企业合同纠纷案件，两天连审14起侵害商标权纠纷案件，助力企业复工复产。服务三大攻坚战。设立金融审判庭,集中审理金融借款、信用卡纠纷等金融案件258件。印发意见提出17条举措,为脱贫攻坚工作提供司法服务和保障。发挥审判职能,通过调解促成当事人将30万元赔偿款转为扶贫资金。设立“精准扶贫法官工作室”,开展普法宣讲、法律咨询等活动12次,努力把矛盾纠纷化解在群众身边。

依法审结各类刑事案件326件。审结故意伤害、抢劫等严重暴力犯罪案件38件,审结盗窃、诈骗等侵犯财产犯罪案件106件,审结黄毒赌犯罪案件91件。集中宣判景德镇市首批4起食品安全领域刑事附带民事公益诉讼案件,保护人民群众“舌尖”安全。严格落实罪刑法定、疑罪从无原则,依法沟通协调区检察院将1起涉外合同诈骗案件撤回起诉,成功防止把经济纠纷当作犯罪处理。

审结各类民商事案件2301件,审结劳动争议、人身损害赔偿等涉民生案件270件,审结婚姻家庭、继承等家事案件184件,用法治为人民群众幸福美好生活保驾护航。审结行政诉讼案件234件,监督行政机关依法行政,服务法治政府建设。加强沟通协调,行政案件撤诉率20.28%。

实行“三审合一”集中审理知识产权类案件102件,比2019年增加84件。出台意见,提出19条司法措施,服务保障国家试验区建设。与市文广新局等行政机关建立诉调对接机制,共同构建多元化保护格局。通过“知识产权日”“瓷博会”等时间节点,开展“送法进企业”等知识产权宣传系列活动。

紧盯“3+1”核心指标,采取各类有效措施,努力兑现当事人胜诉权益,执结案件1670件,执结率100%,实际执行到位16446.78万元。加大失信联合惩戒力度,纳入失信名单354人,限制高消费894人。实行“三新”工作法,提升网拍质效,2020年成交额6611.4011万元,标的物成交率92.19%,溢价率34.47%。

成立“党员合议庭”,审理涉黑涉恶涉“伞”案件5件25人,案件清结率100%。审理的全市首起余某某等15人涉黑案,入选江西法院“全省八大涉黑涉恶典型案例”,审判经验获得江西高院院长葛晓燕的批示肯定,在全省法院推广学习。加大打财断血力度,创新推出“三个四”工作法,切实做到“四个及时”“四个必须”“四个一律”,受理涉黑涉恶涉“伞”执行案件17件,结案率100%,执行到位1026.5058万元,到位率96.86%,该工作法得到省高院扫黑办的肯定,在《江西执行工作动态》上刊登推广2次。推行“一案多建议”,先后向文化娱乐、交通运输等9个系统17家单位发送司法建议书34份,回复率达100%。

通过诉讼服务大厅、中国移动微法院App、“12368”诉讼服务热线等线上线下多种渠道,实现诉讼事项网上办理、掌上操作、一站通办。加强人民法庭建设,竟成法庭现有员额法官3人,法官助理2人,全部为党员及研究生学历,是全市唯一一个全省“双达标”示范法庭。成功推动辖区民事案件万人成讼率纳入珠山区综治考核体系,加强对人民调解员、社区网格员的业务培训指导,2020年,多元化纠纷解决中心成功调解案件1169件。推行诉前委托鉴定制度,受理诉前鉴定申请150件,其中委托鉴定42件,诉前调解21件。速裁团队审结各类案件722件,平均审理期限15.8天。

扎实开展队伍教育整顿、“两个坚持”专题教育、“三个以案”警示教育活动,形成自查自纠报告19份,撰写心得体会72份。加强基层党组织“三化”建设,竟成法庭党支部由江西高院院长葛晓燕亲自挂点,党建经验《党建引领事竟成》作为唯一一个人民法庭党建案例在全省法院党建工作会议上推广。组织8名法官助理参加员额法官遴选,2名干警遴选至市中院工作,1人荣立“基本解决执行难”工作个人三等功,1人获评“全国法院先进个人”,1人荣获“全省法院优秀法官”,1人获评“全省法院群众工作能手”。

【区法院一庭审获评全国法院“百场优秀庭审”】 1月16日,区人民法院党组书记、院长张春红作为审判长审理的〔2018〕赣0203行初16号庭审获评第二届全国法院“百场优秀庭审”,是江西省唯一获此殊荣的基层法院。

【接待全国各地法院领导调研】 5月14日,宜春市中级人民法院党组书记、院长何春芽一行到珠山法院竟成法庭调研,市中级人民法院党组书记、院长邓建辉,副院长章华文,区人民法院院长张春红等陪同调研。5月20日,省高级人民法院副院长胡淑珠一行到珠山区法院调研指导工作。胡淑珠对区人民法院扫黑除恶专项斗争工作的做法成效以及近年来各项工作所取得的成绩给予充分肯定。10月12日,最高人民法院党组成员、副院长姜伟到区人民法院竟成人民法庭考察调研，看望基层干警，听取意见建议，并召开座谈会听取有关工作汇报。省高院党组副书记、副院长夏克勤，市政协主席张春萍，市中院院长邓建辉等陪同调研。11月5日，苏州市中级人民法院党组书记、院长徐清宇一行到区人民法院竟成人民法庭考察调研。省高院党组成员、副院长赵九重，市中院党组成员、副院长章华文、区人民法院党组副书记、副院长黄志刚等陪同调研。11月16日，最高人民法院咨委会副主任杜万华到珠山区人民法院竟成人民法庭调研。省高院执行局局长邹中华、市委政法委书记曹雄泰、市中院党组副书记、副院长张田安陪同调研。

【区法院竟成法庭揭牌】 8月5日，区人民法院竟成人民法庭正式揭牌成立。江西省高级人民法院党组书记、院长葛晓燕与市委常委、政法委书记曹雄泰共同揭牌，市中院党组书记、院长邓建辉主持揭牌仪式，区委书记林卫春致辞，市中院、区委、区法院相关领导参加揭牌仪式。

【全国人大代表、全省人大代表到区法院竟成法庭视察】 11月25日，受省高级人民法院邀请，5名全国人大代表、11名江西省人大代表到珠山区人民法院竟成人民法庭视察工作。

司法行政

【概况】 区司法局在区委、区政府的正确领导下，认真贯彻落实党的十九届三中、四中、五中全会精神，坚持稳中求进工作总基调，充分发挥法治宣传、法治保障和法治服务等职能作用，不断提升司法行政履职能力和水平，为打造法治珠山、平安珠山保驾护航。

深入推进全面依法治区。坚持厉行法治，有序推进全面依法治区各项工作，牵头召开区委全面依法治区委员会第二次会议，对标全面依法治区工作任务、标准要求、完成时限等依法治区各项工作开展。积极开展全面依法治区工作年度考评，强化各项工作任务的统筹协调和指导督促，为建设法治珠山打下坚实的基础。全面加强法治政府建设，认真开展行政执法监督，加强行政执法人员资格管理，加强行政复议和行政应诉工作，依法受理、审理行政复议案件，提高行政复议办案质量。2020年，共受理行政复议案件3件，其中1件因超过行政复议受理期限，下达行政复议决定书，决定不予受理。健全法律顾问制度，完成第二届珠山区法律顾问团换届工作，充分发挥在事前咨询、事中审查论证和事后救济的作用，防范法律风险，2020年，共拟定法律合同42份。

深入人心开展法治宣传。严格"谁执法谁普法"普法责任制，调动各普法成员单位积极性，利用各时间节点开展法治宣传，形成各司其职、齐抓共管的"大普法"格局。发挥"头雁效应"，狠抓领导干部和国家工作人员学法用法工作，组织全区的领导干部参加普法考试。依托"法律六进"，不断丰富宪法宣传活动形式，提升法治涵养能力，以群众喜闻乐见的形式开展法治宣传。2020年，开展普法宣传活动43次，接受法律咨询3685人次。完善公共法律服务平台建设，大力推动全区公共法律服务体系建设，全区各镇、街道全面完成公共法律服务中心实体平台建设并实现全区公共法律服务实体、热线、网络三大平台全面融合，将公共法律服务平台向村（社区）一级延伸，建立法律顾问微信工作群为群众提供法律咨询，切实打通司法行政服务基层、服务群众的"最后"一千米，补短板、惠民生。

持续推进扫黑除恶专项斗争。深化线索摸排，开展矛盾纠纷扫黑除恶"大排查、大调处"活动，加大对特殊人群的摸排力度，强化宣传发动，聚焦重点时间、重点区域、重点人群，广泛宣传相关法律法规。积极组织竟成镇、各司法所开展扫黑除恶专项斗争宣传活动。抓好对涉黑涉恶案件辩护代理律师的监管工作。2020年，派员出庭监督6起涉黑涉恶案件的审理。加强涉疫情的矛盾纠纷多元预防化解工作。疫情防控期间，加大对涉疫企业劳资纠纷、涉疫利益受损群体、社矫安帮特殊人群等重点人员排查力度，积极防范、妥善应对疫情可能引发的各类群体性事件，确保特殊防疫期社会的和谐稳定。建立健全排查调处机制。定期组织开展矛盾纠纷排查，特别是在重要时间节点组织开展全区矛盾纠纷集中"大排查、大调处"活动，针对部分"老、难、缠"信访户，主动下访，做好法律宣传解释和安抚工作。2020年，受理矛盾纠纷1176件，调解成功1163件，调解成功率98.9%。

【区委全面依法治区委员会第二次会议】 7月29

日,召开区委全面依法治区委员会第二次会议。区委书记、区委全面依法治区委员会主任林卫春主持会议并讲话,区领导罗文军、伊文斌、谢日元、洪丹平、叶质柱、谢秋华、程传冬、聂权出席会议。会议传达学习中央、省委、市委相关会议精神,审议《2020年区委全面依法治区委员会工作要点》《区委全面依法治区委员会办公室督察工作实施办法》《关于加强法治乡村建设的实施方案》《关于加快推进珠山区公共法律服务体系建设的实施意见》《区委全面依法治区委员会关于开展优化法治化营商环境专项行动工作方案》等相关文件。

【切实抓好特殊人群管控】 社区矫正方面,严格落实各项监管制度。不断完善社区矫正适用前调查评估机制,尤其对存疑或疑难的,实行由局党组集体讨论适用意见的制度;在重要节点对矫正人员开展集中教育,积极组织矫正人员参加社区劳动,组织矫正人员集中学习;严格执行日常报告、请销假管理、居住地变更等制度;落实人脸签到、手机GPS定位等监管手段,做好重点人员、严管对象佩戴电子手环的工作。未出现社区矫正对象脱漏管和再犯罪情况,圆满完成社区矫正维稳安保任务。安置帮教方面,充分发挥亲情帮教作用,2020年,通过远程会见系统,安排远程会见429次。落实无缝对接,杜绝脱管、漏管。2020年,接收刑满释放人员229人。抓好刑释人员帮教工作。

【全力提升法律援助服务水平】 提质扩面,扩大法律援助服务范围,落实刑事案件律师辩护全覆盖,建立健全刑事诉讼中值班律师法律援助、认罪认罚从宽等制度,健全与公检法等部门间的协作机制,保障当事人合法权益,促进司法公正。2020年,受理法律援助案件341件,其中民事诉讼104件,刑事诉讼237件。

【农村“法律明白人”培养】 区农村培养“法律明白人”5362人(全区农户9879户),占农村总户数的54%,其中培养“法律明白人”骨干993人,积极参与到法治宣传及矛盾纠纷调解工作中。“法律明白人”及其骨干参与法治宣传2473人次,参与社会事务管理212件,引导法律服务147人次,充分发挥“法律明白人”的示范引领作用,在广大农村地区形成良好的法治氛围。

农业农村和水利

综　述

区农业农村和水利局(原珠山区农林水务局)成立于2014年1月27日,区动物卫生监督所为下属股级事业单位,区河长制服务中心为下属股级事业单位。办公场所位于景德镇市六〇二所,航空路88号。东毗三宝国际瓷谷,南倚红梅岭风景区,西靠六〇二直升机研究所,北临昌江河畔,占地面积约370平方米,全局工作人员23人,内设行政综合股(行政审批股)、农业农村综合股、林政股、水利综合股,主要从事珠山区内农业农村、林业、水利方面工作。

农　业

扎实打好农用地污染防治攻坚战。完成珠山区耕地土壤环境质量类别划分工作,形成《珠山区耕地土壤环境质量类别划分技术报告》并通过省农业农村厅组织的专家评审,并经区政府审定同意上报至市农业农村局和市生态环境局。圆满完成珠山区农村集体经济产权制度改革各项工作任务,开展宣传发动农村集体经济组织成员身份认定、资产量化、股权设置、机构设置、赋码登记等工作。继续做好屠宰监管工作,抓好渔业资源生态环境保护,抓好屠宰场检疫监督工作,全面完成秋季重大动物疫病防控工作,做到应免尽免;继续做好重点水域禁捕工作,对重点区域安装视频监控设备,加强对非法捕捞的打击力度。大力宣传疫情防控工作,展开总体部署,根据人居环境整治工作本地疫情防控的总体部署和要求,印发《关于做好以疫情防治为切入点加强乡村人居环境整治工作的通知》,并及时下发给各成员单位和竟成镇人民政府。做好新农村建设工作,制定《2020年珠山区新农村建设工作实施方案》,确定2020年新农村建设自建点8个。积极培育农村技术人才,完成珠山区2020年“一村一名大学生”农大招生的工作以及人员的审核工作,为农村建设不断输送技术人才,以人才保障科技兴农。注册“万村码上通”智慧管护平台,准确填报3个一类管护村庄基本信息,推动“万村码上通”智慧管护平台的线上运行。积极开展科技助力精准扶贫工作,为深入贯彻落实党的十九大和习近平总书记在2020年决战决胜脱贫攻坚座谈会上的重要讲话精神,按照中央、省委、市委和区委关于打赢脱贫攻坚战、实施乡村振兴战略的部署要求,积极开展科技助力精准扶贫工作,发挥农村致富带头人作用,助力决战决胜脱贫攻坚。

林　业

全力落实森林防火工作各项措施。全面布置清明、“五一”、全国“两会”、冬至期间森林火灾预防工作,通过加强防火宣传、强化火源管控、加大巡查巡护力度,确保各重点时期不发生重特大森林火灾。完成珠山区生物防火林带和火烧迹地营造林建设。认真贯彻落实重大林业有害生物防治目标。根据松材线虫病等重大林业有害生物防控目标,开展松材线虫病春秋两季普查和疫木清理专项行动回头看工作,按照防治时间节点,对全区病死枯死松木采取集中除治和日常清理的模式,并采取多种综合防治手段,以彻底根除病虫害。深入推行林长制,强化源头管控。按照《珠山区林长巡林工作制度》文件要求,督促各级林长在各自责任区进行巡林,协调解决保护森林资源问题;推进珠山区林长制信息化建设,完成林长制巡护系统建设,聘请专职护林员并对其进行业务培训。按照森林督查工作部署,开展全区2020年森林督查工作,通过现场查验和内业汇总,按照时间节点上报问题图像数据,针对问题图斑进行立案处理,处理完成后督促责任人进行整改复绿。

水利

【概况】 区水利局及时安排部署,健全组织体系。积极拓展“河(湖)长制”管理范围,细化延伸管理层次,将“河(湖)长制”向纵深延伸,实行区、镇(街道)、村(社区)三级“河长制”,由区委书记任总河长,区长任副总河长、河长,乡镇(街道)书记任所辖河流总河长,镇长、主任任河长,形成区政府领导挂点包库管理责任体系。树立珠山区区级“河长制”公示牌,积极探索开展“湖长制”工作,强化对辖区内湖泊管理,细化乡镇(街道)属地管理,进一步明确工作目标和工作职责,统筹河道湖泊管理一盘棋,不留监控死角,进一步推动了全区河道湖泊管理综合整治工作。开展专项整治,优化生态环境,积极开展河道环境治理工作,在全区范围内实施开展河湖库乱占乱建、乱围乱堵、乱采乱挖、乱倒乱排和电、毒、炸鱼等破坏河湖库生态突出问题专项整治活动,从源头上清理各类污染源,保护河湖库,保护水生态环境。完善各项制度,开展防汛检查,制定和完善珠山区防汛应急预案、水库度汛明白卡和预案,积极组织区防汛指挥部各成员单位、竟成镇和各街道认真开展汛前汛中防汛安全大检查,明确专人做好水库值守、隐患排查和巡查工作。

【任命珠山区农业农村和水利局党组书记、局长】 7月8日,经区委会研究,决定任命谢君毅为珠山区农业农村和水利局党组书记。7月24日,经珠山区第十届人民代表大会常务委员会第三十一次会议研究,决定任命谢君毅为珠山区农业农村和水利局局长。

【成立珠山区河长制办公室】 8月,区农业农村和水利局向区委编办呈报成立珠山区河长制办公室的请示,经区委编办研究,同意成立区河长制服务中心,为珠山区农业农村和水利局下属全额拨款事业单位(股级)。根据《江西省实施河长制湖长制条例》及区委、区政府《关于印发〈珠山区实施“河长制”工作方案〉的通知》要求,在全区范围内全面实施“河长制”,创新河湖库保护管理体制。

【加强对非法捕捞的打击力度】 10月,为做好重点水域禁捕工作,对珠山区重点水域安装视频监控设备,加强对非法捕捞的打击力度。

工业·信息化

工业

【概况】 2020年，在新冠肺炎疫情的影响下，全区工业发展经济态势压力增大，区工信局紧紧围绕工业和信息化工作，发展战略目标，推进重点项目，帮助全区企业平稳过渡时艰，推进各项工作稳步发展。

【工业经济稳增长】 全区规模以上工业累计完成工业总产值17.84亿元，累计完成规模以上工业企业主营业务收入18.64亿元；全年实现规模以上工业增加值同比增长2%。累计完成工业固定资产投资8.36亿元，同比增长10.1%。

【推进重点项目】 积极推进企业项目建设及申报。区企业兴航科技获得市级工业和信息化贷款贴息资金项目补助，另有兴航、盛博源、德韵、文祥窑、婉玉、闲云居等6家企业获得2020年市级工业发展奖励资金项目补助。

【打造“3+1+X”现代产业体系】 全区年营业收入2000万元以上规上企业有23家，其中“专精特新”企业有8家，高科技企业有4家；年营业收入500万—2000万元的中小微企业270家；辖区内工商注册登记的陶瓷企业8576家，其中：个体5747家，集体陶瓷企业2829家；新经济孵化基地2个，区域内有以生产直升机配件为主的兴航科技航空企业，其产品全国市场占有率在90%以上；以生产超声波倒车雷达为主的鑫惠康电子企业，其陶瓷芯片在全世界市场占有率在80%以上。还有昌河以及万向、昌靖、远翅等汽车及汽配企业。传统的陶瓷企业经过五十年的变化，也逐步转型升级为现在的陶瓷文创企业，文创陶瓷如雨后春笋般地发展，涌现出如德韵、闲云居、真如堂、愚窑、百陶会、瓷上功夫、佳洋、问玉工坊、文祥窑等陶瓷文创企业。随着新经济、新业态、新技术的飞速发展，引进如三宝你好、网库、跨境电商等互联网企业以及全国闻名的洛客工业设计企业。这些“小而精”型的工业企业，为全区国民经济持续、快速、跨越式发展做出了大贡献。

【金融服务工作】 全区在贷财园信贷通企业有35家，帮助企业解决资金缺口1.47亿元，为企业发展提供助力，取得较好的社会效益和经济效益，一方面安排大量的职工就业，另一方面增加地方财税收入，使航空、汽车、陶瓷及工业服务企业的“3+X”工业产业发展模式初见成效，形成航空、电子、陶瓷文创、汽车配件、整车物流多产业链的工业企业发展格局。

【推进珠山区工业设计工作】 区工信局助力景德镇洛客科技公司申请列入江西省设计创新券使用资质单位，与3家企业签订工业设计协议，与5家企业签订工业设计意向性合作协议。

交通运输工作

【概况】 区交通运输局成立于2014年6月，隶属区农林水务局。2015年6月区交通运输局隶属区工业信息化局，但没有独立人员机构，职能尚不完善。主要职能为竟成镇14个建制村农村公路桥梁建设、养护和安全管理等。竟成镇农村公路总里程为73.959千米，其中县道2条14.614千米，乡道5条16.117千米，村道67条43.228千米。2015年至2017年，完成“X801 丰旺—三宝国际村陶艺村”

“X028 梨树园—青塘”县道升级改造工程。由于竟成镇 14 个建制村均为城区或城市郊区范围,所有农村公路在 2015 年以前就全部完成通硬化路建设,目前路况优良。其中三宝公路获评 2018 年全省首批生态文明农村公路、2020 年江西省“十大最美农村公路”,争取省级奖励资金 180 余万元。2018 年至 2020 年争取窄路面拓宽改造、危桥改造专项省级补助资金以及农村公路养护资金共计 51.5 万元,全部用于竟成镇农村公路桥梁建设和养护。

【珠山区货运物流企业】 根据景德镇市交通运输局《关于进一步规范相关行政权力的通知》(景交运字〔2020〕91 号)文件精神,为进一步推进交通运输综合行政执法改革,落实深化“放管服”改革任务要求,2021 年将增设珠山区交通运输局运输服务股室,拟从市交通局承接交通运输县一级相关行政权力 22 项,具体涉及:辖区物流企业行政许可监管;辖区运输车辆营运许可监管、年审备案;辖区汽车维修企业备案;辖区内驾校备案;辖区货运车辆超限超载治理和监管;辖区港口码头使用审批;从业人员质量评价考核等方面工作。

全区货运企业 120 家,其中 2020 年纳税企业 106 家。2019 年税收 2 亿元,2020 年税收 2.2 亿元,增长 10%。2019 年销售收入 47.41 亿元,2020 年销售收入 51.71 亿元,增长 9%。

规模以上工业企业

【概况】 全区规模以上工业企业 23 家,经济生产运行情况良好,增速回升势头明显,工业体系主要以汽配、陶瓷、电子航配等产业为主,其中电子材料、航空配件等高科技产业发展较快。

【江西昌靖汽车内饰件有限责任公司】 江西昌靖汽车内饰件有限责任公司是隶属于“华通集团”靖江华通机电设备制造有限公司的专业性汽车内饰件生产企业。公司成立于 2000 年 10 月,2002 年 4 月正式投产,位于昌河汽车零部件工业园内,公司年产总规模达 3.5 亿元。年均生产能力达到 40 万台套/年,在职职工 320 人,专业技术人员 50 余人。

【江西万向昌河汽车底盘系统有限公司】 江西万向昌河汽车底盘系统有限公司坐落在景德镇市东郊茅家坂昌河汽配园。公司占地面积为 0.021 平方千米,在职员工 70 名。公司成立于 2003 年 1 月,由万向钱潮股份有限公司、昌河汽车配件制造公司、昌河飞机工业集团有限责任公司三方共同出资,万向钱潮公司控股,总投资 6000 万元,注册资本为 4450 万元,其中:万向钱潮公司占股比 65%,昌飞集团公司占股比 10%,昌河汽配公司占股比 25%。有景德镇与九江二个生产基地,共计产能为 30 万辆,其中景德镇 20 万辆,九江 7 万辆。

【江西昌河远翅塑料有限公司】 江西昌河远翅塑料有限公司(以下简称昌远公司)位于昌河汽车零部件工业园区内,是昌河飞机工业(集团)公司与浙江远翅控股集团有限公司共同出资组建的一家合资企业。2007 年昌飞(集团)公司股权改制,由浙江远翅控股集团有限公司独资经营。昌远公司主要的销售对象是昌铃公司,以生产小排量、中低档车型的内外饰件为主,为昌河汽车配套前、后保险杠,仪表板,门护板,扰流板等汽车内外塑料产品,年产 16 万台。

【景德镇市景迪汽车装饰布有限公司】 景德镇市景迪汽车装饰布有限公司成立于 2002 年,地处珠山区竟成镇前街村。公司主要经营:织布、化工油漆、汽车头枕等产品。

【景德镇市城竟混凝土有限公司】 景德镇市城竟混凝土有限公司成立于 2009 年,注册资本 1000 万元,公司位于珠山区湖田(六〇二所工业园内)。主要营业范围为混凝土搅拌加工、销售、装卸。

【景德镇市古镇混凝土有限责任公司】 景德镇市古镇混凝土有限责任公司始建于 2013 年 7 月,是市建设局审批的预拌混凝土三级资质企业。通过了市质量技术监督局的资质认定,颁发计量认证证书,以及通过省行业办颁发试验室专项资质认定,是目前本市第二家通过省、市政府部门审批合格、证件齐全有生产能力的混凝土公司。公司位于珠山区竟成镇青塘村,占地面积 0.04 平方千米。景德镇市古镇混凝土有限公司是 2013 年景德镇市招商引资项目,该项目经市发改委立项,市人民政府同意建设,总投资 1.2 亿元,年产 120 万立方米商品混凝土,销售产值3.6亿元。

【景德镇市真如堂陶瓷有限公司】 公司主营特色传统陶瓷全手工作业,创办于2008年。在职员工共计80余人。真如堂所建设的“特色陶瓷传统文化创意产业基地”是陶瓷生产与陶瓷文化和生态旅游相结合的项目。项目建设地点位于珠山区竟成镇三宝村石家坞,项目规划总用地52.83亩,总建筑面积0.024平方千米,总投资5565万元。

【景德镇华弘陶瓷企业有限公司】 景德镇华弘陶瓷企业有限公司注册于1992年8月24日,注册地点为珠山区罗家坞神仙井,注册资本500万元。公司主要产品为仿古瓷、工艺瓷。

【景德镇开来机械有限公司】 景德镇开来机械有限公司主营机电、机械加工销售,主要为华意压缩机产品配套,主要产品有压缩机曲轴箱加工等系列产品。

【景德镇市袁氏服装有限公司】 景德镇市袁氏服装有限公司成立于2011年5月25日,位于昌江区樊家井新村曙光苑。公司注册资本100万元整。公司目前员工人数为150人,从事品牌童装的服装加工及销售。

【景德镇崔迪陶瓷文化有限公司】 景德镇崔迪陶瓷文化有限公司成立于2014年8月,位于景德镇市珠山区三宝路339号,注册资金300万元,在职职工30余人,占地面积2500平方米。公司是集设计、生产、商贸于一体的现代化私营企业,同全国各大院校和各领域的设计师、艺术家有着深度的合作模式。

【景德镇兴航科技开发有限公司】 景德镇兴航科技开发有限公司成立于2004年,位于景德镇六〇二所工业园内,是一家以研发、设计、生产直升机精密零部件为主的科技型公司。公司注册资本1000万元,固定资产500多万元,生产经营面积1200平方米,2019年5月,公司13000平方米生产扩大用地投入使用。公司已取得了军品生产资格证书:国家三级保密资格单位资格证书、GJB武器装备质量管理体系认证证书、武器装备科研生产许可证,成为国防航空装备科研生产军品配套的企业之一。公司员工45人,其中专业技术人员占公司职工总数的30%,具有高、中级技术职称的有10人。为加强研发能力,公司长期聘用航空系统内退休的中、高级专家,组成管理研发顾问团队。

公司申报八项专利,其中七项实用新型专利、一项发明专利,已被中华人民共和国国家知识产权局受理。

【景德镇市鑫惠康电子有限责任公司】 景德镇市鑫惠康电子有限责任公司于2007年9月创办,位于珠山区东一路何家桥李家村。在职员工60余名,主要是研发和生产压电陶瓷超声波传感器芯片、倒车雷达传感器芯片、轮胎压力传感器芯片、汽车油温传感器芯片和液位流量传感器芯片等产品,产品远销韩国、马来西亚等国家,特别是在东南亚具有较高的知名度和信誉度。

【景德镇百陶会陶艺装备有限公司】 景德镇百陶会陶艺装备有限公司成立于2012年,是一家专业的陶艺设备和原料制造商,生产和配套制陶所需的全部装备。公司为陶艺教育行业(如幼儿园、中小学、高职高校、陶吧、工作室、陶艺作坊、家庭玩陶等),提供全面的陶艺培训、陶艺生产装备成套方案,承接各种规模的陶艺室(厂)的配套、安装和调试工程。

【景德镇佳洋陶瓷有限公司】 景德镇佳洋陶瓷有限公司创办于1993年,注册资本320万元,在职员工100多人,占地面积10亩。公司生产从原料淘洗到成型、彩绘、烧制均采用景德镇传统手工工艺。2020年公司旗下拥有:景德镇皇窑陶瓷有限公司、景德镇东璟实业有限公司、景德镇国际陶瓷文化交流中心、景德镇皇窑陶瓷艺术博物馆、古陶瓷标本馆、景德镇皇窑文化研究院等。

【景德镇市瑞牛文化科技有限公司】 景德镇市瑞牛文化科技有限公司位于珠山区竟成镇三宝村,建立了占地面积10亩的陶瓷创研基地,公司致力于研发特色、先进的茶器文化产品。2020年已经形成十二个系列上百款产品。

【景德镇愚窑陶瓷文化传播有限公司】 景德镇愚窑陶瓷文化传播有限公司成立于2016年10月,是国家级非物质文化遗产生产性保护示范基地,董事长冯绍兴为国家级非物质文化遗产传承人。公司主要业务涵盖陶瓷产品设计、研发、版权签约、销售,在职员工76人。

【景德镇市瓷上功夫陶瓷有限公司】 景德镇市瓷上功夫陶瓷有限公司成立于2015年6月,是一家集陶瓷产品生产、设计、研发、销售于一体的陶瓷公司。主营品牌定制,包含:陶瓷礼品定制、陶瓷软装定制、陶瓷产品定制、陶瓷私人定制等。销售渠道涵盖线上销售和线下B端渠道。

【景德镇市问玉工坊陶瓷有限公司】 景德镇市问玉工坊陶瓷有限公司成立于2010年11月10日,经营范围包括陶瓷的加工销售及进出口业务,在职员工67人。公司拥有逾0.004平方千米的生产基地,主要生产高档艺术陶瓷和日用陶瓷。

【江西昌河汽车有限责任公司】 江西昌河汽车有限责任公司成立于2008年09月17日,注册地位于珠山区新厂东路208号,经营范围包括轿车、微型汽车系列产品和汽车零部件的设计、制造、销售及售后服务,与汽车相关项目的开发、咨询、服务;仓储服务(不含化学危险品)、装卸搬运服务及相关信息咨询;房屋租赁、汽车租赁;物流信息咨询;商务服务。

【江西中景集团有限公司】 江西中景集团有限公司成立于1989年11月24日,注册地位于珠山区陶阳南路3号,经营范围包括印刷机械、包装装潢机械、机械配件制造、销售;经营本企业自产产品及技术的出口业务;经营本企业所需原辅材料、仪器仪表、机械设备、零配件及技术的进口业务(国家有专项规定的除外)。

【景德镇陶瓷股份有限公司】 景德镇陶瓷股份有限公司成立于1996年11月25日,注册地位于珠山区东一路118号。经营范围包括陶瓷制品、窑具、陶瓷原辅材料及相关产品的制造与销售,技术开发与咨询服务;经营本企业自产产品及技术的出口业务;经营本企业生产所需的原辅材料、仪器仪表、机械设备、零配件及技术的进口业务。

【江西省玉风瓷业有限公司】 江西省玉风瓷业有限公司成立于1990年10月18日,注册地位于珠山区新厂西路389号。经营范围包括日用陶瓷、美术瓷、礼品瓷、紫砂产品、紫砂电器产品的研发、制造、销售,陶瓷文化传播。

经济开发区

【概况】 区经济开发区位于景德镇市区东南六千米处,区经开区管委会驻地为景德镇市三宝村蔡家坞三宝文创中心3号楼,辖区北起湖田大桥,南至山田坞水库,西到大峰尖、茅山尖,北抵黄泥岗,纵深绵延10千米,总面积12.4平方千米。管委会下辖三宝村、湖田村、南河社区居委会、画眉楼社区居委会,2个行政村和2个社区居委会,常住人口1.3万人。设党支部6个,党员219名。

辖区内生态环境优美、历史底蕴深厚、文化气息浓郁、创新创业活跃,既有山水之形、生态之美,又有文化之魂、产业之兴。拥有遗址9处:湖田窑(国家级)、杨梅亭窑(省级)、三宝蓬78号清代民居(省级)、马鞍岭露天瓷石矿遗址、三宝村双坑芭蕉坞古瓷石矿遗址、三宝村双坑古瓷石矿遗址(省级)、三宝蓬瓷石矿8号井(省级)、三宝蓬村水坞口碓棚(省级)、三宝蓬瓷石淘洗遗址(省级)。拥有博物馆2处:江西民窑博物馆、三宝陶瓷研究所博物馆。拥有美术馆10处:宁刚博物馆、湖田书院、梦美术馆、湖田陶瓷、景德镇画院美术馆、三宝美术馆、胡晖陶瓷艺术馆、景德镇时代创意会展、海景美术馆、汤正庚艺术空间。拥有画廊2处:三宝蓬、昌坤画廊。拥有各类展厅(含企业展厅)9处:杨梅亭驿站、湖田陶瓷、占绍林艺术基地、真如堂陶瓷有限公司、山云瓷谷里、守澹斋美术馆、闲云居、三宝蓬、文祥窑。逾3000名"景漂"云集于此,体验、创作、生活,近100名"洋景漂""候鸟式"生活于此、流连忘返。

10月10日,区委印发《中共珠山区委 珠山区人民政府 关于成立珠山区经济开发区管委会体制机制改革工作领导小组的通知》(珠字〔2020〕12号)文件,为顺利推进区经济开发区管委会体制机制改革工作,经区委研究,决定成立珠山区经济开发区管委会体制机制改革工作领导小组。领导小组下设办公室,办公室设在区经开区管委会,黄爱喜兼任办公室主任。10月13日,珠山区人民政府印发《关于成立珠山区三宝国际瓷谷重点项目推进工作领导小组的通知》(珠府字〔2020〕29号)文件,为确保三宝国际瓷谷内各重点项目快速有效实施,经研究,决定成立珠山区三宝国际瓷谷重要项目工作领导小组。领导小组下设办公室,办公室设在区经开区管委会,办公室主任由黄爱喜兼任。11月5日,中共景德镇市珠山区委办公室印发的《区委办公室　区政府办公室　关于印发〈珠山区经济开发区管理委员会主要职责、内设机构和人员编制规定〉的通知》(珠办字〔2020〕50号)文件。

一、主要职责:(一)依据国家法律、法规和有关政策规定,拟订经开区总体规划和经济、社会发展计划,经批准后组织实施;(二)依据景德镇市城市总体规划,负责经开区的规划实施和建设工程管理工作。统一规划、建设和管理经开区各项公共设施;(三)负责经开区范围内产业的规划、管理,促进文旅产业的发展和升级;(四)依据国家法律、法规和有关政策规定,制定经开区的各项规定,并根据珠山区人民政府授权在经开区内行使相关的管理权限;(五)负责经开区招商引资工作,按照规定权限审批或审核报批经开区投资项目,发放外商投资企业批准证书;负责经开区管辖范围内企业的管理与服务;(六)负责经开区发改、工信、统计、科技和应急管理等工作;(七)负责经开区管辖范围内的扶贫、水利、林业、农业农村、交通、文化旅游、教育、卫生健康、人力资源、民政、体育等公共事业的管理工作;(八)负责和指导所托管村(社区)党的建设、精神文明、生态文明、社会治理综合治理、纪检、监察和群团工作;负责抓好党风廉政建设;按干部管理权限,负责经开区机关、村(社区)干部管理工作;(九)承办区委、区政府交办的其他事项;行使区委、区政府授予的其他职权。

二、内设机构:区经开区管委会内设3个职能股室。(一)综合股:负责经开区日常党务、政务和财务工作;负责经开区内设机构之间的协调工作;负责经开区除建设、经济发展之外的其他相关工作;(二)建设管理股:负责经开区住房和城乡建设管理,重点项目建设及工程项目建设涉及的征收工作;负责组织经开区内水、电、气、路及通信等市政基础设施建设和房屋外立面改造、背街小巷改造工作;负责经开区内项目招投标工作的衔接、论证及实施等工作;负责经开区内环境卫生管理与整治及消防工作;负责经开区绿化景观工程的管护工作;负责监管和打击经开区内的违法用地和违法建设行为;承办上级自然资源和规划、市场监督、环境保护、安全生产、消防部门交办的工作。(三)经济发展股:负责经开区招商引资、企业管理与服务、优化投资环境和对外经济合作工作;负责经开区内基本建设项目、技术改造项目及各种投资、项目建议书、可行性研究报告及其他前期工作的审核;负责有关投资项目的备案和行政审批衔接工作。

三、人员编制:经开区核定全额拨款事业编制5名。领导职数为:主任1名,副主任2名。

11月20日,中共景德镇市珠山区委员会印发《关于成立中共珠山区经济开发区工作委员会的批复》(珠字〔2020〕13号)文件,同意成立中共珠山区经济开发区工作委员会,撤销中共珠山区经济开发区党组。

【文化进万家迎新春百家宴活动】 1月12日,为进一步提高辖区居民文明素质,弘扬邻里和睦、团结互助的传统美德,画眉楼社区新时代文明实践站在二八零广场隆重开展“我的中国梦”——文化进万家迎新春百家宴活动。辖区内企业及“景漂”人员参加。

【“抗疫捐款”党员志愿服务活动】 为做好新冠肺炎疫情防控工作,在国家危难、同胞受难之时,南河社区党员志愿者积极响应上级号召,“一方有难,八方支援”,踊跃捐款,献出自己微薄之力,募集党员志愿者捐款1200元。

【新冠肺炎疫情防控志愿者在行动】 8月2日,为做好新冠肺炎疫情防控宣传工作,坚持以人民为中心,贯彻落实疫情防控工作要求。市委宣传部文明办、团市委、湖田村委会共同开展“新时代文明实践——新冠肺炎疫情防控志愿者在行动”为主题的活动。

【解民忧·纾民困·暖民心　打造宜居环境】 9月,在市委组织部、区住建局等部门协助下,画眉楼社区下水沟改造项目改造污水直排48个单元,100余条排水管道,惠及500多户居民。同时拆除辖区内楼道私搭杂物间48处,极大改善杂物乱堆放现象,提升宜居环境。

城市建设和管理

城市建设

【概况】 面对错综复杂的国际形势和艰巨的改革发展任务，特别是突如其来的新冠肺炎疫情的严重冲击，区住房和城乡建设局深入学习贯彻习近平总书记的系列重要讲话精神，坚决贯彻落实上级政府的决策部署，凝心聚力、攻克难关，为全区住建事业迈上一个新台阶而奋斗努力。

全区实施背街小巷改造工程173个，投入资金2亿元左右。分别为：新厂街道16个单项目、新村街道59个单项目、昌河街道4个单项目、里村街道7个单项目、石狮埠街道5个单项目、珠山街道3个单项目、昌江街道21个单项目、太白园街道9个单项目、周路口街道16个单项目、竟成镇33个单项目。根据该项目实际，项目计划拟采取设计、施工采购一体化招标（EPC）模式进行工程公开招投标。完成项建、可研及初步设计编制，在区发改委完成立项及初设批复，同时已通过区政府常务会审议，完成国土、规划、环评等工程招投标全部前期手续申报工作，通过市发改委重点办审核公开挂网公告，7月17日，完成公开招投标。开工建设湖田窑及602所周边里弄、大黄家弄、富强弄以及农贸市场周边背街小巷路面及下水道改造工程165个，完成162个，其中硬化修复路面0.0623平方千米，新建及疏通排水排污管道32500米，铺设草皮0.0032平方千米，安装路灯88盏。

棚改征收计划1092户，其中：凤凰山东侧336户，凤凰山西侧13户，御窑厂周边39户，凰鸣路周边320户，下窑小学片区4户，昌飞公司宿舍367户，新村中路食品公司宿舍13户。2020年，新增2168户棚改工作任务，未申报国家棚改计划，其中：凤凰山（二期）1800户，503厂18户，洋湖周边350户。凤凰山东侧签约2545户，资金为20.25亿元，回选安置的1857户，占比为53.18%；凤凰山西侧签约199户，资金为2.26亿元，现付128户1.14亿元征收款，71户1.02亿元征收款无资金支付。回选安置的120户，占比为53.12%。洋湖周边棚改，完成征收314户，面积约为4.42万平方，征收金额2.44亿元，回选安置的129户，回选金额0.73亿元，占比为29.91%。御窑厂周边39栋、下窑小学片区4栋房屋、523厂的18户房屋完成征收工作。昌飞公司宿舍367户，新村中路食品公司宿舍13户，因为资金未落实到位，房屋征收工作未开展实施。第十八小学的9户房屋和高级技工学校改扩建项目19户房屋征收工作已全部完成。古街改造提升项目，前期摸底工作完成，正在进行道路改造，征收程序正在办理中；景东招商场改扩建、城防工程二期和景德大道延伸段道路建设二期项目正在进行房屋征收方案前期认证工作。

【老旧小区改造工程】 老旧小区改造工程项目申报改造小区任务户数为12739户，改造老旧小区53个，总投入资金预估需44586.5万元左右。截至2020年12月底，珠山区改造计划53个老旧小区已全部进场施工，小区开工率为100%；居民户数开工12739户，户数开工率为100%。完成工程产值40246.1万元，产值完成率91%，其中新村街道片区完成工程产值14564.8万元，产值完成率89.3%；里村及昌江街道片区完成工程产值8567万元，产值完成率90%；周路口及昌河街道片区完成工程产值9157.60万元，产值完成率92%；石狮埠及珠山街道片区完成工程产值7956.7万元，产值完成率90.5%。

【认真做好物业管理】 参与小区申请维修基金现

场勘查99个；参与业主调解会94次，参与维修基金工程验收18个；处理物业管理相关的信访件366件；做好物业企业物业服务合同网上备案工作，督促物业公司做好日常管理工作。

城市管理

【概况】 在区委、区政府的正确领导下，区城管局紧紧围绕全区中心工作，认真履行城管工作职责，稳步推进各项工作。

继续巩固拓展“不忘初心、牢记使命”主题教育成果，着力打造精细城管。教育成果与常态化学习相融合。组织学习研讨、专题党课、主题党日活动、组织生活会等多种形式，营造良好学习氛围。同时，借助数字城管信息平台，耐心细致地做好群众来信、来访和投诉工作，确保群众诉求件件有着落、事事有回音。数字城管信息平台接受处理投诉举报案件达10317起。

以“双创”工作为重点开展城市管理工作，全面加强城区“十乱”现象的整治。开展城区重点区域市容乱象集中整治行动，按照“条块结合、综合整治”的原则和其他区相关职能单位进行分工，联合对城区主次干道、各类市场及学校周边卫生秩序和市容“十乱”现象进行整治，整治流动摊点28265起、清理占道经营31668起、规范晾衣晒被6675处、规范非机动车辆乱摆放16429处、清理乱贴乱画乱挂3916处，拆除违规灯箱/广告牌261个，暂扣音响53台，劝导履行“门前三包”责任9253起。开展打击“两违”和整治户外广告牌行动，强化“两违”巡查的频率和强度，不断开展“两违”清零专项整治行动。拆除违法建筑995处，拆除面积约0.0404平方千米。开展城区环境净化行动，城区环卫工作实现市场化运作全覆盖，通过洒水降尘、高压冲洗、反复洗扫“三位一体”作业方式，使城区主干道降尘率达87%以上。采取机械化清扫与环卫工清扫保洁相结合的方式，城区道路清扫保洁率、垃圾日产日清保洁率达98%。全面查处露天运输、带泥上路、滴洒漏等违法行为，从源头减少路面碾压产生积尘。巡查各渣土运输工程585余次，对道路大面积污染的渣土公司立案查处53起，噪声扰民立案查处30起，小机板处罚38起，叫停导致路面污染等运输70余次，责令参与路面卫生清洁90余次。

做好疫情防控巩固常态化，严防死守，上下联动，高效部署，凝聚力量。组织召开专项工作会议，认真部署专项工作。组建防控抗洪机动分队，24小时待命，确保处置突发事件拉得出、用得上。强化措施，全面行动，逐门逐户宣讲劝导，做到群防群控。共计发放疫情防控宣传单1000余份，LED显示屏字幕滚动播报560余处，城管巡逻车“小喇叭”广播345余起。加大治理力度，禁止占道经营和占道兜售野生动物和活禽。出动执法人员11128余人次，巡查道路10514余人次，检查农贸市场及周边2490处，取缔非法活禽交易30起。劝导防控，复工复产复课，重点整治学校门前市容环境乱象，出动执法人员1000余人次，清理流动摊点2680余次，整治非机动车辆乱摆放1378起。

【全员参与防汛抢险】 7月7日，突发洪水后，及时成立3支应急抢险队，队员300余人，建立防汛抢险应急预案，落实相关工作举措及责任区域。开展重点受灾区域抢险工作。共装运抢险沙袋2000余袋，封堵缺口13处，协助镇、街道和社区安全转移并疏散居民群众1500余人次。做好灾后垃圾清运工作，先后组织环卫作业部门对三宝、沿江东路护堤、南河周边区域灾后垃圾及时进行清运，灾后清扫面积29.86平方千米，冲洗面积21.48平方千米，清理垃圾541车、8270余吨。

【精细管理常态化】 从城市管理精细化入手，抓好“宣传+整治”工作，推进城市管理亮点纷呈。开通城管微信公众号“随手拍”，广大市民可随时随地将身边发现的、采集的城市管理问题传至系统平台，以迅捷沟通、机制简洁的方式，参与城市管理。餐饮油烟治理从“有”到“优”，常态化管控餐饮油烟。建立“一户一档”台账1097份，发放告知书900余份，签订承诺书400余份，宣讲有关政策法规850余次，取缔露天烧烤40余起，核查整改单位300余家，责令清洗净化整改400余家，责令停产停业9家。深入推进重点区域轻微不文明行为当场处罚试点工作，对随意丢弃废弃物、乱泼乱倒、乱排乱放等违反《景德镇市市容和环境卫生管理条例》规定的行为进行当场处罚。9月22日，《江西日报》第九版《珠山区对不文明行为开罚单》对试点工作进行报道。

新区建设

【概况】 珠山新区是景德镇市高铁商务区的重要组成部分。区域总面积1.25平方千米,建设范围东至市高铁商务核心区、西至九景衢铁路支线、南至景东大道、北至九景衢铁路正线。主要功能定位为集行政、教育、旅游、体育、商贸居住为一体的城市综合新区,成为一个开放式、生态型、现代化新城区。

【严格落实疫情防控工作】 组织全体工作人员下到挂点社区洪家山社区一线值班,参与疫情联防联控工作。指导企业复工复产,项目部制定针对新型冠状病毒肺炎疫情的防范方案,对项目部实施整体消毒,所有员工每日测量体温,每日向主管部门报告项目部人员健康情况;食堂实行分餐制;配备医用口罩、医用酒精等药品。

【多措并举助力双创工作】 积极开展"巡街、捡拾垃圾烟头"党员志愿服务活动,全体职工积极参与到双创工作中,努力为顺利通过创建国家级卫生城市和文明城市迎检工作做贡献。在全市"双创"期间,每天派专人专项整治,在挂点路段珠山中路、挂点社区洪家山社区,整治烟头乱扔、零星垃圾、卫生死角、垃圾广告、非机动车乱停乱放等问题,使得新区办所负责的路段和社区的环境卫生更加整洁有序,更好地发挥党员的先锋模范作用。

【加快建设市政道路工程】 完成工程产值14375万元,具体工程量:站前三路西段(圆弧部分)道路土方工程、综合管道、道路结构层(级配、水稳、沥青)、人行道、路灯、绿化、交通标志标线、挡土墙、生态护坡全部完成。纬一路道路土方工程、综合管道、道路结构层(级配、水稳、沥青)、人行道、路灯、绿化、交通标志标线全部完成。经二路道路土方工程、综合管道、道路结构层(级配、水稳、沥青)、人行道、路灯、绿化、交通标线标牌全部完成。经一路旋喷桩、D匝道挡土墙浇筑完成,匝道填土完成;K0+610—K1+285道路路基填筑完成,综合管道安装完成;K0+690—K0+980段道路级配、4%水稳摊铺完成;K0+980—K1+285段道路级配、水稳、沥青摊铺完成,路灯、绿化、人行道、非机动车道、交通标线标牌安装完成;395米箱涵主体浇筑、两座衔接井浇筑、三座检查井浇筑、防水工程涂刷完成,箱涵涵体路段经一路桩号K0+030—K0+450土方填筑完成。站前四路污水管道接通至管廊接入井内,右侧路灯、绿化、人行道、非机动车道完成;挡土墙墙体浇筑完成,墙面白石英文化石贴面完成,墙顶芝麻黑花岗岩压顶完成;围墙全线砌筑、粉刷、喷漆、贴面、栏杆安装完成。观山西路右侧人行道碎石基层、透水混凝土、铺砖完成。

站前三路延伸段道路路基开挖完成,特殊路基换填完成;综合管道安装完成;挡土墙主体浇筑完成,白石英贴面完成,芝麻黑花岗岩压顶完成;围墙砌筑、粉刷、栏杆安装完成;道路结构层(级配、水稳、沥青)摊铺完成;人行道、绿化、路灯、交通标线标牌等全部完成。

【完成全年产值】 一期项目,完成产值约20336万元,占整个工程的81%。二期项目,完成产值约1313万元,占整个工程的22%。景德镇市高铁商务区(珠山片区)市政道路及配套工程(一期)经二路、纬一路、站前三路、站前四路、观山西路道路全线完成图纸内所有内容。

经济管理及监督

发展和改革管理

【概况】 区发展和改革委员会在区委、区政府的正确领导下，以习近平新时代中国特色社会主义思想为指导，深入贯彻党的十九大和十九届历次全会精神及习近平总书记系列重要讲话特别是视察江西时的重要讲话精神，坚决落实中央、省、市、区各项决策部署，坚持统筹推进疫情防控和经济社会发展，紧紧围绕区委区政府的经济工作目标，扎实做好“六稳”“六保”工作，积极开展“抓项目、争资金、扩内需、促发展”行动，努力克服疫情带来的不良影响，坚定信心，主动作为，各项工作取得阶段性成效，经济社会发展韧性不断彰显，运行活力不断恢复，全区经济呈现良性发展态势。

面对错综复杂的外部环境和艰巨繁重的改革发展任务，全区上下主动适应经济发展新形势，克服新冠肺炎疫情和洪涝灾害双重影响，采取扎实有力措施，做好“六稳”工作，落实“六保”任务，努力推动经济运行稳中向好、稳中有进、稳中提质，转型发展呈现全面发力、多点突破、纵深推进的良好态势。全年生产总值225.3亿元，增长3.8%；财政总收入22.89亿元，增长2.63%；社会消费品零售总额171.55亿元，增长2.3%；固定资产投资增长10.3%；规模以上工业增加值增长2.0%；规模以上服务业主营业务收入42.94亿元，同比增长33.1%；城镇居民人均可支配收入44334元，同比增长4.9%。

【开展“不忘初心、牢记使命”主题教育】 组织党员干部深入学习习近平新时代中国特色社会主义思想、党中央治国理政新理念新思想新战略，特别是关于经济发展的新要求新任务。坚决贯彻落实党的十九大和十九届四中、五中全会精神及习近平总书记系列重要讲话特别是视察江西时的重要讲话精神，把学习贯彻党的十九届历次全会精神作为重大政治任务抓紧抓好，使“不忘初心、牢记使命”融入日常、抓在经常，不断增强“四个意识”、坚定“四个自信”、做到“两个维护”，引导党员干部不忘初心、牢记使命，自觉践行社会主义核心价值观。

【坚持“抓项目就是抓发展”的理念】 推进重点工程建设项目27个，其中重点调度政府投资类项目18个，实际开工建设项目17个，项目开工率达94.4%；完成投资37.04亿元。其中，景德镇市高铁商务区（珠山片区）市政道路及配套工程（一期）经二路（文化路）实现部分通车，站前三路、站前四路已完成通车；珠山发展中心、珠山区行政服务中心完成搬迁；珠山区社区居家养老服务中心、景德镇市三宝旅游提升项目、洛客设计谷等项目有序推进；实施御窑一号工程、凤凰山、洋湖、凤鸣路、昌飞公司宿舍等棚改征收项目3018户0.394平方千米，为推进大御窑遗址保护、陶溪川二期、艺术职业大学等市重点项目创造条件。区发展改革委共审批和备案项目173个，其中：政府投资类审批项目63个，企业投资类备案项目110个。全年32个项目申请获得中央、省、市资金29059万元。

【产业体系持续优化】 立足城区特色，做大做强“3+1”特色产业体系，不断提高经济发展质量和核心竞争力。第三产业占比达到79.2%，占全市总量的37.4%。全年新增入库“四上”企业51家，总量持续保持全市前列。现代服务业提质增效，引进5G陶瓷馆、刷脸支付应用客户端项目，珠山区直播电商示范基地投入运营；众云物流科技平台落户整车物流企业45家，市场份额逐步扩大。文旅产业融合发展,积极筹备全省旅发大会重大活动,成功举办第六届“三宝论坛”、三宝国际瓷谷音乐节、第三届“泼泥嘉年华”、“聆响·行歌”品牌朗诵私享会、三宝名家大讲堂等一系列文旅活动,打造16家“书香珠山·城市文化会客厅”。房地产业蓬勃发展,陶阳·菁华轩(一期)等项目顺利开盘。

【完成珠山区“十四五”规划编制】 区发展改革委按照《珠山区“十四五”规划编制工作方案》的要求及时间节点,在全区各部门的通力配合下,完成珠山区“十四五”规划编制,经珠山区第十届人民代表大会第七次会议审议通过。

【及时启动价格联动机制】 全区价格临时补贴发放,按照市里下发的关于启动联动机制的文件精神,积极与区民政局、区退役军人事务局、区就业局共同确定价格临时补贴的发放对象、发放标准、发放时间等,及时请示区政府同意,启动全区的联动机制进行价格临时补贴的发放工作,有效缓解物价上涨对低收入群体生活的影响,保障困难群众基本生活,取得良好的工作成效和社会效应。配合省市做好价格监测全区范围内涉案估价认定工作,全年受理出具价格认定书83件,涉案金额650万元。

【统筹疫情防控复工复产】 积极做好复工复产牵头工作,全区行动、全面排查、全力保障,积极推动企业和项目复工复产的各项工作。加强组织领导,成立珠山区复工复产工作领导小组,多次召开复工复产工作推进会,明确各行业主管部门、镇(街道)的主体责任,确保企业复工复产工作有序推进。相继印发《珠山区积极应对疫情稳定经济增长政策措施实施细则》《关于建立日常调度和精准帮扶制度实现疫情防控与稳定增长“两手抓两促进”的通知》《企业复工复产须知》等文件,在政策保障、服务、监管等多个方面,为企业复工复产提供政策扶持。用好全区的“财园信贷通”“云义贷”“百福物流贷”等多种渠道,继续与九江银行、农商银行等多家银行和金融机构保持密切的联系与合作。统筹协调工信、发改、商贸等多个不同业务口子的各优惠政策贷款,分类指导各行业企业申报相应的政策性贷款,从而帮助企业和项目单位与我们共同度过艰难阶段。

应急管理

【概况】 区应急管理局坚持以构建大安全、大应急体系为方向,坚持以防为主、防抗救相结合的工作方针,坚持把安全生产作为安全发展的前提和保障,坚持把提升防灾减灾救灾能力作为常态工作,在区委、区政府的正确领导下,在各镇(街道)、各单位、部门的大力支持下,各项工作有序开展。

调整区安全生产委员会和12个专委会、区减灾委员会、区森林防灭火指挥部、区防汛抗旱指挥部,制定下发《珠山区防汛抗旱应急预案》《珠山区自然灾害救助应急预案》《珠山区森林火灾应急预案》《珠山区地震应急预案》《珠山区地质灾害应急预案》《2020年安全生产暨森林防灭火责任书》。区应急管理局牵头制定下发《珠山区安全生产专项整治三年行动实施方案》《珠山区岁末年初安全生产集中治理百日行动工作方案》等文件,深入开展执法、培训和宣传教育行动,积极做好安全生产、防灾减灾、防汛抗旱、森林防灭火等相关工作,确保全区总体形势稳定。

【抓实安全隐患整治】 为实现安全生产专项整治三年行动工作目标,在统筹推进疫情防控基础上,在危化品、工贸、梭式窑等专业领域开展隐患排查治理行动。在危化品领域:为吸取“6·13”浙江温岭槽罐车爆炸事故教训,6月20日,制定下发《珠山区加油站安全专项检查工作方案》,对辖区内8家加油站进行专项检查,发现部分灭火器过期、配电间应急灯老化、部分应急灯失效等安全隐患12处,企业自查隐患56处;在工贸领域:疫情防控期间,对复产复工企业督导检查,督促企业做好疫情防控和安全生产防范措施;对华润万家、缤纷时代广场、浙江商城、金鼎商业等大型综合体进行安全排查。11月13日,制定下发《珠山区应急管理局关于进一步加强工贸行业安全生产执法检查工作的通知》;在建筑施工领域:5月6日,联合区住建局制定下发《关于在全区开展在建工程建筑安全大检查的通知》,针对建筑企业复工潮,为防止企业过度赶进度,组织多部门在全区联合开展在建工程专项整治行动,对全区老旧小区、背街小巷改造工程全部停工,全覆盖、拉网式开展安全检查,以“零容忍”的态度督促施工企业做好安全隐患整改;在燃气梭式窑领域:检查梭式窑150余家,排查隐患290余处,查封窑炉17座,其中,7月29日,市、区、镇、村四级开展联合执法行动,对竟成镇樊家井村居民密集区高楼顶违规建窑安全隐患进行集中整治,当场查封7户8座梭式窑;在特种设备领域:检查液化气充装单位8家次,电梯300余台次,开展联合检查行动2次,隐患整改20余条。城市运行领域:对中山国际楼顶、望江园沿街、中华北路景富华城、东二路伊龙赣菜故事大酒店等存在安全隐患的户外高空广告和标示进行依法拆除,清理各类横幅;在校园安全领域:开展校园周边环境整治行动,对教育培训机构进行综合整治;开展学习防溺水教育,发布预防学生溺水安全预警信息,对学校师生开展溺水自救自护技能培训,深入学生家庭进行防溺水宣传。

【加强防汛抗洪工作】 入汛以来,区防汛抗旱指挥部压实防汛责任,修订完善预案,严格落实各项防汛抗旱责任制;组织防汛检查,加强隐患排查,并对辖区内易涝点所涉及的五保户、特殊群体进行摸底登记;强化物资储备,提升应急能力,加大防汛工作经费投入,在区防洪保安资金中安排专项资金用于全区防汛工作;加强预警预报,严肃值班纪律,加强对雨情预报和山洪灾害的实时监测,利用防汛短信平台发送各类预警信息5000余条。7月7日16时、7日19时、8日23时30分,分别启动防汛Ⅳ级、Ⅲ级、Ⅱ级应急响应,7月7日、7月9日,分别召开全区防汛工作紧急部署会、防汛工作紧急调度会议,全区上下紧急动员,全力以赴投入抗洪抢险当中,切实做好群众的安全转移工作,运送饮用水、食品、日常生活用品等给被围困的居民,保障安置点及被困群众有饭吃、有清洁的饮用水。

【加强野外火源治理】 受农民农事用火、林内可燃物增加和不文明祭祀、野炊等因素影响,森林火情等级有所提升。针对这一特点,珠山区召开森防指全体成员会议,认真分析研判形势,专题研究野外用火专项治理行动,成立行动小组,组建以珠山区应急管理局、农业农村和水利局、纪委、森林公安分局道士桥派出所为成员的联合督导组,对竟成镇及14个行政村野外火源管理治理情况进行督导检查。3月28日,制定下发《全区野外火源专项治理行动实施方案》,先后出动人员47人次实施15次排查,发现火险隐患12处,下达整改通知书12份。

【开展各类宣传活动】 采取线上和线下相结合的宣传方式,广泛组织人员积极参加"全国安全知识网络竞赛"、全省"安康杯"职工安全生产、职业病防治知识竞赛和第十五届井冈山安全发展论坛等线上安全宣传,通过新媒体平台向广大群众传播安全生产知识;积极开展防灾减灾、安全生产宣传教育"五进"活动,在生产经营单位、建筑工地、主要干道、广场公园等人流密集的场所张贴安全宣传横幅,LED屏滚动播出安全标语。

【大力开展督查检查】 1月19日,区委常委、常务副区长张朝博带队深入辖区综合市场、大型商超、星级宾馆、住宅小区和客运渡口等处,督查春节期间安全生产和隐患排查工作,确保春节期间全区安全生产形势稳定。5月23日,区委副书记、区长罗文军深入昌江河东岸、昌江街道再胜弄社区危房点位、周路口街道云锦巷社区第三小学易涝点、竟成镇昌江村枣树坞道路崩塌隐患点、城防工程(观音阁段)进行实地查看,督查地质灾害和防汛点安全隐患排查防治工作,全力从根本上消除隐患,确保居民群众生命财产安全。

【部署重大节假期间安全管理】 5月19日、9月27日,分别制定下发《关于切实做好全国"两会"期间安全防范工作的通知》《关于切实做好十九届五中全会和2020年中秋、国庆、瓷博会期间安全防范工作的通知》,召开全区应急管理工作会议,对重大节假期间的安全生产、防灾减灾等工作进行再部署、再落实。节假期间,严格执行领导干部带班、24小时值班制度,严肃落实突发事件报送和外出报备制度,充分做好各项应急准备,确保一旦发生事故灾害,第一时间有序实施抢险救援,全力保障人民群众生命财产安全。

【举办各类安全防控培训班】 5月27—29日,联合区市场监督管理局开展全区电梯使用单位管理人员培训活动;7月,举办三期全区工商贸企业安全生产培训班;8月10—11日,联合区教体局举办全区校外培训机构安全知识培训班;8月12—13日,联合区教体局举办全区幼儿园安全管理知识培训班;10月,联合区住建局开展全区建筑施工企业"安管人员"安全生产知识培训。

【做好低温、雨雪、冰冻天气安全防范】 12月28日下午,召开区安委会成员会议暨低温、雨雪、冰冻天气安全防范工作部署会,区委常委、常务副区长张朝博出席会议并讲话。会议传达市安委会会议精神,就低温、雨雪、冰冻天气安全防范工作提出要求。会后,竟成镇、各街道、各有关部门都迅速召开会议进行会议精神的传达和具体工作的部署。

消防救援

【概况】 在区委、区政府的关心支持下,区消防救援大队紧紧围绕年度工作目标任务,以“四项建设”为抓手,以“两个稳定”为核心,队伍建设发展形势持续向好,社会面火灾形势持续平稳,为百姓安居乐业提供更加适宜的消防安全环境,为经济社会发展创造更加优质的营商创业环境。

牢记习近平总书记授旗训词精神,始终坚持“两严两准”要求,全体指战员人心思进、砥砺奋进,圆满完成“十七届”瓷博会安保任务,成功处置“7·5”黑猫集团压气站火灾事故、“7·9”抗洪抢险。建立完善“党委会议训”制度,树立“全员普训、勇争先进”的良好练兵导向,在全市第二轮岗位练兵比武竞赛、全市作战训练安全知识竞赛中,分别夺得团体总分第三和第一名的好成绩。针对节日火灾特点和本地区消防安全形势,先后联合多部门开展集中行动40多次,针对性解决一批普遍性的火灾隐患。强力推进重大火灾隐患政府挂牌督办和一般火灾隐患社会公示。大队提请区政府对辖区2家重大火灾隐患单位进行挂牌督办,分批次对辖区70多家一般火灾隐患单位进行公示。严格落实“三真三实”执法要求,推行监督执法数据“每日一更新、每周一公布、每半月一调度”制度,大力提高消防行政处罚案件办理率,形成严查违章、必除隐患的高压态势。大队全年检查单位448家,发现和督促整改隐患320处,下发责令改正通知书234份,行政处罚决定书72份,临时查封决定书12份,责令三停单位7家,罚款41.65万元,以高压的执法态势有力确保重大节日、重要活动期间的消防安全。

为进一步提升辖区单位的消防应急处置能力,普及消防安全知识,提高自救互救能力和消防忧患意识,建设平安和谐家园,全面推动消防安全专项整治“三年行动”,营造良好消防安全氛围。大队走进第九中学、景德镇卫校、珠山区实验幼儿园、珠山区602所幼儿园等单位开展消防安全疏散演练,对美乐迪幼儿园、天天乐幼儿园、吉的堡幼儿园等幼儿园营区开放,通过“请进来+走出去”相结合的方式,持续对全区幼儿园场所开展“幼儿园消防宣传活动”,大力深化全社会消防宣传教育,强化火灾防控技能。截至年底,共培训20家学校以及幼儿园5600余名师生,受到社会广泛关注,营造良好的119消防宣传氛围。

紧扣“119”消防宣传月活动“关注消防、生命至上”主题,组织开展形式多样的消防宣传培训教育,全方位开展“119”消防宣传月活动,全力推动全社会关注消防、学习消防、参与消防,提升全民消防安全素质和全社会抵御灾害的能力。珠山大队深入老城区里弄、社区开展面对面消防安全宣传活动并对景德镇第九中学、卫校、陶大等开展校园消防安全第一课及应急疏散演练,同时组织消防志愿者等社会力量开展上门防火检查和送平安服务活动。为强化“民间消防”建设,提升“民间消防”力量,11月13日上午,景德镇市“妈妈防火团”在珠山区社会组织培育发展创新基地正式揭牌,“妈妈防火团”已经发展成遍布珠山区1乡镇9街道,拥有10752名成员的志愿者组织。“妈妈防火团”积极加入生命通道整治,用快板形式在日常巡查时对社区居民进行宣传,提醒广大社区居民重视消防安全,停车勿占生命通道。

立足“会报警、会疏散、小火会用灭火器、大火会用消火栓”四会培训要求,深入辖区重点单位、九小场所、街道社区等积极开展“一警六员”消防安全实操实训,截至年底共培训210场次,3469人。在培训中,培训人员重点突出灭火器和室内消火栓使用培训,坚持“见真火”“出真水”“做真动作”,做到培训人员逐一操作考核,确保人人会用、见火不慌、抬手就打。联合城市警察对各重点单位消防车通道情况进行逐一查看,全面掌握实际情况。通过微信电话、上门服务、实地指导等多种形式对消防车通道施划标线标志、标识设置形式及相关法律法规进行“线上、线下”精准指导。截至年底,全区消防安全重点单位施划消防通道标线标志已全面完工,张贴严禁占用消防通道的提示或海报现全部完成。先后深入联合国贸陶瓷城、山水瑞园高层住宅小区等重点场所、重点小区开展“生命通道”专项整治行动,现场整治车辆、杂物堵塞消防通道的违法行为,倡导市民杜绝乱停乱放,保障消防通道畅通。

【加强冬春火灾防控】　1月6日,区政府召开全区加强冬春火灾防控工作部署会议。区常务副区长张朝博、区应急管理局局长金光华、区消防救援大队大队长陈坚、区消委会成员单位负责人、各乡镇街道分管领导参加了会议,切实维护辖区消防安全形势持续稳定。

【复工复产消防安全服务】　2月,为做好全区复工复产消防安全服务保障,做深、做细、做实新冠肺炎疫情防控期间消防安全工作。按照上级部署要求,坚持抓好"三大要素",进一步优化消防服务举措,以主动汇报、对接摸底,线上线下、精准服务,多媒体联动、高频宣传模式扎实推进战"疫"联防联控,切实强化社会面消防安全管控,有力有序有效保障辖管单位安全复工复产。

【消防产品质量监督】　3月10日,在"3·15"消费者权益日来临之际,为有效净化消防产品市场,加强消防产品质量监督管理,区消防救援大队联合区市场监督管理局、景德镇电视台开启"3·15"消防产品打"假""三部曲",严厉打击销售假冒伪劣消防产品的违法行为,保护消费者的合法权益,大力营造浓厚的消防产品质量打假舆论氛围。在活动中100余件不合格消防产品被集中销毁,切实消除消防产品质量安全隐患。此次集中销毁的产品均为现场查获的报废、伪劣消防产品。

【深化"九小"场所消防安全专项整治】　5月15日,区政府在区公安分局召开深化"九小"场所消防安全专项整治推进会,副区长、区公安分局局长李维明出席会议并讲话,区消防救援大队大队长陈坚,各乡镇(街道)、各派出所、行业部门的分管领导50余人参加会议。会议由区应急管理局局长金光华主持。会上宣读《珠山区深化"九小"场所消防安全专项整治工作方案》,认真分析研判全区"九小"场所消防安全形势,并对下阶段工作提出意见和建议。

【奋战抗洪抢险一线】　7月7—9日,景德镇普降大到暴雨,日降雨量达到180毫米,部分地区达到334毫米。景德镇城区河段发生超警戒4.64米的特大洪水,民房被淹、人员被困、堤坝危急,人民生命财产正在遭受巨大的威胁。面对洪水肆虐,珠山消防救援大队全体指战员闻讯而动,将人民群众的生命财产安全放在最重要的位置,顶风冒雨奋战抗洪抢险一线,在全市抗洪抢险保卫战唱响一曲又一曲动人的"火焰蓝之歌"。

【梭式窑集中联合整治】　7月30日,为严查消防安全违法违规行为,推进夏季消防安全检查工作深入开展,联合区应急管理局、区市场监督管理局、区工业和信息化局、竟成镇派出所以及街道社区对辖区内梭式窑进行集中联合整治,现场查封7座燃气梭式窑,对梭式窑烟囱进行现场拆除。

【消防安全"进学校"】　9月23—25日,为深入推进"消防安全进学校"工作,切实提高广大师生的消防安全意识和自防自救能力,区消防救援大队走进景德镇市卫生学校,为全校1800名新生及消防志愿者骨干成员开展消防安全教育培训,通过教育一个学生,带动一个家庭,让消防安全知识进入千家万户。

【保障全区中秋、国庆节消防安全】　10月1日起,为保障全区中秋、国庆节消防安全形势持续稳定,坚决防范和遏制群死群伤火灾事故发生,珠山区消防救援大队严格按照方案部署,按照"全覆盖、零容忍、严执法、重实效"的原则,先后派出检查组30余人次,检查社会各类场所210余家,发现并督促整改火灾隐患283处,发放消防安全宣传资料510余份,有效消除一大批火灾隐患,净化消防安全环境,为中秋、国庆节期间消防安全形势持续平稳奠定坚实基础。

【授功嘉奖】　10月16日,江西省消防救援总队发布《关于给防汛救灾工作先进集体和个人专项记功嘉奖的通令》,授予珠山区消防救援大队浙江路消防救援站集体三等功,同时景德镇市消防救援支队发布《关于表彰防汛救灾工作先进个人的通报》,授予区消防救援大队2名队员个人三等功,14人受到嘉奖。12月28日,区委、区政府授予区消防救援大队浙江路消防救援站站长张志健"珠山区奋进50年突出贡献人物"奖。

商　务

【概况】 区商务局在区委、区政府的正确领导下，明确工作思路，把握工作重点，扎实做好各项工作，抢抓招商机遇、创新招商思路、拓展招商领域，打造招商平台，使全区招商工作再上新台阶，圆满完成招商引资任务。

完成内资49.26亿元，同比增长8.35%。上报省级项目51个，其中亿元以上项目17个，10亿元以上项目1个；外资2509万美元，同比增长6.05%；外贸出口4061万美元(约2.2亿人民币)，超额完成全年目标任务；社会消费品零售总额完成171.55亿元，同比增长2.3%，列全市第二，完成“四上企业”中商贸企业入库32家。

始终把对外联系作为招商引资工作的重要抓手，加强对外联系，为全区招商引资工作奠定基础。在疫情防控期间，采取“屏对屏、线连线”的不见面联系工作机制，确保疫情防控期间，联系不断档、工作不掉线、服务不打烊，营造良好的招商服务工作氛围。截至2020年年底，外出招商20余次，接待各类来访客商1000余人次；做好第三届上海进博会、粤港澳大湾区经贸合作活动中文化和旅游产业推介会、瓷博会等推介会组织筹备工作，成功与陶邑网红直播基地、众陶联等企业签约，扩大珠山区陶瓷文化旅游和陶瓷总部经济的影响力。联合洛客公司在三宝国际瓷谷举办中欧文创产业招商推介会，邀请中欧校友文化创意产业协会80余人参会，进一步加大我区文化创意产业的宣传推介。

在疫情防控期间，区商务局主要任务是负责大型商超保价稳供工作，满足老百姓生活需求，并指导帮助商超强化疫情防控举措，全面加强疫情防控各项工作保障。建机制、保运转，1月23日，出台《关于做好珠山区商务领域新型冠状病毒肺炎疫情防控工作的紧急通知》，成立疫情防控工作领导小组，明确各大型商场超市疫情防控责任人，建立日报告和视频会议协商制度，健全完善商务领域防控机制；在疫情防控物资紧缺期间，积极协调口罩、消毒液、体温检测仪等防疫防护物资，发放到各商场超市，加强商超工作人员的防护和安全保障。共计发放口罩4300余只、消毒液12桶，测温枪24把。强协调，保供应，积极协调乐平市蔬菜农产品生产基地和批发市场，拓宽各商超进货渠道，全力保障农产品和猪肉等基本生活品供给。为企业办理绿色通行证70余个，员工出入证明40份，协调120余车次的保供车辆顺利通行，解决企业车辆入景难、员工上班难等问题。强指导，保复产，成立商贸企业复工复产服务指导小组，按照区域划分，由局班子成员带队，实行“一对一”指导服务，深入企业开展疫情防控及复工复产指导服务工作，保障限额以上商贸企业安全顺利复工复产。

进一步扩大消费市场、积极培育市场主体，搭建消费平台，倡导夜间经济，开展促消费节庆活动，稳步推进商贸流通和消费。挖掘消费潜力，促进消费稳定。突出消费引领、热点带动、节日促销、活动推动，稳步推进消费市场转型升级。2020年，珠山区新增限额以上商贸企业32家，在库企业突破100家。与市广播电视台联合主办的2020年景德镇首届城市购物节，参展商户达130家，商品销售额达近千万元，人流量达10万人次。加强市场监管，推动市场稳定。对线上商贸企业上报数据，按月份进行统计整理，及时掌握社会消费品零售总额完成进度，确保计划目标的顺利完成。落实商贸领域的安全生产责任，定期组织对辖区内的10家加油站点、98家物流仓储网点，76家再生资源回收点位以及大型商超开展专项整治工作，全年保持商贸领域安全生产无事故。强化扶持，维护企业稳定。扎实做好“六稳”“六保”各项工作，积极开展对我区受疫情影响企业房租补贴工作，已补贴各类市场主体156家，计774余万元。

【实行商超对接联系协调制度】 明确专人负责商超生活必需品市场供应跟踪、检测、分析工作，围绕“淡、节、灾、突”四类特殊时段，及时掌握市场动态供应情况，精细开展应急调控工作，保障生活必需品的市场供应；加大成品油协调力度，精实开展政务服务。通过实地走访和检查等方式，对区内预付卡单用途备案企业开展“双随机一公开”政务服务事项工作，对违法违规及违反备案办法行为进行整治。完成10家成品油零售企业经营资格年检工作。

【“创文”“创卫”整治领导小组】 “双创双修”期间，针对大型商超的“创文”“创卫”整治成立相关领导小组，联合相关单位、竟成镇及街道开展整治行动45次，出动人员150余人次，对整治过程中发现的问题，可以当场解决的全部当场解决，不能解决的限期相关责任单位进行整治到位。并配合上级部门对有关超市、商场的督查、暗访工作,对市里下发的所有督办整改单及日常巡查中发现的问题迅速反应,积极联系相关部门以及企业,整改问题,接收督办单30余份,问题500余个。副局长李俊炜荣获全市创建全国文明城市先进个人称号。

国资管理

【概况】 区国有资产经营管理有限公司,坚持以"四个优化、五大板块、百亿目标"为中心,为推动全区经济发展和城市建设做出一定贡献。区国资公司资产规模达到60亿元;新增融资15亿元;营收约4.5亿元;拥有15家全资子公司,主营业务涉及国资运营管理、融资项目、开发管理、工程建设、物业管理、社区居家养老、整车物流、文化旅游等。先后启动"珠山区发展中心项目""陶阳·菁华轩(二期)项目"等一批重点工程。

【积极应对疫情】 积极应对疫情,稳定经济增长政策措施,落实"省20条""市26条""区17条"等重要精神,全力推进国有房屋租金减免。为租户向区财政局申请3批房租减免,为138户微小型企业发放租金补贴139.22万元,坚定政企共克时艰谋发展的信心与决心。

【打造文旅圣地】 6月,三宝国际瓷谷景区通过省级专项规划评审,9月通过景观质量评审。积极开展景区推广,10月18—23日(瓷博会期间)在三宝文创中心举办2020三宝+艺术周系列活动。"云生处"三宝国际瓷谷景漂艺术家作品展、工坊与历史寻迹;姚谦、李见深老师以"生活的艺术—艺术地生活"为主题的文化沙龙;"青衫影"三宝瓷谷摄影展、山水案冷餐晚宴、花艺空间及茶道表演等分项活动开展,呈现文化的、艺术的魅力三宝,持续推进三宝国际瓷谷景区创建国家AAAA级旅游景区。

【陶阳·菁华轩(二期)项目开工】 9月7日,陶阳·菁华轩(二期)项目开标,确定由贵州建工集团有限公司、华诚博远工程技术集团有限公司联合承接项目建设。11月11日,陶阳·菁华轩(二期)项目开工建设,项目位于珠山区高铁商务区,地处朝阳东大道西侧、站前三路北侧,西临景德镇陶阳学校。总用地面积约2.71公顷,总建成使用面积约0.0815平方千米。总投资约48378.97万元,计划于2023年9月完工。

【珠山区发展中心正式启用】 10月20日,新落成的区发展中心举行揭牌仪式,宣告正式启用。改造后的园区总用地面积为6.56公顷,建筑面积0.038平方千米,15栋建筑,其中10栋为办公用房,5栋为功能性用房,规划进驻珠山区48家单位,进驻人员900余人。珠山区发展中心的正式启用,将改变过去部门单位分散办公、场所不足、条件简陋等状况,有助于节约办公成本,提升工作效率,更好实现为民服务,对城市东片区的基础设施建设、经济社会发展等产生推动作用,加快区域均衡发展。

【优化架构内部建设】 在公司现有组织架构的基础上进行精简,充分把握有效管理幅度,设立城市服务利润中心、投融资并购利润中心、综合服务利润中心、文旅数字利润中心、项目筹措利润中心,通过中层干部竞聘和全员上岗竞聘的方式重新梳理岗位职责,优化资源配置,提高人员的综合素质和工作效率。

【筹措资金保障项目建设】 区国资公司克服困难、开拓路径,先后以流贷、项目贷等方式与各大银行以及融资机构达成合作协议,新增融资15亿元。区国资公司不遗余力为全区项目建设提供资金保障,2020年,支付项目资金约15.4亿元。

【做大国有资产规模】 签订昌飞老厂房地块的征收合同,待征收面积约0.19平方千米;同期正在积极对接市、区直部门做好珠山区发展中心地块、三宝国际瓷谷零星地块、0.0133平方千米陶瓷总部基地地块、三宝文创中心地块、珠山新区地块的土地收储及出让金返还。

【切实提高运营收入】 运营总收入约为4.5亿元,其中地产收入4.37亿元。众云物流新增招商企业25家,平台用户个体户新增750户,开票金额2.3亿元,缴纳税金320万元,超额完成全年指标任务;物业管理方面新增小区项目3个,完成收入600万元;文化旅游及陶瓷销售方面完成收入约320万元;

国有资产租金收入300万元。

市场监督管理

【概况】 区市场监督管理局紧紧围绕区委、区政府工作部署,在区委、区政府的领导下,在上级业务主管部门的指导下,强监管、重安全、创机制,坚持问题导向与目标导向相统一、法治手段与科技手段相结合,不断深化改革,奋力创新突破。全局着力提升责任落实执行力、提升基层基础战斗力,提升干部队伍凝聚力、提升依法严管威慑力、提升共治共享公信力,加快构筑严密高效、社会共治的食品药品安全治理体系,各项工作都取得一定成绩和进步。

【食品安全管理专项整治】 由区市监局牵头,对食品卫生管理、食品安全管理进行专项整治,分别在区农贸市场,校园周边,餐饮行业,屠宰场,集贸市场,进行检查,同时成立联合执法小组对商户进行包括持证亮证、餐饮经营者“三防三白”、占道经营、活禽宰杀分区、衡器、车辆停放等方面的检查。规范市场管理,解决市场秩序混乱、环境卫生差等问题。深入推进“文明餐桌”创建活动,“文明餐桌”是文明城市创建中的一项重要指标。以“小餐桌带动大文明”为目标,重点以文明规范引导为主要内容,通过积极开展餐饮示范店和示范街打造,引领和带动周边同类行业学习、规范和提升,文明餐桌创建率100%。

【加强食品安全监督】 通过6000户次的食品卫生检查,推行卫生节约,守护辖区百姓舌尖上的安全,对辖区的餐饮店进行专项整治,签订各项食品安全承诺书2000份、张贴文明用餐、健康用餐、光盘行动标语3000多份,出动执法人员11000人次,截至2020年年底,亮证经营,食品经营许可证、营业执照、从业人员有效健康证张贴在店内醒目位置,从业人员健康证持证率达到98%。食品安全应知应会知识抽查合格率达到95%以上;群众调查满意率达到90%以上。

【药械市场整治】 开展各类专项整治6次,其中包括执业药师“挂证”专项整治,流通领域中药饮片专项整治,对伪造部分进口狂犬疫苗开展紧急排查工作,处方药销售违法行为专项整治,医疗器械经营使用单位无菌和植入性医疗器械集中整治,隐形眼镜市场整治等。发现有大部分药品零售企业对执业药师管理不严,没有严格执行企业制定的相关管理制度。部分药品经营企业有超范围经营中药饮片;购进的中药饮片外包装信息不全;小诊所大部分存在药品和医疗器械过期;部分药品不能提供合法购进票据等问题。区市监局严厉打击检查中发现的违法违规行为,良好地净化药械市场。检查药械单位162家次,出动执法人员360人次,立案22起,结案21起,罚没款10.9万元。

【药品监督抽检不良反应监测】 按照2020年工作计划要求,稳步推进药品抽检和药品不良反应监测工作。执法人员坚持以问题为导向,提升药品抽检的针对性和靶向性,将公众消费多、社会关注高、风险隐患大的药品作为抽检重点。为加强药品不良反应监测工作顺利开展,组织各上报单位参加市不良反应中心举办的培训班,有效提高药品不良反应监测报告的质量和社会责任意识。顺利完成药品抽检15例,通过抽检查处1起经营、使用劣药案。

【全省质量竞争力指数指标调查】 针对10家有关制造业企业通过各种体系认证、产品执行标准以及年生产总值等数据情况进行调查了解,为全省评估分析质量状况及质量竞争力水平提供有力支撑。

【本辖区工业产品质量监督抽查】 根据市局下达的抽查计划,第一时间组织安排执法人员开展工作,抽查20个批次的日用陶瓷,送往景德镇出入境检验检疫局进行检验,检验结果均为合格。

【深化“放管服”改革】 不断深化“放管服”改革,进一步激发市场活力,大力推进登记注册全程电子化,助力企业开办。通过减流程、压时限,把企业设立登记压缩在1.5个工作日内,极大提高注册登记效率,为珠山区经济高质量发展贡献力量。新发企业营业执照1184户、个体工商户4392户(其中全程电子化申请企业841户,个体134户),个升企29户,企业年报率达92.26%,个体年报率达88.98%,吊销“僵尸企业”营业执照27户,联合区农村农业局等部门开展清理农民专业合作社“空壳社”2户,列入经营异常企业184户/次,移出异常名录企业16户次,向国家企业信用信息公示系统(部门协同监管平台——江西)归集涉企数据3430条,开展“双随机一公开”抽查检查12次653户,有效维护正常社会经济秩序,加大对企业申请“财园信贷通”扶持力度,及时审核22户企业申请“财园信贷通”227条数据,为政府部门决策提供有力的数据支撑。

【处理投诉工作】 受理消费者投诉举报3037起,办结3037起,办结率100%。其中投诉类1392起,调解成功1392起,调解成功率100%;举报类案件1645起,办结1645起,办结率100%,挽回消费者经济损失33.4万余元。

【开展“五小”整治行动】 召开“五小”工作推进会12次,联合“五小”整治组成员单位开展“五小”行业集中整治大执法行动54次,参与区城市管理局发起的市容环境大执法行动22次。检查“五小”行业经营户10387户次,发放“双创双修”告知书2648份,核发“五小”行业营业执照1169户,发放食品经营许可证(含“四小”登记证)1077张,督促办理健康证4221张,新增食品安全量化分级715家,发放文明用餐标识2557张,劝导经营户购买消毒设备和“三防”设施1304户。

在区、市级微信公众平台以及各类新闻报刊上发表创卫工作宣传报道87篇,在景德镇电视台《昌南北西东》栏目中,报道“五小”行业整治行动8次。特别设置参与有奖“你来举报我来查”活动专栏,收集线索60余条。

农贸市场监督管理

【概况】 区市场经营服务中心围绕年度工作目标,加强对农贸市场常态化监管,各项工作取得一定成效。

针对突发的疫情,中心及时成立应对疫情工作领导小组,建立明确的责任体系,全员在岗,坚守一线,强化联防联控,落实、落细多项防控措施。

结合“双创双修”工作目标,中心进一步细化目标、落实责任,对辖区内农贸市场加强日常监管,督促市场业主抓好各自市场日常的环境卫生,定期更新市场公益广告和健康教育宣传栏,做好消防设施月检、农残检测、病媒防治等各类台账,为全市成功创建全国文明城市、国家卫生城市做出应有的贡献。

在每个农贸市场建立一支由市场经营服务中心、城管、市监和属地街道(镇)等相关单位人员组成的专门队伍,加大联合巡查力度,充分发挥专门监管队伍的作用。从4月份开始,对辖区内农贸市场开展综合大执法工作,每周对一到两个农贸市场进行为期一周的整治,整治内容以“整洁”“整齐”“整治”为目标,以“双创”测评体系标准为标准,解决“双创”中的重点难点问题,全面提升农贸市场环境秩序。全年开展联合整治180次,出动人员2800余人,处理出店经营1300余处、占道经营1600余处、车辆乱停乱放1800余起、清理小广告1100余张、清理垃圾杂物856车。对部分农贸市场路面、台面破损进行修补,并对十个点位农贸市场的每个商户统一配置清晰分类标志的脚踏垃圾桶。改善市场活鱼及其他水生动物宰杀摊位,解决市场环境卫生问题,对家禽、水产等重点区域和薄弱环节开展“再检查”,对市场中易反弹问题及难点问题,采取每日检查,每日调度的工作制度,确保补齐短板,不留死角。

【打造珠山区标杆农贸市场】 8—11月,在由市商务局组织开展的全市星级农贸市场评比活动中,珠山区有6个市场评为星级市场,其中昌河、西路新区农贸市场被评为四星级农贸市场,方家山、中华北路、戴家弄、黄泥头农贸市场被评为三星级农贸市场。打造珠山区标杆农贸市场树立标准榜样,以点带面促进其他农贸市场提升。

【曹鹏、吴英玉被评为先进个人】 12月11日,景德镇市召开成功创建全国文明城市表彰大会,市场经营服务中心曹鹏、吴英玉被评为先进个人。

自然资源管理

【概况】 景德镇市自然资源和规划局珠山分局(以下简称分局)在区委、区政府和景德镇市自然资源和规划局(以下简称市局)正确领导下,认真学习贯彻党的十九大精神和习近平总书记系列重要讲话,以人为本,依法行政,廉洁奉公,既服务好地方经济发展,又维护好人民群众的切身利益,分局各项管理工作如期顺利完成,且取得预期效果。

珠山区所辖9个街道和1个乡镇(含枫树山林

场、市良种场等),土地总面积111.1414平方千米。其中:耕地面积4.5242平方千米;园地面积0.3561平方千米;林地面积62.8148平方千米;其他农用地面积1.8867平方千米;建设用地面积38.8465平方千米;未利用地面积2.7131平方千米。

区农村房地一体登记发证工作有序进行。6月30日下午,区政府四楼会议召开珠山区农村房地一体登记发证工作会议;常务副区长张朝博调度、副区长黄爱喜主持。区农村房地一体领导小组办公室通报农村房地一体工作进展情况;研究讨论农村房地一体发证的相关事宜,会议研究审议通过:研究审议珠山区农村房地一体发证公章有关事宜,关于审议《珠山区农村宅基地使用权和房屋所有权确定申请审核表(表样)》和《珠山区农村宅基地使用权和房屋所有权确定申请审核表(表样)》有关事宜,关于审议"珠山区农村不动产登记发证窗口建设"事宜,关于审议珠山区农村房地一体发证相关事宜,关于审议珠山区农村房地一体发证领导小组成员及相关单位工作职责事宜。7月20日,在竟成镇青塘村委会会议室召开区农村房地一体登记发证推进会:副区长黄爱喜调度:由珠山分局抽调3名业务骨干和竟成镇组成农房一体确权登记工作组,下到各村组现场收集审核资料,实地解答房屋权属不清楚、超面积及"一户多宅"等常见问题;采取"一村一策,一事一议"的工作方法,推进农房一体确权登记工作,制订出符合当地实际的确权登记办理意见,有针对性地解决遇到的问题;区自然资源和规划珠山分局指导,由竟成镇、各村委会、村小组三级审核后公示;拟定《农村房地一体确权登记发证明白卡》发放到全区农户手中,为群众办好事办实事。

【认真开展WJBS问题清查整治专项行动】 2019年7月,按省、市统一部署,结合实际情况,制定《珠山区WJBS问题清查整治专项行动工作方案》,成立珠山区清查整治专项领导小组,之后领导小组成员持续按照各自相关职责对辖区内进行了全面摸排。经排查,建立一户一档材料765户,发现2处重点范围内的违建。2020年3月19日组织力量成功对侵占国家森林公园WJBS丽秋山谷建筑及洋湖水厂取水口处李兰芳违建均依法实施拆除并复耕复绿到位,符合违建整治的要求。

【珠山区第三次全国国土调查】 根据国务院第三次全国国土调查领导小组办公室"9·25"工作视频会议精神统一部署,国家下发珠山区统一时间节点及遥感影像资料图斑519个,总面积3.8891平方千米;经对下发图斑内外业实地举证现场调查,按时完成全区三调统一时点数据更新并及时通过省和国家验收。按照国务院"三调"领导小组办公室统一部署,开展珠山区第三次全国国土调查耕地资源质量分类工作。

【加强地质灾害防治】 4月1日下午,省自然资源厅巡视员余茂宗赴竟成镇昌江村十九小学地质灾害隐患点考察,要求相关部门要充分认识地质灾害防治工作的严峻形势,切实强化责任意识,坚决杜绝侥幸心理和麻痹松懈思想,做好强降雨应急准备工作,进一步明确工作思路,落实好隐患排查、应急方案、预警监测等防范措施,发现险情及时转移群众,确保人民群众生命财产安全。副区长黄爱喜和市自然资源和规划局副局长熊飞龙参加考察,市地质灾害应急中心、珠山分局等部门负责人陪同。5月23日下午,区长罗文军视察竟成镇昌江村一处路边崩塌隐患点,要求密切关注雨水情变化,及时预警预报;安排专人做好隐患点的监测,一有险情及时报告、处置;要充分做好应急准备,随时做好隔离防护与人员转移。区应急局、自然资源和规划分局、防汛办、竟成镇及昌江村等部门负责人陪同。

【切实开展农村乱占耕地建房大摸排】 7月,按国家、省级统一部署与要求,制定下发《珠山区农村乱占耕地建房问题摸排工作方案》,成立专项摸排工作领导小组。经全区齐心协力摸底排查,摸排出81宗在耕地上的建筑物,11月12日前完成系统上报工作。

统　计

【概况】 在区委区政府的坚强领导下,区统计局认真贯彻习近平新时代中国特色社会主义思想和党的十九大,十九届二中、三中、四中、五中全会精神以及中央和上级党委关于意识形态工作的决策部署及指示精神,切实加强党对意识形态工作的全面领导,落实党组书记第一责任人制度。党组会议每季度研究一次意识形态工作,抓好"学习强国"平台学习。在新冠肺炎疫情给经济社会发展带来前所未有挑战和影响的关键时期，区统计局坚持以习近平新时代中国特色社会主义思想为指导，围绕中心、服务大局，强化统计基层基础建设，坚持做好统计监测，优化统计服务，进一步提升统计数据质量，为全区经济社会发展提供坚实的统计保障。

突出政治建设，做到“两个维护”。局党组始终坚持把党的政治建设摆在首位，严明政治纪律和政治规矩，坚决做到“两个维护”，坚持党对统计工作的领导。坚定不移地把学习贯彻习近平新时代中国特色社会主义思想作为首要的政治任务，把学与悟结合起来，落实到推动本职工作上，推动全局党员干部提高政治站位，牢固树立“四个意识”，坚定“四个自信”，严格执行中央八项规定精神、统计法律法规及相关规定。

严格履行主体责任，认真落实中央八项规定精神，紧盯“四风”问题新动向、新表现，不断加强对统计人员的日常管理监督。局党组书记严格履行党风廉政建设第一责任人责任，班子成员认真履行“一岗双责”责任，坚持统计业务工作抓到哪里，党风廉政建设就抓到哪里，落实廉政谈话。班子成员和党员干部带头遵守中央八项规定精神、统计法律法规和各项廉政纪律，严格执行“三重一大”议事规则和民主集中制原则。从严执行外出审批制度、个人重大事项申报制度和谈心谈话制度。定期开展警示教育，传达全国全省重大统计违法案件。

真实、准确、完整、及时地完成国民经济核算、工业、固定资产投资、批零和住餐业、服务业、建筑业、房地产、能源、劳动工资、科技、基本单位等多专业常规月报和定报统计。同时有序推进专项统计调查工作，认真落实国家、省、市布置的各项统计调查工作任务。及时客观反映全区经济社会发展最新状况，为区委、区政府科学决策提供优质的统计服务，较好满足社会各界对统计数据的需求。深入贯彻中央关于统计工作重大决策部署，对习近平总书记关于统计工作重要讲话指示批示精神深化学习。加强法制宣传，推进依法统计。加强统计法制建设，举办培训班，开展“统计开放日”宣传活动，提高依法统计的自觉性，形成良好的工作氛围。扎实推进“双随机一公开”监管工作，围绕联网直报工作积极主动开展统计日常执法检查，注重从数据的源头抓起，不断加强和完善各类统计台账，确保数据源头准确无误，提高统计数据的准确性和科学性，对不符合在库条件的企业及时退库，保障数据质量。2020年通过省双随机执法检查及统计督查工作检查，统计数据质量得到肯定。

【全力服务区域经济发展】 及时编印《珠山统计月度快报》《珠山统计季度快报》，编发统计工作动态20余篇，撰写统计分析30余篇。及时分析研判数据，根据各时段经济运行特点，开展调查研究，及时上报信息。疫情防控期间，为助推全区“四上”企业稳定有序地复工复产，按照省、市部署开展“四上”企业受疫情防控期间复工复产和影响的问卷调查，了解企业复工复产准备情况，形成经济发展分析报告，为区委、区政府提供决策依据。

【超额完成“四上”企业入库任务】 坚持把“四上”企业申报纳统作为反映全区经济社会追赶超越发展的重要抓手，建立准“四上”企业动态库，积极组织协调、审核。全年共申报“四上”企业51户（服务业：12户，房地产：4户，建筑业：3户，商贸业：32户），净增36家，总数上超额完成市政府下达的年度新增20户的任务，有力支撑全区经济社会较快发展。

【第七次全国人口普查工作】 第七次全国人口普查工作，按照国务院、省、市人普办的统一部署，根据普查方案，区普查办按时完成普查机构组建、经费落实、普查区划分与绘图、综合试点、普查指导员和普查员选聘与培训、人口底册摸底、普查宣传、普查摸底、短表登记工作、长表登记工作、数据核查和比对复查工作，在规定时间节点前上报数据至国家统计局平台。

【完成脱贫攻坚普查】 与区扶贫办共同组织和完成脱贫成效专项调查工作，其间组建领导小组，成立专项办公室，完成普查方案制定、普查员、普查指导员选调、培训、摸底调查、入户调查等工作。区统计局负责组织派驻乐平市正式开展入户调查，完成乐平市镇桥镇20个行政村、464户贫困户的脱贫成效调查工作，圆满完成上级交给的调查任务。

审　计

【概况】 在市审计局和区委区政府的领导下，区审计局坚定不移地履行《中华人民共和国宪法》和《中华人民共和国审计法》所赋予的神圣职责,全局上下紧紧以全区经济发展为核心,牢牢立足于经济一线,充分发挥经济卫士的作用。完成16个审计项目,其中审计署、审计厅统一部署的审计项目4项,部门预算执行及决算草案情况审计3项,任期经济责任审计7项,投资项目审计完成28个,投资项目审计送审金额7998.27万元、审定金额7172.41万元、核减金额825.86万元。提交各类审计信息90条,被各类媒体频道采用75篇次。

部门预算执行审计是《中华人民共和国审计法》赋予审计机关的一项重要职责,是审计工作的"永恒主题"。5月,区审计局以规范预算管理、提高财政资金使用效益、服务公共财政制度改革为目标,认真组织展开区本级预算执行及决算草案情况审计。在审计过程中,主要审计区财政局组织的本级预算执行及决算草案情况,延伸审计昌江街道办事处、太白园街道办事处、周路口街道办事处、里村街道办事处、昌河街道办事处和区新村街道办事处等多家单位。对区农业农村和水利局2019年度预算执行及决算草案情况进行审计,加强对重点领域、重点资金、重点部门的审计力度,为党委、政府宏观调控经济决策,人大经济监督和维护财经秩序,促进经济发展等方面发挥了积极的作用。9月4日,区第十届人大常委会第三十二次会议上,区审计局受区政府委托向区人大常委会作《关于珠山区财政局具体组织2019年度区本级预算执行及决算草案情况审计工作报告》,区财政局具体组织2019年度区本级预算执行及决算草案情况审计工作得到各位常委委员的充分肯定。受区人民政府委托以及区人大要求有关整改事项落实的工作部署,区审计局重点对《关于2018年珠山区财政预算执行和其他财政收支审计》查出问题督促各单位整改到位,对整改情况进行满意度测评。

【疫情防控资金和捐赠款物专项审计】 在新冠肺炎疫情防控的关键时期,迅速成立应对新型冠状病毒感染的肺炎疫情防控资金和捐赠款物专项审计工作领导小组。根据审计署办公厅视频会议精神,听从安排部署和经验指导,组织开展疫情防控资金和捐赠款物专项审计。

【经济责任审计】 严格按照区委组织部委托,合理利用审计资源,集中力量开展对原区农林水务局局长龚安成、原区政府办主任江智中等7名领导干部任期经济责任审计。通过审计,发现库存现金金额较大、虚列收支、报账手续不规范等问题;对此一一做出审计评价,依法提出相应的审计意见和整改建议,促进财务核算的规范和相关制度的建立和完善,增强领导干部财经法规意识和经济责任意识,增强领导干部的事业心和责任感。加强对领导干部权力的制约和监督,当好各级党政选人用人的参谋,促进党政领导干部廉洁自律。

【行政事业审计】 对区竟成镇人民政府2019年财政收支管理情况审计,对竟成镇人民政府财务室、民政办、综治办、敬老院等相关部门进行延伸审计,确保专项资金的安全、完整、有效使用,确保惠民生政策落实到位。对存在的问题提出相应的审计整改意见,以帮助被审单位积极整改,促进行政单位财政财务制度的管理,提高行政事业单位的经济效益、服务质量、竞争力,提升专项资金的使用效益。

【国家重大政策措施落实情况跟踪审计】 根据《国务院办公厅印发稳增长促改革调结构惠民生政策措施落实情况跟踪审计工作方案的通知》《国务院办公厅关于转发国务院减轻企业负担部际联席会议清理拖欠民营企业中小企业账款工作方案的通知》(国办发明电〔2018〕14号)要求,以及审计署、省审计厅的工作计划安排,对稳增长、促改革、调结构、惠民生政策措施贯彻落实情况进行专项审计,重点关注拖欠民营企业中小企业账款,组织开展对国家重大政策措施落实情况跟踪审计,每个季末都派出专业对口人员对审计署统一组织的重大政策措施落实情况跟踪审计,促进重大政策措施在珠山落地生根。

【投资审计】 在投资审计过程中坚持深入项目现场,对建设单位报送的各项内容,采取现场查看核实施工内容,从源头上杜绝建设单位或施工单位虚报工程量、重复计算工程量、虚假签证、乱签证等现象发生。针对城市建设速度加快,工程量多等情况,充分利用工程造价咨询中介库,加大对政府投资项目的跟踪审计和竣工决算审计力度,成效较为明显。完成景德镇市珠山区刘家弄古作坊群维修项目工程结算审计、珠山区新厂街道一中路社区办事处装饰工程结算审计等28个项目的审计，其中投资项目审计送审金额7998.27万元、审定金额7172.41万元、核减金额825.86万元，减少全区基建项目在建设中的损失浪费。

【自然资源审计】 区审计局开展对区农业农村和水利局局长龚安成自然资源资产离任审计，审计内容包括：贯彻执行中央生态文明建设方针政策和决策部署情况，完成自然资源资产管理和生态环境保护目标情况，履行自然资源资产管理和生态环境保护监督责任情况，组织自然资源资产和生态环境保护相关资金征管用和项目建设运行情况等。通过审计，发现管理制度上的不足。区审计局深入分析和发掘带有普遍性、倾向性、苗头性问题，透过现象抓住本质，分析深层次原因，提出切实可行、具有操作性的改进意见和建议，充分发挥审计促进中央生态文明建设方针政策和决策部署落实的作用。

【专项资金审计】 7月，组织开展对区2019年财政专项扶贫资金审计，重点延伸竟成镇。对涉及财政专项扶贫资金的扶贫项目，以及产业扶贫、教育扶贫等资金使用管理方面进行审计抽查，从源头上、制度上彻底预防和治理有关扶贫资金的使用问题，提升专项资金的使用效益，充分发挥审计“免疫系统”功能。

【社保资金审计】 12月，抽调4名审计骨干，赴昌江区参与市审计局组织的社保资金审计，重点对昌江区财政局、昌江区社保局、昌江区城乡居民事业管理局等单位审计，从源头上、制度上彻底预防和治理有关社保资金的使用问题，提升专项资金的使用效益。

财政·税务

财政

【概况】 在区委的正确领导下，区人大及其常委会的监督下，全区财政部门认真贯彻落实中央和省、市战略部署，积极应对不利因素，切实做好"六稳"工作，落实"六保"任务，深入推进财税体制改革，不断优化财政支出结构，基本民生和城市双创保障有力，全区财政收入保持平稳增长，经济社会健康发展。

全区完成一般公共预算收入7.52亿元，为预算的103.97%、调整预算的100%，同比增长8.67%（本级财政完成一般公共预算收入6.74亿元，竟成镇完成一般公共预算收入0.78亿元）。其中：完成税收收入4.28亿元，完成其他各项收入3.24亿元。全年一般公共预算收入加上上划中央、省级、市级预算收入15.37亿元，全区完成财政总收入22.89亿元，为预算的100%，同比增长2.63%。2020年，全区一般公共预算支出执行数为25.75亿元（含中央、省、市一般性转移支付支出和专项转移支付支出），同比增长9.73%。

全区财政部门紧紧围绕目标任务，竭力应对经济下行压力影响，深挖增收潜力，不断完善全区协税护税机制，强化收入预期管理和分析调度，积极组织收入按时入库。全力挖掘增收潜力。积极组织人员摸清税源底数，科学测算收入目标，及时把任务分解到征管部门，认真算好收入任务账、时间账、进度账，加大税收征管、稽查、清欠和监控力度，采取一切行之有效措施严防税收征管跑冒滴漏，确保组织财政收入按计划进度足额入库；积极应对减收影响。全面研判减税降费政策效应影响，认真测算减税因素及减税额，及早制定应对减税弥补措施，牢牢把握组织财政收入的主动权；强化非税收入征管。不断深化"电子票据"改革，强化非税收入预算管理和"收支两条线"管理，以及对行政事业单位非税收入的调控，加强国有资源有偿使用收入管理，堵塞漏洞。

【重点支出有效保障】 全区进一步树牢过紧日子思想，严控预算追加，不断优化财政支出结构，积极实施压减全区预算单位公用经费6%措施，"三公"经费同比下降，突出强化重点保障，兜牢做实"三保"底线。积极推进民生工程实施。强化预算安排、协调资金调度、财政专户集中支付等机制的建设，全年拨付民生工程资金6.29亿元，全区基本民生保障水平得到切实提高。加强扶贫资金筹集和使用。坚持扶贫资金动态监控平台监督，全年财政拨付到位扶贫资金934万元，及时兑现健康脱贫、就业脱贫、教育脱贫等政策，"两不愁三保障"得到有效落实。深入落实惠农惠民政策。全年发放惠农补贴"一卡通"6个大项16个小项，下达资金607万元，涉及抚恤补助、精简退职、伤残抚恤、退役士兵生活补助、农村五保户、农村低保、水库移民扶助等方面，惠农14460户15797人次，发放率达100%。支持义务教育均衡发展。不断强化教育经费保障，完善义务教育经费保障机制，足额安排及时拨付公用经费，义务教育生均公用经费分别提高至650元和850元，全区义务教育投入得到切实提升，全年教育支出3.04亿元，较上年同比增长7.54%。推进文体设施建设。全面提升公共文化服务效能，充分发挥文化惠民作用，满足群众文化需求，2020年文化体育与传媒支出6138万元。

【全面助推经济复苏】 全区进一步落实积极财政政策，不断优化财政支出结构，统筹分配、及时下达中央直达资金缓解经济压力。统筹拨付防疫资金。

积极统筹调度财政资金,简化资金支付程序,全力保障疫情防控,安排各类疫情防控资金2158万元;认真实施减税政策。落实好支持企业复工复产和减税降费各项政策,全年免征3.58亿元。强化直达资金管理。出台资金管理办法,加强对直达资金的分配、拨付、使用和监管,确保中央财政直达资金及时直接惠企利民。全年中央财政实行的特殊转移支付机制下达珠山区直达资金5.63亿元(直达资金2.25亿元,参照直达管理资金3.38亿元),其中中央特殊转移支付资金1.11亿元,抗疫特别国债资金0.78亿元,全区直达资金得到较好落实。用活财政融资政策,充分发挥财政资金撬动作用,支持企业发展,全年发放30家存量企业"创业贷款担保基金和财园信贷通"贷款,贷款总额1.25亿元,部分企业融资难问题得到有效缓解。实施积极就业政策。全年拨付就业补助资金1977万元,实施更加积极的就业政策,加大对就业困难群体的帮扶力度,积极拓宽就业渠道。支持招商外贸平台建设。全年拨付招商专项经费49万元,外经贸发展专项资金298万元。

【财政管理切实加强】 进一步推进财政改革,实施预算公开,强化财政监督,切实防范地方政府性债务风险。全面实施预算绩效管理,积极推进部门项目预算事前绩效评价,深化结果运用,提高资金绩效;深化预算管理改革。从严从细编制预算,完善全区四本预算,试编国有资本经营预算、财政中期规划和"三保"预算,全面推进预决算公开,盘活存量资金,建立库款监测机制,提高预算编制的精准性、预算执行的严肃性和财政信息的透明度。推进财政监督监管。细化政府投资项目财政业务流程,开展财会监督和税源调研,推进疫情防控资金监督检查,深化财政国库支付平台改革,推进政府采购节约集约。加强政府性债务管理。强化日常监测预警,加强信息比对,认真开展债务清理核销和置换,规范政府举债融资行为,支持陶阳学校工程、"背街小巷"及市政设施改造提升工程、住宅小区及道路设施改造工程以及珠山区实验幼儿园工程。全力防范化解财政风险。全区化解隐性债务进度得到切实落实,隐性债务增量得到有效遏制、存量债务超额得到化解。全区限额内政府债务余额控制在省财政厅核定限额之内,隐性债务风险状况和化解结果纳入全区高质量发展体系。

税务

【概况】 国家税务总局景德镇市珠山区税务局(以下简称区税务局)牢记"为国聚财、为民收税"的神圣职责,主动应对新形势、新变化、新常态,抢抓机遇、锐意进取、攻坚克难、凝心聚力,各项工作取得显著成效,得到市税务局和区委、区政府的肯定,为促进珠山经济社会发展做出积极贡献。获得"全国税务系统先进集体""全国文明单位"等荣誉。

切实提升政治站位、强化责任担当,将扎实做好疫情防控和助力企业复工复产作为当前重大政治任务。单位大楼值班值守由党员主动承担,做好单位人员进出安全管理工作。以党支部、青年突击队为单位,轮流前往两个挂点社区开展疫情防控宣传、人员排查等工作,参加疫情志愿服务186人次,干部职工踊跃为抗击疫情捐款,共计12036.66元。区税务局集体及一名干部在疫情防控阻击战中表现突出,被区委区政府予以通报嘉奖。

坚决贯彻组织收入原则,根据辖区税源情况科学合理地编制全年税收计划,规范行业税收管理,按照分类分级管理工作要求,做好户管调整工作,督促管理单位做好摸底调查,进一步提升税收征管质效,确保税款及时足额入库,全年入库税收收入19.5亿元,同比减收1403万元,减幅0.7%。积极同社保、医保等部门密切联系,相互配合,切实做好企业社会保险费征收职责划转工作,确保实现职责划转"接得住""收得好"的目标,全年入库社保费3.8亿元,非税收入0.55亿元。将减税降费税收优惠政策、加强疫情防控和支持企业复工复产税费优惠政策等列为重点学习科目,举行以线上+线下、自学+集中等培训方式,培训10余次,真正做到全员学业务,在全局形成良好的学习氛围。结合第29个税收宣传月,积极开展线上"六进"、走访两会代表委员等活动,确保纳税人、缴费人能及时、全面、准确享受到政策红利。同时利用税企微信群、QQ群、电话、短信等方式积极引导纳税人、缴费人通过"网上办""预约办"等渠道办理相关业务,实现绝大多数涉税事项"全程网上办、一次不用跑",确保纳税人、缴费人安全、高效、便捷地完成各项税费办理。全年新增减税降费4.4亿元,为12户企业办理疫情防控和增量留抵退税6393.4万元,全区448户3325人完成首次个人所得税综合所得汇算清缴,其中退税共2779人、134.24万元。

严格执行领导干部学法用法制度,强化党委中心组、局务会等会议集体学法要求,提升法治理念和法治能力。深入推进重点税源企业随机抽查,房地产、建筑等重点行业或项目定向随机抽查。进一步落实守信联合激励制度,加强失信联合惩戒,严格执行“黑名单”制度。继续推行行政执法公示制度、执法全过程记录制度、重大执法决定法制审核制度三项制度。加强作风建设,努力改进工作作风、生活作风,发挥先锋模范作用,主动接受群众监督。通过日常学习制度,鼓励干部报考“三师”,营造积极向上的学习气氛、互帮互助的工作环境,不断提升干部业务水平、干事冲劲,提高队伍全面素质。充分激发干部队伍活力,做好先进典型的培养、表彰、宣传工作,选树系统内外各类先进个人45人次,打造向上向善队伍。

【建立七个专业化专家团队】 为加强税费管理,提升纳税服务水平,建立税收分析、招商引资、发票风险管理、建筑安装管理、个人所得税、土地增值税清算、党建项目7个专业化专家团队,抽调老中青骨干人员开展工作。各团队集思广益,形成“业务主导、部门协同、共同参与”的工作模式,在每月党委(扩大)会上汇报当期工作进展情况,共同解决全区税费发展难题。

【疫情防控入社区】 结合文明创建工作,深入两个挂点社区,通过入户开展摸排、张贴发放倡议书等方式大力宣传传染病防治法、突发公共卫生事件应急条例等法律法规和疫情防控知识,引导社区居民正确理解、支持配合,依法依规、有序有效、科学防控,不听谣、不信谣、不传谣,共同维护社会大局稳定。

【获评“第六届全国文明单位”】 11月20日,中央文明委印发《关于表彰第六届全国文明城市、文明村镇、文明单位和第二届全国文明家庭、文明校园及新一届全国未成年人思想道德建设工作先进的决定》,区税务局获“第六届全国文明单位”荣誉称号。

人事劳动和社会保障

人力资源和社会保障

【概况】 区人力资源和社会保障局深入贯彻习近平新时代中国特色社会主义思想，认真贯彻落实党的十九大、十九届二中、三中、四中、五中全会精神。在区委、区政府的正确领导下，按照市人社统筹部署，区人社系统不断优化人才发展环境，强化人才队伍建设，健全人事工资管理体系，发展和谐稳定劳动关系，提高公共服务效率，聚焦做好“六稳”工作、落实“六保”任务，以公开促落实、促规范、促服务，不断提升政务公开质量，为统筹推进疫情防控常态化和服务经济社会持续发展做出积极贡献。

不断拓宽人才开发的渠道，按照“全方位服务”的工作理念，做好人才开发和人事调配工作，积极引进和招录专业技术人才，不断优化人才队伍建设，为经济社会发展提供强有力的人才智力支撑。一是强化机关干部队伍。为全区教育系统公开选聘9名教师（高素质人才），为区内其他事业单位公开招聘10名事业干部（卫生系统2名），为基层乡镇招聘2名“三支一扶”人员，到期转正“三支一扶”人员2人，退役运动员5人。二是加强高技能人才队伍建设工作。工勤人员岗位晋升工作的开展，申报2名初级工、17名中级工、23名高级工、6名技师。三是稳步推进职称工作。主要侧重于教育与工艺美术系列职称申报，申报中小学高级教师25人，申报江西省高级工艺美术师20人。

规范事业单位人事工资管理，做好干部人事档案专项审核全覆盖工作。审核档案1582卷，审核通过1493卷，完成认定核实33人。完成全区机关事业单位2019年度考核增资，完成机关事业单位一次性退休补贴审批。

有序推进全区中小学岗位设置工作，1人聘任专业技术五级岗位、2人聘任六级岗位、9人聘任七级岗位、10人聘任八级岗位、12人聘任九级岗位、13人聘任十级岗位、22人聘任十一级岗位、20人聘任十二级岗位。

多措并举构建和谐稳定劳动关系，多元化解劳动关系矛盾纠纷。在全区各街道设立劳动人事争议调解中心，组织各街道劳动保障协理员进行劳动人事调解培训，84人取得“劳动人事调解员资格证书”。4月，开通全国劳动人事争议在线调解管理平台，要求所有各所劳动调解做到数据一致，线上线下全覆盖。受理劳动人事争议调解案件9件，平均每件解决时间为11.57天，解决比例100%，保证劳动力市场监管平稳运行。加强劳动监察力度。对辖区内用人单位开展劳动年检，通过劳动保障年审、日常巡查、专项执法检查等方式向用人单位的负责人及管理人员宣传相关法律法规，在工作一线现场说法，使劳动者清楚享有的法定权利及如何依法维权。全年农民工追讨工资案件48件，为2900余名农民工追讨工资2231.3万元，呈现较好的治欠保支工作形势。稳步推进基金规划工作。完成财园信贷通网上续贷审核、企业特殊工时审核批复、企业薪酬调查、助保贷款等各项工作。

把全面建设群众满意的人社公共服务体系作为头等大事，把提升服务能力、提升服务质量、提升服务效率作为总要求，推动人社公共服务向标准化、信息化、协同化、专业化迈进，在全面建设群众满意的人社公共服务体系、推动“互联网+人社”信息化建设上取得明显成效。2020年全区10个乡镇（街道）已率先实现人社综合服务窗口全覆盖，实现系统中135项事项的综合受理，且各个乡镇（街道）人社综合服务窗口共受理并办结事项10707件。

稳固就业扶贫，提升民生保障水平，动态开展信息摸底排查。掌握贫困劳动力就业情况,将本部门业务数据与扶贫部门国办系统名单进行对比,建立工作台账。全区14个村204户631名建档立卡农村贫困户,其中贫困劳动力417人,就业304人。拓宽贫困劳动力就业渠道。收集企业用工需求与招工信息,通过线上平台招聘、现场招聘和“送岗下乡”流动式招聘等多种形式,积极开展缺工岗位招聘信息发布工作。加强扶贫专岗的开发管理。结合各村申报的环境卫生整治、养路护路、山林防护等工作岗位,在全区开发就业扶贫公益性岗位。抓好就业扶贫培训工作。对贫困人员是否有培训需求进行摸底统计,制定培训计划,因地制宜开展就业技能培训。认真落实贫困劳动力外出务工一次性交通补贴、企业吸纳农村贫困劳动力就业补贴、一次性求职补贴、一次性创业补贴等政策。大力开展就业扶贫政策宣传。以“春风行动”“送岗下乡”等活动为契机,通过网络宣传、小巷讲堂、政策宣讲、政策宣传册等各种形式,进一步宣传并落实外出务工贫困劳动力一次性交通补贴、创业贷款扶持、失业保险补助等扶贫政策,让贫困户了解各类最新的就业扶贫政策。

【珠山区劳动保障协理员培训】 7月2日,区人力资源和社会保障局举办劳动保障协理员暨劳动争议调解员培训班。为全面提高劳动保障协理员综合素质,进一步贯彻落实人力资源和社会保障法律法规及政策,强化基层人力资源公共服务建设,提升基层经办管理服务效能,确保就业创业等惠民政策有效落实。培训主要内容涉及就业、社保、劳动关系、公共服务体系建设,并邀请市人力资源和社会保障局张志平、黄明,区社保局郇凤莲、叶琦为大家授课。区人社局面向社会公开招录的100名保障协理员全部参加此次培训。

社会保障

【概况】 区社会保险事业管理局始终坚持以创新的思维开展工作,以科学发展为指引,紧紧围绕年初既定的目标任务,狠抓扩面征缴,强化信息系统化建设、确保基金运行安全,不断加强组织领导,细化工作措施,使各项业务工作取得进展。

全区223家企业和灵活就业人员参加城镇企业职工养老保险39253人,年征缴养老保险费11833.6万元,为18629名退休职工发放企业职工养老金54501.01万元。参加城乡居民养老保险人员10525人,年征缴养老保险费309.44万元,为2874名退休居民发放居民养老金406.10万元。参加机关事业单位养老保险人员3995人,年征缴养老保险费6928.23万元,为1480名退休人员发放机关事业单位养老金8459.56万元。

【业务运转、疫情防控“两不误”】 社保业务办理的实体场所,属于人群聚集区,在疫情防控期间,为有效减少人员聚集,降低交叉感染风险,多措施确保疫情防控期间各项社保办理业务有序进行,实现办事不出门,办事不见面,业务运转、疫情防控“两不误”。依托网上服务大厅、江西人社App、赣服通、江西社会保障卡微信小程序等网络平台全力推广“不出门、不见面”的社保服务。自2月3日起,实行弹性工作制,局领导每天巡视,当值人员负责电话咨询,做好登记,定期汇总。对于确无法通过网上办理的急办的业务,告知来电人疫情防控期间防疫注意事项,通知业务经办人员在做好防护措施的情况下预约时间现场办理或延时办理。参保人员未及时办理各项基本养老保险申领手续的,可在疫情解除后补办,经审核后,自审核次月起补发逾期期间应发放的基本养老金。

【实行阶段性减免企业社会保险费】 实行阶段性减免企业社会保险费是党中央国务院作出的重大决策部署,是应对新冠肺炎疫情的重要举措,纾解企业困难,推动企业有序复工复产,支持稳定和扩大就业具有重要作用。做好《人力资源和社会保障部财政部国家税务总局关于阶段性减免企业社会保险费的通知》(人社部发〔2020〕11号)的贯彻落实工作。为全面落实中央阶段性减免企业社会保险费通知和省政府相关文件精神,区社保局迅速响应,摸清摸实企业情况,多措并举力将惠企社保政策落地落实落细。

【落实“双创双修”配合社区共建工作】 根据上级工作要求,进一步明确工作目标,分解工作任务,压实工作责任,确保“双创”工作稳步推进。在配合社区进行共建工作时,积极细化工作责任,每月安排值班人员和带班领导认真落实,确保负责的道路沿线整洁、亮丽、文明。同时对“双创”工作提出要求：工作材料认真审核；及时跟踪工作进度；有针对性认真审核，灵活地解决问题；增强责任感。

【拓宽养老保险覆盖面、实施全民参保】 全民参保计划是落实党和国家深化社会保障领域改革的一项重大举措，全力推动各类用人单位和城乡居民依法参保、主动参保、持续参保。区社保局利用制作宣传单、悬挂宣传标语、设点宣传等形式和网络等媒体宣传社保法律政策，宣传参保意义，推动招商引资企业职工、灵活就业人员及第三产业服务人员参加养老保险，将职工养老保险覆盖到城区各类企业和所有劳动者，做到应保尽保，纳入一批、巩固一批。同时发挥街道劳动保障所、社区的职能，积极推进养老保险全覆盖。

【珠山区职业年金发放和调整结算全面完成】 根据《江西省人民政府印发贯彻落实国务院关于机关事业单位工作人员养老保险制度改革实施办法的通知》（赣府发〔2015〕52 号），保障全区在职和退休干部的合法权益，全区各单位将在编人员 2014 年 10 月至 2018 年 12 月代扣的职业年金进行清算，截至 5 月底所有参保单位的职业年金上缴国库，职业年金的发放从 6 月起陆续开始，2020 年企业和机关事业单位退休人员基本养老金调整工作全面完成。

劳动就业

【概况】 区就业局在区委、区政府的正确领导下，上级部门的关心指导下，认真贯彻落实党的十九大会议精神，开拓创新、突出重点、真抓实干，突出就业政策的落实、公共就业服务和职业培训等工作重点，紧密团结广大干部职工，坚定信心、群策群力、乘势而上，大力推进创业担保贷款、公益性岗位开发管理、“4050”灵活就业困难人员社保补贴等各项便民惠民政策，圆满完成省、市下达的民生工程各项指标任务，为珠山区经济健康发展和社会和谐稳定做出积极贡献。

全区城镇新增就业 2704 人，100% 完成目标任务，其中“4050”再就业 340 人，100% 完成目标任务；城镇就业率为 96.5%；城镇零就业家庭安置率达 100%；全区新增转移农村劳动力 382 人，完成目标任务的 127%，其中省内新增转移 200 人，100% 完成目标任务；新增家庭服务业从业人员 1000 人，100% 完成目标任务；就业技能培训 299 人（其中培训贫困户 23 人）；创业培训 675 人（其中培训贫困户 9 人），100% 完成目标任务；企业职工岗位技能培训 80 人，100% 完成目标任务；失业保险征缴 59.6 万元；失业保险发放 43.85 万元；创业担保贷款发放 6278 万元，完成目标任务的 107%。

为做好就业精准扶贫对象的精确识别和动态管理，夯实工作基础，切实贯彻落实全市扶贫工作中精准施策的部署要求，促进贫困人员脱贫增收。定期对全区建档立卡贫困人口进行就业精准扶贫摸底调查统计工作，对贫困人员数据信息进行分类统计和分析汇总，建立并完善贫困家庭就业台账。针对全区的贫困人员在就业方面的想法与建议，了解贫困人员对就业创业和参加培训的意愿以及是否具有劳动能力进行系统性的调查。截至 12 月底，全区 14 个村 204 户 631 名建档立卡农村贫困户，其中贫困劳动力 417 人，已就业 304 人。深入帮扶珠山区有就业意愿建档立卡贫困家庭劳动者、返乡农民工、残疾失业人员，以及其他有就业意愿的劳动者，进一步推进就业扶贫工作，实现贫困群众家门口就业。举办就业扶贫送岗下乡活动 11 场，筹措岗位达 8000 多个，活动现场有华达百货、玉禾田、景翰大酒店、万全保安等用工企业入场招聘，提供的岗位有保安、保洁、服务员、仓库管理员等多个行业，满足不同有就业意愿劳动者的要求。为农村建档立卡贫困劳动者送政策、送信息、送服务、送岗位，促进其就地就业。开展网上招聘会 13 场，线下招聘会（春风行动、城镇脱贫解困群众专场招聘会、“送岗下乡”就业扶贫招聘会、民营企业招聘会、大学生招聘会等）14 场，发布 537 家企业用工单位的岗位信息达 1.8 万个，岗位分布普工类、技工类、服务类、管理类、销售类等，达成初步就业意向的 208 个。

根据区委主题教育工作部署，区就业局结合自身实际，切实开展主题教育工作，加快进度，狠抓落实，紧紧围绕中共十九届五中全会精神、《习近平谈治国理政》第三卷和“关于巩固深化不忘初心、牢记使命主题教育成果的意见”，认真学习省委十四届十二次全会，区委十一届十次、十二次全会精神等，以个人自学为主，党员认真研读规定数目和指定读本，运用“学习强国”等拓展学习途径丰富学习内容，把学习教育自觉融入日常工作生活，真正做到坐下来读原文学原著,学深悟透,融会贯通。增强党的意识,坚定理想信念,并结合交流研讨会、集中观看视频、专题党课等组织党员开展交流探讨,重点交流学习体会和收获,交流对初心的领悟和使命的理解,交流做合格党员的标准和自身努力的方向,达到相互启发,共同提高的目的。

【就业招聘】 7月27日上午,区就业局在浙江路社区举办2020年民营企业招聘会。围绕"职在民企,就有未来"主题,组织近50家民营企业面向2020届高校毕业生、贫困劳动力、失业人员、下岗(特岗)等各类求职人员,设立登记处和咨询处。咨询处回复企业、来往求职人员的咨询,分发《惠企惠民政策清单》,帮助求职人员更好地了解国家相关政策。10月30日,由区就业局举办的招聘会在金鼎商业广场拉开帷幕。主要面向离校未就业大学生和退役军人。受新冠肺炎疫情影响,区域经济下行,高校毕业生求职困难加大。珠山区就业局主动通过扩渠道、拓岗位、搭平台等举措,全力以赴为高校毕业生就业创业保驾护航。为进一步做好高校毕业生暨退役军人的就业工作,珠山区就业局大力宣传企业招聘信息,并积极联系企业,通过线下招聘会"面对面",力促高校毕业生就业创业,当天招聘会有中国电信、江西黑猫炭黑股份有限公司、古镇印象创业投资管理有限公司、景德镇邑山瓷业、禧福珠宝、凹凸个性教育培训、古窑民俗博览区、玉禾田等90多家单位为高校毕业生暨退役军人提供岗位达3591个。涉及金融、旅游、设计、电子商务、教育、安保、家政等十几个行业,满足各类未就业人群的求职需求。

【强化失业保险】 失业保险征缴59.6万元,其中事业单位42.42万元,企业征缴17.18万元,发放348人次。积极推进企业及事业单位的失业保险征缴工作,不断扩大失业保险覆盖面,加大基金征缴力度,确保失业人员和下岗职工基本生活费按时足额发放,充分发挥失业保险基金的保障能力。为了进一步稳定企业岗位,大力宣传惠民政策,鼓励企业进行稳岗补贴的申请,进一步规范优化企业申请、审核审批、公示公告、资金拨付的流程。有11家企业申请稳岗补贴涉及820人,发放补贴28.87万元。稳岗补贴资金的顺利发放,有助于企业降低用工成本。极大程度地减轻企业的负担,达到援企稳岗的目的,为社会的和谐稳定提供有力的保障。

【灵活就业人员社保补贴】 认真落实市就业局关于"4050"灵活就业困难人员社保补贴工作的相关文件要求,区就业局积极开展"4050"社保补贴的宣传、申报和审核工作,通知各街道、社区广泛宣传"4050"社保补贴政策,为群众做好政策解释与咨询。受理灵活就业困难人员社保补贴438人,拨付214万元。

【大学生就业创业服务】 做好普通高校毕业生人事档案接收工作。为1321名大学生办理人事档案接收、调移手续(其中办理调移手续216人)。对市局分解下发的750名离校未就业高校毕业生信息录入公共就业服务信息系统高校毕业生就业管理模块;为11名高校毕业生发放大学生一次性创业补贴5.5万元;为521名困难大学生发放一次性求职补贴52.1万元。为22人发放一次性求职补贴2.2万元。网萌、吉德堡、昂立教育、萌瓷4家企业申报认定就业见习基地。

【扎实开展就业创业培训】 为进一步提高劳动者就业创业技能,局培训中心"围绕就业抓培训,抓好培训促就业"的工作思路,结合实际,针对大中专毕业生、辖区城镇失业人员及农村劳动力等各类人员大力开展各类就业创业培训工作。开展多期创业培训、就业技能培训、其他培训等多项培训,截至12月底,创业培训学员675人(其中培训贫困户9人);就业技能培训学员299人(其中培训贫困户23人),企业职工岗前培训80人;发放培训补贴54.15万元。2020年发放398.64万元用于以工代训,以保障企业在疫情防控期间的正常运行。通过加大从业人员的技能培训力度,充分发挥技能培训的引领作用,联合街道事务所多措并举,开展项目培训工作,打造一批高素质、高技能、高水准的家政服务技能人才,促进更多的劳动者实现就业;聘请有关专业人士对有创业愿望的人员进行创业培训,通过创业培训使他们在创业期间创业能力有所提高。

【进一步做好公益性岗位工作】 公益性岗位补贴安置对象主要分为符合"4050"条件的登记失业人员、失业一年以上人员、"双困"高校毕业生、退役军人、文明卫生以及志愿者。根据文件的要求,对所涉及的公益性岗位的现存问题,进行下村调查,发现问题并及时整改到位。安置公益性岗位549个,拨付金额404.8万元，其中就业扶贫专岗开发160个，安置贫困劳动力158人，发放扶贫专岗补贴资金79.57万余元。就业困难人员真正得到就业援助和帮助，进一步做好全区公益性岗位的开发管理工作。

【多举措做好创业担保贷款】 进一步提升贷款质量管理，以稳发放、强管理、控风险等措施促进小额担保贷款工作稳中求进。个人贷款发放4733万元，企业贷款发放1545万元，回收到期贷款个贷3546万元、企贷1455万元，回收率100%；催缴逾期贷1.39万元。

医疗保障

【概况】 区医疗保障局在市医疗保障局的业务指导下，紧紧围绕区委、区政府中心工作，始终以习近平新时代中国特色社会主义思想为指导，全面贯彻以人为本理念，坚持实事求是，进一步创新工作思路、狠抓队伍建设，推动城乡居民医保待遇保障、打击欺诈骗保、民生工程等各项工作有力有序开展。

紧紧围绕区民生工程目标任务，进一步细化措施，加强与市医保局、区税务局和系统工程师的对接、沟通、协调工作，采取多项措施扎实推进城乡居民基本医疗保险全覆盖。加强组织领导，认真组织实施，在筹资标准提高的情况下，加大对医保政策的宣传力度。全区参保城乡居民基本医疗保险121124人，参保率超过96%，完成目标任务。

遵循保留险种、保障待遇、统一管理、降低成本的总体要求，将生育保险和职工基本医疗保险合并实施，实现参保同步登记、基金合并运行、征缴管理一致、监督管理统一、经办服务一体化。强化监管，保障医保基金安全运行。强化打击欺诈骗保宣传。以打击欺诈骗保宣传为重点，在全区范围内采用多种方式向群众宣传医保政策以及欺诈骗保行为，全社会共同关注、打击欺诈骗取医疗保险基金行为的氛围良好。发挥社会监督。公布监督举报电话，扩大群众参与性，共同抵制骗取医保基金行为。加大监管力度。成立打击欺诈骗保专项治理工作领导小组，采取自查与抽查相结合的方式对全区定点医药机构医保基金使用情况进行自查自纠和专项治理工作。

按照区委、区政府要求，局服务大厅进驻区政务服务中心，实现业务办理“只进一门”“只跑一次”或“一次不跑”。对标对表落实健康扶贫政策要求，保障其在基本医疗保险、大病保险、补充医疗保险、医疗救助和政府兜底“五道保障线”后，医疗费用报销比例达到90%左右的适度水平。为贫困户办理慢性病种卡开通“绿色通道”，做到应办尽办、即来即办。认真学习政策文件，仔细推敲实施细则，及时审核、办理血透及精神病免费救治材料，做到及时办结，抓好医疗救助惠民政策“落地开花”。

加强防护，积极投入疫情防控总体战。预拨医保基金用于疫情救治。根据新冠肺炎疫情防控需要，预付60万元给景德镇市第一人民医院和景德镇市第五人民医院，用于新冠肺炎确诊患者的救治，确保患者不因费用问题影响就医，确保定点医疗机构不因医保总额预算管理规定影响救治。阶段性减免企业基本医疗保险缴费。连续3个月为38家企业阶段性减免职工基本医疗保险费约53.19万元，切实减轻企业负担，助力企业复工复产。参与挂点社区疫情防控共建。合理安排人员到挂点社区梨树园北苑社区，参与值班值守、发放宣传单、返景人员及车辆登记等疫情防控工作。

【基金平稳运行】 全区参保总人数149703人，其中城镇职工28579人，城乡居民121124人，较2019年增加12078人。全年基金总收入27545.75万元，其中城乡居民医保收入为12540.34万元，职工医保收入15005.41万元。基金总支出16468.68万元，其中城乡居民医保支出9105.05万元，职工医保支出7363.63万元。医疗救助收入1730.29万元，支出1697.92万元。

【职工基本医疗保险与生育险合并实施】 遵循保留险种、保障待遇、统一管理、降低成本的总体要求，将生育保险和职工基本医疗保险合并实施，实现了参保同步登记、基金合并运行、征缴管理一致、监督管理统一、经办服务一体化。

【医保基金税务代征】 积极与市医保局、区税务局联合召开的企业征缴沟通协调会，与市医保局、区税务和工作人员现场沟通企业征缴划转出现的问题，及时反馈系统不能缴费问题，沟通、协调解决办法，同时做好来访群众的接待解释工作，保障医保基金税务代征工作顺利划转。

民　政

【概况】　区民政局以习近平新时代中国特色社会主义思想、党的十九大和十九届四、五中全会精神为指导,坚持"民政为民、民政爱民"的宗旨,紧紧围绕珠山区委、区政府工作部署,突出抓好社会救助、社会福利、社区建设、养老服务、社会事务管理等工作重点,解决群众的实际困难,较好地完成全年工作任务。

【社会救助】　提标后珠山区城乡低保标准达到720元,月人均补差水平达到450元。2020年享受城乡低保对象9307户13147人,清退不符合城乡低保享受条件1024户1773人。特困供养提标后,救助标准为每人每月930元,全失能、半失能、能自理护理补贴分别达到1200元、300元、70元。2020年城市特困供养对象173人,其中集中供养的城镇特困供养人员19人(市福利院享受市财政供养8人,集中供养在竟成镇敬老院11人)。农村特困供养对象12人(其中集中供养5人)。2020年,发放临时救助1220人次。精简退职救济提标后珠山区城乡精简退职人员救济标准分别达到455元和435元。2020年,城镇精简退职人员45人,农村精简退职人员2人。开展"扶贫送温暖"活动,走访困难户1800户。做好城镇贫困群众脱贫解困各项数据采集,按月对信息数据进行动态管理,为城镇贫困群众购买商业补充保险,做好全省城镇脱贫解困工作绩效考核。按照省、市、区整改工作要求,成立脱贫攻坚中央巡视"回头看"整改领导小组,出台整改方案及整改工作清单,召开整改专题民主生活会。实施社会救助专项整治,出台《2020年珠山区社会救助专项治理实施方案的通知》和《珠山区民政局关于脱贫攻坚兜底保障挂牌督战的实施方案》。建档立卡贫困人口与农村低保对象每月进行比对,2020年,建档立卡贫困户206户634人,其中农村低保兜底保障人数173户251人,农村分散供养特困人员7户7人。

【基层养老服务】　补齐村(社区)办公服务场所短板,结合社区标准化建设,每个社区设立养老区(托老、托幼日间照料),在社区公共服务区内设置"四点半"学校、社会组织活动室,解决"为老为小"服务。大力建设社区居家养老服务设施,城市居家和社区养老服务中心35个,社区嵌入式养老服务机构2个(景华社区和恒大社区),城市社区幸福食堂2个(恒大社区和昌虹社区)。为填补农村养老服务短板,在竟成镇开展"瓷都爱心食堂"推广工作,方家山村、新厂村、童街村、银坑村、樊家井村、昌江村、洋湖村7个村完成农村互助养老服务设施建设——"瓷都爱心食堂",为有需要的特困、空巢、高龄老人提供中(晚)餐服务。提高社区干部待遇。为加强社区干部队伍建设,提高社区干部服务居民能力和工作积极性,进一步完善社区干部工资结构,对基础工资、职务工资进行优化调整,社区干部工资年人均提高10000元。其中,基础工资:由2300元/月提高到2700元/月;职务工资:社区正职由200元/月提高到300元/月,社区副职由100元/月提高到150元/月;从事社区工作年限补贴:保持不变,10元/月;绩效工资:由300元/月提高到700元/月,街道根据绩效考核结果发放;职称工资:2019年调整社区干部薪酬结构,对考取社会工作师及助理社会工作师的社区干部增加职称工资,考取助理社会工作师资格证书的社区干部每人每月补助100元,考取社会工作师资格证书的社区干部每人每月补助150元,2020年4月,分别上调至200元、350元。开展全省"绿色社区美丽家园"创建活动,申报8个"绿色社区"示范社区,按照组织体系规范化、平台建设标准化、办事服务便捷化、协商议事制度化、居民活动常态化、生活环境宜居化"六化"标准,经审核筛查、评估验收和网上公示，新厂街道景华社区、新厂街道瓷苑社区、石狮埠街道半边街社区、珠山街道莲花塘社区、新村街道昌虹社区、太白园街道西瓜洲社区等6个社区被评为2019—2020年度全省“绿色社区美丽家园”创建活动示范社区。推动城乡社区民政服务元素融合试点工作，为积极推动民政资源要素向城乡社区下沉，聚焦群众关心的重点事项，优化流程，建立社区民政服务项目清单，提升社区民政为民服务水平，成立珠山区推动城乡社区民政服务元素融合工作领导小组，8月13日出台《景德镇市珠山区关于推动城乡社区民政服务元素融合试点工作实施方案》。围绕社区民政服务清单（社区民政服务对象清单、社区民政服务项目清单、社区民政工作事项清单），规范服务流程、健全民政服务功能，进一步推动民政各项资源要素下沉社区，增强社区民政服务精准度，提升服务效率。

【社会事务（政务服务）】 2020年，办理婚姻登记4345对，其中结婚登记1852对，离婚登记1275对，补办结婚登记916对，补办离婚登记302对，登记合格率100%。3月26日，召开殡葬改革推进会暨清明期间疫情防控与祭扫服务保障工作会议，会议由区委常委、常务副区长张朝博主持，区委副书记、区长罗文军，副区长李维明、余文军、黄爱喜、董玉成，宣传、民政、公安、退役军人事务、市场监管、工信、城管、卫健委、应急管理、农业农村等部门主要负责人，竟成镇、各街道主要负责人，南山艺术陵园公墓负责人等参加会议。3月24日印发《关于统筹做好2020年清时节期间疫情防控和祭扫服务保障工作的通知》（珠新冠指办〔2020〕48号）、3月26日印发《珠山区新型冠状病毒感染的肺炎疫情防控应急指挥部令》（第10号）。3月26日—4月10日，疫情防控期间南山公墓暂停现场祭扫，区公安分局、区民政局、竟成镇、南山艺术陵园排班值守，对来祭扫的群众进行劝返；南山艺术陵园为清明节祭扫购买36000束鲜花，由工作人员统一代为祭扫；10月20日，召开深化丧葬礼俗改革工作动员部署会，竟成镇、各街道、各村、各社区殡葬负责人及南山艺术陵园负责人参加；2020年，珠山区享受惠民殡葬政策147人，惠民金额16.4万元。根据市民政局、市财政局联合印发的《关于提高2020年城乡困难群众救助标准的通知》（景民字〔2020〕37号）文件精神，提高农村困难残疾人生活补贴和重度残疾人护理补贴标准，农村生活补贴由50元提高至60元，农村护理补贴由50元提高至70元，实现城乡统一标准；2476名残疾人享受生活补贴，1405名残疾人享受护理补贴；10名珠山区建档立卡贫困重度失能残疾人享受照护和托养补贴，每人每月600元。

【社会组织和慈善福利】 1月，根据《关于进一步加强事实无人抚养儿童保障工作的意见》（赣民发〔2019〕62号）文件要求，事实无人抚养儿童生活补助参照孤儿生活补助标准发放，发放14人；4月，根据《江西省人民政府关于印发（2020年民生实事工程安排方案）的通知》（赣府发〔2020〕3号）精神和《关于转发〈民政部财政部银保监会关于进一步加强社会救助资金监管工作的意见〉的通知》（赣民字〔2020〕11号）要求，珠山区孤儿基本生活补助从每人每月950元提高到每人每月1100元，发放7人；10月，根据《关于举办全区儿童福利培训班的通知》（景珠民字〔2020〕71号）文件要求，开展珠山区儿童督导员、儿童主任培训会；报送50户困难家庭参加市慈善总会“慈善情暖万家”走访活动，发放15000元慰问金，每户300元；依托省慈善总会“农商助学”项目，以每名学生5000元标准，为17名考入一本院校的贫困学生、低保户子女及孤儿申报助学金8.5万元；依托市慈善会景德镇黑猫集团“金秋助学”项目，以每名学生3000元标准，为18名家庭困难学生成功申报助学金5.4万元；依托省民政厅“福彩圆梦”孤儿助学工程，以每名孤儿每年1万元标准，为3名孤儿申报助学金3万元；2020年核准登记社会组织15家。完成社工报考313人（占全市总报考人数的80%），其中初级257人、中级56人，分别占全市总报考人数的77%、93%。开展全国志愿服务信息系统录入及志愿者登记注册，新增注册志愿者人数13000人。截至2020年，珠山区注册登记志愿者人数41825人。

生态环境

【概况】 珠山生态环境局坚持以习近平新时代中国特色社会主义思想为指导，结合“双创双修”工作，以区生态环境保护委员会及9个专业委员会为抓手，加强组织领导、压实工作责任，围绕区委、区政府的重大决策部署和中心工作，以提升环境质量为核心，以解决突出环境问题为重点，多措并举，多管齐下，毫不松懈地做好生态环境领域各项工作任务，以更加系统性、协同性和科学性的工作举措推进生态环境保护工作工作，推动全区经济社会与环境保护的协调健康发展。

针对年初疫情防控的严峻形势，全局干部深入学习贯彻习近平总书记关于疫情防控工作的重要讲话和指示精神，全面落实市委、市政府、区委、区政府的工作部署要求，正确处理防疫情、保生态的关系，突出重点、精准施策，从严从细落实疫情防控各项措施。重点加强对全区各大医疗机构及医疗废弃物和医疗污水设施运转进行严格管控，对污水设施运行投料情况加大核查频次，确保隔离点位水质清洁达到规定要求。

按照省市文件要求，成立珠山区生态环境保护委员会，设立9个生态环境保护专业委员会，立足于八大标志性战役，全面推动实施全区21个专项行动，形成区委、区政府主要领导亲自抓、各专委会分管领导直接抓、各专项行动责任部门领导具体抓的生态环境保护领导体制。

【省环保督察“回头看”反馈问题整改】 10月14日，省生态环境保护督察组对景德镇市生态环境保护督察“回头看”情况进行意见反馈，对反馈的各项问题，切实做到立行立改，按照“清单制＋责任制＋销号制”工作制度要求，以“抓铁有痕、踏石留印”的狠劲、“持续发力、久久为功”的韧劲，牢牢把握好时间节点，加大整改工作力度，确保问题整改零遗漏，整改任务落细落实落具体，坚定不移地完成反馈问题整改。

【全力打好污染防治攻坚战】 以“双创双修”工作为契机，持续发力，推进全区大气环境治理。持续深入开展扬尘整治，对辖区建筑工地，现场勘查“六个百分之百”的落实情况，对降尘喷淋、渣土车辆冲洗等设施安装运行情况定期督查，加大扬尘的源头管控。强化餐饮油烟治理，与区城市管理局对辖区内餐饮企业油烟净化装置安装情况进行联合督察，确保油烟净化装置的正常运行，做到开机率100%，有效减少因餐饮油烟造成的空气治理环境污染情况。做好烟花爆竹禁燃工作，按照禁燃工作方案要求，广泛开展禁燃禁放爆竹的宣传教育，引导广大群众以实际行动参与大气污染防治中。

【提升水环境质量管理水平】 全面落实河长制，强化流域水污染治理抓手。会同区河长办强化辖区河段污染治理督导工作，积极开展好河湖“五清”专项整治行动，完成中小河流治理任务，形成河面污染监管的长效机制，保障水环境安全。有力推动南河水质污染整治，通过对河面、河堤、河岸垃圾的清理，严控周边居民生活污水直排，杜绝违规污染企业生产排放，加强周边垃圾清理频次，拆除河道周边菜地、洗衣池等整治举措，进一步优化水质标准。开展饮用水水源保护专项行动，消除饮用水安全隐患，全面推动集中式饮用水水源地专项排查行动，出动执法人员200余人次，按照上级部门要求完成集中式饮用水水源地环境保护督查工作。

【打好工业污染防治攻坚战】 积极推动“散乱污”企业整治，依法关停“散乱污”小作坊15家，按照退城进园的要求搬迁73家企业。加强生态环境执法，促进工业企业全面达标排放。出动200余人次，检查企业100余家次。通过整治一批环境违法行为，进一步消除辖区内生态环境安全重大隐患，有效提升企业生态环境守法意识。

【“12369”投诉热线处理工作】 对群众反映的信访投诉问题，一般都在规定时间给予调处和办理，工作中做到“急群众之所急，想群众之所想”。全年处理信访投诉案件95起，信访案件处理率100%，回复率100%，有效维护群众的环境权益，促进社会和谐稳定。

教育·体育

教　育

【概况】　在区委、区政府的正确领导下，在习近平新时代中国特色社会主义思想的引领下，按照国家教育高质量发展的要求，贯彻党的教育方针，推进教育优先发展，深化教育改革，推进教育公平，发展素质教育，加快教育现代化，努力培养德智体美全面发展的社会主义建设者和接班人。

根据市教育局下发的《景德镇市2020年春节、秋季开学疫情防控工作预案》，区教体局采取有力措施，第一时间成立防控工作领导小组，加强防控物资保障，做好防护物资筹备、配备，积极部署疫情防控方案，使防控新冠肺炎疫情工作取得显著成效。同时做好寒假期间的防控工作和开学后的防控预案，2月7日，下发《关于珠山区区属中小学校"线上教学"教学教研工作实施意见》，指导区属中小学做好延期开学期间的"线上教学"工作。完成江西省线上教学录课任务，其中英语录课68节，数学录课35节。2020年秋季线上课程资源建设，承担24节数学、19节英语及2节劳动等45节录课任务。

深化"不忘初心、牢记使命"主题教育，充分利用"学习强国""三会一课"等活动载体，进一步改进学校党建工作，夯实教育系统基层党建工作基础。指导第六小学党支部申报全市党建示范点，陶阳学校及第六小学申报全省党建"三化"学校，做好发展党员工作。加强教育系统党员人才队伍建设，加强对年轻干部的培养锻炼。创新落实党风廉政建设主体责任。深入开展教育扶贫领域问题专项整治工作，召开珠山区教体局脱贫攻坚专项巡视"回头看"整改专题民主生活会。

规范民办教育，妥善解决无证办学问题，开展全面排查，对未达到基本办学标准的限期整改，逐步规范。加大民办教育扶持力度，促进民办教育发展。

大力提升德育工作实效。结合"我们的节日"，开展常规活动。开展学雷锋志愿服务活动、"校园好人好事"评选，"缅怀英烈"清明网络祭扫，开展全区十佳少年、百名好少年、文明小天使评选表彰等活动。结合全市开展的"双创双修"活动，组织各校开展学生"讲卫生""厉行节约"行为习惯养成教育。中考成绩再创佳绩，2020年，珠山区实验学校上景德镇一中、二中录取线的有9人，上一中、二中均衡线80余人。

坚决打赢教育扶贫攻坚战。贯彻落实中央、省、市脱贫攻坚决策部署，继续实施教育扶贫帮扶计划。全力做好控辍保学工作，义务教育普及水平进一步巩固提高。全面推进平安校园建设。一方面大力推进教育法治建设，组织师生网上学习全民国家安全教育公开课，增强师生安全知识，做好新一届法制副校长聘任工作，做好防溺水工作；另一方面切实保障校园和谐稳定，做好省减灾委员会关于切实做好近期雨雪、大风、强降温过程安全防范工作。

【提升资助水平】　完善城乡义务教育经费保障机制，国家下达城乡义务教育非寄宿生补助30.7万元，补助1202人，学前补助资金16.3万元，资助316名幼儿。

【推进义务教育优质发展】　针对全省2019年度高质量发展考核评价"教育发展"及县(市、区)党政领导干部履行教育职责督导评价工作存在的问题，坚持问题导向，逐一逐项制定整改措施，狠抓整改落实，大部分问题整改完成。补足短板，继续实施"全面改薄提升+化解大班额"项目，加快义务教育学校建设，实施义务教育学校信息化建设项目,为中小学校配备自动化录播室和移动录播设备,投入480余万元用于采购学校及幼儿园电教设备及维保服务。

【优化教师队伍结构】 招聘研究生学历新任教师9名,完成江西师范大学23名公费师范生的协议签订。评选第一批区级中小学学科带头人和骨干教师14人,充分发挥名优教师的传、帮、带作用,完善教育人才培养机制。

【推进学前教育普惠发展】 多渠道扩大学前教育资源,提高公办园在园幼儿比例,扩大普惠性幼儿园覆盖率。开展小区配套园专项治理工作,珠山区需完成23所城镇小区配套园的治理工作,完成后可增加5250个学位数。

中小学教育

全区有九年一贯制学校2所:景德镇市陶阳学校、珠山实验学校;区直小学12所:景德镇市第一小学、景德镇市第二小学、景德镇市第三小学、景德镇市第六小学、景德镇市第七小学、景德镇市第九小学、景德镇市第十二小学、景德镇市第十七小学、景德镇市第十七小学分校、景德镇市第二十二小学、景德镇市梨树园小学、景德镇市陶新小学;竟成镇农村小学8所:竟成小学、新厂小学、小港嘴小学、第十九小学、黄泥头小学、曙光小学、洋湖小学、青塘小学;教学点1个:银坑教学点。在校学生25016人,其中小学23566人、初中1450人,493个教学班。在校小学教职工1145人,全区县及以上骨干教师59人,具备中小学高级教师资格102人;全区教师具备本科以上学历863人(其中研究生学历21人),具备专科学历275人;35周岁以下433人,36至45周岁407人,46至55周岁236人,55周岁以上69人,全区教师平均年龄40岁。

九年一贯制学校简介

【景德镇市陶阳学校】 景德镇市陶阳学校坐落在高铁商务区站前三路。学校成立于2019年9月,系珠山区一所九年一贯制义务教育学校。学校占地0.0667平方千米,总建筑面积0.0503平方千米,建有小学教学楼、小学实验楼、初中教学楼、初中实验楼、行政办公楼、图书馆、科技馆、学生餐厅、室内体育馆、地下停车库、400米标准跑道,是一所现代化的园林式学校。学校功能室配备齐全。现有小学、初中共42个教学班,在校学生2379名,教师102名,其中党员教师35名。

学校成立以来,以“日进日新,美益求美”为校训,坚持“办阳光教育,育爱国少年”的办学特色,积极构建“千年韵染,百回勾勒,十分浸润,一路花开”的育人氛围,全面推进素质教育。学校坚持以思想引领为前导,以文化育人为追求,以立德树人为目标,努力丰富陶阳学校品牌内涵,积极创建人民满意的学校。

3月,获景德镇市三八红旗集体称号。2020年5月,被评为无烟校园。

5月,江西头条、江西新闻先后报道陶阳学校利用校园电台直播的形式开启“复学第一课”,形式新颖,学生收获满满。当月,江西教育电视台对陶阳学校进行专访。

5月,省教育厅春季复学工作专项督查组胡丽红总督学带领的检查小组,在市教育局副局长吴子仁,区教体局副局长查明、王世平的陪同下,就学校复学疫情防控工作落实情况进行专项督查。6月,省政协副主席、九三学社江西省委员会主委李华栋一行到校指导。

【珠山实验学校】 珠山实验学校创办于1958年,原名为竟成农业学校,1968年更名为竟成五七学校,1978年改名为竟成中学,2015年与原景德镇市第十五小学整合正式命名为珠山实验学校,成为珠山区一所九年一贯制学校。

学校占地面积0.0167平方千米;校舍面积0.01平方千米;活动场馆面积0.0075平方千米。2020年,学校有专任教师99人,其中本科学历57人,教师学历全部达标。学校有党员29人,其中退休党员3人。全校有教学班29个,在校生1885人。

在区委、区政府的正确领导下,在区教体局的大力支持下,学校先后投入600多万元建成200米标准塑胶运动场、灯光足球场、硅PU篮球场;建成理化生实验室、理化生仪器室、科学实验室、微机室、云教室、音乐教室、美术教室、国防教育展览室、科技馆、心理咨询室、音体美器材室、卫生保健室、图书室、阅览室。学校有学生电脑110台、图书3万多册,可满足现代教育教学的需求。

小学简介

【景德镇市第一小学】 位于市区中山北路161号,学校前身为1942年由徽州旅景同乡会创办的私立新安小学,创办时校址设在陈家上岭钱业公会(今陈家上岭新跃广场仓库)。1952年4月改名为景德镇市第一小学。学校校训是"诚信、乐学、合作、创新",办学目标是"精致育精品——以精细的管理、精心的态度、精良的方式,创造精品的教育质量",办学特色是"让校园充满智慧,充满人文,充满活力"。

校园占地面积0.0134平方千米,校舍建筑面积0.0126平方千米,学校有教学班30个,学生1642人,全校教职工71人,中小学高级教师15人,中小学一级教师35人,中小学二级教师21人。大学本科学历51人,大学大专学历20人。

学校先后被评为"全国素质教育先进示范校""全国青少年校园足球活动布点学校""江西省中小学(幼儿园)平安校园示范学校""江西省围棋工作先进单位""江西省三八红旗集体""家庭教育工作和省家长函授学校办学工作先进集体""第六届全省中小学工会工作'四个一'活动先进单位""全省教育系统先进集体""全国围棋特色学校",获江西省第十五届运动会"志愿者贡献奖"以及"江西省语言文字示范校""江西省安全文明校园""景德镇市书法教育教学示范校",荣获"第五届江西广播电视台少年演说家电视大赛优秀组织奖"。景德镇市第一小学走出一条"全面贯彻教育方针,面向全体学生,全面提高教育质量""办人民满意教育"的新路子。

【景德镇市第二小学】 位于珠山区中山南路浙江路口,学校始建于1917年。占地面积0.0191平方千米,校舍建筑面积0.0165平方千米,运动场地面积0.00833平方千米,2020年有在校学生1955人,专任教师102人。学校拥有图书28880册,学生用计算机64台,"班班通"设备36套。装备了科学实验室、多媒体教室、微机教室、音乐教室、美术教室、图书室、体育器材室、心理咨询室等,仪器装备达到省定标准,满足教学需要。

学校始终坚持以教育质量为中心,加强教学管理和教师队伍建设,构建了一支师风正、业务精的教师队伍。学校大专以上学历教师达93%,中小学高级教师6人,中小学中级教师66人,中小学初级教师17人,省级学科带头人1名,市"511"名师工程骨干教师8人,市级以上骨干教师11人。学校发挥名师示范引领作用,大力培养青年教师,促进青年教师专业成长,促进学校的持续健康发展。近年有结项的国家级子课题1个、省级课题7个、市级课题6个。学校研发名为《溯源》的校本教材,为学校国学特色教育夯实基础。学校拥有两支足球队和一支86人的铜管乐队。学校先后被授予"全国少年军校示范校""江西省德育示范学校""江西省现代教育技术示范学校""江西省依法治校示范学校""江西省安全文明校园示范学校""江西省人民群众满意学校""景德镇市语言文字工作示范学校""景德镇市巾帼文明岗"等荣誉称号。

【景德镇市第三小学】 位于戴家弄上弄周路口6号,沃尔玛超市、金和汇景对面,紧邻浙江商城、国贸广场,是一所六年制小学。始创于1913年,2014年1月因区域调整归珠山区辖管,2016年11月为支持城市建设,学校搬迁至十一中校址(通站路104号)办学。

学校占地面积约0.00433平方千米,校舍总建筑面积0.0024平方千米,有教学楼2栋,教室20间。设有行政办公室6间,教师办公室5间,教学功能馆室6间,配有图书室和图书阅览室,教学仪器室和学生实验室各1间,音体美器材保管室和音美艺术室各1间,微机室1间,以及行政会议室1间。

【景德镇市第六小学】 位于市区中山南路110号,校址原为苏湖会馆(苏湖书院)。学校占地面积0.00549平方千米,校舍建筑面积900平方米,运动场地面积0.00182平方千米,3幢教学楼,功能室齐全。全校教职工72人,其中中小学高级教师3人,中小学一级教师37人;教师中大学研究生学历2人,本科学历46人,大专学历21人,专科以上学历达98.5%。校园内灌木常绿,竹林清幽,银杏、云杉等珍稀植物,更是为学生提供了优美的学习环境。以"道德日记"和"阳光体育"为主题的瓷板壁画文化墙打造出一道具有本土特色的校园德育风景线。

学校前身为1913年创建的私立时敏小学,创办时校址设在临江会馆(沿河东路,原景德镇市第八小学校址)。20世纪30—40年代,私立时敏小学先后改名为第三保联中心小学、浮梁县立景德镇第三镇中心小学。1949年5月,改名为浮梁师范附属小学。1954年9月,学校与“景德镇市竞成小学”(原名景德镇市第六小学)互易校名,景德镇市第六小学校名沿用至今。

学校以“学校有品牌,学科有特色,教师有专长,学生有个性”为办学宗旨,德育为学校办学特色。学校自20世纪80年代起,自编小学德育乡土教材,使学生从小受到瓷都文化的教育,学校德育成果曾在江西省中小学交流推广,并接受国家教育督导培训班学员到校督导评估,受到好评。从1993年起,学校历年来被评为“省级文明单位”。学校拥有一支闻名景德镇市的红领巾腰鼓队。学校曾被评为“景德镇市第一所四星级小学”。校少先队大队部先后被授予“全国红旗大队”“全国雏鹰红旗大队”“江西省少先队先进集体”荣誉称号,学校工会被评为“江西省先进工会”。

【景德镇市第七小学】 位于市珠山中路繁华地段,地址原为抚州会馆,前身是抚州旅景同乡会1940年9月创办的私立“昭武小学”。1951年改为公立,名为景德镇市第七完全小学。1952年改为景德镇市第七小学。是一所实施小学教育的全日制公办教育机构,学制六年。

学校拥有仪器室、科学实验室、微机教室、音乐舞蹈教室、美术教室、图书室、体育器材室、心理咨询室、多媒体教室、特色教室(瓷乐室)、红领巾广播站、校史馆、校园网、班班通等。校园虽小却环境优美,设施完善,仪器装备达到省定标准,为教育教学提供良好的条件,满足教学需要。

学校始终坚持德育为首、以人为本、质量立校、内涵发展的办学理念,先后荣获江西省“九年义务教育教学教材实验全省先进单位”、“江西省教育厅现代教育示范学校”、“江西省小公民道德教育示范基地”、江西省教育厅“红领巾示范校”、江西省教育系统“规范管理年”活动先进集体、江西省学校四级联赛小学组足球比赛“绿苗组织奖”、江西省教育厅“内涵式发展学校”、江西省校园文化特色学校、教育部北师大基础教育课程中心“新世纪小学数学示范基地学校”等荣誉;入选第二批全国中小学中华优秀文化艺术传承学校。

【景德镇市第九小学】 始建于1920年,最初校名为“时化小学”,1951年更名为第九小学,是珠山区一所六年制义务教育公立里弄小学。学校占地面积0.00423平方千米,学校校舍建筑面积0.00334平方千米,绿化面积280平方米,运动场地0.00145平方千米。

2020年有教学班10个,在校学生404人(其中城区学生50人,随工子女354人)。全校教职工30多人,其中在编教师25人(年龄结构:20—30岁10人,30—40岁7人,40—50岁5人,50—60岁3人。学历结构:本科16人,大专8人,中专1人;职称结构:副高级2人,一级教师13人,二级教师10人),代课教师5人、职工2人。

学校拥有现代化的配套设施和团结奋进的教师队伍。现代化的实验室、微机室、多媒体教室、图书阅览室、体育器材室、音乐室、美术室等各项专用功能教室各一个。校园内实现了广播系统、安全监控系统、校园无线网络全覆盖,每个班级、每个功能室都已安装“班班通”。

【景德镇市第十二小学】 成立于1957年,先后获得中央教科所“十一五”重点科研课题实验学校、全国青少年校园足球布点学校、江西省安全文明校园、江西省现代教育技术示范学校、江西省优秀体育传统项目学校、江西省中小学艺术教育示范学校、江西省少先队示范学校、景德镇市《瓷都晚报》四星级小记者站等荣誉称号。学校有30个教学班,在校学生1609人。在职专任教师86名,其中本科学历56人、大专学历28人。小学特高级职称15人,小学高级职称49人。学校占地面积0.00817平方千米,校舍建筑面积0.0055平方千米,体育用地面积0.00635平方千米。

学校建有符合江西省小学标准化办学规定的微机室、多媒体室、音乐室、科学实验室、图书室、阅览室、心理咨询室、美术室、仪器室、体育器材室等各种功能室。学校设施齐全,环境优雅精美,参天大树掩映,鲜花绿草茂盛,文化氛围浓郁。

【景德镇市第十七小学】 位于珠山区新厂西路419号,学校占地面积0.021平方千米,建筑面积0.0161平方千米,共设53个教学班,教职工共有123名,学生总人数2981人。校园环境洁净、清新、优雅;有线、无线校园网络及“班班通”全覆盖;LED全彩显示屏、自助借阅机等先进设施齐备;阅览室、书法室、舞蹈室、陶艺室、录播室等功能室一应俱全;学校开发“学科+特长”的教学模式,深化素质教育。

学校依托现代化的教学设施和良好的师资队伍,紧紧围绕“德育为先,课改为重,安全第一,特色强校”的办学目标,提出“明理、文明、感恩、守纪”的校训。2019年在江西广播电视台开展的“少年演说家”活动中,获得“优秀组织奖”;在市教育局开展的“课堂教学大比武”活动中获得“优秀组织奖”;在市教研所开展的“课本剧大赛”活动中,获得团体二等奖。

【景德镇市第十七小学分校】 位于珠山区新厂街道景瑶公路1号(景城名郡小区内),学校占地面积10000平方米,建筑面积7800平方米,共设24个教学班。有线、无线校园网络及“班班通”全覆盖;LED全彩显示屏、自助借阅机等先进设施齐备;阅览室、书法室、舞蹈室、陶艺室、录播室等功能室一应俱全。同时学校积极开辟第二课堂,成立多个艺术“社团”,推行“学科+特长”的教学模式。

【景德镇市第二十二小学】 前身是宇宙瓷厂子弟学校,创办于1965年,1994年由珠山区人民政府接管,更名景德镇市第二十二小学。2003年接受香港爱国人士邵逸夫捐资助学,同时由珠山区政府配套投入资金共120余万元兴建逸夫教学楼,又名逸夫小学。2007年,校园东面的一块面积为700余平方米的土地划归第二十二小学,使校园总占地面积增至4160平方米,2011年9月,综合教学楼投入使用,为学校的发展奠定了基础。2017年,区委区政府为学校再次投入近百万元,添置人工足球草坪,教学仪器,电教器材以及功能室等改造。2020年9月1日,第二十二小学搬迁至原六中校址(珠山区朝阳路797号)办学。

学校有学生1600多人,青年教师队伍60多人,95%以上教师为本科学历,其中研究生2名、小学特高级教师3人、小学高级教师27人。副校长孙璐被聘为江西省第八届省督学,聘期四年,还被聘为“国培计划(2018—2020年)景德镇学院中小学教师送课下乡示范项目”授课教师,聘期三年。

学校拥有一流的现代化教学设施,配有多媒体演示厅、微机室、科学实验室、图书阅览室、音乐舞蹈室、美术室、心理咨询室、卫生保健室等功能室,整个校园建设布局合理,环境幽雅,绿化面积达到30%以上。

【景德镇市陶新小学】 景德镇市陶新小学坐落于昌江大道陶新家园东南侧,学校占地面积16180平方米,总建筑面积10700平方米,办学规模30个班,是珠山区2019年重点打造的三所新学校之一。学校设有报告厅、录课室、心理咨询室、图书室、音乐教室、书画室、美术室、陶艺室、围棋室,有专业化的排球场地、室内篮球馆(900平方米),还配有科学室、微机室等功能室,助力学生素质全面发展。2019年度学校在职教师19人,其中本科学历17人,专科学历2人,高级职称教师2人,中级职称教师9人。

【景德镇市梨树园小学】 景德镇市梨树园小学坐落在梨树园小区北苑,由珠山区人民政府于2008年开始兴建,是全市唯一一所能抗七级地震的新建校园,学校占地面积22800平方米,学校综合教学楼建筑面积约7200平方米,可容纳33个教学班,教师办公室12间,校园内还有200米环形跑道,有多媒体教室、舞蹈室排练厅、广播室、图书阅览室、微机室、录课室等功能室,总投入1200多万元。2020年,学校有33个教学班,在校学生共1732人,在职教师83人,其中本科学历64人,专科16人,硕士3人,中小学高级教师3人,中小学一级教师39人。

竟成镇农村小学简介

【竟成小学】 竟成小学创办于1913年,地处景德镇市里村童宾路延伸段,是景德镇市规模最大的全日制公办农村小学。学校占地面积0.03平方千米,2020年有29个教学班,教职员工82人,学生近1600人。学校有标准的现代化田径运动场,教学辅助用房完善,有校史室、多功能报告厅、校园电视台、录播室、舞蹈室、陶艺室、图书阅览室、微机室、实验室等,所有班级均配备了“班班通”,学校的硬件设施满足小学阶段所有教学需求。

竟成小学是一所农村中心小学,留守、随迁农民工子女在校读书的比例较大,学校结合校史、校情,基本上形成了“以德为首、全面发展”的办学特色。2005年创建竟成小学足球队,形成特有的校园足球文化,学校大力开展书法教育,将书法课纳入学生课程,陶艺课也成为学校固定的社会实践课程,各类文化形成竟成小学特色教育。

【景德镇市第十九小学】 景德镇市第十九小学新校区于2015年全面竣工,地处和谐家园2期对面,占地约6670平方米。学校为学生配备“班班通”,并配有微机室、图书室、篮球场、乒乓球场、塑胶跑道。学校教师队伍毕业于专业师范院校、高专院校,为引导学生的特长发展,学校开设书法、合唱兴趣班等特色教育,致力于打造书香校园,推广《腹有诗书气自华》读本的系统诵读,学校学生人人都有读书卡制定系统递进的阅读计划。每学期开展古诗词朗诵及读书活动。

【黄泥头小学】 黄泥头小学创建于1973年,位于珠山东大门,背靠古窑遗址,是一所含幼儿园小班至小学六年级一条龙教学的公办小学。学校占地5600平方米,教学班级18个。2020年有教师30名。在职教师中,1人获得中小教特高教师职称,4人获得小学一级教师职称有,20人获得中小学二级教师职称,8人获得其他职称。有学生564人,班级18个。2016年5月,黄泥头小学被评为吴静钰跆拳道培训基地。学校配备LED全彩显示屏,自助借阅机等辅助教学设备,有线、无线校园网络及“班班通”全覆盖;并配置有音乐室、书法室、阅览室、科学室、跆拳道室各种功能室。

【青塘小学】 青塘小学位于景德镇北部珠山区竟成镇青塘村李家村,学校于1946年创建,学校占地面积4700平方米,教学大楼面积640平方米,综合楼面积120平方米。在校学生95人,教师学历本科以上达到40%。学校拥有图书1550册。配备学生机17台,教师机1台。装备了仪器室、科学实验室、多功能教室兼多媒体教室、远程教育教室、音乐室、活动室、微机室、美术室、图书室、心理咨询室、卫生保健室、体育器材室等,仪器装备满足教学需要。

【曙光小学】 曙光小学地处后街村老鸦滩,是竟成镇中心学校下辖的一所农村完全小学。创建于1994年。校园占地面积2500平方米,建筑面积1700平方米。2020年有6个教学班,234名学生,21名教职员工。学校设有图书室、微机室、多媒体室、科学实验室、美术室、音乐室等近10个专用教室。

【小港嘴小学】 小港嘴小学是竟成镇中心学校下辖的一所农村完全小学。始建于1962年。校园占地面积33000平方米,建筑面积3350平方米。2020年有20个教学班,1140名学生,50名教职员工。其中省级骨干教师1人,市级骨干教师2人,县级骨干教师4人;获得国家级优秀教师称号1人。学校设有图书室、微机室、档案室、多媒体室、科学实验室、美术室、音乐室等近10个专用教室。学校先后被评为景德镇市2016年度家长函授学校、办学工作先进学校、景德镇市2016年度现代教育技术工作先进学校。

【新厂小学】 新厂小学坐落在昌江广场对面,地处朝阳路和林荫路交会处,学校占地面积6700平方米,是一所有着五十多年历史的公办学校,秉承“以人为本”的办学理念,形成了“个性+特长”的办学模式,是一所以音乐为鲜明特色的创新型学校。学校教学设备齐全,音乐舞蹈室、体育室、美术室、图书室、微机室、实验室、多媒体阶梯教室等功能室一应俱全,每个班级都配有“班班通”等现代化教学设备。学校积极推进素质教育,在上好文化课的基础上成立各类兴趣小组,“百灵”合唱团和校足球队多次获得市、区的金奖和一等奖。

【洋湖小学】 洋湖小学始建于20世纪40年代末,2003年校园重建,坐落在风光绮丽的昌江河畔。学校占地面积3300平方米。2020年有教职工13人,6个班级,学生18人。

学前教育

【概况】 区教体局多措并举,通过新建公办园、开展城镇小区配套园治理、农村小学附属园转办成公办园等多种形式发展公办园,扶持普惠性民办园。截至2020年底,全区幼儿园总数达89所,公办园28所,民办园61所。其中省级示范园5所,一级一类幼儿园9所,乡镇示范园1所。全区在园幼儿数11800人,学前三年毛入园率达96%,普惠性幼儿园覆盖率达85%;公办园幼儿占比达50.9%。

组织全区教师参加网络学习,让全区教师能对线上教学软件更好的应用。组织全区幼儿园园长线上观看“疫情期间,如何不出门开展教研”专家公益直播。组织幼儿园骨干教师参加关于2020年国培计划示范项目“紧缺领域国家级骨干教师培训——学前教育骨干教师培训”。

在2020年全市中小学“119”消防主题绘画评比中,1名学生获得2等奖,2名学生获得3等奖,1名学生获得优秀奖。在2020年全市“六一”幼儿线上讲故事比赛中,6名幼儿获得一等奖,9名幼儿获得二等奖,17名幼儿获得三等奖。

【景德镇市第二幼儿园】 由珠山区管理的公立幼儿园,位于中山南路何家衕13号,占地面积679平方米,建筑面积1200平方米,教职工在编在岗3人,合同制9人,多次被评选为市先进幼儿园和示范幼儿园。园内设有多功能教室、游戏室、教师办公室。幼儿园户外场地设有软桥,攀登架、滑梯、水车等多种幼儿玩具器械。创建于1955年,“文化大革命”期间被撤销,1986年重建教学楼,开设语言、健康、社会、艺术、科学为主要内容的多元智能课程,还增加资优教学课程,以及篮球、口语、美术等课程供家长选择。

幼儿园始终贯彻“一切为幼儿服务,为家长服务,为社会服务”的办园宗旨;牢固树立“培养健康人、创新人、复合人”的育人目标;不断强化“以儿童为本、管理为本、教育为本、特色为本”的管理思路,从而形成“人无我有,人有我优,内功臻厚,与时俱进”的幼儿园办园特色。

【珠山区实验幼儿园】 位于站前四路西段以北,前身是商务局幼儿园。2018年12月18日,区政府按照省级示范幼儿园标准投资5000多万元新建的一所高品质公办幼儿园。2019年12月竣工开园。校园占地面积13500平方米,建筑面积8800平方米,办园规模14个班,可容纳400余名幼儿入托。幼儿园在编职工47名,职工平均年龄在35岁左右,教龄在7—26年不等,其中大专及以上学历者占93%,均持有教师资格证。

园内有行政楼、教学楼、多功能活动室、食堂、儿童剧场等多栋连廊建筑构成,配备中央空调、新风系统,高配置音响设备和高科技人脸识别系统等,每个活动室配有钢琴、多媒体一体机、电脑、净水机等高级硬件设施。内设维尼绘本馆、米奇烘焙坊、汤姆美陶吧、艾莎舞蹈厅、哆啦发现屋等多功能活动室,还有美轮美奂的童梦剧场。幼儿园设有三个户外活动区,有适合孩子锻炼的运动区、主动探索的游戏区以及亲近自然的野趣区。

幼儿园秉承“让童年成为曼妙艺景,为梦想奠定厚实才德”的办园宗旨,坚持“以童为本、蕴梦于乐”的办园目标。2001年被评为江西省省级示范幼儿园,曾先后获得“江西省女职工建功立业先进集体”“市五一巾帼标兵岗”“青年文明号”“先进基层党组织”“和谐平安创建工作先进单位”等荣誉称号。2013年,商务局幼儿园成立自收自支事业单位,核编50人;2017年,由区政府正式接管并更名为“珠山区实验幼儿园”。

【景德镇市粮食局保育院】 创办于1981年,是一所“老字号”的市一级一类企业性质幼儿园,1994年新建一栋逾1000平方米的教学楼,2008年成立全省首家社区娃娃军校。教学班发展到9个班,2栋教学楼,分设军班、中班、小班、托班4个教学年级,在园幼儿320多名,教职工38人,其中企业编制人员3人(院长、副院长2名和教师1名),合同制教职工30人,临时聘用人员5名,大专学历32人。本科学历9人,高级教师2人,一级教师13名。先后获得“江西省巾帼文明示范岗”“景德镇市青年文明号”等荣誉称号。

【景德镇市实验幼儿园】 1993年11月,经市委、市政府批复成立,为自收自支的正科级事业单位,编制24人,隶属市妇联领导,自2020年3月正式移交珠山区教育体育局。

1994年4月,幼儿园正式创建。位于景德镇市珠山区新村北路凉山树,与景德镇市妇女儿童活动中心同一地块、同步建设,土地面积2600平方米。

幼儿园教学大楼共三层,拥有通风设施良好、宽敞明亮的教学环境,设有多媒体室,幼儿户外大型活动场地齐全规范。2020年开办10个班,分别为军校班2个、中班3个、小班3个、宝宝班2个。每个班级配有专用一体的教室、寝室和卫生间,每个教室配备教学一体机、钢琴,具备优质幼儿园的办学条件。

体 育

珠山区代表景德镇市获得江西省青少年足球

锦标赛男子甲组第二名、乙组第二名;2020 年江西省青少年足球一联赛男足 U16 第一名、U15 第二名;江西省足球协会杯男子足球 U16 第三名、U14 第三名;2020 年“中国体育彩票杯”江西省第六届全民健身运动会优秀组织奖。

医疗卫生·人口计划生育

医疗·卫生

【概况】 区卫健委深入学习习近平总书记重要指示批示精神，全面落实区委、区政府和区疫情防控指挥部针对疫情防控各项工作要求，坚持"外防输入、内防反弹"工作方针，守牢疫情不蔓延扩散底线。开通24小时防疫热线，工作人员实行24小时值班制，确保不漏一条信息；第一时间研发上线"珠山区疫情防控信息平台App"。开通"来景信息线上申报、实时查询疫情动态、推送宣传防控知识"等便民利民服务项目；实现"外来人员信息采集、来景扫码快速审核、居家隔离跟踪管理、疫情数据分析及运用"等多种功能。同时大力推行"党建+服务"，在硬隔离场所及区域，安排人员进行集中采购和一对一配送服务，做到隔离不隔心。推行"卫健+N"，协同医院及相关部门、单位细致落实各项疫情防控工作，做好复工复产复学疫情防控保障，筑牢珠山防疫网。落实好常态化疫情防控，及时关注国内外疫情变化形式，做实做细疫情防控各项工作安排。全面做好健康扶贫工作大盘点、问题大清理，鼓足干劲，攻坚克难，以坚定的信心和必胜的决心决战决胜脱贫攻坚。履行好创卫技术指导职责，深入开展"四小行业"整治工作，助力景德镇市顺利夺得国家卫生城市荣誉称号。贯彻实施卫生健康服务惠民项目和加强计划生育利导政策落实，加强医疗机构规范管理为居民健康护航，大力推进各项卫生健康工作，持续推动健康珠山新发展。

全体协同做好疫情防控工作。自新冠肺炎疫情发生以来，区卫健委深入学习贯彻习近平总书记重要指示批示精神，按照中央和省委、市委部署要求，把疫情防控作为压倒一切的工作，全区动员、全域排查、全员参战，全力保障居民群众的生命安全和身体健康。珠山区累计确诊4例，均为输入性病例。做好常态化疫情防控工作，及时跟进工作措施，完善人力、物力储备。建成珠山区疾控中心核酸检测实验室，同时进一步做好预备队伍人才建设，加强公共卫生体系建设。

全面落实惠民政策。新筛查并救治先天性心脏病患者，免费救治26名尿毒症患者，免费救治重性精神病患者424人次，免费为266名艾滋病患者开展治疗前、后免费体检，为24名艾滋病患者进行住院费用报销，救助金额10.8592万元。11种国家免疫规划疫苗接种率达到99.22%，免费为辖区6类人群提供公共卫生体检服务金额1007万元，家庭医生团队签约率累计达到29.6%，建档立卡贫困人口签约服务632人，签约率100%。

打赢脱贫攻坚收官战。为签约贫困人口提供健康建档、健康教育、咨询指导和就医路径指引服务。为所有建档立卡贫困户制作就医卡，持卡的贫困户可以在市区各级公立医院享受先诊疗后付费、绿色通道、费用减免等优惠政策。不断优化贫困人口门诊特殊慢性病申报流程。解决分散式饮水贫困户家庭饮水安全问题，安装智能净水器27台。疫情防控期间，珠山区卫健委统一为204户贫困家庭订制"爱心健康服务包"，将疫情防控及家庭医生签约履约服务相融合。

全力做好"创卫"各项工作。结合疫情防控，大力开展爱国卫生运动，全力做好创建国家卫生城市技术材料的分类指导工作，完善全区各相关单位创卫专业材料的建档工作。迎接省级爱卫办的考核验收，并顺利迎接国家专家对景德镇市"创卫"的技术评估工作。扎实的工作成效，为景德镇市夺得国家卫生城市贡献珠山力量。

加大卫生监督执法力度。以公共场所、医疗机构为重心，结合疫情防控，不断强化监督执法利导。

2020年,检查公共场所1300余家次,下达监督意见书1500余份,现场处罚11起,罚款4000元;立案查处9起,罚款17000余元。检查各类医疗机构196家,下达监督意见书160余份,立案2起,罚没款共计181000元。受理公共场所办证130家;针对"四小"行业检查3125家,下达监督意见书1485份,取缔无证行医机构90家,取缔非法采供血1家。持续做好监督执法工作。全面抓好疾病预防控制工作。报告乙、丙类传染病13种3175例;处置各类传染病预警信息240余起,继续做好艾滋病、结核病等重大传染病防控,努力保障人民群众安全。重点做好重大妇幼保健项目工作。全年新增叶酸服用人数2876人,免费婚前医学检查1648人,婚检率达到97%,免费孕前优生检查836对夫妻,为8731名孕产妇提供"艾滋病、梅毒和乙肝"筛查与咨询服务,妇女"两癌"筛查2732人次。为珠山区126所托幼机构4724名儿童进行健康体检。由珠山区0—6岁儿童健康集中管理中心对珠山区所有0—6岁儿童的建档、保健等进行集中管理,对儿童"四病"(小儿腹泻、营养性贫血、佝偻病、小儿肺炎)及时进行矫治,大大降低珠山区6岁以下儿童死亡率,使全区6岁以下儿童死亡率始终保持在全市最低水平。

区委区政府高度重视,全力以赴地做好新型冠状病毒感染的肺炎防控工作。1月23日,召开新型冠状病毒感染的肺炎防控工作第一次指挥长会议,区委副书记、区长、区疫情防控指挥部指挥长罗文军,副区长、区公安分局局长李维明,副区长余文军、黄爱喜、谢景玉、董玉成参加会议。会议传达学习习近平总书记对新型冠状病毒感染的肺炎疫情做出的重要指示和李克强总理的批示精神,传达中央和省、市相关会议精神,研究部署珠山区新型冠状病毒感染的肺炎防控相关工作。1月26日下午,召开新型冠状病毒感染的肺炎疫情联防联控领导小组(扩大)会议。区委书记林卫春主持会议并讲话,区委副书记、区长罗文军,副区长、区公安分局局长李维明,副区长黄爱喜出席会议。会议传达学习习近平总书记在中央政治局常务委员会会议上的重要讲话精神,传达学习省委常委会扩大会议和市有关会议精神,对全区新型冠状病毒感染的肺炎疫情防控工作进行再动员、再部署。1月29日,区委书记林卫春,区委副书记、区长罗文军等区领导深入疫情防控一线开展实地调研,看望慰问一线医务人员和相关工作人员。区委副书记滕晓华,副区长、珠山公安分局局长李维明,区政府副区长黄爱喜一同调研。林卫春、罗文军一行看望慰问奋战在疫情防控一线的医务人员和相关工作人员,调研指导全区新型冠状病毒感染的肺炎疫情防控工作,并就相关工作提出要求。2月10日上午,召开新型冠状病毒感染的肺炎疫情防控应急指挥部(扩大)会议,区委书记、区委应对新冠肺炎疫情工作领导小组组长林卫春主持会议并讲话,罗文军、滕晓华、张朝博、叶质柱、谢秋华、李维明、余文军、黄爱喜、谢景玉、董玉成出席会议。会议传达学习中央和省、市有关会议和领导指示批示精神,传达学习市纪委市监委《关于4起疫情防控工作中履职不力典型问题的通报》,研究部署下步疫情防控重点工作。

2月16日,以省工信厅二级巡视员陈军为组长的省新冠肺炎疫情联防联控工作督导组深入珠山区开展督导。市卫健委党组书记、主任朱菁华,区委书记林卫春,区委副书记、区长罗文军,区领导张朝博、李维明、余文军、黄爱喜、谢景玉分别陪同。在区防控应急指挥部,督导组听取珠山区疫情防控工作情况汇报,对珠山区疫情防控工作,特别是率先为滞留珠山的外地游客指定接待酒店开展隔离观察,开发利用"珠山区疫情防控信息平台App""来景人员健康信息管理系统"等智慧防控手段给予充分肯定,就下一步工作提出意见建议。督导组指出,珠山区要继续坚持疫情防控、经济发展两手抓,落实落细联防联控、监测服务、宣传引导等防控措施,积极向上争取扶持政策,分类组织企业有序复工复产,切实保障人民群众生命安全和身体健康。

【召开创建国家卫生城市暗访反馈问题整改暨迎接技术评估工作部署会】 3月17日,区委区政府召开创建国家卫生城市暗访反馈问题整改暨迎接技术评估工作部署会。区委书记林卫春出席会议并讲话,区委副书记、区长罗文军,副区长黄爱喜出席会议。创卫工作已进入决战决胜的关键时期,全区上下要以"紧、细、实、严"的工作状态,统筹做好疫情防控和创卫工作,做到"两手抓、两手硬",奋力夺取疫情防控和经济社会发展"双胜利",不断擦亮国际瓷都对话世界的窗口。

【召开深入推进爱国卫生运动暨城乡环境综合提升工作会议】 4月24日,区委区政府召开全区深入推进爱国卫生运动暨城乡环境综合提升工作会议。

区委书记林卫春出席会议并讲话,区委副书记、区长罗文军主持会议,滕晓华、谢日元、邵继纲、洪丹平、叶质柱、张志刚、谢秋华等区四套班子领导出席会议。推进环境建设、改善城乡面貌,作为事关城市发展的"头号工程",持续推进城乡环境大整治和"双创双修",城乡环境面貌发生可喜变化,为全区经济社会高质量跨越式发展打下坚实基础。

【启动脑卒中高危人群筛查项目】 4月25日,正式启动2019—2020年度高危人群筛查项目,筛查高危对象2000例,由新村街道社区卫生服务中心负责实施。筛查工作通过对高危对象相关信息进行筛查,完成危险因素评估,确定干预对象的风险评级,制定个体综合干预方案,做到早发现,早干预,避免或者延迟卒中发生。

【开展第18个"职业病防治法"宣传周活动】 4月25日,联合区卫监局、区安监局、区疾控中心,开展第18个"职业病防治法"宣传周,活动主题为"职业健康保护·我行动",讲解职业危害的个人防护措施,普及职业病防治知识。现场发放宣传资料3000余份、问卷调查1500余份。

【开展疟疾防治日主题宣传活动】 4月26日,区疾控中心组织开展"消除疟疾控新冠,同防输入再传播"主题宣传活动。相关专家认真解答群众咨询,发放疟疾防治知识宣传折页500余份,悬挂横幅1条。

【开展世界家庭医生日宣传活动】 5月19日,区妇保中心开展世界家庭医生日宣传活动,活动主题"携手家庭,同心抗疫"。活动现场开展义诊、宣传咨询活动。活动签约200余人次,让更多居民了解世界家庭医生日家庭医生签约服务相关知识,树立家庭发展理念。

【副市长熊皓深入珠山区调研督导创建国家卫生城市工作进展】 6月8日,副市长熊皓率队深入珠山区调研督导创建国家卫生城市工作进展情况,听取工作情况汇报。区委副书记、区长罗文军,副区长黄爱喜陪同调研督导。熊皓在认真听取珠山区相关部门负责人汇报前一段"创卫"工作情况汇报后,对珠山区"每日整、三日巡、纪委查、组织评"的做法给予高度的肯定,针对"创卫"工作过程中薄弱环节提出具体举措及要求。熊皓一行还查阅珠山区创卫工作的相关资料,实地查看社区卫生服务中心、老旧小区、小餐饮等创卫示范点位,对点位出现的问题提出整改要求。

【召开迎接国家卫生城市省级考核验收工作部署会】 8月1日,召开迎接国家卫生城市省级考核验收工作部署会,区委副书记、区长罗文军出席会议并讲话,李维明、黄爱喜、董玉成、李劼等区领导出席会议。会上就迎检工作作具体说明,下发"创卫"责任状,各单位高度重视,全力冲刺迎接考核验收。

【迎接江西省爱卫办对景德镇市创卫工作验收】 8月5—7日,迎接江西爱卫办对景德镇市创卫工作验收,召开迎检部署会,确定迎检点位及线路,顺利通过验收。

【区委书记林卫春在第三个"中国医师节"走访慰问一线医务工作者】 2020年8月19日,是第三个"中国医师节"。区委书记林卫春,区委副书记、区长罗文军带队走访慰问一线医务工作者,代表区委、区政府向全区广大医务工作者致以节日问候和崇高敬意。副区长黄爱喜陪同走访。林卫春对珠山区医务工作者在疫情防控工作中表现出的担当作为表示高度赞扬。

【迎接国家爱卫办对景德镇市创国卫技术评估】 9月20—21日,迎接国家爱卫办对景德镇市"创卫"技术评估并顺利通过技术评估,为创建国家卫生城市贡献珠山力量。

【开展全民健康生活方式日宣传】 9月30日,联合市疾控中心在昌河街道组织开展以"健康要加油,饮食要减油"主题宣传活动。活动现场,相关专家认真解答群众咨询,发放疟疾防治知识宣传折页500余份,活动收到良好效果。

【区疾控中心核酸检测实验室建设完成】 10月,区疾控中心核酸检测实验室建设完成,通过盲样考核。项目是根据国务院应对新型冠状病毒肺炎疫情联防联控机制综合组下发《关于加快推进新冠病毒核酸检测的实施意见》文件精神,在区疾控中心启动实验室能力提升项目建设。项目完成后将具备对新冠病毒核酸检测能力，更好地开展传染病预防控制。

【开展2020年秋冬季新冠肺炎疫情防控应急处置演练】 10月12日下午，在五龙山社区开展2020年秋冬季新冠肺炎疫情防控应急处置演练。区委副书记、区长、区新冠肺炎疫情防控指挥部指挥长罗文军到场观摩并作点评讲话。市卫健委三级调研员孙群，区领导黄爱喜、李劼到场观摩演练。区卫健委、市120急救中心、区疾控中心、新村街道社区卫生服务中心、竟成镇卫生院、五龙山社区联合参演。演练对各单位应对突发疫情的反应和处置能力得到进一步提高，为做好现阶段常态化疫情防控工作打下更坚实的基础。

【区疾控中心开展高校青年学生性病、艾滋病防治健康教育宣传讲座】 12月1日，区疾控中心前往景德镇市陶瓷大学，组织开展高校青年学生性病、艾滋病防治健康教育宣传讲座活动。现场为学生们讲解艾滋病、性病防治知识，现场解答学生提出的问题，引导学生客观认识和了解艾滋病、性病，提高自我防护意识，树立文明、健康的婚恋观念。

【区疾控中心新冠疫苗接种工作部署】 12月，珠山区疾控中心按照省、市、区新冠肺炎疫情防控指挥部统一部署，市卫健委统一分配，在辖区内新增四家二级以上医疗机构承担接种新冠疫苗工作，为保障新冠疫苗的有序接种做好充足准备。12月30日，区疾控中心开展新冠疫苗接种培训会，培训相关医务人员103人，相关人员均通过现场考核并取得预防接种上岗证。

人口·计划生育

【概况】 区卫健委在区委、区政府正确领导下，依法实施全面两孩政策，稳步推进生育服务证制度改革。出生人数2554人，人口出生率6.91‰，自然增长率4.82‰，年末总人口371119人，各项指标均控制在目标任务值之内。坚持以“方便群众办理证件，提高群众满意度”为原则，进一步优化办证程序。完成生育登记网上办理1692例，其中一孩生育登记842例，二孩生育登记784例，再生育审批66例。继续落实奖扶特扶政策，积极做好计生特殊家庭关怀扶助工作。享受农村计划生育家庭奖扶政策213人，独生子女伤残特扶政策202人，独生子女死亡特扶政策474人。在全市率先为计划生育特殊家庭办理二次医疗保险，办理680人，投入保险费31.28万元(460元/人·年)，期限为1年。为特殊家庭成员购买住院护理险，保险费9.52万元(140元/人·年)，年内特殊家庭住院陪护201人，理赔74.9744万元。领取失独家庭一次性抚慰金13人。享受城镇独生子女父母奖励政策25792人。为18名农村二女户和独生子女户申报中考加分。在元旦春节期间开展走访活动，关心慰问计划生育特殊家庭、困难家庭，采取多种形式为群众办实事、办好事，解决他们生活中的实际困难，营造和谐稳定的氛围，走访685户，发放慰问金187983元。

【区计生协组织全区开展中国计生协成立40周年活动】 5月29日，是第22个协会会员日，也是中国计生协会成立40周年。根据市计生协要求，各街道以“壮阔四十年　奋斗新时代”为主题，开展形式多样、内容丰富的咨询、宣传、帮扶、服务等活动，充分利用微信公众号、宣传橱窗、新闻媒体等途径，强化宣传效益。

【实施全省新市民健康行动项目】 5月，成功申报一个省计生协工作项目。项目内容主要关于新市民健康行动方面，通过项目建设，促进新市民树立健康意识，提高健康素养，有力推进计生协工作的开展。

科技·文化

科　技

【概况】　区科技局在区委、区政府的正确领导下，认真贯彻落实全国、省、市关于科技工作的会议精神，攻坚克难，狠抓落实，圆满完成各项目标任务。

为全面实施创新驱动发展战略，提升科技创新支撑引领作用。区科技局积极扶持企业创新发展，入企开展科技服务，积极宣传研发费用加计扣除和高企优惠等扶持政策，强化科技计划申报指南解读工作，激发企业的创新热情。组织符合申报要求的企业申报认定高新技术企业和科技型中小企业。江西电邦科技有限公司、景德镇蓝印子贸易有限公司、景德镇兴航科技开发有限公司成功申报认定高新技术企业。景德镇市问玉工坊陶瓷有限公司等7家企业获批科技型中小微企业，进一步推动企业研发投入工作，着力提升企业科技创新能力。

为缓解中小企业融资难问题，区科技局组织辖区企业参与省、市科技业务培训和科贷通等惠企政策解读讲座，积极与市科技局对接，认真做好指导和帮扶工作。成功推荐7家企业获批“科贷通”贷款资金2150万元，进一步减轻中小企业的融资压力，缓解疫情给珠山区企业带来的冲击，推动珠山区企业复工复产。

积极搭建科技平台，促进成果转移转化。区科技局持续加强与省内外企业、高校、科院研所对接工作，促进产、学、研协同创新发展，积极打造对外交流新平台。大力推进科技孵化器、众创空间等创新创业孵化载体建设，依托“三宝瓷谷”“陶溪川文化创意园区”等，鼓励辖区科技企业建设文化交流新平台。陶溪川邑空间已成功申报省级“双创孵化器”，景德镇金象陶瓷文化传播有限公司成功申报市级“科技孵化器”。

为加快景德镇国家陶瓷文化传承创新试验区建设，助推陶瓷产业优化升级。着力组织实施陶瓷研发项目，提升陶瓷创新水平。深入推进陶瓷产学研协同创新，加快科技成果转化。充分利用在景高校院所优质科技创新资源，开展陶瓷产业产学研协同创新工作，在高校和科研院所遴选专业技术人才，深入企业开展技术诊断、科研攻关、成果转化等服务，帮助企业提升科技创新能力。8家企业与辖区高校、科研院所达成合作协议，实现产学研用的精准对接，推动全区陶瓷产业进步和技术创新。推进陶瓷总部经济招商工作，加快构建陶瓷网格平台。区科技局高度重视陶瓷总部经济招商工作，多次与企业接洽，成功引进景德镇市朴橡文化科技有限公司，积极构建陶瓷网格平台，推动全区陶瓷经济的发展。

【获批陶瓷传承创新和转型项目资金】　成功推荐7家陶瓷企业获批陶瓷传承创新和转型项目资金165万元，促进全区科技与陶瓷文化的紧密融合。支持陶瓷企业进行创新研发，充分发挥陶瓷产业技术创新和研发补助专项资金作用，组织辖区内陶瓷企业参与市级陶瓷产业传承创新和转型升级项目。

【开展项目后补助奖励】　依据《关于进一步深化实施创新驱动发展战略的若干实施意见》《景德镇市珠山区专利费资助办法》文件精神，对2019年度申报高新技术企业、科技型中小微企业和企业经营个人进行后补助奖励，发放后补助奖励6万元。助力提升辖区企业、社会团体及个人的创新能力。

文化旅游广播电视新闻出版

【概况】 区文广新旅局坚持以文塑旅、以旅彰文，推动文化旅游工作多方位、全链条深度融合，重点工作亮点突出，书写珠山区文化旅游工作新篇章；让"诗与远方"牵手，让珠山文旅助力景德镇市文化旅游业实现"加速跑"，为经济发展提供新引擎、新动能；区文化旅游工作围绕中心、服务大局，用实际行动和责任担当服务中心城区向实现"美景、厚德、镇生活"的美好愿景目标迈进，让中心城区迸发时代活力。

文物保护传承常抓不懈。对接清华同衡团队，3月25日，制定《珠山区三年文物保护报告》，将文物的保护和修复工作经费纳入区财政预算。对"景德镇瓷器老字号"进行挖掘保护和利用。6月，邀请专家召开"景德镇陶瓷老字号座谈会"，对陶瓷"老字号"进行全方位的交流探讨。9月，在《瓷都晚报》和微博上开展"景德镇陶瓷老字号之字号征集和原创徽标设计征集"活动。随后对投稿和掌握的陶瓷"老字号"进行专题采访。《瓷都晚报》陆续刊登9篇老字号的专访专栏：1873年创立的"罗炳升造"；1895年创立的"泥宝斋"；道光末年创立的"谢记洋庄"；创立于1908年的"程协盛号"；1915年创立的"天义华"；创立于民国末年的"邑山窑"；创立于1916年的"雪缘斋"；创立于清朝光绪年间的"孙公窑"；创立于民国期间的"鄢积泰昌"。文物保护宣传工作落到实处。开设珠山文物"云"游记登录抖音平台，进一步拓展文物宣传工作的覆盖面，向更多的群众传播文物知识。"文旅珠山"公众号让文物"活起来"，专栏文章《查裕顺店铺：见证瓷业历史的年轮》，在"学习强国"上刊登。

文化品牌创建成绩显现。持续培育"书香珠山·城市文化会客厅"（城市书吧）文化共享平台。新增昌江街道、新厂街道等4家城市文化会客厅，辖区内"书香珠山·城市文化会客厅"总数已有15家。面积共约0.0036平方千米、图书1.9万余册、阅读座位900余个，形成15分钟便民阅读圈。在文化会客厅举办新时代文明实践活动83场，有力助推文明创建工作。工作经验和做法被"学习强国"报道，被"江西宣传"微信平台宣传，被市委《工作交流》采纳刊登。对接"聆响·行歌"团队引进高端朗诵会活动，举办4场极致之美三宝私享会，让文学想象与声音想象共舞。

公共文化服务体系日趋完善。5月，实施区图书馆、文化馆、美术馆三馆改造工程，定位为"珠山区城市文化驿站"，9月改造工程完成。12月，江西省第五次全国文化馆评估定级现场抽查组到区文化馆检查指导评估定级工作，对区文化馆在品牌建设、特色文化活动开展、社会化服务等方面所取得成绩给予充分肯定。区文化馆将严格按照省现场抽查组提出的意见建议和评估定级标准，进一步丰富公共文化服务内容、提升公共文化服务水平，高质量完成第五次全国文化馆评估定级工作。

文旅融合建设加速推进。珠山区获评"江西省全域旅游示范区创建单位"，创建材料已通过省级评审组验收，12月，省文旅厅组织专家对珠山区进行现场验收；珠山区创建江西省旅游强县材料已通过审核，等待省级评审组的现场验收；三宝国际瓷谷正在全力创建国家AAAA级旅游景区，通过专项评审和景观质量评审。筹备2021年全省旅发大会取得新进展。成立旅发大会筹备指挥部，集中在三宝国际瓷谷办公，多次对接陶艺家李见深，对三宝村宴进行总体策划；对接江旅集团对夜游项目及整体考察安排进行规划；对接景德镇学院于芳引进浙江音乐学校、武汉音乐学院等资源为旅发大会演出助力；所有筹备工作实施倒排工时、倒推进度，全力协助景德镇市办好2021年旅发大会，展现珠山最好形象，争取珠山最大发展机遇。深度挖掘珠山文化旅游资源。在珠山文旅手册、三宝手绘地图的基础上，启动珠山区文化标识工程之一的《三宝攻略》编撰工作，正在进行手册设计及数据筛选入册工作。

艺术创作亮点纷呈。打造珠山区奋进50年专题歌曲《最美是珠山》，以古色古韵的词曲，唱出千年古镇珠山区的文化底蕴，日新月异城市面貌，百姓生活幸福美满，展望珠山区美好的未来。选送的珠山区文化馆代表队合唱歌曲《阳光路上》获得景德镇市第四十一届群众歌咏月活动决赛组唱金奖。疫情防控期间，创作《逆行的人》《感谢有你》等5首作品，鼓舞干部群众夺取抗击疫情最终胜利的信心和决心。承办"声传战疫家书　献礼白衣天使"活动，征集战疫家书，邀请徐涛、黄谦等知名朗诵艺术家配乐朗诵10篇战疫家书，向抗击在新冠肺炎疫情一线的最美逆行者、白衣天使献上独特的"有声"礼物。

文化市场监管规范有序。依据《珠山区娱乐场所整治工作方案》,坚持"疏堵结合""控增量、减存量"的原则,开展集中整治。辖区内84家无证歌舞娱乐场所减为44家,沿河东路范围"五小"商铺门店减为24家。

【赴婺源学习考察全域旅游经验】 4月15日,市文广新旅局党组成员、副局长洪唯真带队赴上饶市婺源县学习考察全域旅游工作。副区长江志瑜,市文广新旅局、区文广新旅局、昌江区文广新旅局有关人员随同学习考察。根据江西省文化和旅游厅《关于开展国家全域旅游示范区创建结对帮扶试点工作的通知》文件精神,上饶市婺源县作为全国全域旅游示范县,负责帮扶景德镇市昌江区和珠山区。

【江西财经大学专家学者到三宝瓷谷调研】 4月29—30日,受省文旅厅的委托,江西财经大学旅游与城市管理学院的专家学者肖刚、林文凯、姚东亚等组成的调研组到景德镇调研,为江西省非遗进景区行动编制方案。调研组一行先后来到马鞍岭、真如堂、湖田窑展厅,听取市、区有关领导和工作人员的详细介绍,观赏陶瓷艺术品,感受厚重的陶瓷历史文化和人文气息,对在这里创业、创作的艺术家给予充分的肯定。

【万名网友直播观看"云"游三宝】 5月19日,中国旅游日。由区文广新旅局主办,瓷都晚报"星直播"平台提供技术支持的"健康出游、约会瓷都"、"云"游三宝活动,在三宝国际瓷谷举办。上万名网友跟随"星直播"的镜头,领略千年瓷都古镇珠山魅力三宝的万种风情。两个小时的直播向网友展示一个不一样的三宝,"云"游三宝视频在《瓷都晚报》"星直播"、抖音等直播、短视频平台点击量2.8万人次。

【赴杭州参加2020景德镇文化旅游(杭州)推介会】 7月22日,2020景德镇文化旅游(杭州)推介会在杭州三立开元名都大酒店召开。市委常委、宣传部部长刘朝阳和杭州市政府副市长陈国妹出席推介会并致辞,市政府副市长熊皓主持推介会。市委副秘书长、市文化广电新闻出版旅游局党组书记、局长余志华发布相关政策。区文广新旅局党组书记、局长杜辉,副局长周凌参加推介会。推介会上,杜辉用"古镇珠山""活力珠山""魅力珠山"3个篇章对珠山区进行介绍,结合"一册一线一图一娃一厅"的重点工作描绘珠山文旅。

【第一个版权服务站在三宝瓷谷授牌】 8月21日晚,珠山区版权服务站授牌仪式在三宝瓷谷三宝蓬艺术聚落报告厅举行。活动邀请省委宣传部版权保护中心主任科员张勇,省知识产权学院(华东交通大学)专任教师朱梦云作"版权意识与保护开发"主题讲座。省委宣传部版权保护中心副主任姜知非,市文广新旅局党组成员、副局长洪唯真,副区长江志瑜,区文广新旅局党组书记、局长杜辉出席授牌仪式。洪唯真颁授"景德镇版权服务站珠山区站点"牌匾,标志着珠山区第一个版权服务站正式授牌成立。这也是景德镇第一个在县区设立的版权服务站点。

【"琴川风　瓷都韵"——常熟·珠山政协书画陶瓷艺术展开幕】 9月16日,"琴川风　瓷都韵"——常熟·珠山政协书画陶瓷艺术展在常熟美术馆举行开幕仪式。省文联副主席,市委副秘书长,市文广新旅局局长余志华,区政协主席邵继纲,区政协副主席周国逢出席开幕仪式。常熟市政协、珠山区政协、区文广新旅局、区美术馆相关负责人参加开幕仪式。展览汇集珠山陶瓷艺术家创作的170多件瓷板画、瓷器,和常熟书画家的60多件书画作品。

【赴成都参加2020景德镇文化旅游(成都)推广活动】 9月28日,以"乐游瓷都·品味China"为主题的2020景德镇文化旅游(成都)推广活动在成都市宽窄巷子东广场举行。省文化和旅游厅党组成员、副厅长陈晓平,市委常委、宣传部部长刘朝阳,成都市文化广电旅游局副巡视员胡建华等领导出席推广活动并致辞。市委宣传部副部长冯亮主持推广活动,市委副秘书长、市文化广电新闻出版旅游局党组书记、局长余志华发布相关政策。区文广新旅局党组书记、局长杜辉参加推广活动。

党史·档案·地方志

党史编研工作

【概况】 区委党史办认真学习贯彻党的十九大、十九届四中、五中全会精神，坚持以“存史、资政、育人”为指导，认真履行岗位职责。开展疫情防控工作，全体干部第一时间投入疫情防控工作中；完成《珠山区2019年党史大事记》编撰、印制；做好陶阳十三里的革命遗址遗迹保护工作，发送关于保护和修复陶阳十三里革命遗址遗迹的报告与相关单位；整理珠山区抗疫工作资料和50年大事记；配合挂点社区，做好“双创双修”工作。

【开展疫情防控工作】 年初，由于新冠肺炎疫情的突然发生，按照区委、区政府的安排，区委党史全体干部投入疫情防控工作中，并第一时间到社区报到，听从社区的工作安排，认真把控小区出入关口的防疫工作；给予社区资金、防疫物资等支援。参加区防疫指挥部的值班工作，认真接听群众来电，积极引导、帮助群众解决问题，做好记录。

【编辑珠山区2019年党史大事记】 区委党史办收集、整理、编辑珠山区2019年党史大事记，印制成册，作为资料长篇保存。

【保护陶阳十三里革命遗址遗迹】 6月，针对景德镇市陶文旅集团对陶阳十三里进行修复改造，向景德镇市陶文旅集团发送《关于保护和修复陶阳十三里革命遗址遗迹的报告》，附加陶阳十三里每一处革命遗址遗迹的资料。

【整理珠山区抗疫工作资料和图片】 7月，为市党史和地方志办公室编撰《景德镇市抗疫实录》提供资料，收集、整理区抗疫工作资料和图片。

【整理珠山区50年大事记】 12月，为庆祝珠山区建区50年系列活动，收集、整理珠山区50年大事记资料。

【做好“双创双修”工作】 按照区委、区政府“双创双修”工作的要求，区委党史办全体干部到挂点社区和挂点路段参加“双创双修”工作，整治社区环境卫生，发放《市民文明手册》，宣传健康防疫知识，指导居民填写《模拟问卷调查表》，对社区“双创双修”建设给予资金支持，认真完成迎检工作。

档案工作

【概况】 10月14日，区档案局（馆）搬至景德镇市新厂东路299号区发展中心10号楼一楼，占地约860平方米。区档案馆现有全宗48个，案卷5158卷，其中文书档案2690卷，婚姻档案2468卷。最早的文书档案是从1970年开始，最早的婚姻档案是从珠山街道1959年开始，资料287册，占现有馆藏总量的9%。

2月5日，向全社会发布“新型冠状病毒肺炎档案专题征集令”，征集所有能够反映抗击疫情工作，具有历史价值或特殊意义的文字、图片、音视频、实物等档案资料，在档案门户网站和新媒体“珠山档案”抖音账号上陆续推出“记战‘疫’时刻，讲景德故事，扬中国精神”专题档案网展。创建21个微信公众号，发布防疫抗疫为主题创作的诗歌、散文等文学作品，音乐、美术、书法、篆刻、摄影、剪纸等艺术作品，创新型“小手拉大手、全民齐抗疫”家庭视频作品16个，科普防疫知识视频18个。发动以孩子为核心带动家庭乃至社会，树立正确的新冠肺炎疫情防控观。网展中展示了23人430件作品，其中诗词类49篇、宣纸画类99幅、摄影类97张、征文类31篇、邮戳类47幅；实物展示收到摄影作品400余张。3月25日，为认真做好全区新冠肺炎疫情防控文件材料收集归档工作，根据赣新冠指办字〔2020〕27号文件精神要求，与区卫健委会同区新冠肺炎疫情防控应急指挥部办公室共同商议落实新冠肺炎疫情重大活动专题归档工作。

4月16日，副区长江志瑜到区档案馆调研档案管理工作，档案馆负责人张琦陪同。5月开始，协助区委办、区政府办、区国资公司，根据珠办字〔2020〕21号文件精神，积极参与配合设计师拟定“珠山区奋进50年成就展”方案，搜寻大量历史素材，提供精准性史料依据，其中包括珍贵的珠山区前身景北区成立的整版报纸、景北区第一届区委常委会全体成员合影等；提供专题性、针对性、权威性见证珠山发展老物件近百件，丰富展陈效果，反映珠山深厚历史底蕴；沟通协调相关单位，配合拍摄“珠山区奋进50年”专题采访视频，邀请不同业界代表，艺术界代表景德镇美术馆副馆长岳峻，老干部代表区委原副书记程忠发、区委原书记洪国良，老校长代表区原七小校长揭冰玉，老社区主任代表等，进行专门访谈并拍摄视频剪辑。区史馆的陈列中，档案馆提供国家级奖牌17块、字画2幅、瓷盘2个、公章6枚、老相片2张、证件18张、票据4件、文件6份、老物件37件。11月，根据区召开“珠山区奋进50年”成就展推进部署会议，按照会议有关要求，对竟成镇、各街道、区委各部门、区直各单位所获得的省级(含省级)以上荣誉奖牌实物档案进行接收工作。接收国家级奖牌21块，省级奖牌97块，省级证书5本。11月3日上午，区委副书记、区长罗文军就新馆内部布局情况进行考察，区档案馆负责人张琦陪同。

深入挂点路段和村委会，发放《景德镇市民文明手册》，耐心地向居民讲解《景德镇市民文明手册》内的相关知识，引导居民监督不文明行为，争做文明人。积极邀请居民填写《景德镇市民文明手册》最后一页的知识问答卷。共发放《景德镇市民文明手册》150余册，填写问答卷100余份。

【走进“猎户星空”5G+人工智能景德镇城市会客厅】 4月15日，围绕未来智慧档案馆的规划数字化设计课题研究，区档案馆陪同市档案馆副馆长郑骁、陈志华，市档案馆副县级调研员杨庭贵、市档案学会理事长钟小华、《瓷都晚报》总编陈俊绮，来到位于昌江区生态路南“猎户星空”景德镇城市5G+人工智能城市会客厅参观，参加对象有珠山档案顾问余昭彦、张瑞麟、岳峻、杨晓轩、胡亮、曹伟及珠山区特邀陶瓷、考古、文化、媒体界嘉宾等25人。

【基层档案调研与馆际交流】 5月21日，为社区发展和城市管理服务，促进档案工作规范化建设，在太白园街道的浙江路社区开展基层档案调研。在档案调研中，首先对档案管理工作进行系统了解，之后参观社区的整体布局，查看档案整理情况、保管现状。采取听、查、看、问的形式对浙江路社区档案一系列的工作情况进行交流和指导。7月10日下午，区档案馆、景德镇陶瓷摄影协会围绕珠山区建区50周年活动在昌虹社区二楼会议厅联合开展“寻镇馆之宝、展珠山古韵”系列活动之大型公益摄影活动，摄影范围为珠山区以内重点项目，区档案馆负责人张琦、摄影协会主席陈小勇、常务副主席邹春林以及24名摄影协会成员参加。7月28日，新村街道奥林社区以“寻镇馆之宝，评最美家庭，展珠山古韵”为主题组织“艾香端午邻里和，优良家风共传承”系列活动。区档案馆负责人张琦现场介绍“寻镇馆之宝，评最美家庭，展珠山古韵”活动。7月29日，区档案顾问、理事及相关文化组织代表20余人，前往浮梁县档案馆参观交流，学习兄弟单位的优势和长处，共同商议“寻镇馆之宝，展珠山古韵”评选范围及标准。8月18日，根据省、市有关要求，组织开展2020年第13个国际档案日“档案见证小康路、聚焦扶贫决胜期”系列宣传活动。各单位档案部门围绕主题，在配合做好全国系列宣传的同时，结合实际自行策划、组织各具特色的宣传活动。10月21日，到区行政服务中心进行交流学习及档案指导。

【“国际档案日”活动】 6月9日，区档案馆、区妇联联合举办纪念国际档案日暨“寻镇馆之宝、评最美家庭、展珠山古韵”活动启动仪式，“寻镇馆之宝、评最美家庭”活动正式启动。市妇联主席盛璟晶、市档案馆副馆长陈志华、市档案馆副县级调研员杨庭贵、区委副书记伊文斌等参加启动仪式。

【珠山奋进50年“寻镇馆之宝、评最美家庭、展珠山古韵”颁奖仪式举行】 8月28日,区档案馆联合区妇联召开珠山区奋进50年“寻镇馆之宝、评最美家庭、展珠山古韵”颁奖仪式。活动面向社会、民间征集珠山建区以来发展的历史进程中的老资料2155件作品,其中老照片727张、老书报356份、老票证502件、老资料374件、老物件180件、老录音视频16件,经过5人小组专业评审,评选出“五大镇馆之宝”“五大珍品馆藏”“20个特色馆藏”“20个优秀馆藏”。制作的征集视频宣传片被“今日头条”刊登,点击率50000余次,在《瓷都晚报》开辟《珠山寻宝》专栏,陆续刊发《档案见证珠山发展》的报道20余篇,上“古镇珠山”“瓷都晚报”官微20余篇。

【“壮丽五十年、奋进新时代”陶瓷书画艺术交流笔会】 8月30日,举办以“壮丽五十年·奋进新时代”为主题的大型陶瓷·书画艺术交流笔会。笔会由区委宣传部主办、区档案馆和珠山区诗词学会承办、区委党校协办。参加交流笔会的有国家一级美术师、国家一级高级技师邬冬梅,景德镇学院教授乐茂顺,省工艺美术大师吴志辉等国家及省级陶瓷师、美术师30余人。笔会征集到庆祝“珠山奋进50年”主题的诗词作品30余首、朗诵作品10余篇、书画作品10余幅,均制成珠山档案微信公众号内容。

【结合搬迁,拓宽档案收集渠道】 按照全市统一部署,全区各单位、部门9月起陆续搬入新址,工作重点为清理物件、盘点资料,借助指导档案归类契机,积极掌握动态,发现有研究价值的物件或老文件,及时按照手续收入馆藏,进行抢救性保护,如区委组织部、区发改委转来改革撤销机构的老公章、老纪念册、磁盘、录像带等上百件,可以为以后相关方面查考信息提供有力依据。

【区委办、区档案馆组织学习新修订的“档案法”】 12月1日,区委办、区档案馆在区发展中心10号楼二楼会议室,组织召开新修订的《中华人民共和国档案法》学习宣传会。会议邀请区档案顾问及社会各界代表:市御窑博物院文博副研究员白光华、《瓷都晚报》总编陈俊绮、市美术馆副馆长岳峻、市国家粮库副主任杨晓轩、《瓷都晚报》编委徐国凤等。

【为“珠山奋进50年”重点项目摄影作品颁发荣誉证书】 12月31日,区档案馆邀请市陶瓷艺术摄影协会10余名摄影师参观区发展中心建设、珠山奋进50年陶瓷书画展、区史馆、区档案馆爱国主义教育基地。向他们颁发区重点项目档案摄影荣誉证书,并举行摄影作品移交仪式(景德镇陶瓷艺术摄影协会及珠山档案馆)。发布招募珠山档案最美公益摄影师通知。摄影师通过不定期拍摄新老区政府面貌,见证珠山政府旧貌新颜。移交摄影作品400余幅。

地方志工作

【概况】 区地方志编纂委员会办公室在区委、区政府的正确领导下,在省、市史志办的关心指导下,全面贯彻落实《地方志工作条例》,立足工作实际,认真学习领会“两学一做”系列讲话精神,通过集中学习和自学等方式明确工作思路,抓好业务学习,增强业务能力和工作效率。

完成《珠山年鉴(2020)》的全面编纂、逐级上报、样书印刷工作及《珠山年鉴(2013—2018)》的编纂启动工作。在原《珠山年鉴(2011—2012)》的篇目框架基础上结合珠山区机构改革后的实际机构设置情况,重新设计规划篇目,力争不改动大格局,能与上年年鉴互相印照,方便读者查阅,同时符合珠山区机构改革的实际情况;制定完成《珠山年鉴(2013—2018)》《珠山年鉴(2020)》编纂工作方案,按年鉴体例要求,研究讨论制定编纂大纲、目录及框架体系,7月,向各承编单位印发《区委办公室区政府办公室转发〈区地方志办公室关于《珠山年鉴(2013—2018)》编纂方案〉的通知》《区委办公室区政府办公室转发〈区地方志办公室关于《珠山年鉴(2020)》编纂方案〉的通知》,广泛征集各项材料,多次与供稿单位加强沟通,以电话、微信、邮件等多种方式向区属部门、驻区单位等80余家承编单位征集文字和图片资料,区地志办在沟通的过程中不断以各种形式向各单位讲解年鉴编纂体例要求,指导实际年鉴编纂过程中出现的各种情况,将业务培训穿插于整个写稿征稿过程中,使理论与实际操作结合;收稿后制定目标任务,分工编撰修改。严格对照《编纂进程计划安排表》,按承编部门及内容审阅、编撰、修改各单位所提供初稿,考证、核实相关数据内容图照,查漏补缺,确保资料的准确性、真实性、完整性;按省市地志办“一年一鉴”及时公开出版的要求,顺利完成《珠山年鉴(2020)》的成书印刷交付。

认真完成《江西年鉴》《景德镇年鉴》所需资料的编纂工作。在年鉴组稿过程中,严格按照省市年鉴编纂工作的总体安排和流程,以统一体例、统一标准、统一质量的要求,科学合理地安排部署工作。积极争取镇、街道、区直各单位对年鉴编纂工作的支持,借鉴外地年鉴编辑的经验,精心收集资料,认真整理撰写,经过反复修改,于4月底保质保量完成《江西年鉴(2020)》和《景德镇年鉴(2020)》的文字资料的撰写及相关图片汇总报送工作。

【完成《江西年鉴(2020)》《景德镇年鉴(2020)》珠山区撰稿】 4月,报送省地方市地方志工作办公室、志编纂委员会办公室审阅,顺利完成《江西年鉴(2020)》《景德镇年鉴(2020)》中珠山区版块的撰稿任务。

【启动《珠山年鉴(2020)》编纂】 5月8日,区地志办安排专职人员到岗负责年鉴编纂工作;5月15日,草拟并印发《区委办公室区政府办公室转发〈区地方志办公室关于《珠山年鉴(2020)》编纂方案〉的通知》,全面启动《珠山年鉴(2020)》的编纂工作。

【区地志办主任到岗推动《珠山年鉴(2020)》编纂进程】 7月1日,区委区政府指派区地志办主任王清到岗,加大对编纂工作的系统管理,加快编纂工作进程。

【启动《珠山年鉴(2013—2018)》编纂工作】 在保障当年度《珠山年鉴(2020)》编纂任务的基础上,区地志办同时梳理本部门存档资料,对前期未完成之《珠山年鉴(2013—2018)》的编纂工作抓紧不放松,7月24日,草拟并印发《区委办公室区政府办公室转发〈区地方志办公室关于《珠山年鉴(2013—2018)》编纂方案〉的通知》,重新启动《珠山年鉴(2013—2018)》的编纂工作,力争在不耽误当年“一年一鉴”的编纂任务前提下,逐步完善补齐往年缺失部分。

镇、街道办事处

竟成镇

【概况】 竟成镇辖地环绕穿插市区,属典型的"城中镇",总面积61.07平方千米。全镇下辖14个行政村:前街村、洋湖村、三宝村、湖田村、樊家井村、童街村、方家山村、银坑村、后街村、青塘村、黄泥头村、小港咀村、新厂村、昌江村。

坚决发起脱贫攻坚最后总攻,紧盯重点人群和"两不愁三保障一安全"核心指标,全面推进脱贫攻坚工作。2020年度,上级下拨扶贫专项资金814万元,实施产业扶贫项目8个,竟成镇134名建档立卡贫困家庭学生教育资助政策应享尽享,305名贫困劳动人口实现稳定就业,为全镇高质量实现脱贫攻目标提供坚强保障。竟成镇4户9人顺利脱贫,实现现行标准下贫困人口"清零"。

春节期间,一场席卷全国的防控新冠肺炎疫情的阻击战、总体战全面打响。疫情就是命令,外防输入、内防扩散,竟成镇闻令而动、遵令而行,自省启动重大突发公共卫生事件一级响应后,通过科学构筑疫情防线,构建以村为单元的基层防控架构,把牢信息查询和登记报告关口,对辖区内50个值班卡口进行严格管理,实行24小时值守,形成强大的防控疫情合力,全镇党员干部以实际行动捍卫人民群众的身体健康安全。昌江村周巍荣获全国抗击新冠肺炎疫情优秀城乡社区工作者荣誉称号。

7月7—9日,景德镇市境内普降大暴雨,昌江水位迅速上涨,昌江渡峰坑水文站水位达到32.75米,超警戒线4.25米,银坑村被淹近3米,全镇农作物受灾3300余亩,道路冲毁5100余米,农房受损302间,经济损失达6150万元。灾点就是方向,镇委镇政府严格落实区委区政府关于防汛救灾的部署要求,全面履行职责,重点在南河天宝桥、602所桥、湖田桥以及昌江河观音阁沿线全力打好防汛救灾攻坚战,成功处置一批重大险情隐患,全镇上下众志成城,全力以赴抗洪抢险,实现全镇大灾无伤亡、民生有保障、社会无失序的防汛目标。

全镇2020年经济总产值75.87亿元,完成财政总收入6.11亿元,较上年增长0.27%,财政支出1.19亿元,较上年减少68.9%;完成固定资产投入62.84亿元,较上年增长5%;招商引资实际到位资金14.36亿元,较上年增长3.67%;社会消费品零售总额14.11亿元,较上年增长44.98%;规模以上工业生产总值5.7亿元,较上年增长0.69%。产业转型持续加快。古镇混凝土、城竟混凝土、兴晟建材等工业企业发展态势良好,碧桂园昌南府、恒大悦府、阳光东园、金科华地紫园等楼盘销售量持续向好。积极参与景德镇国家陶瓷文化传承创新试验区建设,大力发展陶瓷总部经济,瑞牛陶瓷、真如堂、三宝蓬等陶瓷企业蓬勃发展。认真对接瓷博会参展企业,完成南艺陶瓷、匠人陶瓷、福原陶瓷等"四上企业"入库工作。银坑村沙陀山陶瓷文化创意生态旅游项目已试启动。

洋湖周边城中村棚户区改造项目征收房屋95栋366户,面积0.0367平方千米;凤凰山东侧棚户区改造项目完成2615户签约任务;珠山区名城保护环境提升项目(御窑厂一号工程)棚户区改造竟成片区项目完成240户签约任务;小港咀完成540余亩土地征收工作;黄泥头技校、昌江村新安路南侧幼儿园、珠山实验学校土地征收工作顺利完成;实施银坑村满坑坞地质灾害点搬迁避险安置工作,仅用两个月,迁移安置住户57户近200人,对安全隐患房屋进行彻底拆除;昌景黄铁路景德镇珠山段红线内民房已全部征收,红线土地已交由施工方进场作业;景德大道延伸段道路市政工程、景东招商场综合改造项目有序推进。

持续改善人居环境。继续开展农村人居环境整治三年行动,在银坑村、樊家井村、方家山村打造8个新农村建设样板点。严格落实环境卫生整治工作任务,通过压紧压实责任、加大宣传力度、常态化监督巡查等措施方法整治流动摊贩6789余起、占道经营6756余起;开展河道清理工作,对南河、老南河河道内浮萍和水面垃圾进行常态化清理,持续推进文明创建。大力培育践行社会主义核心价值观,深化文明创建活动。依托镇、村新时代文明实践站(所)、小巷讲堂、道德讲堂等平台,大力开展"文明家庭、星级文明户"评比活动,完善村规民约,构建适应新时代的文明素养、道德风尚,进一步丰富村民精神文明生活。持续开展环境整治。始终保持打击"两违"的高压态势,坚持"拆除存量、严控增量"的工作思路,开展大型行动6次,日常排查265余次,发现违章新增488起,依法拆除面积0.0251平方千米;农村乱占耕地建房问题摸排工作圆满完成,认真开展违建别墅整治行动,对一级水源地保护区、湖田山庄等违建别墅进行全面拆除,拆除建筑面积达0.00246平方千米。通过竟成镇上下的不懈努力,为景德镇市成功创建全国文明城市、国家卫生城市做出竟成贡献,在景德镇市成功创建全国文明城市表彰大会上,竟成镇荣获"集体三等功",6人受到表彰奖励。

发放城市低保1775人次,合计814520元,农村低保6366人次,合计3014110元,两项共计3828630元;临时救助18.81万元,救灾救助61.4万元,均按时足额发放到位;参加医疗保险人数27130人;新增就业110人,下岗失业人数11人,办理灵活就业困难人员社保补贴人数2人;全镇育龄妇女7844人,2020年出生340人,出生率10.86‰,计划生育率96%,性别比113;幸福院迁建工程有序开展,2020年投入200余万元用于完善临时安置场所服务设施;实施特困失能人员集中照护和农村互助养老,在昌江村、樊家井村、洋湖村打造"瓷都爱心食堂",塑造具有竟成特色的养老品牌;进一步完善调解工作机制,及时化解各类矛盾纠纷。2020年,调解矛盾纠纷184件,调处率达99%,妥善解决历史遗留问题。

在广大党员干部携手努力下,竟成镇荣获江西省首批"五型"政府示范镇称号。竟成镇始终坚持把党的政治建设贯穿政府治理各领域、各环节、各方面,大力开展"忠诚、创新、担当、服务、过硬"政府建设,持续提升政府效能和服务质量;继续巩固深化"不忘初心,牢记使命"主题教育活动成果;建立健全主动作为、担当尽责、争先创优的绩效考核机制;深化"放管服"改革,稳妥开展乡镇首批赋权清单认领工作,共承接区级赋权35项,推动全镇审批服务执法力量整合;按照机关"三定"方案要求,全面推进乡镇机构改革工作任务;"最多跑一次"改革纵深推进,便民服务中心运行管理不断提升;全力推进行政权力公开透明运行,进一步健全完善资产处置、资金使用、工程招投标等各项制度,从源头上预防腐败;压实全面从严治党主体责任,严格执行中央八项规定精神,"四风"整治成果持续巩固。

【做好新冠肺炎疫情防控工作】 竟成镇自省启动重大突发公共卫生事件一级响应后,通过科学构筑疫情防线,构建以村为单元的基层防控架构,把牢信息查询和登记报告关口,对辖区内50个值班卡口进行严格管理,实行24小时值守,形成强大的防控疫情合力,全镇党员干部以实际行动捍卫人民群众的身体健康安全。

【江西省"五型"办实地核查竟成镇"五型"政府建设】 8月20日下午,省"五型"办核查组对竟成镇创建"五型"(忠诚型、创新型、担当型、服务型、过硬型)政府进行实地核查,先后查看昌江村马家柚种植基地、新厂陶阳新村、三宝马鞍岭村。

石狮埠街道办事处

【概况】 石狮埠街道,以辖地弄巷"石狮埠"命名。东至莲花塘后山,西至昌江河东岸,南至斗富弄口,北至青塘发电厂,占地面积约5.2平方千米。办事处辖风景路社区、五龙山社区、半边街社区、春天社区、梨树园北苑社区5个社区居委会,辖区总户数16007余户,总人口3.7万人。辖区有弄巷52条,主要道路有沿河东路北段、中山北路北段、中华北路北段、风景路、昌江大道等。

辖区财政总收入2563.88万元,财政总支出2927.38万元;完成固定资产投资8.89亿元,同比增长2.1%;完成招商引资金额4.7亿元,同比增长27%;辖区新增就业445人,下岗失业人员59人,办理灵活就业困难人员社保补贴345人,"4050"再就业40人，免费职介29人，省外劳务输出322人，组织创业、家政等就业培训220人。辖区参加医疗保险户972人，新增49人。享受城市居民最低生活保障1249户1831人，年发放城市居民最低生活保障金1015.4万元；辖区育龄妇女6872人，年出生296人，出生率7.4‰。计划生育率96.31%，性别比119.12。

认真学习贯彻习近平新时代中国特色社会主义思想，持续深化主题教育成果，共召开党工委会议24次，理论中心组学习19次，开展新时代文明实践活动78次。广泛宣传、全面贯彻党的十九届五中全会精神，邀请市委宣讲团成员到街道开展专题讲座，组织党员干部撰写学习体会，进一步坚定党员干部理想信念。以五龙山、半边街社区为试点，全面推进城市基层党建"三化"建设，实现基层硬件、软件的双提升。经常性开展警示教育，利用党工委会、每周工作例会，及时传达上级有关会议及通报精神，在春节、端午、中秋等关键时间节点开展廉政提醒，不断提高党员干部廉洁意识，筑牢干部思想防线。

积极响应市区防疫工作部署，按照"外防输入、内防反弹"的工作要求，制定应急预案，组建20支党建志愿服务队，设立162个党员志愿服务岗，分网格对辖区内疫情防控进行全面管控。共排查登记中高风险地区返景德镇人员402人，境外返景德镇人员46人，有力确保辖区疫情形势稳定持续向好。购买发放防疫物资1.6万余件，对230家小微企业进行实地走访，帮助8家小微企业申请房租补贴21.6万元，强化疫情防控保障，助力复工复产。

推进"双创双修"，优化人居环境。争取项目资金，对4个老旧小区、3条背街小巷进行改造，实现路平、水通、灯亮、线齐、墙美。强化联动合作，联合行政执法部门对辖区主次干道、农贸市场周边市容秩序进行整治，共拆除私搭乱建66起约0.00135平方千米。投入近700万元，组织10万余人次，清理楼道杂物1850余处、垃圾死角1700余处、垃圾广告98000余条、粉刷楼道2000余处，完成老旧小区道路维修0.006平方千米、下水道清淤5010米。采取"线上微信网格群+线下入户宣传群"宣传模式，广泛宣传社会主义核心价值观等公益内容，更换破损公益广告牌560余处，更新公益广告牌340余处，发放倡议书10000余份，发放宣传资料30000余份。

进一步打造提升"百姓说事"平台，广泛推广居民小区"四会议事"社区治理模式，全年共受理群众来信来访48批155人次，网上热线215件，群众说事265起，处理完成265起。将扫黑除恶专项斗争与平安建设紧密结合起来，联合属地派出所对通津桥片区进行集中整治，成功收回半边街社区办公用房。进一步整合综治、民情、党建网格，增强群治群防队伍，由48个网格增加到54个网格。高标准建设街道综治中心，落实相关配套设施，巩固市域治理工作基础。

【半边街社区党群服务中心竣工】 1月17日，半边街社区党群服务中心项目竣工投入使用。项目投资103万元，占地面积900平方米，地理位置位于和谐二期小区旁。

【举办迎新茶话会】 1月21日，区委宣传部、区文广新旅局主办，石狮埠街道办事处、区文化馆、石狮埠街道工会承办的2020年石狮埠街道迎新茶话会，在半边街社区党群服务中心举行，来自街道、社区、城管中队、派出所等各部门120余人参加，现场精彩纷呈，全体街居干部积极参与其中，处处洋溢着欢乐、祥和、热闹的氛围。

【参观红色教育基地】 7月1日，为隆重庆祝中国共产党成立99周年，发扬和传承党的优良作风，组织机关全体党员、社区党员及部分入党积极分子代表前往瑶里改编旧址、陈毅故居等红色基地开展主题党日活动，感受革命先烈的精神力量。

【石狮埠街道党群服务中心竣工】 7月底，石狮埠街道党群服务中心项目竣工，8月4日正式投入使用。项目投资365万元，建筑面积1500平方米，地理位置位于古镇天御二期小区内。

【法学系实践教学基地挂牌】 12月4日，与景德镇陶瓷大学法学系法律服务合作签约暨"景德镇陶瓷大学法学系实践教学基地"揭牌仪式在石狮埠街道党群服务中心隆重举行。双方将友好合作、互补优势，深入学习贯彻习近平法治思想和党的十九届五中全会精神，不断提升基层社会治理体系和治理能力现代化建设水平。

珠山街道办事处

【概况】 珠山街道位于景德镇市中心,是景德镇陶瓷历史文化的核心区。1960年成立,因自然实体“珠山”而得名。辖区面积约1.5平方千米,共有弄巷55条,下辖莲花塘、龙珠阁、御窑3个社区居委会,设3个社区党委,9个党支部(其中1个非公党支部),常住户2488户、总人口5000余人。2020年财政总收入合计3085.44万元,一般公共预算拨款支出3085.44万元,占总收入的100%。财政拨款总支出3106.17万元,其中一般公共预算拨款460.58万元,占总支出的14.83%;社会保障和就业支出53.99万元,占总支出的1.74%;住房保障支出14.09万元,占总支出的0.45%,卫生健康支出16.5万元,占总支出的0.53%、城乡社区支出2557.97万元、占总支出的82.35%、文化旅游体育与传媒支出3.04万元、占总支出的0.01%。

街道结合实际深化基层党建“标准化、规范化、信息化”建设,逐步完善硬件和软件建设,定期汇报工作开展情况。坚持以党建引领社区治理,以莲花塘社区和龙珠阁社区为试点,推动社区扩权赋能工作。组织学习宣传十九届五中全会精神,共开展活动13场。

紧抓项目招引,稳步推进项目建设。与2家物流公司、1家劳务公司、1家民宿企业达成合作事宜;成功签约宜春的3家生物科技有限公司、5G馆项目建设。全年完成9个招商项目材料报送,其中亿元以上项目3个,亿元以下项目6个,全年招商投资累计约6.2亿。为打破“小街道”发展格局,加强与区统计局、区发改委、建设单位的沟通交流,获得相关项目的大力支持。2020年已争取到6个新固投资源,完成固定资产总投资6.31亿元。全年完成4家企业入库,服务业1家、商贸业3家。

“双创双修”工作方面。新设立健康教育宣传栏12处,发放宣传资料560份。对主次干道、背街小巷、居民小区等点位进行清理,清理垃圾杂物2760处185车,清理乱堆乱放956处180车,清理建筑垃圾587处165车。对主次干道、居民小区、背街小巷的绿化带和花坛进行清理,共清理垃圾杂草杂物4520处195车。在背街小巷、居民小区等处新增及更换便民信息栏210块,清理垃圾广告共5820条。对主次干道、小区及里弄等点位清除病媒滋生地1120处,对辖区的毒饵站进行补药320处。为推进老旧小区改造工作,社区配合城管部门开展打击“两违”行动,共拆除违章建筑35处420平方米左右。

平安建设工作方面。成立珠山街道扫黑除恶工作领导小组,多次召开专题部署会和推进会,传达上级会议精神。发放扫黑除恶宣传单1869份,电子屏幕游走信息12条。发放禁毒宣传手册300余份,张贴禁毒海报6张,放置宣传牌10余块。采取“三个三”工作法持续推动法律明白人工作。在辖区内开展矛盾纠纷排查化解专项行动,排查矛盾纠纷90起。通过百姓说事平台切实为居民解决实际问题282件。开展安全生产十大专项整治,制定工作方案,扎实开展“扫雷”行动,已查找公共娱乐场所10处、消防隐患15处、建筑工地1处,全面梳理建立档案,及时进行整改上报并做好跟踪监督工作。开展第19个“安全生产月”系列宣传活动,发放宣传资料500余份,开展消防安全知识讲座,进一步加强“九小场所”消防安全排查,提高居民安全防患意识。召开今冬明春火灾防控工作部署会议,发放防火宣传单3000份,严格落实责任,狠抓重点场所、领域消防安全管控。召开防汛工作部署会,制定《珠山街道防汛应急预案》等,成立防汛抢险应急队伍,增加物资储备。加强汛期值班制度,启动值班问责制,对辖区内低洼地区、易涝点及地质灾害点加大巡查,及时排查隐患并整改上报。

社区建设和项目工作方面。完成低保资金发放工作,辖区内享受城市居民生活保障户数1038户,1544人,年发放城市居民最低生活保障金额724560元;辖区内新增就业人数220,下岗失业人员人数24人,社保补贴人数120人,辖区内新增参加医疗保险人数303人。做好人口信息监测、药具管理、流动人口管理、计生特殊家庭扶助等工作,2020年街道辖区育龄妇女数3040人,出生人数101人,出生率达4.71‰,计划生育率99.02%,性别比例为17:20;开展计生特殊家庭“三个全覆盖”专项行动自查工作,并举办新市民培训;持续做好疫情防控工作,共排查出外来入景人员927人。加强领导,成立街道第七次人口普查领导小组;加大投入,结合街道实际预备25名“两员”成员;开展专业技术集中培训,做好人口信息摸底与数据录入工作。

【市委保密局捐赠防疫物资】 2月4日,市委保密局局长谭慧平在疫情防控期间，到珠山街道莲花塘社区，询问社区疫情情况和防疫措施，督促社区干部做好自身保护，带来方便面、口罩、一次性手套、酒精、消毒水等防疫物资，肯定社区防疫工作，鼓励全体干部打赢这场没有硝烟的战争。

【市领导到珠山街道调研】 3月23日，市委常委、军分区司令员孙安敏在区委书记林卫春陪同下，对御窑社区疫情防控工作进行调研。孙安敏一行检查社区开展疫情防控宣传、摸排、工作台账、小区里弄封闭管理情况，肯定前一阶段街道社区疫情防控工作的成绩，对下一阶段疫情防控提出来具体工作要求。5月6日下午，市委常委、宣传部部长刘朝阳，市驻珠山区“双创双修”办曹主任、副主任王嘉到龙珠阁社区督导“双创”工作。6月8日上午，张良华副市长及区人武部负责人、市工商银行负责人到中山北路古街路长制巡查督导双创工作。7月7日下午，市委常委、统战部部长吴隽率队在区委书记林卫春陪同下，对共建单位龙珠阁社区进行创建调研，实地查看中山北路创建情况。7月20日，市委副秘书长、办公室主任汤武辉等一行人到莲花塘社区，和社区干部一起发放“双创”宣传单，并和大家一起开展环境卫生大整治。12月2日，市人大常委会副主任、市委秘书长罗建国，对莲花塘社区办公用房进行调研。

【市委有关部门参与“双创双修”】 7月29日，在全市开展“双创双修”工作中，市委督查室一行到社区，就社区开展“双创双修”工作进行调研，并对“双创双修”工作提出整改意见，鼓励社区干部打好这场攻坚战，为全市“双创双修”工作做出努力。8月4日下午，市委统战部常务副部长石珂到社区参与创建活动。

【市委书记钟志生看望抗美援朝老战士】 10月22日，重阳节前夕，市委书记钟志生及市军分区、市退役军人事务局相关负责人等一行，到莲花塘社区名仕嘉苑小区看望抗美援朝老战士汪广昌，询问老人身体状况，送上节日的问候。

新村街道办事处

【概况】 新村街道为20世纪50年代始建的职工新住宅区，故名新村。辖地东至夜叉坞皖赣铁路与里村街道相邻；西至新华书店与珠山街道相连；南至人民广场北侧与周路口街道相接；北至景东大道。辖梨树园、梅家岭、茶叶坞、昌虹、西路、向阳岭、北路、中路、百眼井、洪家山、奥林11个社区；辖区面积6.44平方千米，辖区常住人口55603人。2020年，街道办事处全年财政收入2867.73万元，财政总支出2879.43万元。

切实抓好推进社区党组织“三化”建设，为各社区梳理健全党建组织生活等七项制度，梨树园社区城市·记忆党建共同体示范点接受省、市调研，完成发展党员计划2名，通过13名入党积极分子，推进党组织规范化、网络化、制度化建设。充分运用“党建+企业管理”的品牌模式，接收央企转入党员72名，指派专人负责对接指导非公企业开展党员活动、健全制度，景客隆，江南之星，惠乐家党支部均被评为三星非公党组织。强化“党日活动”制度。先后开展“党课开讲啦”、重温入党誓词、慰问退役军人、举办“唱响主旋律·打造和谐社区”红歌演唱会等活动，展示新村人的精神风貌。

街道项目工作扎实有效。腊丽山段13栋房屋征收任务全部完成，房屋征收面积近8000平方米，完成市第十八小学改扩建工程房屋征收任务，金家弄征收2户，房屋征收面积318平方米，莲花塘宾馆3号楼征收面积1.09万平方米，景德镇市名城保护环境提升项目（御窑厂一号工程）棚户区改造新村片区项目12月6日正式启动，完成老旧小区改造户数4569户。

经济指标稳中有进。成功签约江西省泰索斯企业管理服务建设项目、和颐精品酒店等6个项目，跟进签约项目2个。2020年，招商引资省外4.1亿元、市内5亿元，完成2020年固定资产投资任务5.93亿元，2020年完成“四上企业”入统商贸6户，服务业2家。

做好“六稳”“六保”工作，落实各项民生政策。全年发放低保补贴1368户1971人1100万余元，发放残疾人生活补贴4487人26.9万余元，残疾人护理补贴2893人20.2万余元，医疗救助202人49.8万余元，临时救助87人6.7万余元，高龄补贴6456

人110.4万余元,高龄失能补贴288人1.4万余元,组织家政服务培训120人,春风行动线上招聘会筹岗260多个。

做好疫情防控常规化工作。疫情初期,拨出150万元专项疫情防控经费,用于购买疫情防控储备物资。各社区抓好外防输入、内防反弹工作,盯住散发疫情,严防聚集性疫情,做好重点外来人员5251人的全面摸排登记和跟踪观察。梨树园社区党委书记、居委会主任余梅被评为全国抗击新冠肺炎疫情先进个人。

积极推进社区扩权赋能平台建设。按照区委关于推进社区扩权赋能改革试点要求,先行在梨树园等6个社区进行试点。建立社区网格64个,以网格(小区)成立党小组64个,建立社区志愿者服务队伍22支。重点打造昌虹社区办公服务用房,完善15分钟社区生活服务圈。针对老年人“做饭难”“吃饭愁”的问题,率先在昌虹社区推出“幸福食堂”,把服务做到群众家门口和居民的餐桌上。

坚持做好各项社会治理工作,全年修补破损路面6000平方米,粉刷污垢脱落墙面约0.068平方千米,清理楼道杂物410余吨,清理垃圾500吨,清理垃圾死角800处,清理垃圾广告72000条,铲除杂草、违规小菜地2.15万平方米,对辖区内390起“两违”建筑进行拆除,拆除面积约5000平方米。“双创国检”期间,大力加强宣传力度,利用LED电子显示屏、游走字幕进行滚动性宣传,完善相关台账材料。全员齐心协力清理垃圾死角、规范非机动车乱停放、整治占道经营等现象,开展文明交通劝导1753次,整理违章停车现象、引导规范停车3200余次,圆满完成国检任务,街道和社区8名干部获得市级表彰和嘉奖。

辖区育龄妇女人数10289人,年出生人数433人,出生率5.87‰,计划生育率97.37%,性别比112.22,流入人数146人,流出人数97人,流动人口办证率100%。办理一孩生育服务证本129本,二孩生育服务证102本,再生育4本,为35名计划生育家庭特别扶助人员陪护报销16万余元,为5310名城镇独生子女父母发放奖励补贴。

建立信访领导接待日制度,高效处理258件各类信访案件。调处成功率同比增加53件,上升55.4%,成功率98.4%,上升率达16%。其中排查突出矛盾纠纷2件,调处成功2件,调处成功率达100%。认真抓好平安工作,全年召开13次扫黑除恶专题会议,在辖区内悬挂宣传标语20余幅,宣传展板11个,设立举报箱11个,设置LED电子宣传屏8个,张贴涉黑涉恶违法犯罪线索通告10000余份,发放扫黑除恶宣传手册5000余份,发放扫黑除恶宣传品8000余个,坚持每季度至少召开一次安全生产工作会议和安全生产检查,查处北路等社区辖区内11个无证经营梭式窑,对8个社区24处地质灾害点和低洼内涝地区进行排查,保障辖区平安和居民群众的人身和财物安全。

【开展全国人口普查工作】 认真做好全国人口普查工作。多次组织全体普查员和指导员进行业务培训,对辖区内的居民进行全面摸底,及时做好入户登记长表和户籍复查,完成智能赋码编辑,确保“不漏一户,不落一人”。

【茶叶坞社区开展活动】 9月27日,茶叶坞社区组织辖区文艺爱好者开展庆中秋迎国庆活动。11月19日,茶叶坞社区联合新村派出所进校园开展铁路安全知识宣传。

【北路社区第七次全国人口普查宣传文艺演出】 10月23日,北路社区与共建单位老年大学共同开展第七次全国人口普查宣传文艺演出。利用喜闻乐见的文艺宣传方式,来提高居民的思想认识,消除居民对如实提供数据的种种顾虑,争取到居民的充分理解和广泛支持,为社区人口普查工作的顺利进行营造良好的社会环境。

【举办十九届五中全会文艺会演】 12月11日,百眼井社区在百眼井社区四楼会议室举办十九届五中全会文艺会演活动。

昌江街道办事处

【概况】 昌江街道,以“昌江”命名。街道办事处驻景德镇市中山南路159号。辖区范围东至中华南路与周路口街道相邻,西濒昌江与昌江区西郊街道隔河相望,南至戴家弄与太白园街道相接,北至珠山中路与珠山街道相连。辖区面积1.47平方千米,弄巷63条,辖瓷器街、再胜弄、桂花弄3个社区居委会,常住户4155户、12523人,总人口21648人。辖地历史上曾是景德镇重要陶瓷集散地、工商业区和金融中心，拥有27处历史文化古迹和重要文物建筑。瓷器街是全国唯一以瓷器命名的街区，富强上弄是全省第一批24处历史文化街区，祭师祠、查裕顺商铺、大黄家下弄钱庄等历史建筑至今保存较为完整。十八桥小商品批发零售市场和新跃广场是景德镇市重要的商贸市场，全长约1.5千米的沿江风光带为瓷都增添秀美景色。街道设1个机关党支部、1个离退休老干部党支部、3个社区党委（其中：居民党支部5个，功能型非公经济联合党支部8个，功能型社会组织联合党支部1个，网格党小组23个），党员474名。

街道办事处财政总收入4269.60万元，财政总支出4233.64万元；招商引资5亿元；辖区内城镇新增就业352人，下岗失业人员再就业130人；辖区享受城市居民最低生活保障836户1157人，年发放城市居民最低生活保障金总计668.35万元。辖区城镇居民参加医疗保险517人，其中学生116人、落地保49人；辖区育龄妇女2509人，出生98人，出生率5.37‰，计划生育率95.92%，流动人口办证率为0，优质服务随访率100%，知情率100%。

召开党工委会26次，专题学习10次，专家讲座2次。3个社区全部基本完成基层党建“三化”建设。深入开展党风廉政教育，组织学习中央和省、市区通报3次，观看电教片2次。加大中心工作的作风建设，建立督查制度，把到岗履职情况作为年终考核重要依据。约谈6人次，立案1起，给予党内警告处分1人。完成再胜弄社区软弱涣散党组织整顿工作，建立物业联动机制，解决实际问题60余件。开展主题党日活动35次。坚持谈心谈话制度，党政班子开展谈心谈话73人次。落实关爱激励机制，在疫情防控、双创双修等中心工作中及时表彰先进集体4个，先进个人39人次。推荐6人次参加全市“三类”人员选拔考试，1人以综合成绩第二名进入事业编制干部选拔考查名单。组织14名社区干部“组团式”参加社会工作者职业考试。发展党员5名。落实扩权赋能改革试点工作，由社区承接便民服务事项16项，落实社区的经费“使用权”、民生工程的“话语权”“验收权”。理论中心组学习14次。学习强国、古镇珠山融媒体等下载使用覆盖率均在10%以上。开展文明实践活动60余次，新增注册志愿者100余名，开展志愿服务150次。加强对网络安全管理，确保网络意识形态安全。各社区全部建立联合工会，依法维护职工权益。1户家庭被评为全市“绿色家庭”。加大宗教场排查整顿工作，按程序取消非法宗教集会点一处。

抓经济促发展，以电子商务为主攻方向，组织学习电子商务相关知识6次。提升服务水平，加大招商引资力度，签约7个项目，实际进资数省外3.9亿元，市内4.4亿元。完成固定资产投资2.75亿元。

抓双创促提升，党工委书记为第一责任人，落实“属地原则”，建立“日巡、周比、月评”制度，建立负面清单，整改一项销号一项。每周进行通报，每月根据周比的情况进行评比。张贴、更换公益广告牌1.7万余块，设置景观式公益广告13处，宣传橱窗396块，安装道旗120块，印制发放宣传单3万余份，市民文明手册2.4万册，居民文明健康素养问卷2800份，入户模拟问卷2.8万份，围裙、摇扇、环保袋等宣传实物2万余份。多次全覆盖式入户宣传，提升“三率一度”。深入开展城乡环境综合整治和十大专项整治行动。整治空中乱象350余处，捆扎线缆7000余根11000余米；修补破损电表箱360余个；增设路灯90处，更换120处，平整硬化里弄路面58条，修补破损路面230处，疏通下水道170处，维修破损管道160处，更换破损井盖180处，整治明沟排水现象270处；粉刷墙面油污300处，粉刷污垢脱落墙面近3万平方米；封闭背街小巷倒塌房屋12处；美化外墙体油烟585处，主次干道弄口乱涂乱画、破损外墙119处；粉刷清理垃圾广告15000余条；清理垃圾死角1200余处400余车和堆积杂物1000处300余车。劝导非机动车乱停乱放现象6000余辆；增设画线非机动车停车位220处。建设公共晾晒点11处，设立文明劝导点1处。拆除一店多招、破损广告牌等60处；劝导规范流动摊点627处，出店经营940处；清理乱堆乱放290处。捕捉流浪犬139条，劝导居民文明养犬3000余次。黄土裸露覆盖绿网1800平方米；铲除毁绿种菜1300处；拆除违建60处近2000平方米。与路长制单位、共建单位召开共建联系会23次，征求意见座谈会13次，现场会19次，开展路长巡查100余次，共建活动200余次，解决实际问题50余个。

抓防控促平安，强化宣传教育，建立“空中应急广播”+“地面流动喇叭”的宣传阵地。发放宣传折页10000余份、一封信3300份，悬挂横幅100条、制作张贴宣传画1800张、健康宣传栏8块、LED电子屏22处，建立小喇叭宣传队14支，发送短信1200余条，推送官方信息和防控知识200余篇。加大外地返景人员摸排力度。加大后勤保障，采购口罩10000余只、酒精50千克、84消毒液100千克、次氯酸钠消毒液250千克、防护服10套、喷雾器7个、额温枪13把、洗手液60瓶、水银温度计120支、电子温度计6支。在瓷器街隔离管控区建立24小时管控值守制度，坚持进行每日消杀，确保疫情没有传播扩散。强化管控，设立登记点12个，封闭出入口56个。全面消杀约0.15平方千米。开展抗击疫情捐款2万余元。

抓稳定促和谐，推进市域社会治理现代化试点工作，矛盾纠纷排查调处工作阵线前移，受理各类矛盾纠纷300件，调处成功300件，调处成功率100%。百姓说事230起。接待信访人员30多人。在汛期、节假日及重大节日期间落实24小时值班值守制度，汛期转移安置群众4人。举办扫黑除恶，法律援助，消防知识讲座3次，提供法律咨询50余人次；配合派出所开展禁赌清查活动5次；发放公众安全与扫黑除恶宣传册3000余份。加大安全隐患排查力度，发生火灾2起，受灾面积近400平方米，无人员伤亡。

抓民生强保障，发放低保金668.2万余元，取消低保户187人，取消低保金约7.7万余元；新增低保户30户，新增低保金16万元。大病医疗救助167人次约33万余元。发放临时救助75人次近4.3万元，高龄补贴47.485万元。办理生育服务卡69本，组织33对备孕夫妇参加孕前优生健康检查。开展卫生健康宣传教育活动4次。办理就业失业登记证213本。举办四期80人创业培训班，举办一期20人家政培训班。举办大型招聘会2次，开发公益性岗位3个。办理灵活困难人员养老补贴321人，医保474人。城乡居民养老保险11人，新增退休26人(其中16人为低保扶贫户)。

【切实抓好新冠肺炎疫情防控工作】 2月2日，瓷器街商住楼4栋一名武汉返景居民确诊感染新冠肺炎，昌江街道疫情防控指挥部在区指挥部的指导下，第一时间落实隔离管控措施，区委书记林卫春，区委副书记、区长罗文军，区委常委、统战部部长张志刚，区委常委、组织部部长谢秋华，副区长黄爱喜等现场调度督导防控工作。严格落实封闭管理、每日监测、每日消杀，确保疫情没有传播。1个集体、3人被区防控指挥部给予及时表彰。

【切实抓好“双创双修”工作】 全市创建全国文明城市和国家卫生城市，昌江街道党工委、办事处坚持抓细抓实，把问题解决在一线，在第三方组织的8次测评排名中，5次获得第一，1次获得第二。昌江街道获得全市成功创建全国文明城市集体三等功，瓷器街社区曹霞作为全市唯一一名社区干部荣获个人二等功。

【昌江街道“城市文化会客厅”正式挂牌】 5月26日，昌江街道“城市文化会客厅”正式挂牌，区文广新旅局党组书记、局长杜辉授牌，向昌江街道“城市文化会客厅”捐赠图书1000余册。

周路口街道办事处

【概况】 周路口街道位于珠山区中心区域，辖区地势平坦、交通便利，陶瓷专业市场林立、商业购物街区集中，文化娱乐餐饮聚集，既有景瀚、金昌利、国贸、金和汇景、地王大厦、华阳、群英街等7个陶瓷专业市场，也有金鼎、华达、沃尔玛、苏宁等商城商圈，各类经济业态丰富、“网红打卡点”云集，是本地居民以及外来游客“吃、购、娱”的不二之选，是珠山经济社会各项事业发展的“微观缩影”。

办事处于1976年2月从太白园公社(街道)分离出来，因为分界线位于古巷“周路口”而得名。办事处驻地位于广场南路皇冠购物广场东一区5号楼，建筑面积1107.15平方米。辖区东起马鞍山路和通站路北段，西至十八桥、中华南路，南临曙光路、周路口弄，北壤珠山中路，面积约4.1平方千米，下辖广场、云锦巷、金家弄、赛跑坦4个社区居委会90个居民小组，管辖人口约8890户，2.3万余人。2020年，街道办事处财政总收入1932.45万元，总支出1926.44万元。

开展“两学一做”学习教育、巩固“不忘初心、牢记使命”主题教育成果，引导党员增强“四个自信”，树牢“四个意识”，做到“两个维护”。持续开展“三个一”工程和基层党建“四化”建设，深入推动党群服务中心“扩面达标”和“优化升级”，其中重点打造的云锦巷社区党群服务中心已达一类社区标准，金家弄社区党群服务中心正在规划建设中。着力构建以党建为统领，多网合一，智慧赋能、全域共治的新型社会治理体系；大力开展社区扩权赋能改革试点工作，推进街道“五权”下放，4个社区均实现“一肩挑”和“交叉任职”，并推行“大党委”制，来自共驻共建单位、辖区“两新组织”的党员负责人作为社区兼职党委委员，通过党建联席会等形式广泛参与社区事务，共商重大事项、共享优势资源；严守市域社会治理现代化试点街道担当，坚持以“党建引领，多网合一”为主线，将31个城区网格优化调整，各网格均落实“五定”要求。

按照区委、区政府统一部署，街道启动城市管理体制改革，在街道运行“四办一中心”（即党建办、经济发展办、综合治理办、城市管理和社区治理办、便民服务中心）管理模式，将便民服务中心政务职能及人员下沉至社区，在社区运行“一委一站一居”（即社区党委、社区工作站、社区居委会）管理模式，用心用情抓好基层党建、城市服务和社会治理。

加强宣传工作。在市级以上媒体上稿1000余篇，舆情报告70余篇。开展“小巷讲堂”40余场，新时代文明实践站理论宣讲60余次，完善“日巡查、周通报、月考核”的督查考评机制，确保“双创”工作高效推进。坚持做好纪检信息报送，在清廉珠山微信、珠山廉政网站等媒体上稿12篇，报送网评12篇。

严格按照第七次全国人口普查标准按质按量开展工作，按时间节点圆满完成人口普查各项工作。2020年招商引资5亿元，招商签约项目8户，全年完成固定投资6.83亿元，占全年任务数103.5%。总部经济共引进4家企业，完成“四上”企业入统5户，服务业2户，上报年度新增2户。在瓷博会期间对接联系参展客商并介绍相关政策。11月，赴上海参加第三届中国国际进口博览会并与上海优税猫科技有限责任公司毛柳盛总经理和上海仕思商务服务有限公司茹晓帆总经理就招商引资项目进行洽谈对接。

辖区享受城市居民最低生活保障人员新批19户22人，核增6人，取消52户77人，核减26人，总计享受低保和特困人员总户数619户911人，年发放城市最低生活保障金额总计5029560元；临时救助贫困低收入家庭106人，发放救助金额74113元，大病救助106人，救助金额总计134642元；劳动保障窗口办理失业登记证217本，“4050”零活就业196人，城镇居民养老保险30人，登记在册18人。处理公安派出所数据135条，死亡注销信息23条、民政新婚数据12354条、录入新婚54条。处理医院分娩数据35482条，防疫站名单4896条，全员人口系统信息539条（信息通报71条，出生医学证明信息397条），发送工作协查200余条。2020计生年度出生93人，出生率4.77‰，自然增长率3.52‰，政策内出生90人，男孩47人，女孩46人，性别比为102。计划生育窗口办理生育服务登记74份，新增城镇独生子女父母奖励人数151人。

强化“双创双修”整治力度，巩固前期成效。街道社区共对接5家社会组织，聘请50名文明监督员，发动600余名志愿者组成5支志愿服务队伍，加大对不文明行为的监管力度，全面开展环境卫生大整治，并在重要迎检时期聘请外包公司及时补位，为建设文明城市奠定了坚实基础。坚持推进病媒生物防治工作，严厉打击“两违”，对辖区新增“五小”行业经营业主进行巡查整治，确保专项整治行之有效。2020年，街道共统筹资金改造13个老旧小区、17条背街小巷，明显改善了居民的宜居环境。在持续发力下，街道荣获景德镇市成功创建全国文明城市集体三等功。

全年排查各类矛盾纠纷348起，调解成功347起，纠纷受理率达到100%，调处成功率达到97%，无长期挂账的突出矛盾纠纷。按上级要求大力宣传和利用平安江西App，发动群众参与平安志愿者App下载2000余人，网格员及平安志愿者上报各类事件信息1800余件，办结率80%，通过“平安江西”App深入组织开展80余次义务巡逻。街居共开展百姓说事19期，说事430件，参与群众2700余人，受理回复江西信访9件，回复为民服务热线46件。在特殊时期，针对特殊人员做好维稳工作。

积极配合区武装部开展民兵整组工作，配合省军区调研点验民兵。为武装部补充器材，打造两室一库。并完善2020年“尊崇工作法”档案及存档建设。景德镇军分区司令孙安敏、政委卓健分别到街道就武装工作进行调研。

【开展市域社会治理现代化工作】 2020年，周路口街道被区政法委推荐为市级市域社会治理现代化试点街道后，坚持创新“枫桥经验”，依托“百姓说事”平台，开展相关工作。街道认真贯彻落实市、区工作部署，及时召开专题会议研究讨论试点工作，多次组织传达学习上级会议和相关文件精神，制定工作实施意见,成立以街道党工委主要领导任组长的平安建设领导小组,落实社会综合治理领导责任制,统筹好平安联创良好局面,并结合辖区实际,在街道、社区周边及主次干道制作户外 PVC 大型广告 4 处、LED 电子显示屏游走字幕 20 余处、悬挂横幅 8 条、各类喷绘 15 处;充分发动网格员、群防群治队伍等入户强化宣传,广泛组织群众参与社会治理,为推动市域社会治理现代化建设工作迈出了坚实的一步。

【区委书记林卫春指导疫情防控和社区建设】 2 月 25 日,区委书记林卫春,区委常委、组织部部长谢秋华到周路口街道广场社区,深入查看了解疫情防控和复工复产情况,看望社区一线工作人员,指导疫情防控和社区建设等工作。

【市委常委、组织部部长刘瑞英对"双创"进行督导】 7 月 31 日上午,市委常委、组织部部长刘瑞英一行,在区委书记林卫春的陪同下,到周路口街道实地调研督导双创工作,先后到十一中、苦珠山等地,针对现场问题加强协调,要求按照"双创"工作标准落实到位。

太白园街道办事处

【概况】 太白园街道,位于珠山区南部,东临广场南路,南临景德东大道,西对昌江河畔,北邻周路口和昌江街道,面积 4.19 平方千米。辖区常住人口 37234 人,办事处机关驻地中华南路 303 号,下辖浙江路、小路园、戴家弄、曙光村、西瓜洲社区居委会;辖区有弄巷 76 条,有曙光路、中山南路、沿江东路、中华南路、浙江路、广场南路、玲珑路、江翰路和太白园路等 9 条主要道路。

全年财政总收入 978.19 万元,财政总支出 1063.88 万元;招商引资 4.1 亿元;辖区内城镇新增就业 483 人,下岗失业人员再就业 116 人;辖区享受城市居民最低生活保障 1736 户 2534 人,年发放城市居民最低生活保障金总计 1421.9 万元。2020 年,辖区城镇居民参加医疗保险 575 户、1105 人;辖区育龄妇女 6021 人,出生 190 人,出生率 5.5‰,计划生育率 96.84%,流动人口办证率为 100%,优质服务随访率 100%,知情率 99%。

2020 年,太白园街道坚持党建统揽全局,主动适应经济发展新常态,辖区面貌不断改善,疫情防控得力,社区硬件和文化软实力不断提升,社会、经济发展取得可喜的进步。

严格疫情防控。严格按照上级防控部署,做到行动迅速,街居全体党员干部职工开展疫情防控工作。第一时间成立太白园街道新型冠状病毒感染的肺炎疫情防控应急领导小组和指挥部;严格落实班子成员挂点社区责任制、街居干部网格责任制,确保人人身上有责任。严密防控疫情,落实工作举措,党员干部冲在防疫前线,起到先锋模范作用。加强正面宣传,强化舆论引导,在辖区内形成良好的防控氛围。多措并举有力推动辖区企业复工复产,积极帮助企业购买复工复产物资,提供防疫知识培训等。

深入"双创双修"。严格对照标准要求,全力推动"双创"工作的深入开展,不断改善辖区环境面貌。环境整治持续开展,坚持每月对沿河河岸垃圾进行巡查不少于 4 次。清理垃圾约 882 吨;清理牛皮癣约 3 万余条;加强对校园和农贸市场等周边市场秩序整治,规范各类出店经营、占道经营、流动摊点等 7515 余起;小区优化成效明显,修补墙面破洞 402 平方米;新增消防设施、接线盒 2000 多个;整治空中乱象 96 余米;省生态环境保护督查"回头看"的 12 个问题进行销号处理。打击"两违"毫不松懈,坚持城管队员日巡查制度,全年拆除"两违"21 处,面积约 670 平方米。

常抓意识形态。积极推进阵地建设,坚持不断在群众中推广学习强国的应用和珠山融媒体的下载;充分利用新时代文明实践站(所)、小巷讲堂、道德讲堂等平台开展群众宣传教育,厚植社会主义核心价值观;坚持党组织引领对信教群众的引领,引导群众合法信教,继续严格监管合法的宗教点,加强对私设宗教点的巡查力度。积极开展警示教育活动,严格落实"四公开";监督执纪问责常态化、长效化。严格落实民主生活会和组织生活会制度,严格遵守"三重一大"议决程序;不断突出政治功能,在推进扫黑除恶专项斗争和宗教管理工作中取得明显成效;坚持运用"四种形态"抓监督,做到谈心谈话、督查问责常态化,全年集体谈话 1 次、个人谈话 3 人次;党纪处分 1 名社区干部和 1 名社区党员;立案 9 起,对网格环境卫生排名倒数第一的网格员约谈 9 次。

夯实基层党建。坚持学习和党日活动制度，中心组学习12次，各支部学习86次、主题党日活动112次。坚持党员联系群众制度，认真组织在职党员到社区报到，落实了“五个一”。努力推进城市基层党建，持续推动浙江路商圈综合党委发展，全年开展学习培训4次，主题党日活动12次；探索非公经济党建模式，大力推动辖区大江置业集团支部建设的提升，助力企业的良性发展。

加强平安建设。认真贯彻落实上级部署要求，扎实开展矛盾调解、治安防范、平安创建等工作，确保了辖区平安和谐。充分利用“百姓说事”平台，带头落实街道班子成员轮流接访制度，着力解决实际问题，化解矛盾纠纷。2020年共接到“百姓说事”1055件，解决问题1055件。排查调处矛盾纠纷545起，成功率100%。

推进专项斗争。按照中央扫黑除恶专项斗争为期三年的部署，坚持以对党和人民高度负责的态度，全面推进太白园街道扫黑除恶专项斗争工作向纵深发展。及时传达学习、加强调度，采取中心组学习、党工委会和推进会的形式，及时传达、深入学习习近平总书记关于扫黑除恶专项斗争的重要指示精神和有关文件会议精神，制定了扫黑除恶专项斗争工作方案，定时调度、大力推进扫黑除恶工作；加强宣传引导、营造氛围，全年辖区共张贴扫黑除恶专项斗争宣传册300余本、传单1100余份、宣传带500个，出宣传栏10期，利用社区和沿街店面LED电子显示屏不间断的游走播放相关宣传标语，开展相关法律知识咨询，引导群众提高思想觉悟、增强与黑恶势力斗争的信心和勇气；深入排查线索、确保实效。作为全市推进社会治理和网格化管理试点单位，街道认真贯彻落实十九届四中全会推进国家治理体系和治理能力现代化的相关指示精神，扎实开展试点工作。着力打造太白园街道综治中心，加了基础建设、队伍建设，制定和实施网格考评细则，严格规范日常管理。试点工作开展以来，综治网格运行通畅，信息反馈迅速、事件处理高效，办结率高达98%，社会治理逐步规范，试点工作取得明显成效。

【民生保障落在实处】 办理低保29户32人，取消254户361人；住院救助179人次，共计380340元，门诊110人次，1036708元，新增就业人数483人；发放社会保障卡225张；组织120名“4050”就业困难人员参加培训。多形式多途径开展二孩生育政策宣传，让新政策走进千家万户。发放2020年独生子女父母奖励金2616人、312.75万元；发放特扶金102人、64.51万元；出具婚育证明67份；发放一孩、二孩生育服务卡114本；生育证9本；上报特扶住院护理保险单40人、562天、112400元。开展第七次全国人口普查工作，录入24120户、52615人，录入率99.75%。

【经济发展平稳有序】 大力发展现代物流业，围绕固定资产投资项目、招商引资、陶瓷总部经济、房产税征收、“四上”企业入统筹多项工作抓任务落实，带着项目参加景德镇市、珠山区赴外招商，组织本级赴外招商；采取法律、行政、人文关怀相结合的方法，强化税收到位入库，确保全年税收计划成功入库。全年征收房产税89万元，组织外出招商3次，签订招商项目4个，完成招商引资4.1亿元，已进资3.8亿元，完成固定资产投资项目11.22亿元，已入库9.7亿元。

【领导走访调研】 1月22日，区人大常委会主任谢日元走访慰问下岗失业、患肠癌的困难党员陆国华，为他们送去慰问品、慰问金和祝福。1月23日，市委常委、宣传部部长刘朝阳到白鹭小区走访慰问困难职工，同时叮嘱同行人员，要时刻关心下岗职工的实际困难，沟通协调有关部门单位帮助解决问题。6月14日，区委副书记、区长罗文军到浙江路社区开展“双创”巡查调研会，听取近期开展创建工作的情况汇报，就下一步工作提出要求：针对“五小行业”占道经营、车辆乱停乱放等突出问题，要严格对照“双创”标准，加大监督检查频次，落实常态化治理，确保打赢“双创”攻坚战。7月26日，市委常委、常务副市长黄金龙到白鹭小区调研“双创双修”工作，查看“双创双修”的宣传氛围、环境整治、绿化改造等项目。8月11日，市委常委、宣传部部长刘朝阳到白鹭小区调研地下停车场问题。8月28日，市委常委、组织部部长刘瑞英深入太白园街道，就珠山区的“双创工作”进行督导推进。9月5日，市委书记钟志生率市四套班子领导到戴家弄农贸市场督导“双创”工作，对街道、社区工作给予充分肯定，并要求继续保持常态化治理，要求大家克服困难，以饱满的工作热情全力以赴迎接好国检。

里村街道办事处

【概况】 里村街道以辖地“里村”命名。辖区东至陶玉路与新厂街道办事处相邻,西至赣铁路马鞍山一线与周路口街道办事处相接,南临南河,北达东三路成镇相连。面积7.02平方千米。2020年,珠山区里村街道办事处下辖新峰巷、恒大、马鞍山、陶溪川、庆安、罗家坞、曙光路、前街共8个社区居委会。常住户3.72万户,人口约6.15万余人。

不断加强和改进基层党的建设,打造集党群服务中心、新时代文明实践所、城市文化会客厅、百姓说事中心、综合文化站于一体的服务平台,为群众营造“书香、品质、周到、和谐”的服务环境。“六彩联动”“580志愿服务队”等一批党建品牌项目的建立,在民生关怀、纠纷调解、扶贫济困等方面发挥重要作用。

充分发挥党员先锋模范作用,在防疫、抗洪战斗中成立“里村街道站前防疫先锋队”“抗洪抢险先锋队”,24小时不间断开展工作。在社区设立12个防守党员示范岗,组建9个党员志愿服务队积极投身相关工作。在“双创”工作中,开展“我是党员我带头”助力“双创”活动,动员组织300余名在职党员到社区报到,形成宣传报道200余篇;构建共建共治共享陶溪川·文旅党建共同体。做好基层党建“三化”建设试点马鞍山社区打造工作,对标标准化、规范化要求梳理问题7项,确定全年重点工作任务14项,解决老旧小区改造、停车难等各类问题300多个。选取马鞍山、前街、曙光路、庆安4个社区推动开展“扩权赋能”工作。建立网格党小组70个,以党建为引领推动市域社会治理,打通服务群众“最后一千米”;充分利用学习强国App、新时代文明实践中心(站)、小巷等平台开展“五级书记”上党课25场,组织党员学习习近平新时代中国特色社会主义思想,十九届四中、五中全会精神,新时代赣鄱先锋精神,以及《中华人民共和国党章》《中华人民共和国民法典》《中国共产党宣传工作条例》等70余次,形成30多篇报道,省级以上上稿15篇。做好党员日常教育管理工作。定期更新维护党员信息管理系统,截至2020年底,系统内现有党员722人;按照党员发展工作要求,2020年计划发展党员10人,实际发展9名;开展入党积极分子培训1次,培训人员10名。

全年财政总收入1562.44万元,总支出1645.5万元,完成4户“四上”企业。招商引资20.79亿元,招商签约项目3个,分别为景德镇陶邑酒店管理有限公司陶溪川酒店分公司、景德镇黄牛庄餐饮服务有限公司、翠云路季季红火锅店,共计划投资1.03亿元。在防疫的同时,加大对企业服务力度,主要针对陶溪川220家困难商户实行减免2个月房租政策。稳步推进凤凰山西侧棚户区改造。

依靠社会救助“数字民政”核对平台将各项帮扶工作落到实处。做好街道最低生活保障户全年审核清查、低保户和困难家庭救济金发放等工作,进一步完善社区低保台账。至12月底,全街道取消城镇低保126人51514元,新增城镇低保户697户967人,发放城市居民最低生活保障金5551800元;做好对低保户和困难家庭的救助工作,130户困难户实施医疗救助,发放救助金达221991元。新增辖区就业人数370人,下岗失业人员59人,参加医疗保险人数5302人,辖区内育龄妇女8627人,年出生人数447人,出生率9.5‰,计划生育率96.64%。对辖区内130名困难群众发放临时救助58160元。打造恒大社区“长者之家”居家养老项目,引入山西易照护养老服务有限公司,为辖区内的老人提供日间照料、短期住养、居家上门三种养老服务模式,计划于2021年1月开始投入使用。打造恒大社区“幸福食堂”项目,为老年人提供助餐、配餐、送餐等服务,解决辖区内高龄和失能等老年人“吃饭难”问题。为10名残疾人配发辅助器具;做好残疾人《江西省残疾人机动轮椅车燃油补贴资金表》申报发放工作,为15人发放3900元;为辖区内303名残疾人发放残疾人两项补贴24140元;完成7名残疾人《江西省贫困重度残疾人家庭无障碍改造项目》上报工作和515名残疾人动态更新系统录入工作。帮助辖区内年满80周岁以上高龄老人申请高龄补贴,每季度及时发放,并为老人建立档案。新增城乡居民养老保险38人,新生儿落地医保173人,离退休死亡28人,新增办理灵活就业补贴人员440人,发放就业创业证312人,组织辖区失业人员进行技能提升培训160人次。组织社区按要求做好第七次全国人口普查工作。

对辖区内的大小区和独栋零散小区楼道杂物进行全面清理,清理杂物2000余车,12800余吨;对各小区“牛皮癣”进行全面清刷,清理“牛皮癣”200000余条;对各小区内垃圾死角、杂草开展整治及清理,清理垃圾死角3000余处、2000余吨,清理杂草9000平方米;对辖区内黄土裸露、路面破损等情况进行全面排查、整治,修理破损路面约8800平方米,铺设草皮约3.2万平方米;对辖区内老旧小区进行改造,修理各小区破损表箱2800余处,粉刷破损墙面、脏污墙面1.39万平方米;大力打击“两违”,拆除92处、2030平方米。

全年立案4件,政务警告2人,党内警告1人,免于政务处分1人。组织街道、社区工作人员观看党风廉政宣传纪录片4次,撰写党风廉政文章12篇;对街道、社区工作人员工作纪律明察暗访10次,电话查岗30余次。对参与换届人员进行谈心谈话,及时了解掌握换届人员心理动态。排查各类矛盾纠纷886件,其中排查突出矛盾纠纷24件,化解成功率为100.0%。共接待来信来访39起55人,办结38件,办结率为97%。调处矛盾纠纷276件,当场疏导化解劝服上访群众4批。对特殊人群走访共计2000人次。发现治安隐患16起。

积极开展禁燃宣传,对梭式窑等进行多次专项安全检查,排查梭式窑14家,下达现场检查记录2份。排查门窗加工(焊接、热切割),下达现场检查记录49份。排查九小场所158家,下达现场检查记录71份,整改风险隐患5处。发放宣传单8000份、购物袋4000个、茶杯1000个、餐巾纸2000盒、扇子2000把,制作宣传横幅8条。对适龄青年进行登记,配合做好征兵报名审核、体检及政审工作,已输送6人。铁路沿线社区成立5—7人的护路联防小分队,发放宣传单8000份。巡线2100余次1万余千米,有效确保辖区治安秩序稳定。

【“春季养生宣传”知识讲座】 4月11日上午,街道党工委、老科协特邀铁路医院主任医生为街道辖区内的党员干部及群众开展“春季养生宣传”知识讲座活动,主讲师黄主任首先讲述春季容易高发的疾病及如何正确做好防范工作。针对中老年人平时的保健方法与现场的观众展开讨论。大家不仅发现自己平时保养的误区同时也学到科学的养生方法。讲座结束后,街道工作人员对在场观众发放养生知识宣传手册60余本。

【《宗教事务条例》知识讲座】 5月16日,由区委统战部主办、街道办事处协办的《宗教事务条例》知识讲座活动在里村街道新时代文明实践所内的城市文化会客厅举办,深入学习贯彻落实国务院新修订的《宗教事务条例》精神,增强广大居民和少数民族同胞法律意识和法治观念。

【有关部门领导调研】 6月9日区委书记林卫春到陶溪川农贸市场调研。7月13日,市委常委、宣传部部长刘朝阳到社区调研“双创”工作,市“双创双修”指挥部珠山区督导组组长曹会坦陪同。7月24日,市人大常委会副主任闰浩等一行到前街社区督导双创双修工作。8月7日市政协副主席孙庚玖及市自然资源和规划局局长江景芳、副区长江志瑜指导社区双创双修工作。8月8日,市委组织部部长刘瑞英到陶溪川社区调研“双创双修”工作。

【“赣鄱红色娘子军”巡讲】 7月1日,中国共产党99周年华诞之际,区妇联“赣鄱红色娘子军”巡讲团第三组来到街道新时代文明实践所开讲。参加此次活动的成员有宣讲团成员、街道女干部、社区优秀妇女代表35人。巡讲传达关于在全区开展“赣鄱巾帼心向党　感恩奋进新时代”群众性宣传教育系列活动的通知,传达成立珠山区“赣鄱红色娘子军”宣讲团工作总体要求。

【“夏季生物,防治宝典”主题知识讲座】 7月2日上午,以“夏季生物,防治宝典”为主题的夏季除“四害”知识讲座在里村街道新时代文明实践所内的城市文化会客厅开展,告知居民有效控制“四害”的密度,减少虫媒传染病的发生,提高辖区居民的预防意识及参与力度。

【“不忘初心　牢记使命”文艺演出】 9月24日,华润万家超市广场上歌声阵阵、舞姿翩翩,由区委宣传部、区文广新旅局主办,区文化馆、区关工委和里村街道承办“不忘初心　牢记使命”文艺演出在此举行,各社区居委会自编自演欢乐祥和的文艺节目,喜迎国庆佳节的来临。

【主题教育专题党课】 10月18日上午,在街道新时代文明实践所内的城市文化会客厅开展“不忘初心、牢记使命”主题教育专题党课,参会的人员有区指导组组长冯冈,街道领导班子成员,社区支部书记。10月24日,街道党工委召开“对照党章党规找差距”专题会议。街道党工委书记主持并讲话,街道领导班子、机关支部全体党员、社区书记、主任出席会议,区指导组副组长胡馨文到会指导。

新厂街道办事处

【概况】 新厂街道办事处位于珠山大道888号景城名郡,有新厂街道辖地瓷都"东大门"之称,东起黄泥头,西至为宇路,南邻三宝,北达景东大道,辖区面积13平方千米,现有常住人口8万余人。街道党工委设有社区党组织13个,机关党支部1个,退休党支部1个,非公有制经济党支部1个,有直管党员1453名。街道辖区驻有昌河、602所等部属企业,部、省、市科研院所、陶瓷大学、市委党校、工艺美院、卫校、三院等单位,是景德镇市重要的经济、文化、科教活动窗口,辖昌江广场、林荫路、一中路、景华、老厂、新厂、南河、瓷苑、曹家岭、黄泥头、602所11个社区居委会。流动人口近2904人。

街道办事处税收总额310.6万元,其中房产税25.38万元。招商引资7.4亿元,固定投资7.5亿元。财政总收入3729.68万元,财政总支出3704.6万元。

加强队伍建设。新厂街道纪工委对街居全范围开展作风纪律督查30次,日常谈心谈话6人次,立案调查5起。

辖区新增就业目标任务850人,全年完成880人,超额完成任务;享受低保户数1123户,人数1412人,发放低保金17643人次787.6721万元。新增居民医疗保险1910人,医疗救助171人次,救助金额33.027万元。辖区育龄妇女16396人,出生431人,出生率6.3‰,办理一胎生育服务卡390本,二胎生育服务卡411本,再生育服务卡6本,独生子女证3本,免费为辖区符合生育条件的夫妻做优生检测128对。为辖区5538人独生子女父母申报独生女子父母奖励,发放金额663.48万元。

新增就业人数616人,下岗失业人数266人,享受"4050"人数612人。

2020年,在区委、区政府的关心指导下,按照三化工作要求,全力打造0.0018平方千米街道党群服务中心,进一步创新探索"两办两中心一平台"建设,打造集"E办公、慧生活、云分析、轻能源"为一体的社会管理服务智慧云平台。打造珠山区社会组织发展服务中心,推动孵化社会组织及机构共同参与社会治理,爱心帮帮团、妈妈防火团等一批社会组织已入驻;2019年至2020年完成21个小区1727户老旧小区的改造项目,改造面积达17.89万平方千米。打造完成景华社区、新厂社区、六〇二所社区三个党群服务中心,新增社区办公用房0.0026平方千米。

招商引资任务5亿元,实际以7.4亿元超额完成任务,签约12家总部经济,上报5个固定资产投资工作项目,在谈项目2个。景德镇君奥企业管理咨询中心已落户,还签订4家物流公司签约。引进10亿元以上项目"九集小镇艺术集市""长虹缤纷时代广场"。通过拓宽招商引资渠道,与景德镇众盛经济信息咨询中心、景德镇总经企业服务中心签订委托合作协议,依托对方专业团队的策划运营优势,引进景德镇润芯科技有限公司、景德镇卓菲商贸有限公司等7家公司。

大力推进"双创双修"工作。建设核心价值观公益广告1200余个,讲文明树新风公益广告450余个,家风家训方面公益广告500余个,未成年人公益广告630余个,市民公约公益广告600余个,学雷锋好人榜60余个,宣传栏990余个。好人上榜数量145榜,报好人线索440余人,上榜人数300余人,"学雷锋"志愿服务活动记录单总计3000多次;强力整治突破难点,新厂中队共出动执法人员2010人,整治流动摊点8300起,清理占道经营8600起,规范晾衣晒被960处,规范非机动车辆乱摆433辆,拆除违章建筑86起,拆除违规灯箱、广告牌68个,暂扣音响21台,清理乱贴乱挂122起;清理整治辖区内垃圾死角2500余处,清理垃圾小广告1000余处共计37万余条,清理小区菜地50余处。持续打击"两违"工作,实行24小时巡查,严格控制新增"两违",全年拆除"两违"268处;发动社区对辖区内重症精神病患者和各类矛盾纠纷进行摸排,排查出重症精神病患者8人,摸排各类矛盾纠纷998件。

突如其来的新冠肺炎疫情席卷全国,为有效防范病毒,街道高度重视,迅速打响疫情防控阻击战,制定应对措施,组织各方力量开展疫情防控。坚持精细谋划、精准排查,确保疫情排查到位、辖区和谐稳定,全力保障广大人民群众的身体健康和生命安全。街道、各社区利用工作群、网格群和微信朋友圈积极转发防控知识、上户给居民发放《致返景人员一封信》《倡议书》等各项公告上万份,大力做好疫情防控工作宣传,引导居民科学认识疫情,消除恐慌心理，提高自我保护意识。街道严格排查标准，统筹推进排查工作，迅速把街道133个小区划分为76个片区，实行24小时值班制度，每个小区设置体温监测点，街道、社区全体干部取消春节假期，分派到各点位上进行值班值守。严格执行日报告制度，及时掌握往来武汉等地区和发热等疑人群情况，加强疫情防控，把各项防控措施落实到每一个环节、每一个人员，力争无一漏报、无一瞒报。为切实做好疫情防控后勤保障工作，街道积极筹备防控工作所需物资，为在防疫一线的社区工作者发放防疫物资，保障一线干部的身体健康及生命安全。同时安排工作人员对公共场所和小区进行安全消杀，做好废弃口罩的集中收集与处理工作，有效防止及预防病毒的产生与传播。

【新厂街道办事处整体搬迁】 4月3日，新厂街道办事处由新厂西路190号，搬迁至珠山大道888号景城名郡G2栋。

【打造社会管理服务智慧云平台】 4月，打造集“E办公、慧生活、云分析、轻能源”为一体的社会管理服务智慧云平台，将事件实时处置、互联网+“百姓说事”、数据分析及可视化能源等模块进行整合，实现由“管理”转向“服务”，由“单兵”转向“协同”，使之成为社情民意的汇聚响应中枢、服务保障民生的重要平台，推进基层社会治理信息化、智能化，促进基层平安建设工作效率的不断提升。这项功能的运用为街道开展各项工作，特别是“双创双修”工作提供帮助，确保每件事情有人管、有人处理，做到事事有着落，有力提升了工作效率。

【嵌入式小型养老机构——景城名郡“长者之家”】 正式启动运营全区第一家社区嵌入式小型养老机构——景城名郡“长者之家”，建筑面积1100平方米。景城名郡“长者之家”能同时容纳37名老人入住，推动(居家上门)服务，辐射面积达2平方千米。

昌河街道办事处

【概况】 昌河街道辖区东与新厂街道景华项目部相邻，南与新厂街道曹家岭社区相交，西与新厂街道昌江广场社区毗连，北至高铁商务局站前三路，面积约8.73平方千米。街道办事处驻地位于昌河一区华飞三楼。2020年，昌河街道下辖昌盛、梦园、画眉楼、景东安厦4个社区居委会，常住人口3.7万余人，基层党组织39个(含党委3个，非公经济党支部1个)。辖区内建有综合性公园1处、广播电视站1处、医疗卫生机构2个、文化广场1处、文化活动中心1处、游泳馆1处。辖区单位驻有中航工业昌河飞机工业集团公司、北汽集团江西昌河汽车有限责任公司、中航工业景德镇昌飞实业有限公司等大中型国有企业，以及景市公安局南河分局、昌河汽车劳服公司、昌河中学、昌河小学、昌河幼教中心、各类金融机构等单位。

【大力推进基层党建“三化”建设】 2020年，按照省、市、区委组织部基层党建“三化”建设试点工作要求，推行“三基三化三起来”工作模式，坚持问题导向和目标导向相统一，通过立标准、定规范、建机制、搭平台，使基层组织都能达到基本的标准、实现规范的运行。通过上级验收，昌河街道梦园社区成为市级“三化”示范点，昌盛社区成为区级“三化”示范点，充分发挥示范点的辐射带动作用，全面推进街道党建“三化”建设。

【众志成城，打好防疫阻击战】 充分发挥40个网格在疫情防控中的最大作用，使防疫网格员成为防控一线的信息员、联络员、宣传员，多维度进行服务管控。依托社区建立的三级网络组织架构，每日采取上门、电话、微信、宣传告示等多种方式展开人员摸排，累计摸排外乡返景人员6074人，满14天解除观察1801人、免费核酸检测165人、境外入景人员44人，湖北牌照车辆20辆；在网格内，网格员手持喇叭走街串巷播放区防控工作通告，逐门逐户发放新型冠状病毒感染防护宣传手册，通过悬挂“土味”横幅、LED电子显示屏游走字幕、移动音箱等方式开展防疫宣传工作；在线上，利用微信网格群、微信公众号、抖音、今日头条等新媒体阵地，及时将疫情资讯、防控措施、防疫知识、先进人物、感人事迹等传递给辖区居民群众，打开全民防疫新局面；网格员在每天上门入户排查的同时为居家隔离家庭代买生活必需品，并帮助收集生活垃圾，为辖区20余名独居老人提供心理疏导、健康监测、消毒消杀等贴心服务，为他们解决实际困难、消除焦虑情绪。与辖区单位召开防控工作联席会议，探讨具体管控、防护、信息共享以及开辟绿色通道等相关工作,发挥各自职能,开展联防联控,形成工作合力。昌飞昌汽公司第一时间关闭宾馆、公园及文体活动中心,并肩负起部分路口卡点的体温监测工作;昌河中、小学迅速动员师生和家长共同参与到疫情防控中来;辖区物业公司做好辖区楼栋及重点位置的消杀工作;辖区派出所关停棋牌室36家,疏散聚集打牌人员113次;农贸市场和超市在各自出入口及促销区放置小喇叭,结账处设置1.5米间距提示线,并增派人员进行现场管理,及时对居民进行劝导提醒。召集辖区单位、物业、公安和城管的相关负责人,共同商讨封闭小区后的每一项工作安排细则。由各社区党委(支部)、辖区单位、物业安排人员24小时轮流执勤,对进出人员测量体温,派出所派出警力和警车配合所在小区范围内实行临时管控措施,为执勤点提供执法力量。爱心企业、"两代表一委员"、党员干部和个别群众纷纷慷慨解囊、捐款捐物,主动承担社会责任,献出自己一片爱心,助力疫情防护。共收到3万元的爱心捐款以及消毒液、酒精、口罩、食品等爱心物品。

【全力以赴迎"双创国检"】 开展宣传氛围评比活动,利用宣传栏、发放宣传单、张贴宣传海报、LED电子显示屏等方式多举措宣传"双创"内容,树立宣传栏8个,制作美观温馨公益类广告3000余处,绘制双创主题文化墙500余平方米,辖区内LED电子显示屏展示"双创双修"内容达100%;全年开展小巷讲堂宣讲38次,"双创"文艺演出13次,发放市民手册2.5万余册,提升辖区居民"三率一度";全方位、多层次宣传"双创双修",其中在市级媒体发表105余篇,营造良好的宣传氛围。组织各社区积极开展"我们的节日"、"学雷锋"、道德讲堂、"身边好人"、"一盔一带"、"文明养犬"、"双创"上户宣传、"热血激情·感恩社会"无偿献血活动、"烟头革命"等系列活动1100余次,并设立"烟头革命"兑换台4个,共计3万余个烟头兑换礼品290份,丰富辖区居民的精神生活。扎实推进十大专项整治行动,对昌河农贸市场及其周边进行整治,给辖区棚户区以及城乡接合部"洗脸",打击"两违"乱象。2020年全年投入"双创"资金320余万元,聘请文明监督员40人,进行的老旧小区改造项目1个,惠及居民2000户,硬化路面3530平方米,铺设草坪7330平方米,对190个单元楼道进行整体刮白,复明楼道灯1332盏、路灯113盏,增添健身器材3套、乒乓球台4张、灭火器765个,画机动车停车位1255个、非机动车停车线2790米,开展出店经营、占道经营、非机动车辆乱摆乱放专项整治活动33次,规范晾衣晒被点321处,拆除破损店招98处,拆除"两违"19起,面积555平方米,极大改善了辖区人居环境。

【多措并举,促进经济发展持续发力】 财政总收入3015万元,同比增长42.9%,财政总支3022万元,同比增长-1.9%,积极搭建平台、提供服务,引导创业、壮大企业、发展产业,做到广开门路,拓宽市场,共洽谈客商7家,达成项目资金4.46亿余元,同比增长率78.4%。完成固定资产投资8.5亿元,同比增长率41.2%,对辖区内新增四上企业及时上报录入统计数据库。成立街道人口普查领导小组,对辖区内人口分布进行划分,组成多个普查小组,划分普查小区179个,对"两员"(普查员和普查指导员)进行培训和系统录入,发放宣传资料千余份。

【社会保障水平提高显著】 享受低保政策的共计67户81人,特困人员3户3人,发放总金额为425316.4元;办理临时救助1人,发放救助金500元,其中新增城市最低生活保障6户7人,退出低保5户6人;高龄补贴864人,共计发放140350元;发放残疾人两项补贴70人,共计49780元;申请残疾人辅具器人员共计15人;开展扶贫帮困送温暖活动,春节期间配合市、区领导走访慰问困难户13户、各类优抚对象31人,发放慰问金24900元。辖区新增就业300人,下岗失业人员36人,就业失业登记证办理268本,办理灵活就业"4050"人员社保补贴32人,医疗保险新增参保355人。辖区育龄妇女3854人,出生164人,出生率7.23‰,符合政策生育率98%。

【积极化解辖区内矛盾纠纷】 大力开展"百姓说事"活动,接到"百姓说事"诉求176件,解决176件。处理网上平台信访件19件和为民服务热线145件。

【信息化引领社会治理新格局】 通过打造"综治中心+网格化+信息化"综治新模式,各社区网格员新增采集人口和房屋信息7150条,修正信息8810条。上报各类事件2980件,已处置2970件,办结率

99.7%。矛盾纠纷98%均化解在网格内,安全隐患得到有效整治,不稳定因素及时发现和预警。

【夯实基础设施建设】 为更好地服务居民,2020年,按照基层党建"三化"建设要求,为昌盛社区党群服务中心更换地板、窗帘、桌椅板凳等阵地硬件设施,推进社区居家养老服务中心建设;在梦园社区党群服务中心打造城市会客厅,面积约60平方米,风格轻简、舒适,采购1200余册书籍,涉及政治、法律、文化、艺术、历史、哲学等门类,为居民提供一个休闲、娱乐、放松的平台。

【加强社区队伍建设】 4月,面向社会公开招聘社区工作者,通过公开招聘的方式,笔试、面试、公示等环节层层把关,最终确定16名社区工作者进入补聘岗位,为社区补充新鲜血液。

【昌盛社区物业移交】 5月21日,区长罗文军、区国资委、昌飞公司和昌河街道领导召开物业移交协调会。会上,就新旧物业交接问题进行协商,并对小区的卫生、环境及基础设施建设提出具体要求。8月1日,城发物业正式入驻昌河街道。

【景东安厦社区智慧小区全面运营】 景东安厦社区联合辖区单位不断完善智慧楼宇信息化建设。另外,还在小区内设置报警柱4个,电子显示屏49块,开展扫黑除恶、安全生产、法律法规等宣传,让小区居民及时了解政府发布的信息和政策、法律法规。

【景东安厦社区开展环境大整治】 7—9月,景东安厦社区联合辖区单位更换安厦街破损花坛大理石142处,对小区22栋楼道墙面和街外墙、小区楼栋外墙进行清刷,清刷墙面1.4万平方米;对小区明沟盖板700余米。维修更换楼道感应灯、应急照明灯、安全指示牌1万余盏;楼道内外露接线盒进行加盖1100余处;更换消防栓破损玻璃510余处;更换灭火器390余个。

【老旧小区改造】 7月,昌盛社区第一批老旧小区改造开始,对辖区内近2000户老旧居民楼的外貌、房屋功能、基础设施进行改造。8月,为解决昌河街道梦园社区北景苑小区居民反映辖区道路不亮容易导致老人小孩摔倒的问题,梦园社区自购安装20盏太阳能LED灯,大大提升小区内的照明水平。10月,梦园小区一期、二期所有道路柏油马路铺设完成,至此梦园小区老旧小区改造基本完工。

人物

表 1

2020 年获市级以上荣誉的先进人物表

姓名	性别	工作单位	奖励情况	
			授予先进名称	表彰部门
林卫春	男	珠山区委	全省扫黑除恶专项斗争嘉奖突出表现县处级干部	江西省扫黑除恶专项斗争领导小组 江西省委组织部
余文军	男	珠山区政府	景德镇市成功创建第六届全国文明城市个人三等功	中共景德镇市委 景德镇市人民政府
李田有	男	珠山区委组织部	景德镇市功创建第六届全国文明城市先进个人	中共景德镇市委 景德镇市人民政府
			2020 年度“新时达瓷都先锋——党务工作好能手”	景德镇市委组织部
洪丹平	女	珠山区委宣传部	景德镇市成功创建第六届全国文明城市个人三等功	中共景德镇市委 景德镇市人民政府
朱昌玲	女	珠山区委宣传部	景德镇市成功创建第六届全国文明城市先进个人	中共景德镇市委 景德镇市人民政府
徐丽君	女	珠山区委宣传部	景德镇市第四次全国经济普查先进个人	景德镇市经济普查领导小组
江新红	男	珠山区委宣传部	景德镇市优秀网评员	景德镇市委网信办
于　宇	女	珠山区委宣传部	景德镇市三八红旗手	景德镇市妇女联合会
程传冬	男	珠山区委政法委	景德镇市成功创建第六届全国文明城市个人二等功	中共景德镇市委 景德镇市人民政府
姚石玉	男	珠山区委信访局	2020 年 11 月“平安之星”	中央政法委长安网
程赣生	男	珠山区委老干部局	全省离退休干部先进个人	江西省委老干部局
王　鹏	男	珠山区人大常委会办公室	景德镇市成功创建第六届全国文明城市先进个人	中共景德镇市委 景德镇市人民政府

续表1

姓名	性别	工作单位	奖励情况	
			授予先进名称	表彰部门
查璐玮	女	珠山区纪委区监委	景德镇市成功创建第六届全国文明城市先进个人	中共景德镇市委 景德镇市人民政府
余　升	男	团区委	景德镇市成功创建第六届全国文明城市先进个人	中共景德镇市委 景德镇市人民政府
胡建群	女	团区委	2019年度“全市优秀共青团干部”	共青团景德镇市委
罗序光	男	珠山区残疾人联合会	景德镇市成功创建第六届全国文明城市个人二等功	中共景德镇市委 景德镇人民市政府
孙根太	男	珠山区老体协	全国老年体育工作特殊贡献奖	国家老体协
张玉春	女	珠山区诗词学会	江西省优秀抗疫艺术作品	江西省文联
程世平	男	珠山区诗词学会	谷雨诗会一等奖	景德镇市文联
王　娟	女	珠山区政协	景德镇市成功创建第六届全国文明城市先进个人	中共景德镇市委 景德镇市人民政府
李津津	男	珠山区人武部	军事训练先进个人	江西省军区
宁传开	男	珠山区消防救援大队浙江路消防救援站	防汛救灾工作个人三等功	景德镇市消防救援支队
韦朗辉	男	珠山区消防救援大队腊丽山消防救援站	防汛救灾工作个人三等功	景德镇市消防救援支队
于　兴 张与石 朱　威 何海涛 林子强 冯　权 曾凡壹 周成康 彭长瑾 陈西岩	男	珠山区消防救援大队浙江路消防救援站	防汛救灾工作嘉奖	景德镇市消防救援支队

续表 1

姓名	性别	工作单位	奖励情况	
			授予先进名称	表彰部门
黎光跃 李锦洪 张朋翼 韩金城	男	珠山区消防救援大队腊丽山消防救援站	防汛救灾工作嘉奖	景德镇市消防救援支队
敖军荣	男	珠山公安分局	个人二等功	江西省公安厅
舒津剑	男	珠山公安分局	援鄂民警	湖北省委省政府
袁鸽平	男	珠山公安分局	景德镇市成功创建第六届全国文明城市先进个人	中共景德镇市委 景德镇市人民政府
洪莉倩	女	珠山区法院	全国法院先进个人	最高人民法院
张春红 李南新 龙　飞	女	珠山区法院	全国法院“百场优秀庭审”	最高人民法院
吴　琴	女	珠山区法院	全省优秀法官	江西省高级人民法院
段久久	男	珠山区法院	“基本解决执行难”工作个人三等功	江西省高级人民法院
李南新	男	珠山区法院	全省法院群众工作能手	江西省高级人民法院
王　蒙	女	珠山区法院	全省宣传工作成绩突出个人	江西省高级人民法院
黄陈婧	女	珠山区人民检察院	“法治进校园”全国巡讲活动表现突出个人	最高人民检察院
李剑云	女	珠山区人民检察院	全省公诉标兵及优秀论辩奖	江西省人民检察院
吴喜华	女	珠山区人民检察院	2019 年度“全市优秀共青团干部”	共青团景德镇市委
汪　霖	男	珠山区发改委	2019 年度“五型”政府建设先进个人	江西省人民政府
周　娜	女	珠山区工信局	景德镇市成功创建第六届文明城市先进个人	中共景德镇市委 景德镇市人民政府
敖景辉	男	珠山区城市管理局	全省城管执法系统抗击新冠肺炎疫情先进个人	江西省城市建设管理协会 城管行政执法行业分会
			景德镇市成功创建第六届 全国文明城市个人二等功	中共景德镇市委 景德镇市人民政府

续表1

姓名	性别	工作单位	奖励情况	
			授予先进名称	表彰部门
胡晓俊	男	珠山区城市管理局	景德镇市成功创建第六届全国文明城市个人二等功	中共景德镇市委 景德镇市人民政府
石 勇	男	珠山区城市管理局	景德镇市成功创建第六届全国文明城市个人三等功	中共景德镇市委 景德镇市人民政府
江 凡	男	珠山区城市管理局	景德镇市创建第六届全国文明城市个人嘉奖	中共景德镇市委 景德镇人民市政府
杨文鹏	男	珠山区城市管理局	景德镇市创建第六届全国文明城市个人嘉奖	中共景德镇市委 景德镇人民市政府
李思洲	男	珠山区城市管理局	景德镇市创建第六届全国文明城市个人嘉奖	中共景德镇市委 景德镇人民市政府
涂海军	男	珠山区城市管理局	“厕所革命”先进个人	江西省厕所革命领导小组
赵 军	男	珠山区住建局	景德镇市成功创建第六届全国文明城市个人三等功	中共景德镇市委 景德镇市人民政府
程天雄	男	珠山区发改委	景德镇市成功创建第六届全国文明城市先进个人	中共景德镇市委 景德镇市人民政府
金光华	男	珠山区应急管理局	2019年度“新时代瓷都先锋——群众身边好党员”	景德镇市委组织部
李俊炜	男	珠山区商务局	景德镇市成功创建第六届全国文明城市先进个人	中共景德镇市委 景德镇市人民政府
胡霞辉	女	珠山区国资公司	2020年度景德镇“最美退役军人”	景德镇市委宣传部 景德镇市退役军人事务管理局
孙祖强	男	珠山区国资公司	“2020年度全国人力资源服务大赛江西省选拔赛景德镇市预赛”人力资源服务机构组三等奖	景德镇市人力资源和社会保障局
江新建	男	珠山区国资公司	第三届江西省周活动“优秀厨师”	景德镇市机关事务管理局
欧阳进一	女	珠山区财政局	景德镇市成功创建第六届全国文明城市先进个人	中共景德镇市委 景德镇市人民政府
胡 捷	男	国家税务总局景德镇市珠山区税务局	2019年度“全市优秀共青团员”	共青团景德镇市委

续表1

姓名	性别	工作单位	奖励情况	
			授予先进名称	表彰部门
余淑珍	女	珠山区公共就业人才服务局	2020年度江西省就业创业业务技能比武省级决赛三等奖	江西省人力资源和社会保障厅
李洪涛	男	珠山区教体局	景德镇市成功创建第六届全国文明城市先进个人	中共景德镇市委 景德镇市人民政府
盛新云	女	珠山区教体局	景德镇市五一巾帼标兵	景德镇市总工会
聂　璠	女	第二小学	全市巾帼建功标兵	景德镇市妇联
潘冬梅	女	第六小学	2020年景德镇市疫情防控社区巾帼奋斗者杰出奖	景德镇市妇联 江西日报社中国江西网
韩林娇	女	第九小学	第五届全国未成年人思想道德建设先进工作者	中央精神文明建设指导委员会
韩林娇	女	第九小学	2019年度“新时代瓷都先锋——群众身边好党员”	景德镇市委组织部
刘思思	女	梨树园小学	全市巾帼建功标兵	景德镇市妇联
童　莹	女	陶阳学校	全市三八红旗手	景德镇市妇联
曾　媛	女	陶阳学校	全市巾帼建功标兵	景德镇市妇联
罗　霞	女	陶阳学校	全省优秀共青团干部	共青团江西省委
杨　慧	女	珠山区卫健委	全国“敬老爱老助老模范人物”荣誉称号	国家卫生健康委 全国老龄办
冯唐春	男	珠山区疾控中心	景德镇市新冠肺炎疫情防控工作先进个人	中共景德镇市委 景德镇市人民政府
杜　辉	女	珠山区文广新旅局	江西省“书香家庭”称号	江西省妇女联合会
			创建全国文明城市先进个人	中共景德镇市委 景德镇市人民政府
			景德镇市2020年上半年度做出突出贡献的个人	景德镇市人民政府
周　凌	男	珠山区文广新旅局	先进个人	景德镇市文化广播新闻出版旅游局
余洪霞	女	珠山区文广新旅局	2020年“百姓大舞台,大家一起来”大型公益性文化活动先进个人	江西省文化馆

续表 1

姓名	性别	工作单位	奖励情况	
			授予先进名称	表彰部门
张子仂	男	竟成镇	景德镇市成功创建第六届文明城市先进个人	中共景德镇市委 景德镇市人民政府
占俊军	男	竟成镇老龄办	2020 年度关心下一代工作先进工作者	景德镇市关心 下一代工作委员会
江卫宁	男	竟成镇水管站	防御 2020 年鄱阳湖流域超历史特大洪水先进个人	江西省水利厅
杨　庆	男	竟成镇小港咀村	2020 年江西省劳动模范	中共江西省委 江西省人民政府
李铭喜	男	竟成镇方家山村	全市退役军人事务工作“先进个人”	中共景德镇市委退役军人事务工作领导小组办公室 景德镇市退役军人事务局
			景德镇市成功创建第六届文明城市个人二等功	中共景德镇市委 景德镇市人民政府
华　龙	男	竟成镇前街村	2020 年度景德镇市优秀网格员	景德镇市委政法委
童长福	男	竟成镇后街村	景德镇市成功创建第六届文明城市嘉奖人员	中共景德镇市委 景德镇市人民政府
刘军华	男	竟成镇新厂村	景德镇市成功创建第六届文明城市嘉奖人员	中共景德镇市委 景德镇市人民政府
胡国强	男	竟成镇三宝村	景德镇市成功创建第六届文明城市嘉奖人员	中共景德镇市委 景德镇市人民政府
程世荣	男	竟成镇樊家井村	景德镇市成功创建第六届文明城市嘉奖人员	中共景德镇市委 景德镇市人民政府
刘　翠	女	竟成镇黄泥头村	2020 年度“新时代瓷都先锋——一心为民好支书”	景德镇市委组织部
林海媛	女	石狮埠街道办事处	景德镇市成功创建第六届全国文明城市个人三等功	中共景德镇市委 景德镇市人民政府
林海媛	女	石狮埠街道办事处	景德镇市三八红旗手	景德镇市妇联
			2020 年度“新时代瓷都先锋——党务工作好能手”	景德镇市妇联

续表1

姓名	性别	工作单位	奖励情况	
			授予先进名称	表彰部门
李　超	男	石狮埠街道办事处	景德镇市成功创建第六届全国文明城市先进个人	中共景德镇市委 景德镇市人民政府
			2020年度“新时代瓷都先锋——担当作为好干部”	景德镇市委组织部
程春香	女	石狮埠街道五龙山社区	2020年度“新时代瓷都先锋——党务工作好能手”	景德镇市委组织部
			2020年景德镇市疫情防控社区巾帼奋斗者杰出奖	景德镇市妇女联合会 江西日报社 中国江西网
			景德镇市成功创建第六届全国文明城市个人三等功	中共景德镇市委 景德镇市人民政府
谭梅香	女	石狮埠街道风景路社区	2020年景德镇市疫情防控社区巾帼奋斗者优秀奖	景德镇市妇女联合会 江西日报社中国江西网
			景德镇市成功创建第六届全国文明城市嘉奖人员	中共景德镇市委 景德镇市人民政府
陈　超	男	石狮埠街道梨树园北苑社区	2019年度全市消防工作先进个人	景德镇市消防 安全委员会
			景德镇市成功创建第六届全国文明城市嘉奖人员	中共景德镇市委 景德镇市人民政府
曹志坚	男	石狮埠街道春天社区	景德镇市成功创建第六届全国文明城市嘉奖人员	中共景德镇市委 景德镇市人民政府
黄亚平	男	石狮埠街道半边街社区	景德镇市成功创建第六届全国文明城市嘉奖人员	中共景德镇市委 景德镇市人民政府
童　露	女	石狮埠街道春天社区	2020年度景德镇市优秀网格员	景德镇市委政法委
余荣幸	男	珠山街道办事处	景德镇市成功创建第六届全国文明城市个人三等功	中共景德镇市委 景德镇市人民政府
罗慧星	女	珠山街道办事处	江西省第四次全国经济普查先进个人	江西省第四次全国经济普查领导小组
梁　艳	女	珠山街道办事处	景德镇市成功创建第六届全国文明城市嘉奖人员	中共景德镇市委 景德镇市人民政府

续表 1

姓名	性别	工作单位	奖励情况	
			授予先进名称	表彰部门
赖昌景	男	珠山街道龙珠阁社区	景德镇市成功创建第六届全国文明城市嘉奖人员	中共景德镇市委 景德镇市人民政府
			2020 年度景德镇市优秀网格员	市委政法委
孙　琳	女	珠山街道莲花塘社区	景德镇市成功创建第六届全国文明城市嘉奖人员	中共景德镇市委 景德镇市人民政府
程宜龙	男	珠山街道武装部	民兵工作先进个人	江西省军区
方　军	男	新村街道办事处	景德镇市成功创建第六届全国文明城市个人三等功	中共景德镇市委 景德镇市人民政府
余　梅	女	新村街道梨树园社区	全国抗击新冠肺炎疫情先进个人	中共中央国务院 中央军委
			2019 年度“新时代瓷都先锋——一心为民好支书”	景德镇市委组织部
			2020 年景德镇市疫情防控社区巾帼奋斗者杰出奖	景德镇市妇联 江西日报社中国江西网
			景德镇市成功创建第六届全国文明城市嘉奖人员	中共景德镇市委 景德镇市人民政府
吴　萍	女	新村街道梅家岭社区	景德镇市成功创建第六届全国文明城市嘉奖人员	中共景德镇市委 景德镇市人民政府
侯小云	女	新村街道北路社区	2020 年景德镇市疫情防控社区巾帼奋斗者杰出奖	景德镇市妇联 江西日报社中国江西网
			景德镇市成功创建第六届全国文明城市嘉奖人员	中共景德镇市委 景德镇市人民政府
俞智红	女	新村街道西路社区	景德镇市成功创建第六届全国文明城市嘉奖人员	中共景德镇市委 景德镇市人民政府
孙　辉	男	新村街道百眼井社区	景德镇市成功创建第六届全国文明城市嘉奖人员	中共景德镇市委 景德镇市人民政府
陈曼玲	女	新村街道奥林社区	景德镇市成功创建第六届全国文明城市嘉奖人员	中共景德镇市委 景德镇市人民政府

续表1

姓名	性别	工作单位	奖励情况	
			授予先进名称	表彰部门
胡小青	女	新村街道奥林社区	2020年景德镇市疫情防控社区巾帼奋斗者优秀奖	景德镇市妇联 江西日报社中国江西网
徐玲萍	女	新村街道洪家山社区	景德镇市成功创建第六届全国文明城市嘉奖人员	中共景德镇市委 景德镇市人民政府
陈景兰	女	新村街道中路社区	2020年景德镇市疫情防控社区巾帼奋斗者杰出奖	景德镇市妇联 江西日报社中国江西网
沈桂芳	女	新村街道向阳岭社区	2020年度景德镇市优秀网格员	市委政法委
陈鸿熙	男	新村街道老科协分会	景德镇市老科协奖	景德镇市老科协
曹　霞	女	昌江街道瓷器街社区	景德镇市成功创建第六届全国文明城市个人二等功	中共景德镇市委 景德镇市人民政府
占燕婷	女	昌江街道瓷器街社区	2020年景德镇市疫情防控社区巾帼奋斗者杰出奖	景德镇市妇联 江西日报社中国江西网
李秋霞	女	昌江街道桂花弄社区	2020年景德镇市疫情防控社区巾帼奋斗者杰出奖	景德镇市妇联 江西日报社中国江西网
廖　燕	女	昌江街道再胜弄社区	景德镇市成功创建第六届全国文明城市嘉奖人员	中共景德镇市委 景德镇市人民政府
方莉琳	女	昌江街道瓷器街社区	2020年度景德镇市优秀网格员	景德镇市委政法委
鲍凌霞	女	周路口街道金家弄社区	景德镇市“岗位学雷锋标兵”	景德镇市委宣传部
			景德镇市成功创建第六届全国文明城市嘉奖人员	中共景德镇市委 景德镇市人民政府
时　乐	女	周路口街道赛跑坦社区	2020年景德镇市疫情防控社区巾帼奋斗者优秀奖	景德镇市妇联
			景德镇市成功创建第六届全国文明城市嘉奖人员	中共景德镇市委 景德镇市人民政府
			全市退役军人事务工作“先进个人”	景德镇市退役军人事务局
姚文后	男	周路口街道广场社区	景德镇市成功创建第六届全国文明城市嘉奖人员	中共景德镇市委 景德镇市人民政府

续表 1

姓名	性别	工作单位	奖励情况	
			授予先进名称	表彰部门
曾　樱	女	周路口街道赛跑坦社区	景德镇市成功创建第六届全国文明城市个人三等功	中共景德镇市委 景德镇市人民政府
金新明	男	周路口街道赛跑坦社区	2020 年度景德镇市优秀网格员	景德镇市委政法委
袁　峰	男	太白园街道办事处	景德镇市成功创建第六届全国文明城市个人三等功	中共景德镇市委 景德镇市人民政府
夏丽林	女	太白园街道办事处	第四次全国经济普查工作优秀个人	景德镇市第四次全国经济普查领导小组
查先兰	女	太白园街道浙江路社区	2020 年景德镇市疫情防控社区巾帼奋斗者优秀奖	景德镇市妇联
杨卓睿	女	太白园街道戴家弄社区	2020 年景德镇市疫情防控社区巾帼奋斗者优秀奖	景德镇市妇联
邵建华	女	太白园街道戴家弄社区	景德镇市成功创建第六届全国文明城市嘉奖人员	中共景德镇市委 景德镇市人民政府
占　嵘	男	太白园街道西瓜洲社区	2020 年度景德镇市优秀网格员	景德镇市委政法委
郑艳红	女	太白园街道小路园社区	景德镇市成功创建第六届全国文明城市嘉奖人员	中共景德镇市委 景德镇市人民政府
王　璟	女	太白园街道西瓜洲社区	景德镇市成功创建第六届全国文明城市嘉奖人员	中共景德镇市委 景德镇市人民政府
徐文君	女	太白园街道曙光村社区	景德镇市成功创建第六届全国文明城市嘉奖人员	中共景德镇市委 景德镇市人民政府
程小平	男	太白园街道浙江路社区	景德镇市成功创建第六届全国文明城市嘉奖人员	中共景德镇市委 景德镇市人民政府
徐腾云	女	里村街道办事处	景德镇市成功创建第六届文明城市先进个人	中共景德镇市委 景德镇市人民政府
齐菊英	女	里村街道马鞍山社区	2019 年度“新时代瓷都先锋——一心为民好支书”	景德镇市委组织部
曹小英	女	里村街道陶溪川社区	景德镇市三八红旗手	景德镇市妇联
曹小英	女	里村街道陶溪川社区	2020 年景德镇市疫情防控社区巾帼奋斗者杰出奖	景德镇市妇联 江西日报社中国江西网

续表1

姓名	性别	工作单位	奖励情况	
			授予先进名称	表彰部门
胡晓昱	女	里村街道庆安社区	2020年景德镇市疫情防控社区巾帼奋斗者杰出奖	景德镇市妇联 江西日报社中国江西网
余丽君	女	里村街道前街社区	2020年度景德镇市优秀网格员	景德镇市委政法委
周　薇	女	新厂街道办事处	景德镇市三八红旗手	景德镇市妇联
			景德镇市成功创建第六届全国文明城市个人三等功	中共景德镇市委 景德镇市人民政府
于洪庆	女	新厂街道602所社区	景德镇市成功创建第六届全国文明城市嘉奖人员	中共景德镇市委 景德镇市人民政府
黄　婧	女	新厂街道新厂社区	景德镇市成功创建第六届全国文明城市嘉奖人员	中共景德镇市委 景德镇市人民政府
郭天乐	女	新厂街道昌江广场社区	景德镇市成功创建第六届全国文明城市嘉奖人员	中共景德镇市委 景德镇市人民政府
刘燕红	女	新厂街道景华社区	景德镇市成功创建第六届全国文明城市嘉奖人员	中共景德镇市委 景德镇市人民政府
于　静	女	新厂街道老厂社区	景德镇市成功创建第六届全国文明城市嘉奖人员	中共景德镇市委 景德镇市人民政府
袁彬彬	女	新厂街道一中路社区	景德镇市成功创建第六届全国文明城市嘉奖人员	中共景德镇市委 景德镇市人民政府
			2020景德镇市疫情防控社区巾帼奋斗者杰出奖	景德镇市妇联 江西日报社中国江西网
余菁华	女	新厂街道南河社区	2020年景德镇市疫情防控社区巾帼奋斗者杰出奖	景德镇市妇联 江西日报社中国江西网
汪　源	男	昌河街道办事处	2019年度“五型”政府建设先进个人	江西省人民政府
谢　芳	女	昌河街道昌盛社区	2019年度“新时代瓷都先锋——一心为民好支书”	景德镇市委组织部

续表 1

姓名	性别	工作单位	奖励情况	
			授予先进名称	表彰部门
胡余徽	男	昌河街道梦园社区	景德镇市成功创建第六届全国文明城市个人三等功	中共景德镇市委 景德镇市人民政府
占玉婷	女	昌河街道昌盛社区	景德镇市成功创建第六届全国文明城市嘉奖人员	中共景德镇市委 景德镇市人民政府
杨晓媛	女	昌河街道昌盛社区	2020 年景德镇市疫情防控社区巾帼奋斗者杰出奖	景德镇市妇联 江西日报社 中国江西网
胡 薇	女	昌河街道景东安厦社区	景德镇市成功创建第六届全国文明城市嘉奖人员	中共景德镇市委 景德镇市人民政府
王 迎	女	昌河街道梦园社区	景德镇市成功创建第六届全国文明城市嘉奖人员	中共景德镇市委 景德镇市人民政府
			2020 年度景德镇市优秀网格员	景德镇市委政法委

表 2

2020 年获市级以上荣誉的先进集体表

单 位	奖 励 名 称	授 奖 部 门
珠山区	江西省第四届营商环境优化县(市、区)	江西省工商联
	2019 年度全市平安建设(综治工作)综治信息化建设单项工作先进区	景德镇市委政法委
	2019 年度市公共机构节能考核先进县(市、区)	景德镇市人民政府
珠山区委区政府	景德镇市成功创建第六届全国文明城市集体二等功	中共景德镇市委 景德镇市人民政府
珠山区委宣传部	景德镇市成功创建第六届全国文明城市先进集体	中共景德镇市委 景德镇市人民政府
	第六届景德镇市文学艺术优秀组织工作奖	中共景德镇市委 景德镇市人民政府
珠山区机关事务管理局	第三届江西省机关事务管理局“精品赣菜展示周”活动优秀组织奖	景德镇市机关事务管理局

续表2

单　位	奖　励　名　称	授　奖　部　门
珠山区发展改革委员会	2020年上半年度及时奖励集体	景德镇市人民政府
共青团珠山区委员会	2019年度“全团带队”工作优秀单位	共青团景德镇市委员会
	2019年度“青年志愿服务”工作优秀单位	共青团景德镇市委员会
陶溪川邑空间双创基地	全国三八红旗集体	中华全国妇女联合会
珠山区老体协	景德镇市离退休干部先进集体	景德镇市委组织部 景德镇市委老干部局
珠山区诗词学会	江西省先进诗词学会	江西省诗词学会
珠山区人武部	2018—2020年度征兵工作先进单位	江西省人民政府
珠山区消防救援大队	2019年度市级青年文明号	景德镇市创建青年文明号活动组委会
	全市消防救援队伍作战训练安全知识竞赛团体总分第一名	景德镇市消防救援支队
	全市消防救援队伍第二轮执勤岗位练兵比武竞赛团体总分第三名	景德镇市消防救援支队
珠山区消防救援大队浙江路消防救援站	防汛救灾工作集体三等功	江西省消防救援总队
珠山区人民法院竟成人民法庭	全省“双达标”示范法庭	江西省高级人民法院
珠山区人民法院	2019年度全市维护稳定工作先进集体	景德镇市委政法委
珠山区人民检察院	全国先进基层检察院	中华人民共和国最高人民检察院
	2019年度全市维护稳定工作先进集体	景德镇市委政法委
珠山区人民检察院第一检察部	2019年度市级青年文明号	景德镇市创建青年文明号活动组委会
珠山区城市管理局	全省城管执法系统抗击新冠肺炎疫情先进单位	江西省城市建设管理协会

续表2

单 位	奖 励 名 称	授 奖 部 门
珠山区市场监督管理局	2019年度景德镇市扫黑除恶专项斗争先进单位及先进领导小组	景德镇市扫黑除恶专项斗争领导小组
	2019年度景德镇市食品安全工作考核第一名	景德镇市食品安全委员会
三宝国际瓷谷	全域旅游优质美丽乡村	中国旅游景区协会
	全域旅游特色非遗创新	中国旅游景区协会
	全域旅游优质文旅小镇	中国旅游景区协会
	全域旅游优质康养度假	中国旅游景区协会
	2020年度中国康养旅游目的地	中国报业协会 中国旅游报社 中国社会科学院新闻与传播研究所
珠山区审计局	景德镇市巾帼建功先进集体	景德镇市妇联
珠山区统计局	江西省第四次全国经济普查先进集体	江西省第四次全国经济普查领导小组
国家税务总局珠山区税务局	全国税务系统先进集体	人社部 国家税务总局
	全国文明单位	中央精神文明建设指导委员会
国家税务总局珠山区税务局工会	江西省模范职工之家	江西省总工会
国家税务总局珠山区税务局财务管理股	景德镇市三八红旗集体	景德镇市妇联
国家税务总局珠山区税务局团委	2019年度全市五四红旗团委	共青团景德镇市委
第一小学	全市教育系统先进基层党组织	景德镇市教育局
	中小学游泳比赛团体奖	景德镇市体育局 景德镇市教育局
第六小学教研组	景德镇市巾帼文明岗	景德镇市妇联

续表2

单 位	奖 励 名 称	授 奖 部 门
第七小学	2020年度景德镇市现代教育技术工作先进单位	景德镇市电教馆
第九小学	未成年人思想道德建设先进单位	中央精神文明建设指导委员会
陶阳学校	景德镇市三八红旗集体	景德镇市妇联
	优秀团队	景德镇市红十字会 志愿服务联合会 瓷都晚报社 爱心志愿者协会
珠山区卫生健康委员会	2020年景德镇市五一劳动奖状	景德镇市总工会
珠山区文广新旅局	2020年“百姓大舞台,大家一起来”大型公益性文化活动优秀组织奖	江西省文化馆
	景德镇市第一批(2019年度)及时奖励集体	中共景德镇市委 景德镇人民市政府
	“瓷都情祖国颂”景德镇市庆祝新中国成立71周年即第41届群众歌咏月活动组唱金奖	景德镇市委宣传部 景德镇市文广新旅局
竟成镇	江西省“五型”政府建设示范乡(镇、街道)	江西省“五型”政府建设领导小组办公室
	景德镇市成功创建第六届全国文明城市集体三等功	中共景德镇市委 景德镇市人民政府
	景德镇市2017—2018年度无偿献血促进奖单位奖	景德镇市卫生健康委员会 景德镇市红十字会 景德镇军分区保障处
竟成镇方家山村	江西省老年体育“示范村”	江西省老年人体育协会 江西省老年体育科学学会
竟成镇新厂村	景德镇市学雷锋活动示范点	景德镇市委宣传部
竟成镇三宝村	景德镇市巾帼文明岗	景德镇市妇女联合会
竟成镇青塘村桂坑渡口	安全工作先进渡口	景德镇市交通运输局

续表2

单 位	奖 励 名 称	授 奖 部 门
石狮埠街道	2019年度平安建设(综治工作)平安乡镇(街道)	景德镇市委政法委
石狮埠街道	2019年度“三无”乡镇(街道)	景德镇市信访工作联席会议
石狮埠街道办事处	景德镇市成功创建第六届全国文明城市先进集体	中共景德镇市委 景德镇市人民政府
	2019年征兵工作先进单位	景德镇市人民政府征兵工作领导小组
	2019年度消防工作乡镇(街道办)先进单位	景德镇市消防安全委员会
石狮埠街道五龙山社区	江西省三八红旗集体	江西省妇女联合会
	2019年度“百姓说事”工作先进单位	景德镇市委信访局
石狮埠街道半边街社区	2019年度全省综合减灾示范社区	江西省减灾委员会 江西省应急管理厅
	2019—2020年度全省“绿色社区美丽家园”创建活动示范社区	江西省民政厅
石狮埠街道春天社区	江西省老年体育示范辅导站	江西省老年人体育协会 江西省老年体育科学学会
石狮埠街道北苑社区	2020年度节水型居民小区	景德镇市水利局 景德镇市住房和城乡建设局
珠山街道莲花塘社区	2019—2020年度全省“绿色社区美丽家园”创建活动示范社区	江西省民政厅
新村街道	2019年度全市平安建设(综治工作)平安乡镇(街道)	景德镇市委政法委
	2019年度“三无”乡镇(街道)	景德镇市信访工作联席会议
新村街道昌虹社区	2019—2020年度江西省“绿色社区美丽家园”创建示范社区	江西省民政厅

续表2

单　位	奖励名称	授奖部门
新村街道梨树园社区	全省五四红旗团支部	共青团江西省委
	2018—2019年度江西省优秀志愿服务社区	江西省文明办 共青团江西省委 江西省红十字会
新村街道梨树园社区	景德镇市成功创建第六届全国文明城市先进集体	中共景德镇市委 景德镇市人民政府
昌江街道	2019年度"三无"乡镇(街道)	景德镇市信访工作联席会议
	连续三年(2017 - 2019年)"三无"乡镇(街道)	景德镇市信访工作联席会议
昌江街道办事处	景德镇市成功创建第六届全国文明城市集体三等功	中共景德镇市委 景德镇市人民政府
昌江街道团工委	全市五四红旗团委	共青团市委
太白园街道	2019年度全市平安建设(综治工作)平安乡镇(街道)	景德镇市委政法委
	2019年度"三无"乡镇(街道)	景德镇市信访工作联席会议
	连续三年"三无"乡镇(街道)	景德镇市信访工作联席会议
太白园街道西瓜洲社区	2019—2020年度全省"绿色社区美丽家园"创建活动示范社区	江西省民政厅
太白园街道戴家弄社区	全市老年人健身气功比赛优胜奖	景德镇市老年人体育协会
	全市中老年人太极拳、太极剑比赛优胜奖	景德镇市老年人体育协会
周路口街道	2019年度"三无"乡镇(街道)	景德镇市信访工作联席会议
周路口街道办事处	景德镇市成功创建第六届全国文明城市集体三等功	中共景德镇市委 景德镇市人民政府
	全市退役军人事务工作先进单位	景德镇市委退役军人事务工作领导小组办公室 景德镇市退役军人事务局
里村街道	2019年度"三无"乡镇(街道)	景德镇市信访工作联席会议
里村街道 前街社区	景德镇市成功创建第六届全国文明城市先进集体	中共景德镇市委 景德镇市人民政府
里村街道 马鞍山社区	早调解、护稳定、迎国庆专项活动表现突出集体	江西省司法厅

续表2

单位	奖励名称	授奖部门
陶溪川邑空间双创基地	全国三八红旗集体	中华全国妇女联合会
新厂街道	2019年度全市平安建设(综治工作)平安乡镇(街道)	景德镇市委政法委
	2019年度"三无"乡镇(街道)	景德镇市信访工作联席会议
新厂街道办事处	全国工会职工书屋示范点	中华全国总工会
	全国模范职工之家	全国总工会
新厂街道团工委	2019年度全市五四红旗团工委	共青团市委
珠山区老科协新厂街道分会	老科协奖	江西省老科协
新厂街道昌江广场社区团支部	全市五四红旗团支部	共青团景德镇市委
新厂街道602所社区	第六批省级民主法治示范村(社区)	江西省司法厅 江西省民政厅
	景德镇市成功创建第六届全国文明城市先进集体	中共景德镇市委 景德镇市人民政府
新厂街道瓷苑社区、景华社区	2019—2020年度江西省"绿色社区美丽家园"创建示范社区	江西省民政厅
新厂街道景华社区	2019年度先进退役军人服务站	景德镇市委退役军人事务工作领导小组办公室 景德镇市退役军人事务局
新厂街道新厂社区	景德镇市五一巾帼标兵岗	景德镇市总工会
新厂街道南河社区	景德镇市巾帼文明岗	景德镇市妇联
新厂街道林荫路社区	2020年景德镇市工人先锋号	景德镇市总工会
昌河街道	2019年度全市平安建设(综治工作)平安乡镇(街道)	景德镇市委政法委
	2019年度"三无"乡镇(街道)	景德镇市信访工作联席会议
	连续三年"三无"乡镇(街道)	景德镇市信访工作联席会议
昌河街道办事处	景德镇市成功创建第六届全国文明城市集体三等功	中共景德镇市委 景德镇市人民政府
画眉楼社区	江西省抗击新冠肺炎疫情先进集体	中共江西省委 江西省人民政府
	全省先进基层党组织	中共江西省委
南河社区	景德镇市巾帼文明岗	景德镇市妇联

附　录

统计资料

2020年珠山区国民经济和社会发展统计资料

1. 地区生产总值、社会消费品零售总额、城乡居民收入资料为季度统计数据。

2. 地区生产总值、规模以上工业增加值绝对数按现价计算,增长速度按可比价计算。

3. 部分数据因四舍五入的原因,存在着与分项合计不等的情况。

4. 根据国家报表制度规定,从2011年起,规模以上工业企业是指年主营业务收入在2000万元及以上的法人工业企业;社会消费品零售总额是指企业(单位、个体户)通过交易直接售给个人、社会集团非生产、非经营用的实物商品金额,以及提供餐饮服务所取得的收入金额。按规模分为限额以上消费品零售额和限额以下消费品零售额。限额以上消费品零售额的统计对象包括年主营业务收入在2000万元及以上的批发业法人单位和个体经营户、年主营业务收入在500万元及以上的零售业法人单位和个体经营户及年主营业务收入在200万元及以上的住宿和餐饮业法人单位和个体经营户,限额以下消费品零售额的统计对象为限额以上消费品零售额统计对象以外的所有法人企业和个体经营户。固定资产投资的统计口径为计划总投资500万元及以上项目投资。

5. 军工涉密企业从2014年起,月报不再通过企业一套表网络报送,月度统计数据免报。故规模以上工业增加值不含军工涉密企业。

1—12月主要经济指标运行监测

2020年,全区上下深入贯彻落实省委省政府、市委市政府各项决策部署,坚持统筹推进疫情防控和经济社会发展,坚持稳中求进工作总基调,坚持新发展理念,坚持高质量跨越式发展,扎实做好“六稳”工作全面落实“六保”任务,全区经济运行持续稳定恢复,供给需求逐步改善,市场活力不断增强,主要经济指标增速企稳回升。

初步核算显示,全年地区生产总值225.3亿元,按可比价计算,同比增长3.8%,增幅全市排名第2,比三季度提高1.3个百分点,超全市平均水平0.1个百分点。其中,第一产业增加值8383万元,同比下降0.1%,第二产业增加值459817万元,同比增长2.7%;第三产业增加值1784381万元,同比增长4.1%。三次产业结构由2019年的0.3∶20.7∶78.9调整为0.4∶20.4∶79.2。

一、主要经济指标完成情况

地区生产总值225.3亿元,同比增长3.8%;财政总收入22.89亿元,同比增长2.63%;固定资产投资额同比增长10.3%;建筑业总产值同比增长9.1%;商品房销售面积同比增长4.8%;规模以上工业增加值同比增长2.0%;社会消费品零售总额171.55亿元,同比增长2.3%,其中限额以上单位消费品零售额43.71亿元,同比下降0.5%;规模以上服务业主营业务收入42.94亿元,同比增长33.1%;城镇居民人均可支配收入44334元,同比增长4.9%;成功入库“四上”企业51家。

二、经济运行特点

1.工业生产稳定恢复,增长动力不断增强。全区规模以上工业增加值同比增长2.0%,比前三季度提高4.0个百分点,低于全市平均水平2.3个百分点,受汽车行业影响较大。规模以下工业增加值同比增长2.5%,比前三季度加快3.0个百分点,高于全市平均水平0.2个百分点。

2.投资增速稳步回升,商品房销售保持平稳。全区固定资产投资同比增长10.3%,比前三季度加快1.0个百分点,高于全市平均水平1.9个百分点。其中,工业项目投资同比增长10.1%,比前三季度提高23.6个百分点,比全市平均高1.7个百分点。全区房地产开发投资增长55.0%,低于前三季度4.0个百分点。全区商品房销售面积同比增长4.8%,比前三季度加快1.2个百分点。

3.消费市场基本恢复,“四大”行业持续向好。全区社会消费品零售总额171.55亿元,同比增长2.3%,比前三季度加快5.8个百分点,低于全市平均水平0.2个百分点。限额以上单位消费品零售额43.71亿元,同比下降0.5%,比前三季度降幅收窄7.2个百分点。其中,限上商品零售22.52亿元,增长1.0%;限上商品批发额27.16亿元,下降4.2%;限上餐饮收入1.51亿元,增长11.2%;限上住宿收入1.55亿元,同比下降8.7%。

4.服务业增势强劲,拉动经济贡献突出。全年规模以上服务业营业收入42.94亿元,同比增长33.1%,比前三季度提高10.7个百分点,高于全年平均水平16.2个百分点。其中,互联网和相关服务、软件和信息技术服务业营业收入同比增长33.5%;租赁和商务服务业营业收入同比增长48.8%;居民服务、修理和其他服务业营业收入同比增长39.3%;文化、体育和娱乐业等受疫情影响严重,营业收入同比下降53.7%,但降幅比三季度收窄了4.3个百分点。

5.居民收入平稳增加,生活水平持续改善。全区城镇居民人均可支配收入44334元,同比名义增长4.9%,超出地区生产总值增速1.1个百分点。

6.“四上”入库企业多,超额完成目标任务。成功申报“四上”企业51家,(建筑业3家,服务业12家,商贸32家,房地产4家,),退库15家(工业1家,商贸11家,服务业3家),净增36家,超额完成全年净增20家的目标任务,新增数与净增数均在全市排第2。

附表1

1—12月主要经济指标完成情况

分地区		珠山区
地区生产总值	亿元	225.3
	增速(%)	3.8
规模工业增加值	亿元	3.64
	增速(%)	2.0
固定资产投资	亿元	—
	增速(%)	10.3
财政总收入	亿元	22.89
	增速(%)	2.63
一般公共预算收入	亿元	7.52
	增速(%)	8.67
社会消费品零售总额	亿元	171.55
	增速(%)	2.3

续附表 1

分地区		珠山区
限额以上零售总额	亿元	43.71
	增速(%)	-0.5
规上服务业营业收入	亿元	42.94
	增速(%)	33.1
新增“四上”企业数(不含建筑业)	家	48
城镇居民人均可支配收入	元	44334
	增速(%)	4.9
商品房销售面积	万平方米	—
	增速(%)	4.8

附表 2

1—12 月规上工业增加值完成情况

地区	计算单位	规上工业	
		总量(亿元)	比上年同期(%)
珠山区	亿元	3.64	2.0

附表 3

1—12 月固定资产投资完成情况

地区	全部投资增速(%)	5000 万元以上项目投资增速(%)	工业项目投资增速(%)
珠山区	10.3	—	10.1

附表 4

1—12 月社会消费品零售总额完成情况

地区	全社会消费品零售额		限上消费品零售额		限上批发业销售额		限上零售业销售额		限上住宿业销售额		限上餐饮业销售额	
	亿元	%	亿元	%	亿元	%	亿元	%	万元	%	万元	%
珠山	171.55	2.3	43.71	-0.5	27.16	-4.2	22.52	1.0	15492.6	-8.7	15077.2	11.2

附表 5

1—12 月新增“四上”企业数(不含建筑业)

地区	新增	退出	净增	备注
珠山区	48	15	33	另新增 3 家建筑业

附表6

1—12月各县区规上服务业完成情况

分地区		珠山区
全口径	单位数	57
	营业收入(亿元)	42.94
	增速(%)	33.1
装卸搬运和仓储业	单位数	—
	营业收入(万元)	—
	增速(%)	—
互联网和相关服务、软件和信息技术服务业	单位数	1
	营业收入(万元)	3735.5
	增速(%)	33.5
租赁和商务服务业	单位数	5
	营业收入(万元)	33945.6
	增速(%)	39.3
科学研究和技术服务业	单位数	—
	营业收入(万元)	—
	增速(%)	—
居民服务、修理和其他服务业	单位数	1
	营业收入(万元)	2279.1
	增速(%)	48.8
文化、体育和娱乐业	单位数	5
	营业收入(万元)	2645.5
	增速(%)	-53.7

重要文献

景德镇市珠山区人民法院工作报告

——2020年5月18日在珠山区第十届人民代表大会第五次会议上

珠山区人民法院院长　张春红

各位代表：

现在,我代表珠山区人民法院向大会报告工作,请予审议,并请各位政协委员和其他列席会议的同志提出意见。

2019年主要工作

2019年,区法院在区委的正确领导、区人大的有力监督和区政府、区政协的关心支持下,坚持以习近平新时代中国特色社会主义思想为指导,忠于职守、真抓实干、改革创新、锐意进取,充分发挥审判职能,各项工作取得新进展。

——审判绩效有新突破。全院共受理各类案件4823件(含旧存,下同),办结4748件,审执结案率98.44%,员额法官人均结案159件(平均1个法官1.57个工作日审结1件案件),再创历史新高,审判绩效蝉联全市法院第一位。

——队伍建设有新提升。先后荣获全省文明单位、全省公众安全感调查先进政法单位等荣誉称号。审理的江西首例涉及退耕还林行政公益诉讼案获评第二届全国法院"百场优秀庭审"、1人获评"全国法院优秀个人"。

——司法服务有新举措。打造信息化、智能化、便捷化的"一站式"诉讼服务中心,被评为我市唯一一个全省诉讼服务中心现代化升级改造优秀法院,入选全省第一批两个"一站式"示范建设法院。

一、紧跟发展趋势,发挥审判职能,优化法治营商环境

依法惩治刑事犯罪。共受理刑事案件398件,审结388件,增强人民群众安全感。审结贪污贿赂等职务犯罪案件6件,保持惩治腐败高压态势。积极参与禁黄赌毒斗争,审结涉黄赌毒犯罪案件96件。坚持教育为主、惩罚为辅,对未成年犯罪人适用缓刑、管制刑等非监禁刑22人,护航未成年人健康成长。加强人权司法保障,落实罪刑法定原则,确保无罪的人不受刑事追究,有罪的人受到公正惩罚。

平等调处民商纠纷。共受理民商事纠纷2438件,审结2402件。切实解决好群众最急、最忧、最盼的民生问题,审结劳动争议、物权纠纷、人身损害赔偿等案件400件,让人民群众"微"痛点及时纾解。着力弘扬契约精神,审结借款、买卖等经济合同纠纷案件1718件,努力营造稳定、公平透明、可预期的法治营商环境。审结婚姻家庭案件234件,让家庭成为人生的幸福支点。

着力服务创新发展。审结"鹿角巷""VIVO"商标侵权纠纷等案件15件,审结假冒"四特酒"注册商标罪等案件3件,充分尊重品牌价值,激发市场活力。守护陶瓷创新成果,实现知识产权审判对文化创新的引领和保障作用,审结的景德镇首例侵犯国家级工艺美术大师著作权案"北京中艺首藏文化有限公司等侵犯著作权案"入选最高人民检察院发布典型案例。

实质化解行政争议。共受理行政案件203件,审结199件。设立行政争议化解办公室,为当事人提供平等对话、沟通交流的平台,让老百姓真正成为法治建设的评判者、阅卷人。深化府院良性互动,定期邀请行政机关负责人旁听庭审,提升行政应诉能力,让行政机关负责人不仅出庭应诉,更能出声出彩,取得化解行政争议的实质性效果,助力法治政府建设。

巩固执行攻坚成效。共新收执行案件1693件,执结1737件(含旧存),分别同比增长29%和

37.8%，实际执行到位 20142.47 万元，“解决执行难”第三方评估全市法院排名第一、全省中基层法院排名第十八。积极参加社会诚信建设，司法拘留被执行人 6 人次，公布失信被执行人 277 人次，限制高消费 836 人次，限制出境 3 人次。执结的市某国有公司申请强制被执行人腾空房屋案，由江西电视台都市频道《晚间 800 · 法案直击》栏目报道，传递了尊重裁判、崇尚诚信的社会风尚。引入执行救助保险机制，第一时间支付保费 20 万元，有效降低“执行不能”的风险。

二、紧盯扫黑除恶，严格公正司法，维护社会稳定大局

坚定政治方向，着力“打稳打实”。坚持扫黑除恶既讲政治，又讲法治。制定《关于审理涉黑恶伞案件的办理机制》，统一组织、协调、推进扫黑除恶专项斗争工作。院庭长带头办理涉黑恶伞案件，审判委员会集体会诊，提升专业化审判水平。审结涉黑恶伞案件 13 件 42 人，涉黑重刑率 41.18%，判处财产刑 422.15 万元，扫黑除恶工作考评排名全市第一。

坚守法治标准，着力“打准打狠”。坚持罪刑法定、疑罪从无、证据裁判，确保把每一起案件都办成铁案，既不人为拔高，也不降格处理。坚持以庭审为中心，严格按照最高人民法院“三项规程”要求，切实做到程序公正和实体公正。审理的全市首起被告人余建锋等 15 人涉黑案，得到中央督导组领导好评，并入选江西法院“全省八大涉黑涉恶典型案例”。

坚决“打财断血”，着力“打深打透”。坚持扫黑除恶与“打财断血”同步推进，判处财产刑的案件 100% 移送执行，成立专门执行工作小组，集中开展“扫黑除恶、打财断血”专项执行活动，对被执行人名下财产进行无死角排查，迅速将方某平受贿案（涉伞）的罚金人民币 30 万元追缴到位。

坚持宣传引导，着力“打早打小”。集中宣判涉黑恶伞案件 2 批 5 件 27 人，全方位展示扫黑除恶斗争成果。将高质量庭审作为全民共享的法治公开课，被告人余建锋等 15 人涉黑案的庭审直播点击观看量达 83 万人次，主犯余建锋当庭点赞中央扫黑除恶政策，11 名被告人当庭认罪、悔罪，取得了良好的社会效果和法律效果。

三、紧随改革步伐，加强审判管理，提升司法能力水平

推进繁简分流层次化。构建普通程序、简易程序、速裁程序有序衔接的多层次诉讼程序体系，简案快办，繁案精办，实现诉讼程序与案件难易、刑罚轻重相适应，四成以上刑事案件搭上“简易速裁专列”快审快结，适用速裁程序审理的刑事案件，平均办理天数仅为 7.2 天，让正义的实现进一步提速。

推行内部管理扁平化。在数量上“做减法”，内设机构精简为 10 个，精简比例达 33.33%。在职能上“做加法”，在省高院的高度重视下，设立全市中心城区首个派出法庭——竟成法庭，同时也是金融、知识产权专业审判法庭。在服务上“做乘法”，在区委区政府的大力支持下，法庭设在三宝国际瓷谷内，将最好的工作场所提供给群众，将优质的诉讼服务送到群众“家门口”。

推动审判监管科学化。坚持有序放权与有效监督相统一，率先试用“发改再”“四类案件”等监管平台，规范案件监管流程，确保规范廉洁用权。坚持个案智慧与类案经验相促进，积极应用“法官 e 助理”等平台，通过类案与关联案件检索，实现“类案类判”。坚持智能纠错与人工校核相结合，全面运用智能纠错软件，提高裁判文书质量，有效提升司法公信力。

四、紧扣群众需求，践行司法为民，创新司法服务举措

诉讼服务中心提档升级。提供“一站式服务”，推进诉讼服务中心现代化建设，集诉讼服务、纠纷分流、纠纷化解于一体，让群众可以在“中心”办理所有诉讼和非诉讼事务。实现“家门口起诉”，利用“中国移动微法院”成功办理跨域立案案件 442 件，真正做到了“让数据多跑路，让群众少跑路”。送出“救助大红包”，缓、减、免诉讼费 98.22 万元，积极传递司法温暖。

多元解纷机制提效升级。打造解纷品牌集群，与余梅工作室等 6 家单位签订调解合作协议，新聘 9 位特邀调解员，持续释放解纷效能。畅通诉调对接渠道，优化“多元调解 + 速裁”模式，全年速裁快审各类案件 1041 件。创新平台推广方式，拍摄首部微电影《法外柔情》，用群众喜闻乐见的方式讲好多

元解纷故事,让多元解纷机制真正走入群众心底。

智慧法院建设提速升级。应用多元化解 e 平台,成功办理全市首例在线调解民事案件,用数据“领跑”,让群众“零”跑。发起文书送达 e 革命,优选电子送达方式,实现了文书送达“零距离、零等待”。完成大审判庭改造,建成多功能、现代化的数字法庭,更好地满足新常态下人民群众的司法需求。

社会综合治理提质升级。主动融入诉源治理机制建设,深入开展“法律六进”等法制宣传活动,让矛盾纠纷化于萌芽、止于未诉。大力推进对口帮扶、产业扶贫,帮助 7 户贫困户实现脱贫。妥善处理敏感性涉众型案件,在市委主要领导、市委政法委主要领导等市领导的亲自协调下,有效解决长达十多年的为宇路征地拆迁系列案。注重在末端处理中发现前端治理中带有普遍性、趋势性问题,积极发出司法建议 58 份,为社会治理提供法治参考。

五、紧抓主题教育,落实从严治院,锻造过硬法院队伍

淬炼政治品格。坚持把党的政治建设摆在首位,真学真懂真信真用习近平新时代中国特色社会主义思想。扎实开展“不忘初心、牢记使命”主题教育,让干警在学习中强初心,在检视中找问题,在工作中见成效,真正将学习成果转化为坚强的党性、过硬的本领、务实的作风。精心打造“党建文化长廊”,让党的好声音时时传递,培养党员的自觉意识,增强干警的党性修养。

修炼司法能力。坚持把能力建设摆在突出位置,2 人分别被授予“全省法院群众工作能手”“全省法院信息技术人才”称号,1 篇征文获评全省“庆祝中华人民共和国成立 70 周年 · 我的政法故事”优秀征文。坚持正确选人用人导向,择优遴选员额法官 3 人、招录法官助理 4 人和书记员 9 人。关心关注青年干部的培养,机构改革后,中层正职平均年龄 39 岁,研究生学历人员占比 67%,在区委的关心下,8 名干部得到提拔成长。

锤炼党性作风。落实全面从严治党主体责任,严肃党内政治生活,持之以恒抓好正风肃纪。以零容忍态度惩治司法腐败,以刮骨疗伤的勇气,刀刃向内找问题,严肃查处违纪违法人员。以身边事教育身边人,开展“三会一书两公开”警示教育。把“当下改”和“长久立”结合起来,坚持用制度管人管权管事。坚持抓党建带队建促审判,与梨树园社区共同开展党建活动,实现各支部全面进步、全面过硬。

主动接受监督。自觉接受人大监督和政协民主监督,积极配合省人大、区人大开展基层基础、扫黑除恶专项斗争等专题调研,邀请人大代表、政协委员、群众代表等 500 余人旁听庭审、见证执行。依法接受检察机关法律监督,邀请检察长列席审委会,共同维护司法公正。广泛接受社会各界监督,公开裁判文书 2588 份,庭审直播 1386 场,人民陪审员 1163 人次参审案件,真正让人民参与司法、监督司法。

各位代表,区法院工作的稳步发展,是区委坚强领导、区人大有力监督、区政府和区政协以及社会各界大力支持的结果,在此我谨代表珠山法院向大家表示衷心的感谢和崇高的敬意!

在肯定成绩的同时,我们也清醒地看到,法院工作还存在许多困难和不足:一是诉源治理方面还需下更大的功夫,需要党委、政府发挥总揽全局、协调各方的核心优势,统筹各方面力量和资源,形成参与诉源治理的合力。二是法官的司法能力与人民群众对多元司法需求的新期待还有不小差距。三是随着两个“一站式”、智慧法院建设的陆续推进,以及临聘人员工资待遇等问题,我院办公办案经费资金缺口较大。对此,我们将进一步推动解决。

2020 年工作安排

2020 年是全面建成小康社会和“十三五”规划收官之年,也是国家试验区建设的开局之年、关键之年。区法院将始终坚持以习近平新时代中国特色社会主义思想为指导,深入贯彻落实党的十九大、十九届二中、三中、四中全会精神和习近平总书记视察江西重要讲话精神,认真贯彻落实上级决策部署,以建好景德镇国家陶瓷文化传承创新试验区为主线,充分发挥审判职能作用,坚持稳中求进,坚持改革创新,不断推进审判体系和审判能力现代化,为描绘好新时代珠山改革发展新画卷、打造与世界对话的国际瓷都提供更加有力的司法保障。

一是践行新使命,在服务发展大局上争取更大作为。始终坚持党对政法工作的绝对领导,树立科学的政法工作理念。统筹抓好疫情防控和审判执行工作,积极服务保障复工复产。依法严惩刑事犯

罪,持续深入推进扫黑除恶专项斗争,切实维护社会和谐稳定。贯彻新发展理念,服务创新驱动发展战略,为打好三大攻坚战、建好国家试验区提供有力司法服务和保障。

二是把握新要求,在加强队伍建设上谋求更大提升。全面落实新时代党的建设总要求,把“不忘初心、牢记使命”作为永恒课题和终身课题常抓不懈,常做“政治体检”,增强政治免疫力。深入开展队伍教育整顿,坚持不懈惩治“四风”问题,以廉洁司法确保公正司法。提升干警解决实际问题的能力,把问题症结的痛点、难点、堵点变成工作的亮点、特点、闪光点。

三是找准新定位,在深化改革创新上实现更大突破。深化司法体制综合配套改革,构建权责一致、科学有力的司法权运行新机制。把提升程序效能作为突破口,深入推进案件繁简分流机制改革,打造符合中国国情、体现司法规律、引领时代潮流的中国特色案件处理新模式。建好知识产权、金融专业化法庭,让珠山成为知识价值实现的热土、金融纠纷解决的优选地。

四是顺应新期待,在践行司法为民上取得更大成效。主动融入市域社会治理体系,全面加强两个“一站式”建设,合力打造共建共治共享的基层治理格局,用社会主义法治守护人民群众的美好生活。做好“法治＋扶贫”工作,努力实现贫困户经济利益和法律思维“双脱贫”。积极巩固“基本解决执行难”成果,稳步提升执行工作水平,不断增强人民群众的司法获得感。

各位代表,初心如磐,使命在肩。新的一年,区法院将坚持以习近平新时代中国特色社会主义思想为指导,实干担当、笃定前行,奋力谱写区法院工作新篇章,为描绘好新时代珠山改革发展新画卷、打造与世界对话的国际瓷都做出新的更大贡献!

景德镇市珠山区人民检察院工作报告

——2020年5月18日在珠山区第十届人民代表大会第五次会议上

珠山区人民检察院检察长　徐　健

各位代表:

现在,我代表珠山区人民检察院向大会报告工作,请予审议,并请政协委员和列席会议的同志提出意见。

2019年工作回顾

2019年是新中国成立70周年,是决胜全面建成小康社会第一个百年奋斗目标的关键之年。一年来,珠山区人民检察院在区委和市检察院的坚强领导下,在区人大及其常委会的有力监督下,在区政府、区政协和社会各界的大力支持下,坚持以习近平新时代中国特色社会主义思想为指导,深入学习贯彻党的十九大和十九届二中、三中、四中全会和习近平总书记视察江西时的重要讲话精神,按照“办实事、求极致、解难题、保本色”要求,把履行法定职能与落实党的绝对领导、发挥社会主义制度优越性紧密结合起来,将增强“四个意识”、坚定“四个自信”、做到“两个维护”自觉体现在履职中,全力为大局服务、为人民司法,为推进国家治理体系和治理能力现代化积极担当作为。

一、聚焦经济社会发展,优化检察产品,维护社会和谐稳定

始终把检察工作置于全区经济社会发展大局中来谋划和推进,找准助力景德镇国家陶瓷文化传承创新试验区建设切入点,践行检察为民。

(一)推进平安珠山建设,严厉打击刑事犯罪

依法履职维护社会和谐稳定。2019年,共受理审查提请批准(决定)逮捕案件296件443人,依法批准(决定)逮捕277件420人,不批准逮捕28人。受理审查起诉案件437件680人,依法提起公诉370件602人,不起诉54人。通过严厉打击犯罪,不断提升人民群众的获得感、幸福感、安全感。加强与监察机关的协作配合,受理监察机关移送案件

7件7人,全部依法起诉,法院已审结5件5人,均作出有罪判决。

推进认罪认罚从宽制度工作落实。我院与区司法局共同建立了值班律师制度,指定6家律师事务所、36名律师作为值班律师,为犯罪嫌疑人提供法律帮助。2019年该项制度全面推行后,我院认罪认罚从宽制度适用率逐步上升,适用率达到76.92%。加强与人民法院的沟通衔接,进一步提升量刑建议精准化、规范化,量刑建议采纳率达81%。

主动服务打好三大攻坚战。把服务打好三大攻坚战切实融入各项检察工作中。我院派驻新厂村第一书记及5名帮扶干警在驻村脱贫攻坚岗位上,主动作为、担当实干,为群众办实事、解难题。有效防范化解社会重大风险隐患。依法批准逮捕王某某非法吸收142名群众存款2000余万的非法集资案。

(二)积极投入扫黑除恶,保障群众安居乐业

严厉打击黑恶势力犯罪。2019年是扫黑除恶专项斗争案件攻坚年,我院以高度的责任感不断加大办理案件力度。依法起诉黑社会性质组织犯罪案件3件16人,恶势力犯罪案件8件35人;在办案过程中,依法从快严厉打击社会影响力广、社会危害性大的黑恶势力犯罪,仅用18天起诉了余建锋等15人组织、领导、参加黑社会性质组织案。

注重深挖黑恶势力犯罪背后的"保护伞"。起诉黑社会性质组织"保护伞"案件3件3人,如起诉了全市首例"保护伞"方伟平受贿案。

提前介入引导侦查取证。在办理案件过程中,主动深入挖掘可能存在黑恶势力犯罪的线索,提前介入案件,引导侦查机关调查取证。如在办理周某某等人组织卖淫案中,经我院审查发现,认为该案符合恶势力犯罪集团特征,在作出批准逮捕决定的同时,追加认定该案为恶势力犯罪集团。随后,我们对该案进行了全程跟进、引导取证、固定证据。最终,该案起诉时被认定为黑社会性质组织犯罪。

在办理黑恶势力及"保护伞"犯罪案件中,加大监督力度,监督公安机关立案侦查1件3人,追捕1件1人,追诉2件3人。发出纠正违法通知书1份。纠正漏管罪犯1人,现已收监。在办案中自行发现并移送可能涉黑恶或"保护伞"线索21条。2019年,我院被评为"全市扫黑除恶专项斗争先进单位"。

(三)用心做好未检工作,呵护祖国花朵成长

对涉嫌轻微犯罪并有悔罪表现的未成年人,不批准逮捕4人,不起诉4人。坚持惩治和保护并举,在打击犯罪的同时,更加注重对未成年被害人的保护和救助。如我院所办理的"网络大灰狼"帅某某通过QQ聊天引诱未成年女童裸聊的强制猥亵案中,我们在用心办好案件的同时,还会同心理咨询师对被害女童进行心理疏导。该案入选江西省首届"依法维护妇女儿童权益十大案例"。

加强对"一号检察建议"的宣传落实。选派5名干警担任"女童保护"志愿者讲师。组织包括全部院领导在内的12名干警担任辖区小学的法治副校长,向学生及教职人员讲解宣传"一号检察建议"的内容,了解落实情况,帮助学校在保护未成年人方面防漏建制;给3400余名小学生开展了以"保护我们的身体""防性侵教育"等为主题的法治宣讲32场,没完没了抓好"一号检察建议"的跟进落实。

坚持把未成年人的保护做细做实。注重着力消除在工作中发现危害未成年人身心健康的隐患。如我们发现辖区KTV等娱乐场所存在违规招聘未成年服务员、接纳未成年人消费等问题,及时督促有关部门对此类问题进行整改到位。

二、聚焦服务保障民生,开展公益诉讼,守护社会公共利益

积极回应社会关切,立足办案发挥公益保护职能作用,把守护社会公共利益融入群众生活圈。2019年,共办理各类公益诉讼案件36件,其中行政公益诉讼34件,向人民法院提起刑事附带民事公益诉讼2件。

(一)贯彻落实"四个最严",保障舌尖上的安全

关切人民群众食品药品安全,坚决贯彻落实"四个最严"要求,捍卫食品药品安全底线。深入学校、社区、村镇查找摸排涉嫌危害食品药品安全公益诉讼线索9条,经调查取证发出检察建议9份,均落实回复。如我院根据线索提前介入了市赣兴食品厂等3家冷粉生产厂家涉嫌生产销售不符合安全标准的食品,及时建议行政执法机关移送涉嫌犯罪线索。经审查,以生产、销售不符合安全标准的食品罪依法批准逮捕了林辉、林杰等人,保障瓷都人民舌尖上的安全。

(二)回应群众司法需求,守护绿水青山蓝天

加强生态环境保护,对19条破坏生态环境的公

益诉讼案件线索进行立案调查。如对市人大代表向我院反映洋湖水厂一级水源地周边违规种植菜地污染水源案件进行深入调查。有关职能部门根据我院发出的检察建议铲除违规菜地 3.8 亩,并在水源地周边建起隔离带,防止"旧疾"重现。该案作为江西省检察机关饮用水源地保护十大典型案例,在新闻发布会上向社会发布,同时被《检察日报》等媒体、江西都市频道"晚间 800"节目报道。

将保护生态环境和服务大局紧密结合。落实"路长制",对挂点路段文明卫生状况进行常态化巡查。通过组织干警参与交通文明志愿者服务、进入社区帮助清理街头巷尾卫生死角等公益活动,积极投身"双创双修"。

(三)开拓创新主动作为,不断延伸公益触角

认真办理英烈权益保护领域公益诉讼案件。2019 年清明节前夕,我院针对莲花塘烈士纪念碑及其周边设施存在污损的情况,公开送达全市首份保护英烈尊荣检察建议。相关职能部门主动作为,提出完整的修缮方案并付诸实施,对纪念碑修缮一新,捍卫了英雄烈士尊严和荣誉。

三、聚焦推进法治建设,履行监督主业,主动参与社会治理

准确把握新时代检察工作的新要求,深耕法律监督主责主业,维护公平正义,更好地服务经济社会大局。

(一)扎实开展刑事检察监督

监督侦查机关立案 4 件 6 人,监督撤案 2 件 2 人,发出书面纠正违法通知书 4 份。纠正遗漏罪行 15 人,追诉6 人,追捕6 人。刑事抗诉4 件5 人。督促行政执法机关向公安机关移送案件线索 4 条。积极开展捕后羁押必要性审查,办理羁押必要性审查案件 45 件 45 人,对不需要继续羁押的 33 人及时提出变更强制措施建议。

(二)做实民事行政检察工作

办理各类民事行政检察案件 22 件。办理督促行政机关履行职责案件 1 件。积极开展"非诉执行监督专项活动",及时掌握相关线索材料,有的放矢、精准监督,对 5 件非诉执行行政案件进行监督,取得较好效果。

(三)加强检察建议监督刚性

强化检察建议刚性化机制建设,探索试行公开宣告送达制度,先后公开宣告、现场送达检察建议书 62 份,确保检察建议及时精准送达到位,努力实现双赢多赢共赢监督效果。

(四)主动参与社会综合治理

进一步拓宽服务群众渠道。对"12309"检察服务中心等窗口的服务流程和行为规范进行了细化,为群众提供线上线下、方便快捷的"一站式"司法服务。接待群众来信来访来电 100 余件,均做到"7 日内程序性答复""3 个月内实体回复",做到事事有交代、件件有着落,案结事了。

(五)忠实履职服务非公企业

把服务民营经济发展摆在突出位置,为民营企业创造良好的法治环境。2019 年 4 月,我院成立非公企业维权工作办公室,建立九项服务机制,打通服务保障民营企业"最后一千米"。共走访辖区民营企业 35 家,现场解答企业各类法律咨询 70 余条;收到书面诉求 3 件,均已办结。我院办理的胡丽泉等三人侵犯著作权案被评为全国检察机关保护知识产权典型案例。

四、聚焦夯实基层基础,坚持严管厚爱,锤炼过硬检察队伍

突出政治引领,坚持从严治检,推进司法改革,进一步增活力、添动力,全力推进高素质检察队伍建设。

(一)主题教育纵深开展

始终把加强党的政治建设摆在首位,扎实开展"不忘初心、牢记使命"主题教育,坚持把"学习教育、调查研究、检视问题、整改落实"贯通始终。开展了党组读书班、集中学习会、专题研讨交流等多种形式活动,共组织集中学习会 16 次,专题调研 9 次,院领导讲党课 7 次,不断引导全院干警叩问初心、坚守使命,做到初心如磐、使命在肩。

(二)司法改革稳步推进

落实员额检察官全部配置在一线办案,入额院领导带头办案、办大案、办难案机制。一年来,入额院领导办理案件 426 件,充分发挥了领导干部示范引领作用。落实内设机构大部制改革,强化协调对接,确保各项改革任务在我院不折不扣落实。

(三)作风建设驰而不息

始终把纪律和规矩挺在前面,将党风廉政建设贯穿于检察工作全过程。把作风建设与全面落实

“三个规定”要求相结合,着力查找检察人员思想、政治、纪律、作风、担当、廉洁等方面存在的突出问题,落实全面从严治党、从严治检的要求。进一步深入推进司法规范化,对2019年以来办理的700余件案件集中评查,严把重点环节的执法风险防控关,认真整治司法不规范问题。

(四)提升素能常抓不懈

坚持检察官素能培养专业化、职业化方向,采取专题讲座、网络教学、实战培训等方式,不断提升干警综合能力。2019年,我院干警戴佳雯获得全国检察机关司法警察警务技能竞赛第二名。打造党员活动室、院史陈列馆、读书吧、廉政文化走廊,构建以“讲政治、忆历史、品书香、保本色”为主线的“四维”检察文化;开展演讲比赛、“红色家书”朗读比赛、趣味运动会等活动,进一步增强了干警归属感和队伍凝聚力。

(五)主动接受各界监督

主动向人大常委会汇报公益诉讼等工作。深化检务公开,推行“检察开放日”常态化,邀请人大代表、政协委员、人民监督员、在校学生和新闻媒体参加“携手关爱,共护明天”“检察护航民企发展”等为主题的检察开放日活动4次。启用“检务公开云平台”,公开各类法律文书391件,重要案件信息18件,推动“智慧检务”再升级。进一步推进“阳光检察”,打造“传统媒体、网站、微博、微信、客户端”五位一体的“全媒体矩阵”,在国家级、省级刊物发表论文各1篇,17篇论文在省、市检察机关理论调研年会获奖;在省级以上媒体刊登稿件53篇,新媒体发布各类检察新闻信息800余条,检察故事借助媒体矩阵“飞入寻常百姓家”。

各位代表,过去一年,珠山区人民检察院始终牢记习近平总书记的殷殷嘱托,感恩奋进。回首过去,我们愈加体会到检察工作的点滴进步,都离不开区委的坚强领导,离不开区人大及其常委会的有力监督,离不开区政府、区政协及社会各界的关心、支持和帮助。在此,我谨代表区检察院向各位代表及长期关心支持检察工作的领导和同志们表示由衷的感谢和崇高的敬意!

我们也清醒认识到,工作中还存在薄弱环节:一是检察工作服务保障大局的能力和水平有待进一步提高。二是法律监督能力与新时代司法办案要求有待进一步适应。三是落实司法责任制,激发干警活力有待进一步加强。针对上述问题,我们将采取有效措施,认真加以解决。

2020年工作安排

2020年是决胜全面建成小康社会和“十三五”规划的收官之年。在这至关重要的一年,珠山区人民检察院将继续坚持以习近平新时代中国特色社会主义思想为指导,紧紧围绕景德镇国家陶瓷文化传承创新试验区建设,进一步做优做强做实做好“四大检察”,肩负起维护社会大局稳定、促进社会公平正义、保障人民安居乐业的职责使命,为擦亮国际瓷都对话世界的窗口提供更加优质的检察产品。

(一)以更高的站位把牢检察工作方向

坚持以习近平新时代中国特色社会主义思想为指导,坚持党对检察工作的绝对领导,坚持以人民为中心的发展思想,始终在思想上政治上行动上同以习近平同志为核心的党中央保持高度一致。把干警的思想统一到党中央的各项决策部署上来,把工作的着力点放在充分履行各项法律监督职责上来。

(二)以更实的作风服务全区发展大局

牢固树立和落实新发展理念,聚焦服务保障“三大攻坚战”。继续深入推进扫黑除恶专项斗争,进一步强化打财断血、破网打伞、深挖根治力度,建立健全长效机制。充分发挥检察职能,促进“四大检察”协调发展,“十大业务”全面推进,为全区经济社会高质量发展提供法律服务。

(三)以更细的举措抓好疫情防控工作

立足检察职能,一手抓办案、一手抓防控,坚持办案、防疫两不误。一方面要从严从快打击各类涉疫情防控犯罪;充分发挥公益诉讼检察职能,加强与相关部门的沟通协作,共同做好疫情防控工作。另一方面要履行党员干部责任,践行初心使命,选派干警深入挂点村、社区坚守“疫”线,全力支持并投入疫情防控。

(四)以更紧的要求强化诉讼活动监督

牢牢把握宪法定位,全面加强对刑事立案、侦查、审判和执行活动监督,做优刑事检察,依法惩治犯罪,保障公民合法权益。大力推进民事行政多元化监督格局,做强做实民事行政检察;做好公益诉讼,促进依法行政。坚持和发展“枫桥经验”,深化“12309”检察服务,畅通信访渠道,依法解决群众诉求。

（五）以更严的标准加强检察队伍建设

突出问题导向，以司法改革为契机，以检察队伍正规化、专业化、职业化建设为方向，加大专业化人才和青年干警培养力度，提升队伍整体素能。严格落实全面从严治党“两个责任”，着力开展检察队伍教育整顿工作，坚持思想教育、制度约束相结合，实现“一个确保、三个提升”目标，锻造一支让党和人民信得过、靠得住、能放心的检察铁军。

道远且长，虽远必达；心之所向，行必能至。回望2019，我们笃信法治，坚守正义，我们是公平正义的守护者。2020 年，站在“两个一百年”奋斗目标的历史交汇点，在这举国上下万众一心、齐心战“疫”的特殊时期，我们将只争朝夕，不负韶华，为助力景德镇国家陶瓷文化传承创新试验区建设，擦亮国际瓷都对话世界的窗口留下更加坚实的检察足迹！

相关用语说明

1. 四大检察：在 2019 年全国检察长会议上，最高人民检察院检察长张军明确提出了“做优刑事检察、做强民事检察、做实行政检察、做好公益诉讼检察”的工作目标。

2. 认罪认罚从宽制度：新修订的《刑事诉讼法》第十五条增加了认罪认罚从宽制度。认罪认罚从宽制度是指犯罪嫌疑人、被告人自愿如实供述自己的犯罪，对于指控犯罪事实没有异议，同意检察机关的量刑意见并签署具结书的案件，可以依法从宽处理。

3. 一号检察建议：2018 年 10 月 19 日，最高人民检察院向教育部发送了一份《中华人民共和国最高人民检察院检察建议书》。在这份建议书中，最高检分析了办理的性侵幼儿园儿童、中小学生犯罪案件，针对校园安全管理规定执行不严格、教职员工队伍管理不到位，以及儿童和学生法治教育、预防性侵害教育缺位等问题，提出了 3 项具体建议。因这是最高检首次直接向国务院组成部门发送检察建议，也是最高检首次发出的社会治理创新方面的检察建议书，编号为一号，故称为“一号检察建议”。

4. 食品药品安全“四个最严”：习近平总书记提出的“最严谨的标准、最严格的监管、最严厉的处罚、最严肃的问责”，确保广大人民群众“舌尖上的安全”要求，切实增强责任感紧迫感，推进食品安全治理体系和治理能力现代化，扎实做好食品安全工作，牢牢守住食品安全底线。

5. 三个规定：《领导干部干预司法活动、插手具体案件处理的记录、通报和责任追究规定》《司法机关内部人员过问案件的记录和责任追究规定》《关于进一步规范司法人员与当事人、律师、特殊关系人、中介组织接触交往行为的若干规定》，简称为“三个规定”。

景德镇市珠山区 2019 年国民经济和社会发展计划执行情况与 2020 年国民经济和社会发展计划草案的报告（书面）

——2020 年 5 月 18 日在珠山区第十届人民代表大会第五次会议上

珠山区发展和改革委员会主任　江智中

各位代表：

受区人民政府委托，向大会作 2019 年全区国民经济和社会发展计划执行情况与 2020 年国民经济和社会发展计划草案的报告，请予审议，并请各位政协委员和其他列席会议的同志提出宝贵意见。

一、2019 年国民经济和社会发展计划执行情况

2019 年，在区委、区政府的坚强领导和区人大的监督支持下，全区上下以习近平新时代中国特色社会主义思想为指引，深入贯彻落实十九大和十九

届二中、三中、四中全会精神,坚持稳中求进的总基调,积极参与景德镇国家陶瓷文化传承创新试验区建设,按照区委、区政府的决策部署,围绕稳增长、兴产业、优环境、促发展、惠民生等重点任务,主动担当、真抓实干、奋力争先,全区经济总体保持平衡健康发展,社会事业取得了新的进步,较好地推进落实了区十届人大四次会议确定的各项目标任务。

(一)经济运行总体平稳向好,主要指标增速明显

2019年,面对错综复杂的外部环境和艰巨繁重的改革发展任务,全区经济稳中向好、稳中有进、进中提质,转型发展呈现全面发力、多点突破、纵深推进的良好态势。全年生产总值218.06亿元,增长7.7%;财政总收入22.3亿元,增长5.53%;社会消费品零售总额139.45亿元,增长11.0%;固定资产投资增长10.5%;规模以上工业增加值增长5.1%;城镇固定资产投资增长10.5%;城镇居民人均可支配收入增长8.0%。

(二)产业发展持续优化,主次分明特点突出

聚焦产业转型升级,提升产业发展品质,构建具有珠山"特质"的现代产业体系,全面推动产业发展质效齐升,新增入库"四上"企业49家,总量持续保持全市前列。

产业结构不断优化。加大现代服务业培育力度,积极探索陶瓷、物流等总部经济扩容升级,成功招引了佛山"众陶联"等15家陶瓷总部经济落户我区,全年新增总部经济企业55家,实现税收3.24亿元;众云物流科技平台落户整车物流企业35家,市场份额逐步扩大。龙工场海外集采中心落户三宝文创中心,横店电影城九集小镇店、"两两书店"落户我区。同时,完成房地产税收4.18亿元,增长56.2%,陶阳·菁华轩(一期)项目顺利实施。

创新创业再添活力。"3个100设计工程"稳步实施,78个创意设计产品先后投入市场,其中,"胶囊杯"获评国际工业设计界顶级奖项"德国红点奖"。引入大龙网、网库等知名电商企业,形成设计龙头+小微企业群、线上龙头+线下企业群等创新模式,创新活力竞相迸发。通过"财园信贷通""百福物流贷"政策,有效化解工业企业融资难、融资贵等问题,为45家企业担保贷款2.2亿元,新增规上企业4家,兴航科技公司获评江西省军民融合企业项目,万向底盘公司获批江西省"一企一技"技术成果产业化项目。

文化旅游优势凸显。成功举办珠山区文化旅游推介会、第五届三宝论坛,打造了12家"书香珠山·城市文化会客厅",联合江西广播电视台组织开展《江山多娇·我和我的家乡:古镇珠山》直播宣传推介活动。促进文化与产业融合发展,隐居、既下山、柒竹等知名民宿企业成功招引落地,三宝国际瓷谷获评全省商业旅游文化融合发展示范区,陶瓷文化游学产业规模逐步壮大。

(三)扎实推进"双创双修",城乡面貌华丽嬗变

加快推进重点项目建设,持续改善市容市貌,着力推进城市品质和功能提升。

棚改征收任务圆满完成。按照市棚改工作统一安排,实施完成凤凰山东、西两侧、老陶院周边、中华北路御窑(珠山片区、石狮埠片区)棚改项目,共征收房屋3155户、面积约57万平方米,征收户数占全市总量约41.32%。

重点项目建设强力推进。扎实开展"大干项目年"活动,2019年全区共推进重点工程建设项目18个,其中重点调度政府投资类项目13个,实际开工建设项目10个,项目开工率达76.92%;累计完成投资8.23亿元,同比增长107%。其中,东片区新厂东路、何家桥2条改造提升道路工程实现通车,珠山新区道路网络已经基本形成。三宝国际瓷谷三期有序推进,景德大道延伸段年内具备通车条件,城区东西向出行更加顺畅。珠山区图书馆、新行政服务中心开工建设;启动了珠山发展中心项目建设,进一步拓宽城区发展空间。

城乡环境面貌焕然一新。统筹推进老旧小区和背街小巷改造工程,不断完善基础设施和配套服务设施建设,对新枫园、春天花园等86个老旧小区的改造提升,涉及住户2.15万户、占全市总量的78%;优化改造天门山路、江家下弄等162条背街小巷,人居环境得到全面提升。东片区新厂东路、何家桥2条改造提升道路工程实现通车,珠山新区道路网络已经基本形成。

城市管理水平更加精细。深入推行"公安+城管"模式,管理执法力度、深度和广度成效显著。率先启动餐饮服务食品安全社会共治示范街打造,农贸市场实现精细化、常态化管理,昌河农贸市场获评四星级农贸市场。持续保持打击"两违"高压态势,全年拆除"两违"面积5.2万平方米。"大棚房"整治工作圆满完成,违建别墅清查整治工作有序推进。

（四）深入推进改革工作，开放水平显著提升

加大改革攻坚力度，提高对外开放水平，进一步释放了发展活力。

改革工作全面落实。深化“放管服”改革，统筹推进政务服务实体化和网络化建设，“赣服通”珠山分厅上线运行。全面落实延时错时预约服务，让“百姓少跑腿、信息多跑路”。深入推进“降成本、优环境”专项行动，全面落实减税降费政策，减轻市场主体负担超过4.1亿元。

国家试验区建设有序推进。紧紧抓牢“景德镇国家陶瓷文化传承创新试验区建设”政策红利，制定出台了《珠山区关于用心用情落实习近平总书记殷殷嘱托全力推进景德镇国家陶瓷文化传承创新试验区建设的实施方案》，用实际行动为国家试验区的建设贡献珠山力量。

对外开放持续扩大。大力实施“三请三回”，先后赴长春、柳州等整车物流集聚区和潮州、佛山等陶瓷主产区开展精准招商，国内陶瓷产品垂直电商平台大龙网、海外陶瓷产品集采中心龙工场等项目已落户我区。积极参加“江西省赣深产业推介会”“第二届中国国际进口博览会”等系列活动，全年引进内资45亿元，引进并落地1000万元以上项目49个。

（五）生态环境全面提升，整改治理成效显著

深入开展“净空、净水、净土”专项整治行动，加快推进了水、大气、土壤环境综合治理，辖区生态文明建设水平全面提升。坚决打好污染防治攻坚战，关停“散乱污”企业15家，退城进园73家，清理固废堆积点6处，清除黑臭水体2800余处，安装油烟净化设备800余台，气、水、土等主要环境指标稳定改善，持续保持在全省前列。12个新农村建设项目顺利完工，农村改厕工作全面完成，卫生厕所普及率达100%，生活污水明沟直排得到有效管控，文明农户示范引导作用充分发挥，村容村貌和乡风文明得到显著提升。探索实现垃圾分类全链条模式试点工作，打造前端分类投放、中端分类收运、末端分类处理的完整“闭环”，确定“梨树园南苑社区、三宝马鞍岭民宿风景区”为生活垃圾分类工作推动示范试验点。深化餐饮油烟整治工作，对辖区范围内的餐饮店进行上门排查，对有问题的商家下达《责令整改行为告知书》并限期整改。巩固深化“禁燃”攻坚战成果，严格控制垃圾、秸秆焚烧现象。竟成镇马鞍岭新村荣获“2019年中国美丽休闲乡村”殊荣。

（六）民生投入持续增加，社会事业协调发展

2019年全区新增城镇就业4700余人，城镇就业率96.6%，城镇“零就业”家庭安置率达100%。推进医疗救助制度城乡统筹发展，实施城乡医疗救助3万余人次，基本实现医保全覆盖。区妇幼保健院搬迁提升改造工程全面完工并投入使用，14个公有产权村卫生室全面达到建设标准。按时足额发放职工养老金5.15亿元，及时发放临时物价补贴180余万元。投入约3亿元高标准建设珠山区陶阳学校、陶新小学、十七小分校、珠山实验幼儿园，新增学位5220个，推进教育事业更加均衡优质发展。新建景城名郡、尚东国际长者之家养老服务中心，在童街村、银坑村、新厂村、方家山村打造“瓷都爱心食堂”养老助餐品牌。扎实推进扶贫工作，4户9人实现高质量脱贫，实施完成7个产业扶贫项目，中央巡视整改、夏季整改巩固提升反馈问题全部整改完成。深入推进退役军人服务保障体系建设，高标准、规范化建设好79个退役军人服务中心（站），发放优待抚恤金766万元。加强民兵预备役部队建设，扎实开展“双拥”工作。纵深推进扫黑除恶专项斗争，打掉黑社会犯罪组织2个，黑恶势力犯罪集团8个，恶势力犯罪团伙6个，查处黑恶势力“保护伞”问题4起10人。充分运用“百姓说事”平台，加快化解信访积案，全区社会大局持续保持和谐稳定。

政府自身建设方面，持续开展“五型”政府建设，增强政治定力、实干定力。认真落实区委、区政府决策部署，自觉接受人大的依法监督和政协的民主监督，2020年以来共办理人大代表建议26件、政协提案81件，办复率均为100%。严格执行中央八项规定，深入开展作风建设，全面整治“怕、慢、假、庸、散”突出问题。

此外，认真开展了普法工作。科技、防震减灾、人武、老龄、统计、审计、物价、民族宗教、双拥、地方志等各项工作都在强化职能，服务大局上有了新的进步。

总的来看，2019年我区经济运行质量有所提升，结构调整步伐加快，民生得到进一步改善，企业和市场信心逐步回升，主要经济指标继续保持增长，为2020年经济和社会发展奠定了较好基础。在当前国内外经济发展环境错综复杂的情况下，取得这样的成绩极为不易，这是认真贯彻党中央、国务院和省委、市委一系列重大方针政策的结果，是区委、区政府科学决策、正确领导的结果，是全区干部

群众团结奋进、共同努力的结果。与此同时,我区经济社会发展也存在不少困难和问题,主要体现为:受疫情和外部环境的影响,经济下行压力持续加大,财政税收受政策性减税影响同比减少,民生保障等刚性支出加大,财政收支平衡压力加大;产业体系竞争力不够强,城市管理精细化、智慧化水平不够高;工程管理、招商引资、经营管理类人才比较缺乏等。对于这些问题,我们将在今后的工作中予以高度重视,千方百计逐步加以解决。

二、2020年国民经济和社会发展计划安排

2020年是全面建成小康社会、决战脱贫攻坚和“十三五”规划的收官之年,也是国家试验区建设的开局之年、关键之年。按照中央和省、市部署,结合珠山实际,2020年全区经济社会发展工作的总体要求是:以习近平新时代中国特色社会主义思想为指导,全面贯彻党的十九大和十九届二中、三中、四中全会以及中央经济工作会议精神,深入贯彻习近平总书记视察江西重要讲话精神,增强“四个意识”、坚定“四个自信”、做到“两个维护”,认真落实省委、省政府工作要求,深入贯彻市委、市政府工作部署,紧扣全面建成小康社会目标任务,坚持稳中求进工作总基调,坚持新发展理念,坚决打赢三大攻坚战,做好“六稳”工作,落实“六保”任务,积极参与景德镇国家陶瓷文化传承创新试验区建设,全力实施“三个五”战略行动,推动高质量跨越式发展,用实干擦亮国际瓷都对话世界的窗口。

2020年全区国民经济和社会发展的主要预期目标:

——地区生产总值增长8.0%左右;

——财政总收入增长6.0%;

——规模以上工业增加值增长6.0%左右;

——城镇固定资产投资增长10.0%左右;

——社会消费品零售总额增长10.5%左右;

——实际利用外资增长6.0%左右;

——城镇居民可支配收入增长8.0%左右;

——其他各项事业全面发展,节能减排等指标达到省、区提出的相关目标值。

为实现以上目标,2020年务必抓好以下几方面工作:

(一)积极融入景德镇国家陶瓷文化传承创新试验区建设

深入贯彻落实《珠山区关于用心用情落实习近平总书记殷殷嘱托全力推进景德镇国家陶瓷文化传承创新试验区建设的实施方案》,紧紧围绕“一轴一带一区多点”中与珠山密切相关的项目,着力打好传承、创意、融合、国际、景漂“五张牌”。

注重陶瓷历史文化保护和传承。加大对老城区整体保护力度,推进以御窑厂遗址公园为核心的陶阳里历史街区、三宝国际瓷谷为核心的陶源谷艺术景区集中连片保护利用,使古里弄、古窑址、古作坊、古民居、珠山八友博物馆等遗址都能够“说出自己的故事”。积极配合实施景德镇城区老瓷厂改造项目、景德镇近现代陶瓷工业遗产综合保护开发二期、陶溪川二期等工业文化遗产项目。

激发陶瓷产业创新创业活力。加快珠山区陶瓷总部基地建设,打造现代服务业发展集聚群。依托三宝国际文创中心、洛客设计谷,发展陶瓷工业设计产业,推动传统陶瓷设计向高端综合设计服务转变。实施“互联网+”战略,加强与国内外大型电子商务平台合作,积极打造国内顶尖的陶瓷产业垂直电商平台。研究制定《珠山区国家试验区人才发展规划》等文件,加快培养陶瓷人才队伍建设,优化人才发展环境。主动对接落实国家试验区企业销售自产传统手工技法制瓷产品简易办法征收增值税政策,为企业发展提供政策保障。

培育陶瓷文化旅游新业态。制定出台《珠山区全域旅游产业发展规划》,积极创建省级全域旅游发展示范区,加大旅游资源的整合力度,推出彭家弄、刘家弄、葡萄架、富强上弄等为代表的精品里弄旅游。加快推进陶源谷艺术景区等创建国家AAAA级景区、“沙陀山”陶瓷文化创意生态旅游项目、老鸦滩艺术社区项目,打造山水生态和陶瓷文化相融合的旅游目的地。同时,加快推进珠山区研学基地项目建设,打造集陶瓷学术研修、游学培训、文创体验为一体的交流平台。

(二)突出提质增效,激发产业发展新动能

积极发展现代服务业。加快制定现代服务业发展规划,继续做大总部经济、做精商贸服务、大力发展健康服务、旅游等生活性服务业,重视发展大型商贸综合体、精品酒店、高端写字楼和新型零售终端业态,努力建设商贸服务业强区。顺应先进制造业与现代服务业加速整合的趋势,大力发展生产性服务业,做强实体经济,促进产业发展高质量、多

元化,提升整体竞争力。

持续扩大双向开放。一是完善招商队伍组织架构,深化招商运作机制,提高招商引资的组织化程度和专业化水平。紧抓国家试验区建设的利好政策,加大招商引资工作力度,重点引进经济效益好、牵引带动力大、契合我区发展定位的企业,提高对经济发展的贡献度。二是用好用活人才发展专项基金,依托人才公寓和教育资源,落实交通出行、子女教育、生产生活等方面扶持政策,打造招才引智和“景漂”“景归”人才服务的“金字招牌”。三是主动融入国家对外开放大格局,推动国际友好城市“扩容”,鼓励企业抢抓“一带一路”发展机遇,引导优势产能更好地走向国际市场。同时,制定出台《珠山区数字经济三年行动计划》,重点打造数字经济产业园,为全区经济发展增添新动能。

优化平台载体建设。一是依托陶瓷总部经济平台和整车物流总部经济平台,积极招大引强,推动企业签约落地,加快形成集聚效应,实现爆发式增长。二是做大区国资公司规模,加快完成珠山新区、昌飞老厂房、珠山区发展中心土地以及全区行政办公用房资产注入。加快推进国资平台转型升级,优化组织架构,大力选拔和培养优秀人才,优化组织管理体系。力争获评AA信用等级,提升投融资造血功能。三是扩大三宝国际瓷谷品牌影响力,大力推进三宝国际瓷谷旅游提升项目,完善“智慧三宝”旅游管理服务系统开发,推进三宝路沿线拆围透绿、灯光亮化、水系畅通,完善两侧支线毛细血管基础设施功能,集聚创新资源,驱动发展全面提速。

(三)突出项目建设,提升城市品质和文明程度

加大项目建设力度。坚持“项目为王”理念,以项目建设带动高质量跨越式发展。继续落实棚改任务,着力推进27个区级重点建设项目,统筹协调解决资金保障、土地规划等重难点问题。要进一步规范工程项目管理,在确保质量和安全的前提下,加快施工进度,打造品质工程。围绕国家试验区重点项目建设任务,积极主动靠前,在征地征收、施工环境、信访维稳等方面,为市级重点项目建设提供有力保障。积极配合昌景黄铁路(珠山段)建设,全力推进其他项目建设。

提升城市管理水平。持续开展“双创双修”工作,推进背街小巷改造提升工程,不断丰富城市文化内涵。巩固深化城乡环卫一体化、社区管理体制等改革成果,有效整合街道管理职能和社区服务功能,建立扁平化的城市管理模式,实现“天上有云、地下有格、格中有人、人人有责”。全面提升农贸市场管理水平,巩固深化示范路创建成果。按照省、市统一部署推进垃圾分类和处置。坚决高压打击“两违”,狠抓市容市貌专项整治,实现市容市貌治理的制度化、规范化、长效化。

(四)突出协调推进,强化生态绿色发展新路径

牢固树立“绿水青山就是金山银山”理念不动摇,坚持保护与修复并重,深入推进“净空、净水、净土”行动,打好污染防治攻坚战,积极稳妥推进殡葬改革,治理青山白化。加快推进新厂李家黑臭水体和昌江河青塘段流域治理,确保重点地段水环境质量达标。全面落实乡村振兴规划,加快推广马鞍岭新村“三个三”模式,依托生态、农房、土地等优势,吸引外部资源,激发农业农村发展活力,在银坑村、方家山村、小港咀村打造8个新农村建设样板点,实现农村人居环境整治提升与乡村振兴同频共振。严格执行生态保护红线,积极稳妥解决环境污染问题,坚决打赢蓝天、碧水和净土保卫战。

(五)突出保障举措,切实提高人民群众幸福感

一是加大就业创业扶持力度,大力开展职业技能培训和创业培训,做好高校毕业生、返乡农民工、贫困劳动力、退役军人等重点群体就业工作,推动各项扶持和保障政策精准落地。二是深入开展居家和社区养老服务改革试点工作,规划新建2个社区嵌入式养老服务项目,推进竟成镇7个建制村完成农村互助养老服务设施建设,推动居家和社区医养融合发展,推进医疗资源进社区、进家庭,促进养老事业健康发展。启动珠山区社会福利中心开工建设。三是抓好重大疾病免费救治、基本公共卫生服务项目、计划免疫规划等卫生健康民生工程。四是高标准、高质量做好精准扶贫工作,紧盯剩余4户11名贫困群众,确保如期实现脱贫目标。五是持续深化“扫黑除恶”专项斗争,着力铲除黑恶势力滋生土壤。完善应急管理和防灾减灾救灾体制机制,扎实开展安全隐患排查大整治,构建立体化社会治安防控网络,为人民群众提供更加可靠的安全保障。扎实做好国防动员、国防教育、国家安全、人民防空、防火灭火和退役军人事务工作,争创全国双拥模范城“七连冠”。六是在政府自身建设方面,持之以恒贯彻落实中央八项规定精神,驰而不息纠正“四风”,坚持依法行政,从严治政,规范行政行为,提高行政质量、效率和政府公信力,全面推进“五型”政府建设,努力促进各项工作取得新的更大的进步。

同时,2020年是编制我区“十四五”规划的关键之年。我区已全面启动规划编制工作,印发了《珠山区“十四五”规划编制工作方案的通知》和《珠山区“十四五”规划总体工作安排的通知》,细化责任分工和工作流程,切实营造编制“十四五”规划的浓厚氛围。我们将在全面总结“十三五”规划完成情况的基础上,紧紧围绕经济发展、产业振兴、基础设施建设、生态文明建设、社会民生等多个领域,科学设置指标、目标,积极谋划“十四五”规划的重大项目,提出发展重点和举措,加快推进“十四五”规划的编制工作,及时提交区人民代表大会审议。

各位代表,让我们更加紧密地团结在以习近平同志为核心的党中央周围,高举习近平新时代中国特色社会主义思想伟大旗帜,在区委、区政府的领导下,在区人大、区政协的监督支持下,全力实施“三个五”战略行动,坚定信心、抢抓机遇、奋力进取,积极参与景德镇国家陶瓷文化传承创新试验区建设,全面完成“十三五”规划目标,不忘初心、牢记使命,用实干擦亮国际瓷都对话世界的窗口。

景德镇市珠山区2019年财政预算执行情况和2020年财政预算草案的报告(书面)

——2020年5月18日在珠山区第十届人民代表大会第五次会议上

珠山区财政局局长　刘方孟

各位代表:

我受区人民政府委托,向大会报告2019年财政预算执行情况和2020年财政预算草案,请予审议,并请各位政协委员和其他列席会议的同志提出意见。

一、2019年财政预算执行情况

2019年,在区委、区政府的正确领导下,区人大及其常委会的监督支持下,贯彻落实中央和省、市战略部署,坚持稳中求进,深入推进财税体制改革,全年财政收入保持平稳增长,支出结构不断优化,基本民生和城市双创保障有力,全区经济社会健康发展。

1. 全区公共财政预算执行情况

2019年,全区完成公共财政预算收入6.92亿元,为预算的97%,调整预算的100%,同比增长2.36%(本级财政完成公共财政预算收入5.8亿元,竟成镇完成公共财政预算收入1.12亿元)。其中:完成税收收入4.4亿元,完成其他各项收入2.52亿元。全年公共财政预算收入加上上划中央、省级、市级预算收入15.38亿元,全区共完成财政总收入22.3亿元,为预算的100%,同比增长5.53%。

2019年,全区公共财政预算支出执行数为23.47亿元(含中央、省、市一般性转移支付支出和专项转移支付支出),同比增长12.95%。具体支出分项完成情况是:

——一般公共服务支出
54455万元;

——公共安全支出
4753万元;

——教育支出
28304万元;

——科学技术支出
249万元;

——文化体育与传媒支出
856万元;

——社会保障和就业支出
46152万元;

——医疗卫生与计划生育支出
15243万元;

——节能环保支出
895万元;

——城乡社区事务支出
59513万元;

——农林水事务支出

9486 万元；

——资源勘探信息等支出

5980 万元；

——商业服务业等事务支出

335 万元；

——国土海洋气象等支出

118 万元；

——住房保障支出

5636 万元；

——灾害防治及应急管理支出

447 万元；

——其他支出

1326 万元；

——债务还本付息支出

925 万元；

——债务发行费用支出

11 万元。

2. 全区政府性基金预算收支执行情况

2019 年，全区政府性基金总收入 2.03 亿元，其中：政府性基金补助收入 2.03 亿元；全区完成政府性基金预算支出 2.02 亿元，其中：调出资金 2 亿元。

3. 全区社会保险基金预算收支执行情况

2019 年，全区完成社会保险基金总收入 6.43 亿元。其中：企业养老保险基金收入 41415 万元，工伤保险基金收入 160 万元，失业保险基金收入 595 万元，城镇职工基本医疗保险基金收入 5571 万元，城乡居民养老保险基金收入 480 万元，居民基本医疗保险基金收入 8560 万元和机关事业单位基本养老保险基金收入 7486 万元。

2019 年，全区完成社会保险基金总支出 7.50 亿元。其中：企业养老保险基金支出 50863 万元，工伤保险基金支出 21 万元，生育保险基金支出 20 万元，失业保险基金支出 70 万元，城镇职工基本医疗保险基金支出 7252 万元，城乡居民养老保险基金支出 347 万元，居民基本医疗保险基金支出 8493 万元和机关事业单位基本养老保险基金支出 7892 万元。

4. 全区预算执行平衡情况

2019 年，全区公共财政预算收入加上返还性收入、一般性转移支付收入、专项转移支付收入和上年结余，以及债务收入等，总收入为 25.87 亿元。当年公共财政预算支出、体制上解支出、专项上解支出和债务支出等，总支出为 25.21 亿元，全年总收支相抵，累计结转下年支出 0.66 亿元，当年财政收支保持平衡。

2019 年，全区政府性基金预算收入为上级补助收入和上年结余，全年政府性基金总收入 2.10 亿元；全年政府性基金总支出 2.02 亿元，基金总收支相抵结余 0.08 亿元，政府性基金同样实现当年平衡。

2019 年，全区社会保险基金预算总收入 6.43 亿元，全年社会保险基金预算总支出 7.50 亿元，基金总收支相抵累计结余 2.18 亿元，社会保险基金实现当年平衡。

以上为预算收支执行数，在全市决算编制汇总后可能会有小的调整，总收入、总支出相应会发生一些变化，届时再向区人大常委会报告。

二、2019 年财政重点工作情况

2019 年区财政部门主动适应经济发展新常态，积极推进稳增长、促改革、调结构、惠民生、防风险各项工作，充分发挥公共财政职能，为全区经济社会持续健康发展提供有效的财力支撑。

1. 强化征管，实现财政收入增长预期。2020 年以来，全区财税部门认真贯彻执行党中央、国务院减税降费政策，积极组织财政收入，实现财政收入预算计划。一是强化税收征管入库。围绕财政收入预算目标，坚持“依法征收、强化监管、依法减免、强化服务”的原则组织财政收入，支持持续释放财税改革红利惠民政策，切实减轻企业负担，加强税源监测分析和重点行业、重点企业税源管控，努力把经济发展优势转化为税收收入优势。二是积极拓展税源建设。以招商引资为抓手，优化投资环境，提供优质服务，不断开拓新的陶瓷总部经济收入来源，支持我区特色支柱税源发展壮大，不断提升财政收入质量，提高风险应对能力。三是稳固提升税收质量。支持涉税信息平台建设，推进综合治税，深入开展信息管税，提高征管服务水平，做到应收尽收。四是全面推进非税电子化。继续深化全区非税收入“电子票据”改革，非税收入收缴实行电子化全覆盖，“收支两条线”得到进一步巩固，全区基本实现了财政票据和非税收入收缴电子一体化管理体系。截至目前区税务部门已为 1.59 万户，2.7 万户次企业办理相应的减税。

2. 优化结构，切实提高资金使用效益。支持落实减税降费政策，进一步调整优化财政支出结构，统筹兼顾,有保有压。一是严格执行中央八项规定精神和厉行节约反对浪费的要求,根据"兜底线,保重点"的原则,严控一般性支出和压缩行政成本,集中财力用于保障区委、区政府重大战略部署和重点支出;二是进一步树立全区预算单位过"紧日子""苦日子"的思想,严格控制公用经费的预算追加,压减了全区预算单位5%一般性支出404万元,"三公"经费同比下降;三是坚持"保工资、保运转、保基本民生"的原则,突出重点财政安排支出,确保财政供养人员工资的正常发放,机关部门的正常运转,各项民生保障项目的有序推进;四是强化扶贫资金拨付平台。切实加强全区扶贫拨付资金平台的监管,加强对各类财政扶贫资金的分配、下达、支付及项目资金绩效目标执行等情况进行逐环节全流程管理,发现问题及时解决,有效提高扶贫资金使用效率。

3. 改善民生,持续增进社会和谐发展。本着"尽力而为、量力而行"的原则,坚持以人民群众为中心的发展理念,不断增强民生和社会事业的保障力度,全年财政八项支出20.96亿元,占公共财政预算支出的比例达89.3%。一是强化民生保障。进一步加大对就业困难群体的帮扶力度,积极拓宽就业渠道,投入540万元支持扩大小额担保贷款规模,拨付财政资金1102万元支持就业和再就业;进一步扩大养老、医疗、失业、工伤和生育保险覆盖面,不断提高社会保障水平,其中用于资助困难企业职工参加城镇职工医疗保险5376万元;完善应保尽保制度,全年发放城乡最低生活保障资金8262万元,老年长寿补贴645万元;落实各项残疾人补贴政策,重残老人的护理,支持居家养老服务中心建设,不断增强群众获得感。二是促进教育优先发展。全年安排各类教育资金2.83亿元,全面落实义务教育经费保障机制政策,"两免一减"得到认真贯彻,全区城乡义务教育学校的正常运转得到了保障,校园安全工程、城乡学校基础设施建设得到进一步加强,全区教育事业均衡优质发展得到进一步提升。三是全力支持脱贫攻坚。全年安排扶贫专项资金823万元,切实统筹整合各类扶贫政策资金,强化专项资金使用管理,扎实推进贫困人口"两不愁、三保障",实现了"产业+金融"帮扶贫困户全覆盖。四是深化医疗体制改革。安排资金2791万元,用于公共卫生体系和医疗救助体系建设,社区卫生服务投入,进一步提高国家基本药物制度,落实城乡基本公共卫生服务均等化。五是惠农政策落实到位。全年发放惠农补贴"一卡通"项目5个大项14个小项,涉及抚恤补助、伤残抚恤、退役士兵生活补助、农村五保户、农村低保、水库移民扶助等方面,惠农5917万人次,补贴资金369万元,发放率达99.8%。

4. 筹措资金,着力支持城市双创建设。2020年以来,区财政部门主动作为积极参与,筹集资金支持城市"双创双修"。一是支持城市项目建设。通过财政安排、政府转贷地方新增债券和土地出让等多种渠道筹措资金1.33亿元,全力助推我区"双创双修""背街小巷"综合改造工程、住宅小区改造和陶阳学校等重点民生项目的建设投入。二是提升城市管理水平。财政安排投入1.26亿元用于推进"公安+城管"联勤执法和环卫一体化、城市里弄环境服务外包等市政基础设施日常养护和城市环境保护工作,持续改善城镇环境卫生和城市面貌,进一步提高城市环境品质,全区城市管理水平得到进一步提升。

5. 深化改革,提高财政科学理财水平。积极推进地方现代财政制度,加快财税体制改革,加强预算刚性约束,提高精细化管理水平,促进依法理财。一是深化预算管理改革。进一步推进全区预算部门和单位全口径预算管理,强化规范收支行为,健全审批支出流程,明确预算管理权责,不断提高财政统筹能力,规范透明的预算管理机制。二是预决算公开全面开展。持续开展全区预算、决算信息公开,3月份和9月份两个时间段,全区65个预算部门通过区政府、部门门户网站,将2019年和2018年财政预算、决算,部门预算、决算以及"三公经费"预算、决算等信息内容,按要求予以公开,主动接受社会监督。三是深入推进国库集中支付改革。不断推进全区科学规范的财政资金,支付业务纳入政府财政信息系统支付平台,动态监控预算单位的预算执行,强化控制财政资金支付活动全过程。四是盘活财政存量资金。认真开展财政存量资金清理盘活工作,对已满两年仍未使用的各项财政资金进行清理,清查出单位部门存量资金2159万元,已上缴区财政国库,切实提高了资金使用效益,更好发挥财政政策稳增长、调结构的积极效用。五是加强专项资金运行监督。充分发挥财政监督职能,常态化下监督全区各项专项财政资金使用,年度安排教育、社保、惠农三个民生专项资金检查组开展实地检查,通过监督检查,对发现问题及时下达整改通知书,单位预算执行责任主体意识得到进一步增强。六是切实化解年度隐性债务。依托“地方政府性债务管理系统”和“全口径债务监控系统”两个平台,及时更新债务系统内数据库数据,动态监控政府性债务变化。严格执行《珠山区工程项目资金管理暂行办法》,制定了全区十年隐性债务化债计划,积极筹资并督促债务对应单位,按时足额做好隐性债务归还计划的实施,2019 年全区偿还各类隐性债务 5.01 亿元。七是完善政府采购监督管理机制。2019 年全区共完成政府采购项目的审批 407 项,其中:公开招标 55 项、单一来源 4 项、竞争性磋商 14 项,全年采购预算金额合计 11050 万元。节约资金 220 万元,节约率达到 2%。

各位代表,目前财政运行管理中还存在突出的困难。一是财政收入增速趋缓,持续增长压力较大,收支矛盾仍较为突出;二是政府性债务还本付息、化解压力逐年增大与财政稳健运行的矛盾更加突出;三是预算执行的规范性和约束性不够,部门项目支出进度较慢,预算评价和预算绩效有待进一步提高。对于这些问题,我们将认真分析,找准症结,综合施策,切实加以改进和提高。

三、2020 年财政预算(草案)

2020 年我们将以习近平新时代中国特色社会主义思想为指导,全面贯彻党的十九大和十九届二中、三中、四中全会精神,深入贯彻习近平总书记视察江西重要讲话精神,增强“四个意识”、坚定“四个自信”,认真落实区委、区政府工作要求,紧扣全面建成小康社会目标任务,坚持稳中求进工作总基调,坚持新发展理念,实施更加积极有为的财政政策,积极配合好国家陶瓷文化传承创新试验区建设和实施全市“三个五”战略行动,坚决打赢三大攻坚战,为推动全区高质量跨越式发展提供坚强的财政保障。

1. 全区公共财政预算安排建议

按照 2020 年珠山区国民经济和社会发展计划,建议 2020 年我区公共财政预算收入为 7.24 亿元,同比增长 4.5%。

公共财政预算收入加上上划中央、省级、市级预算收入 16.41 亿元,财政总收入预算安排 23.65 亿元,同比增长 6.0%。

2020 年,全区公共财政预算收入预算安排 7.24 亿元,加上上级补助收入 7.9 亿元,新增政府债券 1.36 亿元,上年结转 0.65 亿元,减去上解上级支出 1.65 亿元,公共财政预算可用财力 15.50 亿元。公共财政预算支出预算安排 15.50 亿元,全区实现公共财政预算收支平衡。

2020 年公共财政预算支出预算安排 15.50 亿元,具体分项是:

——一般公共服务支出

36760 万元;

——公共安全支出

4222 万元;

——教育支出

24061 万元;

——科学技术支出

1095 万元;

——文化体育与传媒支出

2076 万元;

——社会保障和就业支出

27393 万元;

——卫生健康支出

6382 万元;

——节能环保支出

204 万元;

——城乡社区支出

24928 万元;

——农林水支出

5423 万元;

——资源勘探电力信息等支出

5810 万元;

——商业服务业等支出

1800 万元;

——自然资源海洋气象等支出

100 万元;

——住房保障支出

2286 万元;

——灾害防治及应急管理支出

157 万元;

——其他支出

5803 万元;

其中:预备费

1200 万元;

——国债还本付息支出

6500 万元。

2. 全区政府性基金预算安排建议

2020 年,区政府性基金无预算收入,安排转移支付收入 50 万元,上年结余政府性基金 779 万元,安排政府性基金预算支出(彩票公益金支出)100 万元,全年政府性基金预算收支平衡。

3. 全区社会保险基金预算安排建议

2020 年社会保险基金收入预算为 7.63 亿元(其中:企业养老保险基金收入 52011 万元,失业保险基金收入 80 万元,城镇职工基本医疗保险基金收入 5828 万元,城乡居民养老保险基金收入 526 万元,居民基本医疗保险基金收入 9380 万元和机关事业单位基本养老保险基金收入 8467 万元)。

2020 年安排社会保险基金支出 8.3 亿元(其中:企业养老保险基金支出 56690 万元,失业保险基金支出 132 万元,城镇职工基本医疗保险基金支出 7865 万元,城乡居民养老保险基金支出 382 万元,居民基本医疗保险基金支出 9230 万元和机关事业单位基本养老保险基金支出 8698 万元)。当年预计收支结余 -0.67 亿元,年末累计结余 1.51 亿元,全年社会保险基金预算基本持平。

4. 全区国有资本经营预算安排建议

2020 年安排全区国有资本经营收入预算 4 亿元(其他国有资本经营预算收入);安排全区国有资本经营支出预算 3.91 亿元(其他国有资本经营预算支出),全年国有资本经营收支预算保持平衡。

四、2020 年主要工作任务

2020 年财政预算工作,将立足全区经济社会发展大局,按照“合理生财、科学聚财、节俭用财、高效理财、规范管财”的要求,为全区的经济发展和社会进步,决战脱贫攻坚战和“十三个五”规划收官,支持常态化疫情防控,推动全区企业复工复产,积极培育壮大新的增长点增长极,努力完成全年财政预算目标任务。重点围绕以下几个方面开展:

1. 强化生财聚财,着力提升财政质量。一是加强收入征管。建立健全税收分析、征收管理、纳税评估、税务稽查“四位一体”联动机制,切实抓好重点行业、重点税源、重点税种的有效监控,提高征管效率。二是强化财源建设。把抓项目、调结构、促转型放在财源建设的首位,充分发挥财政资金引导作用,强化项目建设和产业发展的财税导向,将财税贡献率作为项目申报、招商引资和资金分配的重要依据。三是支持减税政策。切实减轻企业负担,构建多元化投融资,放大财政资金引导、示范和带动的杠杆效应,推进全区经济总量做大,加快企业产业结构升级发展。四是盘活存量资金。牢固树立“节支也是增收”的观念,调整和优化支出结构,完善预算执行约束机制,切实盘活资金,避免资金沉淀闲置。

2. 调结构惠民生,着力提升保障水平。按照建立公共财政要求,不断优化财政支出结构,集中财力切实保障经济社会发展和民生需求。一是坚持三保民生优先。突出“三保一压”,坚持“保工资、保运转、保基本民生”的原则,严格控制压缩等一般性支出,集中财力支持民生改善。二是坚持惠民政策落实。建立统一、规范、稳步增长的民生保障投入机制,落实国家和省市相关政策标准,提高低收入群体基本生活保障,足额落实民生配套资金,做到困难群体应保尽保。三是坚持公益事业保障。持续推进教育优先原则,进一步完善城乡义务教育经费保障机制,支持学前教育发展;持续加大医疗卫生投入,深化医药卫生体制改革,加快覆盖城乡公共卫生体系建设和公共卫生应急支出的需求,及时有效落实新冠肺炎疫情防控资金预算安排和保障,推动文化、体育事业发展,提升城市品位。四是坚持推进支农政策。支持精准扶贫政策,加大精准扶贫财政保障力度,落实各项支农惠农政策,支持农村综合改革和开发、新农村建设,加大农业基础设施建设,促进农业发展、农民增收。

3. 强化改革引领,着力提升运行效率。不断完善财政制度,严格财政规范运作。一是继续深化预算管理制度改革。细化预算编制,完善全口径预算体系,提高年初预算到位率,落实经济分类科目改革方案,确保政府预算经济分类和部门预算经济分类两套科目平稳运行。二是继续抓好预决算公开,细化公开内容,推进预算信息公开常态化。三是继续强化预算绩效管理,扩大绩效管理覆盖范围,推进预算绩效管理与部门预算编制有机结合,切实加强绩效评价结果的应用。加强财政监督和专项检查,健全内控机制,推动绩效评价、资产管理、投资评审、财政监督、政府采购、国库集中支付与预算管理事前、事中、事后的有机结合,构建“六位一体”财政运行新机制,提高资金使用效益。四是继续完善政府性债务管理,规范债务举借、使用、偿还行为,实行政府性债务规模控制和分类管理,完善政府债务风险预警办法，加大政府存量债务置换力度和隐性债务化解，加强风险防范和应对。

4. 依法履职尽责，着力筑牢服务基石。一是不断加大财政干部职工教育培训力度，提升财政干部队伍的政治素质、法律素质和业务技能；二是加强财政作风建设，深化巩固“不忘初心、牢记使命”主题教育，提高依法理财水平和服务大局、服务中心、服务发展的能力；三是加强全区财政部门党风廉政建设，增强纪律意识、责任意识，主动接受监督，有效防控各类业务风险，确保财政干部廉洁和财政资金安全。

各位代表，不忘初心，鞭策我们永不懈怠；牢记使命，激励我们一往无前。我们坚信在区委、区政府的正确领导下，区人大及其常委会、区政协的监督支持下，以十九大精神为指引，认真贯彻落实本次会议的各项决议，坚定信心、锐意进取、真抓实干，努力开创财政改革发展新局面，为全面建成小康社会，打造富美新珠山做出更大的贡献！

报告附表目录

表 01

2019 年珠山区一般公共预算收入执行情况表(草案)

单位:万元

收入项目	2018 年决算数	2019 年执行数	2019 年执行对比%
财政总收入合计	67,626	69,221	102.4
其中:税务部门	53,657	44,023	82.0
其中:财政部门	13,969	25,198	180.4
一般公共预算收入合计	67,684	69,221	102.3
一、税收收入	53,715	44,023	82.0
增值税(含改增)	20,167	18,986	94.1
营业税			
企业所得税	3,725	4,206	112.9
个人所得税	1,983	918	46.3
资源税	212	65	30.7
城市维护建设税	3,260	2,941	90.2
房产税	1,250	1,067	85.4
印花税	899	1,259	140.0
城镇土地使用税	1,136	1,268	111.6
土地增值税	9,690	8,948	92.3
车船税	1,134	1,070	94.4
耕地占用税	10,259	3,295	32.1
契税			
环境保护税			
其他税收收入			
二、非税收入	13,969	25,198	180.4
专项收入	1,471	1,290	87.7
行政事业性收费收入	1,664	2,090	125.6
罚没收入	582	1,364	234.4
国有资本经营收入		20,454	
国有资源(资产)有偿使用收入	10,252		0.0
捐赠收入			
政府住房基金收入			
其他收入			

表 02

2019 年珠山区一般公共预算支出执行情况表(草案)

单位:万元

支出项目	2018 年决算数	2019 年执行数	2019 年执行对比%
一般公共预算支出合计	207,795	234,684	112.9
一般公共服务支出	45,912	54,455	118.6
外交支出			
国防支出			
公共安全支出	5,153	4,753	92.2
教育支出	27,442	28,304	103.1
科学技术支出	108	249	230.6
文化体育与传媒支出	594	856	144.1
社会保障和就业支出	55,228	46,152	83.6
医疗卫生与计划生育支出	16,705	15,243	91.2
节能环保支出	426	895	210.1
城乡社区支出	35,871	59,513	165.9
农林水支出	7,854	9,486	120.8
交通运输支出			
资源勘探信息等支出	9,044	5,980	66.1
商业服务业等支出	359	335	93.3
金融支出			
援助其他地区支出			
国土海洋气象等支出	264	118	44.7
住房保障支出	941	5,636	598.9
粮油物资储备支出			
其他支出	887	1,209	136.3
债务付息支出	997	1,489	149.3
债务发行费用支出	10	11	110.0

表 03

2020 年珠山区一般公共预算收入安排情况表(草案)

单位:万元

收入项目	2019 年执行数	2020 年预算数		同比增长%
		小计	其中:竟成镇	
财政总收入合计	69,221	72,350	14,000	105
其中:税务部门	44,023	55,000	14,000	125
其中:财政部门	25,198	17,350		69
一般公共预算收入合计	69,221	72,350	14,000	105
一、税收收入	44,023	55,000	14,000	125
增值税(含改增)	18986	20618	5,000	109
营业税				
企业所得税	4206	5,520	1,000	131
个人所得税	918	1,280	50	139
资源税	65	75	22	115
城市维护建设税	2941	4,039	700	137
房产税	1067	1,650	80	155
印花税	1259	1,500	100	119
城镇土地使用税	1268	1,650	200	130
土地增值税	8948	12,336	1,916	138
车船税	1070	1,400		131
耕地占用税	3295	4,932	4,932	150
契税				
环境保护税				
其他税收收入				
二、非税收入	25,198	17,350	0	69
专项收入	1,290	1,350		105
行政事业性收费收入	2,090	2,250		108
罚没收入	1,364	1,600		117
国有资本经营收入	20,454	12,150		59
国有资源(资产)有偿使用收入				
捐赠收入				
政府住房基金收入				
其他收入				

表 04

2020 年珠山区一般公共预算支出安排情况表(草案)

单位:万元

支出项目	2019 年执行数	2020 年预算数		同比增长%
		小计	其中:竟成镇	
一般公共预算支出合计	234,684	155,000	14,000	-33.95
一般公共服务支出	54,455	36,760	3,700	-32.49
外交支出				
国防支出				
公共安全支出	4,753	4,222		-11.17
教育支出	28,304	24,061	1,600	-14.99
科学技术支出	249	1,095		339.76
文化旅游体育与传媒支出	856	2,076	10	142.52
社会保障和就业支出	46,152	27,393	100	-40.65
卫生健康支出	15,243	6,382	20	-58.13
节能环保支出	895	204		-77.21
城乡社区支出	59,513	24,928	3,000	-58.11
农林水支出	9,486	5,423	4,900	-42.83
交通运输支出				
资源勘探信息等支出	5,980	5,810	500	-2.84
商业服务业等支出	335	1,800		437.31
金融支出				
援助其他地区支出				
自然资源海洋气象等支出	118	100		-15.25
住房保障支出	5,636	2,286		-59.44
粮油物资储备支出				
灾害防治及应急管理支出		157		
预备费		1,200		
其他支出	1,209	4,603	170	280.73
债务付息支出	1,489	6,500		336.53
债务发行费用支出	11			

表 05

2019 年珠山区政府性基金预算收入执行情况表(草案)

单位:万元

收入项目	2018 年决算数	2019 年执行数	2019 年执行对比%
政府性基金预算收入合计	21,522	20,352	94.6
农网还贷资金收入			
海南省高等级公路车辆通行附加费收入			
港口建设费收入			
新型墙体材料专项基金收入			
国家电影事业发展专项资金收入			
城市公用事业附加收入			
国有土地收益基金收入			
农业土地开发资金收入			
国有土地使用权出让收入			
大中型水库库区基金收入			
彩票公益金收入			
城市基础设施配套费收入			
小型水库移民扶助基金收入			
国家重大水利工程建设基金收入			
车辆通行费			
污水处理费收入			
彩票发行机构和彩票销售机构的业务费用	215	180	83.7
其他政府性基金收入	21,307	20,172	94.7

表 06

2019 年珠山区政府性基金预算支出执行情况表(草案)

单位:万元

支出项目	2018 年决算数	2019 年执行数	2019 年执行对比%
政府性基金预算支出合计	20,334	187	0.9
科学技术支出			
文化体育与传媒支出	51	77	151.0
社会保障和就业支出	117	83	70.9
节能环保支出			
城乡社区支出	20,000		0.0

续表

支出项目	2018 年决算数	2019 年执行数	2019 年执行对比%
农林水支出		7	
交通运输支出			
资源勘探信息等支出			
商业服务业等支出	13		0.0
金融支出			
其他支出	153	20	13.1
债务付息支出			
债务发行费用支出			

表 07

2020 年珠山区政府性基金预算收入安排情况表(草案)

单位:万元

收入项目	2019 年执行数	2020 年预算数	同比增长%
政府性基金预算收入合计	0	50	
农网还贷资金收入			
海南省高等级公路车辆通行附加费收入			
港口建设费收入			
国家电影事业发展专项资金收入			
国有土地收益基金收入			
农业土地开发资金收入			
国有土地使用权出让收入			
大中型水库库区基金收入			
彩票公益金收入			
城市基础设施配套费收入			
小型水库移民扶助基金收入			
国家重大水利工程建设基金收入			
车辆通行费			
污水处理费收入			
彩票发行机构和彩票销售机构的业务费用			
其他政府性基金收入		50	

表 08

2020 年珠山区政府性基金预算支出安排情况表(草案)

单位:万元

支出项目	2019 年执行数	2020 年预算数	同比增长%
政府性基金预算支出合计	464	100	21.6
科学技术支出			
文化旅游体育与传媒支出	111		0.0
社会保障和就业支出	38		0.0
节能环保支出			
城乡社区支出			
农林水支出	4		0.0
交通运输支出			
资源勘探信息等支出			
金融支出			
其他支出	311	100	32.2
债务付息支出			
债务发行费用支出			

表 09

2019 年珠山区社会保险基金预算收入执行情况表(草案)

单位:万元

收入项目	2018 年决算数	2019 年执行数	2019 年执行对比%
全区社会保险基金预算收入合计	82,566	64,267	77.8
一、企业职工基本养老保险基金收入	54,341	41,415	76.2
二、城乡居民基本养老保险基金收入	404	480	118.8
三、机关事业单位基本养老保险基金收入	7,491	7,486	99.9
四、城镇职工基本医疗保险基金收入	9,589	5,571	58.1
五、居民基本医疗保险基金收入	10,367	8,560	82.6
六、工伤保险基金收入	161	160	99.4
七、失业保险基金收入	102	595	583.3
八、生育保险基金收入	111		0.0

表 10

2019 年珠山区社会保险基金预算支出执行情况表(草案)

单位:万元

支出项目	2018 年决算数	2019 年执行数	2019 年执行对比%
全区社会保险基金预算支出合计	68,693	74,958	109.1
一、企业职工基本养老保险基金支出	47,054	50,863	108.1
二、城乡居民基本养老保险基金支出	333	347	104.2
三、机关事业单位基本养老保险基金支出	7,302	7,892	108.1
四、城镇职工基本医疗保险基金支出	6,670	7,252	108.7
五、居民基本医疗保险基金支出	7,203	8,493	117.9
六、工伤保险基金支出	37	21	56.8
七、失业保险基金支出	57	70	122.8
八、生育保险基金支出	37	20	54.1

表 11

2019 年珠山区社会保险基金预算结余表(草案)

单位:万元

项　目	2018 年决算数	2019 年执行数	2019 年执行对比%
全区社会保险基金预算本年收支结余	13,873	-10,692	-77.1
全区社会保险基金预算本年收支结余	13,873	-10,692	-77.1
一、企业职工基本养老保险基金本年收支结余	7,287	-10,112	-138.8
企业职工基本养老保险基金年末滚存结余	14,794	4,681	31.6
二、城乡居民基本养老保险基金本年收支结余	71	133	187.3
城乡居民基本养老保险基金年末滚存结余	422	554	131.3
三、机关事业单位基本养老保险基金本年收支结余	189	236	124.9
机关事业单位基本养老保险基金年末滚存结余	652	888	136.2
四、城镇职工基本医疗保险基金本年收支结余	2,919	-1,681	-57.6
城镇职工基本医疗保险基金年末滚存结余	4,148	2,727	65.7
五、居民基本医疗保险基金本年收支结余	3,164	67	2.1
居民基本医疗保险基金年末滚存结余	11,746	11,814	100.6
六、工伤保险基金本年收支结余	124	140	112.9
工伤保险基金年末滚存结余	969	1,109	114.4
七、失业保险基金本年收支结余	45	525	1166.7
失业保险基金年末滚存结余	476	50	10.5
八、生育保险基金本年收支结余	74		
生育保险基金年末滚存结余	260		

表 12

2020 年珠山区社会保险基金预算收入安排情况表(草案)

单位:万元

收入项目	2019 年执行数	2020 年预算数	同比增长%
全区社会保险基金预算收入合计	64,267	76,292	118.7
一、企业职工基本养老保险基金收入	41,415	52,011	125.6
二、城乡居民基本养老保险基金收入	480	526	109.6
三、机关事业单位基本养老保险基金收入	7,486	8,467	113.1
四、城镇职工基本医疗保险基金收入	5,571	5,828	104.6
五、居民基本医疗保险基金收入	8,560	9,380	109.6
六、工伤保险基金收入	160		0.0
七、失业保险基金收入	595	80	13.4
八、生育保险基金收入			

表 13

2020 年珠山区社会保险基金预算支出安排情况表(草案)

单位:万元

支出项目	2019 年执行数	2020 年预算数	同比增长%
全区社会保险基金预算支出合计	74,807	82,993	110.9
一、企业职工基本养老保险基金支出	50,732	56,690	111.7
二、城乡居民基本养老保险基金支出	347	382	110.1
三、机关事业单位基本养老保险基金支出	7,892	8,698	110.2
四、城镇职工基本医疗保险基金支出	7,252	7,861	108.4
五、居民基本医疗保险基金支出	8,493	9,230	108.7
六、工伤保险基金支出	21		0.0
七、失业保险基金支出	70	132	188.6

表 14

2020 年珠山区社会保险基金预算结余表(草案)

单位:万元

项　目	2019 年执行数	2020 年预算数	同比增长%
全区社会保险基金预算本年收支结余	3,110	-6,707	-215.7
一、企业职工基本养老保险基金本年收支结余	2,087	-4,679	-224.2
二、城乡居民基本养老保险基金本年收支结余	53	144	271.7
三、机关事业单位基本养老保险基金本年收支结余	2	-231	-11550.0
四、城镇职工基本医疗保险基金本年收支结余	552	-2,037	-369.0
五、居民基本医疗保险基金本年收支结余	-195	149	-76.4
六、工伤保险基金本年收支结余	86		
七、失业保险基金本年收支结余	525	-53	-10.1

表 15

2020 年珠山区国有资本经营预算收入安排情况表(草案)

单位:万元

收入项目	2019 年执行数	2020 年预算数	同比增长%
全区国有资本经营预算收入合计	820	40,000	4878
一、利润收入	0	0	
1. 煤炭企业利润收入			
2. 有色冶金采掘企业利润收入			
3. 钢铁企业利润收入			
4. 化工企业利润收入			
5. 运输企业利润收入			
6. 机械企业利润收入			
7. 投资服务企业利润收入			
8. 纺织轻工企业利润收入			
9. 贸易企业利润收入			
10. 建筑施工企业利润收入			
11. 房地产企业利润收入			
12. 建材企业利润收入			
13. 对外合作企业利润收入			
14. 医药企业利润收入			
15. 农林牧渔企业利润收入			
16. 军工企业利润收入			
17. 地质勘查企业利润收入			
18. 卫生体育福利企业利润收入			
19. 教育文化广播科学企业利润收入			
20. 其他国有资本经营预算企业利润收入			
二、股利、股息收入	0	0	
1. 国有控股公司股利、股息收入			
2. 国有参股公司股利、股息收入			
三、产权转让收入			
四、清算收入			
五、国有资本经营预算收入	820	40,000	4878
六、转移性收入			

表 16

2020 年珠山区国有资本经营预算支出安排情况表(草案)

单位:万元

支出项目	2019 年执行数	2020 年预算数	同比增长%
全区国有资本经营预算支出合计	15,409	39,100	253.7
一、社会保障和就业支出	0	0	
国有资本经营预算补充社保基金支出			
二、国有资本经营预算支出	15,409	39,100	253.7
解决历史遗留问题及改革成本支出	0	0	
“三供一业”移交补助支出			
国有企业办职教幼教补助支出			
国有企业办公共服务机构移交补助支出			
国有企业退休人员社会化管理补助支出			
国有企业棚户区改造支出			
国有企业改革成本支出			
离休干部医药费补助支出			
其他解决历史遗留问题及改革成本支出			
国有企业资本金注入	0	0	
国有经济结构调整支出			
公益性设施投资支出			
前瞻性战略性产业发展支出			
生态环境保护支出			
支持科技进步支出			
保障国家经济安全支出			
对外投资合作支出			
其他国有企业资本金注入			
国有企业政策性补贴			
金融国有资本经营预算支出			
其他国有资本经营预算支出	15,409	39,100	253.7
三、转移性支出	0	0	
国有资本经营预算转移支付			
调出资金			

重要文件

附表 7

中共珠山区委重要文件目录

发文日期	文件字号	文　件　内　容
4 月 7 日	珠发电〔2020〕3 号	关于成立区委脱贫攻坚专项巡视“回头看”整改工作领导小组的通知
8 月 17 日	珠办发电〔2020〕7 号	关于开展我区 2020 年“双创双修”第一批表彰评选工作的通知
7 月 29 日	珠办发电〔2020〕11 号	关于印发《中共景德镇市珠山区委 2020 年度政党协商计划》的通知
12 月 23 日	珠办发电〔2020〕14 号	关于印发《珠山区村（社区）党组织和第十一届村（居）民委员会选举工作实施方案》的通知
2 月 17 日	珠办字〔2020〕1 号	关于印发《珠山区积极应对疫情稳定经济增长政策措施实施细则》的通知
1 月 21 日	珠办字〔2020〕3 号	关于印发《2019 年度落实党风廉政建设责任制考核工作方案》的通知
3 月 9 日	珠办字〔2020〕4 号	关于印发《2020 年度区重点工程建设项目计划》的通知
3 月 19 日	珠办字〔2020〕5 号	关于印发《珠山区“十四五”规划编制工作方案》的通知
3 月 23 日	珠办字〔2020〕7 号	关于印发《珠山区区直机关绩效管理办法（试行）》的通知
3 月 19 日	珠办字〔2020〕8 号	印发《关于深入推进让群众“最多访一次”的实施细则》的通知
4 月 20 日	珠办字〔2020〕21 号	关于印发《珠山区奋进 50 年主题系列重点活动安排》的通知
4 月 24 日	珠办字〔2020〕22 号	关于印发《珠山区政法队伍教育整顿工作方案》的通知
5 月 13 日	珠办字〔2020〕23 号	关于印发《珠山区开展扫黑除恶重点行业领域突出问题专项整治实施方案》的通知
5 月 14 日	珠办字〔2020〕24 号	印发《关于调整社区干部工资方案的实施方案》的通知
5 月 15 日	珠办字〔2020〕27 号	关于印发《珠山区党政机关公务用车管理实施细则》的通知
5 月 26 日	珠办字〔2020〕30 号	关于印发《珠山区开展党的基层阵地资源整合试点工作实施方案》的通知
8 月 12 日	珠办字〔2020〕36 号	关于成立珠山区数字经济办公室的通知
7 月 29 日	珠办字〔2020〕37 号	关于印发《珠山区创建省级全域旅游示范区工作方案》的通知
8 月 24 日	珠办字〔2020〕41 号	关于印发《景德镇市珠山区国家生态文明试验区建设 2020 年工作要点》的通知
9 月 28 日	珠办字〔2020〕45 号	关于对我区 2020 年“双创双修”第一批先进个人表彰的通报
9 月 29 日	珠办字〔2020〕49 号	关于印发《珠山区应对可能发生的秋冬季新冠肺炎疫情防控工作方案》的通知
10 月 29 日	珠办字〔2020〕50 号	关于印发《珠山区经济开发区管理委员会主要职责、内设机构和人员编制规定》的通知

中共珠山区重要文件摘录

区委办公室关于成立区委脱贫攻坚专项巡视“回头看”整改工作领导小组的通知

珠发电〔2020〕3号

竟成镇党委、各街道党工委,区委各部门,区直各单位党委(组):

为切实加强对脱贫攻坚专项巡视“回头看”整改工作的组织领导,经区委同意,决定成立区委脱贫攻坚专项巡视“回头看”整改工作领导小组。具体组成人员名单如下。

组　长:林卫春　区委书记
副组长:罗文军　区委副书记、区长
　　　　滕晓华　区委副书记
成　员:叶质柱　区委常委、区纪委书记、区监委主任
　　　　张志刚　区委常委、统战部长
　　　　谢秋华　区委常委、组织部部长
　　　　董玉成　副区长
　　　　李海平　区委办主任

领导小组办公室设在区扶贫办,组成人员如下。

主　任:董玉成　副区长
副主任:李海平　区委办主任
成　员:查璐玮　区纪委副书记、区监委副主任
　　　　李慧萍　区委组织部副部长
　　　　邓迎春　区委巡察办主任
　　　　卢倩颖　区政府办党组成员、二级主任科员
　　　　张　麒　区扶贫办主任
　　　　徐智峰　区委办副主任

中共珠山区委办公室
2020年4月7日

区委办公室　区政府办公室关于开展我区2020年“双创双修”第一批表彰评选工作的通知

珠办发电〔2020〕7号

竟成镇党委、人民政府,各街道党工委、办事处,区委各部门,区直各单位:

2020年以来,珠山区始终坚持突出重点、统筹兼顾、同步推进工作理念,有效推进“双创双修”各项工作落地生根。为做好我区2020年关于“双创双修”工作的表彰工作,激励引导广大机关事业单位工作人员更好地在“双创双修”工作中积极作为、发挥效能,现结合我区实际,就表彰申报评选工作有关事项提出以下几点要求,请一并认真抓好贯彻落实。

一、评选范围

此次表彰目的在于树典型、立标杆,要本着少而精的原则,表彰名额不宜过多,以体现表彰的及时性、严肃性和权威性。评选范围为全区承担“双创双修”工作任务与职责的优秀单位以及“双创双修”工作中表现突出的在编在岗工作人员。各单位

需紧扣区委、区政府中心工作，围绕区委常委会确定的“双创双修”总精神，做好“双创双修”重点工作，确定表彰推荐名单。

先进个人表彰的总名额数量为50名，具体单位先进个人表彰名额分配情况见附件1。

二、评选方式

各单位明确表彰条件，提出推荐对象，向区人力资源和社会保障局报送推荐材料；区人力资源和社会保障局会同区“双创双修”指挥部进行初评审核，提出表彰建议名单报区政府；经区政府审定、报区委决定后，以区政府名义印发文件予以通报表彰，获得表彰荣誉的先进个人给予资金奖励，每人奖励1000元，由区财政局安排表彰资金并及时拨付。

三、申报评选

（一）各单位准确把握评选方向，严格评选标准，围绕开拓性、创新性、引领性的工作，尤其是受疫情影响下“双创双修”的工作，积极推选敢于担当、攻坚克难、善作善成的个人。

（二）各单位按照规定的程序填写申报材料，区人力资源和社会保障局会同区“双创双修”指挥部负责部署、收集审核有关部门申报材料，并报区委、区政府同意。

（三）8月28日前各单位向区人力资源和社会保障局完成申报。

四、有关要求

1. 把握评选方向。此次表彰重在发现典型、表彰典型，重在鼓励和引导广大干部担当作为、建功立业。各单位要重点面向和优先评选奋战在“双创双修”一线的典型，坚持从严从实，合理确定申报表彰名额。

2. 严格评选标准。各单位要始终以业绩贡献为主要衡量标准，突出实绩实效，推荐、选树真正经得起检验在全区、全市有影响、走前列、获好评的典型。

中共珠山区委办公室
珠山区人民政府办公室
2020年8月17日

区委办公室关于印发《中共珠山区委2020年度政党协商计划》的通知

珠办发电〔2020〕11号

竟成镇党委、各街道党工委，区委各部门，区直各单位党委（组）：

《中共珠山区委2020年度政党协商计划》已经区委同意，现印发给你们，请结合实际认真贯彻执行。

中共珠山区委办公室
2020年7月29日

中共珠山区委2020年度政党协商计划

按照中共珠山区委2020年工作部署，现结合工作实际，制定中共珠山区委2020年度政党协商计划如下。

一、会议协商

1. 专题协商座谈会

（1）中央、省委、市委有关重要会议精神情况通报会

协商时间：中央、省委、市委有关重要会议召开后。

承办单位：区委统战部。

（2）区委全会精神情况通报会

协商时间：区委全会召开后。

承办单位：区委统战部。

（3）《中共珠山区委关于制定全区国民经济和社会发展第十四个五年规划的建议》征求意见座谈会

协商时间：区委“十四五”规划建议起草之后。

承办单位：区委办公室、区委统战部、区发改委。

(4)全区党风廉政建设和反腐败工作、扫黑除恶专项斗争、法院和检察院工作情况通报会

协商时间:年底。

承办单位:区纪委区监委、区委政法委、区法院、区检察院。

(5)全区经济运行和重点项目建设情况通报会

协商时间:年底。

承办单位:区政府办公室。

(6)全区脱贫攻坚情况通报会

协商时间:年底。

承办单位:区扶贫办。

2. 人事协商座谈会

(7)重要人事安排协商座谈会

协商时间:适时召开。

承办单位:区委组织部、区委统战部。

3. 调研协商座谈会

(8)各民主党派大调研协商座谈会

协商时间:年底。

承办单位:区委统战部。

二、约谈协商

(9)区委领导同志或委托区委统战部与各民主党派直属支部负责同志和党外代表人士不定期进行谈心、个别恳谈及走访、慰问活动。区委领导同志应邀出席民主党派各类重要活动。

三、书面协商

(10)征求对有关政策、重要文件和重要事项的意见建议

协商时间:有关政策、重要文件和重要事项推出之前。

承办单位:区委办公室、市委统战部。

(11)征求对中共珠山区委常委班子及其成员的意见建议

协商时间:中共珠山区委常委班子民主生活会之前。

承办单位:区委组织部、区委统战部。

四、"直通车"协商

(12)各民主党派就经济社会发展、党风廉政建设、作风建设、依法行政和人民群众普遍关心、反映强烈的热点难点等问题进行考察调研,采取调研报告、建议等形式,由区委统战部统一收集汇编后,直接向区委提出意见和建议。各民主党派直属支部负责同志可以个人名义向区委、区政府直接反映情况、提出建议。区委办公室、区政府办公室受理后,分别呈送区委、区政府领导批示,由区委办公室、区政府办公室分别督促相关部门办理,并将领导批示及部门办理、采纳、落实等情况适时反馈。区委领导同志考察调研以及重要活动,可根据需要邀请各民主党派直属支部负责同志参加。

以上各项协商活动,各民主党派直属支部代表、区委统战部有关负责同志均应参加,并邀请区工商联负责同志、无党派代表人士参加。

区委办公室　区政府办公室 关于印发《珠山区村(社区)党组织和第十一届村(居)民委员会选举工作实施方案》的通知

珠办发电〔2020〕14号

竟成镇党委、人民政府,各街道党工委、办事处,经开区党工委、管委会,区委各部门、区直各单位:

经区委、区政府研究,现将《珠山区村(社区)党组织和第十一届村(居)民委员会选举工作实施方案》印发给你们,请结合实际,认真组织实施。

中共珠山区委办公室珠山区人民政府办公室

2020年12月23日

珠山区村(社区)党组织和第十一届村(居)民委员会选举工作实施方案

按照中央、省委部署要求和市委、市政府工作安排，全区村(社区)党组织和第十届村(居)民委员会[以下简称村(社区)“两委”]，将于2021年第一季度进行换届。为高标准高质量完成村(社区)“两委”换届选举工作，根据《省委办公厅省政府办公厅关于印发全省村(社区)党组织和第十一届村(居)民委员会选举工作的指导意见》和《市委办公室、市政府办公室关于印发〈景德镇市村(社区)党组织和第十一届村(居)民委员会选举工作实施方案〉的通知》精神，结合我区实际，制定如下实施方案。

一、重要意义

这次换届，在全面从严治党向纵深推进、持续推进全面脱贫攻坚与乡村振兴有效衔接、扫黑除恶专项斗争夺取全面胜利的背景下进行，处在“两个一百年”交汇、“两个五年规划”交接的关键时期，是村(社区)“两委”任期由3年改为5年、集中与县乡换届同步进行的首次换届。能否通过开展村(社区)“两委”换届，换出新班子、新作为、新气象，对开启我区“十四五”新征程，建设好景德镇国家陶瓷文化传承创新试验区，擦亮国际瓷都对话世界的窗口，意义重大、影响深远。

二、总体要求

(一)指导思想。以习近平新时代中国特色社会主义思想为指导，深入贯彻落实习近平总书记关于党的基层组织建设的重要指示精神，认真贯彻党的十九大和十九届二中、三中、四中、五中全会精神，全面贯彻新时代党的建设总要求和新时代党的组织路线，牢固树立高标准、高质量的鲜明导向，以系统思维、整体理念和依法依规意识推进村(社区)“两委”换届工作，为巩固脱贫攻坚成果，深入实施乡村振兴战略，推进城乡基层治理现代化，全力实施“三个五”战略行动，奋力谱写好全面建设社会主义现代化国家的珠山篇章提供坚强组织保证。

(二)基本原则。

1.坚持党的领导、发扬民主和依法办事相统一。强化各级党组织的领导和把关作用，严格依法依规办事，广泛发动群众，扩大有序政治参与，充分保障党员群众民主权利，使换届成为党组织领导基层自治的生动实践。

2.坚持干事导向与选人导向相统一。树立“做事是最好的作风”的用人导向，坚持干中选、选中干，真正把那些愿干事、真干事、干成事的优秀人才发现出来、任用起来，以换届激发干事创业新动能。

3.坚持稳妥审慎与创新实践相统一。既要严肃政治纪律和组织纪律，严明换届纪律，又要积极破解新问题新挑战，防范化解风险隐患，确保换届在政策框架和法律法规范围内进行，换届过程平稳有序，换届后高效运转。

(三)时间安排。原则上2021年1月底前完成村(社区)党组织换届选举，3月底前完成村(居)民委员会换届选举，同步完成村(居)务监督委员会推选工作，健全村(社区)团组织、妇女组织等配套组织。

三、把握政策要求

(一)严把人选资格条件。坚持把政治标准放在首位，突出“双好双强”，选拔思想政治素质好、道德品行好、带富能力强、协调能力强，公道正派、廉洁自律，热心为群众服务的优秀人员进入村(社区)“两委”班子。村要注重选拔致富带富能力强、敢闯敢拼、能推动乡村振兴的干部，社区要注重选拔治理和服务能力强的干部。

存在以下“十不选”情形之一的，不能提名为村(社区)“两委”换届候选人：(1)政治上“两面人”，政治觉悟不高、组织观念不强、法治意识淡薄的；(2)受过刑事处罚、存在“村霸”和涉黑涉恶问题，加入邪教组织、组织或参与非法宗教活动的；(3)因涉黄、涉赌、涉毒或聚众斗殴、敲诈勒索、非法拘禁等受到行政处罚的；(4)不担当不作为，长期不履职，近3年有考核不称职或被评为不合格党员的；(5)近3年受过撤销党内职务及以上党纪处分、撤职及以上(政务)处分，或涉嫌严重违纪违法正在接受立案审查调查的；(6)有严重危害集体利益和群众合法权益行为的;(7)有严重违法用地、严重违章建房、严重损害生态环境、严重失信等行为尚未整改的;(8)非法组织参与集体上访,影响社会稳定的;(9)道德品行低劣、群众普遍反映不好的;(10)有拉票贿选或其他不正当竞争行为被查处未满5年,或以暴力、威胁、贿赂、欺骗等手段破坏或妨碍选举的。竟成镇、各街道、经开区换届选举工作领导(指导)小组要结合实际,制定村(社区)"两委"候选人的具体条件,对照"十不选"细化具体情形,指导村(社区)写入选举办法,提交党员大会或村(居)民(代表)会议通过后,严格执行。

全面落实村(社区)党组织书记县级党委组织部门备案管理制度,对村(社区)党组织书记换届候选人,要结合"十不选"情形和《村党组织书记县级党委组织部门备案管理办法(试行)》明确的人选条件,严格把关。对现任村(社区)"两委"干部,坚持严管与厚爱相结合,坚持高线标准,坚决把不适应不符合的调整下去;对在疫情防控、双创双修、脱贫攻坚等中心工作中辞职的,不予提名;对受到党纪政务处分和诫勉处理尚在所受处分影响期内的,不能高于其原任职务提名;对适用容错纠错情形的,在换届提名过程中,竟成镇党委、各街道党工委、经开区党工委可提出初步意见,由区委召开常委会研判决定,并报市委组织部审核把关。

(二)突出选优配强书记。村党组织书记应当懂农业、爱农村、爱农民,具备团结带领农村党员群众推动乡村振兴和农业农村现代化的能力素质。社区党组织书记应当懂城市、爱社区、爱居民,具备引领城市基层治理、服务凝聚社区党员群众的能力素质。竟成镇、各街道、经开区要通过换届,实现村(社区)党组织书记队伍"两升一降"目标,即换届后,村(社区)党组织书记大专以上文化程度比例达到80%以上、村党组织书记致富能手比例达到60%以上,村(社区)党组织书记平均年龄至少下降2岁,平均年龄不超过40周岁(计算时间截至2021年1月,下同)。对超过60岁身体状况良好、表现优秀的村(社区)党组织书记,由竟成镇党委、各街道党工委、经开区党工委报区委组织部研究,经区换届选举工作领导小组审定同意后,可继续留任。对本村(社区)暂时没有党组织书记合适人选的,不能降格以求,可从上级机关、企事业单位优秀党员干部中选派,鼓励符合条件、有担任村(社区)党组织书记意愿的在外优秀人才、驻村(社区)第一书记或驻村干部担任,有条件的地方可以探索跨村任职。

(三)积极稳妥推行"一肩挑"。坚决贯彻中央和省委、市委精神,积极稳妥推行村(社区)党组织书记通过法定程序担任村(居)民委员会主任,因地制宜,不搞"一刀切"。对于本村暂时确无合适人选,由下派干部担任村党组织书记的,一般不实行"一肩挑"。上级党组织和下派干部要着力为本村培养帮带出今后合适的村党组织书记人选。符合条件的社区党组织书记应当通过法定程序担任居民委员会主任。

(四)整体优化班子结构。按照精干高效原则,依法依规严格控制村(社区)"两委"班子职数,村"两委"班子成员总数一般3至7人、社区"两委"班子成员总数一般5至9人,全面推行"两委"班子成员交叉任职,"一肩挑"的村(社区)可设党组织副书记。村(社区)"两委"具体人数,由竟成镇党委、各街道党工委、经开区党工委综合村(社区)规模、人口数量、工作需要等情况核定,报区委组织部、区民政局备案。村(社区)党的支部委员会和总支委员会设纪检委员,村党的委员会设纪委书记,社区党的委员会根据实际可设纪委书记。新进村(社区)"两委"班子的,注重选拔45岁以下且具有大专及以上文化程度的人员。原则上每个村(社区)"两委"班子中至少有1名35岁以下且具有大专以上文化程度的成员。坚持"专职专选、定位产生",村民委员会成员中应当至少有1名女性成员,力争村民委员会中女性比例达到30%以上,力争村"两委"班子中女性成员和女性正职比例高于上届。实行村(社区)"两委"成员提名人选近亲属回避制度,提名人选之间具有配偶、父母、子女、兄弟姐妹、祖父母、外祖父母、孙子女、外孙子女等近亲属关系的,应予回避。其他需回避对象可结合实际研究确定。

(五)拓宽人选来源渠道。鼓励支持符合条件的现任村(社区)"两委"干部和村级后备力量积极参选。打破职业、身份、地域界限,统筹各方面人才资源,注重从本村致富能手、外出务工经商返乡人员、农民专业合作经济组织负责人中选拔一批,从优秀退役军人、本乡本土大学毕业生、农村专职党建宣传员、"一村一名大学生""三支一扶"人员中选拔一批,从村医村教、农村"法律明白人"、社会工作者、社区志愿者中选拔一批,还可以从本村(社区)在外的机关企事业单位退居二线或退休公职人员、在外优秀人才中回请一批。注重把脱贫攻坚、扫黑除恶、疫情防控、防汛救灾、复工复产等重大任务中表现突出的人员选拔进村(社区)“两委”班子。结合实施“新时代赣鄱乡村好青年”选培计划,大力推进“引才回村”行动,对优秀的外出务工经商人员,摸清情况、主动对接,做好深入细致的思想工作,采取登门拜访、座谈联谊、帮助解决实际困难等方式,动员他们积极参选,为选拔村“两委”干部注入源头活水。

四、实施步骤

按照先村(社区)党组织、后村(居)民委员会的换届顺序推进。大体分为五个阶段:

(一)准备阶段(2020年12月底前)

1.成立机构先行。成立区换届选举工作领导(指导)小组。由区委书记任组长,区委副书记、区委常委、组织部部长、人大常委会、政府分管领导同志任副组长,由纪委监委、组织、宣传、政法、统战、网信办、信访、公安、法院、检察院、民政、司法行政、财政、自然资源、生态环境、农业农村、住建、卫健、城管、退役军人事务、审计、扶贫、共青团、妇联等部门负责同志为成员。领导(指导)小组下设办公室(以下简称“换届办”),抽调工作人员集中办公。竟成镇党委、各街道党工委、经开区党工委也要成立换届选举工作领导(指导)小组,由党(工)委书记任组长,村(社区)要依法推选选举委员会。

2.调查摸底先行。由区委常委、区和镇(街道)换届选举工作领导(指导)小组成员、市区挂点帮扶单位人员、驻村第一书记组成“通联小分队”,在区和镇(街道)“换届办”具体部署下,采取个别访谈、实地了解和民主测评等方式,对村(社区)逐一摸排,做到基本情况、班子运转、党员现状、人选储备、群众诉求、风险隐患“6个清楚”,特别要针对各种干扰风险、信访矛盾风险、舆论炒作风险、疫情风险制定预案。聚焦高质量落实“一肩挑”要求,制定确定人选、意向人选、尚无合适人选“三张清单”,加强跟踪调度,把人选工作做扎实。

3.精准研判先行。区“换届办”要汇总摸底情况,会同竟成镇党委、各街道党工委、经开区党工委、“通联小分队”进行综合分析研判,重点研判换届存在的突出问题和人选情况,研究提出有针对性的对策措施和换届人事安排初步方案,形成专题报告,提交区换届领导(指导)小组研究。对落实换届政策和结构性要求情况,特别是不能落实年龄学历要求、村党组织书记和村委会主任无法实现“一肩挑”等情况,竟成镇党委、各街道党工委、经开区党工委需形成专项说明,由区“换届办”报省、市“换届办”。

4.集中整顿先行。坚持先整顿再换届,将选情复杂,特别是宗族势力干扰、宗教势力渗透蔓延、信访矛盾突出等可能影响换届正常进行,以及上次换届曾经出现过不良事件、造成不良影响的村(社区),列为换届选举的重点难点村(社区)。“一村(社区)一策”集中整顿,整顿不到位的不换届。选情特别复杂的,报请区委、区政府批准后,可暂缓换届,同时派驻工作组进行整顿,整顿完成后再进行换届。

5.离任审计先行。坚持先审计再换届,区委组织部要会同农业农村、财政、审计等有关部门和竟成镇党委、各街道党工委、经开区党工委,对现任村(社区)“两委”成员进行离任经济责任审计,重点将村级重要事务、重点工程、重大支出、集体“三资”管理使用、村级债权债务以及群众反映集中、强烈要求审计的其他内容列入审计项目,对村(社区)财务进行集中清理。审计结果要在村级“三务”公开栏中公之于众,接受党员群众监督。对审计中发现的问题,要按有关规定进行处理。

6.谈心谈话先行。竟成镇党委、各街道党工委、经开区党工委要与所有现任村(社区)“两委”成员进行一次谈心谈话,“两委”正职由竟成镇党委书记、各街道党工委书记、经开区党工委书记和组织委员一起谈,引导正确对待进退留转,带头支持换届选举,严格遵守换届纪律,维护换届良好风气。

(二)动员部署阶段(2020年12月下旬至2021年1月上旬)

1.制定实施方案。区和镇(街道)两级要根据集中排查和分析研判情况,结合实际制定换届选举工作实施方案,明确政策要求、步骤程序、时间节点、责任分工等。乡镇(街道)、村(社区)要进一步细化操作流程和具体要求,做到时间到天、任务到人。竟成镇、各街道、经开区实施方案要在2020年12月29日前报区“换届办”审核备案后下发。

2.召开部署会议。竟成镇、各街道、经开区要按照“2021年1月底前基本完成村(社区)党组织换届选举、3月底前基本完成村(居)民委员会换届选举”要求,根据省、市、区工作要求,全面动员部署换届选举工作。原则上在2020年12月28日前召开区级动员部署会,竟成镇、各街道、经开区原则上在2020年12月31日前召开动员部署会。

3. 开展教育培训。区"换届办"和镇(街道)分层分级对换届工作人员开展全员培训,重点突出村(社区)"两委"换届选举主要任务、人选资格条件、工作步骤、操作程序、纪律要求等内容,确保换届工作人员全面准确掌握中央和省市区委有关政策要求。要加强对党员群众的教育引导,深入开展社会主义民主法治、换届政策法规、党员公民义务权利教育,引导依法依规、积极有序参与换届选举。

(三)组织实施阶段(2021年1月至2021年3月底)

1. 村(社区)党组织选举(2021年1月底前)

一般采取党员推荐、群众推荐和党员大会选举的"两推一选"方式进行。

(1)推荐候选人初步人选。村(社区)党组织分别召开党员大会和村(居)民(代表)会议,组织对新一届委员会委员进行全额推荐,并根据推荐情况按照不少于应选人数的1.5倍,研究提出候选人初步人选,缺额人选在未当选得票数多的被推荐人中另行推荐产生。村(社区)党组织向上级党(工)委报告推荐结果,由竟成镇党委、各街道党工委、经开区党工委召开会议,研究推荐下届村(社区)党组织委员会委员、书记、副书记候选人初步人选,必要时竟成镇党委、各街道党工委、经开区党工委可直接提名人选。

(2)资格联审。竟成镇党委、各街道党工委、经开区党工委对候选人初步人选资格进行初审,在此基础上,区换届选举工作领导(指导)小组组织纪委监委、组织、政法、统战、信访、法院、检察院、公安、民政、司法行政、自然资源、生态环境、农业农村、卫健、住建、城管等部门进行资格联审,对发现不符合条件人员要及时取消其资格。

(3)实施考察。对通过区级联审的人选进行考察。村(社区)党组织书记候选人初步人选,由区委组织部联合换届选举工作领导(指导)小组成员单位、竟成镇党委、各街道党工委、经开区党工委组织实施考察,其他人选由所在党(工)委负责考察。考察结果经区委组织部部务会研究后,连同资格审查情况,提交区换届选举工作领导(指导)小组审议。

(4)确定候选人预备人选。村(社区)党组织根据审议情况,研究确定新一届委员会委员和书记、副书记的候选人预备人选,委员候选人预备人选按照比应选人数多1人的差额确定,并在全村(社区)范围内公示。公示结束后,报竟成镇党委、各街道党工委、经开区党工委批准。

(5)组织进行"三项承诺"。选举前,竟成镇党委、各街道党工委、经开区党工委要组织候选人就遵守换届选举纪律作出竞职承诺、就任期工作目标和举措设想作出任职承诺、就当选后不认真履职作出辞职承诺。"三项承诺"内容经竟成镇党委、各街道党工委、经开区党工委审核后公开公示,接受党员群众监督。对拒不作出"三项承诺"的人员,在村(社区)选举办法中明确规定不能列为候选人。

(6)党员大会选举。村(社区)党组织按照有关规定和程序召开党员大会,差额选举产生新一届委员会。委员会的书记、副书记由委员会全体会议选举产生。选举结束后,新一届村(社区)党组织委员会要向上级党(工)委书面报告选举情况。设立纪律检查委员会的,同步做好换届选举工作。

2. 村(居)民委员会选举(2021年1月底至2021年3月底)

(1)推选村(居)民选举委员会。村(居)民选举委员会由村(居)民会议、村(居)民代表会议推选产生,一般由主任、副主任、委员组成,以奇数为宜。依照法定程序,将村(社区)党组织书记推选为村(居)民选举委员会主任,同时推选一名组织放心、群众认可的党员骨干担任副主任,村(社区)党组织书记被提名为候选人后,由副主任主持好选举工作。村(居)民之间有近亲属关系的,不得同时担任村(居)民选举委员会成员。

(2)做好选民登记工作。在村(社区)党组织领导下,认真细致做好选民资格确认、审核、登记和公告,做到不错登、不重登、不漏登,并在选举日的20日前公布参加选举的村(居)民名单,坚决防止被剥夺政治权利人员参选。

在村民委员会换届选举中,外出村民明确表示不参加本届村民委员会选举,或在规定期限内逾期未作出书面表示的,经村民选举委员会确认,可以不列入本届参加村民委员会选举的村民名单;户籍不在本村,但在该村工作或居住1年以上,自愿参选村民委员会成员的,经村民会议或者村民代表会议同意,予以登记。

在居民委员会换届选举中,户籍不在本社区,但在本社区有合法固定住所且居住满1年,本人要求参加本社区选举的予以登记;户籍和居住地均不在本社区,但在本社区工作的社区专职工作者,要求参加本社区选举的予以登记。居民委员会直接选举的,1000户以下的社区登记选民应不少于全体选民的50%,1000—3000户的不少于40%,3000户以上的不少于30%。

(3)提名确定候选人。村民选举委员会拟定候选人名额,候选人名额应多于应选名额。村民委员会成员候选人,由登记参加选举的村民直接提名,根据拟定的候选人名额,按照得票多少确定。候选人中应当有适当的妇女名额,没有产生妇女候选人的,以得票最多的妇女为候选人。在居民委员会换届选举中,居民委员会成员候选人按照选民填写提名票、选民10人以上联名推荐、居民小组会议提名推荐、个人自荐等方式中的其中一种产生。

对村(居)民委员会换届选举人选,按村(社区)、乡镇(街道)、县(市、区)联审程序进行资格审查,并由竟成镇党委、各街道党工委、经开区党工委进行考察。

(4)组织候选人进行"三项承诺"。承诺内容及要求与党组织换届一致。

(5)开展选举竞争。选举竞争应当在村(居)民选举委员会的主持和监督下进行,村(居)民选举委员会应当对候选人的选举竞争材料进行审核把关。有条件的村(社区),可在选举日前统一组织候选人与村(居)民见面,或通过公开候选人基本情况,增进村(居)民对候选人的了解。竞职活动必须由村(居)民选举委员会统一组织,不得私自开展,不得搞公开辩论,选举投票日停止竞职活动。

(6)组织好投票选举。村民委员会投票选举,可以采取召开选举大会或设立投票站的方式进行。采取选举大会方式的,可以组织全体登记参加选举的村民集中统一投票;也可以设立中心选举会场,辅之以分会场分别投票。选举大会可以设置流动票箱,但应当严格控制流动票箱的使用。严格按规定要求规范委托投票,禁止投票现场临时委托。投票结束后应立即公开唱票、计票,并当场公布得票结果。推行社区居民委员会成员直接选举,大力提高社区居民委员会成员"本社区化"比例,条件不成熟的可采取户代表或居民代表选举方式产生。区和镇(街道)换届选举工作领导(指导)小组人员、正式候选人及其配偶和直系亲属不得担任监票、计票、唱票人员。

3. 推选村(居)务监督委员会,健全相关配套组织(2021年3月底前)

同步推选产生村(居)务监督委员会,村(居)务监督委员会一般由3至5人组成,设主任1名,主任原则上由村(社区)党组织纪委书记或纪检委员担任。村(居)务监督委员会成员由村(居)民会议或村(居)民代表会议推选产生。村(居)务监督委员会成员要有较好的思想政治素质,遵纪守法、公道正派、坚持原则、敢于担当、群众公认,具有一定的政策水平和依法办事能力,热心为村(居)民服务,其中应有具备财会、管理知识的人员。村(居)民委员会成员及其近亲属、村会计(村报账员)、村文书、村集体经济组织负责人不得担任村(居)务监督委员会成员,任何组织和个人不得指定、委派村(居)务监督委员会成员。推动建立基层纪检监察组织与村(居)务监督委员会有效衔接的工作机制,形成监督合力,提升监督效能。加强配套组织建设,推选产生村(居)民委员会下属委员会,加强村(社区)团组织、妇女组织建设和人员配备,提倡"两委"中年轻干部兼任团组织负责人,原则上由"两委"中的女性成员兼任妇联主席。按照有关规定推选村(居)民代表,代表中党员应当占一定比例;推选产生村(居)民小组长、村妇女小组长、村(居)民理事会成员,提倡村党小组长兼任村民小组长,配强村民兵组织负责人。

(四)后续工作阶段(2021年3月底至2021年4月底)

1. 做好工作交接。换届选举工作结束后10日内,竟成镇党委、各街道党(工)委、经开区党工委要指导、督促村(社区)"两委"新老班子做好公章、文档、"三资"移交等工作,指导新一届村(社区)"两委"班子制定任期目标,明确工作任务,提出具体举措,确保工作不断档;要重视做好离任、落选干部的思想引导和关心关爱,推行离任村(社区)干部荣退仪式,体现组织温暖,引导他们理顺心气、打开心结,形成齐心协力、接续奋斗的新气象。区民政局要统一组织变更基层群众性自治组织特别法人信息,并换发统一社会信用代码证书。

2. 完善各项机制。换届选举工作结束后1个月内,要健全完善村(社区)组织运行机制,全面落实村(社区)重大事项决策"四议两公开"和党务、村(居)务、财务公开等制度。新一届村(社区)"两委"要制定任期工作目标,完善和落实村(社区)党组织工作规程、村(社区)“两委”议事规则,以及村(社区)“两委”联席会议、党员议事会、村(居)民(代表)会议、村(居)民理事会、村(社区)民主协商等制度。创新完善“行政村党组织——网格(村民小组)党支部(党小组)——党员联系户”的村党组织体系,推行网格化管理和服务,落实村(社区)干部值班、坐班制度。探索建立村集体经济发展成效与村干部报酬挂钩机制。

3. 分批开展培训。各级组织、民政、农业农村、共青团、妇联等部门和竟成镇党委、各街道党(工)委、经开区党工委,要以村(社区)党组织书记、村(居)民委员会主任为重点,对新当选的村(社区)“两委”成员、团组织书记、妇联主席、村(居)民小组长、村(居)务监督委员会成员等分期分批开展培训,其中村(社区)党组织书记、村(居)民委员会主任和村(居)务监督委员会主任参加1次区级以上集中培训,切实提高履职能力、服务群众能力。换届选举结束后半年内完成培训工作。

(五)检查验收阶段(2021年5月中旬前)

换届选举工作结束后,区、镇(街道)两级要逐级进行检查验收。对没有依法依规开展选举的,要予以纠正;对选举中存在严重违法违纪情节的,要认真查处;对群众反映强烈的问题,要责令整改。在检查验收的基础上,要认真梳理村(居)“两委”换届选举工作的亮点和存在问题,形成工作总结,并于2021年4月底前报上一级“换届办”。

五、营造风清气正的换届环境

(一)严肃换届纪律。坚持教育在先、警示在先、预防在先,严肃查处通报各类违纪违法行为,让规矩意识、红线意识深入人心。广泛开展换届纪律教育,使党员群众普遍知晓换届纪律要求。突出抓好重点对象纪律教育,做到竟成镇党委、各街道党(工)委、经开区党工委和村(社区)党组织书记签订换届纪律责任书、候选人签订换届纪律承诺书、换届工作人员签订换届纪律保证书“三个100%”。坚持抓早抓小抓苗头,始终保持正风肃纪高压态势,对拉票贿选等违纪违法行为“零容忍”,做到有报必查、露头就打,发现一起、查处一起、通报一起。凡经查实的,是候选人的一律取消参选资格,已经当选的一律宣布当选无效,是党员领导干部、国家公职人员的一律严肃处理。

(二)加强全程监督。紧盯选民登记、候选人提名、选举竞争、投票选举等节点,通过设立选举监督委员会和邀请党员群众代表、人大代表、政协委员担任换届监督员等方式加强监督。畅通监督举报渠道,开通举报电话、信箱等,建立健全信访举报快查机制,加强源头稳控,对查证属实的依法严肃处理,对诬告陷害的及时澄清。

(三)强化风险防范。区和镇(街道)换届选举工作领导(指导)小组及其办公室要把防范化解风险隐患放到重要位置,高度重视防范政治风险、政策风险、涉法风险、贿选风险、稳定风险、舆情风险和疫情风险。对“村霸”等黑恶势力、家族宗族势力、宗教势力、敌对势力干扰破坏选举的,要依法予以严厉打击。对选情复杂、信访矛盾突出的村(社区)要派驻工作组实地指导,把群众工作做深做细做实,防止出现集体访、越级访、缠访闹访问题,防止发生群体性事件。要针对疫情防控形势,督促指导在组织换届选举中,严格执行各项常态化防控措施。要加强正面宣传引导,加强舆情监测和应对,落实“24小时盯网制”,及时处理有关负面舆情,防止炒作换届负面新闻、不实信息和突发事件。换届工作有关信息由区和镇(街道)“换届办”负责统一发布。

六、强化换届组织领导

(一)压紧压实政治责任。竟成镇、各街道、经开区、区委各部门和区直各单位要把村(社区)“两委”换届工作作为重大政治任务来抓,加强组织领导和工作指导。区委负主体责任,竟成镇党委、各街道党(工)委、经开区党工委负直接责任,区委书记是第一责任人,竟成镇党委、各街道党(工)委、经开区党工委书记是直接责任人。把抓村(社区)“两委”换届情况,作为镇(街道)党(工)委书记抓基层党建述职评议考核的重要内容、作为换届干部提拔使用的重要依据。对换届工作重视不够、落实不力、出现问题的地方,要及时约谈相关责任人;问题严重的,要严肃问责追责。

(二)推动形成工作合力。各级人大要对村(居)民委员会换届选举工作依法开展监督,保障村(居)民依法行使自治权利。区委组织部要发挥牵头协调作用,加强对换届选举工作的组织和指导;区民政局要发挥职能作用,加强对村(居)民委员会换届选举工作的组织、指导和监督；纪委、政法、公安、司法行政、信访等部门要根据各自职责，狠抓选风选纪，查处拉票贿选，打击黑恶势力，维护选举秩序和社会稳定；区委宣传部要加强对换届选举政策宣传和网络舆情监测引导；区财政局要按照有关规定落实相关经费，并会同审计、农业农村等部门抓好村（社区）“两委”干部离任经济责任审计；团区委、区妇联要加强对村级团组织、妇联组织换届工作的督促指导；其他相关部门要各司其职，积极参与，主动配合。驻村第一书记和驻村工作队要积极协助做好换届选举工作。

（三）精准有力指导督导。区和镇（街道）换届选举工作领导（指导）小组及其办公室要加强对换届选举工作的督促指导，紧扣换届关键节点，常态化深入一线，掌握情况、发现问题、严督实导。建立区镇（街道）村（社区）三级上下通畅、反应及时的换届信息报告制度，全面掌握换届工作动态，及时发现换届中的新情况新问题，及时上报换届引发的重大事件，对政策把握不准的，要及时请示报告，做到“一个口子”发声、“一个政策”到底。建立换届工作联系指导制度，区委常委联系一个镇（街道）、包干一个村（社区），镇（街道）领导班子成员包干一个村（社区）。对换届重点难点村（社区），竟成镇党委、各街道党工委、经开区党工委主要领导要带头联系、全程指导，区“换届办”要直接督促指导，抓实整顿工作，评估好换届选举时机，制定应急处置预案。

（四）统筹结合各项工作。要把换届同学习贯彻党的十九届五中全会精神结合起来，同做好疫情防控各项工作结合起来，同完成好经济社会发展各项任务结合起来。大力推动新任村（社区）“两委”班子迅速形成战斗力，全面营造履新即“立状”、上任就实干的浓厚氛围，坚持在干中换、换中干。

区委办公室　区政府办公室
关于印发《珠山区积极应对疫情稳定经济增长政策措施实施细则》的通知

珠办字〔2020〕1号

竟成镇党委、人民政府，各街道党工委、办事处，区委各部门，区直各单位：

经区委、区政府同意，现将《珠山区积极应对疫情稳定经济增长政策措施实施细则》印发给你们，请结合实际认真贯彻落实。

中共珠山区委办公室
珠山区人民政府办公室
2020年2月17日

珠山区积极应对疫情稳定经济
增长政策措施实施细则

为深入贯彻落实习近平总书记关于坚决打赢疫情防控阻击战的重要指示精神，全面落实党中央、国务院，省委、省政府以及市委、市政府积极应对疫情、稳定经济增长的有关决策部署，在全力做好疫情防控工作的同时，有力支持市场主体稳定生产经营，促进我区经济社会平稳健康发展，为更好地贯彻落实省政府《关于有效应对疫情稳定经济增长20条政策措施》及市政府《景德镇市积极应对疫情稳定经济增长政策措施》文件精神，结合我区实际情况，现制定具体实施细则如下：

一、做好企业服务，支持经济发展

1. 针对辖区内受疫情冲击影响较大的工业、批发零售、住宿餐饮、物流运输、文化旅游等行业企业，统一建立区领导挂点帮扶制度。因企施策、靠

前指挥,帮助企业渡过当前难关。(区委办公室、区政府办公室牵头,区政府各相关行业主管部门配合)

2. 及时摸排了解辖区内企业的融资需求。积极帮助受疫情冲击影响较大的企业申请各类金融机构融资和信贷支持,指导帮助相关企业申报纳入疫情防控重点企业融资白名单,引导中小微企业通过江西省小微客户融资服务平台、一站式金融综合服务平台申请贷款。督促各类金融机构不得盲目抽贷、断贷、压贷;对符合相关条件的到期还款困难的企业,应予以展期或续贷支持。

同时对我区规上企业在获得国家、省、市的各级优惠贷款和贴息政策后,由区本级财政再补贴企业贷款利息的10%用以帮扶企业发展,单笔金额不超过20万元。具体范围与政策持续时间与上级相关优惠贷款和贴息政策相关文件规定时间一致。配合相关机构加快建立健全以信用为基础的新型监管机制,鼓励金融机构及其分支机构进一步优化审贷流程。(区政府办公室、区财政局牵头,区政府相关职能部门配合)

3. 鼓励辖区内银行业等金融机构加大对我区企业的融资支持。与九江银行景德镇支行全面开展合作:一是推出“助融贷”,针对部分重点企业提供专项贷款,专项审批,提供的贷款利率最低可至一年期LPR基准利率。二是疫后复工工作中,为我区企业提供低于同档次利率20—50基点的优惠利率的信贷支持。三是为税金贷、商超贷等多个线上信贷品种提供足额信贷额度和综合金融服务,并提供免除开户费用、小额管理费用等优惠措施。(区商务局牵头,区工信局、区发改委等部门配合)

4. 落实农业生产者销售的自产农产品免征增值税的相关政策。和对受疫情影响较大的批发零售、住宿餐饮、物流运输、文化旅游等行业企业和未能及时充分复工的工业企业,及时辅导落实好小微企业普惠性减税等政策。对因疫情原因导致企业发生重大损失,正常生产经营活动受到重大影响,纳税确有困难的,依法予以减免房产税、城镇土地使用税等政策。具体执行内容、范围与持续时间以省、市应对疫情稳定经济增长政策措施和相关文件规定保持一致。(区税务局、区财政局牵头,竟成镇、各街道配合)

5. 保障辖区企业用工需求,密切关注农民工、应届毕业生等重点群体就业状况,充分发挥省市人力资源市场网络平台作用,及时组织企业发布就业信息、开复工信息,开展好网上招聘工作。做好企业员工、农民工顺利返城返岗工作。帮扶重点企业有序开展复工复产,着力协调解决企业在防疫物资、设备、运输等方面的困难问题,确保辖区企业在做好疫情工作的同时,尽快恢复正常生产经营。(区工信局牵头,区政府办公室、区发改委、区人社局及竟成镇、各街道配合)

6. 受疫情影响导致生产经营困难的企业,可与职工协商一致,通过采取调整薪酬、轮岗轮休、缩短工时等方式稳定工作岗位,尽量不裁员或少裁员;对不裁员或少裁员的在我区参保的企业,保障其享受省、市应对疫情稳定经济增长政策措施和相关文件规定的优惠和返还政策。具体执行内容、范围与持续时间以相关文件规定为准。对提前复工复产且纳入重点防控物资生产、保障企业名单的企业,优先给予优惠政策扶持,所需资金从区失业保险基金列支。(区人社局牵头,区财政局及竟成镇、各街道配合)

7. 对确因受疫情影响不能及时复产履约的外贸企业,指导帮助企业向国家有关部门申请“新型冠状病毒感染的肺炎疫情不可抗力事实证明”。对我区陶瓷企业已付费报名参加境外展会,因疫情影响导致企业支付参展费用后而不能参展的,对实际已发生的展位费按应展标准予以补助,单笔最高限额为20万元人民币。(区商务局牵头,区财政局及竟成镇、各街道配合)

8. 区财政部门应对支持企业发展的各类奖励与扶持资金及时兑付,加快资金审核进度,及时拨付资金。对受疫情影响严重的重点行业、重点企业予以大力支持。税务部门根据企业实际需求保证企业合法合规的发票需求供应。(区财政局牵头,区发改委、区商务局、区市场监管局等职能部门及竟成镇、各街道配合)

二、扩大投资需求、促进实体经济发展

9. 积极推广不见面招商,充分利用赣服通、政府门户网站、公众号等平台,进行招商引资项目推介。针对有签约意向的项目,要加强网上联系与洽谈;针对已签约项目,加快项目推进,全力做好项目全过程服务工作,确保项目尽快实施。(区商务局牵头,区工信委、区发改委、区财政局等相关职能部门及竟成镇、各街道配合)

10. 积极利用各级相关政策推动珠山项目建设，争取优惠政策推动我区产业发展。一是支持传统商贸主体电商化、数字化改造升级，繁荣“宅经济”。大力实施“互联网＋”农产品出村进城工程，加快城乡商品要素流动。二是利用今年后续的旅发大会、瓷博会等各类活动，继续积极推动我区老旧小区改造等城市基础设施建设项目，提升我区城市环境水平。三是积极利用相关活动积极开展招商引资活动，招引文旅项目、总部经济、新兴服务业等相关企业入驻我区，促进我区经济全面健康发展。对项目建设中确因受疫情影响或疫情防控工作需要不能按时履行合同的，允许合理延后合同执行期限，不作违约处理。（区住建局、区商务局牵头，区发改委、区文广新旅局等职能部门与竟成镇、各街道配合）

11. 对承租区本级国有资产类生产经营用房的企业或个体工商户（含创业园、孵化器、创业基地等载体）租金1个月免收、2个月减半；对减免小微企业租金的创业园、孵化器、创业基地等各类载体，在申报国家、省级项目和市级项目时予以优先支持。（区国资公司、区工信局牵头，区财政局、区税务局、区人社局及竟成镇、各街道配合）

12. 支持辖区内国有大中型企业和区国资公司充分发挥中坚作用，依法依规在货款回收、原材料供应、项目发包等方面，加大对产业链上我区本地企业的支持力度。（区工信局牵头、各相关部门与单位配合）

三、提高办事服务效率，优化营商环境

13. 进一步强化行政审批“绿色通道”服务。简化不必要的流程与材料提交。对新增或扩大规模的防疫物资及生活必需品生产经营企业审批提供最优质的服务，利用政务服务网站、赣服通等推广不见面审批，推进并联审批，压缩审批时限。推广网上收件、网上审批和网上出件。涵盖企业注册开办、税务登记、社会保险参保登记、卫生许可证等相关许可。疫情期间扩大容缺受理范围，允许企业在疫情结束后补齐相关材料。疫情解除后，总结相关工作经验，进一步完善提升功能，符合相关规定的简化措施将长期坚持。（区行政服务中心牵头，各职能部门和竟成镇、各街道配合）

14. 有序组织企业复产复工，由珠山区复工复产领导小组牵头组织全区企业复产复工工作。工信、发改、商务等部门按职能积极对接龙头企业、规上企业、重点企业；竟成镇、各街道按属地原则对接辖区内的规下企业与中小微企业。主动上门服务，审核企业防疫措施到位情况，帮助有需要、有订单的企业及时复产复工。区各职能部门与竟成镇、各街道要积极开展复产复工工作的宣传，鼓励利用网络沟通联系方式，开展预约服务和专人主动上门查验企业的防疫物资储备等工作，有序组织，避免因办理相关业务引起人群聚集。（区发改委牵头，区工信局、区商务局等各职能部门和竟成镇、各街道配合）

15. 鼓励我区城乡居民通过财税库银联网、电子税务局、微信、“赣服通”等各种网络手段实现“网上、掌上”缴费。对受疫情影响未能按时办理社保缴费业务的参保单位、灵活就业人员，可延至疫情结束后补办。逾期缴纳社会保险费期间，依规定保障个人权益。持续时间依相关文件规定。（区人社局牵头，区政府办公室、区财政局及竟成镇、各街道配合）

16. 对受疫情影响还款困难、银行及其在我区的分支机构予以展期还款的个人创业担保贷款，协调争取给予贴息支持。对受疫情影响暂时失去收入来源的个人和小微企业，在其申请创业担保贷款时优先给予支持。对受疫情影响未能按时申请社会保险补贴、公益性岗位补贴、就业见习补贴等资金的企业（单位）、个人，可延至疫情结束后规定时间内补办。（区人社局牵头，区政府办公室、区财政局及竟成镇、各街道配合）

本细则相关政策措施执行至2020年12月31日（本细则或其他文件中另有规定截止时间的除外），如需要顺延的，依疫情指挥部或区政府决定。对本细则没有涉及的内容，执行省、市相关政策措施文件及其解读的规定。对中央、省、市和各上级部门后续出台相关支持政策，珠山区遵照执行。如与上级政策重叠的，按照不重复享受、就高原则执行。区政府办公室负责牵头政策解释，其中涉及各职能部门的部分由各职能部门负责政策解释。

区委办公室关于印发《2019 年度落实党风廉政建设责任制考核工作方案》的通知

珠办字〔2020〕3 号

竞成镇党委、各街道党工委,区委各部门、区直各单位党委(组):

《2019 年度落实党风廉政建设责任制考核工作方案》已经区委同意,现印发给你们,请结合实际贯彻执行。

中共珠山区委办公室　2020 年 1 月 21 日

2019 年度落实党风廉政建设责任制考核工作方案

为切实加强我区党风廉政建设和反腐败工作,纵深推进全面从严治党,持续建设风清气正的良好政治生态,按照《关于实行党风廉政建设责任制规定》的要求,根据中央、省委、市委、区委有关文件精神,制定 2019 年度落实党风廉政建设责任制考核工作方案如下。

一、考核对象

(一)竟成镇党委、各街道党工委领导班子成员及其他科级干部。

(二)区委各部门、区直各单位党委(党组)、区管学校领导班子及其他科级干部。

对区纪委区监委各派驻机构及其主要负责人的考核,由区纪委区监委另行制定考核办法。

二、考核内容

聚焦全面从严治党主体责任和监督责任,依据党中央、中央纪委国家监委,省委、省纪委省监委,市委、市纪委市监委,区委、区纪委区监委年度重点工作安排,确定具体考核内容和评分标准(详见附件)。

三、考核方法

(一)日常考核

1. 日常考核牵头单位为区纪委区监委、区委办公室、区委组织部、区委政法委、区委巡察办、区直机关工委、区生态环境局、区扶贫办。区教体局会同牵头单位负责对区管学校的日常考核。

2. 各牵头单位按照各自职责分工,根据平常掌握的情况对照评分内容进行日常考核,必要时可以请相关部门协助提供有关材料、听取区纪委区监委有关派驻机构的意见。

3. 日常考核结果及有关依据于 2020 年 3 月 9 日前报区落实党风廉政建设责任制领导小组(以下简称区责任制领导小组)办公室。

(二)集中考核

结合全区科级领导班子和领导干部年度考核工作,与区委考核组共同对各部门、各单位进行年度集中考核。具体步骤如下:

1. 听取汇报。召开汇报会,听取被考核单位党委(党组)主要负责人汇报,汇报内容为本部门、本单位落实主体责任情况。纪(工)委提供落实监督责任情况书面报告。

2. 述责述廉。被考核单位党委(党组)主要负责人进行述责述廉,其他考核对象进行书面述责述廉。述责述廉重点是执行政治纪律和政治规矩、履行管党治党责任、推进党风廉政建设和反腐败工作以及执行廉洁纪律情况。

3. 民主测评。竟成镇、各街道民主测评对象为党(工)委、纪(工)委领导班子,党(工)委、纪(工)委主要负责人。区委各部门、区直各单位、区管学校民主测评对象为党委(党组)领导班子和主要负责人。各部门、各单位的测评结果折算分值后,按比例计入总分。

四、考核成绩与运用

(一)成绩评定。区责任制领导小组办公室对日常考核和集中考核的情况进行审核汇总,按照日常考核占70%、集中考核(民主测评)占30%的比例确定被考核单位落实党风廉政建设责任制成绩。

(二)结果运用。考核成绩反馈给被考核单位党委(党组),并作为干部表彰奖励、考核考察、选拔任用和问责的重要依据。对年度考核结果在60分以下的部门、单位,取消该部门、该单位及党政领导班子成员当年评先评优资格。对年度考核结果排名靠后,且成绩明显偏低的部门、单位,对其党委(党组)、纪(工)委(纪检组)主要负责人进行约谈。

五、组织领导

(一)考核工作在区委的领导下进行,具体工作由区责任制领导小组办公室负责组织实施。

(二)各部门、各单位要高度重视考核工作,切实加强领导,积极配合做好考核。各牵头单位要认真履责,加强沟通协调,抓好职责范围内的日常考核工作。

(三)各考核组要坚持原则,客观公正,发现重要情况要及时请示报告。同时,要认真贯彻落实中央八项规定精神和省委、市委、区委有关规定要求,严格遵守廉洁自律各项规定和保密规定,严禁以权谋私。

区委办公室　区政府办公室
关于印发2020年区重点工程建设
项目计划的通知

珠办字〔2020〕4号

竟成镇党委、人民政府,各街道党工委、办事处,区委各部门,区直各单位:

为"建好景德镇国家陶瓷文化传承创新试验区,打造对外文化交流新平台",全面落实市委市政府工作要求,全力实施"三个五"战略行动,奋力打造与世界对话的国际瓷都,经区委、区政府同意,2020年安排区重点工程建设项目27个,其中续建项目10个、新建项目12个、前期工作项目5个。计划总投资84.57亿元(不含前期工作项目预测投资),本年计划投资35.5亿元,其中:续建项目本年计划投资12.85亿元,新建项目本年计划投资22.65亿元。

各部门要切实提高政治站位,坚决贯彻落实习近平总书记的殷殷嘱托和李克强总理的特别期待,紧盯目标,压实责任,凝心聚力促发展,形成人人主动作为、你争我赶的良好建设氛围。要始终坚持"项目为王"理念,扎实开展"项目提速年"活动,完善项目推进机制,抓好项目要素保障,安全高效快速推进项目建设。要牢固树立"全区一盘棋"的大局意识,积极参与,加强协作,形成项目建设合力,力争"天天抓项目、月月上项目、年年成项目",为建好景德镇国家陶瓷文化传承创新试验区、加快推动经济社会高质量发展提供有力支撑!

附件:2020年景德镇市珠山区重点工程建设项目计划安排表

中共珠山区委办公室

珠山区人民政府办公室

2020年3月9日

区委办公室　区政府办公室关于印发《珠山区“十四五”规划编制工作方案》的通知

珠办字〔2020〕5号

竟成镇党委、人民政府，各街道党工委、办事处，区委各部门，区直各单位：

经区委、区政府同意，现将《珠山区“十四五”规划编制工作方案》印发给你们，请结合实际认真贯彻落实。

中共珠山区委办公室
珠山区人民政府办公室
2020年3月19日

珠山区“十四五”规划编制工作方案

“十四五”规划是我国进入中国特色社会主义新时代，开启全面建设社会主义现代化国家新征程的第一个五年规划，也是全面落实景德镇国家陶瓷文化传承创新试验区，推动我区高质量、跨越式发展承上启下的五年规划。为贯彻落实国家、省、市“十四五”规划编制工作部署精神，切实组织好我区“十四五”规划编制工作，特制定本工作方案。

一、规划编制工作总体要求

（一）指导思想

坚持以习近平新时代中国特色社会主义思想为指导，贯彻落实党的十九大和十九届二中、三中、四中全会精神，着力贯彻新发展理念，以推动高质量发展为主线，以增强规划科学性为导向，以提高规划操作性为目标，创新发展思路，凝聚各方智慧，明确“十四五”时期工作的指导方针、主要任务、发展重点和保障措施，使其成为指导全区未来五年国民经济和社会发展的行动纲领。

（二）编制原则

1. 坚持战略性与操作性相统一。准确把握发展阶段特征，既要加强对未来五年甚至更长远的发展谋划，增强规划宏观性、战略性、指导性，又要突出规划的针对性和可操作性。

2. 坚持全面谋划与突出重点相协调。既要全面统筹经济社会各领域各方面，推动全区整体发展，又要适应所处发展阶段的特殊需求，突出重点领域和薄弱环节，整合资源，集中攻关。

3. 坚持目标导向与问题导向相统一。围绕全面建设社会主义现代化国家的目标要求，聚焦经济社会发展的突出矛盾和重大问题，明确破解难题的途径和方法，不断地解决前进中遇到的各种困难和问题，在不断克服困难、解决问题中向着既定目标迈进。

二、主要任务和责任分工

围绕形成全区“十四五”规划体系，协调组织和统筹推进区级国民经济社会发展规划和专项规划编制工作。

（一）编制《景德镇市珠山区国民经济和社会发展第十四个五年规划纲要》。

按照国家和省、市要求，在开展前期重大问题研究的基础上，从解决经济社会发展的突出矛盾和重大问题入手，明确“十四五”期间发展的目标任务、战略重点、发展措施、重大布局等，研究提出发展思路和需要纳入市级层面规划的重大政策、重大项目，并作出相应的政策安排。（由区发改委牵头，竟成镇、各街道和各区直有关部门配合）

（二）对接各专项规划。

按照市政府及主管部门要求，围绕重大基础设施建设、重大产业布局、重大民生和社会事业、生态环境建设与保护等重点任务，做好调查研究，为对接各专项规划提出思路和需要纳入市级层面规划的重大政策、重大项目。各区直有关部门可根据需要，在区“十四五”规划纲要和相关专项规划的基础上，编制若干行业规划，报区发改委备案。（由各主管部门牵头，竟成镇、各街道和其他单位配合）

三、“十四五”规划编制总体安排

根据规划编制程序，我区“十四五”规划编制工作分为前期研究、形成基本思路、总结与拟定规划《纲要》框架阶段、《纲要（草案）》形成和审议四个阶段，具体安排如下：

（一）前期研究阶段（2019年11月—2020年4月）。

紧密跟踪国家、省、市的工作动态，谋划珠山区“十四五”规划前期研究工作思路，形成珠山区“十四五”规划编制工作方案；开展“十四五”规划“六个重大”（重大产业、重大平台、重大工程、重大项目、重大政策、重大改革举措）谋划工作。竟成镇、各街道、各区级部门结合工作和发展实际，撰写并形成“十四五”发展思路方面的专题材料；组织相关部门围绕“十四五”编制工作，对我区重点发展领域设立独立专项研究课题。

（二）形成基本思路阶段（2020年5月—6月）。

起草形成“十四五”规划基本思路（初稿），召开专家学者、企业家和区级有关部门“十四五”规划座谈会，广泛论证与修改“十四五”规划基本思路。

（三）总结与拟定规划《纲要》框架阶段（2020年7月—9月）。

制订区级“十四五”规划编制目录，成立“十四五”规划《纲要》起草组，配合区委起草“十四五”规划《建议》；起草形成“十四五”规划《纲要》框架，组织完成“十三五”规划执行情况总结。

（四）《纲要（草案）》形成和审议阶段（2020年10月—2021年3月）。

根据区委“十四五”规划《建议》，形成《纲要》（征求意见稿），召开各方征求意见会和专家论证会，修改形成《纲要（草案）》，向区委、区人大、区政府、区政协汇报“十四五”规划《纲要（草案）》，修改形成《纲要》人代会审议稿，提交区人代会审议通过后发布。各单位同步完成各专项规划编制发布工作。

四、编制要求

（一）认真总结“十三五”规划的实施情况。竟成镇、各街道、各部门要对本地区、本部门“十三五”规划实施情况进行评估，总结成功经验，查找存在的突出问题和主要矛盾，为编制“十四五”规划奠定基础。同时，要认真总结“十三五”规划编制工作的经验，改进规划编制工作方式方法。

（二）明确规划定位。加强对全局性、战略性重大问题的研究，着眼于引导市场主体行为，引导资源配置方向，认真分析“十四五”期间面临的重大问题，围绕重点任务、重点领域、重点区域以及重大工程等，研究提出解决问题的思路和政策措施，重点放在政府履行公共职责的公共服务、市场监管、社会管理、环境保护等领域，促进形成公开、公平和公正的发展环境。

（三）加强重大工程和项目的谋划和研究。重大工程和项目是落实规划建设任务的重要载体，是实现规划目标的重要手段和支撑。要研究提出一批关系全局、带动作用强、政府组织实施的重大工程和项目，主要包括应由政府配置资源的交通、水利、环保、生态、教育、科技、文化、体育、社区建设等建设项目，也包括一些应由政府协调建设、涉及国民经济重要布局的重大产业项目。需要国家和省、市审批、平衡和协调以及需由财政安排建设资金的重大项目，应尽早启动新建项目的前期研究及论证工作，做好与上级的衔接，力争将更多的项目纳入国家和省、市规划。

（四）开放民主编制规划。完善民主参与机制，发挥好各领域科研机构的作用，广泛征集和听取社会各界意见，增强规划编制工作的透明度和公众参与度，提高决策的民主化水平。进一步规范编制程序，不断提高工作的规范化和科学化水平。

（五）加强规划间的衔接协调。要做好与国家和省、市“十四五”规划、主体功能区规划、城镇化发展规划相衔接，以及与各专项规划的衔接。加强部门间分工合作，提高规划的科学性和可操作性，增强规划在解决国民经济和社会发展重大问题上的合力。规划衔接要服从上级政府规划，需要衔接的内容包括主要指标、基础设施和重大产业布局、重大政策等，争取所提出的重大项目、重大政策列入国家和省、市相应规划。

五、组织领导和经费保障

(一)加强组织领导。成立由区委副书记、区长罗文军担任组长,区委常委、常务副区长张朝博为副组长的区"十四五"规划编制工作领导小组,成员由竟成镇、各街道、区直各相关部门组成。领导小组主要职责是加强规划编制工作的组织领导,负责组织、指导规划编制工作,研究解决规划编制中的重大问题,审定规划成果。领导小组下设办公室在区发改委,从区有关部门或单位抽调人员组成全区"十四五"规划纲要起草小组。同时,办公室组建专家咨询小组,邀请专家学者对我区"十四五"规划编制工作进行指导、咨询、论证等工作。

(二)建立协调沟通机制。通过在新闻媒体、政府门户网站面向社会公众建立专栏、就重大问题组织研讨会和召开专家论证会等多种形式,加强政府与社会、上级与下级以及部门之间的联系和沟通。

(三)按时保质完成。各部门、乡镇、各街道、各单位要统筹安排规划编制工作,及时与领导小组办公室通报进展情况,严格按照时间要求完成相关规划并及时报送领导小组办公室,保证"十四五"规划编制工作顺利完成。

(四)创新编制手段。秉持"开门编规划"理念,借力借脑,综合比较,广泛凝聚社会各界智慧,提高规划编制透明度和民主参与度,集思广益描绘好珠山"十四五"发展蓝图。

(五)保障专项经费。按照上级要求,编制区"十四五"总体规划以及相关工作所需经费,列入区本级财政预算,由区发改委统筹安排。各部门、乡镇、各街道、各单位在参与规划编制工作中形成的一般性经费要在部门预算经费中统筹解决。

区委办公室　区政府办公室 关于印发《珠山区区直机关绩效管理办法(试行)》的通知

珠办字〔2020〕7 号

竟成镇党委、人民政府,各街道党工委、办事处,区委各部门,区直各单位:

《珠山区区直机关绩效管理办法(试行)》已经区委、区政府研究同意,现印发给你们,请结合实际抓好贯彻执行。

中共珠山区委办公室
珠山区人民政府办公室
2020 年 3 月 23 日

珠山区区直机关绩效管理办法(试行)

第一章　总　则

第一条　为规范区直机关绩效管理工作,提升机关工作效能,优化公共服务,提高执行力和公信力,建设人民满意的党政机关,努力打造与世界对话的国际瓷都,根据《景德镇市市直机关绩效管理办法(试行)》等精神,结合我区实际,制定本办法。

第二条　本办法所称绩效管理,是指根据重点工作任务和主要工作职责设定绩效指标,实施过程管理和日常考核,以提升机关绩效的管理模式。

第三条　本办法所称绩效管理对象,是指区直列入公务员实施范围的机关和区委、区政府直属参照公务员法管理的单位。

第四条　绩效管理工作坚持实事求是、注重实绩、客观公正、公开透明、科学合理和简便易行的原则。

第五条　绩效管理实行分类考评，按照绩效管理对象工作职能性质，分为党政综合类、经济发展类、执法监督类、社会服务类、人民团体和民主党派类、中央和省、市驻区类等六类。

第二章　组织机构和职责

第六条　珠山区区直机关绩效管理工作领导小组（以下简称“领导小组”），负责绩效管理工作的组织领导、指导协调和督促检查。区直机关绩效管理工作领导小组办公室（以下简称“区绩效办”）设在区人力资源和社会保障局，具体负责绩效管理的日常工作。

第七条　领导小组的主要职责：

（一）统筹规划、协调指导绩效管理工作；

（二）审议绩效管理考评结果；

（三）研究决定绩效管理工作的其他重要事项。

第八条　区绩效办的主要职责：

（一）负责绩效管理日常工作的组织、协调和联络，重大事项及时向领导小组报告；

（二）制定绩效管理相关实施方案和细则；

（三）组织开展绩效指标评审、过程管理、日常考核和年终考评工作，指导绩效管理对象开展工作；

（四）研究绩效管理实施过程中存在的问题，提出相关意见建议；

（五）承担领导小组交办的其他事项。

第九条　承担年度重点工作牵头任务的单位（以下简称“牵头单位”）负责牵头工作的检查督导、组织协调，会同责任单位共同完成所承担的任务。

第十条　绩效管理对象是绩效指标落实的责任主体，单位主要负责人是绩效管理工作的第一责任人。绩效管理对象要明确承办部门和人员，按照领导小组及其办公室的部署，抓好绩效管理实施，定期开展自查自评，及时发现问题，解决问题，不断改进管理方法，提高工作质量和效率。

第三章　绩效指标

第十一条　绩效指标包括共性指标、个性指标、综合评价等三类指标。

第十二条　共性指标及设定。该类指标指的是按照党中央、国务院以及省委、省政府、市委、市政府、区委、区政府统一工作要求而设定的适用于所有绩效管理对象的绩效指标。

共性指标包括区直机关党的建设、精神文明建设、社会治安综合治理、公共机构节能、财政预算绩效等，每年度可根据实际情况进行调整并公布。

第十三条　个性指标。该类指标指的是针对各绩效管理对象的工作职能而设定的仅适用于该绩效管理对象的绩效指标，主要包括各绩效管理对象承担的年度重点工作任务和履职履责。

重点工作任务指本单位承担的区委常委会工作要点、区政府工作报告重点工作责任分工，以及相关法律法规和党中央、国务院、省委、省政府、市委、市政府、区委、区政府有关文件要求纳入绩效管理的重要工作任务。

履职履责指本单位“三定”方案中规定的工作职责和任务。

第十四条　个性指标设定。绩效管理对象依据本办法第十三条的规定，结合本单位主要职责和承担的重要工作，拟订本单位个性指标及评分标准并报区绩效办。区绩效办组织有关单位和专家对个性指标及评分标准进行评审后，报送分管该单位和分管绩效管理工作的区领导审定。经审定的个性指标及完成情况，由绩效管理对象通过门户网站、公共平台等媒介进行公布。

第十五条　个性指标调整。个性指标及评分标准经审定后，原则上不予调整。如因特殊原因确需增减的，由绩效管理对象书面请求区绩效办。区绩效办审核并报送分管该单位和分管绩效管理工作的区领导审定同意后可进行调整。

第十六条　综合评价。主要包括区管领导班子和领导干部考核、区领导评价、服务对象评价和社会公众评价：

（一）区管领导班子和领导干部考核。由区委组织部按要求组织实施。

（二）区领导评价。由区领导对各绩效管理对象的年度工作绩效情况进行综合评价。

（三）服务对象评价。由服务对象日常通过扫描“珠山区绩效”二维码、窗口服务评价器等方式对绩效管理对象进行评价。

（四）社会公众评价。由服务对象代表、党代表、人大代表、政协委员、党政机关和部分企事业单位工作人员、专家学者等对各绩效管理对象年度工作绩效情况进行综合评价。

第十七条 年度工作方案。领导小组每年依据本办法制定印发区直机关绩效管理年度工作方案(以下简称“年度工作方案”),明确当年绩效管理对象、绩效指标及评分标准、绩效管理实施程序、工作要求等。

第四章 绩效管理实施

第十八条 绩效管理对象日常管理。绩效管理对象要以绩效指标为导向,定期检查工作进展,切实抓好工作落实,依法高效履职尽责,充分发挥绩效管理在提升工作绩效中的积极作用。

第十九条 个性指标日常考核。区绩效办组织人员通过实地调查、抽样核查等方式,对绩效管理对象完成个性指标的进展等情况进行不定期察访核验;牵头单位对其他责任单位重点工作任务完成情况不定期开展督查指导。对察访核验或督查指导发现的问题,视情节扣分。

第二十条 共性指标年终考核。各共性指标的考核单位按要求组织对各绩效管理对象相关共性指标进行考核并评分,将考核评分结果送区绩效办。

第二十一条 个性指标年终考核。各绩效管理对象对照本年度个性指标逐项进行自查自评并将情况报送区绩效办;区绩效办会同牵头单位及有关单位,根据绩效管理对象自查自评情况,核验指标完成情况及有关佐证材料的真实性、准确性和有效性,必要时可以采取实地调查、抽样检查等方式进行察访核验。

区绩效办根据核验情况对各绩效管理对象评分;对个性指标日常考核中扣分的,一并计入年终考核评分。

第二十二条 年终综合评价。每年年初,区委组织部按要求组织实施区管领导班子和领导干部年度考核并评分,将评分结果送区绩效办;区绩效办报请区领导对各绩效管理对象的年度工作绩效情况进行综合评价并评分;区绩效办会同区行政服务中心根据服务对象日常扫描“珠山区绩效”二维码、窗口服务评价器的评分情况计算各绩效管理对象得分;区绩效办组织社会公众评价并评分。

第二十三条 对未参加全部年度共性指标、综合评价的单位(如未参加服务对象评价),根据其实际参加的共性指标或综合评价项目平均得分进行折算计分。

第二十四条 成绩汇总。每年第一季度,区绩效办会同有关单位完成对上一年度绩效指标评分,由区绩效办加权汇总绩效考评分数,得出年度综合绩效考评成绩,反馈各绩效管理对象。

年度综合绩效考评成绩采取百分制计分。年度综合绩效考评成绩 = 共性指标考核得分 + 个性指标考核得分 + 综合评价得分。

绩效指标赋分标准:

(一)共性指标合计 20 分。各共性指标具体赋分由年度工作方案确定。

(二)个性指标合计 50 分。各个性指标具体赋分由年度工作方案确定。

(三)综合评价合计 30 分。其中,区管领导班子和领导干部考核 10 分、区领导评价 5 分、服务对象评价 10 分、社会公众评价 5 分。

第二十五条 申诉与复评。绩效管理对象如对年度考评结果有异议,可在得知考评结果后 5 个工作日内以书面形式向区绩效办提出申诉,区绩效办应在 10 个工作日内复评并予以答复。

第五章 等次评定及结果运用

第二十六条 等次评定。按照六大类单位分别进行考核与评定等次。考评等次分为优秀、良好、合格、不合格,其中被评为优秀、良好等次的分别占有各类绩效管理对象总数 40%、50%,且年度综合绩效考评得分 70 分以上(含 70 分),其他得分 70 分以上(含 70 分)的单位评定为合格等次,低于 70 分的单位评定为不合格等次。

第二十七条 取消评优。凡本年度内,领导班子成员发生重大腐败案件,或工作人员(含借用人员)违法违纪造成重大损失和恶劣影响的绩效管理对象,取消年度评为优秀等次资格(对本单位工作人员违纪违法行为主动进行查处,以及因执纪执法需要临时将违纪违法行为的人员调至该单位的除外)。

第二十八条 确定结果和通报。区绩效办提出年度绩效考评等次评定意见,报请领导小组、区政府常务会和区委常委会审议后,由区委、区政府进行通报。

第二十九条 考评结果的运用：

（一）考评结果作为领导干部选拔任用、调整交流的重要参考；

（二）对考评确定为合格及以上等次的单位干部职工，给予适当奖励；

（三）绩效管理年度考评为优秀、良好、合格、不合格等次的单位，分别按照 20%、18%、15%、10% 确定下一年度公务员年度考核优秀人数比例；

（四）连续三年被评为优秀等次的单位，给予单位记集体三等功一次；

（五）连续三年被评为合格等次的单位，由单位向领导小组作出书面整改报告，并限期予以整改；

（六）被评为不合格等次的单位，给予通报批评并限期整改。

第六章 附 则

第三十条 本办法的具体解释工作由区委办公室、区政府办公室、区绩效办承担。

第三十一条 本办法自印发之日起施行。

区委办公室 区政府办公室
印发《关于深入推进让群众“最多访一次”的实施细则》的通知

珠办字〔2020〕8 号

竟成镇党委、人民政府，各街道党工委、办事处，区委各部门，区直各单位：

现将《关于深入推进让群众“最多访一次”的实施细则》印发给你们，请认真抓好贯彻落实。

中共珠山区委办公室

珠山区人民政府办公室

2020 年 3 月 19 日

关于深入推进让群众
“最多访一次”的实施细则

第一章 总 则

第一条 深入学习贯彻习近平总书记关于加强和改进人民信访工作的重要思想以及重要指示批示精神，贯彻落实省、市信访局长会议精神，坚持以人民为中心，畅通和规范群众诉求表达，完善信访制度，把信访制度优势转化为解决信访问题、化解突出矛盾的社会治理效能。推进信访工作专业化、法治化、信息化建设，逐步实现“最多访一次”目标，根据《关于深入推进让群众“最多访一次”的意见》（景信字〔2019〕22 号）等文件，制定本细则。

第二条 本细则所称党政机关，包括全区各级党的机关、人大机关、行政机关、政协机关、审判机关、检察机关。全区各级党政机关派出机构、直属事业单位，工会、共青团、妇联等人民团体，适用本细则。

第三条 按照“属地管理、分级负责”的原则，规范基础业务，最大限度提高办理质量。整合资源力量，继续打好信访矛盾化解攻坚战。进一步落实信访工作精细化管理，把推进让群众“最多访一次”、深化“人民满意窗口”创建活动以及珠山特色“百姓说事”平台紧密结合起来，用心用情处理好群众的信访问题。在智能化建设上寻求突破口，最大限度减轻群众“访累”，为把景德镇建设成为国家陶瓷文化传承创新试验区创造良好的社会环境。

第二章 内 容

第四条 规范信访事项办理按照全省信访工作考核文件精神,针对信访事项平均办理时间长;信访件转交办、受理不及时;退回未及时沟通;受理告知书、答复意见书的送达不及时、格式不规范等问题,作如下规定:

(一)受理:各单位要安排专人每日登录“江西信访网上服务中心系统”(下称“系统”),及时接收信访件,经查实后,在2天内必须要受理并且出具受理告知书。

(二)退回:不允许随意退回信访件,如确实因不属于本单位、本部门职能范围的,需要书面写明退回原因和属于哪个责任部门的职能,报区信访联席会议办公室同意后,才能退回。

(三)交办、转办:受理后从系统中打印“呈批单”,第一时间向分管领导报告,由单位信访分管领导提出处理意见,对上级转交件或领导接访件由单位党政主要领导签批、交办,并做好留存。对涉法涉诉类信访件,应依法依规出具不予受理告知书并提供法律依据。

(四)调查处理:各单位要落实专人负责办理,与信访人见面了解信访事项的具体情况,或到现场进行调查,核对反映人的诉求是否属实。

处理意见书的格式要求:一是标题要有责任单位名称,有单位文件头和文号,签发人一定要由单位的包案领导或者分管领导签发,盖单位行政章;二是处理意见书内容要翔实,要清楚记录信访人基本信息、诉求、调查核实的情况、具体的处理意见,不能把调查核实情况和具体的处理意见相等同,要有相关的法律法规、政策依据,正面回答信访人的诉求,做到程序到位,适用政策准确;三是对于诉求不合理的,要认真细致地做好政策解释和思想疏导工作。重大疑难的信访案,要留好影像资料,一并上传系统备查。

(五)办结期限:自信访人登记之日起,按自然日开始计算,区级信访件20天内办结,市级交办件23天内办结,省级交办件26天内办结,国家级交办件30天内办结。对符合《关于加强信访事项简易办理工作的通知》(景信字〔2017〕10号)的信访事项,在7天内办结。对未按规定时间办结的信访件,责任单位要向区信访工作联席会议书面说明延期理由。由区信访局分管领导牵头现场督查、跟踪推进、限期办结。

(六)告知书和处理意见书的送达:一是送达人必须要有2人以上签名;二是一定要送达信访人,若信访人拒签,应由送达人写明拒签原因,由送达人和证明人签字,拍照保留送达证据,并上传系统;三是不得在除信访人在外地或特殊原因不能到场的情况下,由信访办电话告知信访人受理和处理意见;四是因单位特殊情况的,可通过邮递方式送达信访人,并留存快递单据一并上传系统。

(七)审核督办:区委信访局将对答复意见进行严格审核。对即将到期尚未办结的,将进行提醒督办和现场督办。对因答复不及时、不准确等主观原因而导致群众重复上访的信访事项责成重新办理。

(八)参评期限:办结后7天内一定要进行网上满意度测评。

第五条 规范来访接待工作

按照省委信访局《关于加强领导干部接访的有关规定》精神,针对领导接访无安排表、接访无记录、记录简单、交办无记录等问题,规定如下:

(一)每个工作日安排1名县级领导在区人民来访接待中心接访;乡镇(街道)领导要随时接待群众来访。

重大活动期间和重要敏感节点,区、镇(街道)应保证每天都有领导在接访场所接访。

(二)领导干部对接访当天发生的集体访或群众强烈要求领导接待的个访,做到应接尽接。

(三)现场接访时,重点是精准接谈,对于诉求合理、事实清楚、责任明确、易于解决的初信初访,借助“百姓说事”平台,运用“百姓说事”互助资金,把信访矛盾化解在源头。对信访人合理诉求已解决仍不满意的,从思想教育、心理疏导和困难帮扶多方面入手,想方设法解开信访群众“心结”。

(四)若接访事项不属轮班接访领导分管,接访领导应主动与分管领导对接,由分管领导负责问题处理并审核结案,结案报告抄送接访领导。

(五)建立联合接访制度。对于“三跨三分离”的复杂疑难的案件,各责任部门相关人员一定要到场,一同接待信访人。同时发挥律师、心理咨询师、法律工作者以及相关领域专家学者等专业队伍作用,形成合力,确保问题处理到位,杜绝推诿扯皮现象发生。

第六条　规范领导包案

按照省信访联席会议《关于加强领导干部包案的有关规定》,推动疑难信访案件的解决。

(一)结合本单位实际情况,制定领导包案处理信访事项的实施方案。包案原则:对时间久、有较大合理性诉求的案件由单位主要领导牵头包;对越级访、缠访、异常访或确实困难的案件由单位分管领导主要包;其他党政领导按照分工和领导挂镇(街)包村(居)包案。

(二)包案领导应与信访人见面,面对面听取信访人诉求,并通过实地走访、座谈调研等途径,深入剖析案情,找准问题症结。包案领导应认真研究处理意见,指导推动责任单位及时制定化解方案,落实化解措施。

(三)对一般应在三个月内解决群众合理诉求,做好思想疏导稳定工作。疑难复杂信访事项化解期限不超过半年。合理诉求已解决但未停访息诉的信访事项,由信访人所在地的分片挂点领导负责做好信访稳定工作。

第七条　打好信访矛盾化解攻坚战

(一)建立信访工作定期研判制度。各乡镇(街道)、存在重点信访问题的单位应每月研判一次信访工作。

(二)建立并实施社会稳定风险评估制度。各单位要认真梳理本单位、本辖区的重点项目,凡涉及群众利益,关乎发展的重大决策事项、重点项目,都要进行社会稳定风险评估。对群众不满意、不支持,可能引发信访问题的重大决策、项目要缓办或停办。

(三)深化"百姓说事"平台。对于诉求合理、事实清楚、责任明确、易于解决的初信初访,借助"百姓说事"平台,运用"百姓说事"互助资金,邀请"两代表一委员"、律师、社会工作者等参与,把信访矛盾化解在源头,争取做到群众"一次都不访"。

(四)建立联调联处工作机制。对于诉求有一部分合理、涉及多个责任主体或集体联名投诉的重大、复杂、疑难等信访事项,可通过召开信访联调联处工作会,明确包案领导、责任单位、解决途径和化解时限。按照"三到位一处理"要求,以法律法规和政策为依据,综合运用教育疏导、帮扶救助、心理咨询等方法解决信访问题。

第八条　开展进京越级访专项治理

2019 年珠山区进京访量排名全省第 11 名,今年以遏制进京越级访高发态势、减少进京越级访为目标,2020 年要实现进京越级访至少下降 60%。治理重点:重点群体:涉军、失独;重点人员:2019 年以来发生进京访登记 5 次以上或重复写信、重复投诉 10 次以上的人员;重点问题:征地拆迁、企业改制、涉法涉诉等。对因工作不认真、责任不落实、程序不到位,导致信访人反复进京上访,造成严重后果的有关单位和人员,将按照省、市《信访责任制实施细则》《珠山区赴省进京访信访工作责任制实施细则》等相关规定进行责任追究。

第九条　精细化管理

(一)区信访联席会议办公室每月调度一次信访工作。区信访联席会议每季度召开一次全区信访工作联席会议,对全区信访进行部署。

(二)根据全省创建"人民满意窗口"活动的要求,综合运用大数据分析、领导包案、联调联处、百姓说事及社区党群服务中心等平台,建设好区、乡镇(街道)、村(社区)三级信访工作平台,更好地解决群众的信访问题。

(三)继续加大依法治"访"工作。

1. 建立律师日常接访机制,每周最少安排 1 名律师接待半天,对每名信访人提出的信访事项做好记录登记,并就其中涉及的相关法律问题,由接访律师当面解答,并告知信访人如何进行法律维权。

2. 建立疑案信访涉法案件集中讨论机制。对特别重大的信访案件中涉及的法律问题,先由法律顾问在接到相关案件时起三个工作日内提出初步的法律意见,随后再由单位包案领导在七个工作日内组织并协调相关人员集中讨论并商定最终的处理意见或方案。

(四)建立一案一档。对每一件信访事项的办理,从接访、受理、领导签批、交办、告知、调查核实、答复意见等,进行全程跟踪,要有记录、有痕迹,必要时有视频、录音等。要注重收集、汇总、归档。尽可能地将每件信访案件做实、做细、做足,经得起推敲、倒查。对信访事项情况复杂、调查处理时间较长、信访人满意的经典案例,要提炼升华,形成经典案例报告。报告中要有案件背景、调处情况、得到的启示等。

第三章　工作保障

第十条　人员场所保障。配备专门的场所和信访干部,明确一名班子成员为信访分管领导,确保信访渠道畅通。

第十一条　大数据保障。各单位要对信访干部进行规范化培训,加强对法律、政策、心理等方面知识学习,提升化解信访问题的能力。充分依托各自门户网、微信公众号、LED 电子显示屏等宣传载体,立体式宣传“百姓说事”平台、网上信访高效解决信访问题的典型案例。

第十二条　经费保障。各有关单位安排好信访工作经费,将“最多访一次”的实施落到实处。

第四章　责任追究

第十三条　按照《信访条例》、《景德镇市信访工作责任制实施细则》(景办字〔2017〕81 号),党政机关及其领导干部、工作人员不履行或未能正常履行本细则所列内容,有以下情形之一的进行责任追究。

(一)发生信访件督办后,仍不能在时限内办结的,由珠山区信访工作联席会议办公室进行约谈。

(二)因发生信访件办理不规范,引发 3 次重复越级访的,由区信访工作联席会议召集人进行谈话单位主要领导,并向全区通报。

(三)因发生信访件办理不规范,引发赴省赴京重复越级访,被省级通报的,而且没有明确处理意见的,将按照管理权限移交纪委监委处理,按程序给予相应党政纪处分。

第十四条　其他未列情形参照《景德镇市信访工作责任制实施细则》第十八条、第十九条、第二十条、第二十一条进行责任追究。

第十五条　有关责任追究情况向区委组织、区人社局通报,组织、人事部门应当将被追究信访工作责任人员的有关情况作为绩效评比、奖励处罚、选拔任用的重要依据。

第五章　附　则

第十六条　本细则由珠山区信访工作联席会议办公室具体解释。

第十七条　本细则自 2020 年 3 月 20 日起施行。

区委办公室　区政府办公室
关于印发《珠山区奋进 50 年主题系列重点活动安排》的通知

珠办字〔2020〕21 号

竟成镇党委、人民政府,各街道党工委、办事处,区委各部门、区直各单位:

经区委、区政府研究同意,现将《珠山区奋进 50 年主题系列重点活动安排》印发给你们,请结合实际遵照贯彻执行。

中共珠山区委办公室
珠山区人民政府办公室
2020 年 4 月 20 日

珠山区奋进 50 年主题系列重点活动安排

2020 年是珠山区建区 50 年,也是全面建成小康社会收官之年和建设景德镇国家陶瓷文化传承创新试验区的开局之年。为回顾总结五十年来珠山区在经济政治文化社会事业等方面取得的辉煌成就,进一步坚定信念,凝聚共识,决战决胜坚决如期打赢脱贫攻坚战,取得扫黑除恶专项斗争压倒性胜利。区委、区政府决定,在全区范围内开展一系列活动进行回顾、纪念和展望,现制定如下方案。

1. 回眸50年——拍摄珠山区形象宣传片

宣传片的拍摄力求浓缩珠山区文化精华，展现珠山区精神风采，全方面展示50年来的成就和变迁。以纪实手法、史实资料等来表现珠山区50年以来新旧对比变化、城市发展历程、未来展望等内容，展现一个质朴实在、积极向上、开放包容的珠山。

活动时间：4月—9月

活动地点：珠山区辖区内

责任单位：区委宣传部、区融媒体中心

2. 奋进50年——珠山区50周年经济社会发展成就展

从不同的角度切入，为我区展现珠山区50年发展进程中的满满回忆、城市更新的累累硕果。以资料性展品真实反映建区以来的历史状况，以纪实手法的新老资料对比反映珠山区建设发展的过程，以具有艺术性、时代性的展品反映50年以来的丰硕成果，展望未来美好的前景。

活动时间：4月—9月（展品收集时间）

活动地点：全区各单位

责任单位：区委办、区政府办、区国资公司

3. 我与珠山共成长——主题征文及演讲比赛

以"我与珠山共成长"为主题开展征文及演讲比赛，通过比赛的形式讲述珠山人与珠山区的真实故事和深切感悟，邀请专家评选出若干奖项，并对优秀作品进行集中展览。

活动时间：4月—6月

活动地点：全区各单位、区属各学校

责任单位：区委宣传部、区教体局、区社联、区文联

4. 跃动珠山——主题快闪活动

主题快闪参与性强、互动性强。主题快闪活动的开展，选择人流相对密集的场所，方便人们自然围拢，更具流动性、传播性。选择充满正能量、教育意义明显且为大众耳熟能详的歌曲或其他艺术作品，以达到宣传珠山的目的。

活动时间：9月

活动地点：全区各单位

责任单位：区委宣传部、区直机关工委、区文广新旅局

5. 三宝艺术周活动

举办囊括"草地文化节""泼泥嘉年华""三宝健身跑""生活美学集市"等系列活动的三宝艺术周，为全球宾朋和广大市民呈现开放、多元、好玩的珠山。

活动时间：4月—9月

活动地点：三宝国际瓷谷

责任单位：区国资公司

6. 五十年，再回首——老干部座谈会

全区广大老干部是珠山区改革发展的功臣和模范，是珠山区50年发展历程的亲历者、见证者、开拓者。此次召开座谈会以期老干部老同志一如既往关心、支持、参与全区经济社会事业的发展，多为珠山区出主意、想办法、谋思路、提建议，为推动珠山经济社会实现高质量跨越式发展作出新的贡献。

活动时间：9月

活动地点：区发展中心

责任单位：区老干部局

7. 流金岁月——50年文艺晚会（暂定名）

文艺晚会节目将由珠山区各条战线的党员干部自编自演，展现全区干部群众澎湃的激情和昂扬的斗志，并为珠山区发展振兴过程中做出突出贡献的人物颁奖。

活动时间：10月

活动地点：区发展中心

责任单位：区文广新旅局

8. 群众系列文体活动

竟成镇、各街道以每周一期的轮流形式，展开群众性系列文体活动。

活动时间：8月—9月

活动地点：珠山区辖区内

责任单位：竟成镇、各街道

9. 情系珠山——珠山区陶瓷书画艺术展

陶瓷书画艺术展，旨在颂扬心系珠山的情怀，同时将报道珠山区在陶瓷书画艺术品领域作出卓越贡献的人物、企业，展现文化领域的精品力作。

活动时间：4月—6月（展品收集时间）

活动地点：珠山区辖区内

责任单位：区文联

10. 表彰先进典型活动

讴歌先进，彰显榜样力量。表彰不仅是对先进典型的肯定，更是对其他党员的激励，以此号召以先进人物为榜样，脚踏实地，勇于开拓，以高度的工作热情、崭新的精神风貌，为珠山事业的发展做出新的更大贡献。

活动时间：10月

活动地点：全区范围内

责任单位:区委组织部

区委办公室
关于印发《珠山区政法队伍教育整顿工作方案》的通知

珠办字〔2020〕22 号

竟成镇党委,各街道党工委,区政法各单位:

《珠山区政法队伍教育整顿工作方案》已经区委研究同意,现印发给你们,请结合实际认真抓好贯彻执行。

中共珠山区委办公室

2020 年 4 月 24 日

珠山区政法队伍教育整顿工作方案

根据中央、全省、全市、全区政法工作会议部署要求,认真落实政法队伍教育整顿措施,结合工作实际,现制定全区政法队伍教育整顿工作方案如下:

一、总体要求

以习近平新时代中国特色社会主义思想为指导,深入学习贯彻习近平总书记对政法工作的重要讲话和指示批示精神,认真落实中央、全省政法工作会议部署要求,主动作为,积极探索,结合推进扫黑除恶专项斗争,扎实开展政法队伍教育整顿,以坚决的态度、务实的作风、有力的措施,打一场刀刃向内、正风肃纪的攻坚战,全面推动新时代政法队伍革命化、正规化、专业化、职业化建设,在推进过硬政法队伍建设中创特色、争一流,努力打造一支党和人民信得过、靠得住、能放心的政法铁军,为建设更高水平的平安珠山、法治珠山提供坚强组织保证。

二、目标任务

巩固“不忘初心、牢记使命”主题教育成果,认真履行管党治警政治责任,大力开展教育整顿,突出抓好政治思想引领、纪律作风整顿、执法司法监督、履职效能提升,切实解决政法队伍教育、管理、监督等方面的突出问题,努力实现“一个确保、三个提升”目标,即:确保政法队伍绝对忠诚可靠,提升政法队伍纯洁性、执法司法公信力、人民群众满意度。

(一)强化政治建警,确保绝对忠诚可靠。全员开展政治轮训,坚决全面彻底肃清周永康、苏荣流毒影响,教育引导政法干警进一步增强“四个意识”、坚定“四个自信”、做到“两个维护”,永葆忠诚使命的政治本色,确保党对政法工作的绝对领导落到实处,确保政法队伍绝对忠诚、绝对纯洁、绝对可靠。

(二)整顿纪律作风,提升政法队伍纯洁性。坚持以案示警、自查自纠、正风肃纪相结合,深入开展政法干警涉黑涉恶典型案例警示教育,扎实开展纪律作风督查巡查,严格执行政法系统各项铁规禁令,着力克服“怕、慢、假、庸、散”问题,进一步涵养全区政法系统风清气正政治生态,增强政法队伍抵制腐蚀的免疫力,确保政法干警秉公用权、廉洁从警。

(三)严抓监督管理,提升执法司法公信力。加强对执法司法权力运行的监督管理,深入开展执法检查、案件评查、动态监管,推动落实防止干预司法活动、过问案件办理、规范接触交往行为等“三个规定”,促进政法干警严格规范公正文明执法司法,真正让人民群众在每一起案件中感受到公平正义。

(四)积极担当履职,提升人民群众满意度。通过开展教育整顿,以政法队伍政治能力、业务素质、纪律作风的大提升,更好地履行维护国家政治安全、确保社会大局稳定、促进社会公平正义、保障人民安居乐业的职责使命，全面提升政法工作现代化水平。建设更高水平的平安珠山、法治珠山，努力向党和人民交出满意答卷。

三、组织领导

按照省、市统一部署要求，为切实加强我区政法队伍教育整顿工作领导，经研究成立珠山区政法队伍教育整顿工作领导小组及办事机构：

领导小组组长：程传冬　区委常委、政法委书记

副组长：李维明　区政府副区长、公安分局局长

张春红　区人民法院院长

徐　健　区人民检察院检察长

周　娜　区委政法委常务副书记

江　滔　区司法局局长

成员：方　剑　区纪委监委驻区委政法委纪检监察组

组长：尹和生　区和谐平安联创中心主任

毛建平　区人民法院党组成员、政治部主任

黄　娟　区人民检察院党组成员、副检察长

朱小竹　珠山公安分局党委委员、政工科长

陈　宜　珠山公安分局党委委员、纪委书记

林丽敏　区司法局党组成员

领导小组办公室设立在区委政法委，主任尹和生同志兼任。

四、方法步骤

2020年4月上旬，召开全区政法队伍教育整顿会议进行动员部署，将此项工作作为贯穿全年的政法队伍建设重点任务推进，政法单位党组（党委）要结合实际，细化措施，精心安排，深入动员，认真抓好组织实施工作。

（一）加强正面教育，筑牢思想根基

1. 强化政治思想引领。认真落实《江西政法系统政治轮训工作实施办法》，坚持分级负责、条块结合，统筹运用脱产培训、党组（党委）中心组学习、单位集中专题学习、网络学习、个人自学等方式，全面开展政治轮训，项目化、清单式推进政治理论学习，深入学习贯彻习近平新时代中国特色社会主义思想和习近平总书记关于新时代政法工作的重要思想，学习领会中央、省委关于政法工作和政法队伍建设的党内法规、决策部署精神；加强思想理论武装，加大使用“学习强国”App学习的积极性、主动性，每日学习得分不低于30分，并采取闭卷考试、在线测试等有效形式检验学习效果，做到学习人员全覆盖、内容不漏项、形式多样化、增强实效性。

2. 发挥榜样示范作用。进一步落实全省开展“新时代赣鄱先锋”选树学活动的部署要求，结合疫情防控中涌现出的先进典型宣传表彰、扫黑除恶专项斗争总结表彰工作，在政法干警中大力发掘、广泛宣传、隆重表彰一批先进典型，进一步激发政法队伍斗志。为使政法干警学有榜样、干有标杆，由区政法各单位分别推荐2个先进典型事迹材料4月20日前报区委政法委，统一组织编印优秀政法干警先进事迹选编。在组织政法干警学习选编事迹的同时，开展集中宣传并适时举行先进事迹报告会，营造创先争优浓厚氛围，激励政法干警担当奋进。

（二）注重以案示警，查摆纠正问题

1. 突出抓好警示教育。通过组织学习典型案例警示录、观看警示教育专题片、对身边案例开展警示座谈等形式，深入开展警示教育，做到以案明纪、以案说法、以案示警，全体政法干警在观看教育片后，形成书面观后感，教育引导全体政法干警汲取深刻教训，坚守初心使命，知敬畏、存戒惧、守底线增强对党忠诚、拒腐防变、廉洁从警的思想自觉和行动自觉。为增强警示教育的针对性、实效性，政法单位党组（党委）要以扫黑除恶专项斗争中查处的政法干警涉黑涉恶腐败和“保护伞”问题为重点，选取代表性强、警示教育意义大的典型案件，深入分析政法干警违纪违法案件暴露的突出问题、严重危害、主要原因、教训警示等，单位形成典型案例剖析报告。各政法单位分别将1起典型案例的剖析报告，于5月15日前报送区委政法委，在此基础上组织编印典型案例警示录、制作警示教育专题片。

2. 个人进行自查自纠。6月下旬至7月上旬，以区委政法委和政法单位领导班子成员、内设（派出）机构及下属单位负责同志为重点，深入开展个人自查自纠，查摆问题、剖析原因、提出整改措施，形成书面自查自纠报告。个人自查自纠主要内容为“四查四纠”：

一是深入查摆政治思想情况，及时查摆、纠正在思想理论武装、坚定理想信念、坚持党对政法工作绝对领导、执行党的政治纪律和政治规矩、贯彻中央和省、市、区委决策部署等方面存在的差距和不足；

二是深入查摆履职尽责情况,结合维稳安保、执法办案、社会治理、政法改革等各项政法工作任务,及时查摆、纠正初心使命不牢、履职能力不足、担当精神不强、工作作风不实等问题;

三是深入查摆公正执法司法情况,紧密联系执法司法工作实际,及时查摆、纠正执法司法行为不规范、违反“三个规定”、充当黑恶势力“保护伞”、办关系案人情案金钱案等问题;

四是深入查摆廉洁自律情况,及时查摆、纠正违规收受礼品礼金、违规吃喝、违规经商办企业、违规高利放贷、亲属违规插手或经营与本人职务行为相关联的特种行业和场所等问题。个人自查自纠中涉及违纪违法问题的,要主动向纪检监察机关如实交代,争取从宽处理。

3. 单位开展对照检查。7 月中旬至下旬,政法单位党组(党委)要对照建设新时代过硬政法铁军的标准要求对照省委政法委 2019 年政治督察和纪律作风督查巡查情况通报,对照扫黑除恶专项斗争中暴露出的政法队伍突出问题,对照此次教育整顿工作确定的目标任务,召开领导班子专题会议,举一反三对本单位政法队伍建设情况进行对照检查,认真查摆政法队伍教育、管理、监督等方面存在的问题,深入剖析原因,研究对策措施,形成单位自查自纠报告,区政法各单位党组(党委)的自查自纠报告,于 8 月 1 日前报区委政法委。

在组织开展自查自纠的同时,要进一步协同配合纪检监察机关,结合扫黑除恶专项斗争“打伞破网”工作,依法依规加大群众身边涉黑涉恶腐败、充当黑恶势力“保护伞”和失职失责问题查处力度,坚决清除害群之马。

(三)着力推进整改,务求工作实效

根据自查自纠报告内容情况,针对政法队伍教育、管理、监督方面的薄弱环节,相应制定整改方案,确定整改目标、明确整改时限,确保“四查四纠”整改落实到位。在立行立改突出问题的同时,着眼标本兼治、长效常治,以推动制度完善、强化制度执行为重点,着力从制度层面扎实抓好整改落实工作,健全教育、管理、监督制度机制,形成正风肃纪长效机制。坚持问题导向,注重务实管用,配套完善重大事项请示报告、警示教育常态化、干警岗位职权利益回避、执法办案监督制约等制度,着力构建全面推进政法队伍革命化、正规化、专业化、职业化建设的制度体系。坚持效果导向,力求落地见效,着力推动政治督察、政治轮训、执法监督、纪律作风督查巡查、纪律条令等各项制度落到实处,增强制度执行力,真正让铁规发力、禁令生威、制度见效,切实打造忠诚、干净、担当的政法队伍。

(四)巩固拓展成果,不断深化提升

按照中央、省、市关于开展政法队伍教育整顿的统一部署,进行再调度、再部署、再推进,巩固拓展我区教育整顿成果,认真落实中央政法委和省、市、区委相关要求,进一步深化教育整顿工作,力求取得更大成效。

五、工作要求

(一)深化思想认识。

组织开展政法队伍教育整顿工作,是学习贯彻习近平总书记重要指示精神的具体行动,是巩固“不忘初心、牢记使命”主题教育成果的内在要求,是落实中央政法工作会议精神的重大举措,是打造新时代过硬政法铁军的迫切需要,政法单位党组(党委)要扛起教育整顿的主体责任,党组(党委)书记要认真履行第一责任人职责,班子成员要认真落实“一岗双责”,发挥“头雁效应”,树好标杆,以上率下,层层压紧压实责任,确保教育整顿工作扎实推进、取得实效

(二)加强组织领导。

要健全工作机构,政法单位党组(党委)成立教育整顿工作领导小组及办事机构,负责统筹、组织、协调、指导本系统本单位教育整顿工作,研究制定重要措施,协调解决重大问题。要坚持条块结合、加强统筹协调,区委政法委加强工作调度协调,加强与纪检监察机关、组织部门、政法单位等各方面的沟通协调;加强指导督促,层层落实责任、精心组织实施确保教育整顿工作有力有序有效开展。

(三)明确纪律要求。

要以扎实的作风、严明的纪律抓好教育整顿工作。对教育整顿工作不认真、有关要求落实不到位、虚于应付走过场的单位,开展约谈单位第一责任人,通报批评,并责令限期整改到位。自查自纠中主动说明问题并自觉及时纠正到位的干警,按照管理权限依法依规从轻从宽处理或者免予处理。对自查自纠不认真、应查未查、查而未改的干警,根据问题严重程度和有关问责规定,采取通报批评、诫勉谈话、取消评先评优资格、暂缓提拔晋级、调整

岗位、调离政法系统等形式严肃处理；涉嫌违纪违法的，将问题线索移交纪检监察机关依纪依法从严惩治。

（四）讲究工作方法。

要做深做细思想政治工作，引导督促政法干警自觉参加学习教育、领导干部主动进行自查自纠，确保教育整顿工作稳妥、顺利推进。要注重正风肃纪与正面激励相结合，既刮骨疗毒、严肃法纪，又体现关爱、激励担当作为。要坚持开门搞教育整顿，请群众参与、让群众评判、受群众监督，让基层群众切身感受到教育整顿给政法队伍带来的新变化新气象。要做好舆论宣传引导工作，坚持内外有别，强化社会正面宣传，防止负面舆情炒作。

（五）加大督查力度。

区委政法委将对全区政法系统教育整顿组织实施、工作进展、实际成效等情况加大督查力度，将此作为督查巡查的重点内容，推动教育整顿工作扎实有效开展；要注重在统筹推动案件评查、执法司法规范化检查中，深入发现执法司法问题、纪律作风问题，纳入教育整顿督促重点整改。全区政法各单位党组（党委）要坚持条块联动，针对区委政法委督察巡查反馈的问题，加强督促检查、跟踪推进整改，确保教育整顿工作取得实效。

（六）做好结合文章。

要把开展好教育整顿工作与抓好政法工作结合起来，认真做好疫情防控工作，全力维护国家政治安全和社会稳定，纵深推进扫黑除恶专项斗争，扎实推进市域社会治理现代化试点工作，积极服务保障景德镇国家陶瓷文化传承创新试验区建设，助力决战决胜脱贫攻坚、全面小康，始终做到两手抓、两促进、两不误，以教育整顿工作推动和促进各项政法工作发展，以政法工作实际成果检验教育整顿工作实际成效。

区委办公室　区政府办公室
关于印发《珠山区开展扫黑除恶重点行业领域突出问题专项整治实施方案》的通知

珠办字〔2020〕23号

竟成镇党委、人民政府，各街道党工委、办事处，区委各部门，区直各单位：

《珠山区开展扫黑除恶重点行业领域突出问题专项整治实施方案》已经区委、区政府同意，现印发给你们，请抓好贯彻落实。

中共珠山区委办公室

珠山区人民政府办公室

2020年5月13日

珠山区开展扫黑除恶重点行业领域
突出问题专项整治实施方案

为进一步强化行业领域扫黑除恶综合治理，有效整治行业领域突出问题，根据中央、省、市、区扫黑除恶专项斗争的部署要求，区委、区政府决定在全区范围内针对社会治安、工程建设、农业农村、水利资源、教育、文化旅游、卫生健康、自然资源、市场流通、基层建设、民政民生、信息网络、专项清查等十三大重点行业领域突出问题开展专项整治，特制定本实施方案。

一、目标任务

通过开展十三大重点行业领域突出问题专项整治，严厉打击整治重点领域群众反映强烈的涉黑涉恶涉乱问题，力求实现“六个一批，两个提升”的工作目标:即摧毁一批涉足重点领域的黑恶势力,打掉一批黑恶势力背后的“保护伞”,破除一批黑恶势力“关系网”,查处一批重点行业领域治理中的腐败问题,整治一批重点行业领域的突出问题,形成一批行之有效的长效机制,使全区重点领域的行业治理能力得到显著提升;人民群众获得感、幸福感、安全感进一步提升。

二、重点领域

1. 社会治安领域。重点围绕人民群众反映强烈的突出治安问题、社会治安乱点;娱乐场所操纵、经营“黄赌毒”违法犯罪;出租房屋管理不规范滋生违法犯罪;刑满释放、前科劣迹人员重新违法犯罪;失业、无业人员拉帮结派或被黑恶势力教唆、利用;防范打击操纵、经营“黄赌毒”等违法犯罪活动;防范打击在民间借贷活动中,擅自设立金融机构,非法吸收公众存款、骗取贷款、套取金融机构资金发放高利贷以及为强索债务而实施故意杀人、故意伤害、非法拘禁、故意毁坏财物等行为。(牵头单位:区公安分局,责任单位:区司法局、区文广新旅局、区市场监督管理局等单位)

2. 工程建设领域。重点围绕解决工程建设领域强揽工程、阻工扰工、强买强卖等问题;工程招投标领域一些地方一些项目中的招投标乱象较多,存在恶意竞标、围标串标等涉黑涉恶违法违规问题;城市管理领域违建抢建强建超标建、破坏公共设施等问题;暴力讨债、恶意逃债、骗取保费等问题;房地产市场强揽房屋装修施工、“黑中介”、扰乱交易秩序;房屋征收领域暴力威胁、胁迫搬迁或煽动闹事等问题。(牵头单位:区住建局,责任单位:区公安分局、区市场监督管理局等单位)

3. 农业农村领域。重点围绕农村、城中村、城乡接合部社会治安环境复杂刑事案件频发;垄断、侵占、霸占农村集体资产资源;垄断、侵占、霸占、强买强卖国有、集体或个人山林等资源,哄抢、偷盗林产品;侵占、过度开发渔业资源;农资市场欺行霸市、强买强卖等问题。(牵头单位:区农业农村和水利局,责任单位:区公安分局、区民政局、区自然资源和规划分局、区市场监督管理局等单位)

4. 水利资源领域。重点围绕非法开采、滥开滥采河道砂石的“砂霸”;水利工程建设中恶意竞标、强揽工程、欺行霸市、垄断材料供应、恶意阻工、暴力讨费;在征地拆迁、移民安置中恶意阻挠、敲诈勒索、侵吞挪用补偿款等问题。(牵头单位:区农业农村和水利局,责任单位:区公安分局、区市场监督管理局等单位)

5. 教育领域。重点围绕学校周边治安混乱、校园欺凌;互联网类借贷平台诱骗学生“校园贷”“裸贷”;青少年违法犯罪高发;黑恶势力拉拢、教唆和威逼利诱未成年人从事违法犯罪活动等问题。(牵头单位:区教体局,责任单位:区委宣传部、区公安分局、区文广新旅局、区市场监督管理局、区城市管理局等单位)

6. 文化旅游领域。重点围绕旅游景区及周边等游客集中区域“黑车”“黑导游”“黑旅行社”、强买强卖、诱骗欺诈、收取保护费;防范打击在酒吧、KTV、网吧等娱乐场所酗酒闹事、寻衅滋事、吸毒、赌博、涉黄交易等违法行为;演出市场囤票、炒票、高价垄断或者欺行霸市;游戏娱乐场所酗酒闹事、寻衅滋事、涉毒、涉赌、涉黄等问题。(牵头单位:区文广新旅局,责任单位:区公安分局、区市场监督管理局等单位)

7. 卫生健康领域。重点围绕暴力插手医疗纠纷,组织煽动、敲诈勒索、聚众滋事,扰乱正常医疗秩序的“医闹”;强买强卖、欺诈群众的“号贩子”“医托”;采取暴力或其他方法公然侮辱、恐吓、伤害医护人员;医疗机构违规出具出生证明影响刑事责任认定等问题。(牵头单位:区卫健委,责任单位:区公安分局、区市场监督管理局等单位)

8. 自然资源领域。重点围绕征地拆迁过程中以暴力、威胁等非法方式迫使被征收人搬迁、降低搬迁补偿标准或者恶意挑唆(居)村民阻碍征地拆迁,寻衅滋事、煽动闹事阻挠征地;矿产资源开发利用保护过程中,未经批准勘查、开采、破坏矿产资源;在湿地资源保护利用过程中,违法违规围垦、填埋、占用湿地;土地整治、旧村改造、矿山环境治理、生态环境修复等项目招标中恶意竞标围标、强揽工程;国有建设用地使用权、探矿权、采矿权等出让、转让、出租过程中,恶意竞标围标、扰乱市场秩序等问题健全完善长效常治机制。(牵头单位:区自然资源和规划分局,责任单位:区公安分局、区农业农村和水利局、区生态环境局、区市场监督管理局等单位)

9. 市场流通领域。重点围绕服务业及各类商贸集市、批发市场存在的欺行霸市、强买强卖垄断性经营，肆意收费、“软暴力”、虚假标价、低标高结，制假售假、侵害消费者权益等严重干扰、破坏正常经济秩序等问题；打击餐馆、酒店非法进行加工，制售野生动物等行为，建立健全市场准入、规范管理、日常监管等问题。（牵头单位：区市场监督管理局，责任单位：区公安分局、区农业农村和水利局等单位）

10. 基层建设领域。重点围绕把持基层政权、操纵破坏村（居）民委员会选举，以违规违法手段当选村（居）民委员会成员或扶植代理人；村霸和受过刑事处罚人员混入村干部队伍以及黑恶势力、宗教势力干扰渗透基层政权；破坏村（居）基层民主协商、民主决策、民主管理、民主监督等制度，把持、干预、插手村级公共事务，以违规违法手段恶意竞标、非法占地、强揽工程、侵吞霸占挪用村集体资源资金资产；利用宗族势力横行乡里、欺压百姓，侵害群众利益；农村社会治理不规范，矛盾纠纷、风险隐患突出等问题。（牵头单位：区委组织部，责任单位：区纪委区监委、区委政法委、区公安分局、区民政局、区自然资源和规划分局、区农业农村和水利局等单位）

11. 民政民生领域。重点围绕干预、插手民政领域惠民政策落实，以及民政资金的分配，侵害村民利益；现任村干部或者老年人协会等组织煽动蛊惑村民闹事，组织策划群体性上访，影响农村和谐稳定；成立非法组织或者披着合法组织外衣，从事违法活动等问题。（牵头单位：区民政局，责任单位：区委组织部、区公安分局、区农业农村和水利局、区卫健委等单位）

12. 信息网络领域。重点围绕防范打击网络从事传销、违法交易、非法集资、涉枪涉爆、赌博诈骗、传播色情信息、损坏数据安全，窃取数据秘密以及贩卖毒品，制毒物品及工具、通过网络传播制毒技术等行为；买卖个人信息，售卖非法设备，提供非法技术服务，传授犯罪方法等网站、账号以及虚假网络投资平台及 App；组织或雇用网络“水军”在网上威胁、恐吓、侮辱、谩骂、诽谤、滋扰实施网络敲诈，收取网上“保护费”，以在网上发布、删除网络信息威胁、要挟他人等行为；仿冒金融机构的诈骗网站和涉嫌诈骗类恶意程序等实施网络金融诈骗等行为；网上炮制虚假信息，故意篡改标题、歪曲事实、混淆是非、颠倒黑白，误导公众、侵害公民正当权益、扰乱网络传播秩序等行为。（牵头单位：区委宣传部、区公安分局，责任单位：区法院、区检察院、区司法局、区税务局、区市场监管局等单位）

13. 专项清查领域。重点围绕长期拖欠拒付租金或者签订合同显失公平；长期霸占、侵吞、非法占有党政机关、事业单位、人民团体、国有企业、乡镇（街道）、村集体组织所有的建筑物及厂房、仓库、门面；侵占、盗取、无偿占有党政机关、事业单位、人民团体、国有企业、乡镇（街道）、村集体组织所有机器、办公设备、生活设施；非法侵占、无偿占用、非法利用国有、集体所有自然资源；有关领导干部和国家工作人员失职渎职，滥用职权、违规违法决策，或者玩忽职守、疏于管理，造成国有、集体资产资源遭受毁坏及利益流失；充当侵占国有、集体资产资源“保护伞”和关系网；相关部门单位在国有、集体资产资源处置方式和程序上的违法违规等问题。（牵头单位：区委政法委、区扫黑办、区扫黑办各专项组，责任单位：区扫黑除恶领导小组各成员单位）

三、工作步骤和时间安排

1. 动员部署阶段（4 月中旬前）。区政府常务会专题研究专项整治工作，制定并下发全区重点行业领域突出问题专项整治方案，成立整治领导小组，召开整治工作部署会，全面动员部署，正式启动专项整治工作。各行业主管部门根据全区的统一部署，结合本部门实际，制定具体工作方案，针对突出问题部署开展行业整治，从源头上补短板、堵漏洞、强监管。

2. 摸底排查阶段（4 月中旬至 4 月下旬）。各行业主管部门要扛起主体监管责任，再摸排一批行业涉黑涉恶突出问题和乱点乱象的线索。要加大宣传力度，发动服务对象和群众举报行业涉突出问题和乱象。要加大执法检查力度，对近年来日常监管记录、执法案件资料等进行排查梳理、串并分析、深挖隐藏在幕后的黑恶线索。区扫黑办负责统筹行业线索摸排工作，做好协调、流转、督促等工作。

3. 集中整治阶段（4 月下旬至 5 月底）。各行业主管部门根据摸排掌握的问题线索和薄弱环节，严格执法、规范管理，开展专项整治行动，集中整治一涉黑恶突出问题和乱象乱点，集中查处一批典型案例，必要时要协同相关部门开展联合执法行动。对行业主管部门本系统公职人员中存在履职不力、监管缺失的，要敢于刀刃向内，按照“两个一律”要求，严肃问责到底。

4. 建章立制阶段（5 月底至 6 月中旬）。各行业主管部门要坚持问题导向,对摸排掌握的问题和集中整治发现的情况,组织人员分析个案、串并梳理类案,从审批流程、管理环节、日常监管、工作机制等方面找漏洞、找短板、找缺失、从市场准入、规范管理、重点监控、打击查处等方面建章立制,初步形成一套管长远、管根本的制度机制。

印发《关于调整社区干部工资的实施方案》的通知

珠办字〔2020〕24号

竟成镇党委、人民政府,各街道党工委、办事处,区委各部门,区直各单位:

现将《关于调整社区干部工资的实施方案》印发给你们,请结合实际,认真贯彻落实。

中共珠山区委办公室
珠山区人民政府办公室
2020年5月14日

关于调整社区干部工资的实施方案

为加强社区干部队伍建设,提高社区干部服务居民能力和工作积极性,经区委、区政府会议研究决定,调整社区干部工资,社区干部工资年人均提高10000元,具体调整方案如下:

一、基础工资:

由2300元/月提高到2700元/月。

二、职务工资:

(一)社区正职由200元/月提高到300元/月。

(二)社区副职由100元/月提高到150元/月。

三、从事社区工作年限补贴:

社区工作年限保持不变,10元/月。

四、绩效工资:

由300元/月提高到700元/月。街道根据绩效考核结果发放。

五、职称工资:

(一)考取助理社会工作师资格证书的社区干部由每人每月补助100元提高到200元/月。

(二)考取社会工作师资格证书的社区干部由每人每月补助150元提高到350元/月。

区委办公室　区政府办公室关于印发《珠山区党政机关公务用车管理实施细则》的通知

珠办字〔2020〕27号

竟成镇党委、人民政府,各街道党工委、办事处,区委各部门,区直各单位:

《珠山区党政机关公务用车管理实施细则》已经区委、区政府研究同意，现印发给你们，请结合实际抓好贯彻执行。

中共珠山区委办公室
珠山区人民政府办公室
2020 年 5 月 15 日

珠山区党政机关公务用车管理实施细则

第一章　总　则

第一条　为进一步规范全区党政机关公务用车管理，有效保障公务活动，促进党风廉政建设和节约型机关建设，根据《中共中央办公厅　国务院办公厅关于印发〈党政机关公务用车管理办法〉的通知》（中办发〔2017〕71 号）、《省委办公厅　省政府办公厅关于印发〈江西省党政机关公务用车管理实施办法〉的通知》（赣办字〔2018〕50 号）和《市委办公室　市政府办公室关于印发〈景德镇市党政机关公务用车管理实施细则〉的通知》（景办字〔2019〕88 号）等有关精神，结合我区实际，制定本实施细则。

第二条　本实施细则适用于全区各级党政机关、人大机关、行政机关、政协机关、监察机关、审判机关、检察机关，以及工会、共青团、妇联等人民团体和参照公务员法管理的事业单位。

第三条　本实施细则所称公务用车，是指党政机关配备的用于定向保障公务活动的机动车辆，包括机要通信用车、应急保障用车、执法执勤用车、特种专业技术用车、实物保障用车、离退休干部服务用车以及其他按照规定配备的公务用车。

机要通信用车是指用于传递、运送机要文件和涉密载体的机动车辆。

应急保障用车是指用于处理突发事件、抢险救灾或者其他紧急公务的机动车辆。

执法执勤用车是指中央批准的执法执勤部门（系统）用于一线执法执勤公务的机动车辆。

特种专业技术用车是指固定搭载专业技术设备、用于执行特殊工作任务的机动车辆。

实物保障用车是指用于定向保障部分特定岗位的机动车辆。

离退休干部服务用车是指用于离退休干部服务保障的机动车辆。

第四条　党政机关公务用车管理遵循统一管理、定向保障、经济适用、节能环保的原则。

第五条　党政机关公务用车实行统一制度规范，分级分类管理。区机关事务主管部门为公务用车主管部门，履行统筹、指导、监督本级公务用车管理职责，负责本级公务用车管理工作。

区财政部门负责执法执勤用车、特种专业技术用车的编制和配备管理工作。执法执勤用车和特种专业技术用车的管理按照财政部门有关规定执行。

区机关事务主管部门、财政部门根据职责实行统一编制、统一标准、统一购置经费、统一采购配备管理。

第二章　编制和标准管理

第六条　党政机关公务用车实行编制管理，车辆编制根据机构设置、人员编制和工作需要等因素确定。

（一）机要通信用车、应急保障用车、实物保障用车，离退休干部服务用车和其他按照规定配备的公务用车编制由区机关事务主管部门会同有关部门确定。

（二）执法执勤用车、特种专业技术用车编制由区财政部门会同有关部门确定，并送区机关事务主管部门备案。

（三）区公务用车平台车辆实行编制管理。公务出行保障供需矛盾突出需要调整编制的，按照分级管理原则，按程序统一由区机关事务管理局提出调整计划，报市车改办和市机关事务管理局批准后实施。

（四）区委、人大、政府、政协四套班子机关的机要通信、应急保障用车，每个单位核定 1—2 辆编制。

第七条　因工作需要接受国际与社会有关组织无偿捐赠或上级无偿调拨车辆的，报区机关事务主管部门或财政部门审核批准后，纳入单位车辆编制管理，不得超编制、超标准接收车辆。

第八条　因新成立机构、人员编制增加等原

因,确需新增车辆编制的,由区机关事务主管部门会同相关部门按照标准要求予以核编。

第九条　党政机关配备公务用车应当严格执行以下标准:

(一)机要通信用车原则上应配备新能源汽车,确因工作需要的,可以适当配备价格12万元以内、排气量1.6升(含)以下的非新能源轿车或其他小型客车;

(二)应急保障用车和其他按照规定配备的公务用车配备价格18万元以内、排气量1.8升(含)以下的轿车或者其他小型客车,确因情况特殊,可以适当配备价格25万元以内、排气量3.0升(含)以下的其他小型客车、中型客车或者价格45万元以内的大型客车;

(三)执法执勤用车配备价格12万元以内、排气量1.6升(含)以下的轿车或者其他小型客车,因工作需要可以配备价格18万元以内、排气量1.8升(含)以下的轿车或者其他小型客车。确因情况特殊,可以适当配备价格25万元以内、排气量3.0升(含)以下的其他小型客车、中型客车或者价格45万元以内的大型客车;

(四)特种专业技术用车配备标准由有关部门会同财政部门按照保障工作需要、厉行节约的原则确定。

公务用车配备新能源轿车的,价格不得超过18万元。

第十条　严格控制执法执勤用车的配备范围、编制和标准。执法执勤用车配备应当严格限定在一线执法执勤岗位。

第三章　配备和经费管理

第十一条　区机关事务主管部门根据公务用车配备更新需求,编制年度公务用车配备更新计划并报区政府批准后实施。区直垂直管理部门的配备更新计划由区直主管部门统一汇总后报送区机关事务管理局。

第十二条　因机构调整、特殊工作任务等需要在年度配备计划外购置公务用车的,以及因公务用车丢失损毁的,凭相关证明材料按程序报有关部门重新购置。

第十三条　区财政部门根据年度公务用车配备更新计划,按照预算管理有关规定统筹安排购置经费,列入公务用车主管部门预算。

第十四条　区财政部门会同区机关事务主管部门制定公务用车运行费用定额标准,统筹安排公务用车运行费用,列入党政机关部门预算。

第十五条　党政机关更新购置公务用车实行严格的审批制度,由区公务用车主管部门提出申请,经区机关事务主管部门、财政部门分别对车辆编制、购置经费进行审核后,报区政府审批。经审批同意后由公务用车主管部门按照政府采购法律法规和国家有关规定,统一组织实施公务用车集中采购。

第十六条　申请购置公务用车,应当符合下列条件:

(一)编制空缺的;

(二)编制内车辆达到更新条件的;

(三)购置经费来源符合有关规定的。

第十七条　非垂直管理部门为本系统单位配发车辆或者安排购置经费,必须提前报区机关事务管理局审核后报区政府审批,且应符合本地公务用车编制管理要求和车辆配备标准,不得超编制、超标准配车。

第十八条　党政机关应当配备使用国产汽车,带头使用新能源汽车,按照规定逐步扩大新能源汽车配备比例。

第十九条　乡镇在更新公务用车时,鼓励选用皮卡车等适合基层公务出行需求的车型。

第二十条　党政机关原则上不配备越野车(含SUV车型)。确因工作需要,按照程序报批后,可以适当配备国产越野车。越野车不得作为领导干部固定用车。

党政机关确因工作需要超出规定标准配备公务用车或配备越野车的,应向区机关事务主管部门提出申请,经区机关事务主管部门、财政部门分别对车辆编制、购置经费进行审核,报区政府同意后,再报省机关事务管理局审批,并纳入车辆编制管理。

第二十一条　公安交通管理部门应依据机关事务主管部门开具的公务用车登记通知单,为新采购的公务用车(含执法执勤用车、特种专业技术用车)办理车辆登记上牌手续。

第二十二条　公务用车使用年限超过8年或30万千米的可以更新;达到更新年限经检测仍能继续使用的,应当继续使用。因安全等原因确需提前更新的,应当严格履行审批手续。

第二十三条　除涉及国家安全，侦查办案等有保密要求的特殊工作用车外，党政机关公务用车产权注册登记所有人应当为本机关法人，不得将公务用车登记在下属单位、企业或者个人名下。

第四章　使用管理

第二十四条　党政机关应当加强公务用车使用管理，严格按照规定使用公务用车，严禁公车私用、私车公养，不得既领取公务交通补贴又违规使用公务用车，禁止以长期租用等形式变相配备公务用车。

第二十五条　符合实物保障用车条件的人员，可选择实物保障用车或领取公务交通补贴，但选定以后原则上不作变更。确因特殊情况需要变更的，严格履行审批手续。选择实物保障用车的领导干部工作调动，不得将原单位车辆带至新单位使用。

第二十六条　在优先保障规定用途工作任务的前提下，公务用车可用于安排执行以下公务活动：

（一）办理区委、区政府交办的紧急或不宜使用社会车辆实施保障的公务活动；

（二）保障重要会议和重大活动（含前期筹备工作）；

（三）执行机要保密工作任务；

（四）因公接待；

（五）干部职工因突发伤病急需送医；

（六）经批准的其他特殊紧急情况。

第二十七条　领取公务交通补贴人员在补贴保障范围内的普通公务出行，由其个人自行远择出行方式，不得使用公务用车，单位不得报销费用。

区直机关的公务交通补贴保障范围按照财政部门有关规定执行。

第二十八条　区机关事务主管部门应当加强公务用车平台建设，平台公务用车不得固定给已领取公务交通补贴的领导干部使用。区机关事务主管部门负责本级公务用车平台的监督、协调、考核工作。区机关事务管理局负责建设全区公务用车信息化平台，采用信息化手段实行统一管理，实现统筹调度、高效使用。

第二十九条　除涉及国家安全，侦查办案和其他有保密要求的特殊工作用车外，公务用车统一实行标识化管理。

第三十条　党政机关应当建立公务用车管理台账，加强相关证照档案的保存和管理。

第三十一条　党政机关应当建立健全公务用车使用管理制度，严格执行，加强监督，降低运行成本。

严格公务用车使用时间、事由、地点、里程、油耗、费用等信息登记和公示制度。严格执行回单位或者其他指定地点停放制度，节假日期间除工作需要外应当封存停驶。

实行公务用车保险、维修、加油政府集中采购和定点保险、定点维修、定点加油制度，健全公务用车油耗、运行费用单车核算和年度绩效评价制度。

第三十二条　党政机关应当减少公务用车长途行驶，工作人员到外地办理公务，除特殊情况外，应当乘用公共交通工具。外事接待、会议和集体活动主要通过公务用车平台或社会租赁方式解决。

第三十三条　公务用车丢失或因交通事故等原因造成损毁的，应在公安机关等部门依法处理后的10个工作日内将事件经过和处理情况报区机关事务主管部门备案。

第五章　处置管理

第三十四条　公务用车处置遵循厉行节约、统一审批、统一调拨、公开拍卖的原则。公务用车无论配置途径与购置经费来源如何，均属国有资产，列入固定资产台账管理，各使用单位无权擅自调拨或作转让、变卖等任何涉及车辆产权变动的处置。

第三十五条　公务用车按照规定更新时，车辆使用单位应及时将旧车交由区机关事务主管部门处置，并按照国有资产管理有关规定履行资产审批手续。旧车由区机关事务主管部门委托专业机构采取拍卖、厂家回收、报废等方式规范处置，处置收入按照非税收入有关规定管理。

第三十六条　机构改革或调整中撤销单位的公务用车，在履行资产审批手续后，由区机关事务主管部门采取调拨或其他方式进行处置，并按规定对车辆编制进行调整。

第六章　租车管理

第三十七条　党政机关在不违反本实施细则公务用车使用管理规定的原则下，可向区公务用车平台租车。区公务用车平台无法满足公务活动需求时,可按相关规定向社会租用车辆。

第三十八条　党政机关应加强本单位公务租车管理,须建立健全公务租车审批制度,按程序从严审批,单位主要负责人为本单位公务租车审批、费用预算及规模控制工作第一责任人。

第三十九条　区公务用车平台提供租车服务实行预约加审批制度。区本级财政统筹保障本级党政机关公务交通专项经费,实行专款专用。各单位全年租车费用原则上不得超出本单位年度交通补贴总额的10%。

第七章　监督问责

第四十条　区党政机关应当建立公务用车配备更新和使用情况统计报告制度,每年向区机关事务主管部门报送上一年度公务用车配备更新和使用情况。区机关事务主管部门负责统计汇总本级公务用车配备更新和使用情况,并向区委、区政府报告。

第四十一条　区党政机关应当严格执行公务用车配备使用管理各项规定,将公务用车配备更新、使用、处置和经费预算执行等情况纳入内部审计、政务公开和政务诚信建设范围,接受社会监督。

区机关事务主管部门应当加强对区党政机关公务用车配备更新、使用、处置等情况的监督检查,定期通报或者公示相关情况。

区财政、审计部门应当加强对公务用车经费预算管理,资产管理情况的监督检查,依法处理、督促整改违规问题,并将涉嫌违纪违法问题移送有关部门查处。

公安交通管理部门应当加强对公务用车的户籍管理,依据机关事务主管部门出具的相关文件,对公务用车办理车辆注册登记、过户变更、报废等手续,并定期与机关事务主管部门交换公务用车注册登记信息、使用状态等情况。

区纪检监察机关应当及时受理群众举报和有关部门移送的公务用车管理问题线索,严肃查处违纪违法问题。

第四十二条　区机关事务主管部门和区财政部门有下列情形之一的,依纪依法追究相关人员责任:

(一)违规核定公务用车编制的;

(二)违规审批超编制、超标准配备公务用车的;

(三)违规审批未到年限更新公务用车的;

(四)违规安排公务用车经费预算的;

(五)有其他未按规定履行管理监督职责行为的。

第四十三条　区党政机关有下列情形之一的,依纪依法追究相关单位和人员的责任:

(一)超编制、超标准配备公务用车的;

(二)违反规定将公务用车登记在下属单位、企业或者个人名下的;

(三)公车私用、私车公养,或者既领取公务交通补贴又违规使用公务用车的;

(四)换用、借用、占用下属单位或者其他单位和个人的车辆,或者擅自接受企事业单位和个人赠送车辆的;

(五)违规给下级单位超编制、超标准配备车辆的;

(六)挪用或者固定给个人使用执法执勤、机要通信等公务用车的;

(七)为公务用车增加高档配置或者豪华内饰的;

(八)在车辆维修等费用中虚列名目或者夹带其他费用,为非本单位车辆报销运行维护费用的;

(九)违规处置公务用车的;

(十)有其他违反公务用车配备使用管理规定行为的。

第八章　附　则

第四十四条　本实施细则所称小型客车、中型客车、大型客车等,依据中华人民共和国公共安全行业标准GA802—2014《机动车类型术语和定义》界定。

第四十五条　各民主党派机关公务用车管理适用本实施细则。

不参照公务员法管理的事业单位公务用车,按照本实施细则的原则管理。

第四十六条　本实施细则由区机关事务管理局会同有关部门负责解释。

第四十七条　本实施细则自印发之日起施行。

区委办公室
关于印发《珠山区开展党的基层阵地资源整合试点工作实施方案》的通知

珠办字〔2020〕30 号

竟成镇党委、各街道党工委，区委各部门，区直各单位党委(组)：

现将《珠山区开展党的基层阵地资源整合试点工作实施方案》印发给你们，请认真抓好贯彻落实。

中共珠山区委办公室

2020 年 5 月 26 日

珠山区开展党的基层阵地资源整合
试点工作实施方案

为推动我区村级党群服务中心、新时代文明实践站、综合性文化服务中心、农家书屋、村史馆、村广播室以及养老服务、退役军人服务、青少年活动、科普活动等设施融合发展，实现基层阵地设施和服务资源有效整合，切实打通服务凝聚、宣传教育、组织动员党员和群众的“最后一千米”，现结合新时代文明实践全国试点工作，全省城市基层党建“三化”试点区建设以及全市党的基层阵地资源整合的工作，就推动我区党的基层阵地资源整合制定如下方案。

一、指导思想

坚持以习近平新时代中国特色社会主义思想为指导，聚焦实施乡村振兴战略，着眼于强化基层党组织政治功能、更好服务党员群众，以“党建 + ”和“文化 + ”为引领，按照建设标准化、服务高效化、功能多样化、管理科学化的要求，推动现有党群服务中心、新时代文明实践站、综合性文化服务中心、农家书屋、村史馆、村广播室以及养老服务、青少年活动、科普活动设施等阵地整合、资源整合、功能整合、力量整合，打造“党群服务 + 文明实践”综合体，全面提升基层各类阵地整体建设水平，更好打造学习传播科学理论的大众平台、开展各类特色志愿服务、培养时代新人、弘扬时代新风，打造新时代的精神家园，为擦亮国际瓷都对话世界的窗口贡献珠山力量打下坚实的思想基础、组织基础和工作基础。

二、工作原则

——坚持正确方向。必须将加强党的领导贯穿始终，注重发挥基层党组织作用，夯实基层基础，加强理论武装，引导广大群众听党话、感党恩、跟党走。

——坚持以人为本。强化调查研究，问需问计问效于民，对接群众需求，突出服务凝聚、教育引导、文明实践，推动共建共治共享。

——坚持系统集成。整合各方面的人员、资金、平台、项目等资源，实现场地相对集中布局、功能集合构建、资源集聚壮大，有效避免各自为政、资源闲置低效，各项工作做到统一谋划、统筹协调、有力有序。

——坚持改革创新。着眼有利于巩固党的执政基础、有利于服务群众需求、有利于弘扬时代新风，鼓励全区各试点单位结合实际大胆探索创新，勇于创新创造，积极探索各具特色、富有成效的实践模式。

——坚持务求实效。积极探索整合利用各种阵地资源的有效机制，力戒形式主义、官僚主义，在整合模式、内容方式、管理运行上不搞一刀切，不增加基层负担,不新建楼堂馆所,不搞大拆大建,重在功能建设、工作效果、群众感受。

三、试点安排

根据市委组织部、市委宣传部等印发《关于推动全市党的基层阵地资源整合的试点方案》(景宣发〔2020〕27号)的文件精神,按照要求,试点工作分二批次进行(详细名单见附件1)。

试点工作分四个阶段进行:

1.制定方案、动员部署(2020年5月—6月)。研究制定试点工作方案,召开专题会议对试点工作进行动员部署。

2.因地制宜、示范引领(2020年6月—7月)。按照“以点带面”的工作思路,择优在竟成镇选出一个村作为试点先行先试,打造“党群服务+文明实践+N”综合示范点,为实现高效便民“一站式服务”打下坚实基础。依据方案的要求整合党的基层阵地资源,规范标识标牌,挂牌成立相应的机构,配备专职工作人员,设计相关活动项目,开展党群服务和文明实践活动。在2020年7月份,对试点工作进行阶段性总结,及时发现问题,研究改进措施,推广优秀经验。

3.拓展推广、全域达标(2020年8月—10月)。在总结试点工作经验基础上,形成全区试点有特色,全域覆盖的“一盘棋”工作格局,全力实现我区所有行政村有关阵地实现整合利用。

4.评估总结、全面提升(2020年11月—12月)。对试点工作进行评估,总结经验,谋划下阶段工作。

四、整合内容和要求

(一)促进场所和设施相对整合

1.科学合理完善阵地布局。按照“就近就便,便民惠民”的原则,打破部门界限和条块分割,推动规划建设、政治功能、服务内容、设施配置、管理运行、基本保障“六个规范化”,推动党群服务中心、新时代文明实践站、综合性文化服务中心、农家书屋、村史馆、村广播室、科普活动设施等村级阵地的活动场地相对整合,根据实际需要在临近区域建设和完善养老服务、退役军人服务、职工活动、青少年活动、小康驿站等设施,促进村级组织活动场所区域相对集中、功能相对健全,形成阵地面积达标、功能配套齐备、服务规范精准、管理制度健全、作用发挥充分的基本格局。

2.实现设施建设全覆盖。结合乡村规划,试点村依托现有设施或通过整合资源,实现行政村党群服务中心、新时代文明实践站建设全覆盖,鼓励利用闲置的校园校舍、仓库、老“村部”、祠堂等场所改造建设活动阵地。鼓励人口较多的自然村设立党群服务和新时代文明实践点,科学构建“一站多点”的格局,着力打造15分钟党群服务和文明实践活动圈。

3.规范标识标牌。按照省委办公厅、省政府办公厅《全省基层挂牌和考核评比专项清理整治方案》要求,党群服务中心和新时代文明实践站,做到有统一标识、有工作制度、有坐班值班安排、有岗位职责、有服务事项内容和程序、有活动项目、有工作台账、有党务村务公开栏、有“学习强国”学习平台、有“科普中国”平台、有农村党员干部现代远程教育系统、有村规民约、有广播宣传、有“好人文化”展示、有党建品牌、有“道德红黑榜”、有党员承诺践诺、党员带头示范内容等,整合综合文化服务、志愿服务、农家书屋、村广播室、职工之家、妇女之家、青年之家、儿童之家、民兵之家、“扫黄打非”、“扫黑除恶”等功能,鼓励增设农产品展示厅、快递代办点和电子商务服务站等选择性功能。

(二)促进功能和活动充分整合

1.广泛开展服务类活动。充分发挥农村基层党组织的政治功能、组织优势,把党员、群众组织起来,有效利用各类资源资产资金,因地制宜发展壮大村级集体经济、增强村级集体经济造血功能,多为农村群众办实事办好事。坚持“全人群、全时段、全方位”,整合对接服务资源,完善共建共享共治机制,构建“党群服务+文明实践+N”综合服务模式,不断提升整体服务效能。发挥颐养之家、爱心食堂、快乐学堂、职工之家、妇女驿站、青年之家、道德讲堂、应急广播、社科讲堂、法治讲堂等功能,有效对接老人、儿童、妇女、中青年等不同群体需求,积极开展健康义诊、助餐服务、亲情连线、技术传授、政策咨询、社科普及等各种“便民式”服务。在党群服务中心内,综合设立为民办事代理站(点),及时为群众办理户口迁移、计划生育、民政服务、慈善救助、社会调解、劳务输出、宅基地审批、医疗保险、养老保险等事项,为农村群众的生产生活提供便捷服务。

2. 广泛开展教育类活动。采用线上线下相结合的方式，充分运用智慧党建 App、“学习强国”网络平台、融媒体中心、新时代文明实践中心（所、站），以小巷讲堂理论宣讲平台，组织农村党员群众学习实践科学理论，深入学习习近平新时代中国特色社会主义思想，不断增进政治认同、思想认同、情感认同，更加自觉地在党的领导下走中国特色社会主义道路。向农村党员群众宣传宣讲党的政策，开展生动活泼的形势政策教育，大力宣传阐释党中央大政方针、省委决策部署、为民利民惠民政策，帮助农村干部群众了解政策、掌握政策，引导农村群众用自己的双手创造美好的生活。广泛开展中国特色社会主义和中国梦宣传教育，深入推进社会主义核心价值观宣传教育，引导农村群众坚定理想信念，传承弘扬中国人民的伟大创造精神、伟大奋斗精神、伟大团结精神、伟大梦想精神。大力弘扬科学精神，广泛普及科学知识，对农村群众进行实用技术、科技文化、法律法规、家庭教育等知识的教育培训。

3. 广泛开展实践类活动。积极引导农村群众培育践行主流价值，深入实施公民道德建设工程，深入开展爱国主义教育，不断深化群众性精神文明创建活动，深化文明村镇创建。深入开展“共产党员先锋示范”行动，广泛开展学习时代楷模、道德模范、最美人物、身边好人等活动，开展“五好家庭”、好邻居、好媳妇、好公婆评选和寻找“最美家庭”活动，引导农村群众向上向善、孝老爱亲、重义守信、勤俭持家。团结带领农村群众加快推进农业农村现代化，在贫困群众中大力开展“感恩行动”，不断激发村级发展的内生动力和活力，让农业成为有奔头的产业，让农民成为有吸引力的职业，让农村成为安居乐业的美丽家园。丰富活跃农村群众文化生活，多设计并开展开放式、浸入式、互动式、体验式且群众乐于参与、便于参与的文化生活，经常性组织开展“中国梦歌曲大家唱”、广场舞、戏曲会演、群众体育比赛、文艺培训等活动，让农村群众获得精神滋养、增强精神力量。常态化开展“推动移风易俗、促进乡风文明”行动，与“文明生态村”帮建、文化科技卫生“三下乡”、文化进万家、万名文艺家下基层、送欢乐下基层等活动全面融合，认真落实好“道德红黑榜”、选树“身边好人”等制度机制，探索推广“文明信用户”等富有地方特色的群众自治活动，大力涵育文明乡风、展现时代新风。

（三）促进人员和力量有效整合

1. 层层压实职责。在区委的统一领导下，形成三级书记带头抓、多部门齐推进的工作态势，推动资源整合和工作落实，确保试点工作抓得紧、落得实。加快推动“三中心一平台”（党群服务中心、新时代文明实践中心、融媒体中心和“学习强国”学习平台）融通联动，在区融媒体中心建设中规划布局党群服务功能，推行党群服务和文明实践活动网上点单派单服务，形成群众“点单”、中心“派单”、志愿者“接单”、群众“评单”的工作闭环。

2. 配备专职工作人员。竟成镇综合文化站按规定配齐 1—2 名编制内人员，保证专职专用，抓好所辖行政村活动开展和运行。在发挥党支部、党员作用的基础上，村配备 1—2 名专职党建宣传员，负责党群服务中心、新时代文明实践站、综合性文化服务中心、农家书屋、村史馆、村广播室以及养老服务、青少年活动、科普活动设施等村级阵地运行管理和活动组织。专职党建宣传员一般选招回乡大学生担任，也可由政治素质好、具有一定活动组织能力的退伍军人等担任，纳入村党组织书记后备力量管理，由全区统一招录，区委组织部、区委宣传部进行考核，其报酬不低于村党组织书记的 70%，并纳入区级财政预算。各地根据实际需求和现实条件，统筹设立公益性岗位，协助党建宣传员负责日常管理。

3. 发挥志愿者重要作用。分别组建以党政资源、社会组织、农村党员群众为主体的志愿服务队伍，重点打造群众急需、特色鲜明、质量较高的志愿服务项目，推动志愿服务进村入户、见人走心。整合各类志愿服务队伍建立新时代文明实践志愿者服务联盟或新时代文明实践志愿者协会（联合会），竟成镇成立便民志愿者联盟，协同开展党群服务和文明实践活动。引导大学生村官、退役军人、“五老人员”、乡贤能人、文艺骨干、社会体育指导员积极参与，充分发挥他们在开展文明实践、宣传乡风文明中的引导和带动作用。充分发挥农村留守妇女在社会生活和家庭生活中的重要作用，引导她们积极助力乡村振兴、脱贫攻坚、基层社会治理和移风易俗，开展关爱农村留守老年人、留守儿童等活动，参与“文明家庭”、“最美家庭”等家庭文明创评。引导农村实用技术“土专家”、“科学明白人”成为志愿服务者，广泛开展科技志愿服务，为文明实践活动注入科技力量。

五、保障措施

(一)加强组织领导

按照省委宣传部相关文件精神,通过成立珠山区新时代文明实践促进中心加强具体推进落实工作力量,在事业单位机构改革中统筹考虑实施,为试点和全面推进提供政策支持和保障。积极争取上级组织、宣传等部门对我区的工作指导。区、镇、村三级推进基层阵地资源整合试点工作列入2020年度基层党建述职评议和意识形态工作责任制述职的重要内容,村级阵地资源整合试点工作纳入村"两委"班子工作考核。

(二)加强服务指导

区级成立服务巡回指导组,为村级"党群服务+文明实践+N"综合体开展服务提供人才支持和物资支援。各领导小组成员单位按照原有挂点村做好对口服务指导工作,区委组织部、区委宣传部要承担起抓推进、抓落实的重要职责,重点做好进度安排、推进实施、指导协调等工作。区委宣传部(区文明办)、民政部门、团委要具体帮助试点单位建好志愿服务队伍,设计好志愿服务项目,指导好志愿服务活动开展。区级以上文明单位应发挥专业优势,建立行业性志愿服务队伍,深入试点村开展活动。人社、财政部门要提供必要的人员、资金扶持,全面提升党的基层阵地资源整合试点工作,区融媒体中心要做好在工作中涌现的先进典型和经验的宣传报道工作。

(三)强化政策保障

在争取上级财政按现有资金渠道支持试点村开展资源整合工作的基础上,区级财政要加大经费支持力度,并在政策允许的情况下,对上级各个部门用于基层的经费加以整合利用,实现党群服务中心、新时代文明实践站、综合性文化服务中心等设施共享共用。区财政和民政部门结合实际制定具体支持奖补政策。统筹各部门资源,加大对党建宣传员的轮训力度,不断提高业务能力和水平。拓宽党建宣传员发展渠道,对于任职满五年且表现优秀的,按照规定程序进入村党组织书记队伍。各级政府部门要加强统筹,确保安排一定的公益性岗位充实到农村,专门从事村级"党群服务+文明实践"综合体的日常管理。各试点单位建立健全志愿服务激励保障机制,为无经费来源的社会组织和农村党员群众志愿服务队伍开展志愿服务活动提供必要的交通、误餐等补助。

(四)加强宣传激励

及时总结推广各试点单位在资源整合中的有效做法和先进经验,鼓励各地拓展深化资源整合的新载体、新模式,加大宣传推介力度,发挥典型示范引领作用。建立健全志愿服务考核和激励机制,制定志愿服务礼遇办法和培训制度,开展星级评定,完善"积分银行",对达到一定星级标准的志愿者给予肯定和激励,提高志愿者社会荣誉感和工作积极性。建立健全督查机制,定期不定期开展巡查、暗访活动,推动试点工作真正落到实处。

区委办公室　区政府办公室
关于成立珠山区数字经济办公室的通知

珠办字〔2020〕36号

竟成镇党委、人民政府,各街道党工委、办事处,区委各部门、区直各单位:

为顺应时代发展趋势,探索数字经济领域发展,加快培育我区经济发展新动能,经区委、区政府研究决定,成立珠山区数字经济办公室。

一、总体目标和原则

按照"虚拟化机构、实体化运行"的模式,设置一支5—10人组成的数字经济办公室,采取全脱产、淘汰制方式运行,重点围绕数字经济理论研究、态势研判、产业落地三个方面开展工作,推动我区数字经济快速起步,为构建数字经济产业体系奠定坚实基础。

二、组织机构和工作职责

区数字经济办公室设置主任1名、副主任2名,内设3个工作部门。主要职责:①研究制定数字经济发展工作计划;②开展数字经济理论研究;③分析研判全国数字经济发展态势;④开展数字经济招商引资;⑤协调推进数字经济项目的落地;⑥协调推进数字经济有关平台建设。

办公室下设综合协调部、招商联络部、发展运营部,各工作部门人员根据阶段发展、工作需要、现实表现动态调整。

(一)综合协调部。由2—3人组成,设部长1名。工作职责:负责综合协调内部日常事务工作;负责日常运转中的后勤保障;负责数字经济理论研究和重要文稿的起草审核;负责数字经济有关会议的组织和重要工作的督办;负责与对口单位、部门的沟通协调;承办办公室交办的其他工作。

(二)招商联络部。由1—2人组成,设部长1名。工作职责:负责数字经济态势研判;负责研究数字经济业态模式;负责数字经济商务合作对外联络;负责与对口单位、部门的沟通协调;承办办公室交办的其他工作。

(三)发展运营部。由2—4人组成,设部长1名。工作职责:负责制定数字经济发展计划,并组织实施;负责协调推进数字经济有关平台的搭建;协调推进具体项目的落地;负责与对口单位、部门的沟通协调;承办办公室交办的其他工作。

三、重点任务

(一)陶瓷产业数字化转型。建设陶瓷产业数据中心,构建陶瓷产业垂直电商平台。借助大数据分析和人工智能技术,实现生产运营高效化、产品个性化,形成陶瓷产业大脑。

(二)数字文创和智慧旅游。打造三宝国际瓷谷陶瓷文创孵化基地,加强陶瓷文创设计师导流,建立知识产权保护平台。提升5G覆盖率,推进全区商业、文化、旅游公共资源整合共享和应用,探索在线旅游管理、服务、营销新模式,实现“一部手机游珠山”。

(三)培育壮大数字贸易。打造景德镇陶瓷手艺人孵化基地,为陶瓷小微企业、个体工商户引入第三方、流量和培训支持,协助开设淘宝店铺。加强与龙头电商平台合作,加快发展网红经济、直播电商等新业态新模式,创造新型消费场景,激发扩大群众消费需求,打造数字生活步行街、陶艺特色集市、陶瓷文化造节。

(四)数字化治理。打造“智慧社区”,构建集社区安防、业主服务、物业管理、商家运营、政府监管为一体,可持续运营的智慧化治理平台。

(五)数字化政务办公。在全省统一的“赣政通”体系内,打造区级政务办公平台,整合政务业务协同、移动办公、专属通信等功能,实现组织、沟通、业务在线化、一体化。

中共珠山区委办公室
珠山区人民政府办公室
2020年8月12日

区委办公室 区政府办公室 关于印发《珠山区创建省级全域旅游示范区工作方案》的通知

珠办字〔2020〕37号

竟成镇党委、人民政府,各街道党工委、办事处,区委各部门,区直各单位:

现将《珠山区创建省级全域旅游示范区工作方案》印发给你们,请结合实际,认真贯彻落实。

中共珠山区委办公室
珠山区人民政府办公室
2020年7月29日

珠山区创建省级全域旅游示范区工作方案

2019年12月,珠山区被确定为江西省全域旅游示范区创建单位。为深入贯彻落实《国务院办公厅关于促进全域旅游发展的指导意见》和《中共江西省委　江西省人民政府关于全面推进全域旅游发展的意见》的文件精神,配合景德镇市创建国家全域旅游示范区,加快辖区旅游产业转型升级,统筹指导全区开展全域旅游示范区创建工作,促进全区旅游从“景点旅游模式”向“全域旅游模式”转变,大力推动珠山全域旅游发展,结合实际,特制定本实施方案。

一、指导思想

以党的十九大精神和习近平新时代中国特色社会主义思想为指导,按照国家、省、市关于全域旅游示范区创建工作的部署要求,积极围绕景德镇国家陶瓷文化传承创新试验区建设,主动融入景德镇国家陶瓷文化传承创新试验区建设的格局,完善旅游规划、创新发展模式、拓展旅游业态、丰富旅游产品、提升旅游品质,推动产业融合,培育壮大旅游产业,全力推进全域旅游示范区创建工作,全面构建全域旅游发展格局。

二、工作目标

按照旅游治理规范化、旅游发展全域化、旅游供给品质化、旅游参与全民化、旅游效应最大化五大目标推进全区创建工作,补齐旅游产业发展的短板,破解制约旅游发展的瓶颈,完善旅游产品供给,提升公共服务水平,推动宣传方式转变,强化旅游目的地品牌打造,力争用1—2年创建成省级全域旅游示范区。至2021年底,力争全区旅游业增加值对GDP综合贡献率达8%以上,旅游从业人员占本地就业人数10%以上;年游客接待量达200万人次,旅游总收入超过1亿元,旅游业税收占地方税收的7%以上,农民年纯收入来源于旅游收入达10%以上。

三、创建任务

(一)创新体制机制,构建现代旅游治理体系

一是改革全域旅游领导机制。各部门各单位要高度重视省级全域旅游示范区创建工作,坚持党委、政府对旅游工作的领导,从区域发展战略全局出发,将全域旅游发展纳入经济社会发展工作布局,统一规划,统筹部署,整合资源,协调行动,建立各部门联动、全社会参与的旅游综合推进机制,形成推动全域旅游发展新合力。探索建立旅游综合管理机构,提升旅游行政管理部门对全域旅游发展的综合统筹能力,促进旅游业从部门行为向党政统筹推进转变。整合部门职责,强化职能部门之间的联动沟通,积极申报创建全域旅游示范区,合力推进全域旅游工作。(责任单位:区委各单位、区直各部门、竟成镇及各街道)

二是加大政策支持与创新。积极落实省、市关于发展全域旅游的工作部署,用好用足相关奖补及扶持政策,科学制定符合珠山特点的全域旅游扶持奖励等政策文件,加大财政支持力度,落实旅游发展专项资金,引导各类资金参与全域旅游建设。统筹保障全域旅游发展的旅游用地需求,年度土地供应量应适当增加旅游业发展用地,探索开展旅游差别化用地等多种形式的旅游用地试点,保障和落实全域旅游重点项目的用地指标。(责任单位:区委各单位、区直各部门、竟成镇及各街道)

三是建立旅游综合监管机制。探索建立综合执法机制,建立“旅游+治安+旅游巡回法庭+旅游市场监管分局+其他执法机构”(“1+3+N”)的旅游综合执法模式,明确旅游综合监管责任分工,适时开展联合执法,联合查办案件,通过加大联合执法检查和惩处力度,建立健全景区、酒店等涉旅企业及从业人员的监督管理体系,大力倡导文明旅游,形成安全有序文化的旅游环境,保障旅游业可持续健康发展。(责任单位:区文广新旅局、区公安局分局、区市监局、区法院等)

(二)加强规划工作,做好全域旅游顶层设计

一是推进旅游规划体系创新。高标准、高起点编制以全域旅游理念为引领的全域旅游总体规划

或旅游发展规划，完善旅游规划体系。加强旅游规划与相关规划相互衔接，在编制国民经济和社会发展规划、城乡建设、土地利用、基础设施建设和生态环境保护等规划时，将旅游发展作为重要内容纳入其中，在实施“多规合一”中充分体现旅游主体功能区建设的要求。（责任单位：区委各单位、区直各部门、竟成镇及各街道）

二是强化旅游规划的审批实施。辖区内全域旅游规划及重点项目规划应报请同级人大常委会或人民政府批准，提升规划实施的法律效力，并建立旅游规划评估与实施督导机制。对涉及旅游的重大项目，在立项、规划设计和竣工验收环节，需充分征求旅游行政管理部门意见。（责任单位：区委各单位、区直各部门、竟成镇及各街道）

（三）做强旅游品牌，完善旅游功能配套

一是打造特色旅游景区。实施龙头先行、精品带动战略。开展旅游产业品牌创建，全力推进御窑厂创国家 AAAAA 级旅游景区、三宝创建国家 AAAA 级旅游景区和省级文旅融合发展示范区；引导陶阳里、陶溪川、东市区等景区建设成为全国陶瓷文化研学实践教育基（营）地；扶持老鸦滩艺术社区改造，打造“中欧城市实验室”示范工程；支持陶瓷工业设计产业的洛客设计谷主场馆建设，推动人文、科技、设计、时尚等元素与陶瓷深度融合；支持陶文旅集团打造陶溪川网红直播基地，以数字技术为陶瓷产业赋予新动能；推进辖区各大旅游景区提档升级，不断丰富旅游景区配套要素，提升景区旅游服务水平，打造配套完善、特色鲜明、服务优质的全域旅游景区。（责任单位：区自然和资源规划分局、区环保局、区住建局、区农业农村和水利局、区文广新旅局、区国资公司、三宝瓷谷项目部等）

二是提升旅游住宿品质。推进全区旅游住宿设施升级改造，加大高星级旅游饭店创建力度，引进国内外品牌高端的饭店；发展度假型、会议型、保健型、文化型等特色主题饭店。培育以历史街区、文创街区、村落、庄园等为载体的特色民宿。引导建设绿色饭店，倡导绿色旅游消费。配套完善旅游住宿服务设施，实现设施安全、卫生舒适、环境整洁、管理规范。（责任单位：区自然和资源规划分局、区住建局、区农业农村和水利局、区商务局、区文广新旅局、区应急管理局、区市监局、区公安分局、区消防救援大队等）

三是丰富旅游餐饮业态。打造美食一条街。在特色旅游园区、旅游景区和乡村旅游区等地开发特色餐馆，挖掘地方特色风味小吃和美食佳肴，推出绿色生态、药膳养生、民族特色等菜系，培育地方特色餐饮品牌。（责任单位：区住建局、区农业农村和水利局、区商务局、区文广新旅局、区市监局等）

四是完善旅游购物设施。开发特色鲜明、类型多样的旅游商品，组织开展旅游商品大赛。扶持经营本地特色旅游纪念品、工艺品的厂家、家庭作坊和商店，加快建设完善城区、旅游景区等场所的旅游购物设施，营造整洁舒适、价格合理、管理规范的购物环境。（责任单位：区文广新旅局、区工信局、区住建局、区商务局等）

五是培育常态化的旅游文化娱乐项目。推动文艺团体、当地居民等紧扣当地历史文化、民族风情等主题，举办特色演艺节目和民俗风情节庆活动，塑造旅游演艺品牌。结合城区、镇区的建设，实施景观亮化工程，完善夜游娱乐设施，促进城镇旅游业发展。（责任单位：区住建局、区文广新旅局等）

（四）深入实施旅游投资提升行动，提高全域旅游公共服务品质

一是加快构建畅通便捷的交通网络。推进旅游交通全域覆盖，改造升级从城区通往主要旅游景区、乡村旅游区的道路，开通旅游公交专线和城市观光巴士，打通旅游交通瓶颈。结合旅游交通干线、旅游景区等，建设旅游绿道、骑行专线等慢行休闲系统。加强旅游交通干线沿线生态资源环境保护和风情小镇、特色村镇、旅游驿站、绿道系统等规划建设，配套完善旅游交通驿站、汽车旅游营地等设施。积极推动汽车租赁体系建设。（责任单位：区委各单位、区直各部门、竟成镇及各街道）

二是全力推进“厕所革命”。在市政、交通沿线及涉旅场所按照规范标准改造和新建体现地方文化内涵特色的旅游厕所，大力推进 A 级旅游厕所建设，力争全覆盖。选择试点采用政府补贴、企业运作、一厕多能、以商养厕等方式，建设和管理旅游厕所。（责任单位：区发改委、区财政局、区住建局、区文广新旅局、区国资公司等）

三是完善旅游咨询服务体系。建设完善珠山区全域旅游集散中心，加快景德镇高铁站和辖区商业广场等公共场所的旅游咨询服务中心（点）建设。完善 A 级景区的游客服务中心功能服务设施，以及完善星级旅游饭店、旅行社的旅游咨询服务功能。

通过旅游公交和旅游专线车连接,形成旅游集散网络。按照位置合理、设施齐全、功能完善、环境整洁、符合规范的要求,完善区级旅游公共信息咨询平台。(责任单位:区发改委、区工信局、区住建局、区文广新旅局、区国资公司等)

四是完善旅游标识系统。按照国家、地方和行业的标准,全面完善城区的主要交通要道和旅游干线公路上的旅游交通标识,交通集散地、星级饭店、国家A级旅游景区、乡村旅游区(农家乐)、旅游度假区、旅行服务商经营场所等涉旅场所应设置和完善体现地方特色的旅游标识系统,形成完整、通畅的旅游标识体系。(责任单位:区工信局、区文广新旅局、区国资公司等)

五是完善旅游停车场。建设完善城区、重点旅游乡镇、旅游景区(点)、乡村旅游区(农家乐)、车站、旅游购物场所、码头等地的旅游停车场,确保停车场规模与游客承载量相适应,符合生态化要求,管理规范。积极开展房车营地等建设。出台解决旅游旺季停车场供应不足问题的措施和规定。(责任单位:区发改委、区工信局、区住建局、区文广新旅局、区国资公司等)

六是打造特色旅游景观设施。提升特色辖区、特色街区、特色建筑等旅游吸引物的开发水平,提炼本地特色文化,加快建筑风貌改造,打造富有文化内涵的特色旅游景观风貌,强化地域旅游吸引力。按照“修旧如旧、原址保护”的原则,加快推进陶阳十三里等历史城区保护项目,展现我区独特的历史文化。大力建设昌江百里风光带珠山段涉旅项目。(责任单位:区发改委、区工信局、区住建局、区文广新旅局、区国资公司等)

(五)提升旅游服务,推进服务人性化品质化

一是推进旅游标准化建设。大力实施国家标准、行业标准和江西省旅游服务标准有机衔接的标准体系。按照国家、省级旅游管理部门要求开展旅游标准化试点示范工作。加快推进健康养老、旅游商品、旅游安全等方面的标准化工作,建立健全地方标准,培育地方品牌。提高旅游从业人员素质及标准化服务水平,培养一批导游、景区讲解员,强化对景区、酒店、餐饮服务等涉旅从业人员的培训,构建旅游服务质量体系,提升服务的规范性。(责任单位:区文广新旅局、区市监局、区应急管理局等)

二是打造智慧旅游平台。整合旅游各行各业服务信息,建成智慧旅游公共服务平台、智慧旅游管控平台、旅游行业电子商务平台和智慧旅游交流平台,实现一部手机游珠山、一部手机管旅游。推进旅游服务接待中心、景区景点、宾馆饭店接通电话网、无线通讯网、无线宽带网,实现4G、WiFi信号全覆盖。

三是推出特色化旅游服务。针对旅游市场需求,发展养生保健、康体医疗、户外运动、空中观光、科普研学、情感体验和其他满足旅游者个性化需求的特色服务项目。(责任单位:区科技局、区卫健委、区文广新旅局、区市监局、区教体局等)

四是完善旅游志愿者服务体系。成立旅游志愿者服务队伍,在旅游景区、旅游商业街区、游客集散场所等涉旅场所建立旅游志愿服务工作站,开展志愿服务公益行动,引导当地居民积极参与,提供文明引导、游览讲解、信息咨询和应急救援等服务。(责任单位:区财政局、区住建局、区文广新旅局、团区委等)

五是积极培育和做大一批旅行社。重点培育一批三星级以上旅行社,推进“智慧旅行社”建设,引导和合作的旅行社达6家以上。

(六)坚持融合发展,丰富旅游要素供给

一是旅游与城镇化、工业和商贸融合。加快旅游景区开发,完善旅游基础设施和功能服务设施,打造知名旅游产品。推进特色旅游村镇、特色街区等建设。支持建设主题度假饭店、主题游乐公园、城市旅游综合体等。依托老工厂和近现代陶瓷工业遗存等因地制宜发展旅游开发。联合区内外知名旅游企业,建立旅游装备制造和开发基地,包括旅游电瓶汽车、旅游房车等旅游装备,树立旅游装备制造业品牌。举办大型旅游展览会、博览会、交易会和招商会等活动,开发商务会展旅游。(责任单位:区发改委、区工信局、区住建局、区商务局、区文广新旅局等)

二是旅游与农业、林业、水利融合。推进创建乡村旅游区(农家乐)、休闲农业与乡村旅游示范(区)点等乡村旅游品牌。开展特色农产品推广工程,促进农特产品向乡村旅游商品转化。合理利用林业资源,开发森林探险游、避暑森林生态游、森林养生游、湿地休闲度假游、“森林人家”体验游等旅游产品。利用水利工程设施及河流、湖泊等水域资源,开发水上休闲旅游、水利遗址和水利工程体验旅游等。(责任单位:区农业农村和水利局、区文广新旅局等)

三是旅游与科技、教育、文化、卫生和体育融合。发展科技旅游,积极利用科技场馆、科研设施等打造科技旅游基地。以三宝国际瓷谷为核心,将历史文化保护和文脉传承与科技、生态、旅游、设计、产业发展等多个领域进行深度融合,全力打造陶瓷文化休闲体验区。充分挖掘文化资源,继续举办好中国旅游日、世界旅游日、陶瓷灯会、三宝国际论坛等各类旅游节庆活动。发展特色民俗旅游,加大对历史文化遗迹、非物质文化遗产的保护和利用,开发文化旅游综合体。开发特色体育运动旅游产品。(责任单位:区科技局、区文广新旅局、区教体局、区卫健委、区国资公司、三宝瓷谷项目部等)

(七)实施整体联动营销,凸显区域旅游品牌形象

一是塑造全域旅游品牌形象。培育具有本地特色的旅游景区品牌、节庆品牌、特色旅游商品品牌等,打造辨识度高、特色鲜明的全域旅游目的地形象。创新营销方式,整合线上线下营销渠道,全方位、多角度宣传珠山旅游整体形象。

二是打造网络营销平台。建立官方旅游网站、微博、微信、手机旅游 App 等网络宣传营销和服务平台,充分利用新媒体、新技术、新手段、新途径进行全域旅游精准营销,指导市内旅游企业建立电子商务营销平台或与电商合作营销。

三是广泛进行宣传推介。扩大旅游宣传推广渠道,积极组织辖区内旅游企业参加旅游交易会、展销会。实施精准旅游营销。以创建国家陶瓷文化传承创新试验区为契机,瞄准国内外、省内外及周边城市客源地,大力开发会展商务、旅游购物、探亲访友、修学访问等客源市场。

四是参加和开展各种节庆活动。组织高铁营销、节庆营销等旅游推介活动。持续举办陶溪川次元动漫文化节,积极争办在国际、国内有影响的文化艺术、赛事节庆活动;鼓励举办常态化旅游特色主题活动,创新节庆举办模式,打造具有区域影响力的特色文化旅游节庆品牌。(责任单位:区文广新旅局、区委宣传部、区发改委、区工信局、区商务局、区农业农村和水利局、区国资公司等)

(八)以标准化为引领,加强旅游监管,切实保障游客权益

一是加强旅游安全体系建设加大旅游安全监管力度,建立健全集旅游安全机制、旅游安全预警、旅游安全控制、旅游应急救援、旅游保险"五位一体"的旅游安全保障机制。建立健全假日旅游安全协调机制,加强旅游执法队伍建设,确保紧急救援渠道畅通,强化节假日及旅游高峰期巡回检查制度。

二是强化景区等涉旅场所监管。强化对国家A级景区、乡村旅游区(农家乐)、星级饭店和游客集散场所等涉旅场所的日常监管,切实保障旅游安全。

三是强化旅游餐饮监管。加强旅游景区及周边餐饮服务单位许可管理,全面推进量化分级、色标管理、明厨亮灶,实施环境舒心、餐饮安全、消费放心、评价满意等提升旅游餐饮业质量安全行动。严防严控食品安全事故发生,保障消费者饮食安全。

四是健全旅游投诉体系。规范旅游市场秩序,建立旅游市场联合执法和投诉统一受理机制,保障执法人员和经费投入,畅通旅游投诉渠道,建立旅游诚信机制,严格监督旅游企业规范经营。

五是常态化开展文明旅游教育宣传活动。在国家A级景区、乡村旅游区(农家乐)、星级饭店和游客集散场所等涉旅场所,推广《中国公民国内旅游文明行为公约》,开展教育宣传工作,促进旅游市场安全有序。(责任单位:区文广新旅局、区委宣传部〈区文明办〉、区财政局、区公安分局、区卫健委、区商务局、区应急管理局、区市监局、区消防救援大队等)

(九)优化城乡环境,推进共建共享

一是实施旅游环境绿化美化工程。以全市"双创双修"为抓手,大力开展"美丽珠山"建设。加强旅游资源环境保护。加强城区、旅游景区、特色村镇景观风貌控制,凸显民族文化和地域特色。美化绿化涉旅场所、旅游公路沿线和沿河区域。加强区域内河流、湖泊、森林、山地等生态环境和遗址遗迹、传统村落、古建筑、非物质文化遗产等人文资源保护,制定相应的保护规划和政策。(责任单位:区环保局、区住建局、区工信局、区农业农村和水利局、区文广新旅局等)

二是引导全民参与旅游共建。大力培养和引进中高级旅游管理、旅游产品开发、文创策划、市场营销、乡村旅游经营等方面的旅游人才,依托高等院校、旅游人才培训基地、行业协会等,定期组织人才学习和培训,强化创业创新人才培养。采用政府和社会资本合作(PPP)、众筹等多元化投融资模式,多渠道筹措旅游发展资金,引导社会资本参与旅游公共服务设施建设机制,整合各类资金设立旅游产业基金,促进形成旅游共建大格局。建立旅游志愿者服务体系，引导群众参与旅游共建。促进全民共享旅游成果，各旅游参观点要落实对儿童、学生、未成年人、老年人、现役军人、残疾人等的优惠政策。做好城区博物馆、文化馆、图书馆、科技馆、展览馆、城市公园、纪念馆、休闲广场、规划馆、动植物园等开放休闲空间的建设。（责任单位：区财政局、区人社局、区住建局、区文广新旅局、团区委等）

三是促进旅游富民增收。发挥旅游综合带动效益，通过整合全域旅游资源，壮大旅游产业，促进全区旅游消费及国民经济增长。通过组织旅游企业招收贫困人口上岗工作，举办旅游技能培训班和旅游扶贫专场招聘会等，增加贫困村民人均收入和旅游就业人数，促进贫困人口脱贫致富。（责任单位：区委各单位、区直各部门、竟成镇及各街道）

四、保障措施

（一）加强组织领导。

成立珠山区全域旅游发展工作领导小组，作为协调和指导创建工作的组织领导机构。领导小组下设办公室，办公地点设在区文广新旅局。建立健全领导小组联席会议制度、创建工作督查推进机制，全面落实国家、省、市相关部门出台的关于促进旅游业发展的政策措施，研究出台综合性扶持政策，支持全域旅游示范区创建。

（二）加强人才保障。

加强对全域型旅游管理人才的引进和培养。放活用人机制，多渠道引进各类旅游项目管理、经营人才，合理解决人才引进过程中涉及的户籍、档案、社会保险问题。分层实施旅游教育培训工作。制定并组织实施全区旅游从业人员培训计划，开展旅游工作普及性教育与培训。

（三）加大财政支持。

区财政加大对旅游产业发展投入力度，将旅游发展所需要资金纳入年度财政预算，用于规划编制和景区创建、星级评定、举办节会等重点工作的补助和奖励，加大对旅游宣传的投入。各相关部门在安排项目建设资金时应注重与旅游产业发展相结合。统筹用好国家专项建设基金、产业基金和政策性银行贷款，支持全域旅游发展。

（四）加强督促考核。

定期组织督导组对全域旅游示范区创建工作进行指导和督查，及时跟踪问效，促进创建和管理的规范化、标准化、特色化。创建单位要定期向区全域旅游工作领导小组办公室汇报创建工作情况，及时总结经验和解决问题，确保各项工作措施落实到位。

（五）营造创建氛围。

要充分认识全域旅游示范区创建工作的重要意义，通过各种宣传载体，加大宣传力度，使全社会进一步了解全域旅游的意义、目的、任务和创建进程，提高全社会的关注度和参与度，努力形成全区上下齐心协力抓创建、促发展的良好工作氛围。

（六）全面共建共享。

要推动建立旅游发展共建共享机制，通过旅游发展成果全民共享，增强居民获得感、幸福感，扩大实际受益面，促进居民树立人人都是旅游形象，自觉把自己作为旅游环境建设一分子，全力提升整体旅游意识和文明素质。

区委办公室　区政府办公室
关于印发《景德镇市珠山区国家生态文明试验区建设 2020 年工作要点》的通知

珠办字〔2020〕41 号

竟成镇党委、人民政府，各街道党工委、办事处，区委各部门、区直各单位：

《景德镇市珠山区国家生态文明试验区建设 2020 年工作要点》已经区委、区政府同意，现印发给你们，请认真贯彻落实。

中共珠山区委办公室

珠山区人民政府办公室

2020 年 8 月 24 日

景德镇市珠山区国家生态文明试验区建设2020年工作要点

2020年是全面建成小康社会和“十三五”规划收官之年,也是国家生态文明试验区建设完成阶段性任务、形成阶段性成果的关键之年。要以习近平新时代中国特色社会主义思想为指导,认真落实习近平总书记视察江西重要讲话精神,深入贯彻党的十九大和十九届二中、三中、四中全会精神,加快构建景德镇特色生态文明体系,进一步聚焦重点领域、突出重点任务、打造示范样板,努力探索推广绿水青山转化为金山银山的路径。

一、着力推动生态文明制度落地见效

(一)不断完善制度供给。1.出台《贯彻落实〈江西省山水林田湖草生命共同体行动计划〉实施方案》。2.制定《关于构建现代环境治理体系的实施方案》,加快构建政府主导、企业主体、社会组织和公众共同参与的现代环境治理体系。

(二)着力抓好制度落实。1.全面落实《江西省生态文明建设促进条例》。2.落实《江西省土壤污染防治条例(草案)》《江西省水污染防治条例(草案)》《江西省流域生态环境保护条例(草案)》。3.配合构建全市国土空间规划“一张图”,建设规划实施监督信息系统。4.落实《江西省关于在国土空间规划中统筹划定落实三条控制线的实施意见》《江西省生态保护红线管理办法实施细则》。5.抓好垃圾分类制度落实,全面开展城市生活垃圾分类。6.实施市场化、多元化生态保护补偿机制建设行动,实施流域上下游横向生态保护补偿机制。7.配合市建设“生态云”大数据平台,构建生态文明大数据资源中心。8.贯彻落实《国家发改委司法部关于加快建立绿色生产和消费法规政策体系的意见》以及《国家发改委 生态环境部关于进一步加强塑料污染治理的意见》等,推动构建市场导向的绿色技术创新体系。9.抓好殡葬改革“三年行动计划”落实,积极稳步推进惠民绿色文明殡葬改革。

(三)加快形成改革成果。开展改革成果总结和成效评估,提炼形成我区生态文明建设理论与实践成果,持续推动生态保护修复、环境治理、双创双修等重点领域的经验总结。

二、着力提升绿色发展水平

(一)培育壮大优势产业。1.深入实施“3+1+X”产业高质量跨越式发展行动,加快培育陶瓷、商贸和文化旅游三大优势产业,加快提升三宝国际瓷谷大平台能级。2.推进创新型省份建设。3.深入实施生态环保领域基础设施补短板三年行动计划,加快打造节能环保产业新增长点。

(二)发展绿色生态产业。1.深化农业供给侧结构性改革,继续实施农业结构调整“1+9”行动计划、农产品加工业发展七大行动。2.推进资源能源综合利用,培育壮大一批骨干节能环保企业,培育一批陶瓷环保标杆企业,构建清洁高效、绿色发展的生态产业体系。3.大力推进全域旅游,大力实施“文化+”“旅游+”工程,加快发展陶瓷文化游、生态森林游、乡村民俗游、气候康养旅游等新业态。

(三)完善绿色市场体系。1.加快构建绿色金融服务体系,开展产融合作、普惠金融、科技金融、开发区金融创新等试点,推动绿色票据等创新产品落地。2.优化纳税服务,落实好节能减排、环境保护税收优惠政策。3.实行长江经济带和绿色发展领域融资规划项目库动态调整,吸引更多金融机构和社会资金共同参与项目建设。

三、着力打好污染防治攻坚战标志性战役

(一)抓好重点领域污染防治。1.打赢蓝天保卫战。持续开展城市扬尘治理、餐厨油烟、工业废气、柴油货车污染、农作物秸秆禁烧与综合利用、烟花鞭炮禁放等专项行动。2.打好碧水保卫战。持续开展“清河行动”、饮用水源地保护、消灭V类及劣V类水、城市黑臭水体整治、城镇生活污水处理、入河排污口整治等专项行动。3.打好净土保卫战。加快污染地块排查和治理;开展城镇生活垃圾处理、农用地污染防治、建设用地污染防治、危险废物处置等专项行动。4.打好工业污染防治攻坚战。开展

工业集聚区环保基础设施建设、工业企业达标排放、淘汰落后产能、散乱污企业整治等专项行动。5. 打好农业农村污染防治攻坚战。开展畜禽养殖污染治理、水产养殖污染治理、农药化肥污染治理、农村生活垃圾和污水处理等专项行动。

(二)抓好长江经济带大保护。1. 开展水域突出治安问题综合整治专项行动,依法查处打击围垦湿地、非法捕捞、非法猎杀候鸟、非法采砂等违法违规行为。2. 推进长江经济带和昌江、南河流域生态保护项目建设。3. 实施节水行动,推进第三次水资源调查评价,强化取用水管理,发布重点监控用水单位名录。4. 开展以"共治水源周边污染,保障农村饮水安全"为主题的环保活动。

(三)健全生态环境治理体系。1. 抓好中央环保督察"回头看"、长江生态环境警示片等举一反三问题整改,不断提升长江经济带环境质量。2. 开展污染防治攻坚战终期考核。3. 制定全覆盖、可追溯的生态环境监测全过程控制制度,逐步实现全区生态环境治理监测预报预警。

四、着力推进生态保护工程建设

(一)加强森林生态保护和修复。1. 实施森林质量提升工程,加快推进造林绿化与封山育林、低产低效林改造等项目,完成造林绿化任务。2. 推进重点区域森林绿化美化彩化珍贵化建设,完成"四化"建设任务。3. 落实生态公益林补偿制度,巩固提升优质公益林保有量。4. 深入落实林长制,构建以"一长两员"为主体的森林资源源头管理体系和"天、地、空"全覆盖的森林资源监管体系。

(二)加强湿地保护。1. 开展河湖管理范围划定工作,明确河湖管理边界线,落实水生态空间保护管理要求,实施重点湖库污染源整治和生态保护工程。2. 配合全市开展昌江流域天然湿地保护与修复,积极推进退田还湖还湿。

(三)加强生物多样性保护。1. 开展候鸟等野生动植物保护行动,实施野生动物疫源疫病监测防控。2. 加强渔业资源保护,实施春季禁渔、渔业增殖放流、渔业资源保护专项整治等行动。3. 抓好重点水域景德镇昌江刺鲃国家级水产种质资源保护区禁捕工作。

五、着力打造生态文明示范样板

(一)打通生态价值双向转化通道。1. 加快全民所有自然资源资产有偿使用制度改革试点,健全自然资源资产有偿使用制度。2. 大力发展生态农业和旅游,打造山水林田湖草综合治理示范样板。

(二)深入推进山水林田湖草生命共同体建设。1. 深入实施山水林田湖草生命共同体行动计划,探索总结山水林田湖草生命共同体建设与管理体制机制。2. 落实市级国土空间生态修复规划珠山部分,提升"城市双修"试点示范水平。3. 建立健全集体林地"三权分置"运行机制、林权流转管理服务体系五级联动、协同服务机制。

(三)打造资源环境行政执法和生态司法"江西"模式。1. 创新环境资源审判机制,建设区级环资审判展示基地。2. 推动检察机关生态环境公益诉讼,推广恢复性司法理念和模式。3. 组建生态环境领域综合执法机构,整合公安、城管、环保、农业农村和水利等部门污染防治和生态保护相关执法职能,统一实行生态环境保护综合执法。4. 完善环境资源行政执法和司法衔接机制,推进公安、环保、法院、检察院联动衔接、信息共享。

(四)推进重大平台建设。1. 加快推进国家级生态文明示范区、示范基地建设,实施一批示范带动项目,开展效果评价和淘汰退出工作。2. 开展节约型机关和节约型公共机构示范单位创建。

(五)着力推进生态文明共建共享。1. 高标准建设生态文化研究创新基地、生态文化产业示范基地。2. 组织办好生态文明宣传月、森林旅游节等重大活动。3. 持续在家庭、学校、社区、出行、商场、建筑等领域开展系列绿色生活创建行动。4. 持续推进美丽宜居城区、美丽宜居乡镇、美丽宜居村庄、美丽宜居庭院创建活动。5. 规范发展环保社会组织,健全生态文明志愿服务体系,开展好"河小青"志愿者服务。

六、着力完善总体推进格局

(一)加强经验成果总结。1. 健全生态文明建设经验成果总结推广机制,加强试验区建设典型经验成果调度、教育、推广、总结。2. 加强与国家和省、市相关部门汇报沟通,积极争取国家和省、市对我区试点示范的大力支持，推动更多成功经验和模式复制推广。

（二）抓好宣传教育推广。1. 深化生态文明宣传教育，继续加强党员领导干部生态文明教育培训，加强学校生态文化教育。2. 广泛开展生态文明典型案例挖掘和宣传报道，搭建生态文明集中宣传展示平台，在区环保部门支持下，适时曝光环境污染和破坏生态文明建设事件，形成生态文明全社会共建共享合力。

（三）强化考核评价督查。1. 统筹开展生态文明试验区建设督导，推进工作落实和制度落地。2. 按照国家和省、市有关规定，推荐申报一批全省生态文明建设先进单位和个人。3. 做好国家生态文明试验区景德镇国家生态文明示范区建设评估工作。

区委办公室　区政府办公室关于对我区2020年“双创双修”第一批先进个人进行表彰的通报

珠办字〔2020〕45号

竟成镇党委、人民政府，各街道党工委、办事处，区委各部门，区直各单位：

2020年以来，我区始终坚持突出重点、统筹兼顾、同步推进工作理念，有效推进“双创双修”各项工作落地生根。为表彰先进、树立榜样，根据珠山区《关于开展我区2020年“双创双修”第一批表彰评选工作的通知》（珠办发电〔2020〕7号）精神，区委、区政府决定对我区在“双创双修”工作中表现突出的工作人员进行表彰，现予以通报。

此次评选工作，共50名工作人员获得先进个人荣誉称号，每人予以资金奖励1000元，具体名单如下（按姓氏笔画排序）：

王　芳　里村街道恒大社区委员

王　晨　石狮埠街道双创办干事

王宇俊　区城市管理局办公室主任

邓　铮　区市场监督管理局餐保所所长

邓红茜　昌河街道画眉楼社区党委书记

龙　丹　太白园街道党工委委员、纪工委书记

叶志毅　区城市管理局新厂街道城管中队中队长

叶符强　昌江街道办事处副主任、司法所所长

付　涛　区城市管理局副科级干部

付笑凡　区教育体育局干事

冯　龙　区城市管理局直属一中队中队长

冯鹏骏　新村街道双创办干事

朱昌玲　区委宣传部副部长、文明办负责人

刘军华　竟成镇新厂村党总支书记

刘红霞　里村街道城管办干事

江　凡　区城市管理局干事

（“双创双修”指挥部综合协调组干事）

江　平　周路口街道办事处副主任

江菊兰　里村街道前街社区党委书记、主任

孙　辉　新村街道百眼井社区副主任

杨文鹏　区城市管理局渣土中队中队长

李俊炜　区商务局党组成员、副局长

李铭喜　竟成镇方家山村党支部副书记

李晓君　景德镇市公安局珠山分局指挥中心主任

严　贞　区卫生健康委员会爱卫办主任

时　乐　周路口街道云锦巷社区党委书记、主任

吴红卫　区市场监督管理局新村分局局长

余　升　共青团珠山区委员会副书记

（“双创双修”指挥部综合协调组常务副组长）

余　进　区住房和城乡建设局干事

余　颖　区卫生健康委员会爱卫办干事

余清梅子　昌河街道城管办主任

张　军　区城市管理局副科级干部

罗　裔　区城市管理局城市管理股股长

周　巍　竟成镇昌江村党总支书记、主任

郑艳红　太白园街道小路园社区党委书记、主任

赵　军　区住房和城乡建设局党组书记、局长

俞华平　区市场经营服务中心干事

胥文翔　区市场监督管理局党组副书记、副局长
徐　君　新村街道梨树园社区双创专干
涂海军　区城市管理局副科级干部
黄　侠　新厂街道城管办副主任、景华社区党委书记
黄　婧　新厂街道新厂社区党支部书记
黄文明　珠山街道党工委副书记、人大工委主任
曹　行　区城市管理局周路口街道城管中队负责人
曹潇毅　新厂街道党工委委员、办事处副主任
喻鹏辉　区卫生计生综合监督执法局副局长
程华峰　区工业和信息化局党组副书记、副局长
赖昌景　珠山街道龙珠阁社区党委书记、主任
廖　燕　昌江街道再胜弄社区党支部书记、主任
谭梅香　石狮埠街道风景路社区党委书记、主任
熊　琦　区城市管理局竟成镇城管中队副中队长

中共珠山区委办公室
珠山区人民政府办公室
2020 年 9 月 28 日

区委办公室　区政府办公室
关于印发《珠山区应对可能发生的秋冬季新冠肺炎疫情防控工作方案》的通知

珠办字〔2020〕49 号

竟成镇党委、人民政府,各街道党工委、办事处,区委各部门,区直各单位:

《珠山区应对可能发生的秋冬季新冠肺炎疫情防控工作方案》已经区委、区政府研究同意,现印发给你们,请结合实际抓好贯彻执行。

中共珠山区委办公室
珠山区人民政府办公室
2020 年 9 月 29 日

珠山区应对可能发生的秋冬季新冠肺炎疫情防控工作方案

为全面做好我区新冠肺炎疫情防控工作,有效应对可能发生的秋冬季疫情,防止扩散和蔓延,根据《江西省加强秋冬季新冠肺炎疫情防控工作实施意见》《江西省应对 2020 年秋冬季新冠肺炎疫情应急预案》《景德镇市秋冬季新冠肺炎疫情防控工作方案暨应急处置预案》,结合我区实际,制定本方案。

一、工作目标

认真贯彻落实习近平总书记关于统筹推进疫情防控和经济社会发展的重要指示精神,坚持常态化科学精准防控与应急处置相结合,抢抓当前省内疫情形势稳定向好的有利时机,强化底线思维、风险意识、问题导向,抓紧补短板、强弱项、堵漏洞,抓紧推进应对可能发生的秋冬季新冠肺炎疫情防控的各项准备,全面落实“及时发现、快速处置、精准管控、有效救治”防控措施,及时发现和有效处置输入病例、散发病例及聚集性疫情,有效遏制疫情传播和扩散,统筹疫情防控和正常生产生活秩序恢复。

二、工作原则

（一）以人为本，生命至上。统筹疫情防控和社会经济发展两个大局，始终把人民群众生命安全和身体健康放在第一位，把疫情防控作为头等重要的大事，不惜一切代价抢救生命、救治患者，把宗旨意识转化成为民行动，在疫情面前切实增强人民群众的安全感。

（二）统一领导，压实责任。在区委、区政府统一领导下，竟成镇、各街道、各部门、各单位落实秋冬季新冠肺炎疫情暴发的准备措施和应急处置工作，及时研究部署，落实属地、部门、单位、社区、个人和家庭“五方责任”，快速响应、区域联动、部门联动和分级联动，利用区域资源解决点上资源不足的问题，优化联动抗疫方案，有效提升抗疫作战能力，密切协作，共同做好疫情防控应急工作。

（三）预防为主，群防群控。在做好常态化防控的基础上，针对秋冬季呼吸道传染病流行特点，进一步宣传普及新冠肺炎防治知识，以“治未病”理念，持续强化公众自我防护意识，提高防病能力。发挥群防群控的优势，稳防控，扎实落实各项防控措施，增强防控成效，在巩固现阶段防控成果的同时，有效做到“外防输入、内防反弹”。

（四）分级分类，精准施策。在前期防控工作的基础上，突出重点、统筹兼顾，进一步落实防控应急责任，全面落实精准防控措施，认真做好分级响应，实施网格化管理，按照精准施策的要求，做好高、中、低风险地区差异化防控策略的落实工作。

（五）依法科学，有序防控。严格执行相关法律法规，有序规范开展新冠肺炎疫情监测报告、疫情控制、病例救治和信息管理等工作。加强经验总结，充分发挥专家作用，坚持中西医结合，中西药并用，运用先进科学技术，提高防控水平，巩固防控成果，有序做好防控工作，有效防止疫情输入和扩散。

三、工作措施

（一）健全应急指挥体系

坚持疫情防控领导体制、战时机制、指挥体系不变，坚持常态化防控和局部应急处置相结合。按照“指令清晰、系统有序、条块畅达、执行有力”要求完善等应急指挥机制，强化监测预警、风险防范、防控救治、信息发布，心理干预等方面的工作职能；针对疫情的不同风险等级和响应级别，提出应对处置意见和方案。要加强对各街道、各部门贯彻、落实、执行指挥机构命令和机制运行的监督检查、督办督查，充分利用专家智库队伍，构建决策服务平台，为指挥机构决策提供参谋意见。（区疫情防控指挥部办公室）

（二）完善监测预警机制

1. 医疗机构疫情报告。继续巩固传染病网络直报系统的常规监测，大力推进传染病网络直报系统与医疗机构相关诊疗和实验室检测信息系统的对接，实现新冠肺炎相关病例的核实与报告、实时预警。（区卫健委）

2. 公众和医务人员疫情报告。除法定疫情报告程序外，区指挥部还设置了疫情热线“0798－8521532”，24 小时接待咨询、应急报告。确保疫情信息线索能第一时间上报。区疾控中心负责核实信息其实性，如属实及时快速响应处置。（区疾控中心）

3. 社区单位监测报告。学校、企事业单位、特殊机构等集体单位和重点场所要落实主体责任，建立完善缺课缺勤和症状监测报告制度，一旦发现发热症状者，指定专人按规定及时送医疗机构发热门诊（诊室）进行诊断排查，并报区疫情防控指挥部。社区、小区要组织卫生服务机构、公安、物业、网格员等，主动巡查搜索，发现发热症状者，及时送医疗机构发热门诊（诊室）进行诊断排查，并报辖区疫情防控指挥部。（竟成镇、各街道、各单位）

4. 家庭个人监测报告。加强新冠肺炎疫情防控知识的宣传普及，提示辖区居民加强家庭个人的自我健康监测和报告。一旦出现发热等不适症状，要及时向小区网格管理员报告，同时主动到村卫生室、卫生院或社区卫生服务中心排查。14 天内有中高风险地区旅居史的，要主动向社区申报。（竟成镇、各街道、区健康教育馆）

5. 零售药店监测报告。对每日购买退热、止咳等与新冠肺炎治疗相关药物的人员，由零售药店负责登记实名信息及时报告区市场监管部门，由区市场监管部门及时通报属地街道（乡镇），反馈给社区（村）进行主动核查。（区市场监管局、竟成镇、各街道）

6. 环境监测报告。在大型农贸市场、农产品批发市场（海鲜市场）、超市等各类交易市场（包括附设冷库)以及专业冷冻冷藏库房、医疗机构等开展环境监测,对国产和进口冷链食品及其存储、运输设施进行新冠病毒核酸检测,重点加大对自疫情高发国家进口食品的检测力度。一旦发现新冠病毒核酸检测阳性样本,市场监管局要会同有关部门及时采取针对性处置措施。(区市场监管局、区商务局、区市场中心、区农业农村和水利局、区疾控中心)

7. 建立外防输入电子信息围栏。联合工信、公安等部门,比对健康码出行记录,根据中高风险地区名单,主动排查中高风险地区来景入区人员,建立重点防控人员电子信息围栏,全部落地排查防控。(区工信局、区公安分局、竟成镇、各街道)

(三)加强高风险人群管理

1. 加强入境人员管控。一是确保进入我区前14天内有境外旅居史的人员进行过两次核酸检测;二是确保“四类人员”一律按防控规定追踪到位并就地分类处置,其他人员第一入境点集中隔离医学观察后,一律纳入当地社区(村)防控体系;三是确保不因输入性病例导致二代传播,杜绝三代传播和社区传播,坚决防范和化解境外输入性疫情扩散和蔓延的风险。(区公安分局、竟成镇、各街道、区疾控中心)

2. 加强中高风险区域入区重点人群排查。一是对外地通报的来区/在区密切接触者进行排查管控;二是对外省通报的中高风险区域的来景入区人群,组织卫健、公安、工信部门开展排查管控;三是对以上人员进行集中隔离医学观察,同时进行核酸检测和健康监测。(区公安分局、区卫健委、区工信局、竟成镇、各街道)

3. 规范人员有序流动。对低风险地区人员,持健康通行码“绿码”,在测温正常且做好个人防护的前提下可自由有序流动。对入境人员和中高风险地区人员,在健康码互认、核酸检测结果互认的基础上,积极落实分类有序流动或隔离观察政策,杜绝不合理的人员流动限制措施。(竟成镇、各街道)

(四)做好应对准备

1. 定点医院准备。经协商,市第一人民医院为我区定点医院。同时,按照收治呼吸道传染病患者的要求对定点医院门急诊(合发热门诊)、留观室、收治病区规范设置。落实疫情防控期间非新冠肺炎救治定点救治工作,保持正常医疗秩序不受干扰。(区卫健委)

2. 核酸检测准备。区疾控中心要加快病毒核酸检测能力建设,核酸检测实验室10月底之前完成建设并投入使用,做好聚集性疫情时开展全人群核酸检测的场所、设备、试剂、人员、技术等各项准备。建立健全辖区医疗机构、疾控机构、第三方检测机构组成的实验室检测网络,缩短检测时间,最终实现7—10天完成全员核酸检测工作的目标,确保重点人员检测结果在6小时内反馈、一般人员检测结果在12小时内反馈。按照集中采样要求,在辖区内设立一个区级集中采样点,并以街道(乡镇)为单位,在各社区卫生服务中心和乡镇卫生院设立核酸检测应急采样站点。(区卫健委、区疾控中心)

3. 医疗物资准备。区财政要加大经费投入,工信、卫生健康、发改等部门结合自身职责加强医疗物资实物和产能储备,建立完善储备物资调用机制,做到全区统一调配、统一调度,提升防控和应急处置能力。研究确定物资储备清单,建立疫情防控重要医疗物资储备保供制度,做好医用防护用品、药品、核酸检测试剂和设备、专用仪器和设备、消杀产品等的储备工作。根据辖区既往高峰期疫情规模储备不少于三个月用量的物资(医疗机构储备不少于一个月用量),确保疫情再次发生时物资储备充足、供应渠道顺畅。(区财政局、区工信局、区卫健委、区发改委)

4. 隔离场所准备。根据疫情防控需要,提前签约具备隔离条件的宾馆、饭店,作为集中隔离医学观察场所。按照个别输入和局部暴发两种情况准备2个集中隔离点,个别输入按不要少于100个隔离房间准备,局部暴发按不少于200个隔离房间准备。隔离场所要足额配齐医务人员、社区工作人员、公安干警、消防安全管理人员等工作人员,并做到“一场所一方案、一场所一责任人”。(区公安分局、区卫健委、区消防大队、竟成镇、各街道)

5. 人员队伍准备。区级层面由区公安分局、区工信局、区疾控中心抽调力量组建流行病学调查队伍,按每个街道(乡镇)至少一个小组、每组不少于3人的标准准备。区疾控中心按不少于10人规模组建专业消杀队伍,负责疫点消毒处置和消杀指导;街道(乡镇)层面由各社区卫生服务中心(乡镇卫生院)按2人规模储备流调协查员,按2人规模配备核酸检测应急采样员;社区(村)层面由各社区(村)按1—2人规模储备流调协查员,按常住人口每1000人配1人的标准组建消杀队伍。各支队伍均要建立

人员名册,一旦疫情工作需要参与,保证随时可以加入。(区公安分局、区工信局、区疾控中心、竟成镇、各街道)

6. 机关企事业单位疫情防控准备。各单位要进一步健全完善疫情防控管理制度和应急处置流程,就近与医疗卫生机构建立联系,做好疫情防控、防护物资储备、留观室设置、宣传教育等工作,严格做到"五有",即有防护指南、防控管理有制度和责任人、防护物资设备有储备、医护力量有支持、留观室和转运有安排。(各单位)

7. 生产、生活运行保障准备。结合实际做好医疗及防护、居民生活、国计民生、城市运转等各类"停不得"企业生产运行保障工作,储备必要的实物物资,特别要做好产能、原辅材料的储务,确保供应链畅通,做好人员、资金、煤电油气运等保障;及时启动能源供需形势监测,加强运行调度,按照保重点区域、保重要用户、保基本民生的原则,全力做好能源安全供应保障。(区工信局、区发改委)

8. 加强队伍培训。要大力开展新冠病毒样本采集和核酸检测技能培训,进一步提高样品采集和检测技术水平,确保样本采集和核酸检测符合相关要求。基层医疗卫生机构要组织全体医护人员参加新冠病毒样本采集培训,做到熟练掌握鼻拭子、咽拭子等规范采集方法;实验室核酸检测人员要熟练掌握标本处理、相关试剂使用和检测方法,减少技术操作问题对检测结果准确性、可靠性的影响,实现标本采集、保存、运输、实验室检测等各个环节全流程规范化操作。区疾控中心要定期开展疫情防控知识和技能培训,重点培训新冠肺炎疫情报告与监测、流行病学调查、密切接触者追踪与排查、风险评估与研判、消毒消杀等方面的知识和技能。流调、采样、检测、消杀等队伍完成组建后,区疾控中心组织开展一次多部门联动、属地参与的疫情应急演练,进一步完善应急预案流程,切实提高应对新冠肺炎疫情的反应能力、应变能力和处置能力,确保一旦有疫情能更快更好地妥善处置。(区疾控中心)

9. 深入推进爱国卫生工作。广泛宣传发动,进一步强化个人是健康的第一责任人理念,让扫码测温、戴口罩、保持社交距离成为文明健康的生活方式。加强城乡环境卫生综合整治,强化集贸市场管理。(区爱卫办、区市场中心、竟成镇、各街道)

10. 强化流感等秋冬季传柒病防治。提高流感疫苗、23 价肺炎球菌多糖疫苗、b 型嗜血杆菌疫苗、肺炎球菌疫苗、水痘疫苗和腮腺炎疫苗等非免疫规划疫苗接种率,减少流感等秋冬季呼吸道传染病发病。将老年人、儿童、医务人员等重点人群作为优先接种对象,减少常见呼吸道传染病发病,避免造成医疗挤兑。(区疾控中心)

四、有效应对风险等级调整

(一)局部出现输入性散发病例防控应急处置措施

以疫情发生的乡镇(街道)处置为主,区级进行技术指导、资源调配。实施积极防御策略,精准控制和扑灭疫情,"外防输入、内防反弹",阻断病毒传播。主要以医疗卫生机构病例发现、救治和密切接触者追踪及管理措施为主,除高风险地区外,保持正常生产生活。

在常态化疫情防控基础上,采取以下防控措施:

1. 加强对疫情形势的分析研判。根据获取的国内、省内、市内的疫情信息,依据疫情形势发展变化,及时开展风险评估,研判疫情形势及危害,调整应急响应策略和措施强度。

2. 加强监测,强化院感控制。医疗机构要严格落实发热门诊、预检分诊制度,建立和维持敏感的疾病监测工作;对发热门诊和常规门诊实行严格管理,防止院内感染;对发热患者、呼吸道感染患者、新入院的患者及陪护人员做到"应检尽检";强化医院感染控制措施,防止疾病的医源性传播。

3. 及时应急处置。保证疾病防控和医疗救治等应急队伍人员充足,加强培训和演练,当局部地区出现聚集性病例时具备迅速扑灭疫情的能力。

4. 重点场所、重点人群防控。协调各部门依职责加强老、孤、病、残、孕、无固定收入等脆弱人群防护,做好养老机构、儿童福利机构、未成年人救助保护机构、救助管理机构、精神卫生福利机构、殡葬服务机构、精神专科医院、监管场所等重点场所防控。

5. 加强宣传教育。及时向公众发布疫情信息,继续向全社会提倡手卫生、戴口罩、咳嗽礼仪,减少非必要聚集活动,保持一定的人际安全距离。

(二)中风险地区防控应急处置措施

1. 防控区域划定。将病例发生地所在的社区或行政村及与病例有流行病学关联的地区划定为中风险地区的防控区域。当发生散发病例时,将病例所在的楼栋或自然村(组)划定为疫点;当发生聚集性疫情时,将病例所在的小区或与其周边相邻较近的自然村(组)划定为疫区。

2. 人员流动管理。疫区(点)实行封闭管理,禁止人员进出,取消所有聚集性活动,组织落实居民日常生活服务保障、健康监测、环境消毒等工作。中风险社区(行政村)人员减少外出和聚集。有疫情的社区(行政村)设置卡口,实行24小时值守,出入口严格执行体温必测、口罩必戴、扫码或健康证明通行的要求,引导居民非必要不出门。外来人员及车辆禁止进入。

3. 学校和托动机构管理。有疫情发生的学校、托幼机构,由属地疫情防控指挥部根据疫情程度、学校规模等采取学校停课、校区院系停课等紧急措施。其他学校、托幼机构,允许上课,不组织大型集体活动;做好教职员工和上课学生晨午检工作,实行"日报告"和"零报告"制度。

4. 企事业单位管理。有疫情发生单位停工停产,落实防控措施经评估后方可复工复产;可能被污染的单位采取扩大核酸检测、终末消毒等措施后可不停工停产。防控区域内单位实行封闭管理,减少人员进出,鼓励远程、居家等弹性办公,鼓励错峰上下班;如疫情进一步发展,经评估后,及时采取停工停产的措施。

5. 特殊机构防控。有疫情的地区养老机构、福利院、监狱、戒毒所、未管所、拘留所、看守所、精神病院等实行全封闭管理和全员核酸检测,禁止人员进出,暂停接收新进人员,停止家属探视活动。如确有探视需求的,可向相关机构提出申请,视具体情况妥善安排。

6. 公共场所管理。有疫情的地区暂停开放影剧院、棋牌室、游艺厅,网吧、舞厅、酒吧、KTV、咖啡厅、培训机构、室内游泳馆(池)等密闭场所或利用地下空间等通风条件较差的体育场馆或体育场馆部分区域。图书倌、博物馆、美术馆等室内公共场所及公园景区限流30%,实行分时段预约限流、远端疏导等防控措施。各类公共场所对进出人员实施体温必查、口罩必戴、扫码或查验健康证明方可进入,合理控制人流量和保持足够的社交距离。

7. 医疗机构管理。疫情发生地的医疗机构进一步加强发热门诊管理,安排疾控流调队伍定点驻守,对每例发热病例提前开展流调;无发热门诊的,社区卫生服务中心(乡镇卫生院)应当在相对独立区域设立临时隔离病房留观发热患者,配合社区开展发热患者排查。医疗机构严格落实住院患者和陪护人员核酸检测制度,实行医疗机构主要负责人带队的院感防控日巡查制度,对重点部门、重点环节、重点人群以及防控的基础设施、基本流程逐一梳理,摸排整治各类风险隐患。

8. 密接追踪和隔离场所管理。疫情发生后,充分利用大数据等技术,尽可能开展病例发现和密切接触者追踪管理工作。按疫情波及人群数量和专家组意见,启动隔离场所运行,对密切接触者集中隔离医学观察,安排专职医务人员每日开展健康监测。

9. 公共交通管理。疫情发生地的公共交通停止运营。其他区域落实客运场站和各类交通运输工具通风消毒、控制乘坐率(不超过70%)、客运车辆空调使用、留观区设置、发热乘客移交和信息登记等各项措施;乘客扫码、测温后乘车,全程佩戴口罩。

10. 监测、检测与流行病学调查处置。通过入境人员筛查、发热门诊常规监测、流感样病例监测、不明原因肺炎监测、疫情严重地区社区拉网式排查,以及高风险地区返回人员排查等措施及时发现可疑病例。统筹协调疾控机构、医疗机构核酸检测,确保满足实际需要。扩大检测覆盖范围,提升检测效率。提前规划流行病学调查方案,使用大数据提高流行病学调查效率,尽早、快速、规范科学开展流行病学调查。

11. 制定紧急医疗应对计划。制定分级诊疗计划,建立分诊制度,重症患者住院救治,轻症患者在医疗机构或征用的场所隔离治疗,密切接触者居家或集中隔离医学观察。建立非呼吸系统感染专业医务人员后备应急队伍,开展呼吸支持和重症监护的专业培训。制定医疗服务能力冗余调配方案,有计划地推迟或暂停非紧急日常医疗服务。

12. 加强宣传教育。广泛发动群众参与爱国卫生运动,组织开展多种形式的疫情防控知识宣传和健康教育活动,积极倡导"每个人是自己健康第一责任人"的理念,发布健康提示和就医指南,科学指导公众正确认识和预防疾病,提高防护意识和健康素养。强化公众手卫生、开窗通风、清洁消毒、少去人员聚集场所和佩戴口罩等健康防护意识,引导市民养成勤洗手、公筷制、咳嗽和打喷嚏时注意遮挡等良好卫生习惯及行为,降低疫情传播风险。

(三)高风险地区防控措施

在落实中风险地区各项防控措施基础上,进一步采取以下措施。

1. 扩大防控区域范围。防控区域从有疫情的社区(行政村)扩大到街道(乡镇)。将疫点的防控范围扩大到社区(行政村),划为疫区进行管控。

2. 人员流动管理。疫区实行封闭管理,禁止人员进出。高风险地区人员坚持“非必要不出区”,确需离开属地的,须持7日内核酸检测阴性证明。采取适当保持人际距离的措施,包括错峰上下班、居家办公、限制或者减少聚集、召开视频会议、关闭非生活必需的公共场所,公众尽量减少非必要的出行,如需出行佩戴口罩。有疫情的街道(乡镇)所有小区实施管控措施,禁止非必要人员和车辆进出。

3. 学校和托幼机构管理。有疫情的街道(乡镇)辖区内学校、托幼机构全面停课停学,实行在线教学。如疫情进一步发展,经评估可进一步采取关闭高风险区所辖所有学校和托幼机构的措施。

4. 企事业单位管理。疫情波及的一类和二类企业严格落实各项防控措施可不停工停产,三类和四类企业停工停产。如疫情进一步发展,经评估可进一步采取关停高风险区所辖所有企业。

5. 特殊机构防控。有疫情街道(乡镇)内养老机构、福利院、监狱、戒毒所、未管所、拘留所、精神病院人员一律不得进出,取消所有探视。

6. 公共场所管理。有疫情街道(乡镇)的餐饮服务单位停止开放;暂停开放影剧院、棋牌室、游艺厅、网吧、舞厅、酒吧、KTV、培训机构、室内游泳馆(池)等密闭场所或利用地下空间等通风条件较差的体育场馆或体育场馆部分区域;图书馆、博物馆、美术馆等室内公共场所及公园景区限流50%,实行分时段预约限流、远端疏导等防控措施。如疫情进一步发展,经评估可进一步采取关停高风险区所辖所有公共场所。

7. 医疗机构管理。定点医院扩充隔离病床、ICU;非定点医院做好隔离病区和病床的储备;开展医疗资源需求评估。基于现有医疗资源和能力以及对潜在严重流行规模、病例数及增长速度的估计,对区域内医疗机构床位、重症监护室、呼吸支持设备及个人防护等医疗资源、医疗卫生人员(包括专科医生、护士、检测、影像诊断等)和辅助人员(护工、保洁人员)的需求进行评估。当病例超过当地医疗资源储备时,提请上级支援。

8. 密接追踪和隔离场所管理。充分利用大数据等技术,尽可能开展病例发现和密切接触者追踪管理工作。根据疫情防控需要,启动一定数量和规模的集中隔离医学观察点。

9. 公共交通管理。有疫情街道(乡镇)内公共交通停止运营,限制私家车、出租车等出行;其他区域公共交通落实各项防控措施,控制乘坐率不超过50%。如疫情进一步发展,经评估,可进一步采取高风险区所辖所有公共交通停运的措施。

10. 建立医疗卫生资源监控与调配机制。建立紧急医疗服务调配指挥机制,监控医疗卫生机构资源(床位、人员、实验室检测能力等)供需情况,合理配置,制定调配原则和临时征用隔离场所的标准和计划。监控医疗卫生机构检测试剂、个人防护装备等医疗物资供应,制定分配原则,确定在物资缺乏时优先分配重点地区和机构。

11. 宣传教育和心理危机干预。通过多种方式,建立权威可靠渠道及时通报疫情情况,开展疫情防控和个人防护知识宣传,发布健康提示和就医指南,科学指导公众正确认识和预防疾病,提高防护意识和健康素养,如佩戴口罩保持手卫生、咳嗽呼吸道礼仪、减少公共场合聚集等。密切关注舆情、依法向社会公开透明发布疫情信息,内紧外松,做好防控政策措施宣传解读,增强公众信心。针对群众的误解和不实传言,及时组织专业机构和专业人员进行回应和澄清。对重点人群加强心理干预,关注一线抗疫人员和重点岗位人员,以及高风险地区群众的心理问题,开通咨询热线和团体干预措施,组织专业人员及时提供心理咨询、疏导和其他干预服务。

五、保障措施

(一)加强组织领导。竟成镇、各街道、各部门、各单位要加强组织领导,坚持党政主要负责人直接指挥疫情防控的工作机制,主动谋划新冠肺炎疫情防控工作,及时协调、解决疫情防控中遇到的重大问题压实五方责任,确保各项疫情防控措施落地见效。

(二)加大资金投入。区财政和竟成镇、各街道、各单位要统筹做好资金调度,优先保障和及时拨付疫情防控资金,切实保障疫情防控支出需求,保障医疗物资动态储备。要建立疫情防控资金台账,严格规范资金用途,提高财政资金使用效益。

(三)压实工作责任。按照科学防控、精准防控要求,压实“属地、部门、单位、社区、个人和家庭”五方责任。竟成镇、各街道要落实属地责任,坚持依法防控、科学防控、精准防控、联防联控,统筹推荐疫情防控和经济社会发展。各行业主管部门要落实行业主管责任,强化防控工作的监督指导和技术支持。各企事业单位要落实主体责任,严格执行疫情防控规定,健全防控工作责任制和管理制度。各社区(村组、街道)要落实排查、管控、维稳等责任,确保各项措施落实落细。个人和家庭要落实自我管理责任,一旦出现发热、咳嗽、乏力等症状时,应立即主动就医。

(四)强化工作落实。竟成镇、各街道、各单位要针对新冠肺炎疫情防控的组织领导、方案制定、人员培训、物资储备、经费保障等开展自查自纠,发现问题立行立改。区疫情防控应急指挥部将适时对竟成镇、各街道、各部门疫情防控准备工作开展暗访督查,对管控不严、作风不实、失职失责,导致疫情反弹、造成不良影响的,依法依规严肃查处问责。

区委办公室　区政府办公室
关于印发《珠山区经济开发区管理委员会主要职责、内设机构和人员编制规定》的通知

珠办字〔2020〕50号

竟成镇党委、人民政府,各街道党工委、办事处,区委各部门、区直各单位:

《珠山区经济开发区管理委员会主要职责、内设机构和人员编制规定》经区委机构编制委员会办公室审核后,已报区委、区政府批准,现予印发。

中共珠山区委办公室

珠山区人民政府办公室

2020年10月29日

珠山区经济开发区管理委员会
主要职责、内设机构和人员编制规定

经区委、区政府同意,区经济开发区管理委员会(以下简称经开区管委会),为区政府派出机构,正科级(参照公务员法管理事业单位)。

一、主要职责

(一)依据国家法律、法规和有关政策规定,拟订经开区总体规划和经济、社会发展计划,经批准后组织实施。

(二)依据景德镇市城市总体规划,负责经开区的规划实施和建设工程管理工作。统一规划、建设和管理经开区各项公共设施。

(三)负责经开区范围内产业的规划、管理,促进文旅产业的发展和升级。

(四)依据国家法律、法规和有关政策规定,制定经开区的各项规定,并根据珠山区人民政府授权在经开区内行使相关的管理权限。

(五)负责经开区招商引资工作,按照规定权限审批或审核报批经开区投资项目,发放外商投资企业批准证书;负责经开区管辖范围内企业的管理与服务。

(六)负责经开区发改、工信、统计、科技和应急管理等工作。

(七)负责经开区管辖范围内的扶贫、水利、林业、农业农村、交通、文化旅游、教育、卫生健康、人力资源、民政、体育等公共事业的管理工作。

（八）负责和指导所托管村（社区）党的建设、精神文明、生态文明、社会治理综合治理、纪检、监察和群团工作；负责抓好党风廉政建设；按干部管理权限，负责经开区机关、村（社区）干部管理工作。

（九）承办区委、区政府交办的其他事项；行使区委、区政府授予的其他职权。

二、内设机构

根据上述职责，区经开区管委会内设3个职能股室。

（一）综合股

负责经开区日常党务、政务和财务工作；负责经开区内设机构之间的协调工作；负责经开区除建设、经济发展之外的其他相关工作（包括宣传、意识形态工作、精神文明建设、融媒体工作，社会治理、信访、社区网格化管理工作，统战、对台、侨务和民族宗教工作，工会、共青团、妇联等群团工作；编制，人力资源，劳动监察、争议、调解、仲裁，社保、医保、职业技能培训、专业技术职称资格评审等相关工作；辖区内扶贫，“双创”，农业农村、林业、水利、防汛抗旱、森林防火，民政、慈善、残疾人事业，交通、公路，教育、文化旅游、体育、新闻出版、广播电视，科技，卫生健康、老龄事务、爱国卫生、红十字会等相关工作）。

（二）建设管理股

负责经开区住房和城乡建设管理，重点项目建设及工程项目建设涉及的征收工作；负责组织经开区内水、电、气、路及通信等市政基础设施建设和房屋外立面改造、背街小巷改造工作；负责经开区内项目招投标工作的衔接、论证及实施等工作；负责经开区内环境卫生管理与整治及消防工作；负责经开区绿化景观工程的管护工作；负责监管和打击经开区内的违法用地和违法建设行为；承办上级自然资源和规划、市场监督、环境保护、安全生产、消防部门交办的工作。

（三）经济发展股

负责经开区招商引资、企业管理与服务、优化投资环境和对外经济合作工作；负责经开区内基本建设项目、技术改造项目及各种投资、项目建议书、可行性研究报告及其他前期工作的审核；负责有关投资项目的备案和行政审批衔接工作。

三、人员编制

经开区核定全额拨款事业编制5名。领导职数为：主任1名，副主任2名。

四、附则

本规定由区委机构编制委员会办公室负责解释，其调整由区委机构编制委员会办公室按规定程序办理。

珠山人民政府重要文件目录

发文日期	发文字号	文件内容
4月9日	珠府字〔2020〕10号	关于调整区政府领导同志分工的通知
7月10日	珠府字〔2020〕22号	关于调查区政府领导同志分工的通知
2月27日	珠府办字〔2020〕2号	关于成立珠山区脱贫攻坚普查领导小组的通知
8月28日	珠府字〔2020〕25号	关于成立珠山区筹备2021年江西省旅游产业发展大会工作领导小组的通知
3月26日	珠府办字〔2020〕5号	关于印发《珠山区2020年复学工作方案》的通知
3月26日	珠府办字〔2020〕6号	关于印发《珠山区学校（园）复学疫情防控应急预案》的通知
9月3日	珠府办字〔2020〕29号	珠山区做好“六稳”工作落实“六保”任务实施方案
12月26日	珠府办字〔2020〕42号	关于印发《珠山区公开招聘社区工作者实施方案》的通知
12月28日	珠府办字〔2020〕44号	印发珠山区国民营养计划（2020—2030年）实施方案的通知

珠山区人民政府重要文件摘录

关于调整区政府领导同志分工的通知

珠府字〔2020〕10 号

根据人事变动和工作需要,经研究,现将区政府领导的分工调整通知如下:

罗文军:区政府区长、党组书记

负责区政府全面工作。

分管区审计局。

张朝博:区政府副区长、党组副书记

负责区政府常务工作。负责发展和改革、财政税收、应急管理、金融和投融资、统计调查、人力资源和社会保障、人事编制、重大项目、棚改、教育体育、机关事务、信访、社会稳定、人防、地方志、政务公开方面的工作。

分管区政府办公室(区金融工作办公室)、区发改委、区财政局、区应急管理局、区棚改办、区统计局、区人力资源和社会保障局、区教育体育局、区机关事务管理局、区政府信访局、区国资公司、区地方志办公室。

兼管区审计局。

联系区人大、区政协、区人武部工作。

联系区委机构编制委员会办公室、区公务员局、区税务局。

李维明:区政府副区长、党组成员

负责公安、司法方面的工作。

协助负责社会稳定工作。

分管区公安分局、区司法局。

联系区法院、区检察院、区消防救援大队。

余文军:区政府副区长、党组成员

负责城市管理、生态环境、市场监督管理、街道、珠山新区建设方面的工作。

分管区城市管理局、区市场监督管理局、区市场经营服务中心、区新区办。

联系区生态环境局、团区委、区妇联、区工商联。

黄爱喜:区政府副区长、党组成员

负责住房和城乡建设、自然资源和规划、科技、卫生健康、创卫方面的工作。

分管区住建局、区科技局、区卫生健康委员会。

联系区自然资源和规划分局、区总工会、区科协、区红十字会。

董玉成:区政府副区长、党组成员

负责农业农村、水利、林业、商务、外事、侨务、民政、扶贫、医保、民族宗教、退役军人事务方面的工作。

分管区农业农村和水利局、区商务局、区民政局、区退役军人事务局、区医保局、区扶贫办。

联系区社联、区残联、区民族宗教局。

江志瑜:区政府副区长提名候选人

负责文化旅游、“放管服”改革和行政服务、工业、交通运输、经济开发区、烟草方面的工作。

分管区文化广电新闻出版旅游局、区行政服务中心、区工信局(交通运输局)、区经济开发区。

联系区档案馆、区文联、城区烟草专卖局。

协助分管区发改委、区教育体育局。

珠山区人民政府

2020 年 4 月 9 日

珠山区人民政府办公室

关于调整区政府领导同志分工的通知

珠府字〔2020〕22 号

竟成镇人民政府、各街道办事处,区政府各部门,区直各单位:

根据工作需要,经研究,现将区政府领导的分工调整通知如下:

罗文军:区政府区长、党组书记

负责区政府全面工作。

分管区审计局。

张朝博:区政府副区长、党组副书记

负责区政府常务工作。负责发展和改革、财政税收、应急管理、金融和投融资、统计调查、人力资源和社会保障、人事编制、重大项目、棚改、教育体育、机关事务、信访、社会稳定、人防、地方志、政务公开方面的工作。

分管区政府办公室(区金融工作办公室)、区发改委、区财政局、区应急管理局、区棚改办、区统计局、区人力资源和社会保障局、区教育体育局、区机关事务管理局、区政府信访局、区国资公司、区地方志办公室。

兼管区审计局。

联系区人大、区政协、区人武部工作。

联系区委机构编制委员会办公室、区公务员局、区税务局。

李维明:区政府副区长、党组成员

负责公安、司法方面的工作。

协助负责社会稳定工作。

分管区公安分局、区司法局。

联系区法院、区检察院、区消防救援大队。

余文军:区政府副区长、党组成员

负责城市管理、生态环境、市场监督管理、街道、珠山新区建设方面的工作。

分管区城市管理局、区市场监督管理局、区市场经营服务中心、区新区办。

联系区生态环境局、团区委、区妇联、区工商联。

黄爱喜:区政府副区长、党组成员

负责住房和城乡建设、自然资源和规划、科技、卫生健康、创卫、经济开发区方面的工作。

分管区住建局、区科技局、区卫生健康委员会、区经济开发区。

联系区自然资源和规划分局、区总工会、区科协、区红十字会。

董玉成:区政府副区长、党组成员

负责农业农村、水利、林业、商务、外事、侨务、民政、扶贫、医保、民族宗教、退役军人事务方面的工作。

分管区农业农村和水利局、区商务局、区民政局、区退役军人事务局、区医保局、区扶贫办。

联系区社联、区残联、区民族宗教局。

江志瑜:区政府副区长

负责文化旅游、“放管服”改革和行政服务方面的工作。

分管区文化广电新闻出版旅游局、区行政服务中心。

联系区档案馆、区文联。

协助分管区发改委、区教育体育局。

李劼:区政府副区长(挂职一年)提名候选人

负责工业、交通运输、烟草方面的工作。

协助负责财政税收、金融和投融资的工作。

分管区工信局(交通运输局)。

联系城区烟草专卖局。

协助分管区财政局、区审计局、区国资公司、区金融工作办公室。

2020 年 7 月 10 日

关于成立珠山区筹备 2021 年江西省旅游产业发展大会工作领导小组的通知

珠府字〔2020〕25 号

竟成镇人民政府、各街道办事处,区政府各部门,区直各单位:

为切实做好 2021 年在景德镇召开的全省旅游产业发展大会各项筹备工作,确保会议顺利召开,经区政府第 60 次常务会研究,决定成立珠山区筹备 2021 年江西省旅游产业发展大会工作领导小组,指导开展各项工作。领导小组成员名单及职责如下:

组　长:罗文军　区委副书记、区长

副组长:黄爱喜　区政府副区长

　　　　江志瑜　区政府副区长(负责日常工作)

成　员:赵　军　区住建局局长

　　　　杜　辉　区文广新旅局局长

　　　　王春林　三宝国际瓷谷项目部经理

张跃军　区国资公司董事长
张峥嵘　三宝文旅公司总经理

领导小组负责组织、协调和推进我区关于2021年全省旅游产业发展大会各项筹备工作。领导小组下设4个工作组,分别为三宝基础设施改造提升工作组、三宝创AAAA及省级文旅融合示范区工作组、三宝村宴筹备工作组、夜游三宝筹备工作组。

(一)三宝基础设施改造提升工作组

组　长:黄爱喜　区政府副区长
副组长:王春林　三宝国际瓷谷项目部经理
成　员:张喜生　区住建局副局长
张跃军　区国资公司董事长
张峥嵘　三宝文旅公司总经理

工作职责:1.区住建局负责指导做好招投标工作。2.三宝国际瓷谷项目部负责组织实施基础设施改造提升项目,对工程的安全、质量、进度等进行把控。3.区国资公司做好资金保障及相关配合工作。4.三宝文旅公司负责对标拟定需实施的项目,并及时对接评审需要。

(二)三宝创AAAA及省级文旅融合示范区(点)工作组

组　长:江志瑜　区政府副区长
副组长:杜　辉　区文广新旅局局长
成　员:赵　军　区住建局局长
王春林　三宝国际瓷谷项目部经理
张跃军　区国资公司董事长
张峥嵘　三宝文旅公司总经理

工作职责:1.区文广新旅局指导三宝文旅公司按省文旅厅、市文广新旅局要求,逐步有效推进三宝创建AAAA级景区及江西省文旅融合示范区(点)工作。2.三宝文旅公司负责完成创AAAA及省级文旅融合示范区(点)专项规划;根据规划要求,完成景观质量提升和景点打造;对接上级有关部门,推动三宝内市政基础建设;加强与枫树山林场的联动,完成生态区域建设工作。3.区国资公司负责做好创建时期资金保障。4.区住建局和三宝国际瓷谷项目部负责按照创AAAA暨省级文旅融合示范区(点)评分标准开展有关配套项目建设。

(三)三宝村宴筹备工作组

组　长:江志瑜　区政府副区长
副组长:杜　辉　区文广新旅局局长
成　员:王春林　三宝国际瓷谷项目部经理
张跃军　区国资公司董事长
张峥嵘　三宝文旅公司总经理

工作职责:1.区文广新旅局负责牵头统筹办好三宝村宴活动,三宝文旅公司配合做好村宴筹备各项工作:包括制定三宝村宴的具体策划方案(场地选择、菜谱制定、器皿选择、展成方式、节目演出、氛围营造方式等);负责三宝村宴活动宣传工作(宣传片拍摄制作、媒体推介等)。2.区国资公司做好三宝村宴场地保障及资金保障,配合区文广新旅局组织办好三宝村宴,做好接待后勤保障(人员引导、车辆停放等)相关工作。3.三宝国际瓷谷项目部负责做好三宝村宴场地相关基础设施(土地平整、路面亮化等)建设工作。

(四)夜游三宝筹备工作组

组　长:黄爱喜　区政府副区长
江志瑜　区政府副区长
副组长:赵　军　区住建局局长
杜　辉　区文广新旅局局长
成　员:王春林　三宝国际瓷谷项目部经理
张跃军　区国资公司董事长
张峥嵘　三宝文旅公司总经理

工作职责:1.区住建局负责指导完成相关工程的招投标工作。2.三宝国际瓷谷项目部负责三宝沿线店铺房屋的征收及外立面改造、亮化工程实施。3.区文广新旅局、三宝文旅公司负责夜游精品线路的制定、业态的引进及氛围的营造。4.区国资公司做好资金保障及相关配合工作。

2020年7月10日

关于成立珠山区脱贫攻坚普查领导小组的通知

珠府办字〔2020〕2号

竟成镇人民政府、各街道办事处、区政府各部门、区直各单位:

根据国家脱贫攻坚普查统一部署,为贯彻《江西省人民政府办公厅关于成立江西省脱贫攻坚普查领导小组的通知》(赣府厅字〔2019〕99号)精神，为加强对我区脱贫攻坚普查工作的组织领导和统筹协调，区政府决定成立珠山区脱贫攻坚普查领导小组(以下简称领导小组)。现将有关事项通知如下：

一、主要职责

负责全区脱贫攻坚普查的组织和实施工作，协调解决普查中的重大问题。

二、组成人员

组　长：董玉成　区政府副区长
副组长：朱建亚　区政府办主任
　　　　刘柄英　区统计局局长
　　　　张　麒　区扶贫办主任
成　员：李慧萍　区委组织部副部长
　　　　徐丽君　区委宣传部副部长
　　　　王　珂　区发改委副主任
　　　　朱玉全　区教体局主任科员
　　　　徐　君　区工信局副局长
　　　　樊　峰　区社会救助局局长
　　　　冯小欢　区财政局副局长
　　　　仲筱霞　区人社局副局长
　　　　梁城坚　区自然资源和规划局副局长
　　　　张喜生　区住建局副局长
　　　　钱丽娟　区农业农村和水利局主任科员
　　　　王凯忠　区商务局主任科员
　　　　卢炆君　区文广旅新局副局长
　　　　喻建明　区卫健委副主任
　　　　程　吟　区统计局主任科员
　　　　付陈芳　区扶贫办副主任科员
　　　　俞淑军　区医保局主任科员
　　　　瞿　萍　区残联副理事长

三、其他事项

(一)领导小组办公室设在区统计局，承担领导小组的日常工作，研究提出需领导小组决策的建议方案，督促落实领导小组议定事项，加强与竟成镇和部门的沟通协调，承办领导小组交办的其他事项。办公室主任由程吟和付陈芳担任。

(二)领导小组成员因工作变动需要调整的，由所在单位向领导小组办公室提出，报领导小组组长审批。领导小组不作为区政府议事协调机构，任务完成后自动撤销。

(三)竟成镇要成立相应的脱贫攻坚普查领导小组及其办公室，按照脱贫攻坚普查统一部署要求，认真做好本地区普查工作。

2020年2月27日

珠山区人民政府办公室关于印发《珠山区2020年复学工作方案》的通　　知

珠府办字〔2020〕5号

区政府各有关部门，竟成镇人民政府，各街道办事处，区属各学校(园)：

《珠山区2020年复学工作方案》已经区政府常务会第53次会议审议通过，现印发给你们，请认真贯彻执行。

2020年3月26日

珠山区2020年复学工作方案

根据省、市、区关于疫情防控和延迟开学的部署要求，切实做好区属学校、幼儿园疫情防控和开学准备工作，结合我区实际，制定本工作方案。

一、指导思想

认真贯彻落实党中央、国务院有关疫情防控决策部署,全力做好全区教育系统新型冠状病毒感染的肺炎疫情防控工作,确保广大师生的身体健康和生命安全,切实做好复学前后各项工作,确保复学工作科学、有序进行。

二、组织机构

为切实加强我区教育系统新型冠状病毒感染的肺炎疫情防控工作的组织领导,积极应对可能发生的新型冠状病毒感染的肺炎疫情,现成立珠山区2020年春季复学工作领导小组。

组　长:张朝博　区委常委、常务副区长

副组长:李洪涛　区教体局党委书记、局长

辛　晨　区卫健委党组书记、主任

成　员:区委宣传部、区公安分局、区财政局、区城市管理局、区市场监督管理局、区工信局、竟成镇、各街道、区教体局班子成员

领导小组办公室主任由李洪涛兼任,设在区教体局,负责统一决策、组织、指挥区属学校(园)2020年复学工作,下达应急处置工作任务。办公室下设综合协调组、排查组、后勤保障组、线上教学组、宣传报道组、安保组、督导组。

三、领导小组成员单位及各工作组职责

(一)领导小组成员单位主要职责:

1. 区委宣传部:把握疫情防控期间的信息发布、新闻宣传,做好相关舆情宣传引导工作,掌握舆情动态。

2. 区公安分局:依法处置与疫情有关的校园突发事件,维护校园的安全稳定。

3. 区城市管理局:加强对校园周边市容市貌的清理整治工作,维护学校周边正常秩序。

4. 区市场监督局:对学校食堂及校园周边的食品生产经营者的监督检查。

5. 区财政局:协调、安排学校(园)防控应急物资专项资金。

6. 区工信局:统筹和协调学校(园)防控物资的保障工作。

7. 竟成镇、各街道:按照"属地管理"原则,加强师生流动情况的分析研判及返景师生的居家隔离管理,协助教体局对校外培训机构、民办幼儿园进行管控。

(二)各工作组职责

1. 综合协调组

组　长:李洪涛

副组长:辛　晨

职　责:负责落实中央、省、市、区疫情防控领导小组工作部署,综合协调内部日常事务工作;负责起草审核重要文稿;负责防控领导小组例会的组织和重要工作的督办;负责上传下达疫情防控工作信息;负责疫情信息的管理工作;负责协调街道(镇)对疑似人员及密切接触者的排查、隔离管理工作;组织学校开展环境卫生专项整治。根据疫情变化提出具体防控措施并报领导小组;及时总结和推广全区学校、幼儿园疫情防控的经验和做法。

2. 排查组

组　长:查　明

副组长:王世平

职　责:(1)负责组织全区学校(园)全面排查从重点疫区返景及与重点疫区人员有密切接触的师生的摸排工作;

(2)负责组织全区学校(园)开展对重点人群的日常登记、跟踪、随访和健康监测,负责对出现发热师生逐一登记建档并报卫健部门医学隔离,督促落实重点疑似人员管理工作,牵头做好宣传告知、劝其居家观察或到指定医院诊治工作;

(3)负责核查配餐公司复工相关情况;

(4)负责排查校外培训机构、民办幼儿园相关情况。

3. 后勤保障组

组　长:罗嗣忠

副组长:王世平

职　责:负责落实教育系统防控应急物资保障工作;全面掌握保障工作的综合情况,及时了解各校防控应急物资配备情况;负责推动教育系统落实教室等多项防控及通风消毒措施,对人员进行体温筛查,对出现发热者进行登记处置。

4. 线上教学组

组　长:谌景模

副组长:盛新云

职　责:负责统筹安排各学校(园)在寒假和推迟开学特殊时期的教育教学工作,按省、市要求制

订相应教学管理方案，妥善安排教学计划，科学指导线上课堂教学和课业辅导。有效组织师生在家教学与学习，积极发挥线上教学和教育教研作用。承办开学工作领导小组交办的相关事项。

5. 宣传报道组

组　长：程继志

副组长：朱玉全

职　责：负责收集中央、省、市相关部门的信息；全区教育系统疫情防控知识宣传，防控工作报道（新闻稿件撰写等）；疫情防控工作动态发布；加强舆情收集分析和网络信息监测，做好与区级有关部门和新闻媒体之间的协调和联系；指导区属学校（园）正确回应社会舆论关切等事宜。承办开学工作领导小组交办的相关事宜。

6. 安保组

组　长：敖军荣

副组长：张　舷

职　责：密切关注疫情动态和社会动态，及时依法处置与疫情有关的突发事件，维护教育系统稳定；协助有关部门依法落实强制隔离措施。承办开学工作领导小组交办的相关事项。

7. 督导组

组　长：吴本康

职　责：督促区属学校（园）落实各项疫情防控工作，并组织开展专项督导检查。重点围绕落实领导责任建立健全疫情防控工作统筹协调机制，疫情防控工作方案和应急预案落实情况，是否建立了零报告和日报告制度，值班值守、后勤保障、挂点联系工作制度、宣传舆论引导措施的落实情况等方面内容开展督查，确保防控工作部署不折不扣地落实到位。对防控不力、漏报瞒报、推诿扯皮、敷衍塞责，造成疫情扩散、患者贻误救治等严重后果的，要严查严处，绝不姑息。同时，将督导评估汇报材料报送开学工作领导小组办公室。承办开学工作领导小组交办的相关事项。

四、工作措施

（一）开学前期防控措施

1. 完善工作机制。严格落实防控责任，根据职责细化分工，进一步完善工作机制，形成上下联动的工作体系。“外防输入，内防扩散”共同做好复学前学校各项工作准备和防疫措施。确保师生返校后的工作和学习环境得到全面保障。

2. 加强宣传教育。通过微信公众号、微信群等网络渠道教育引导广大教师、家长、学生掌握防控知识，增强自我防控意识。

3. 加强物资储备和预警机制。复学前，各校根据实际做好消毒物品、防护用品、红外体温测量仪等疫情防控物资的储备，不等不靠，发动各方力量解决相关物资购买难的问题。每校必须设置隔离观察室 1—2 间。

4. 强化疫情监测。全覆盖掌握每位师生寒假期间特别是返校前 14 天的身体健康状况和行程动向，建立信息台账。严格落实疫情防控“日报告、零报告”制度，及时掌握师生身体状况。

5. 加强线上教育管理。延迟开学期间，各学校落实相关配套措施，成立线上教学工作组，指导教师全面做好组织实施工作，主动、及时了解在线课程学习状况，学校班子成员分工蹲点各年级，督查教师同步收看和群内及时指导的情况，检查学生学习台账的整理，用于复课后的查漏补缺，确保教育质量不下降。严禁在开学前组织线下教学等聚集性活动。

6. 强化值班值守。加强校园封闭管理和值班值守，严格落实领导带班制度，学校（园）主要负责人通讯要保持 24 小时畅通。严禁与学校无关人员进入校园。确因特殊情况需要进入校园的，需履行体温检测，真实身份登记等手续。

7. 全面做好卫生消毒工作。在春季学期开学前，要以防控新型冠状病毒感染的肺炎等传染病为重点，组织开展好爱国卫生运动，加大校园环境卫生整治力度，全方位改善环境卫生条件，推进办公室、教室、食堂、运动场馆、图书馆、厕所等重点区域和场所环境卫生改善整体行动，做到日常通风换气，保持室内空气流通，为广大师生创造卫生、整洁、健康、文明的校园环境。

（二）开学后防控措施

1. 实行错峰入校。学校制定错峰入校方案，学生按照年级安排分时段错峰入校，教职工根据工作需要，提前二十分钟入校，进行体温检测，体温正常者方能进入校门；有发热、感冒、腹泻等症状的教职工和学生，由专人护送至隔离观察室，并立即上报区防控应急指挥部，待医务人员到达后进行转运；各部门负责体温检测器的及时消杀，避免使用中的污染。

2. 严格实行健康检测。严格落实体温检测制度,安排专人在学校入口为学生测量体温。执行学生缺勤制度,做好每日缺勤学生原因动向记录,认真做好因病缺勤学生病追查与登记报告等工作,严格落实隔离、复课等传染病防控制度,做到早发现、早报告、早隔离、早治疗,防止疫情在学校内发生。进入校园的师生做好个人防护,严禁串办公室及教室行为,相应减少校园内的人员流动和学生班级之间的流动。

3. 深化健康教育。集中开展健康教育,要将新型冠状病毒传染病防控、冬春季传染病防范、心理健康教育纳入健康教育课程和“开学第一课”内容,做到有课程、有教案、有教师。各校要通过心理健康专兼职教师队伍做好学生的心理辅导和健康指导,帮助学生消除因新型冠状病毒感染的肺炎疫情产生的恐惧和焦虑心理,保障学生身心健康。还可通过召开主题班队会、国旗下讲话、举办健康讲座等方式,帮助师生进一步提高防范意识、了解防治知识。

4. 强化校园环境卫生管理。教室、运动场馆、图书馆、报告厅、教师办公室、厕所等活动场所以通风换气为主,同时对地面、墙壁等物体表面和物体进行预防性消毒。减少室内公共场所的使用,必须使用的公共上课场所(如音乐教室、舞蹈教室、计算机教室)要坚持使用一次消毒一次。广泛开展爱国卫生运动,划分校园卫生责任区,坚持班级每天一小扫,每周一大扫。

5. 加强校园安全和教育教学秩序管理。严格管控校门,无关人员一律不得进入学校,师生进入校门一律核验身份和检测体温。暂停校园场地对外开放;暂停开学典礼、升旗、广播操等大型聚集性活动;暂停校际间教学和教研活动,倡导网络教研。

6. 做到复课后教学计划有效衔接。学校组织各年级教研组根据延期开学期间在线学习台账,整理学生在线学习课程知识薄弱点,制定教学方案,查漏补缺。为在延期开学期间无在线学习条件的学生制定辅导方案。

7. 停止学生集体用餐。先期复学的学校要科学安排好学生的课程和作息时间,停止食堂开放和集体配餐;全面复学后暂不恢复食堂用餐和集中送餐,具体恢复时间视疫情发展形势待研究后予以确定。

五、工作要求

1. 提高政治站位,把疫情防控作为当前一项重大的政治任务。各相关单位要深刻认识做好新型冠状病毒感染的肺炎疫情防控工作的重要性和紧迫性,把思想和行动统一到习近平总书记重要指示批示精神上来,坚决扛起政治责任,增强风险意识,强化底线思维,全力以赴做好应对处置工作。

2. 加强组织领导,层层压实责任。要把疫情防控工作作为当前最重要的工作来抓,各相关单位主要负责人要承担起第一责任人责任,要亲自研究、亲自部署、亲自指挥,确保工作落到实处。

3. 加强部门协作,积极参与联防联控。要密切关注新型冠状病毒感染的肺炎疫情防控形势发展变化,及时掌握信息,获取专业指导。加强联防联控,严格落实疫情防控措施,做好校园疫情防控工作。

4. 加强宣传报道,主动公开防控工作。充分发挥新媒体作用,通过多种方式,及时主动向社会公开学校(园)防控工作和教育教学安排调整等情况。要加强舆情导控,教育广大教职员工和学生不信谣、不造谣、不传谣,进一步坚定信心,坚持科学防治,坚决打赢疫情防控阻击战。

珠山区人民政府办公室 关于印发《珠山区学校(园)复学疫情防控应急预案》的通知

珠府办字〔2020〕6号

区政府各有关部门,竟成镇人民政府,各街道办事处,区属各学校(园):

《珠山区学校(园)复学疫情防控应急预案》已经区政府常务会第53次会议审议通过,现印发给你们,请认真贯彻执行。

2020年3月26日

珠山区学校(园)复学疫情防控应急预案

为了提高我区学校(园)预防和控制新型冠状病毒感染的肺炎疫情的能力和水平,减轻或消除突发事件引起的危害,保障全区师生的身体健康和生命安全,维护学校正常教育教学秩序和校园稳定。现结合实际,特制定本应急预案。

一、工作目标

1. 普及新型冠状病毒感染的肺炎防治知识,提高全区师生的自我保护意识。

2. 完善新型冠状病毒感染的肺炎的信息报告程序,做到早发现、早报告、早隔离、早治疗。

3. 建立快速反应和应急处理机制,及时采取措施,把疫情造成的危害降到最低。

二、工作原则

预防为主,防治结合;依法防控,科学应对;加强领导,落实责任;快速反应,运转高效。

三、组织机构

成立珠山区学校(园)开学工作应急预案工作小组,组长由区教体局局长李洪涛担任,成员由区卫健委、区市监局、区公安分局、区城管局、竟成镇、各街道主要负责人组成。

四、防控预警

1. 学校(园)按疫情防控工作的要求,校长作为学校疫情防控工作的第一责任人,要高度重视学校疫情防控工作,统一思想,开展对疫情的研判。

2. 建立学校疫情工作领导小组和报告制度,健全疫情防控的管理制度,掌握、检查学校疫情防控措施的落实情况。

3. 建立各项卫生工作责任制,完善考核制度,明确各部门工作职责,并指定专人每天做好晨检工作,认真填写学生日检统计表,保证学校疫情防控工作的顺利开展。

4. 开展健康教育,向师生宣传普及疫情防治知识和防控要求,引导师生居家或外出时做好防控,注意个人卫生,勤洗手,尽量不去人员聚集场所,在校期间不串岗、不串班。

5. 落实消毒制度,安排人员对校园各区域及教育教学用具进行全面消杀。

五、应急处置

(一)疫情监测

区属学校(园)要建立疫情发现、信息登记与报告制度,发现发热等症状的学生要立即报告区教体局和区疾控中心,并转至定点医院进行留观,并详细登记相关信息,不得瞒报、迟报、谎报。

(二)处置措施

1. 迅速采取隔离留观措施。发现疑似病例学校(园)第一时间安排专人护送至心理咨询室进行隔离观察(一人一室),并立即上报区防控应急指挥部,同时做好心理安抚作用,待医务人员到达后,配合做好排查、转运工作。

2. 严格落实应急处置工作。出现疑似病例、确诊病例或无症状感染者,在区防控应急指挥部统一指挥下,区卫健委、区教体局牵头,各学校、街道、镇按要求做好传染源隔离、密切接触者管理、消毒等应急处置工作,严防疫情扩散和蔓延。

3. 积极做好善后处置工作。各相关部门要积极稳妥、深入细致地做好善后处置工作,做好患病师生及其家人的安抚工作,并做好疫情发生后的后续防治、调查和消杀工作。

六、工作流程

(一)应急处置流程

学校检测发热者

↓

单间留置,报告教育行政主管部门和疾控部门进行现场调查,评定为疑似病例,第一时间报告区防控应急指挥部

↓

调配专用转运救护车

↓

送至定点医院

(二)善后处置流程

1. 在区防控应急指挥部的统一领导下,卫生防疫部门立即对教室、教师办公室等疑似病例到过的区域、使用过的物品进行消杀。

2. 安排专人做好患病师生家属的安抚和服务保障工作。

3. 由卫健委牵头,由教体局、各街道、镇积极配合实施患者隔离治疗、密切接触者隔离医学观察等防控措施。对与确诊病例有密切接触的师生回家进行自我隔离,并进行医学观察14天,经指定医院检查排除新冠状病毒感染的肺炎后方可返校复课或上班。

4. 实行日报告制度。学校安排专人每天跟踪了解自我隔离师生的身体状况,准确记录,上报区教体局,并报告区防控应急指。

5. 区防疫应急指挥部对疫情作出研判,提出预防控制措施。

七、工作要求

1. 区卫健委牵头积极稳妥、深入细致地做好疫情处置工作,做好疫情的调查和消杀工作;形成详细的疫情报告,上报区防控应急指挥部对疫情的感染程序作出评估。

2. 区教体局牵头配合和协助做好疫情的处理,并积极做好师生和学生家长的安抚和引导工作,加强师生的检测报告制度实施。

3. 各单位不得擅自对外公布疫情报告,避免失实报道。加强舆论监测,防范和化解舆情风险。

4. 在应急处理工作中,各单位要各司其职,对不履行职责的单位和个人将由区纪委监察委作出相关调查后给予处理。

珠山区做好“六稳”工作落实“六保”任务实施方案

珠府办字〔2020〕29号

竟成镇人民政府、各街道办事处,区政府各部门、区直有关单位:

贯彻落实《江西省人民政府关于做好“六稳”工作落实“六保”任务的实施意见》,做好“六稳”工作,落实“六保”任务,奋力实现全年目标任务,现结合我区实际,提出以下实施方案。

一、总体要求

深入贯彻落实习近平总书记系列重要讲话精神和党中央、国务院关于做好当前工作的重要部署,按照省委、省政府工作要求,在疫情防控常态化前提下,坚持稳中求进工作总基调,坚持新发展理念,坚决打好三大攻坚战,加大稳就业、稳金融、稳外贸、稳外资、稳投资、稳预期工作力度,着力保居民就业、保基本民生、保市场主体、保粮食能源安全、保产业链供应链稳定、保基层运转,建好景德镇国家陶瓷文化传承创新试验区,全力实施“三个五”战略行动,培育壮大新增长点,促进经济平稳健康发展,确保完成决战决胜脱贫攻坚目标任务,与全国同步全面建成小康社会。

二、工作任务

（一）保居民就业

1. 稳定就业岗位。落实阶段性减免企业社保费政策，职工基本养老保险单位按16%的比例缴纳，阶段性降低失业保险、工伤保险费率政策实施期限延长至2021年4月30日。按规定放宽失业保险稳岗返还政策裁员率标准，对符合条件的不裁员或少裁员的企业，返还其上年度实际缴纳失业保险费的50%，其中中小微企业可返还其上年度实际缴纳失业保险费的100%。加大创业担保贷款政策实施力度，增加支持群体，进一步降低小微企业、个体工商户创业担保贷款申请门槛，对具有博士学位、正高专业技术职称、高级技师职业资格人员创办的小微企业，简化或免除担保、反担保手续。推进创新创业载体建设，加大“双创”示范基地、创业孵化示范基地、大学生创新创业基地、电子商务基地、科技企业孵化器等国家和省级创新创业基地建设力度。加大技能人才培养力度，探索以建设技能大师工作室为载体，推行新型学徒制等促进就业创业的新途径。鼓励经营困难的企业与职工集体协商，采取协商薪酬、调整工时、轮岗轮休、在岗培训等措施，稳定职工队伍。对各类就业服务机构成功介绍就业困难人员与用人单位（不含公益性岗位就业）签订劳动合同且稳定就业1年及以上的，按规定给予就业服务机构求职补贴。合理设定无固定经营场所摊贩管理模式，预留自由市场、摊点群等经营网点。（责任单位：区人社局、区发改委、区财政局、区科技局、区商务局、区税务局、区市场监管局、区城管局）

2. 做好相关重点群体就业支持。紧密结合经济发展战略，把“3+1+X”产业重点企业作为重点对象，为企业提供用工指导、员工招聘、人才引进、技能培训、档案托管等基本服务，并提供远程见工、猎头招聘、企业人力资源管理等拓展服务。打造线上线下人力资源市场，有针对性地为用人单位、劳动者提供岗位供求信息。大力开展“百千万线上线下招聘”专项活动，保障重点企业、重点行业用工。扎实推进高校毕业生就业创业、基层成长、青年见习、青年就业启航等计划，多渠道促进高校毕业生就业创业。稳妥做好农村富余劳动力转移就业、退役军人就业创业、就业困难人员就业帮扶、残疾人就业创业等工作，按规定落实各项政策及补贴，有就业能力的零就业家庭要至少确保一人就业。推进企业帮扶就业大行动，发挥国有企业、规模以上民营企业、新型经营主体在脱贫攻坚中的作用以及在建重大项目吸纳贫困户就业的作用，精准做好企业与贫困户的用工对接，为贫困户稳定就业搭建平台、创造条件。（责任单位：区人社局、区发改委、区国资公司、区工信局、区市场监管局、区扶贫办、区退役军人局、区农业农村和水利局、区财政局、区民政局、区残联）

3. 开展职业技能培训。全面落实《景德镇市职业技能提升行动实施细则（2019—2021年）》，全面提升劳动者职业技能水平和就业创业能力，积极推行线上线下结合的培训方式，对符合领取技能提升补贴条件的失业保险参保企业职工，按相关规定及时发放技能补贴。鼓励规模以上企业以独资、合资、合作等方式依法参与创办职业培训机构和实训基地，并积极面向中小企业和社会承担培训任务，支持职业院校和技工院校开展补贴性培训，扩大面向企业职工、就业重点群体和城乡贫困劳动力的培训规模。（责任单位：区人社局、区财政局）

（二）保基本民生

4. 坚决打赢脱贫攻坚战。做好因疫致贫返贫的排查监测、分类预警、分类帮扶工作，有效化解疫情对脱贫攻坚的影响。全力打好决胜脱贫攻坚“四大总攻决战”，扎实推进“八大行动”，坚定不移推进“四个一”产业扶贫，2020年完成产业扶贫项目目标任务。聚焦“两不愁三保障”及安全饮水，坚持关注低保户、特困供养户、残疾贫困户等特殊群体，对因疫返贫致贫人群实施政策兜底。健全完善脱贫监测户和边缘户监测预警机制，及时将返贫人口和新发生贫困人口纳入帮扶范围。推进巩固提升脱贫成果与乡村振兴战略有效衔接，探索建立解决相对贫困长效机制。统筹推进城镇贫困群众脱贫解困工作，着力解决就业创业、医疗、教育、住房保障等方面的实际困难。（责任单位：区人社局、区发改委、区教体局、区扶贫办、区住建局、区农业农村和水利局、区卫健委、区医保局、区民政局）

5. 着力完善社会保障。加强困难人员兜底保障，对领取失业保险金期满仍未就业的失业人员、不符合领取失业保险金条件的参保失业人员，发放6个月的失业补助金，标准不高于当地失业保险金的80%。动态调整就业困难人员认定标准，及时将受疫情影响人员纳入就业援助范围，确保零就业家庭动态清零。对通过市场渠道确实难以就业的，利用公益性岗位托底安置。开发一批消杀防疫、保洁环卫等临时性公益岗位,根据工作任务和工作时间,给予一定的岗位补贴和社会保险补贴,补贴期限最长不超过6个月,所需资金可从就业补助资金中列支。实行失业登记常住地服务,“景漂”“景归”等来景创业就业人员在内的本市常住人口失业,可在常住地办理失业登记,申请享受当地就业创业服务、就业扶持政策、重点群体就业创业税收优惠政策,其中大龄、残疾、低保家庭等劳动者可在常住地申请认定为就业困难人员,享受就业援助。加大社会救助和保障标准与物价上涨挂钩联动机制的价格临时补贴力度,2020年6月底前在原有补助基础上提高1倍发放。(责任单位:区人社局、区民政局、区财政局、区就业局、区退役军人事务管理局、区残联)

6.大力提升公共服务水平。持续改善学校办学条件,加快学前教育、义务教育等学校建设,推动一小、三小、二十二小、珠山实验学校、小港嘴小学、曙光小学等改扩建项目。加大公共卫生防疫系统建设,启动区妇幼保健院改造提升项目、区公共医师规范化和疾控骨干人才培训基地项目。完成珠山区行政服务中心搬迁工作,启动社区居家养老服务中心建设和竟成镇敬老院迁建工作,全面提升公共服务水平。完成3.4万户老旧小区改造和173条背街小巷改造,改善群众生活环境和生活质量。大力推进城市棚户区改造,确保今年2892户任务按时完成。落实好保障农民工工资支付各项制度措施,坚决根治农民工欠薪问题。落实好保障农民工工资支付各项制度措施,坚决根治农民工欠薪问题。(责任单位:区发改委、区住建局、区人社局、区教体局、区卫健委、区民政局、区工信局、区行政服务中心)

7.坚决打好污染防治攻坚战。坚持“生态优先、绿色发展”,巩固提升生态文明建设成果,争取全区PM2.5平均浓度、环境空气质量优良天数比例、环境空气六项指标综合指数等指标继续保持全市第一方阵。积极开展生态示范创建工作,扎实开展国家“绿水青山就是金山银山”实践创新基地建设。深入推进“净空、净水、净土”和长江经济带“共抓大保护”攻坚行动,实施生态环保基础设施建设三年攻坚行动计划。完善提升河长制湖长制林长制,强化“一长两员”源头管理,推进山水林田湖草一体化保护和修复,确保森林覆盖率稳定在29.52%以上。(责任单位:区生态环境局、区发改委、区自然资源规划分局、区农业农村和水利局)

(三)保市场主体

8.加快重点项目建设。开展“项目建设提速年”活动,科学谋划一批大项目、好项目,全面推进重点项目建设,形成“建设一批、储备一批、谋划一批”的良性循环。今年,重点聚焦国家试验区建设、全省旅发大会、产业壮大、城市功能提升、民生保障、基础设施等领域,推进27个重点项目,计划总投资84.57亿元,年度投资35.5亿元。(责任单位:区发改委、各重点项目责任单位)

9.优化营商环境。持续深化“放管服”改革,打造“赣服通”珠山分厅升级版,扩大掌上办理覆盖面,推动更多事项“不见面审批”,更多领域“无证办理”。实现企业和群众办事“进一门、入一窗、一次办”,建设完善工程项目审批和管理体系,力争依申请类政务服务事项“一窗受理”率达到100%。全面推行“互联网+监管”,推动“互联网+政务服务”向基层延伸,让企业和群众办事更加便捷。健全公平竞争、评估审查、社会信用体系等制度,不断提升投资竞争力。完善延时错时预约服务机制,实现错时延时预约服务事项动态管理,着力推进服务方式优化和服务效能提升。全面开展政务服务“好差评”,确保服务事项全覆盖、评价对象全覆盖、服务渠道全覆盖、差评整改反馈全覆盖,着力提升我区政务服务水平。(责任单位:区政务服务办、区行政服务中心、区司法局、区市场监管局、区税务局、区工商联、竟成镇、各街道)

10.强化融资支持。全面落实有效应对疫情稳定经济增长“省20条”“市26条”“区16条”等政策措施,及时兑现惠企惠民政策。用好用足央行再贷款再贴现、法人银行小微贷款激励等政策,加快推广“财园信贷通”“财政惠农信贷通”“助融贷”“财复贷”等特色信贷产品。对受疫情影响企业,尤其是涉农、小微和民营企业,坚决做到“不抽贷、不断贷、不压贷”。对于到期还款付息困难的企业,通过采取调整还款付息计划、展期续贷、延期付息、降低贷款利率、减免逾期利息等措施,帮助企业渡过难关。建立企业融资协调服务机制,搭建金融综合服务平台。(责任单位:区政府金融办、区财政局、区税务局、区发改委、区商务局、区工信局、区市场监管局、区农业农村和水利局)

11.实施精准帮扶。深入企业了解疫情防控难题和生产经营困难，继续施行县级领导干部挂点帮扶制度，积极开展对企业的上门服务工作，指导企业做好人员管控、复工复产等工作。指派精锐业务骨干进驻重点企业开展现场指导企业筹建，指导企业制定管理体系文件，协调企业办理相关手续，组织困难企业到发展好的企业学习取经，为企业开展质量检测、标准化体系建设、设备管理等方面业务知识培训，指导企业做好安全生产、安全管控，让企业放心投产。（责任单位：区工信局、区发改委、区司法局、区财政局）

（四）保粮食能源安全

12. 加强粮食安全保障。坚持“藏粮于技、藏粮于地”，压实稳定粮食生产属地责任，稳定粮食种植面积，稳定粮食产量，全面完成省政府、市政府下达的粮食种植计划。严守耕地和永久基本农田保护红线，推动耕地质量保护提升。落实完善扶持粮食生产政策措施，保障农民种粮基本收益。（责任单位：区农业农村和水利局、竟成镇、区自然资源和规划分局）

13. 加快发展现代农业。推进蔬菜规模化、设施化、产业化发展，重点破解我区设施蔬菜比重低，蔬菜储藏保鲜能力不足等产业发展瓶颈，努力扩大蔬菜特别是设施蔬菜的播种面积，提高蔬菜产量及品质。推动蔬菜由传统种植向设施种植转变，由传统销售渠道向网络物流等新兴渠道转变。实现蔬菜播面达到4800亩，产量1.2万吨，产值1600万元。继续打造三类特色产业样板村，让游客在农耕文化、山水景观之间领略到瓷都乡村别样的魅力。加快我区“闲云涧”文化旅游项目等一批三产融合发展示范项目建设。鼓励造林大户创办家庭林场、家庭农场和林业景区，为发展农林生态旅游、民宿村、“洋家乐”提供有利条件并打下坚实基础，不断加快“园区变景区、田园变公园、产品变礼品、农房变客房”发展进程，努力让农业更绿、农村更美、农民更富。不折不扣地按照省政府、市政府的要求，落实“区负总责、乡镇监管、村为主体”管护机制，确保建一块成一块，为推进农业结构调整、提升现代农业发展打下坚实基础。（责任单位：区农业农村和水利局、竟成镇）

14. 保障能源运行。配合全市做好能源运行监测调度，统筹做好油电煤气等供需平衡。精准对接重点区域、重点企业、重大工程项目用能需求。加强高峰时段综合调度和需求侧管理，确保电力迎峰度夏度冬。配合全市做好能源安全生产工作，确保辖区内能源行业安全、高效、稳定运行。（责任单位：区发改委、区自然资源规划分局、区住建局）

（五）保产业链供应链稳定

15. 推动产业链上下游协同复产达产。贯彻落实好江西省产业链链长制要求部署，结合我区实际，围绕陶瓷、航空、文化和旅游等12个重点产业，出台《关于实施景德镇市珠山区产业链链长制的工作方案》。建立产业链链长制工作推进、决策咨询和议事协调等三大体系，着力实施供应链协同推进、项目强攻、创新提升、融合发展、开放合作等11项重大行动。分行业、分领域开展对接帮扶活动，梳理供应链关键流程、关键环节，精准打通供应链堵点、断点，促进上下游、产供销、大中小和内外贸企业整体配套协同发展，切实维护产业链、供应链安全稳定。（责任单位：产业链链长制各责任部门）

16. 促进产业链供应链内循环。着力挖掘内需潜力，抢抓国家发行特别国债、加大专项债发行规模机遇，发挥好补短板促升级稳投资专项贷款的作用，抓紧谋划实施一批交通、电力、水利、5G、数据中心、公共卫生体系、应急物资储备、老旧小区改造等领域重大项目。提高市场活跃度，切实落实国家和省系列促消费政策，落实好《景德镇市关于打好“组合拳”提振旅游消费十条措施》。大力发展“夜间经济”，培育壮大线上消费，加快促进生产、流通、消费循环。提升产业链龙头企业本地配套率，带动本地上下游相关企业进入其产业链或采购系统。（责任单位：区商务局、区文旅新局、区农业农村和水利局、区发改委、区工信局、区卫健委、区财政局）

17. 提升产业链能级。主动融入“一带一路”建设，全面对接长三角经济区、粤港澳大湾区，继续深化赣东北开放合作，加快建设互联互通的现代化综合交通、要素流动、产业分工体系。不断提升陶瓷设计水平和转化能力，推进整车物流产业集群快速发展。抢抓江西内陆开放型经济试验区和景德镇国家陶瓷文化传承创新试验区重大机遇，提升开放能级。千方百计招大引强，积极对接世界500强企业和知名民企，深入开展“三请三回”和“三企入景”活动，依托商会、协会等资源，大力开展以商招商、产业链招商，引进更多产业链长、带动力强的核心企业和上下游配套企业。创新招商引资方式，积极探索网络招商、中介招商和委托招商，不断提升招商引资专业化水平。全面落实国家稳外贸稳外资政策措施,加大外贸企业扶持力度,支持企业网上洽谈、网上办展,主动抓订单、促合作,巩固并拓展现有产业链格局,全力以赴稳住外贸基本盘。(责任单位:区商务局、区发改委、区工信局、竟成镇、各街道)

(六)保基层运转

18. 抓好开源节流。加大政府性基金预算、国有资本经营预算与一般公共预算的统筹力度,盘活财政存量资金。强化政府过"紧日子"思想,进一步优化财政支出结构,继续压减一般性支出,确保行政运行成本和"三公"经费只降不升。合理确定基本民生支出标准,加大对医疗、教育、养老、住房等重点领域保障力度。加快建立全方位、全过程、全覆盖的预算绩效管理体系,鼓励各单位开展零基预算编制试点,提高财政资金使用效益。杜绝报纸杂志订阅乱摊派行为,进一步减轻基层负担。(责任单位:区财政局)

19. 保障基层财力。统筹安排公共卫生、就业补助、工业发展等专项资金,加快转移支付下达用于补助开展疫情防控、诊断和治疗专用设备等采购所需经费,以及企业稳岗达产、创业就业等方面支出。履行"保基本民生、保工资、保运转"主体责任,统筹各类财政资金,重大项目实行国库集中支付,增强资金保障力度,兜牢支出底线。做好教师工资保障工作。保障基层村(居)委会运转经费。加强库款情况动态监测,加大资金调度力度和频次。(责任单位:区财政局、竟成镇、各街道)

20. 防范金融风险。坚决打赢防范化解金融风险攻坚战,聚焦重点领域金融风险,加强对互联网金融、国企债务、房地产市场等重点领域的风险排查、监测、预警、处置,严厉打击非法集资、乱办金融等非法金融活动,守住不发生区域性系统性风险底线。加强政府债务管理,开好"前门",加大对重大项目、重点工程支持力度;严堵"后门",健全隐性债务常态化监测机制,严禁违规举债,严格执行化债方案,确保完成年度政府隐性债务化解任务,积极推进政府投融资平台整合转型。严格实行地方政府债务风险预警提示和隐性债务风险等级通报制度,到期债券本金和利息列入年初财政预算。(责任单位:区财政局、区政府金融办、区国资公司、竟成镇、各街道)

三、组织保障

区发改委要切实发挥牵头作用,加强统筹督促和协调指导,建立定期调度机制,每季度汇总梳理贯彻落实情况,并及时报告区政府。区直有关部门要密切协作配合,主动认领任务,结合自身职能,细化实化相关举措,全面落实本方案提出的各项任务。各单位要结合本单位实际,精心组织实施,把政策落地落实落细。对工作落实有力、成效显著的单位和个人,通过及时奖励等方式予以激励,同时推荐给相关新闻媒体进行宣传推介;对因作风不实、工作不力,搞形式主义官僚主义,导致落实缓慢、效果不好的,依法依规进行严肃问责。

要进一步抢抓机遇、坚定信心,凝心聚力、担当实干,多施精准之策,多下服务之功,全力实施"三个五"战略行动,加快推进经济发展全面复苏,为建好景德镇国家陶瓷文化传承创新试验区,打造与世界对话的国际瓷都,确保与全国同步全面建成小康社会做出新的更大贡献。

关于印发《珠山区公开招聘社区工作者实施方案》的通知

珠府办字〔2020〕42 号

竟成镇人民政府、各街道办事处,区政府各部门、区直有关单位:

《珠山区公开招聘社区工作者实施方案》已经区政府第 71 次常务会讨论通过,现印发给你们,请参照执行。

2020 年 12 月 26 日

珠山区公开招聘社区工作者实施方案

为我区加快社区工作者队伍职业化、专业化建设,提升我区社区建设整体水平,经请示区委、区政府同意,决定面向全区公开招聘社区工作者。

一、成立机构

成立区社区工作者招聘领导小组。由区委副书记任组长,区委常委、组织部部长,人大常委会分管领导,政府分管领导同志任副组长,由纪委监委、组织、宣传、政法、统战、网信办、信访、公安、法院、检察院、教体、人社、民政、司法、财政、卫健等部门负责同志为成员。领导小组下设办公室,抽调工作人员集中办公。

二、招聘人数

2020 年 12 月 28 日前由区社区工作者招聘领导小组统一在报纸和电视台等媒体向社会发布珠山区社区工作站招考公告。全区 55 个社区共招聘社区工作者 405 名。

三、招聘条件

(一)报考人员需具备以下条件:

1. 思想政治素质好,遵守国家法律、法规,服从组织安排;

2. 遵纪守法,品行端正,作风正派,爱岗敬业,无违法犯罪记录,计生、综治等情况符合有关政策规定;

3. 新报名人员具有大专(含大专或大专同等)以上学历,年龄不超过 45 岁(计算时间为报名截止日)。现聘用社区工作者具有高中(含高中或高中同等)以上学历,身体健康、年龄不超过 55 岁(计算时间为报名截止日)。

(二)具有以下情形之一的,不得报考:

1. 曾受过刑事处罚;

2. 近 3 年受过撤销党内职务及以上党纪处分、撤职及以上(政务)处分,或涉嫌严重违纪违法正在接受立案审查调查的;

3. 曾被开除公职的;

4. 现役军人未满服役期;

5. 被事业单位辞退未满五年的;

6. 有严重危害集体利益和群众合法权益行为的;

7. 有严重违法用地、严重违章建房、严重损害生态环境、严重失信等行为尚未整改的;

8. 非法组织参与集体上访,影响社会稳定的;

9. 疫情防控、双创双修、脱贫攻坚等中心工作期间辞职的;

10. 有法律规定不得聘用的其他情形的。

四、报名事项

(一)报名时间:

2020 年 12 月 29 日至 31 日。

(二)报名地点:

(1)新报名人员在本人户籍所在经开区、街道报名;

(2)新报名人员在本辖区有合法固定住所且居住满 1 年的,可在居住地经开区、街道报名;

(3)现在职社区工作者在工作的社区所在街道或户籍所在地报名;

所有应试人员不得同时在两个街道(经开区和街道)报名,否则取消其聘用资格。

(三)报名要求:

报名人员应持本人户口本、身份证、毕业证或原单位证明、社会工作师证明、退伍证等相关资料原件和复印件 1 份;近期免冠一寸彩照 3 张。

五、笔试、资格审查及面试

公开招聘采取笔试与面试相结合的方式进行,考生不能携带任何电子产品进入考场。笔试、面试及总成绩计分办法均采取百分制。笔试成绩占总成绩的 40%,面试成绩占 60%。各项成绩均计算到小数点后两位,尾数四舍五入。以总成绩初步确定社区工作者,张榜公布。社区工作站成员由经开区、各街道进行公开招聘和管理,服务协议按照五年一签。首次签订服务协议的,约定试用期为半年。社区工作者在聘用期间,由经开区党工委、街道党工委进行年度绩效管理考核,对考核结果不称职的社区工作者,予以解聘辞退。

(一)笔试

1. 时间及地点。报名参加笔试的人员持身份证、准考证参加笔试,无身份证者凭派出所开具的证明入场。笔试由社区工作者招聘领导小组统一组织,区教体局负责具体考务工作。笔试时间为2021年1月17日(星期日)上午9:00—11:30,笔试内容为时事、法律、文化、社区服务等基础知识。笔试形式:开卷考试。笔试地点:景德镇市陶阳学校。

2. 公开招考免予考试的范围:一是现聘社区工作者中的现区级以上(含区级)党代表、人大代表、政协委员以及劳动模范。二是区、街道下派的在编在职干部。三是取得社会工作师资格人员。四是身体健康、年龄超过55岁的现聘社区工作者中的现省级以上(含省级)党代表、人大代表、政协委员以及劳动模范。

3. 公开招考笔试加分的范围:一是对现聘的社区工作者按担任职务和年限在笔试中给予加分,正职加1分,副职加0.5分。连续在社区工作每满一周年加0.5分,所有加分最高不超过5分。二是在第十届任期内获得先进奖项的给予加分:获中央、国务院颁发先进奖项的加5分,获省委、省政府和国家部委先进奖项的加3分,获市委、市政府和省直部门先进奖项的加2分,获区委、区政府和市直部门颁发先进奖项的加1分。社区获得集体先进奖项的按上述标准,给予当时在职的所有成员加分。所有加分最高不超过5分。三是取得助理社会工作师,加1分。

以上三项可累计计分。

4. 入围面试名额。根据经开区、各街道社区工作者的总职数,减去免予考试人员的职数后(区、街道下派的在编在职干部不占职数),根据笔试分数和加分情况从高到低,按1.2∶1的比例确定各街道入围面试人员(末位同分者一并列入)。

5. 违纪处理规定。对在招聘考试过程中有违纪违规行为的考生,依据相关文件进行处理,并记入本人诚信档案。对以虚假信息骗取考试资格、聘用审批后放弃报到等不诚信行为,将记入考生诚信档案,并通报其所在单位。对恶意注册报名信息,扰乱报名秩序或者伪造学历证明及其他有关证件骗取考试资格的,取消本次报考资格。上述人员中,触犯刑律的,交由司法机关依法处理。

(二)资格审查

经开区党工委、各街道党工委对面试入围人员初步人选资格进行初审,在此基础上,区社区工作者招聘领导小组组织纪委监委、组织、宣传、政法、统战、信访、法院、检察院、公安、民政、司法行政、自然资源、生态环境、农业农村、卫健、住建、城管等部门进行资格联审,对发现不符合条件人员要及时取消其资格。因面试入围人员资格审查不合格、自动放弃等原因产生的缺额,按笔试成绩从高分到低分递补一次。递补人员须通过资格审查后方能参加面试。

资格审查贯穿整个招聘工作全过程。凡发现与公告范围和条件不符或弄虚作假的,将取消其聘用资格。

(三)面试

面试入围人员由经开区、各街道负责组织面试,区社区工作者招聘工作领导小组进行监督。面试一律不加分。面试时间、地点和内容由经开区、各街道后续公告。

六、体检和考核

(一)体检入围名单。体检人员名单按考试总成绩由高到低以经开区、各街道拟聘用人数1∶1的比例确定。如遇名次并列的,取笔试成绩高者入围体检。如成绩均相同的,由经开区、相关街道采取加试方式确定体检人员。笔试或面试缺考,视为放弃聘用资格。

(二)体检标准。按照《公务员录用体检通用标准》(人社部发〔2016〕140号)及相关政策规定执行,体检费用由考生自行负担。

(三)考核内容。主要对拟聘人员思想政治、道德品质以及有无违法违纪等情况进行考察,并对其资格条件进行复审。考核可采取函调或实地考察方式进行。考核由经开区、各街道及其区社区工作者招聘领导小组统一组织实施。

(四)缺额补聘。面试后,因考生放弃体检或考察不合格以及今后出现辞职、离职等原因产生的缺额,经开区、各街道须从参加招聘考试的人员中,经过资格条件初核,按照总成绩从高到低,由区委组织部、区民政局商有关单位进行联审后,报区社区建设工作领导小组审定后予以聘用。

（五）鼓励社区工作者参加居民委员会的选举。

七、特别提示

（一）疫情防控要求。本次招聘将按照珠山区疫情防控常态化工作要求，严格执行疫情防控措施，确保招聘工作安全、有序进行。

（二）疫情防控措施。考生在考试当天应全程戴口罩，入场时要出示“赣通码”，“赣通码”为绿码且经现场测量体温正常（<37.3℃）并无干咳等异常症状者方可进入考点，其中来自疫情重点地区（指中、高风险地区或有本土病例发生的地区）旅居史的考生还应当持7天内核酸检测阴性证明。

珠山区政府办公室关于印发《珠山区国民营养计划（2020—2030年）实施方案》的通知

珠府办字〔2020〕44号

竟成镇、各街道，区政府各部门，区直有关单位：

《珠山区国民营养计划（2020—2030年）实施方案》已经区政府同意，现印发给你们，请认真贯彻实施。

2020年12月28日

珠山区国民营养计划（2020—2030年）实施方案

为贯彻落实《“健康珠山2030”规划纲要》，提高全区人民营养健康水平，根据《景德镇区人民政府办公室关于印发景德镇区国民营养计划（2019—2030年）实施方案的通知》（景府办字〔2019〕61号）有关要求，结合本区实际，制定本实施方案。

一、总体要求

坚持以人民健康为中心，以普及营养健康知识、优化营养健康服务、完善营养健康制度、建设营养健康环境、发展营养健康产业为重点，立足现状，着眼长远，关注国民生命全周期、健康全过程的营养，将营养融入所有健康政策，不断满足人民群众健康需求，从而提高全民健康水平。

二、主要目标

到2020年，全区营养工作制度基本健全，营养工作体系逐步完善，基层营养工作得到加强；食物营养健康产业快速发展，传统食养服务日益丰富；营养健康信息化水平逐步提升；重点人群营养不良状况明显改善，吃动平衡的健康生活方式进一步普及，居民营养健康素养得到明显提高。实现以下目标：

——降低人群贫血率。5岁以下儿童贫血率控制在12%以下；孕妇贫血率下降至15%以下；老年人群贫血率下降至10%以下；贫困地区人群贫血率控制在10%以下。

——孕妇叶酸缺乏率控制在5%以下；0—6个月婴儿纯母乳喂养率达到50%以上；5岁以下儿童生长迟缓率控制在7%以下。

——农村中小学生的生长迟缓率保持在5%以

下,缩小城乡学生身高差别;学生肥胖率上升趋势减缓。

——提高住院患者营养筛查率和营养不良住院患者的营养治疗比例。

——居民营养健康知识知晓率在现有基础上提高10%。

到2030年,全区营养工作体系更加完善,食物营养健康产业持续健康发展,传统食养服务更加丰富,“互联网+营养健康”的智能化应用普遍推广,居民营养健康素养进一步提高,营养健康状况显著改善。实现以下目标:

——进一步降低重点人群贫血率。5岁以下儿童贫血率和孕妇贫血率控制在10%以下。

——5岁以下儿童生长迟缓率下降至5%以下;0—6个月婴儿纯母乳喂养率在2020年的基础上提高10%。

——进一步缩小城乡学生身高差别;学生肥胖率上升趋势得到有效控制。

——进一步提高住院患者营养筛查率和营养不良住院患者的营养治疗比例。

——居民营养健康知识知晓率在2020年的基础上继续提高10%。

——全区人均每日食盐摄入量降低20%,居民超重、肥胖的增长速度明显放缓。

三、主要实施策略

(一)完善营养法规政策标准体系。

贯彻落实国家、省营养法规和政策标准。建立营养健康指导委员会。加强营养健康法规、政策、标准等的技术咨询和指导。开展食品安全标准跟踪评价,重点对以食品安全为基础的营养健康标准、人群营养通则、预包装食品营养标签通则、餐饮食品营养标识等标准进行宣传、咨询和解答,提升居民对食品标准的知晓率。(区卫健委、区农业农村和水利局、区教体局、区市场监督管理局、区司法局按职责分工负责)

(二)加强营养能力建设。

加强营养人才培养。推进对医院、妇幼保健机构、基层医疗卫生机构的临床医生、集中供餐单位配餐人员等的营养培训。医疗卫生机构(疾病预防控制机构、二级医院、妇幼保健院)、营养配餐等机构应配备相应的营养健康专业人员。开展营养师、营养配餐员等人才培养工作,推动有条件的学校、幼儿园、养老机构等场所配备或聘请营养师。充分利用社会资源,开展营养教育培训。(区卫健委、区教体局、区民政局按职责分工负责)

(三)强化营养和食品安全监测与评估。

定期开展人群营养状况监测。定期开展具有全区代表性的人群营养健康状况、食物消费状况监测,收集人群食物消费量、营养素摄入量、体格测量、实验室检测等信息。针对区域特点,根据需要逐步扩大监测地区和监测人群。(区卫健委牵头,区教体局配合)

加强食物成分监测工作。逐步开展食物成分监测,收集营养成分、功能成分、与特殊疾病相关成分、有害成分等数据,为持续更新、完善食物成分数据库提供依据。(区农业农村和水利局、区卫健委、区市场监督管理局按职责分工负责)

开展综合评价与评估工作。利用历史调查资料,及时收集、系统整理各类监测数据,逐步建立监测数据库。开展人群营养健康状况评价、食物营养价值评价,指导群众科学膳食。(区农业农村和水利局、区卫健委按职责分工负责)

强化碘营养监测与碘缺乏病防治。持续开展人群尿碘、水碘、盐碘监测以及重点食物中的碘调查,逐步扩大覆盖人群,根据人群碘营养状况评价指标,制定全区分地区差异化碘干预措施,实施精准补碘。(区卫健委牵头,区科技局配合)

(四)发展食物营养健康产业。

加大力度推进营养型优质食用农产品生产。提升优质农产品的营养水平,将全区“三品一标”(无公害农产品、绿色食品、有机农产品和农产品地理标志)在同类农产品中总体占比提高至80%以上。强化营养型农产品推广,促进优质食用农产品的营养升级扩版,推动贫困村安全、营养的农产品走出去。(区农业农村和水利局牵头,区发改委、区科技局、区扶贫办按职责分工配合)

发展满足不同需求的食物营养健康产业。开发利用我区丰富的特色农产品资源,针对不同人群的健康需求,着力发展保健食品、营养强化食品、双蛋白食物等新型营养健康食品。加强产业指导,规范区场秩序,科学引导消费,促进生产、消费、营养、健康协调发展。(区发改委、区工信局、农业农村和水利局、区卫健委、区市场监督管理局按职责分工负责)

逐步推广健康烹饪模式与营养均衡配餐。加强对传统烹饪方式的营养化改造,结合人群营养需求与区域食物资源特点,开展系统的营养均衡配餐研究。开展健康食堂和健康餐厅建设。(区农业农村和水利局、区卫健委、区市场监督管理局按职责分工负责)

(五)大力发展传统食养服务。

加强传统食养指导。发挥中医药特色优势,促进传统食养知识传播,推动传统食养与现代营养学、体育健身等有效融合。开展针对老年人、儿童、孕产妇及慢性病人群的食养指导,提升居民食养素养。实施中医药治未病健康工程。(区卫健委、区教体局按职责分工负责)

探索食疗产品临床效果评价,积极推进中药资源普查,摸清药食两用品种资源分布,掌握资源动态变化,为研发、生产、消费提供及时的信息服务。(区卫健委牵头,区农业农村和水利局配合)

(六)加强营养健康基础数据共享利用。

大力推动营养健康数据互通共享。依托现有信息平台,加强营养与健康信息化建设,完善食物成分与人群健康监测信息系统。构建信息共享与交换机制,推动互联互通与跨行业数据共享。建立营养健康数据标准体系和电子认证服务体系,切实提高信息安全能力。积极推动"互联网＋营养健康"服务和促进大数据应用试点示范,带动以营养健康为导向的信息技术产业发展。(区卫健委牵头,区教体局、区工信局、区农业农村和水利局、区市场监督管理局按职责分工配合)

大力开展信息惠民便民服务。发展汇聚营养、运动和健康信息的可穿戴设备、移动终端(App),推动"互联网＋"、大数据前沿技术与营养健康融合发展,开发个性化、差异化的营养健康电子化产品,如营养计算器,膳食营养、运动健康指导移动应用等,提供方便可及的健康信息技术产品和服务。(区工信局、区卫健委、区教体局按职责分工负责)

(七)普及营养健康知识。

提升营养健康科普信息供给和传播能力。采用多种传播方式和渠道,定向、精准地将科普信息传播到目标人群。加强营养、食品安全科普队伍建设。发挥媒体的积极作用,坚决反对伪科学,依法打击和处置各种形式的谣言,及时发现和纠正错误营养宣传,避免营养信息误导。(区委宣传部、区教体局、区农业农村和水利局、区卫健委、区市场监督管理局、区科协按职责分工负责)

推动营养健康科普宣教活动常态化。以全民营养周、全国食品安全宣传周、"5·20"全国学生营养日、全国科普日、"5·30"全国科技工作者日、"5·15"全国碘缺乏病防治日等为契机,大力开展科普宣教活动,带动宣教活动常态化。推动将国民营养、食品安全知识知晓率纳入健康村镇、全民科学素质工作考核指标。结合实际,推动建立营养、食品安全科普示范工作场所,如营养、食品安全科普小屋等。定期开展科普宣传的效果评价,及时指导调整宣传内容和方式,增强宣传工作的针对性和有效性。开展舆情监测,回应社会关注,合理引导舆论,为公众解疑释惑。(区委宣传部、区教体局、区农业农村和水利局、区卫健委、区市场监督管理局、区科协按职责分工负责)

四、开展重大行动

(一)实施生命早期1000天营养健康行动。

开展孕前和孕产期营养评价与膳食指导。全区设产科的医疗保健机构和基层医疗卫生机构要把孕妇和婴儿营养咨询、指导纳入孕前保健、孕产妇保健和儿童保健工作内容之中,对孕前、孕产期和哺乳期妇女等重点人群广泛开展针对性营养指导,将营养评价和膳食指导纳入我区孕前和孕期检查。加强对妊娠糖尿病、妊娠高血压等高危孕产妇的筛查和干预,降低低出生体重儿和巨大儿出生率。(区卫健委负责)

实施妇幼人群营养干预计划。继续推进农村妇女补充叶酸预防神经管畸形项目,对围孕期妇女进行健康筛查,积极引导围孕期妇女加强含叶酸、铁在内的多种微量营养素补充,降低孕妇贫血率,预防儿童营养缺乏。在合理膳食基础上,对高危孕产妇、贫困孕产妇、胎儿发育迟缓孕妇等重点围孕期人群推广使用孕妇营养包。(区卫健委负责)

提高母乳喂养率,培养科学喂养行为。进一步完善母乳喂养保障制度,改善母乳喂养环境,推动在公共场所和机关、企事业单位建立母婴室。加大婴幼儿科学喂养知识的宣传力度,针对性指导辅食添加。加强对婴幼儿腹泻、营养不良病例的监测预警,实施国家婴幼儿食源性疾病(腹泻等)的防控策略。(区卫健委负责)

加大对婴幼儿食品质量与安全的全过程监管,

监督指导婴幼儿配方食品生产经营者落实食品安全追溯主体责任，实现对生产经营产品来源可查、去向可追，持续提升婴幼儿配方食品和辅助食品质量。加强婴幼儿配方食品及辅助食品营养成分和重点污染物监测，严格有关标准管理，及时通报和报告有关监测信息。（区市场监督管理局、区卫健委按职责分工负责）

（二）学生营养改善行动。

指导学生营养就餐，引导学生科学营养就餐。切实改善学生就餐条件，加大食堂卫生管理工作力度，保证营养配餐。制定并实施集体供餐单位营养操作规范，推动学校食堂实施“洁厨亮灶”活动。（区教体局、区卫健委、区市场监督管理局按职责分工负责）

学生超重、肥胖干预。开展针对学生的“运动+营养”的体重管理和干预策略，对学生开展均衡膳食和营养宣教，积极开展学校体育运动。加强对校园及周边食物售卖的管理。分地区、分年龄段开展学生营养及超重、肥胖情况监测评价，分析家庭、学校和社会等影响因素，提出有针对性的综合干预措施。（区教体局牵头，区卫健委、区市场监督管理局按职责分工配合）

开展学生营养健康教育。将营养知识纳入中小学健康教育内容，结合不同年龄段学生的特点，开展形式多样的课内外营养健康教育活动。（区教体局牵头，区卫健委配合）

（三）老年人群营养改善行动。

开展老年人群营养状况监测和评价，落实国家基本公共卫生服务项目，建立老年人群营养健康管理与照护制度，将老年人群营养健康状况纳入城乡居民健康档案，实现信息化管理。推进多部门协作机制，实现营养工作与医养结合服务内容的有效衔接。（区卫健委负责）

建立满足不同老年人群需求的营养改善措施，促进“健康老龄化”。依托基层医疗卫生机构，在社区、养老机构、医养结合机构等开展疾病预防、营养配餐、营养教育、中医养生等非诊疗性健康服务。实施老年人群的营养膳食供餐规范，指导医院、社区食堂、医养结合机构、养老机构营养配餐。推动开发适合老年人群营养健康需求的食品产品。对低体重高龄老人进行专项营养干预，逐步提高老年人群的整体健康水平。（区工信局、区民政局、区卫健委、区市场监督管理局按职责分工负责）

（四）临床营养行动。

建立、完善临床营养工作制度。根据省、区相关工作规范，组建营养支持团队。加强临床营养科室建设，鼓励具备条件的二级以上医院设立临床营养科室，其他医院设立营养诊室，使临床营养师和床位比例达到1∶150。（区卫健委牵头，区教体局、区人社局按职责分工配合）

实施营养不良住院患者临床诊疗路径。逐步开展住院患者营养筛查工作，了解患者营养状况。建立以营养筛查—评价—诊断—治疗为基础的规范化临床营养治疗路径，依据营养阶梯治疗原则对营养不良的住院患者进行营养治疗，并定期对其效果开展评价。（区卫健委负责）

完善营养相关慢性病的营养防治措施。制定完善高血压、糖尿病、脑卒中及癌症等慢性病的临床营养干预措施，对营养相关慢性病的住院患者开展营养评价工作，建立从医院、社区到家庭的长期营养管理模式，实施分类指导治疗。（区卫健委负责）

规范化使用特殊医学用途配方食品和治疗辅助膳食。加强医护人员临床营养知识培训，执行统一的临床治疗膳食营养标准，逐步完善治疗辅助膳食配方。（区卫健委、区市场监督管理局按职责分工负责）

（五）贫困地区营养干预行动。

将营养干预纳入健康扶贫工作，因地制宜开展营养和膳食指导；实现贫困人口家庭医生签约服务全覆盖，定期开展随访、健康评估、健康咨询、家庭病床、中医药治未病等服务。针对改善居民营养状况和减少特定污染物摄入风险，研究农业种植养殖和居民膳食结构调整的可行性，提出解决办法和具体措施，并在有条件的地区试点先行。（区农业农村和水利局、区卫健委、区扶贫办按职责分工负责）

继续推进实施农村义务教育学生营养改善计划。持续开展学生营养健康状况和食品安全风险监测与评估，采取有效干预措施并定期评估干预效果。加强对儿童保健人员的营养知识培训，开展贫血率调查，鼓励6—24月龄婴幼儿补充辅食营养补充品。（区教体局、区财政局、区市场监督管理局按职责分工负责）

加强食源性疾病监测与防控，加强对基层医疗机构人员培训，加强食源性疾病监测报告，了解食源性疾病病种、流行趋势、重点加强腹泻监测及溯源调查,掌握食品污染来源、传播途径。针对食源性疾病发生的关键点,针对性采取改水改厕、搞好环境卫生、改善不良生活习惯等措施,有效预防食源性疾病发生。开展营养与健康融合知识宣传教育。(区卫健委牵头,区市场监督管理局配合)

(六)吃动平衡行动

推广健康生活方式。积极推进全民健康生活方式行动,大力开展以"三减三健"(减盐、减油、减糖,健康口腔、健康体重、健康骨骼)为重点的专项行动。推广应用《中国居民膳食指南》指导日常饮食,控制食盐摄入量,逐步量化用盐用油,同时减少隐性盐摄入。倡导平衡膳食的基本原则,坚持食物多样、谷类为主的膳食模式,推动国民健康饮食习惯的形成和巩固。宣传科学运动理念,培养运动健身习惯,加强个人体重管理,对成人超重、肥胖者进行饮食和运动干预。(区卫健委、区教体局共同牵头,区文广新旅局配合)

结合营养与慢性病状况调查,做好全民健身活动状况调查数据分析,构建运动人群营养服务平台和运动营养处方库,将营养指导、健康管理和慢性病防治纳入全民健身。(区卫健委、区教体局按职责分工负责)

推进体医融合发展。支持医疗机构研发运动康复技术,鼓励社区健身指导站与社区医疗机构联合开展康体服务,支持在社区设立科学健身及老年运动康复指导与服务站点。对慢性非传染病疾病患者进行科学的运动指导。鼓励社会资本开办康体、运动康复、体育托管等机构,将运动营养服务融入体育产业发展。(区卫健委、区教体局按职责分工负责)

五、加强工作保障

(一)强化组织领导。为加强对我区国民营养计划实施工作的领导,强化部门间协调配合机制,成立珠山区国民营养健康指导委员会。各有关部门要按照分工安排制定部门实施计划,将各项工作任务落到实处。区国民营养健康指导委员会具体组成人员名单如下:

主　任:江志瑜　区政府副区长
副主任:辛　晨　区卫健委主任
李洪涛　区教体局局长
谢君毅　区农业农村和水利局局长
张　麒　区扶贫办主任
郑　芳　区市场监督管理局局长
成　员:徐丽君　区委宣传部副部长
冯小欢　区财政局副局长
冯唐春　区卫健委党组副书记、区疾控中心主任
王世平　区教体局副局长
钱丽娟　区农业农村和水利局副局长
付陈芳　区扶贫办副主任
林　海　区科技局副局长
程华峰　区工信局副局长
彭佩芳　区民政局副局长
仲筱霞　区人社局副局长
胥文翔　区市场监督管理局副局长
胡水芳　区文广新旅局副局长
林丽敏　区司法局党组成员、主任科员
李　霏　区科协副主席
曹彩虹　区发改委党组成员、主任科员

区国民营养健康指导委员会办公室设在区卫健委,辛晨兼任办公室主任。

(二)保障经费投入。不断加大投入力度,充分依托各方资金渠道,引导社会力量广泛参与、多元化投入,并加强资金监管。

(三)广泛宣传动员。要组织专业机构、行业学会、协会以及新闻媒体等开展多渠道、多形式的主题宣传活动,增强全社会对国民营养计划的普遍认知,争取各方支持,促进全民参与。

媒体报道

景德镇市珠山区宣传战线:发出最新最快最准的战报

人民日报客户端　江西频道　景德镇市珠山区委宣传部

2020－02－16　19:32

新冠肺炎疫情发生以来,景德镇市珠山区宣传战线的干部争当"排头兵",逆行"赴前线",发扬了无私无畏的精神,在疫情防控的关键时刻冲得上去、危难关头豁得出来,坚持正面强力发声,进行了及时、全面、客观的宣传报道和舆论引导,更好强信心、暖人心、聚民心,为抗击疫情增添了极大的社会正能量。

战"疫"发布强信心

战胜疫情,信心比黄金还要珍贵。要让群众更多知道党和政府正在做什么、还要做什么,这是信心之源,也是宣传舆论工作要牢牢把握的重点任务。

珠山区融媒体中心设立"众志成城抗疫情"专栏,多层次高密度发布权威信息,及时回应群众关切。宣传干部把责任扛在肩上,打好主动仗、下好先手棋,将区委区政府重大决策部署、各部门联防联控的措施成效和科学防护知识拍摄成视频、制作成图片、编辑成文字发布出来,把防控宣传工作做细做实。

7286次阅读、305次转发《珠山区召开新型冠状病毒感染的肺炎疫情联防联控领导小组工作会议》;11.68万次阅读《景德镇市珠山区新型冠状病毒感染的肺炎疫情应急指挥部令(第4号)》;30505次阅读、2251次转发《景德镇市第五例新型冠状病毒感染的肺炎确诊病例情况》;35098次阅读、1705次转发《"封村"后的盛塘坞生活依旧平稳有序》;15218次阅读、719次转发《这件事可能毁掉所有人的努力!》。

珠山融媒体坚持做好全媒体时代的网络舆论工作,构建网上网下同心圆,制作发布原创稿件和视频,关注度和影响力得到大大提升。在这次战"疫"宣传中,古镇珠山"两微一端"、共推出稿件视频3356篇(条),阅读量超1902万次,坚定了全区打赢这场人民战"疫"的信心。

抗"疫"故事暖人心

《号角声声催人进,党员干部防控忙》《心中有力量,肩上有责任》《战"疫"一线,这群"可爱"的人很给力》《用心用情用力出站　温情温度温暖抗疫》《携手逆行护百姓　党旗下的战疫身影》《"封村"后的盛塘坞生活依旧平稳有序》……一篇篇或让人感动,或令人起敬的文稿背后是珠山宣传干部挥洒的激情和汗水。他们坚守岗位,冲在前线,用笔和镜头记录感人故事的瞬间,同时也成为这些抗"疫"故事背后一道温暖的风景线。

1月30日,珠山区昌江村确诊了本区第一例新型冠状病毒感染的肺炎患者崔某某,2月1日凌晨0时起,珠山区正式对存在较高疫情传播风险的竟成镇昌江村(盛塘坞安置地)全面实行疫区封闭管理。一时间网络疯传"封村"消息,大家纷纷表达焦虑和关注。为回应群众关切,珠山融媒体记者第一时间做出反应,不畏感染风险,毅然走进盛塘坞,了解了该村真实抗"疫"情况,拿到了第一手战报:防治工作井然有序、村民生活正常稳定,群众也放下了悬着的心,直夸工作迅速到位。

珠山区还有许多坚守前线的宣传干部,他们夙夜在公、奋笔疾书。他们中许多放弃了春节假期,深入抗疫一线进行采访报道,一只口罩、一台相机就可奔赴"战场",他们总说:"我们要把笔触、话筒,相机对准防疫一线,要见证防疫一个个动人的故事,要用图片、文字、声音和画面将防疫阻击战故事真实呈现,用实际行动书写珠山宣传人的防疫责任和担当。"

疫情防控期间,防护物资成为紧缺资源。区委宣传部积极筹集捐献了5000只一次性医用口罩,及时分配给镇街、村社区及各学校,缓解了他们防护物资的燃眉之急。

防"疫"宣传聚民心

“少吃一顿饭，亲情不会淡，少喝一顿酒，感情仍长久”“口罩你不带，病毒把你爱”“少出门，戴口罩，勤洗手，常通风”“病毒疫情不可怕，谣言信息切莫发”……这些“硬核”标语出现在珠山区大小里弄，传遍珠山区各条街坊。

珠山区通过通俗易懂、易于传播的形式，积极引导居民群众了解疫情相关情况和防护措施，帮助群众树立正确的卫生健康意识。应急小广播和流动小喇叭更是大嗓门、主力军，声声入耳、句句关心。

珠山区还借助微信群、朋友圈等工具，发布《致全区干部群众的倡议书》，利用 LED 电子屏等载体不间断播放宣传标语，一线村社区宣传干部积极做好上门入户宣传，让群众掌握疫情防控相关知识。全区共设置疫情防控宣传横幅 900 余条，宣传栏 780 余处，宣传单约 11.3 万余份，张贴公告近万张，公开信 7 万余份，微信消息 6.9 万余次，设置电子屏近百处。

珠山区的宣传干部同其他各条战线的干部一起用自己的方式构建起团结防“疫”的城墙，汇聚起同舟共济的民心。

江西景德镇三宝村：陶瓷古村落焕发“年轻态”

《光明日报》 2020 年 11 月 19 日 04 版 胡晓军

在千年瓷都江西景德镇市珠山区东南角的丘陵山谷之间，有一个闻名遐迩的陶瓷艺术之村——三宝村。它曾是为景德镇古代瓷业生产提供主要瓷土原料的重要矿产地，随着近代以来陶瓷原料配方的改进和制瓷中心的转移，这个小村落曾一度衰落。

党的十八大以来，地域面积 6.36 平方千米，户籍人口 767 人的三宝村积极融入景德镇国家陶瓷文化传承创新试验区建设，通过激发传统文化资源活力，把文化转化为生产力，走出了一条极具人文特色的城郊村小康发展之路。

农村吸引城市，创客多过村民

站在高处望向三宝村，只见一幢幢屋舍或依山而建，或逐水而栖，有的是青砖黑瓦修旧如旧的民居，有的是钢架混凝土加玻璃结构的现代建筑。在满目苍翠之间和谐共存。

“2018 年年初，村里抓住被列为全市乡村振兴示范点的契机，先行先试，激发村民内生动力。使村民成为改革的参与者，受益者。实现了所有权、承包权、经营权三权分享。”三宝村党支部书记胡国强介绍，珠山区国资公司出资 2100 万元注册成立闲云涧文化产业公司，开展专业化运营；村里成立农业合作社，整合 25 栋房屋和村小组全部山林天地，以所有权、承包权入股参与生产经营。

按照“村庄景区化，景区村庄化”的理念，三宝村高起点、高标准规划实施了“三宝瓷谷”项目，致力把整个村庄打造成以陶瓷研发、设计生产为核心的文化产业集聚区，以特色街区、庄园酒店为主题的乡村风情区，以艺术体验、生态养生为特色的山地休闲度假区。村里从改造环境、治理脏乱差入手，按照修旧如旧、建新创新的原则，做好治山理水，显山露水文章。完善村庄功能，实现“路平、水通、灯亮、线齐、墙美”，让三宝村焕发繁华和美丽的风采。

如今的三宝村，文创企业、私人博物馆、艺术家工作室、轻奢餐吧、慢生活民宿点缀于村中，有山水之秀、自然之美，更有人文之韵，成了望得见山、看得见水、记得住乡愁的大花园。良好的生活环境、活跃的创业气氛，吸引了越来越多怀揣艺术梦想的人们会聚三宝村。

古村落焕发出“年轻态”。寂静的三宝村热闹起来，不仅外迁村民纷纷回流，许多在外打工的村民也陆续回村就业创业。吸引不少国内外艺术家慕名而来，众多文化创客聚集于此。据统计，常住村里的外地人就有 3000 多人，“景漂”人数超过当地人口的 4 倍。

文化优势变成发展优势。村民的就业创业热情得到激发，收入也大幅提升，月收入平均超过 6000 元。贫困户王宝生就是村里改革的受益者之一，他在家门口开办的陶瓷生产销售作坊，实现年销售额 70 万元，加上村里资源股的分红，家庭年收入达到 20 余万元，成功实现脱贫致富。

偏僻走向开放，凋敝变身网红

景德镇市闲云居陶瓷文化有限公司是三宝村

一家颇有知名度的民营陶瓷文化创意企业。由一度破败的过期老厂房改建成的生产车间前台墙面上,“传千年艺,创当代美”8个大字引人注目。该公司董事长段建平说:“我们既要传承好老祖宗的千年制瓷技艺,又要生产出符合当代审美的文创产品。”

通过引进和培育洛客·设计中心,三宝蓬艺术聚落,大学生创业园等一批高端、国际化的孵化平台,辐射带动、吸引了各个层面的陶瓷文创企业,文化艺术机构。“景漂”入驻交流合作、创新创业。陶瓷文化的张力效应、集聚效应得到充分彰显。三宝村形成了文创、研学、民宿、书吧等多元化业态。

做足“陶瓷+”文章,是近年来三宝村发展的秘诀。通过“陶瓷+创意”“陶瓷+生活”“陶瓷+旅游”“陶瓷+互联网”,三宝村打好融合牌,不断激发新经济新动能新业态。占地156亩的三宝国际文创中心,吸引了不少互联网公司落户,2019年,线上交易额超过30亿元。

在陶艺的辐射带动下,三宝村也衍生出各具特色的新民艺。如陶瓷与夏布、银器携手,油画与竹编、动漫相连。催生出丰富多样的三宝文化场景。

依托独特的地缘和文化资源优势,三宝村还大力发展特色民宿产业。民宿数量从2016年的29家增加到2019年的98家,成为带动村民就业增收的“新亮点”。

因地制宜的文化带动、文化赋能,不仅让三宝村的人文环境得到改善,文化产业加快发展,也提升了三宝村的生活品质,提振了村民的精气神,涵养了小康的亮色,2012年到2019年,三宝村民收入增加到2.6万元,增长了4倍,年均增长25.85%;村集体收入增加到421.68万元,增长了36倍,年平均增长率67.6%;9户贫困户27任,2016年底全部脱贫,提前4年全面完成脱贫攻坚任务。

曾经的三宝,“重重水碓夹江开,未雨殷传数里雷。春得泥稠米更凿,祁船未到镇船回”,现在的三宝,人们过着“诗与远方”的生活,享受着小康的幸福;未来的三宝,还将从人的城镇化、基础设施的标准化、社会治理的现代化入手,改造提升为一个更具原生态魅力的世外“陶”源,更有吸引力的创业人才聚集地,更有影响力的三宝国际瓷谷,成为与世界对话的新名片。

架起人大代表和选民沟通的“连心桥”

《景德镇日报》 2020年1月6日 A2版 付裕

去年以来,珠山区太白园街道按照区人大工作要求,积极建设浙江路社区人大代表联络工作站,把联络工作站打造成学习之家、履职之所、活动之地、凝心之寓,扎实开展代表联系选民活动,加强了人大代表与群众的联系,架起了人大代表与选民沟通的“连心桥”,有效地发挥了人大代表作用。

建立工作机制。该街道成立了人大代表联络站组织机构,设有站长1名、联络员5名,建立了驻站各级人大代表个人履职档案,驻站人大代表姓名、职务、联系方式,上墙公开。

推进硬件建设。该联络工作站坐落在浙江路社区办公楼。设有选民接待室、谈心谈话室,门口张贴了代表联络站工作牌,为人大代表接待选民集体活动提供了便利。为提升代表履职能力,联络站设立了学习专栏,订阅了《瞭望》《当代江西》和《时代主人》等学习资料,不断提升人大代表的业务知识和工作能力。

积极开展活动。联络工作站自成立以来,共接待选民70余人次,进站代表40余人次,组织代表接待选民活动24次,解决问题24件。同时,每月至少组织一次驻站人大代表参与社区活动,驻站人大代表深入社区,选民(群众)与人大代表“心贴心”交流,面对面沟通,树立了人大代表良好形象,提升了进站代表的“归属感”。

截至2019年11月,共组织代表开展走访慰问、清明祭扫、助力“双创双修”等活动10余次。活动的开展拉近了代表与选民的距离,推进了街道各项工作的顺利开展。

面对疫情，石狮埠党群同呼吸共命运

《景德镇日报》 2020年2月2日　A2版　伍梦玲

自新型冠状病毒感染的肺炎疫情发生以来，珠山区石狮埠街道反应迅速、积极行动，共同织密防疫大网，共克时艰，共抗疫情，坚决打赢这场没有硝烟的战争。

吹响战疫“集结号”

春节，是阖家团圆的日子。但面对这场突如其来的疫情，在团圆和责任面前，石狮埠街道的党员干部毫不迟疑地选择了后者。1月23日，成立了由街道党工委书记任组长的新型冠状病毒感染的肺炎疫情防控工作领导小组，组织召开了街居全体干部参加的疫情防控部署会，打响了疫情防控第一枪。

争当防疫“排头兵”

“我是党员，让我上。”一个党支部就是一个战斗堡垒，一个党员就是一面旗帜。面对疫情，街道党员干部冲在前、干在前，积极发挥先锋模范作用，带领街居干群日夜奋战在疫情阻击第一线，用行动诠释了共产党人的初心和使命。在重点人员的排查和监测中，街道党工委书记，党工委副书记、办事处主任进居入户排查，坚持率先垂范，发挥“头雁效应”。

织密疫情“防控网”

“春节期间不拜年、不走亲、不访友，不参与社会活动，不参加景区景点、娱乐场所等相关活动，做好家人防护工作，做到家中室内勤通风、勤换气、勤洗手……”通过小喇叭、微信公众号、拉横幅、张贴宣传栏、发放宣传单、LED电子显示屏等形式纵深开展疫情防控知识宣传，把宣传工作落实到每一户、每个人，实现群众宣传全覆盖。共悬挂宣传横幅50条，发放宣传单16000份，张贴宣传喷绘展板120块，印制宣传折页500份。

“打不通的，联系不上的，就找派出所或者民政，查找新的联系方式。”街居干部、小区物业、城管、派出所联动，将社区划分若干网格，对12月27日起返景人员，特别是从武汉和湖北来的人员核查信息，登记造册，进行健康指导，每天实施体温监测。

为了更有效地防控疫情，保护居民的身体健康，石狮埠街道党工委及社区党委组织了一支由党员志愿者组成的“党员志愿消杀队”，主要针对重点人员居住地周边进行消杀。数十千克的喷雾器，有时候一背就是一下午，有时甚至还顾不上吃饭就要赶往小区，只因为居民的一声呼唤；他们奔走在最危险的防控一线，发扬不怕苦不怕累的精神，只因为“为人民服务”的信念已然扎根于心。

休戚与共，守望相助。在疫情面前，石狮埠街道挺起不屈的脊梁，街居上下一心、党群一心、干群一心，用热血、用汗水、用身躯、用智慧、用实际行动诠释着大爱无言勇担当的为民情怀，彰显出“以人民为中心”的精神。

珠山城管：“1+120”疫情防控工作体系显成效

《景德镇日报》 2020年2月6日　A3版　王宇俊

（特约通讯员　王宇俊）连日来，珠山区城市管理局为了打赢防控新型冠状病毒疫情阻击战，启动“1+120”疫情防控工作体系，并作为防控疫情各项工作推向深处、推向细处、推向实处的重要抓手。

该局启动“1+120”疫情防控工作体系：“1”是及时研判全国疫情发展新数据、新趋势，制定相应防控应急预案，实行局领导班子成员带队深入一线疫情防控调研督查工作机制，在市容秩序、卫生环境方面成立了2支快速应急队伍，应对突发性事件；而“120”的“1”是强化春节期间疫情防控值守检查机制。每天局领导班子成员对局属各中队人员值守情况进行检查，制作值守人员到岗抽查表，落实各项疫情防控工作，实行重大事件问责机制，共检查16次；“2”就是做好疫情防控宣传和重点区域整治。在疫情防控宣传方面,通过对商家、市民发放新型冠状病毒感染肺炎防治宣传单、LED电子显示屏字幕滚动播报、城管巡逻车“小喇叭”广播等形式进行宣传教育,共发放宣传单600余份,LED电子显示屏字幕滚动播报60余处,城管巡逻车“小喇叭”广播40余起。在重点区域整治方面,该局联合区市场监管等部门开展以检查农贸市场周边及街面售卖活禽、野生动物为重点的执法巡查管控工作,对活禽、野生动物售卖交易行为予以取缔,不放过任何一个点位,坚决杜绝活禽、野生动物交易行为。累计出动执法人员1000余人次,巡查道路590余条次,检查农贸市场及周边355处,整治占道经营325起,取缔非法活禽交易8起;“0”就是对值守人员防护、重点区域消杀全覆盖、无死角。加强值守人员疫情防控自我保护宣传教育,要求所有人员必须戴口罩执勤,积极落实防护措施。强化城区公厕、垃圾中转站、垃圾箱等公共区域的消杀工作,同时在全市率先启动废弃口罩回收专项工作,确保公共区域干净整洁。组织环卫人员700余人次,对城区公厕、垃圾中转站、垃圾箱等公共区域进行消杀防治2672处,设置废弃口罩回收桶33个,生活垃圾日产日清890余吨。

凝聚起战“疫”磅礴力量

——珠山区竟成镇疫情防控工作记略

《景德镇日报》 2020年2月11日 A3版 曾思云

自新型冠状病毒感染的肺炎疫情发生以来,珠山区竟成镇全体党员干部进入临战状态,在这场战“疫”中,全镇党员干部实干担当,扎实做好疫情防控各项工作,为稳定群众情绪、落实防控部署起到了“定海神针”的重要作用。

党旗飘扬在防控一线

农村是疫情防控的重中之重,作为珠山区唯一的乡镇,竟成镇充分发挥基层党组织战斗堡垒作用,第一时间进入应急状态,成立了以镇党政主要领导为组长的防疫领导小组,多次组织召开工作部署调度会,专题研究安排全镇防疫工作。

该镇党委、政府在上级统一指挥下,把党旗当成“集结号”,深刻树立起“三心”,做到党员到处有力量,党旗飘处是心安。全镇各基层党组织充分发挥战斗堡垒作用,充分发挥广播喇叭、流动宣传车、宣传栏等平台作用,切实做好正面引导群众、制止疫情谣言等工作。

基层干部冲在最前沿

面对严峻的疫情形势,该镇党员干部纷纷冲锋在战斗最前沿,用自己的身躯为群众筑起最坚实的疫情“防控网”。

刘翠是竟成镇唯一一名女性村支书,面对疫情,她充分彰显了巾帼不让须眉的风采,在托付亲戚安顿好身患重度肝硬化的公公和即将中考的儿子后,第一时间奔赴防疫一线,带领村干部开展防疫宣传和上户排查外来人员工作,带领村干部24小时坚守在工作岗位,实时关注防疫最新动态,为黄泥头村疫情防控稳定提供了坚实的组织保障。

“我是村支部书记,是党员,疫情面前就要坚守一线,早一天布置,就减少了一份传染的危险,人民群众就多了一份保障。”这是小港咀村党支部书记杨庆经常对村干部说的话。自打正月初一起,他就不断忙碌在疫情防控的第一线上,每天早出晚归,超负荷工作14个小时以上,连续好几天家人都见不着面。

党群一心联防联控

为有效切断传染源,降低疫情传播风险,该镇全面落实联防联控措施,构筑群防群治防线。先期对地处城市“插花”地带,人员复杂、流动性大的昌江村盛塘坞安置地进行了疫区封闭管控,为妥善稳定做好管控工作,昌江村按照“三个一”工作法,一天进行至少两次电话回访,力争对居家隔离人员身体状况和接触人群做到了如指掌;一天进行两次宣传解释和心理疏导,做到盛塘坞安置地200多户600余人全覆盖;一天收集两次村民提出的各类困难,指派专人到农贸市场、超市采购配送生活用品。

在取得成效的同时，该镇结合昌江村封闭管控经验在14个行政村各村小组、农贸市场、陶瓷市场等区域，设置体温检测点和外来人员劝返点，切实做到镇不漏村、村不漏组、组不漏户、户不漏人，全力切断疫情传播渠道。

该镇党员干部严密扎实的管控举措和细致入微的后勤保障，不仅消除了村民的恐慌心理，也得到了广大村民的真心支持，昌江村、黄泥头村、青塘村、银坑村、湖田村的村民陆续为一线值班值守的工作人员送上水果、饮用水等物资。银坑村10余名退伍党员，在得知消息后，也纷纷自发组成志愿者队伍，协助村干部一同值班值守在一线。

抗击疫情勇担当

——记珠山区里村街道马鞍山社区党委书记、主任　齐菊英

《景德镇日报》　2020年2月14日　A2版　童霞燕

疫情面前，总有鲜红的党旗高高飘扬，总有不屈的身影冲锋在前，他们坚守一线、日夜奋战，与时间赛跑，与疫情战斗，他们逆行而上，为生命站岗，践行着共产党人的初心和使命。

自新型冠状病毒感染的肺炎疫情发生以来，珠山区里村街道马鞍山社区党委书记、主任齐菊英勇于担当，一切以人民生命安全为重，从除夕开始就冲在了疫情防控的最前线。她舍小家顾大家，扛起责任，积极落实上级部署，果断采取防疫措施，精心做好防疫工作，担起了人民群众的主心骨和疫情防控的“先锋”。

在齐菊英的带领下，社区工作人员、楼栋长和党员志愿者们纷纷放弃节假日休息投入抗击疫情第一线。齐菊英充分利用宣传栏、LED屏、居民微信群、党员志愿者组成的流动宣传小喇叭等多种形式，及时发布权威疫情防控信息、卫生防护知识及防治措施，引导群众加强自我防护，增强群防群控意识和防控自信心，不分昼夜地在辖区内排查外来人员，全面摸清外来人口特别是湖北及武汉返乡人员的具体情况，真正做好打通疫情防控信息传递“最后一千米”。为了广大群众的安危，她到户跟踪随访，询问返乡人员身体状况、讲解居家隔离的必要性，量体温、填表格掌握第一手资料。

1月27日上午，齐菊英接楼栋长打来的电话，反映他们居住地有一位刚从鄱阳县昌洲乡高家村来的租住户，自称村里被封，连夜骑摩托车偷跑出来的，她第一时间联系竟成派出所民警一同赶到此地找到此人，并第一时间上报街道，当时此人否认说过此话。在大家都害怕迟疑的情况下，她主动上前与其交谈接触，了解第一手资料，下发告知书，并赠予体温计供其使用，要求其居家自我隔离14天。

1月28日下午，齐菊英在日常排查中，接到居民反映波建宿舍私房内，有一户在我市做环卫工的租住户，户主叫徐觉义，现年57岁，独自抚养一对未成年儿女，生活十分困难，而且正在生病发烧，她在第一时间赶到其住处，劝其到医院救治，同时也了解到他最近没有外出，也没有接触可疑人员，一颗悬着的心也就放下了，并马上将情况上报街道，同时也做好周边居民的安抚工作，消除不必要的恐慌。次日一大早，齐菊英又带领社区工作人员带着棉衣棉被和牛奶来看望徐觉义，经过连夜治疗现已退烧，他接过棉衣棉被和牛奶激动地说：“谢谢社区对我们家的关心，让我这个外来户在这样的一个特殊时期也感到如家般的温暖。”

1月30晚上10时许，当齐菊英得知曙光晶座小区，有一人与新冠肺炎感染者有密切接触时，她立即将其全家信息登记在册，并迅速购买消毒水组织党员志愿者和物业一起对小区内所有的电梯、下水道、绿化带等地进行全面消毒，将疫情防控做到不留死角，同时劝阻居民不要聚会、聚餐、打牌、举办宴席，还帮助外来返乡人员购买肉、蔬菜等生活必需品，解决一些实际困难。

疫情就是集结号，疫情就是试金石。当前，齐菊英坚守岗位，履行职责，每天奋战在第一线，与社区工作人员一道，共同抗击疫情，为打好疫情阻击战，她说“我不带头，谁带头”。在接下来的工作中，齐菊英将继续发挥党员先锋模范带头作用，广泛宣传政策措施和防治知识，在这场没有硝烟的战争

中,为居民群众的生命安全保驾护航。

战“疫”中的城市“管理者”

——珠山区城市管理局疫情防控工作记略

《景德镇日报》 2020年2月14日 A3版 王宇俊

当新冠肺炎疫情形势依然严峻,市民群众足不出户、宅在家中应对疫情的时候,珠山区却有这样一群人加班加点、负重逆行走出家门投入疫情防控一线工作中,他们就是城管队员、环卫工人,他们有一个共同的名字就是“城市逆行者”,始终坚守在疫情防控一线。

众人拾柴火焰高

全区域防疫消杀、重点区域疫情布控、小区封闭式管理是抓好辖区疫情防控的重点工作。为了抓好疫情防控重点工作,珠山区城管队员、环卫工人们不分昼夜坚守在各自管理网格化区域,主动履职、担当实干,在冷清的街道上到处是他们忙碌的身影,疫情防控期间他们蹲点执勤,防疫消杀……维护了辖区干净、整治、有序的市容环境。负责珠山中路果壳箱消杀的环卫工人王师傅说“知道这个时期工作危险度高,但越是这个时候,城市的卫生保洁越是要做好,不给病毒藏身之处,自己辛苦一点也值得。”

党旗飘扬斗志浓

当疫情暴发后,在珠山区城市管理局党员队伍中响起了“我是党员,我要求上一线”“我是党员向我看齐,关键时候我不冲锋谁冲锋”的铮铮誓言,由局机关、直属城管中队、驻地城管中队党员干部组成的党员先锋抗疫突击队奋战在疫情防控一线。在麻石弄瓷器街隔离区内,他们不分昼夜加强巡查值守,排查重点区域,隔离区疫情得到有效控制。昌江城管中队中队长刘坚欣慰地说:“为了做好疫情防控工作,队员放弃了与家人团聚,以隔离区和办公室为家,吃住都在这里,虽然工作很辛苦,但是得到市民和政府的肯定,看到疫情控制,心里有一种成功的满足感,身体上的疲劳感也消失了一半!”

全天不休为防控

火车站也是珠山区疫情防控重点区域,参加里村火车站、高铁站值守的城管队员通常都是全天不休,排查引导过往旅客,累了就蜷缩着身子躺在矮小的座位上休息,饿了就拿起方便面在最短的时间内吃完,然后又投入紧张快速的疫情防控中。“为了打赢疫情防控阻击战,便于工作24小时随时调度,值守人员每天睡觉就在车站的椅子上睡,丝毫没有半点怨言!”里村城管中队中队长邱晓东感慨地说。

在高高飘扬的党旗下,党员先锋抗疫突击队奋战在城区街头、隔离区、火车站,处处都能看到他们负重逆行的身影,他们佩戴的党徽是他们战斗的见证,他们熬红的双眼是他们战斗的诠释。

珠山战“疫”全景图

《景德镇日报》 2020年2月16日 A1版 占毅

新冠肺炎疫情发生以来,我市疫情形势较为平稳。岁月此般静好,因为有太多太多的人在负重“逆行”。

作为中心城区,珠山辖区内陶瓷集散地多,来自全国各地的艺术家、收藏家联系密切;从事肉蛋蔬果批发的农贸市场多,农副产品交易活跃;供应居民生活物资的商场超市多,病毒易感老年人出入频繁;中小学校幼儿园多,少年儿童人群集中;老城区单栋宿舍楼星云罗布,物业管理存在短板。这些,都给珠山区的疫情防控工作带来巨大的压力。

面对疫情考验,珠山区也有城市治理的独特优势,经过多年耕耘,该区的基层组织建设成效显著,各级党组织都是一个个战斗堡垒。同时,在城区内,公安、城管、市监、卫监等执法队伍联系紧密,支撑起一张高效的应急防控网络。此外,珠山辖区商贸服务业发达,医疗物资筹措渠道广泛,可以快速动员补充,为全面投入战“疫”打牢了后勤保障基础。

这是一场没有硝烟的人民战争,为全面打赢这场战“疫”,珠山区立足“部署早、管控严、举措实”,努力将城市治理优势转化为抗击疫情的工作成效。

部署早

当1月下旬武汉疫情暴发,珠山区就迅速做出准确研判,最早在市区各农贸市场全面禁止了野生动物贩运交易和活禽宰杀,阻断了病毒的传播路线。该区还全面禁止寒假期间的各类办班补课,确保全区少年儿童能在安全健康的大环境里度过假期。竟成镇全力动员镇村党员干部,赶在除夕前一户户上门给村民做工作,强调聚集性活动一定要停办,疫情防控的决策部署必须不折不扣落实,坚决把这个关键时期防好控住。

为做到有备无患,早在去年12月30日,珠山区政府相关领导就做出全力备足防护物资的安排。为确保外地游客在珠山区安心隔离如居家,区指挥部专门指定接待酒店作为隔离观察点,集中提供舒适环境和生活保障,并每天2次安排医务人员为他们检测体温。到目前为止,珠山隔离点内入住的各地游客都没有出现体温异常情况。

为了让珠山广大干部群众迅速了解疫情形势、掌握自我防护方法,珠山区宣传战线立足一个“早”字,全体动员、全面发力、主动发声,通过微信、多媒体App、官方微博,以及流动小喇叭、海报横幅、宣传栏等丰富形式,对村民居民开展科学防控宣传,收到了良好的效果。管控严在疫情防控具体工作中,珠山区始终坚持全区一盘棋,党政主要负责同志亲自挂帅、靠前指挥,科学合理调配力量,成立了37家单位组成的区疫情防控应急指挥部,并下设10个专门工作组,把“严”的要求落实到方方面面。既要联防联控,公安、城管、市监和卫监执法等多支执法力量,统一由区指挥部协调调度,开展执法工作;更要严防严控,各执法队伍采取联合作战方式,严控工作中的重点、难点,堵住薄弱点。疫情发生以来,珠山区对违规宰杀活禽、哄抬商品物价、销售以次充好口罩和聚众赌博、制造散播谣言等行为予以严厉打击,做到了“一有线索绝不放过,一有苗头坚决遏止”,维护了社会大局和谐稳定。春节期间,对组织人员聚集打牌的4家棋牌室经营者处以行政拘留处罚。1月0日,我市确诊一例新冠肺炎患者崔某某。由于崔某某除夕曾在竟成镇昌江村盛塘坞与亲友聚餐过年。

为切实减少人员流动,降低疫情传播风险,在严格落实密切接触者隔离措施基础上,1月31日,区指挥部经过会商,并向当地村民征求意见后第一时间发出指挥部令:自2月1日0时起,对盛塘坞全面实行疫区封闭管理。在这场行动中,盛塘坞群众一直情绪平稳,村民自我防护意识也得到了进一步增强,而这正是得益于公安、城管、疾控、镇村等多部门共同参与,严格管控、保障到位,全方位阻断了病毒传染源,给了村民最大的信心。珠山区还与多部门联手,查获一起涉及2700余只假冒伪劣一次性医用口罩的案件,切实维护了广大群众的生命安全和医疗用品市场的稳定。没有防护意识就容易酿出祸端,该区还依法处理了聚集打牌赌博案件,起到了很好的警示教育作用。举措实依托前期在创卫工作中形成的一套行之有效的工作机制,珠山区四套班子领导全面下沉到各自挂点的镇(村)、街道(社区)一线,指导基层开展疫情防控工作。除必要的值班值守人员外,全区各单位70%的机关干部下沉到挂点联系的村(社区),投入摸底排查、封闭管理、测温消杀、社会稳定等具体工作,服从基层管理、参与疫情防控。

该区既坚持统一指挥,做到胸怀全局,不折不扣落实好中央和省、市各项决策部署和相关指令,也提倡全区各单位部门“各自为战”,坚决摒弃等待观望思想,充分发挥基层干部群众的创造力,只要有利于疫情防控全局,鼓励先行先试,大胆去做。为切断病毒传播途径,珠山区把工作重心放在来景返景人员管控上,对疫区、病例密切接触人员依法采取严格隔离措施,对非本市籍来景返景人员一律严控,积极劝返。广泛发动群众,采取设立24小时市民热线有奖征集疫情线索、对所有小区(村组、里弄)采取封闭管理等方式,最大限度减少了输入性风险。该区还扎实做好“五小行业”监管,全面强化公共场所体温检测措施和人流量管控,严禁各类人员扎堆聚集。珠山区全力加强农贸市场动态监管，千方百计保障辖区生活物资供应，积极调动各界力量，面向社会筹措医疗物资保供应，坚决把防护资源集中到抗击疫情第一线，为疫情防控工作创造稳定的社会环境。形势依然严峻，战“疫”重任在肩。珠山区正上下一心、众志成城，坚决克服麻痹松懈心理，发扬“不怕疲劳、连续作战”精神，保持全区疫情防控形势平稳，为全市疫情防控形势保持平稳贡献珠山担当。

“疫”来我战

——记珠山区昌江街道再胜弄社区党支部书记、主任廖燕

《景德镇日报》 2020 年 2 月 19 日　A2 版　程丽媛

“您好！我们是再胜弄社区工作人员，请问您和家人有没有外出返景的？有发烧发热症状吗？有没有与武汉人员接触……”1 月 25 日，农历大年初一，本该是家家户户阖家团圆、欢度新春佳节之际，然而直到晚上 9 点多，廖燕和她的同事们还在挨家挨户地走访排查。这样的情形，已经持续了 3 天。

“作为一名共产党员、一名基层社区党支部书记，就应该带头作表率，哪里需要，就出现在哪里；哪里危险，就冲在哪里。这个时候不上，什么时候上？我相信只要大家万众一心，就一定能打赢这场疫情防控阻击战。”面对今年春节期间突发的新冠肺炎疫情，珠山区昌江街道再胜弄社区党支部书记、主任廖燕毅然选择了坚守岗位，每天不分昼夜地带领着社区干部奋战在最前线，为社区居民筑起了一道红色安全线。

疫情面前，时间就是生命。在最短时间内，确定疫情重点关注人员的活动情况、亲密接触者等信息，是打赢这场战“疫”的一个重要条件。廖燕主要负责公共区域消毒、小区封闭管理、疫情宣传、与湖北武汉和鄱阳相关人员摸排等工作，为此她每天都要与物业联系数十次，一遍又一遍地上门摸排走访。她告诉社区干部，虽然经过严密的地毯式摸排，但社区内还存在一些不在家的居民，所以对没有敲开门的都要空行备注，一方面给再次摸排减少压力，另一方面做到心中有数。在摸排信息中，大多数人员都已回乡过年，还未回到小区居住，于是她将此类人员信息备注在表格中，通过网格员每日巡查回访，了解其返程信息。

廖燕还率先组建起一支巾帼“小喇叭”宣传队，采取“应急小广播”和“流动小喇叭”这一创新宣传模式，向居民普及“不串门、不聚集、戴口罩、勤洗手、多通风、多锻炼”等卫生知识，并通过正面引导，劝导大家不造谣、不信谣、不传谣。通过“小喇叭”的大力宣传，外来人员开始主动向社区报备登记，并积极配合每天体温监测和居家隔离；隔离人员每天都通过微信报告情况，确保社区及时掌握其居家隔离信息。

工作之余，廖燕也会时常想起家人，想念着女儿的拥抱，也担忧着父母的身体。然而时间紧任务重，各类报表、电话和群消息应接不暇，超负荷的工作量让廖燕来不及休息，常常是说话嗓子难受了，就含片咽喉片；腰疼了，就站起来走两步。

有一次，廖燕回到家后便开始上吐下泻，往常的她会不吃药扛一扛，但这次为了不影响工作，她早早地便吃药睡下。她在朋友圈写道：“一回家，上吐下泻，胃痛，感觉今天真的受寒了，希望明天能好。一种信念让我坚持，在消灭疫情之前我一定不能倒下。”第二天，廖燕的身影又出现在了小区里弄。

舍小家为大家，放弃与家人团圆的日子……在这场没有硝烟的疫情防控阻击战中，总有像廖燕这样的一群人，为了他人安全放弃家庭团聚，逆风向前，请战阻击疫情一线，他们不计报酬、不论生死，成了这个时代的最美“逆行者”。

仅用24小时！珠山区法院审结一起涉疫情诈骗案

《景德镇日报》 2020年2月22日 A3版 王雨卉 吴立群

2月21日上午，珠山区法院适用速裁程序，通过网络视频，“隔空”开庭审理并当庭宣判一起涉疫情网络诈骗案。该案从立案受理到开庭宣判用时仅24小时，为打赢疫情防控阻击战提供了有力司法保障。

该院审理查明，2020年1月底，被告人叶某某在新冠肺炎疫情防控期间，通过微信朋友圈发布自己有大量口罩销售的虚假信息，被害人袁某某、范某、陆某某看到上述信息后，分别向被告人叶某某微信转账4730元、1500元、5030元用于购买口罩，被告人叶某某收到上述款项后便将被害人的微信拉黑。其中，被告人胡某某伙同叶某某共同骗取被害人陆某某人民币5030元。

该院认为，被告人叶某某、胡某某在疫情防控期间，以非法占有为目的，利用电信网络骗取他人财物，数额较大，其行为构成诈骗罪，且系共同犯罪。

开庭前，该院依法为叶某某、胡某某指定了辩护人。鉴于二被告人具有坦白情节且认罪认罚，遂对被告人叶某某判处有期徒刑一年二个月，并处罚金人民币12000元；对被告人胡某某判处有期徒刑八个月，并处罚金人民币6000元；同时责令二被告人退赔被害人的经济损失。

庭审中，审判员针对目前疫情防控的严峻形势和社会责任，对二名被告人进行了法庭教育，二名被告人均当庭表示忏悔，认罪服法，不上诉。

当前正值疫情防控的关键时期，该案警醒大家，疫情当前，法律并不会缺席，如若有人抱着侥幸心理，触碰法律红线，必将受到法律的严厉制裁！

珠山区有序推进复工复产工作

《景德镇日报》 2020年2月26日 A1版 王宏

近期以来，珠山区采取上门走访调研、加强分类指导、创造良好环境等措施，一手抓好疫情防控，一手抓好有序推进辖区企业复工复产，坚决夺取疫情防控和实现经济社会发展目标双胜利。

上门走访调研。连日来，珠山区委主要负责人、区政府分管负责人和相关部门负责人赴华润万家、景瀚大酒店、古记餐饮、华达实业集团、大江科技、德韵陶瓷等就疫情防控、群众生活物资供应保障、复工复产等工作进行调研，及时掌握第一手资料，帮助解决复工复产中存在的困难和问题。与此同时，该区竟成镇、各街道也分别对各个辖区涉及商贸、酒店、餐饮、物流、汽车、家电等行业的89家单位开展全面走访和调查摸底，通过加强沟通、强化服务，为有序推进复工复产工作奠定基础。

加强分类指导。该区在上门走访调研的基础上，注重加强对复工复产的分类指导，坚持以强化疫情防控工作措施、压实疫情防控责任、保证干部职工生命安全和身体健康为前提。对疫情防控能力达到要求的，抓紧做好复工复产工作，抢抓市场机遇，提高生产效率，为全区经济高质量发展作出积极贡献，用实际行动支援疫情防控工作；对目前疫情防控能力没有达到要求的，暂不复工复产。

创造良好环境。该区采取领导挂点、金融跟进、就业确保、防疫物资保障、一企一策等多项支持措施，坚持分类、分步、分片区，科学有序地推进辖区行业复工复产。同时，各有关部门及时掌握复工复产、疫情防控、应急处置等情况，强化责任，规范督导，密切协调配合，形成工作合力，努力创造良好的复工复产环境。

珠山区有序推进春耕备耕

《景德镇日报》 3月2日 A2版 朱善轩

当前,正值疫情防控关键期,也是春耕备耕的重要时节。珠山区在抓实抓细疫情防控工作的同时,全力组织辖区农户开展春耕农业生产和菜地管理工作,确保不误农时,做到疫情防控和春耕生产两不误。

广宣传。该区充分依托网格化管理机制和微信群、大喇叭、宣传栏等媒介,以村组为单位,全面做好宣传工作,及时告知广大村民春耕生产有关注意事项,在引导村民做好防护的同时,推进耕地地力保护补贴与农民保护耕地责任相挂钩,坚决制止耕地抛荒。

严管控。扎实做好各村出入服务点值守工作,严格管控出村村民人数,确保劳作村民佩戴口罩,分散作业;并在委派村医每日对作业人员进行健康监测的同时,对生产区域进行消毒清洁,阻断病毒传播途径。

建队伍。进一步夯实防控责任体系,制定应急预案,组建区、镇、村三级应急小队,时刻保持战时状态,对疫情防控和春耕备耕工作进行全面跟踪,确保一旦发生突发事件能在第一时间有效处置。

稳供应。进一步畅通生产物资供应渠道,全力做好今年春耕备耕的农用物资保障和服务工作。目前全区农资经营单位已经筹备种子6吨、化肥6吨、农药1.8吨,确保满足周边地区农户春耕备耕需要。

保销售。建立由区农业部门牵头,市监、商务、工信、发改等部门配合的协调联动机制,开展“一条线”直销模式,确保村民种植的各类农产品都能以稳定合理的价格,第一时间运送到辖区各大农贸市场销售,最大限度减少疫情对农户生产生活的影响。

筑牢安全防护网

——珠山区全力以赴打赢疫情防控阻击战纪实

《景德镇日报》 2020年3月3日 A1版 朱萱

生命重于泰山,疫情就是命令,防疫就是责任。新冠肺炎疫情发生以来,珠山区认真落实中央和省、市委关于疫情防控工作要求,把人民群众的生命安全和身体健康摆在首要位置,在区委、区政府的坚强领导下,在该区疫情防控应急指挥部的有力指挥下,万众一心、众志成城,筑牢安全防护网,坚决打赢疫情防控阻击战。

党旗在古镇珠山大地飘扬

为切实做好疫情防控工作,该区发出了充分发挥党组织战斗堡垒和党员先锋模范作用的号召,得到了全区各级党组织和党员的积极响应。

农村是疫情防控的重中之重,作为珠山区唯一的乡镇,竟成镇第一时间进入应急状态,把党旗当成“集结号”,深刻树立起“三心”,做到党员到处有力量,党旗飘处是心安,充分发挥广播喇叭、流动宣传车、宣传栏等平台作用,切实做好正面引导群众、制止疫情谣言等工作。该镇所有领导班子成员24小时轮流带班、各行政村轮流值守,并为村民代买物资,保障村民生活,全面完成好地处城市“插花”地带、人员复杂、流动性大的昌江村盛塘坞安置地疫区封闭管控任务;该区里村街道面对把守城区老火车站的重任,全体党员干部迎难而上、群策群力,所有工作人员放弃休假,全面投入战“疫”之中;该区新厂街道联合辖区单位、广泛发动群众,党群同心、携手共进,把力量压实在抗击疫情一线,谱写了“疫情在前、党员向前,疫情不退、干部不退”的感人乐章……这样勇于担当、冲锋在前的党组织还有不少,在疫情防控中发挥了中流砥柱作用。

省人大代表、里村街道马鞍山社区党委书记齐菊英,今天春节原本打算要去广州与女儿团聚,接到防疫任务,她没离开,丈夫也没离开。齐菊英每天奋战在摸排、防控一线,她说:“我是党员,我不带头,谁带头?”在她带领下,社区工作人员、楼栋长和党员志愿者加强宣传、稳定局面,引导群众强化自我防护,持续排查重点人员,上户随访、填表格、量体温。像齐菊英一样舍小家顾大家、无私奉献的党员还有很多,正是他们,在非常时期让古镇珠山大地飘扬起了鲜艳的党旗。

有效维护联防联控形势下的市场稳定

在坚决打好疫情防控人民战争、总体战、阻击战的形势下,该区全面加强联防联控,构建众志成城的安全防护网。与此同时,该区坚持从维护人民群众的根本利益出发,采取过硬举措,保障市场供应稳定。

针对新型冠状病毒传染力强、农贸市场人员密集的特点,该区全面关停农贸市场家禽区,落实专门工作人员每天对市场进行巡查,确保活禽销售、活禽屠宰、野生动物非法交易“三个清零”执行到位;严格落实随场保洁和“一日一消毒、一周大扫除”制度,强化病媒生物防治,确保环境卫生干净整洁。

严禁未佩戴口罩和体温异常的人员进场,对发现体温异常人员做好登记并立即通报属地监管部门。加大疫情防控期间市场物价的执法力度也是该区保障市场供应稳定的重中之重。近期,该区市场监督管理等部门加强执法联动、及时受理群众市场举报案例,做到快速出击、力求实效,把各项工作措施落到实处。彰显战胜疫情的人文关怀,病毒无情,人有情。在疫情防控工作中,该区坚持把人文关怀体现在多个环节,坚定干部群众打好疫情防控阻击战的信心和决心。为关心爱护春节期间滞留的湖北武汉籍游客,该区安排指定接待酒店,集中提供良好的居住环境和充足的生活保障,并安排专业医务人员每天进行2次体温检测。当得知即将结束隔离的武汉游客中有一位女士生日时,该区领导带着生日蛋糕探望慰问,并送上生日祝福。如今,他们陆续经过14天的隔离观察和体温检测,在没有发现体温异常和其他身体不适的情况下,已经先后返乡。2月12日,该区正式上线“疫情防控信息平台App”,居民群众通过微信扫描二维码或手机链接的方式,可实时查询国家、省、市疫情信息及所在小区疫情动态和外地来景(返景)人员数据,并通过手机上报疫情线索、申报外地旅居史、登记进城信息;镇、街道及村、社区可在收到网端同步推送的数据后,第一时间核查、跟踪外地来景(返景)人员,并对防疫物资领用情况进行登记,每日上报辖区内小区、居民点、人员密集场所及公共设施的消杀情况,确保防控工作不留死角盲区;区防控疫情应急指挥部可结合大数据分析后自动生成的报告及在指挥中心展示的实时数据,掌握辖区疫情防控整体工作情况及机关、企事业单位、学校等人员健康状况,及时发出指令进行工作调度和物资调配,通过“互联网+”开启智慧防控新模式。

珠山区“三零”模式助力　辖区小餐饮业规范复工

《景德镇日报》　2020年3月11日　A2版　朱善轩

为保障居民群众正常生活需要,珠山区推行“三零”模式,切实助力辖区小餐饮业规范平稳复工。

政策宣传“零死角”。该区通过电视、网络向辖区小餐饮业主推送《致全区广大餐饮业经营者的一封信》,上门发放宣传单,普及防疫知识和复工相关政策规定;经营现场“零堂食”。该区每日早中晚三次对辖区小餐饮单位进行巡查,确保各经营户在店内统一张贴“禁止堂食”标志,并在店门处设置物理隔离或明显警戒线,落实落细各项防控措施,做好健康管理和操作场所消毒,对存在堂食等违规行为的,责令其立即停业整改;线上复工“零接触”。由市市场监管部门对美团、饿了么等网络订餐平台负责人进行约谈,督促其引导小餐饮行业调整经营策略,支持小餐饮店开通线上服务。同时,要求网络订餐平台对外卖配送员进行防疫知识培训,建立健全健康监测制度,全程实行无接触式配送,并进一步加强对入网餐饮单位的审核,禁止无证无照单位入网,对存在不符合食品安全及疫情防控有关要求的经营户,采取立即下架、责令整改等措施,及时消除隐患。

珠山区创优环境保障“菜篮子”安全

《景德镇日报》 3月13日 A3版 吴立群

农贸市场是城市重要的公共基础设施,也是反映城市形象、城市文明程度的重要窗口。在“一手抓疫情防控,一手抓复工复产”的新形势下,珠山区进一步落实市场主体责任,加强农贸市场的管控和服务力度,多措并举为市民“菜篮子”供应提供安全保障。

加强卫生消杀——督促市场业主加强市场保洁力度,严格落实随场保洁、“一日一消毒、一周大扫除”和活禽经营场所“一日一清扫、一日一消毒、一周一休市、过夜零存栏”制度,协调专业消杀公司对重点市场进行日常消毒,做好病媒生物防治,确保环境卫生干净整洁。抓好人员防护——督促市场管理人员和经营户全部佩戴口罩,晨测体温,严禁体温异常、有呼吸系统症状人员上岗。在农贸市场进出口设立防疫监测卡点,安排专人每天对进出农贸市场人员进行体温测量。要求消费者必须佩戴口罩,接受体温检测,严禁未佩戴口罩和体温异常的人员进场,对发现体温异常人员做好登记并立即报告属地街道(镇)及监管部门。坚持硬件隔离——督促市场继续关闭市场多余通道,原则上只保留一个出入口。对于拟恢复活禽交易的场所,要求在硬件上达到存栏、宰杀、售卖“三隔离”条件。强化市场监管——落实干部驻点各农贸市场,协调督促市场业主和管理人员落实消杀、防控等各项要求。服务市场业主——协调支持市场业主筹集发放口罩3500余只,消毒原液60千克,消毒工具15个;并开展了农贸市场管理人员、经营户疫情预防知识的宣传培训,有效保障了农贸市场疫情防控工作顺利进行。

记者从珠山区市场经营服务中心了解到,为打造高标准化管理的市场和辖区优质“菜篮子”工程,该区创新管理手段,在戴家弄农贸市场试点设立红黑榜,开展“诚信文明经营户”评选,评分标准按照经营品种不同,每月分别进行考评管理。每个市场安排驻点干部,督促市场业主抓好各自市场日常的环境卫生和市场秩序,强化常态化监管。建立由城管、市场中心、市监、属地街道(镇)等单位联合治理机制,定期组织对市场及周边开展联合巡查,加强市场及周边环境的管理。

在从2019年8月开始由市商务局组织开展的全市第一次星级农贸市场评选活动中,该区上报的4家农贸市场全部获得2019年度“星级农贸市场”荣誉称号,其中昌河农贸市场被评为四星级农贸市场,西路新区农贸市场、戴家弄农贸市场和中华北路农贸市场被评为三星级农贸市场。

将资源优势转化为经济优势

——马鞍岭村依托特色资源助推精准扶贫

《景德镇日报》 2020年3月26日 A3版 程丽媛

提起珠山区竟成镇三宝村,很多人并不陌生。

2015年,为更好地打造三宝的陶瓷艺术、文创、旅游等产业,我市立项“三宝国际瓷谷项目”。修沥青路面、统一沿街外墙装饰、招商引资、邀请专业人才入驻……在保留原始韵味的同时,三宝风光愈显旖旎;陶瓷手作的兴隆,更是让三宝成为瓷都享誉海内外的又一张陶瓷名片。然而,即便是景德镇人,也鲜有人知道三宝村内还有个马鞍岭。

马鞍岭村是三宝村下辖的一个自然村,地处三宝国际瓷谷腹地,村内面积约0.52平方千米,常住人口42户,共156人。虽然距三宝村前段只有数百米,但却是贫富两重天,由于泥路坑洼、房屋破旧,这里的村民不少都选择外出打工。

直至近年,珠山区对马鞍岭村进行了一系列的乡村升级改造,不仅修建了路面、地下管网,栽种了景观花木,还修缮了农民房屋,增设公厕、分类垃圾筒、指示牌、亭阁等公共基础设施,将一个破旧小村庄打造成一个景区标准的新乡村。如今走进马鞍岭,只见田园村舍错落有致,石板路幽深曲折,明媚阳光下,三三两两的行人漫步在林间小径,听溪水潺潺、赏百花盛开。

“依托自然生态和陶瓷资源优势,马鞍岭实施了‘三个三’模式,使村容村貌得到了全面改造和提升,去年,马鞍岭村还成功上榜了‘2019 年中国美丽休闲乡村’。而在征地赔偿、房屋租赁、就业创业和旅游服务等方面,村民们也受益匪浅,给精准扶贫工作提供了强大动力。”珠山区人社局驻村第一书记李强说道。贫困户张桃花和王国银就是其中一批受益者,这两户建档立卡贫困户的闲置房屋分别出租给了珠山区国资公司及“景漂”创业人士,年租金便有 5 万元左右。

2014 年,马鞍岭村通过识别确定因残致贫张桃花和因病致贫王国银 2 户为建档立卡贫困户,贫困人口 7 人。考虑到其实际情况,马鞍岭村一方面加快落实了健康扶贫“四道保障线”,实施先治疗后付费、“一站式”结算的措施,确保所有贫困户住院自付医疗费用比例控制在 10% 以内,以及贫困人口家庭医生签约服务覆盖率 100%。张桃花和王国银住院治疗费用经过“四道保障线”结算达 90%,还享受门诊特殊慢性病种待遇。另一方面,该村通过落实就业扶贫政策助力脱贫攻坚。王国银的儿子王宝生开办陶瓷作坊,根据他的创业需求,帮扶干部和就业部门为王宝生申请发放了 5 万元政府贴息小额贷款,并提供证照办理、创业培训以及跟踪服务等“一条龙”创业指导服务。同时,安排其妻子徐香红从事控烟员扶贫专岗工作,帮助实现就地就近就业;此外,该村还完善了教育扶贫资助政策,为贫困孩子上学保驾护航。王宝生的儿女均享受学前教育补贴、“两免一补”以及享受义务教育学段非寄宿生生活补助。

一系列精准扶贫政策作用下,2016 年马鞍岭村全面实现脱贫。

“感谢政府、村委和扶贫干部对我们的帮助,让我们享受到国家的扶贫政策,这些年,不仅我们村的环境得到了改善,我们的生活也越来越好、越来越幸福。”谈及近年来家中的变化,徐香红感慨万千。

珠山区念好“三字经”推动惠企政策早落地

《景德镇日报》 2020 年 3 月 21 日 A1 版 朱轩

为统筹推进疫情防控和经济社会发展工作,切实减轻企业负担,有效支持企业复工复产,珠山区念好“三字经”,推动各项惠企政策落地、落细、落实。

一是“明”细则。在国家、省、市相关惠企政策出台后,该区第一时间组织各行业主管部门进行专题研究,结合辖区实际,按照细服务、扩投资、促发展、增效率、优环境的原则,制定并出台了 16 条惠企政策实施细则,进一步支持辖区企业平稳复工、健康发展。

二是“拎”干货。该区以行业为单位,组织各行业主管部门按支持开工、减税降费、稳岗就业、项目落地、金融服务等将政策干货逐一拎出、分门别类,并通过网络平台、各类媒体与上门解读相结合的方式广为宣传,推动惠企政策应知尽知,企业应享尽享。

三是“促”落地。由该区四套班子成员牵头,各部门各司其职,建立政策兑现服务专人负责机制,组织工作小队赴辖区内各规上企业、龙头企业、重点企业现场了解其复工复产过程中遇到的困难和问题,用好“财园信贷通”等融资平台,加大与银行等金融机构对接力度,打通惠企政策落地“最后一千米”。截至目前,累计走访企业 200 余户,通过网络、印发等方式发放各类政策及汇编逾千份,初步通过政银企联动等手段协助企业解决融资需求 770 万元。

珠山区开展“公筷行动”倡导文明新“食尚”

《景德镇日报》 2020年4月2日 A3版 珠萱

连日来,为更好地降低合餐产生的病毒传播风险,珠山区持续开展“公筷行动”,倡导文明新“食尚”。

一是重点领域先行。按照重点先行、分类推进的办法,在城区大中型餐馆、机关企事业单位食堂、旅游景区餐馆等场所先行开展,再往城中村集体用餐场所推进,最后逐步向小型餐馆推广,在醒目处设置文明用餐提醒,放置餐桌餐台提示卡,引导用餐人员自觉使用公筷公勺,同时安排市场监管部门加强对餐饮单位使用“公筷公勺”情况的监督检查,确保全覆盖、无死角。二是党员干部带头。发动全区广大党员干部立说立行,发挥群众性精神文明创建、道德模范和身边好人等先进典型和广大志愿者的示范引领作用,党员干部带头承诺、带头将文明用餐融入良好家风传承,从现在做起、从自身做起、从点滴做起,在家庭、朋友圈中倡导健康文明就餐方式,逐步推动“公筷行动”在全社会蔚然成风。三是广泛宣传发动。一方面,通过在主流媒体和微博、快手等新兴媒体开辟倡导使用“公筷公勺”专题专栏,以短评、短视频、H5等形式,开展宣传普及、互动交流;另一方面,利用社区新时代文明实践站,围绕倡议主题,开展一系列形式多样、内容丰富的宣传和实践活动,设计制作一批创意新颖、通俗易懂的公益广告、宣传标语,组织街道社区干部、党员志愿者通过张贴海报、发放宣传单、微信群转发、上门走访的形式,推广“公筷公勺”新“食尚”,用“小餐桌”带动“大文明”。

环境变化大 居民笑容甜

——珠山区创卫工作小记

《景德镇日报》 2020年4月3日 A1版 邹勇宾

近年来,珠山区围绕创卫工作,按照全覆盖、精细化、建制度要求,开展了声势浩大的创卫大扫除、大执法、大督查等一系列创建活动,做了大量工作,环境卫生明显改善。

从梨树园到五龙山,不同社区同样的变化

梨树园社区再生资源收集点前,居民刘女士将废弃的纸盒按要求放进相应的收集箱内,她拿起卡片,在机器前刷完之后,作为奖励,两卷塑料垃圾袋落在了取物口,提示音响起:“感谢您支持垃圾分类回收工作,您的奖品已经投放,请记得取走!”

每天都有不少居民像刘女士一样,按照要求将可回收资源送到收集点处,并用社区统一发放的卡片进行积分,以换取洗衣液等生活用品。

该社区党委书记、主任余梅告诉记者,从去年开始,社区就着力部署垃圾分类、再生资源回收等相关工作,前期进行了地毯式、全方位的宣传教育工作,并在党群服务中心开辟了专门的讲解区和展示区,力争让每一个社区的居民都能了解垃圾分类的重要性和相关要求。在此基础之上,小区引进了相关硬件设施,并组织专门人员负责该项工作,目前社区垃圾分类工作取得不错成效,环境有了明显提升,这样的变化,也得到了居民的一致肯定,进一步激发了他们爱护环境,践行垃圾分类的积极性。

在距离梨树园社区数里之外的五龙山社区,同样的变化也在上演。该社区党委书记、主任程春香告诉记者,这些年,社区的环境可以说是有了翻天覆地的变化,从前这里是“晴天一身灰,雨天一脚泥”,而现在,公园般的环境让这里成为附近居民休闲、健身的好去处。

程春香说,社区按照管辖内小区情况的不同,采取了不同的措施，以保证各小区环境都能得到明显提升，特别是对于一些没有物业的老旧小区，或者一些单位的宿舍楼，独栋楼等，社区通过居民自治和引入物业两个方面入手，不断提升居民保护环境，注重小区卫生的意识，同时不断完善各小区硬件设施，包括路面硬化、墙面美化等，让辖区内的环境给人以耳目一新的感觉。

从加大宣传到集中攻坚　创卫力度大亮点多

梨树园社区和五龙山社区只是缩影，珠山区9个街道，1个镇，插花地带较多，城乡接合部较多，作为老城区，基础建设较差，但经过大量创建工作，环境卫生明显改善。

据珠山区卫健委爱卫办主任严贞介绍，在过去的一年，珠山区一方面加大宣传、营造氛围，一方面集中攻坚、全面整治，包括全力打击“两违”；强力整治市容；大力抓好环卫工作；突出垃圾死角、黑臭水体治理；突出市场周边治理；加强“五小”行业治理；加大背街小巷改造等方面工作，由市领导带队，市直单位和各区领导组成的脱产创卫队，从7月份开始，走了整整6个月，冒着高温酷暑，穿大街、走小巷、进社区、看村组，走遍了城区的各个角落，也解决了铁路沿线菜地；垃圾死角、建筑垃圾；黄土裸露；农贸市场卫生等很多重点难点问题。

据介绍，仅加强“五小”行业治理这一项工作，就检查了“五小”行业经营户10387户次，其中小餐饮店5587户次，小食杂店2149户次，小美容美发店1856户次，小旅馆481户次，小歌舞厅800户次。食品安全抽检305批次，其中对小作坊全覆盖抽检。下发责令改正通知书781份，下达卫生监督意见书2300余份，发放公共场所卫生管理制度700余份，整治流动摊点55182起，清理占道经营63573起，发放“双创双修”告知书3974份，小餐饮明白单2452份，核发“五小”行业营业执照2148户，发放食品经营许可证（含“四小”登记证）1077张，督促办理健康证4221张，新增食品安全量化分级715家，发放文明用餐标识2637张，劝导经营户购买消毒设备和“三防”设施1499户，新增消防设施153个。对确实不具备整改条件的经营户进行多次劝导转行，对拒不配合整改的经营户查封关停221家，督促条件较差的小餐饮店708户进行了升级改造。

同时，该区还按照整改计划实施许家弄及支弄、老厂路里弄、新枫园小区至莲花塘路段、前进巷、向阳岭、画眉楼、中华南路、铁丝弄、宋家山、陈家下弄等背街小巷及小区补短板专项整改工程共计152个，现已完工152个，其中完成路面硬化面积约4.75万平方米，铺设明沟排水盖板3100余块，疏通下水道5800余米，新装排污管道3000余米，铺设草坪面积约2.3万平方米，移栽枯树共计35棵，安装及更换里弄路灯等照明设施76盏，让这些地方的环境有了巨大的变化。

珠山区落实“六个到位”推动平稳复学

《景德镇日报》　2020年4月8日　A2版　朱轩

连日来，珠山区精准部署、统筹调度，严格落实“六个到位”，全力确保初三年级顺利平稳复学。

一是联防联控到位。该区建立复学联防联控工作机制，由宣传、教育、卫健、市监、公安等9个部门共同联动参与，建立24小时突发情况处置机制，实行“五个一律”校园管理。二是精准摸排到位。严格落实返校师生摸排管控“日报告、零报告”制度，学校所有行政人员到点到位，初三所有教师全部返岗就位，并要求初三全体师生每天在“江西省校园疫情防控信息系统”平台打卡上报健康信息，确保需居家隔离的师生复课前医学观察达14天；同步健全学校、年级、班级“三级”防控工作体系，及时汇总收集相关信息，实时掌握师生身心健康状况。三是培训宣传到位。对学校工作人员进行防控培训，确保重要岗位人员精准掌握应急处置流程，同时利用公众号、短信、家长微信群、校讯通等方式，对师生家长进行健康教育宣传，进一步提高师生自我防护意识。四是教学准备到位。指导学校在返校前做到课程安排、教学计划、班级工作计划、教师配置、管理人员“五到位”，确保开足开齐课程，科学制定教学起点，优化教学计划，合理安排教学进度，做到线上线下教学有序衔接。五是后勤保障到位。

在开学前开展校园环境卫生整治,对教室、办公室、厕所及其他公共场所进行全面消杀,确保室内场所每天开窗通风,保持空气流通,落实小班化教学和单人单桌上课,设立校内临时隔离室,配备相应设施设备,根据实际初步储备5600只一次性医用口罩、300千克消毒液、20支额温枪。六是防疫演练到位。在制定初三学生返校学习工作方案、疫情防控应急预案等基础上,开展全流程模拟演练,提前发现短板弱项、查漏补缺,为复学复课做好充足准备。

珠山区法院一庭审获评第二届全国法院“百场优秀庭审”

《景德镇日报》 2020年4月14日 A1版 甘艳 吴立群

日前,记者从珠山区法院获悉,由最高人民法院审判管理办公室主办、各高级人民法院审判管理部门协办的第二届全国法院“百篇优秀裁判文书”“百场优秀庭审”活动获奖名单出炉,珠山区法院一庭审成功入选“百场优秀庭审”,是我省唯一获此殊荣的基层法院。

据悉,该案是全省首例涉及退耕还林行政公益诉讼案,由该院院长担任审判长,首次采用七人制大合议庭陪审模式进行审理。整个庭审规范到位,全程在中国庭审公开网、该院官方微博和微信同步网络直播,部分人大代表、政协委员,全省各级检察院代表,全市两级法院代表,全市部分行政机关代表等近300人到庭参加了庭审观摩。

近年来,该院坚持把能力建设摆在突出位置,推进庭审直播常态化,提高审判工作透明度,把每一场庭审都当作一堂法治公开课,以高质量庭审诠释高质量司法,让人民群众切实感受到司法的公平正义。

努力将蓝图转化为美好现实

——访珠山区里村街道马鞍山社区党委书记、主任齐菊英

《景德镇日报》 2020年5月16日 A2版 甘 牧

白色的文化墙上镶嵌着一块块青花瓷板画;绿色的植物从墙上垂下来,为墙面增添了勃勃生机;社区内的空地和新建的小公园,成为居民休闲的好去处……这是记者日前在珠山区里村街道马鞍山社区看到的景象。

马鞍山社区的变化,是我市用心用情落实习近平总书记殷殷嘱托,千年瓷都发生巨大变化的一个缩影。

“建好景德镇国家陶瓷文化传承创新试验区,打造对外文化交流新平台。”习近平总书记的殷殷嘱托,为景德镇今后的发展指明了方向,绘制了美好蓝图。一年来,我市各级各部门都在全力以赴推进国家试验区建设,把总书记为我们绘制的蓝图转化为美好现实。“现在的景德镇,越来越展示出开放、自信、实干的新形象。”该社区党委书记、主任齐菊英告诉记者,近年来,该社区发生了翻天覆地的变化,原来只有140平方米的办公服务用房,经过打造后变成了总面积约4000平方米的社区党群服务中心,原来杂乱不堪的近2000平方米的违建地、菜地和垃圾山变成了美丽的休闲广场和廉政公园。现在社区不仅环境优美,而且设施齐全,基本实现了“路平、灯亮、水通、墙美”。

去年以来,该社区借助国家试验区建设的东风,在原有基础上重新打造近百米的陶瓷文化长廊

和廉政公园，将陶瓷文化元素融入其中。文化长廊镶嵌的青花瓷板画，主要以传统陶瓷制作工艺流程为内容。该社区还根据景德镇陶瓷“薄如纸、白如玉、明如镜、声如磬”的四大特点，将廉政公园取名为“如磬园”，休闲亭命名为“明镜亭”。经过重新打造的马鞍山社区集独特新颖的建筑风格、优美宜人的环境和浓厚陶瓷文化氛围于一体，成为我市亮丽陶瓷文化色彩社区建设的新样板、新名片。社区还对辖区内多处小区和居民区的环境进行了美化亮化，让小区面貌焕然一新。

“我们在接待来自全国各省市的参观人员及来社区视察督导的各级领导时，都会向他们介绍如磬园、明镜亭名字的由来以及如何将廉政文化与陶瓷文化融合，得到大家的普遍赞许。我认为，作为一名瓷都人，有义务当好国家试验区的宣传员。”齐菊英告诉记者，“社区助力国家试验区建设，主要是做好宣传工作，通过新时代文明实践站和小巷讲台平台，向居民普及陶瓷文化知识，讲好新时代中国景德镇的故事。通过宣讲，让人人为建好国家试验区出一份力。”

议案建议多与疫情防控及社区密切相关

——微信专访全国人大代表 余梅

《景德镇日报》 2020 年 5 月 25 日 A1 版 甘 牧

5 月 22 日上午，第十三届全国人民代表大会第三次会议在人民大会堂开幕。来自全国各地的全国人大代表们肩负着人民的重托出席大会，认真履行宪法和法律赋予的神圣职责。全国人大代表，景德镇市珠山区新村街道梨树园社区党委书记、主任余梅参加了这次会议。当天下午，她抽空通过微信接受了本报记者的采访。

余梅告诉记者，在今年的大会上，她提出了一项关于制定“社区应急管理条例”的议案和 4 条建议，都与疫情防控及社区密切相关。4 条建议包括对“社区应急管理条例”的建议，加大对水、空气等生态环境保护力度的建议，加大发展应急产业力度的建议等。在疫情防控工作中，很多社区在各级党委政府的领导下，通过与有关部门联防联动，取得了疫情防控的显著成效。她通过多方了解，发现很多社区在应急防疫物资储备方面存在不足，为了解决这一问题，应该加大发展防疫物资产业力度，将紧急情况下的保障服务与应急管理相结合，努力打造新时代的应急管理服务模式，提升社区服务法治化水平。“社区应急管理条例”的制定和出台，将有助于提升社会治理效能，推进国家治理体系和治理能力现代化。

“今年的两会是特殊时期召开的两会，我觉得今年两会的召开也充分证明了我们国家的强大和人民的同心同德。李克强总理所作的《政府工作报告》非常暖民心。我国在发生疫情这种重大突发公共卫生事件的状态下，能够迅速复苏经济，让民众生活能迅速恢复到疫前的状态，及时提出了一系列保障民生的举措。所以，我觉得今年的两会是特殊的、温暖的，也是有力度的。”余梅如是说。

据余梅介绍，今年和以往的两会相同的就是，代表们都是带着代好言、履好职的责任感共商国是。有所不同的是，受到疫情的影响，今年两会很多媒体记者不能随团同行，很多情况下都是通过微信、视频连线等方式进行采访。今年两会还有很多新变化，包括与会人员每天两次测量体温，保持一定的社交距离；会期缩短至 7 天；全体与会人员为新冠肺炎疫情牺牲烈士和逝世同胞默哀一分钟；代表、委员、部长与记者“隔屏互动”……大家提出的议案和建议，很多都是在疫情防控工作中得出的一些体会和思考。今年两会召开比以往晚了 50 多天，人大代表们在做好本职工作的同时，都在利用这段时间通过居民问卷调查等方式，对和疫情相关的议案和建议进行认真调研，并有更多的时间对其进行充实完善。

为建好国家试验区贡献珠山力量

——访珠山区委书记 林卫春

《景德镇日报》 2020年5月25日 A2版 程丽媛

去年5月,习近平总书记在视察江西时,特别强调"要建好景德镇国家陶瓷文化传承创新试验区,打造对外文化交流新平台"。作为中心主城区、历史老街区,珠山区在国家试验区建设中承担着重要使命。"一年来,我区始终牢记总书记殷殷嘱托,坚决贯彻落实市委、市政府决策部署,承担好自身责任,做了一些应做的工作。"近日,珠山区委书记林卫春在接受记者采访时表示,"下一步,我区还要提高工作前瞻性、主动性和创造性,保护历史、传承文化,创新发展、繁荣经济。"

以老城保护涵养文化根脉。在空间保护上,珠山区按照"三陶一区"的总体格局,对172处文物、108条老里弄等进行梳理;加大御窑周边、凤凰山等地的征收力度,为陶阳里、陶溪川等空间打造创造条件。在文化传承上,为200余名非遗传承人就业创业提供支持,形成了文祥窑、愚窑、真如堂等一批传承历史、创新发展的优质企业;打造了15个城市文化会客厅,社会影响力不断扩大。下一步,珠山区将加快统筹好老城保护改造和社会治理创新,坚持塑形与铸魂相结合,在烟火气中氤氲文化味、于小里弄里舒卷大文章。

抓"双创双修"提升城市环境。珠山区继续以环境提升为第一位工作,按照处处是风景、步步有文化的目标要求,在人、财、物等方面全力投入、全面倾斜。今年重点是实施好173条背街小巷、53个老旧小区和50万平方米棚户区改造,加快实施珠山新区路网、湖田农贸市场、景东招商场、一小二十二小搬迁等基础建设,三宝国际瓷谷争创AAAA景区和省级文旅融合示范区,全面提升城市功能品质。

用优质服务助推创新创业。珠山区将坚持"服务立区"理念,推进"放管服"改革,加速"五型"政府建设,全力打造立体、综合的优质环境。今年在深入落实市委、市政府各项引才政策的同时,结合珠山区情,设立2000万元青年创业基金,推出200套免租青年公寓,新增2万平方米青年创业空间,把引才安才的重点放在年轻人身上,支持创新、服务创业。

攻重点项目促进发展提质。在全力配合实施好陶阳里、陶溪川、艺术职业大学、职业技术学院、高铁商务区等重点项目建设的同时,珠山区主动作为,筹划实施了三宝三期、珠山发展中心、珠山新区片区、洛客设计谷、老鸦滩艺术街区、双坑文旅组团等28个重点项目,本年度预计总投资36亿元,努力以高质量项目建设推动高质量区域发展。

"总而言之,未来珠山区将始终坚持以习近平新时代中国特色社会主义思想为指导,牢记嘱托、感恩奋进,不犹疑、不畏怯、不懈怠,奋力用实干擦亮国际瓷都对话世界的窗口。"林卫春说道。

带领妇女创造美好生活

——珠山区妇联开展巾帼脱贫行动纪略

《景德镇日报》 2020年5月26日 A2版 付莲

自开展巾帼脱贫行动以来,珠山区妇联充分发挥桥梁纽带作用,积极深入贫困群众、妇女中间,拿主意、出点子、指路子、解扣子、传经验,开拓妇女工作的新空间、创造美好生活的新路径,动员和组织广大妇女积极参与脱贫攻坚战,不断增强贫困妇女的获得感、幸福感、安全感。

政策宣传"花样多"。珠山区竟成镇妇联积极开展"宣政策、助脱贫"主题活动,用通俗易懂的语言向广大贫困妇女宣讲关于脱贫攻坚工作的系列重要讲话以及详细讲解产业发展、教育帮扶,特别是“两癌”免费检查政策；通过举办贫困户交流会，让贫困妇女谈一谈自身经历和感受以及对未来生活的美好向往，她们的发言饱含了对党的感恩之情和脱贫后早日迈入小康的向往与信心。

互助脱贫“更精准”。结对帮扶是脱贫攻坚的一项重要内容，珠山区妇联号召竟成镇各村妇联要发挥引领作用，引导社会力量参与精准扶贫，采用“企业＋贫困户”的扶贫模式，确保“精准扶贫”落到点上、扎到根上。近日，竟成镇黄泥头村开展了贫困户结对帮扶签约活动，景德镇杰创建工集团有限公司与村内4户贫困户结成帮扶对子，签订了为期1年的企业与贫困户帮扶协议，还为贫困户发放了2020年的帮扶金，实现了长期稳定的高质量脱贫。

产业扶贫“奔小康”。产业扶贫是确保贫困户获得稳定收入、实现精准扶贫的一个有效途径。为推进扶贫与扶志、扶智、扶勤、扶德相结合，持续增强贫困群众内生动力、激励自主脱贫，该区妇联以增加贫困群众收入为核心，立足本地区资源优势，把发展特色产业和精准扶贫工作深度融合，组织有劳动能力的女贫困户参观昌江村马家柚基地、牛家湾小龙虾养殖基地，还带动她们大力发展种植水果产业以增加收入。

暴雨中，他们与时间赛跑

——珠山区新村街道党员干部第一时间转移困难群众二三事

《景德镇日报》 2020年6月4日 A1版 张 怡

每逢危急时刻，总有些身影，让我们感动；总有股力量，让我们勇敢；总有种精神，让我们执着！

6月2日晚至6月3日凌晨的暴雨，刷爆了每一个景德镇人的朋友圈，一道道闪电撕裂了这座城市原本的平静。一时间，全市党员干部迅速行动，转移救援、排查险情、抢险救灾，一曲曲同舟共济、众志成城的奋战之歌慷慨激昂。

6月3日，被暴雨肆虐过后的天空还是阴沉沉的。记者来到珠山区新村街道百眼井社区新民巷，墙上的水渍、地面的淤泥和扑面而来的潮气正无声地告诉人们，这里的洪水才完全退去不久。

巷子一头的金钟盲人按摩店，工作人员正忙着清扫店内的积水，一大摞的按摩床垫还高高堆在店内一角。盲人按摩师张师傅告诉记者，昨晚的雨很大，水涨得很快，不一会儿，就漫过了膝盖。张师傅平常吃住都在按摩店，因为眼睛看不见，所以面对来势汹汹的大水，根本不可能自行转移，听着屋外噼里啪啦的雨声和不时炸响的惊雷，让他手足无措。

就在这时，社区干部和城管队员蹚水来到按摩店内，立即把张师傅扶到一名城管队员的背上，有的负责打伞、有的负责打手电，背起张师傅向安全地带转移，并把他安顿在附近的宾馆内休息。“当时那种情况，谁也不知道水位会不会继续上涨，感谢社区干部和城管队员们，及时把我转移出去，还为我安排了宾馆住宿，谢谢！”张师傅对记者表示。

百眼井社区主任王萍芳告诉记者，百眼井社区因为地势低洼，内涝灾害多发，每逢暴雨，最让她担心的就是低洼易涝点的几位困难群众。“把他们成功转移了，我就放心了。”

几乎和张师傅同时被转移的，还有家住珠山区新村街道西路社区的残障人士王先生，当晚，行动不便的他也被城管队员背至酒店休息。西路社区主任龚丽珍告诉记者，和百眼井社区一样，西路社区部分地区因为地势原因，逢雨必涝，水来得很快，所以必须要与时间赛跑，第一时间把困难群众及时转移，才能保证他们生命安全。

珠山区城管局新村街道中队中队长冯新华表示，因为新村街道辖区是老城区，地形较为复杂，冲锋舟、皮划艇等救援设备无法派上用场，转移困难群众只能是靠城管队员的血肉之躯一个个蹚水背出来，这看起来虽是笨办法，但是在新村街道最有效。为此，每到汛期，他们中队都会成立应急抢险队，24小时待命，以最快的速度，把困难群众转移出来。

在采访中记者了解到，汛期来临之前，新村街道结合自身防汛工作特点，按照市委、市政府、区委区政府防汛工作部署，提前做好准备，制订常态化预案，通过街道、城管、社区三位一体机制，做到哪里有险情,哪里就有抢险队员。特别是针对生活在辖区易涝点行动不便的残障人士、空巢老人等困难人群,给予重点关注,只要一出现险情,做到立即疏散转移。

在结束采访时,乌云又渐渐厚了起来,手机上的气象预警信息频频弹出。冯新华紧接着开会部署可能到来的防汛工作,王萍芳忙着提前帮张师傅预订好酒店以备不时之需,龚丽珍又到社区挨家挨户转了起来……在这场肆虐瓷都的暴雨中,有多少次这样与时间赛跑的抢险转移,就有多少个像冯新华、王萍芳、龚丽珍一样的党员干部舍小家顾大家的故事,他们在自然灾害面前,情牵群众冷暖,在一次次民生大考中,用奋战一线、尽职尽责的行动交出了自己那份合格答卷。

住在五龙山就像住进了风景区

《景德镇日报》 2020年6月8日 A1版 张 伊

为扎实推进全国文明城市、国家卫生城市创建工作,提升社区环境,营造秩序良好、文明和谐的社区氛围,自创建工作开展以来,珠山区石狮埠街道五龙山社区积极行动,多措并举,打造亮点,充分发挥宣传引导作用,为城市创文创卫增光添彩。

按照珠山区社区管理体制改革要求,太平巷社区、徐家街社区于2017年2月合并,正式更名为五龙山社区。辖区面积1.06平方千米,南起低头弄,北至昌江大道,西临昌江,东与新村街道剪刀山接壤,有新枫园、昌江锦城、锦华嘉苑、东江公寓、静园山庄5个小区,一院、卫校、卫生防疫站3个宿舍区,杨家山、玉字巷等28条里弄。

宣传引导 营造双创氛围

“自双创双修工作开展以来,我们社区努力营造双创氛围,让创文创卫工作真正深入民心。”五龙山社区党委书记、主任程春香告诉记者,不管是小区进出口、楼道口、里弄进出口还是主次干道,悬挂了“社会主义核心价值观”、党的十九大等内容的宣传栏500块、亮化沿街商户电子屏60块。同时,社区还送发印有“社会主义核心价值观”和市民公约的购物袋、扇子、市民手册,并上户指导居民做好文明创建知识答卷。除此之外,社区定期组织开展市民学校、家长学校、道德讲堂、家风家训、关爱未成年人等活动,向群众宣传法律、健康医疗等知识;定期组织法律、医疗、蓝天救援等专业志愿者进社区,向居民传授普法知识、医疗急救知识,以宣传引导教育的方式让社区百姓随时随地学习双创知识。

环境改变 提升居民幸福感

2017年,珠山区委区政府打造五龙山社区为绿色生态社区,周边环境发生了翻天覆地的变化,周边居民的人居环境得到巨大改善。“我们原来有句话形容这块地方,就是‘晴天一身灰,雨天一身泥’,一点都不夸张,到处都脏得很。”一位昌江锦城小区的居民告诉记者,原来小区的环境非常糟糕,长年没人管。自从社区开展城乡环境大整治和双创双修工作后,全力提升小区环境,真正做到了路平、水通、线齐、墙美、灯亮,居民群众的幸福感得到了很大提升,老百姓通过双创双修真正得到了实惠。

同时,五龙山社区借助五龙山公园周边优美的环境,打造了“社会主义核心价值观”主题公园、廉心亭、杨家山里弄文化墙、休闲广场等,改善了人居环境,推进了生态文明建设。很多居民说,住在五龙山社区,就像住进了风景区。

多彩文艺 丰富群众生活

五龙山社区坚持用形式多样的群众活动,不断提升社区文化软实力。“文艺活动丰富一直是我们社区的一大亮点。社区大力传承陶瓷艺术,与景德镇陶瓷志愿者协会签订协议,举办寒暑假免费培训班,组织社区未成年人学习陶瓷文化知识、亲身体验陶瓷制作,让他们在耳濡目染中感受陶瓷文化内涵、激发学习创造活力。近年来,我们还创新引入艺家舞蹈培训中心,利用双休日举办舞蹈培训班,为社区28名青少年提供低偿或免费服务。”程春香说,社区不仅关心青少年,也很关心老年人的文化生活。社区组织成立了群众艺术团、老年书法分会、老年歌舞表演队,他们不仅参加市、区举办的文体活动,获得多项荣誉,节假日还给社区居民表演,他们在享受幸福生活的同时,也给他人传递了快乐。

访民情　听民声　解民忧

——珠山区昌江街道再胜弄社区开展“双创”工作纪略

《景德镇日报》 2020年6月9日　A1版　程丽媛

居住在董家上岭的倪永宁，每次经过中山南路进口50米处时，总喜欢放慢脚步并抬头往上看看。跟随他的视线望去，你会发现，上面其实并没有什么新奇物什，只见老墙上有个锈迹斑斑的烟囱和铁桶。

“这个烟囱和铁桶很早以前就被废弃了，经过多年的风吹雨淋，铁皮剥落，接口处也有点松动，下雨天风吹的时候感觉都在晃动，随时有可能掉落下来，里弄每天很多居民经过，存在很大的安全隐患。”由于这废旧铁桶和烟囱的存在，董家上岭的居民们在路过时心里总是有些惶惶不安。

直到今年4月，收到周边居民的情况反映后，社区主任和社区网格员立即来到现场进行查看。经询问得知，原来这栋房屋本是一家酒店，但由于经营不善，关闭后已闲置多年，因找不到房主，拆除事宜一直被搁置。了解情况后，社区网格员决定前往周边居民家中寻找线索，经过多方打听，才终于与房主取得联系并告知了情况，第二天，房主便将废旧的铁桶和烟囱进行拆除，彻底消除了这一安全隐患。

“类似这样的安全隐患，在我们再胜弄社区其实还有很多。”昌江街道办事处主任杨俊坦言。作为处于市中心地带的老城区，再胜弄社区里聚集着一批老城、老房和老人，里弄纵横交错，历史建筑参差其中，保留着老景德镇最原汁原味的历史风貌。然而，像大部分老旧城区一样，这里也存在不少历史遗留问题。“基础设施条件差不说，居民卫生意识也很薄弱，以至于以前社区的整治效果并不是很好。”

直到近年来全市“双创双修”工作的全面展开，借助“双创”这一契机，再胜弄社区逐步对本辖区进行针对性的整治。在完善基础设施方面，投入资金进行了下水道疏通和路面改造，并针对主次干道、弄口等人流量大的地方，进行了空中乱象整治；在提高居民卫生意识方面，通过向居民免费发放印有宣传标语的生活用品、举办知识竞赛、开展道德讲堂等百姓喜闻乐见的方式，加大“双创”工作的宣传力度；同时，在日常常态化管理方面，通过网格员的“三进”（进网格、进小区、进家庭），对社区进行条块结合管理，确保做到随时发现问题、随时解决问题。

“像沿江东路临街的窑弄，多年来都是30多户人家共用一个水表，由于每家每户人员分配不一样，多年来为了水费收缴，邻里之间经常发生矛盾。”一社区工作人员介绍道，“为了解决这一矛盾，社区网格员前往里弄，挨家挨户地进行登记、收集信息，有的住户不在，网格员就多方打听进行联系；窑弄下水道和化粪池全部堵塞了，社区网格员就立即联系专业疏通人员进行清掏。窑弄自来水一户一表安装改造全部完工后，居民纷纷表示这么多年的难题终于解决了。”

通过及时了解和发现矛盾纠纷苗头和群众诉求，及时传递和反馈收集到的纠纷信息和不安定的隐患，社区网格员为信息员、调委会及相关部门主动接触矛盾、主动化解矛盾，使矛盾纠纷在最基层得到圆满解决，为构建和谐社会筑起了一道牢固防线。

小康生活,从家门口开始
春天花园小区全面改造提升赢得居民心

《景德镇日报》 2020年7月17日 A1版 程丽媛

透过窗户,一抬眼就能见绿;迈出大门,几分钟就能找到小超市;不出小区,老年人就能参加丰富多彩的文娱活动……春天花园小区居民们的小康生活,从家门口开始。

以解决问题为重点

从春天花园小区大门进入,就能看见入口处绿化景观上赫然立着一块印着"美景 厚德 镇生活"几个大字的牌子,两排高大茂密的树木沿着青石板台阶向里延伸,成片的绿色植被在淡黄的建筑群中蔓延开来。

"在小区改造的过程中,我们始终坚持标准意识和品质意识,把'美景 厚德 镇生活'作为最高标准,加强了对景点景观的打造。例如,门口的这个景观就是由一个原来的废旧喷水池改造而成的。同时,我们也在努力满足群众诉求,不断完善基础设施建设,像这次改造中增设的电动车棚,就很好解决了小区居民电动车充电难的问题。"石狮埠街道党工委书记林海媛介绍道。

据了解,春天花园小区面积约11万平方米,现有居民800户2417人,是一个有着十五年历史的老小区。之前因疏于管理,小区内乱搭乱建,景观绿化、公共设施损坏严重,居民对此反映强烈。2019年,珠山区对小区进行全面改造提升,改造后的春天花园不仅设施更完善、功能更齐全,居民生活环境也变得更加靓丽、便捷。

居民朱文文在小区里生活了5年,采访时,她正好在改造后的电动车棚里停车。"以前这个停车棚是由一位老人守着的,我们要进出的话就跟老人说一句,他帮我们开。但是像我这种经常上夜班的,有时候回来得太晚了,就不好意思去打扰老人家休息。"朱文文说道,"现在车棚变成了自动化管理,实行'一车一牌'进出入,只要自己刷下卡,闸口就会打开,安全方便多了。"

以居民满意为标准

今年84岁的田清华是一名退休教师,是入住春天花园小区最早的一批居民,2007年来到春天花园后,他见证了小区从一期到二期、从"脏、乱、差"到"洁、净、美"的转变。

"我刚搬来那年,二期还没有做,很多基础设施也都不完善,这几年借着全市'双创双修'的东风,我们小区进行了改造,现在这里是绿树环绕、鸟语花香。不仅树多了、路平了,而且新增了很多运动器材,我们老年人生活在这儿,真的非常幸福。"原本坑坑洼洼的马路变成了沥青大道、青石板小径,一些闲置空地被改造成了休闲广场,原本不爱出门的田清华,现在每天早晚都要出门散散步,或是去休闲广场健身锻炼。

而家住小区21栋的何炜,则亲眼见证了自家楼后荒地被改造成了停车场和活动空地。"以前这栋楼后面这块荒地都没人管的,大家都往这里扔垃圾,味道难闻,看着也闹心。后来小区改造,经过我们居民、社区和开发商的三方协商后,现在被改造成了一个停车场,多出的一小块空地则作为活动场地,方便大家跳广场舞什么的。"对于最终改造结果,何炜表示很满意,"现在垃圾没了,环境好了,大家都开始自觉维护,有时候我都能在这看到松鼠呢。"

看着社区公共设施和服务渐趋完善的同时,作为"春天花园艺术团"团长的何炜也感受到居民们的生活正渐渐变得丰富多彩。

"像我们艺术团成立12年里,就从原来的6、7个人,发展到了现在的150多人。随着成员数量上升,我们的文艺项目也开始逐渐增多,现在团里不仅有合唱队,还增加了舞蹈队、声乐队、戏曲队、拳剑队、广场舞队、交谊舞队等。"何炜说道,"现在,还有很多非本社区的老人也纷纷加入我们艺术团。"

珠山区:“四个注重”力促扫黑除恶

《景德镇日报》 2020年7月17日 A1版 张 伊

珠山区是景德镇的城市主城区、历史老街区,人口密集、经济活跃、社会治理环境较为复杂。扫黑除恶专项斗争开展以来,特别是被确定为全省扫黑除恶重点推进县(市、区)后,该区深入学习贯彻习近平总书记系列重要论述,按照中央部署和省、市委要求,真抓实干、攻坚克难,推动专项斗争取得较大进展。该区2019年度扫黑除恶知晓率和满意度分列全省第16位、第13位,全市第一;在2019年度考核中排名全市第一,被评为年度全市扫黑除恶先进县(市、区),珠山区公安分局扫黑专业队被省公安厅荣记集体三等功。

该区以“四个注重”深入推进扫黑除恶专项斗争,即突出一条主线,注重督导整改;做到两个结合,注重整体推进;落实三个保障,注重凝聚合力;提升四大效果,注重常态长效。

——突出一条主线,注重督导整改。该区始终把抓好中央和省委督导反馈问题整改作为重大任务、重要抓手。第一时间成立了由区委书记任组长的整改工作领导小组,统筹推进整改工作;先后开展了4轮督导,综合运用通报、约谈、督办等手段,对7家单位启动了集体约谈,传导压力、压实责任,确保整改工作落到实处。

——做到两个结合,注重整体推进。扫黑除恶工作开展以来,该区一直做到两个结合,注重整体推进。一是与加强组织建设相结合。坚持党建引领,大力加强基层党组织建设,结合“不忘初心、牢记使命”主题教育,全面落实村党组织书记备案管理制度,严把“入口关”;开展村“两委”换届“回头看”,选优配强村“两委”班子,坚决把涉黑涉恶人员挡在村级组织门外。二是与创新社会治理相结合。把创新社会治理作为开展专项斗争的落脚点,深化百姓说事、小巷讲堂等平台建设,深入开展网格化管理,全区划分为464个网格。在这次疫情防控工作中,基层组织建设和网格化管理充分发挥出响应迅速、行动快速的优势,第一时间动员了1.5万余名干部群众参与到防控第一线,织牢织密了防疫网,为我市在全省确诊病例最少、率先实现清零做了应做的工作。

——落实三个保障,注重凝聚合力。落实组织保障。珠山区委先后18次召开区委常委会、区四套班子联席会等,研究部署专项斗争有关工作。区委区政府主要领导先后9次到政法各单位、镇(街道)等调研督导扫黑除恶工作,推动专项斗争有人抓、抓到位;落实工作保障。明确由区委政法委常务副书记负责扫黑办日常工作,另增配扫黑办专职副主任1名,从公检法等单位抽调了7名业务骨干,拨付扫黑除恶专项经费200余万元,为开展专项斗争提供切实保障。落实舆论保障。利用百姓说事、小巷讲堂等平台,发挥“五老宣讲队”“妈妈防火团”等群众性宣讲品牌优势,持续做好思想发动工作,设置公益广告400余块,发放宣传册10万余份,开展专题宣讲100余场,使扫黑除恶专项斗争深入人心。

——提升四大效果,注重常态长效。该区开展扫黑除恶工作以来,在常态化和长效化上下足功夫。一是提升依法打击实效。收集涉黑涉恶线索109条,查结104条,查结率95%,较确定重点县之前提升了23%。新增打掉黑社会性质组织1个、恶势力犯罪团伙4个,新增扣押、冻结、查封涉案资产2400万元,同比分别提升50%、50%和132倍。区政法各单位在上级部门扫黑除恶专项考核中,均居全市前列。二是提升惩腐打伞实效。被确定为重点推进县(市、区)以来,全区新增受理问题线索4起,查结14起,立案11起,给予党纪政务处分25人,组织处理9人,分别提升了19.8%、14倍、5.4倍、5.1倍和90%。依法查处了徐森林涉黑案中区法院两名正科级审判员和一名审委会委员的“保护伞”问题。三是提升行业治理实效。结合“双创双修”工作,针对社会治安、工程建设等13个重点行业领域进行专项整治,从源头上补短板、强监管。强力整治黄赌毒突出问题,依法查办涉黄赌毒案件115起,处理266人。坚持以案促改,发出“四书一函”100份,堵塞行业监管漏洞。四是提升专项整治实效。开展农村集体资产清查专项整治,实际收缴集体资产历史欠缴租金161万余元,收回店面、厂房等1.1万平方米。同时,专项斗争的深入开展,有力推动了“两违”和“大棚房”整治,社会风气不断净化,干群、党群关系有效提升。

珠山区委书记林卫春表示,今年是扫黑除恶专项斗争的收官之年,珠山区将力度不减、节奏不变、尺度不松,全力以赴打好打赢收官之战,不断提升人民群众的幸福感获得感安全感。

珠山区法院上半年执行工作取得新成效

《景德镇日报》 2020年7月25日 A2版 赵东东

今年上半年,珠山区人民法院克服疫情影响,多措并举、重拳出击,成功执毕系列案件,推动26项执行指标整体靠前,提交了一份良好的半年执行答卷。

尽管"基本解决执行难"第三方评估工作已经告一段落,但该院党组对执行工作丝毫没有懈怠。为巩固"基本解决执行难"成果,该院继续集中力量、迎难而上,奋力向"切实解决执行难"目标迈进。

针对疫情防控期间无法对被执行人采取司法拘留强制措施、不便异地现场执行等特殊情况,该院充分利用线上查控、线上委托、拘传、信用修复等措施,"恩威并施"促成执结多数案件。

针对涉黑恶伞"打财断血"刑事执行案件,该院自主创新推出"三个四"工作法,以快、准、狠的高压打击态势,确保涉黑恶伞案件财产刑执行取得实效,涉黑恶伞案件财产刑执行标的7428241元,执行到位9425644.8元,执行到位率达126.89%,取得明显成效。

针对涉党政机关执行案件,该院探索制发《景德镇市珠山区人民法院关于敦促被执行人主动履行义务的通知》,向被执行人告知不履行生效法律裁决的不利后果和风险,通过制发司法建议书、罚款决定书等方式,敦促履行,效果明显。

据悉,该院通过上述系列措施,重拳出击,均衡推动执行26项指标质效向前,尤其"3+1"核心指标和首次执行案件实际执行到位率、执行完毕率等高于全省平均水平,获得上级法院充分肯定。

珠山区推动"六稳""六保"落地落实

《景德镇日报》 2020年7月28日 A1版 王宏

今年以来,珠山区认真落实习近平总书记重要讲话精神和党中央、国务院工作部署,在新冠肺炎疫情防控常态化形势下,坚持稳中求进工作总基调,采取扎实有效措施,做好"六稳"工作,夯实"六保"任务,努力夺取疫情防控和经济社会发展双胜利。

——在保居民就业方面。该区做到降低社会保险费率和推进失业保险援企稳岗补贴政策落到实处,截至目前,对符合稳岗返还政策条件的9家企业、790人,共计返还14.39万元,保障了企业在疫情防控期间的正常运行;积极推动高校毕业生、农民工、退役军人、贫困劳动力等重点群体就业,集中开展百千万线上线下招聘专项行动,到目前已开展网上招聘会5场、春风行动现场招聘会1场、"送岗下乡"招聘会7场、发布244家企业用工单位普工、技工、服务、管理、销售等岗位信息1.1万个,有效满足了有求职意愿贫困劳动力的求职需求,达成初步就业意向的有197个;对在毕业学年有就业创业意愿并积极求职创业的困难高校毕业生给予一次性求职补贴,截至目前,521名困难大学生已经领取一次性求职补贴52.1万元;充分利用微信、企业交流群、电话告知等平台,多渠道、多形式宣传企业复工复产备案程序,并向企业派驻专门人员,及时掌握企业复工复产情况,帮助协调解决企业复工复产过程中遇到的问题,目前,辖区内重点企业、重点项目、商贸服务业、工业企业等复工复产率达100%。

——在保基本民生方面。该区切实巩固"1+5"模式脱贫减贫成果,实施提升"四个一"产业扶贫工程,精准推进决战决胜脱贫攻坚"八大行动",实现高质量脱贫4户9人,完成产业扶贫项目7个,中央巡视整改、夏季整改巩固提升反馈问题全部整改完成;按要求及时发放价格临时补贴,仅3月和4月,就向符合条件的1.4万人发放250万元;继续高标准改造提升173条背街小巷,在达到"水通、路平、墙美、灯亮、线齐、窗明、畅通"的基础上,更加突出文化传承和建管结合。进一步完善基础设施和配套服务设施建设,加快推进3.4万户老旧小区改造提升,注重引导成立业主委员会,健全物业管理联动机制,提高居民生活质量。完成1092户棚户区改造任务,新建观英农贸市场、朝阳路农贸市场、景东招商场城区市场3个;继续实施南河水系整治和生态修复工程、三宝国际瓷谷水系改造水环境整治项目。加快推进景德大道延伸段、珠山新区道路建设,畅通路网系统循环。

——在保市场主体方面。该区认真落实"财复贷"、创业担保贷款、稳岗补贴、国有房屋租金减免及小微企业减税降费等政策,助推企业稳定发展,截至目前,全区在贷"财园信贷通"企业33家,帮助企业解决资金缺口约1.366亿元;依托"地方政府性债务管理系统"和"全口径债务监控系统"两个平台,及时更新债务系统内数据库数据,动态监控政府性债务变化。严格执行《珠山区工程项目资金管理暂行办法》以及全区十年隐性债务化债计划,积极筹资并督促债务对应单位,按时足额做好隐性债务归还计划的实施;重点围绕陶瓷和整车物流总部经济平台开展精准招商,力争落地一批牵引带动力强的产业头部企业,加快形成集聚效应。打造数字经济产业园,出台《珠山区数字经济三年行动计划》。牢固树立"项目为王"理念,紧密对接国家产业政策和投资方向,加强项目储备,重点谋划教育、医疗、健康医疗、社区服务中心等民生项目,实施好27个年度计划投资35.3亿元的区级重点项目,千方百计强化要素保障。

——在保粮食能源安全方面。该区突出保障猪肉市场供需稳定,深入开展猪肉及猪肉制品排查工作,检查经营资质、猪肉来源渠道及落实进货查验、索证索票制度情况。截至目前,屠宰生猪3.1万余头,有效保障了全市猪肉市场供给,并对食用农产品集中交易市场开展排查25个次,肉类产品经营者147户次,其中10户无票据,已责令整改,办结各类违法案件58件,罚没款32.3万元。

——在保基层运转方面。该区树立过"紧日子""苦日子"的思想,截至目前,全区各预算单位"三公经费"预算支出521.8万元,同比下降1.01%。同时,对于长期"沉睡"在账上、按原用途难以使用的资金和游离于预算管理外的资金,督促各预算单位限时使用完毕,超出两年以上的按规定收回财政,统筹用于全区教育、居民独生子女补助以及全区城乡环境大整治,"双创双修"和"背街小巷"综合改造工程重点支出;优化支出结构,大力压减一般性支出,积极加强财政资金调度,加大拨付防疫经费和"三保"资金保障力度。

姚石玉:践行信访人构建和谐社会的初心

《景德镇日报》　2020年7月31日　A3版　张燕

有人说,姚石玉人如其名,其性格坚毅似石,为人真诚如玉。姚石玉说,用情为群众服务,用心为百姓解忧,应是信访干部的本色。他这么说也确实这么做,28个寒来暑往中,他始终奋战在基层信访一线,践行信访人构建和谐社会的初心。多年来,姚石玉先后荣获2019年第九届全国"人民满意的公务员"、全国"七五"普法中期先进个人、2017年"全国优秀信访局长"、2018年第七届"江西十大法治人物"、2019年第4期"江西好人"、2019年景德镇市第六届"道德模范"等荣誉称号。

1992年,姚石玉由景德镇教育学院毕业分配到珠山区信访办工作。多年来,因担心怠慢了上访群众,他便一直提供自己的手机号码给群众。无论刮风下雨还是酷暑寒冬,但凡有信访群众求助或投诉,他都坚持前往实地调查,利用夜晚休息时间上门家访,与群众拉家常、问冷暖。

2014 年是姚石玉任珠山区委信访局局长的第四个年头,他创新性地在珠山区搭建了“百姓说事”平台,让信访群众和领导面对面交流,由此打开了信访群众的倾诉之门。姚石玉说,“百姓说事”给予百姓与领导干部“面对面”的机会,能提高百姓参与率,从而使干群“心贴心”,增加干部干事成功率,提高百姓满意率,进而能以点带面地扩充“说事”“评事”队伍,不仅让干部服务信访群众,也能让群众去服务群众。

据了解,自 2014 年 8 月起,在姚石玉的牵头联系下,珠山区委信访局和 10 个镇、街道均搭建了“百姓说事”平台,每月 10 日、25 日作为镇、街道的“百姓说事日”。平台搭建以来,有 3 万余名百姓参与,解决各类群众反映的民生问题近 2 万件。据初步统计,珠山区居民的来区走访量 5 年来下降比高达 26%。同时这一平台也得到国家、省、市领导的关注。2016 年,“百姓说事”在全国政法会议上作为优秀典型进行经验交流,《人民信访》也在 2017 年第一期对“百姓说事”进行了专题报道。

在平时的信访接待工作中,面对来访群众的声声诉求,看到一封封求助的信件,一张张困惑的面容,一双双期盼的眼睛,姚石玉始终坚持带着感情做信访,从群众的现实需要出发,站在群众的角度思考问题,及时把群众的问题解决好,巧化干戈为玉帛,赢得群众的嘉许。

在接待上访群众的过程中,姚石玉一直以理服人。有一次,火车站旁通站路恒业类摩尔街 12 栋大众包装仓库发生火灾。火灾事故调查周期长达数月,在焦急的等待中,不少货主出现了情绪不稳定,也有不少人几次到珠山区上访并扬言要越级上访,姚石玉耐心接待他们,反复解释火灾事故组正按照法律程序做好相关工作。此后他多次与火灾事故处置工作组取得联系,请工作组人员面对面向货主介绍灾情处置的工作进展,让货主们的不稳定情绪得以平息。

纷繁群众事,甘苦寸心知。姚石玉兢兢业业,任劳任怨,在信访“责任田”中,深耕细做、帮扶解困,用真情和法理,化解着一件件信访工作中的疑难问题;用智慧和勇气,排查着一个个影响社会稳定的“地雷”;用实际行动践行着信访工作者的家国情怀。

景德镇 LIVE 直播基地启动仪式暨陶溪川 LIVE 直播基地授牌仪式举行

《景德镇日报》 2020 年 8 月 3 日 A2 版 程丽媛

7 月 31 日,由市政府、抖音电商平台主办,珠山区政府、陶文旅集团承办的景德镇 LIVE 直播基地启动仪式暨陶溪川 LIVE 直播基地授牌仪式在陶溪川美术馆举行。副市长孙鑫出席仪式并致辞。

孙鑫表示,景德镇陶溪川 LIVE 直播基地的启动,将进一步扩大陶瓷销售方式和空间,全面提升城市及陶瓷产品的知名度,擦亮“与世界对话的城市”金字招牌。景德镇将利用陶瓷领域的独特优势,率先迈出“陶瓷 + 电商 + 直播”的销售模式道路,本次 LIVE 直播基地的落地,也将为陶瓷产业的创新升级增添新的渠道。

随后,孙鑫代表市政府与字节跳动(中国)进行了签约,抖音电商负责人现场为陶溪川 LIVE 直播基地授牌,同时,珠山区政府为陶溪川 LIVE 直播基地授“珠山区直播电商示范基地”牌。现场还表彰了 12 位陶溪川 LIVE 直播基地优秀商户,并颁发荣誉证书。

据悉,作为国内首个陶瓷 LIVE 直播基地,陶溪川 LIVE 直播基地将通过“主播 + 电商 + 直播 + 集群”的模式整合主播资源,改变景德镇手艺人传统的线下销售模式,拓展线上市场,更全面地服务于景德镇陶瓷产业,助力景德镇国家陶瓷文化传承创新试验区建设。

让文明意识深入人心
珠山区“双创”舆论氛围浓

《景德镇日报》 2020年8月7日 A3版 罗睿颖

近段时间以来，珠山区各社区按照市、区统一部署，结合工作实际，制定了有效举措，扎实开展“双创”工作，有效提高全区群众对“双创”工作的知晓率、支持率、参与率和满意度，在全社会形成“全城动员、全民参与、全域行动”的舆论氛围。

8月4日，昌河街道画眉楼社区、昌江街道再胜弄社区、周路口街道金家弄社区等开展入户宣传活动。各个社区工作人员每到一地，都会用亲切的话语和微笑，耐心地向辖区居民、商户普及创建全国文明城市的标准、市民公约、文化礼仪等有关知识，指导居民填写创建全国文明城市调查问卷，听取居民对社区文明创建的意见和建议，并及时将居民意见整理归纳，为后续改进服务措施提供指导。珠山区各社区除了努力做到每户一册文明手册外，还通过LED电子显示屏、微信网格群、小喇叭、标语墙等多种形式，进一步提高居民讲文明、树新风的文明意识。

“如今昌河280宿舍路平了、树绿了、灯亮了，居民的笑容自然多了。”居民华水枝欣慰地表示，小区环境好了，作为居民也要规范自己的言行举止，从自身做起，争当文明市民，为我市“双创”工作贡献微薄力量。

市民刘剑冰在戴家弄上弄开了一家早餐店，“双创”给他印象最深的便是路边车辆停放问题。“原来我家店面门前车辆乱停放的现象较为突出，经过改造整治以后，现在大多数市民都能自觉做到规范停车。”刘剑冰还表示，新版文明手册的发放很及时，作为商家可以按照手册内门前三包的有关内容，进行相应的完善和整改。

据统计，7月中旬至8月初，该区共发放文明手册21929册。下一步，该区各社区将继续开展多形式、多角度、多渠道的“双创”宣传工作，让“双创”人人皆知、人人参与，进一步提升城区文明程度和居民的“三率一度”。

从“忧居”到“优居”

——珠山区凤凰山东侧棚户区改造为全面小康添砖加瓦

《景德镇日报》 2020年8月10日 A1版 程丽媛

“我选的是景陶小区的安置房，已经选好了，我也去看了，挺好的。”见到记者，居住在珠山区新厂街道新厂村老厂自然村的村民吴强一边招呼记者进家门，一边开心地介绍道，“无论是户型还是地段，总体来说各方面都很好，周边配套设施、路网等也基本搞好了，很方便。”

今年37岁的吴强从小就随父辈住在老厂村，经营着自家的一个陶瓷作坊，对于这栋居住了三十多年的老房子，吴强有着很深的感情，然而房屋年久失修、下雨漏水的问题，却也让人头疼不已。凤凰山东侧棚户区改造项目拆迁工作启动后，吴强一家不仅住进了设施齐全的现代化小区，家里的陶瓷作坊也在工作人员的帮助下，搬进了陶瓷工业园区。“当时听到政府要进行棚户区改造，我们第一反应就是全力支持，毕竟换个角度来说，这是改变整个城市面貌的一件好事，我们也是顺应景德镇的发展趋势。”

据了解，凤凰山东侧棚户区东至陶阳西路，南至景德镇东站铁路，西至陶溪川北路，北至凤凰山北路，主要覆盖了新厂村老厂自然村和童街村凤凰山自然村两个片区，整个棚户区环境“脏、乱、差”，房子杂乱无章，基础设施落后，大部分家庭没有自来水供应,只能去买水或者使用地下水。“而且由于是从上世纪八九十年代发展过来的家庭式作坊集中地,这里人口密集,卫生环境差,存在大量安全隐患;住户中绝大部分是外来人口,无房产证,因此小孩也不能就近读书。”珠山区经济开发区管委会主任王朝辉介绍道。

为了改善生活在这里的村民的居住环境,2019年5月,珠山区委、区政府正式决定成立凤凰山东侧棚户区改造项目部,加快开展房屋征收和安置房置换工作。而观溪郡二期、景陶小区便是针对此次凤凰山东侧棚户区居民建造的棚改安置房。

“特别开心,没想到新小区这么好。”和吴强一样,吴学民也是从小生活在老厂自然村的老村民,对于即将入住的景陶小区新家,吴学民称赞不已。

吴学民告诉记者,自己在村里本来有一栋年代久远的一层小平房,然而由于房屋破旧无法居住,他早早就带着一家人搬离,在市里租了一套70平方米的房子。现在,由于棚户区改造,吴学民终于告别原来的老旧房和出租屋,分到了一套属于自己的80平方米新房。小区不仅每幢楼都安装了电梯,方便居民出行,附近的陶新小学、市十七小分校等公共配套设施也相继建好。

“市委、市政府要求我们在今年9月底之前完成征收工作。征收完后,棚户区将被打造成凤凰山主题公园,对于城市环境改善、居民休闲娱乐都有着很大帮助。”珠山区住建局副局长张景勇说道,“不仅如此,一条新的道路——凰鸣路也将在年底贯通,建成后将极大缓解新厂路、朝阳路的交通压力。”

从棚户区到现代化小区,从“忧居”到“优居”,时代的车轮滚滚向前。棚改,让一批困难群众圆了安居梦,同时,也在推动着这座城市不断前进。

“妈妈防火团”:全国志愿消防组织的一块金字招牌

《景德镇日报》　2020年8月11日　A3版　王婉婷

“小心火烛,水要满缸,沙要满箱,人走火灭,炉灶清洁!”这套来自“妈妈防火团”走街串巷的防火号子,在瓷都里弄的夜晚,响了68年。“妈妈防火团”的故事,也要从68年前的瓷都说起。

一场大火　妈妈集结

1952年,景德镇五间头沿河里弄突发大火,致使105户人家339人受灾,42人被烧伤。大火之后,珠山区石狮埠街道的李莲兰、毛金月、周小燕等6位三四十岁的“妈妈”在一次闲聊中一拍即合,自发组成了“义务防火小组”。自那时起,她们每天晚饭后都会走出家门,手持小红旗,臂戴红袖套,或摇铃或鸣锣或敲梆,一路高喊:“小心火烛,水要满缸,沙要满箱,人走火灭,炉灶清洁!”还会到各家各户检查储水、备沙情况,提醒居民在家中放置充足的水和沙子以备火灾防患。因成员年龄大多数为五六十岁,1982年,“义务防火小组”正式改名为“妈妈防火团”。

2002年某天晚上六点钟,孙大爷在家门口看邻居们下象棋,这时“妈妈防火团”喊着防火号子正好从他身边经过,他猛然惊醒:“不得了!不得了!我家的红烧肉还在厨房的灶上烧着……”他赶忙奔回家,发现锅里的水快烧干了,锅底就要被烧穿了,还好及时回家关了火,事后他还心有余悸:“幸亏有‘妈妈防火团’提醒,不然一锅红烧肉还不得把我家给烧了。”

一只袖套　代代相传

“经过半个世纪的洗礼,‘妈妈防火团’已迎来第四代成员,上个月刚刚送走第一代最后一位成员毛金月。”“妈妈防火团”团长程赣生回忆道,某年的一天下着大雨,轮到70多岁的毛金月巡逻,因当时她发着高烧,家人劝她休息一天,但她却说:“‘妈妈防火团’自成立以来,没有一天中断过巡查,今天轮到我,没有理由不出门。”随后,小孙女便打着伞搀扶她走向雨幕中。

1997年,毛金月的弟媳受姐姐影响,见她年纪大了,主动接班,加入“妈妈防火团”这个大家庭。1994年加入“妈妈防火团”的万双娥也由衷地感叹:“其实最开始我加入这个集体,家人并不是很支持,后来我做的事情确实起到了成效,还参与了好多场灭火,他们也觉得我做的事情非常有意义。”

一支队伍 声名远扬

从1952年至今,在珠山区委、区政府、区消防救援大队的指导下,“妈妈防火团”从里村电厂留守处的一支6人队伍,发展成遍布珠山区每条街道,拥有10752名成员的群众性组织。截至目前,“妈妈防火团”共消除了火灾隐患40多万处,扑灭了居民初起火情1000多起。

1997年,公安部消防局、全国妇联宣传部联合下发通知,号召全国各地推广景德镇“妈妈防火团”长期做好消防工作的经验。公安部称赞“妈妈防火团”是中国第一支消防娘子军。2000年,“妈妈防火团”的事迹漂洋过海,几位老妈妈还远赴日本交流经验;2005年,“妈妈防火团”走进中央电视台,参与了《中国骄傲》的角逐;2008年,“妈妈防火团”喜获“中国百个优秀志愿服务集体”称号;2011年,“妈妈防火团”被公安部评为“全国热心消防公益事业先进集体”;2012年,“妈妈防火团”被公安部授予“全国首届119消防奖先进集体”。

如今,“妈妈防火团”已成为全国志愿消防组织的一块金字招牌。珠山区委、区政府高度重视,已经将“妈妈防火团”的陈列馆建设纳入社区改造之中,计划与里村电厂留守处社区一并建设,真正将“妈妈防火团”融入社区工作的一个板块,充实社区服务内容,在政府层面推进志愿组织纳入社区行政体系,更好更充分地发挥“妈妈防火团”消防宣传的作用。

背街小巷提质改造 老旧小区全面升级
珠山区新村街道持续推进人居环境优化升级

《景德镇日报》 2020年8月15日 A1版 程丽媛

背街小巷既是城市的“里子”,也是城市的“面子”。背街小巷的面貌如何,既能反映城市文明水平,又是检验精细化管理是否到位的标尺。

自全市开展“双创”工作以来,珠山区新村街道始终坚持用“绣花”功夫整治背街小巷环境,不仅改变了小街小巷“脏乱差”的现象,而且在小细节上也做到完美精致,管理死角被“一网打尽”,老旧小区旧貌换了新颜,街巷居民的生活环境也大大改变,极大提升了居民的居住环境满意度。

“小街巷”有了大变化

茶叶坞社区是新村街道辖属的老社区之一,基础设施陈旧、功能配套不全。说起过去,在这里开了20年餐馆的柳平特别有感触,她告诉记者,以前这里非常“脏乱差”,道路破损严重,社区内的各条小巷也是凹凸不平,行走非常不方便。

直到近年,借助全市“双创”这一东风,社区开始着力对背街小巷进行全面提质改造,不仅对社区内主干道和背街小巷道路进行了硬化,道路沿线排污沟清淤加盖了盖板,还打通了一条“断头路”。如今,经过改造后的社区道路干净整洁,道路两旁做了亮化绿化提升,原是垃圾死角的“断头路”,现在变成了一条石板步道,极大缩短了居民从广场北路到通站路的行路时间。“考虑到附近居民大部分是老人,在设计时,我们还把步道的台阶宽度增加了,坡度平缓一点,让老人不至于摔跤。”新村街道党工委书记方军介绍道。

道路完成了升级改造,沿途的墙面也在“蜕变”。在背街小巷硬化改造时,社区还结合景德镇特色陶瓷文化,对一些路段进行了景观打造,在百姓身边打造出更多的靓丽风景。许多老旧围墙被翻修粉刷一新,并嵌上了瓷板画,或是山水,或是书法,映衬绿竹黛瓦,呈现出一条别样的风景线。

行走在路上,脚下不再是坑坑洼洼的道路,市民感受到了实实在在的变化。为此,有居民专门写了副对联贴在门上“政府为民背街巷弄旧貌换新颜,干部给力门前道路瓶颈成新风”,横批“惠民便民”。

“老小区”实现逆生长

除了背街小巷,老旧居民小区管理也是“双创”工作中的一大难点。老旧小区历史欠账多,基础设施精细化建设不够,普遍存在乱晾晒、车位少、管线乱等问题。通过改造,现在再走进这些居民小区,改变显而易见。

在梅家岭社区百货宿舍小区,一进门就能看到小区长廊内张贴的一张小区改造项目告示牌,简要介绍了此次改造的主要内容。从供水到路面,从绿化到文化墙,从下水道到便民公共设施……改造涉及居民生活的方方面面。

“20多年前,这个小区全是泥巴路,居民出行、环境卫生都存在很大问题,后来我们业主自己凑钱铺了水泥地,才勉强好了些,但跟现在的沥青路面还是没法比的。”作为百货宿舍小区的老居民,涂新兰亲眼见证了这里的巨大变化,“我在小区管了7年车库,由于历史问题,车库里最多停80辆电动车,停车难问题解决不了,于是小区就出现了很多乱停乱放现象,给我们的管理带来很大难度。改造后,通过划车位线的方式,规范了电动车停放秩序,现在我看到居民丢烟头、电动车乱停之类的行为,都会立刻去制止,大家也越来越自觉了。”

一次次不厌其烦地纠正居民陋习,不断改善绿化、停车位等小区基础设施……社区通过软件硬件相配合,提升小区环境的同时,也加强了同城管、环卫等部门的协调配合,形成常态化的管理工作格局,构建起三方齐抓共管的环境长效管理机制。

“大概在2017年7月,我们正式和市容局签订了项目合同,开始接手这个小区的保洁工作。那时候小区比较老旧,道路破损严重,所以整个保洁工作量大,效果也不尽如人意,还容易和小区居民产生一些矛盾。”景德镇玉禾田环境发展事业有限公司珠山管理二部经理周峰说道,“现在改造之后,基础设施搞好了,小区整体环境卫生水平提高了,居民也不好意思乱丢垃圾,我们的保洁工作自然就轻松了许多。”

人心齐,泰山移。随着背街小巷、老旧小区改造的推进,越来越多的人开始凝聚共识,参与到改造与维护工作中来,改造的效果也开始逐渐走进社区、深入街道、嵌入城市肌理……

从细处入手为居民解忧

——珠山区里村街道马鞍山社区“双创”工作略记

《景德镇日报》 2020年8月20日 A1版 甘牧

“我们居住的宿舍变化真大,环境卫生比以前好了很多,路面很平整。社区干部也非常负责,经常来这里检查,我们十分满意!”提起自家附近这些年发生的变化,住在珠山区里村街道马鞍山社区市食品公司宿舍的居民陈香兰深有感触。

近年来,珠山区里村街道马鞍山社区按照“路平、水通、灯亮、线齐、墙美”的标准,积极开展“双创”工作,让很多像陈香兰这样的居民真真切切地感受到了身边的变化。

日前,记者来到马鞍山社区,感受社区环境发生的巨大变化。在一名社区工作人员的带领下,记者来到了经过改造后的市食品公司宿舍。记者看到,宿舍的墙壁粉刷一新,水泥路面十分平坦,几位工人正在梯子上忙着整理空中的各种线缆,一些居民家中的窗户上安装了金属制成的防鼠网,一辆汽车停在了划好的停车线内……

今年以来,该社区全力开展“双创”工作。社区与有关部门联系,对小区内破损的电表箱、水表等进行更换,同时大力整治空中乱象,将原本杂乱无章的线缆进行整理并用塑料藤蔓进行装饰,有效地消除了“空中蜘蛛网”的现象。此外,社区在老旧小区内安装了路灯,方便居民夜间出行,同时对小区楼道杂物进行清理,修复了一些受损的消防栓,为居民楼配备了消防器材。社区还为小区安装了健身器材,对路面进行了硬化,在居民较为密集的地段统一安装了晾衣架。

“我们对一些明沟进行了改造,在上面盖上水泥板,将其变成了暗沟,有效地防止了蚊虫滋生,清理了很多小区内的小广告,为居民楼中裸露的插座盒安装了挡板。在日常排查中发现一栋居民楼的阳台外有一块木板可能会掉落,存在安全隐患后,我们便及时采取措施,排除了这一潜在的安全隐患。”工作人员告诉记者。

在对辖区小区和宿舍亮化美化,打造了多条具有陶瓷人文特色里弄的同时,该社区还将社区服务中心打造成了一个可供居民休闲的好去处。

据该社区党委书记、主任齐菊英介绍，社区原来只有140平方米的办公服务用房，近年来经过改造，面积达到了约4000平方米，坑洼不平的道路也变得宽阔平整。原来杂乱不堪的2000多平方米违建地、菜地和垃圾山也变成了美丽的休闲广场和廉政公园。社区办事大厅右侧的群众活动中心，也是该社区着力打造的一个亮点，这里设置了乒乓球室、银发文苑、沙滩式休闲茶座。

如今该社区经过打造，着重划分了6个区域，形成了“一厅(一站式服务办事大厅)，六区(党建工作区、便民工作区、文化活动区、微爱养老区、特色功能区、信息共享区)，一站(新时代文明实践站)”的格局，可以为不同年龄段的居民提供活动场所。该社区在文化活动区内设置了图书阅览室、电子阅览室、舞蹈室(越剧小站)，为下午放学后的儿童设置了“四点半课堂”。社区还根据实际情况，在特色功能区内设置了金牌调解室，为遇到矛盾的居民提供了一个面对面沟通的机会。

珠山区召开“双创”迎国检动员大会

《景德镇日报》 2020年8月24日 A2版 朱善轩

8月21日，珠山区召开“双创”迎国检动员大会，传达学习市委主要领导指示精神，贯彻落实市委、市政府部署，对“双创”迎国检工作进行再动员、再部署、再强调、再出发。市委常委、市委组织部部长刘瑞英出席会议并讲话。

刘瑞英指出，通过前一阶段大家的共同努力，珠山区的“双创”工作取得了成绩、收获了成效、看到了变化，值得肯定。但工作中还存在一些问题，需要引起高度重视，在接下来的有限时间里，要不断加大力度，进一步推动和解决。

刘瑞英强调，一要确保领导到位。抓“双创”要落实“一把手”工程，认识上再提升，领导干部带头、“一把手”带头，以问题为导向，重心下移、直插现场。市直共建单位要虚心向社区的同志学习，服从共建社区的调度指挥，实实在在扛起共建责任，认认真真为社区解决实际困难。二要确保任务到位。要对照前期发现的57个具体问题，明确整改时限、落实整改责任，确保整改到位，要聚焦农贸市场、背街小巷等重点难点，加大力度攻坚克难。要坚持静态问题提升与动态问题处置、立竿见影措施与长足长效手段、领导干部带头与发动群众参与“三个相结合”，确保“双创”任务到位。三要确保责任到位。“双创”的目的是提升居民群众的生活品质，解决的都是“天大”的小事，要以“群众满不满意”为标准，把创建一线作为考验锻炼干部的战场，把讲政治的要求，体现在关键时候怎么落实、具体工作怎么开展上。要以更强的责任心、更扎实细致的作风、更务实的举措，全力以赴推进“双创”工作。

梅花香自苦寒来

——珠山区城管局三载创建进入全力冲刺阶段

《景德镇日报》 2020年9月3日 A3版 王宇俊

近3年来，珠山区城管局先后开展以市容秩序、门前三包、城区环境卫生、城市空间为主题的专项整治行动，截至目前，共出动城管队员7241人次，整治流动摊点3777起、清理占道经营4323起、规范晾衣晒被1317处、规范非机动车辆乱摆放2470处、拆除违章建筑67起、拆除违规灯箱及广告牌39个、拆除违规户外广告和店招店牌150余处、清理乱贴乱画乱挂705处、整治门前三包2007起，校园周边417起；仅今年8月份共拆除违建208处，拆除面积约8138平方米。

这一长串数字是珠山城管人三载披星戴月、无畏风霜雪雨的见证,日前,我市创建工作已到了三年“长跑”的冲刺收官阶段,该局按照珠山区委、区政府创城工作部署要求,立足工作职责,着眼创建冲刺收官阶段的现实需要,重点从市容秩序管控、城市空间净化、街区环境整洁等方面入手,明确具体任务与牵头负责人,开展专项整治活动并对活动进展实行每日挂图作战方式,使创城目标任务逐条逐项加以解决并落到实处,对创城重点难点工作采取局领导班子成员徒步巡查方式,有力推动一批创城重点难点工作取得突破和提升,确保创城各项目标任务落实、落细、落到位,以“舍我其谁”“豁出去”的决心和狠劲,打赢这场创城硬仗。

着力整治市容乱象。认真开展主次干道、背街小巷、城中村、城乡接合部等重要区域占道经营的清理、整治和取缔工作,强化日常监管,严格落实“定人、定岗、定时、定责、定区域”制度、日常错时执法制度和联合执法制度,着力落实常态化的监管责任,实现主次干道和主要街区管理有序,干净整洁,确保管理“无盲区,不间断巡查”。全面推动市场管理工作,对辖区内所有马路市场、夜宵摊点进行清理、整顿,规范经营行为,整治经营秩序。全面实施门前三包管理工作,对主次干道两侧商户门前的乱贴乱挂、乱搭乱建、乱扔乱倒、乱摆乱占、乱停乱放等市容乱象进行全面清理整治。同时,通过“规范+整治”方式,全力推进车辆乱停乱放整治工作。

着力净化城市空间。重点开展辖区违章建筑和户外广告店招整治行动。落实日常巡查监控职责,与镇(街道)、村(社区)形成联动机制,按照“网格化”监管模式,盯死看牢,及时对城市主次干道道路红线内违规搭建的各类棚亭坚决予以拆除,重点加大对新生违法建设的管控力度,以“零容忍”的态度和强有力的措施,加大巡查次数,发现一起、查处一起、拆除一起。同时,通过开展全区域户外广告拉网式排查,做到点面结合、边角全覆盖,重点对沿街楼顶广告、商户店招店牌等广告设施开展全面排查,对排查出的问题逐一整理后形成整改清单,明确整治措施、期限、责任,推进清单式销号。

着力提升城区环境。提升街面环境卫生,以城区环境卫生综合整治为突破口,开展拉网式清洁城乡接合部、背街小巷等区域市容环境卫生。加大城区主干道和公共区域、集贸市场、城乡接合部、夜市等重点区域的卫生集中整治,实行全覆盖、全天候、无假日保洁,下大力气常态化清除背街小巷堆放的垃圾,彻底清除环卫工作死角、盲区,开展经常性卫生巡查,提高城区环境卫生清扫保洁水平,确保城区环境卫生整洁干净。同时,加大夜间渣土运输车辆的监督管理力度。

创新城市管理新举措。高标准实施城区洁净工程。实行环卫作业人员定人、定岗、定责管理,重要路段延长保洁时间,实现主次干道和背街小巷人工保洁全覆盖、无盲区、无死角。高标准抓好市容常态管理。对流动摊点、马路市场始终坚持“疏堵结合、以疏为主”的原则,实行了进点规范化经营、管理。同时为了使“门前三包”责任制有效落实,该局制作了新版的“门前三包”责任书,在责任书内容上增加了珠山智慧城管公众号二维码、违反“门前三包”法律责任及每月门前三包星级考核评定等内容,建立了“城管+商户”门前三包管理微信群,加强城管与商户相互联动。开展餐饮油烟治理创新试点工作,选定浙江路、御窑景巷作为珠山区首批餐饮油烟防治示范街,建立餐饮商户每月清洗设备工作台账,实行各属地城管中队餐饮油烟治理工作月排名考核机制,对餐饮商户进行逐户引导、规范,加强督促整改及监管。截至目前,辖区内1084家餐饮店油烟进化器已经安装到位。

陶溪川成功入选国家第三批双创示范基地名单

《景德镇日报》 2020年12月28日 A1版 张怡 汪涛

12月24日,国务院办公厅印发《关于建设第三批大众创业万众创新示范基地的通知》,正式公布了全国第三批共92家双创示范基地,景德镇市珠山区(陶溪川)榜上有名。

据悉,这是今年以来市发改委争取国家产教融合试点城市和国家“两业”融合发展区域试点单位之后，获得的又一“国字号”荣誉。在全国第三批共92家双创示范基地中，创业就业方向25个、融通创新方向27个、精益创业方向32个、全球化创业方向8个，陶溪川作为创业就业方向入选。

陶溪川文创街区自2016年开放以来，经过5年的运营打造，逐步形成以艺术展览、国际交流、创意集市、教育研学、创业孵化、电商直播等为特色的品牌内容，开拓出一条陶瓷文化创意发展之路。在这里，聚集了一批最有创意、最具活力的年轻创业群体，汇聚“景漂创客”1.65万余人，成功孵化创业实体2637家，带动上下游就业6万余人，构筑起集市、邑空间、线上平台、直播基地、陶瓷智造工坊等晋级模式和空间载体，构建了一条陶瓷制造、青年创业、人才培养、知识产权保护、品牌塑造的生态产业链，成了“景漂创客”的造梦空间，取得了显著的社会效益和经济效益，在创业创新方面起到了很好的示范性作用。

目前，陶溪川二期正在如火如荼的建设当中，下一步，陶溪川将进一步搭建更多空间载体，完善服务平台建设和公共设施配套，依托5G网络协同创新和数据智能化方式，实现“上线”“上网”“上云”，不断优化园区创业环境，更好地服务于“景漂”青年创业，继续提升和加强双创示范基地建设，为大众创业万众创新提供更多的“陶溪川经验”。

珠山区做足“文化+”文章集聚人气

《景德镇日报》　2020年12月29日　A1版　邱西颖　程继志

江西日报景德镇讯　近年来，景德镇市珠山区依托文化资源丰富的独特优势，以文化为引领不断扩大对外开放，做足“文化+”文章，聚人气，促发展。

珠山区是景德镇的老城区，区内古代窑业遗存、陶瓷文化遗迹、传统风貌建筑和陶瓷民俗元素极为丰富。对此，该区注重内涵建设，通过做优老城保护、做精文化名片、做强文化品牌，不断凸显文化魅力。聚焦底蕴挖掘和文脉传承，按照修旧如旧原则，对172处文物、108条老里弄进行保护性修复，并开展“听文物讲故事，让文物活起来”“文物云游记”等宣传活动，以及搜集整理“瓷都百年老字号”文化品牌、编撰使用《瓷娃看家乡》陶瓷文化校本教材、出版《老城旧事》书籍等。同时，立足开放共享、文化惠民，陆续打造了15个“书香珠山·城市文化会客厅”，分布于酒店、街道社区、书店等场所，通过开展理论宣讲、读书朗诵、陶瓷文化传播等活动，形成了15分钟便民文化圈。

珠山区着力推动文旅融合，以建设文化旅游目的地为目标，不断加大项目建设，培育文旅品牌。高起点、高标准规划的三宝国际瓷谷完成二期建设，把早年破败的古村打造成环境优美、生态宜人、文化氛围浓厚的“陶园”。同时，整合区域内御窑厂国家考古遗址公园、御窑博物馆、陶溪川文创街区等知名文化景区，串点成线、连线成片发展全域旅游。其中，推出的“陶阳里历史街区—陶溪川文创街区—陶源谷艺术景区”精品文旅线路，吸引海内外游客纷至沓来。此外，通过举办艺术展览、灯会、论坛、村宴、泼泥节、诗歌会等，推出各类沉浸式、互动式旅游娱乐项目，不断扩大文化旅游的吸引力和影响力。目前，三宝国际瓷谷已获评第二批“江西省商业文化旅游综合示范区”，珠山区获评江西省全域旅游示范区创建单位。

实施“文化+陶瓷”“文化+创意”“文化+生活”等战略。珠山区注重用文化聚集人气，撬动产业发展。服务陶溪川文创街区的创业创意平台，已成功孵化创业实体2356家，直接带动区域内6万余人就业。三宝国际瓷谷独特的自然和人文环境吸引了近200家文创实体、3000多名创客、20多位国外艺术家在此扎根，并催生出文创、民宿、直播等一大批新业态新经济。一批新涌入的直播带货工作室，仅在今年10月就实现了数千万元的交易额。继续加大文化产业项目的投入，投资36亿元建设三宝国际瓷谷三期、洛客·设计中心、老鸦滩艺术街区等28个重点项目，通过项目带动更多文化产业集聚。

扶持“景漂”“景归”以及非遗传承人、优秀工匠等人才就业创业。珠山区在完善人才激励机制等方面出台措施,为陶瓷人才集聚提供政策支撑和优质服务,确保人才不流失、企业发展有后劲。据统计,该区为200余名非遗传承人提供就业创业支持,扶持了文祥窑、愚窑等一批传承历史的优质企业。

(原载2020年12月28日《江西日报》1版)

索　　引

说明：本索引依据2013年6月5日国务院公布的《通用规范汉字表》为准，采用本年鉴概况和“百科”类除数字开头的主题词之外的条目首字检字法，特载、专记、大事记、附录、彩页等均不做索引，右边的数字表示该条目首字首次出现的正文页码。

首字检字表

（按《通用规范汉字表》笔画检字表顺序排列）

非汉字字符串排序

一画

二画

三画

四画

五画

六画

七画

八画

九画

十画

十一画

十二画

十三画

十四画

十五画

十六画

十七画

二十一画